2026~2027 최신판

LOGIN 기업회계 2급

김영철 지음

도서출판
어울림
www.aubook.co.kr

머리말

회계는 기업의 언어입니다. 회계를 통해서 많은 이용자들이 정보를 제공받고 있습니다.

회계를 처음 접하시는 분에게는 용어자체도 매우 생소하고, 재미없는 과목입니다. 나이가 어린 학생일수록 회계는 더 어렵습니다. 그러나 반복하면서 읽고 직접 쓰면서 생각하시면 어느 순간에 회계는 이런 것이네 하면서 흥미를 느낄 것입니다.

수많은 학생을 가르치면서 느꼈는데, 끈기 있는 학생이 결국은 회계를 잘하게 되는 것을 보았습니다. 또 회계를 잘하는 학생이 세법도 이해를 잘합니다.

중학생이상의 자녀들 둔 불혹의 나이에 회계에 도전하시는 여성분을 보면 저 역시 감탄합니다. 세상만사를 다 겪고 다시 공부하시는데, 너무 열심히 하는 모습이 너무 아름답습니다. 그 분들이 더 열심히 회계공부를 하고, 이해도 및 성취욕이 매우 높습니다. 그런 분들은 반드시 회계공부에 성공합니다.

회계는 매우 논리적인 학문입니다.

회계를 잘하시려면
왜(WHY) 저렇게 처리할까? 계속 의문을 가지세요!!!
1. **이해하실려고 노력하세요.**
   (처음 접한 회계의 용어는 매우 생소할 수 있습니다.
   생소한 단어에 대해서 네이버나 DAUM의 검색을 통해서 이해하셔야 합니다.)
2. **그리고 계속 쓰세요.(특히 분개)**
3. **이해가 안되면 암기하십시오.**
   2,3회독 후 다시 보시면 이해가 될 것입니다.
4. **여러분들의 선배나 동료, 강사에게 꾸준히 질문하세요.**
   머뭇거리지 말고 질문하세요. 전문 강사들도 여러분들처럼 차ㆍ대변도 모를 때가 있었습니다.

회계는 숫자를 공부하는 것이 아닙니다. 숫자와 친숙해지는 것입니다.

이 책을 발판으로 회계의 지식을 쌓으시면서, 한국세무사회의 "기업회계 2급"자격증을 취득하시고, 더 넓은 회계와 세법의 바다를 향해 나아 가십시요!! 여러분들의 성공을 기원합니다.

회계는 여러분 자신과의 싸움입니다. 자신을 이기십시요!!!

마지막으로 이 책 출간을 마무리해 주신 도서출판 어울림 임직원에게 감사의 말을 드립니다.

2026년 1월

김 영 철

[로그인 시리즈]				
전전기	전기	당기	차기	차차기
20yo	20x0	**20x1**	20x2	20x3
2024	2025	**2026**	2027	2028

※ 2027년에 본 도서를 구입하는 수험생은 +1년을 하시면 됩니다.

저자가 운영하는 다음(Daum)카페 **"로그인과 함께하는 전산회계/전산세무"**는 다음의 유용한 정보를 제공합니다.

1. 오류수정표
2. 기업회계 2급 Q/A게시판

로그인카페

LOGIN기업회계2급을 구입하신 독자 여러분께서는 많은 이용바라며, 교재의 오류사항을 지적해주시면 고맙겠습니다.

 국가직무능력 표준(NCS)

1. 정의

국가직무능력표준(NCS, national competency standards)은 산업현장에서 직무를 수행하기 위해 요구되는 지식·기술·소양 등의 내용을 국가가 산업부문별·수준별로 체계화한 것으로 산업현장의 직무를 성공적으로 수행하기 위해 필요한 능력(지식, 기술, 태도)을 국가적 차원에서 표준화한 것을 의미

2. 훈련이수체계

수준	직종	회계·감사	세무
6수준	전문가	사업결합회계	세무조사 대응 조세불복 청구 절세방안 수립
5수준	책임자	회계감사	법인세 신고 기타세무신고
4수준	중간 관리자	비영리회계	종합소득세 신고
3수준	실무자	원가계산 재무분석	세무정보 시스템 운용 원천징수 부가가치세 신고 법인세 세무조정 지방세 신고
2수준	초급자	전표관리 자금관리 재무제표 작성 회계정보 시스템 운용	전표처리 결산관리
-		직업기초능력	

3. 회계 · 감사직무

(1) 정의

회계 · 감사는 기업 및 조직 내 · 외부에 있는 의사결정자들이 효율적인 의사결정을 할 수 있도록 유용한 정보를 제공하며, 제공된 회계정보의 적정성을 파악하는 업무에 종사

(2) 능력단위요소

능력단위(수준)	수준	능력단위요소	교재 내용
전표관리	3	회계상 거래 인식하기	
		전표 작성 및 증빙관리하기	
자금관리	3	현금시재 · 예금관리하기	
		법인카드, 어음수표 관리하기	
원가계산	4	원가요소 관리하기(3)	원가계산, 개별원가, 종합원가, 결합원가, 표준원가
		원가배부하기(3)	
		원가계산하기	종합원가, 표준원가, 변동원가, 의사결정
		원가정보활용하기	
결산관리	4	결산분개하기(3)	결산 및 재무제표 작성
		장부마감하기(3)	
		재무제표 작성하기	
회계정보 시스템 운용	3	회계프로그램 운용하기	
		회계정보활용하기	
재무분석	5	재무비율 분석하기(4)	
		CVP 분석하기(4)	CVP분석
		경영의사결정 정보 제공하기	단기, 장기의사결정
회계감사	5	내부감사준비하기	
		외부감사준비하기(4)	재고자산, 유무형자산, 금융자산, 금융부채, 자본, 수익, 건설계약외
		재무정보 공시하기(4)	
사업결합회계	6	연결재무정부 수집하기(4)	
		연결정산표 작성하기(5)	
		연결재무제표 작성하기	
		합병 · 분할회계 처리하기	
비영리회계	4	비영리대상 판단하기	
		비영리 회계 처리하기	
		비영리 회계 보고서 작성하기	

 **[2026년 기업회계2급 자격시험(등록민간자격) 일정공고]**

1. 시험일자

회차	종목 및 등급	원서접수	시험일자	합격자발표
95회		01.02~01.08	01.31(토)	02.26(목)
96회		03.05~03.11	04.04(토)	04.23(목)
97회	기업회계1,2,3급	04.30~05.06	06.06(토)	06.25(목)
98회		07.02~07.08	08.01(토)	08.20(목)
99회		08.27~09.02	10.03(일)	10.29(목)
100회		11.05~11.11	12.05(토)	12.24(목)
2027		**2027년 시험일정은 자격시험 홈페이지를 참고하십시오,**		

2. 시험종목 및 평가범위

등급	평가범위			
기업회계 2급	1부	80분	각각 객관식 25문항	재무회계(일반기업회계 기준, 중소기업회계기준)
	2부			원가회계(개별원가/종합원가/표준원가)

3. 시험방법 및 합격자 결정기준

1) 시험방법 : 객관식 4지 선다형 필기시험임.
2) 응시자격 : 제한없음(<u>신분증 미소지자는 응시할 수 없음</u>)
3) 합격자 결정기준 : 합산평균이 70점 이상

4. 원서접수 및 합격자 발표

1) 접수기간 : 각 회별 원서접수기간내 접수
   (<u>수험원서 접수 첫날 00시부터 원서접수 마지막 날 18시까지</u>)
2) 접수 및 합격자발표 : 한국세무사회 자격시험사이트(http://www.license.kacpta.or.kr)

차 례

Part Ⅰ 재무회계

    NCS회계-3 전표관리 / 자금관리   **NCS세무-2** 전표처리

제3장 계정과목별 이해 (부채) ·················· 121

NCS회계-3 전표관리 / 자금관리　　　　NCS세무-2 전표처리

| NCS회계-3 | 전표관리 / 자금관리 | NCS세무-2 | 전표처리 |

Part II 원가회계

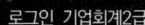
Part III 기출문제

2025년~2021년 기출문제 중 합격률이 낮은 문제 수록

Part I

재무회계

NCS회계 - 3 전표관리 – 회계상거래 인식하기

제1절 회계란?

1. 회계의 개념 및 목적

기업의 경영활동에서 일어나는 자산과 부채 및 자본의 증감변화를 일정한 원리에 의하여 기록·계산·정리하고 이를 이해관계자에게 제공하는 것이다.

즉, 이는 ① 재무적 성격을 갖는 거래나 사건(기업의 회계자료)을 일정한 원리에 따라 기록·분류하여 재무제표를 작성하며

② 이를 회계정보이용자들의 경제적 의사결정에 유용한 정보를 제공하는 것이다.

2. 회계의 분류 : 정보이용자에 따른 분류

재무회계는 투자자, 채권자, 정부 등 기업의 외부이해관계자들의 의사결정에 유용한 재무적 정보를 제공하는 것을 목적으로 하는 회계이고,

관리회계는 기업내부의 경영자가 합리적인 의사결정에 필요한 정보를 제공하는 것을 목적으로 하는 회계를 말한다.

〈재무회계와 관리회계의 비교〉

	재무회계	관리회계
목 적	외부보고	내부보고
정보이용자	투자자, 채권자 등 외부정보이용자	경영자, 관리자 등 내부정보이용자
최종산출물	**재무제표**	**일정한 형식이 없는 보고서**
특 징	**과거정보의 집계보고**	**미래와 관련된 정보 위주**
법적강제력	있음	없음

제2절   재무회계 개념체계(일반기업회계기준)

재무회계 개념체계란 재무보고의 목적과 기초개념을 체계화함으로써 일관성 있는 기업회계
기준을 제정케 하고, 재무제표의 성격 등에 관한 기본적 토대를 제공한다.
개념체계와 일반기업회계기준이 상충될 경우에는 일반기업회계기준이 개념체계보다 우선한다.

1. 기본구조

| 재무보고의 목적 | 정보이용자들의 의사결정에 유용한 정보 제공 |

↓

| **회계정보의 질적특성** | 의사결정에 유용한 정보가 되기 위하여 회계정보가 갖추어야 할 특성 |

↓

| 재 무 제 표 | 기업실체의 외부정보이용자에게 기업실체에 관한 재무적 정보를 전달하는 핵심적 보고수단 |

↓

| 재무제표 기본 요소의 인식 및 측정 | 회계상의 거래나 사건을 화폐액으로 측정하여 재무제표에 공식적으로 보고하는 과정 |

2. 회계정보의 질적 특성

회계정보의 질적특성이란 회계정보가 유용한 정보가 되기 위해 갖추어야 할 주요 속성을 말하는데 이해가능성, 목적적합성, 신뢰성 및 비교가능성이 있다.

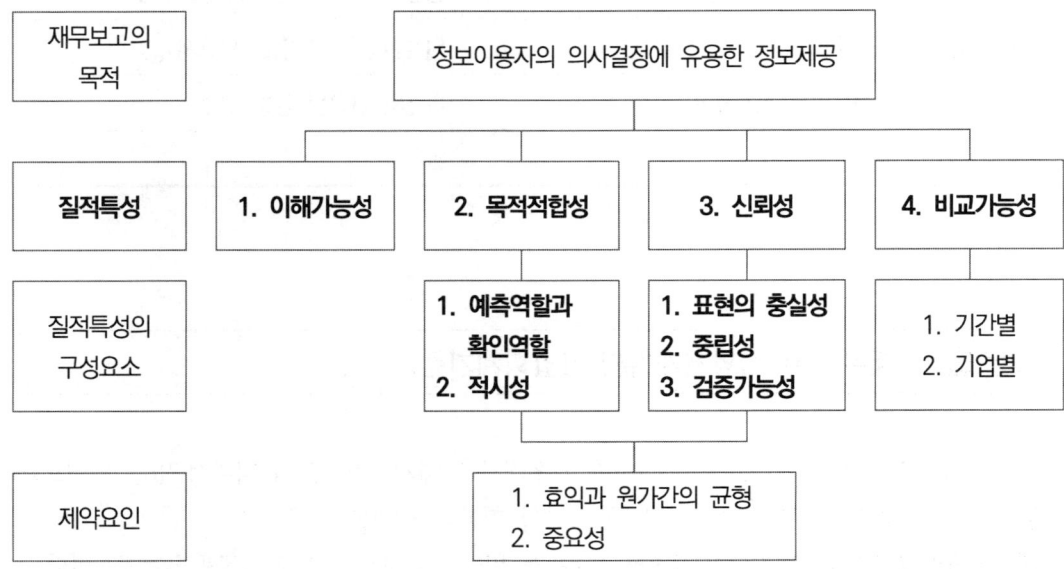

(1) 이해가능성

회계정보는 궁극적으로 회계정보이용자에게 유용한 정보가 되어야 하고, 동시에 이러한 정보는 이용자에게 이해가능한 형태로 제공되어야 한다.

(2) 주요질적특성

회계정보의 질적 특성 중 <u>**가장 중요한 질적특성은 목적적합성과 신뢰성이다.**</u>

① 목적적합성

목적적합한 정보란 이용자가 과거, 현재 또는 미래의 사건을 평가하거나 과거의 평가를 확인 또는 수정하도록 도와주어 <u>**경제적 의사결정에 영향을 미치는 정보**</u>를 말한다.

㉠ 예측역할(예측가치)과 확인역할(피드백가치)

예측역할이란 정보이용자가 기업의 미래 재무상태, 경영성과, 현금흐름 등을 예측하는 경우에 그 정보가 활용될 수 있는지 여부를 말하고, 확인역할이란 회계정보를 이용하여 예측했던 기대치(재무상태나 경영성과 등)를 확인하거나 수정함으로써 의사결정에 영향을 미칠 수 있는지의 여부를 말한다.

ⓛ 적시성

정보가 지체되면 그 정보는 목적적합성을 상실할 수 있다. 따라서 경영자는 적시성 있는 보고와 신뢰성 있는 정보 제공의 장점에 대한 상대적 균형을 고려할 필요가 있다.

② 신뢰성

회계정보가 유용하기 위해서는 신뢰할 수 있는 정보여야 한다는 속성이다.

㉠ 표현의 충실성

기업의 재무상태나 경영성과를 초래하는 사건에 대해서 충실하게 표현되어야 한다는 속성이다. 표현의 충실성을 확보하기 위해서는 회계처리되는 대상이 되는 거래나 사건의 형식보다는 그 **경제적 실질에 따라 회계처리**하여야 한다.

㉡ 검증가능성

다수의 독립적인 측정자가 동일한 경제적 사건이나 거래에 대하여 동일한 측정방법을 적용한다면 유사한 결론에 도달할 수 있어야 함을 의미한다.

㉢ 중립성

회계정보가 신뢰성을 갖기 위해서는 한쪽에 치우침 없이 중립적이어야 한다는 속성으로 회계정보가 특정이용자에게 치우치거나 편견을 내포해서는 안 된다는 것을 의미한다.

☞ **보수주의**
불확실한 상황에서 추정이 필요한 경우, **자산이나 수익이 과대평가되지 않고 부채나 비용이 과소평가되지 않도록** 상당한 정도의 주의를 기울이는 것을 말한다. 이러한 보수주의는 **논리적 일관성이 결여되어 있고, 이익조작가능성이 있다.**

③ 질적특성간의 균형

목적적합성과 신뢰성간의 상충관계를 고려하여, 이러한 질적특성간에 적절한 균형을 이루는 것을 목표로 하여야 한다.

〈목적적합성과 신뢰성이 상충관계 예시〉

	목적적합성 高	신뢰성 高
자산측정	공정가치	역사적원가(원가법)
손익인식	발생주의	현금주의
수익인식	진행기준	완성기준
재무보고	중간보고서(반기,분기)	연차보고서

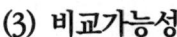

(3) 비교가능성

기업의 재무상태, 경영성과 등의 과거 추세분석과 기업 간의 상대적 평가를 위하여 회계정보는 **기간별 비교가능성(일관성)과 기업간 비교가능성(통일성)**을 가지고 있어야 한다는 속성이다.

기간별 비교가능성은 기업의 재무제표를 다른 기간의 재무제표와 비교할 수 있는 속성을 말하는 것이고, 기업별 비교가능성은 동종산업의 다른 기업과 유사한 정보와 비교할 수 있는 속성을 말한다.

(4) 회계정보의 제약요인

① 효익과 원가간의 균형

회계정보가 정보제공에 소요되는 비용이 효익을 초과한다면 그러한 정보제공은 정당화될 수 없다.

② 중요성

특정회계정보가 정보이용자의 의사결정에 영향을 미치는 정도를 말한다.

특정정보가 생략되거나 잘못 표시될 경우 정보이용자의 판단이나 의사결정에 영향을 미칠 수 있다면 그 정보는 중요한 것이다. 이러한 정보는 **금액의 대소로 판단하지 않고** 정보이용자의 의사결정에 영향을 미치면 중요한 정보가 되는 것이다. 예를 들어 어느 기업의 소모품비와 같은 소액의 비용을 자산으로 처리하지 않고 발생즉시 비용으로 처리하는 것은 정보이용자 관점에서 별로 중요하지 않기 때문에 당기 비용화 하는 것이다.

3. 재무제표의 기본가정

재무제표의 기본가정이란 재무제표를 작성하는데 있어서 기본 전제를 말한다.

(1) 기업실체의 가정

"기업은 주주나 경영자와는 별개로 존재하는 하나의 독립된 실체이다"라는 가정이다.

(2) 계속기업의 가능성

재무제표를 작성시 계속기업으로서의 존속가능성을 평가하여야 한다.
이러한 **계속기업의 가능성은 역사적 원가주의의 근간**이 된다.

(3) 기간별보고의 가정

인위적인 단위(회계기간)로 분할하여 각 기간별로 재무제표를 작성하는 것을 말한다.

제3절	재무제표

1. 재무제표의 종류

1. 재무상태표	일정 **시점**의 기업의 **재무상태**를 나타낸다.
2. 손익계산서	일정 **기간**의 기업의 **경영성과**를 나타낸다.
3. 현금흐름표	일정기간의 현금유출입 내역을 보고 → **영업활동현금흐름, 투자활동현금흐름, 재무활동현금흐름**
4. 자본변동표	자본의 크기와 그 변동에 관한 정보보고 → **소유주(주주)의 투자, 소유주에 대한 분배**
5. 주　　석	주석은 일반적으로 정보이용자가 재무제표를 이해하고 다른 기업의 재무제표와 비교하는데 도움이 되는 정보**(주기는 재무제표가 아니다)**

☞ 정태적(일정시점)보고서 : 재무상태표
　동태적(일정기간)보고서 : 손익계산서, 현금흐름표, 자본변동표

2. 재무제표의 기본요소

(1) 재무상태표의 기본 요소

① 자산 : 경제적 자원 – 미래 현금의 유입
② 부채 : 경제적 의무 – 미래현금의 유출
③ 자본(소유주지분, 잔여지분) : 순자산으로서 소유주의 잔여청구권이다.

(2) 손익계산서의 기본요소

① 수익 : 재화의 판매 등에 대한 대가로 발생 하는 자산의 유입이나 부채의 감소
② 비용 : 재화의 판매 등에 따라 발생 하는 자산의 유출 또는 부채의 증가
③ 포괄손익 : **소유주와의 자본거래를 제외한 모든 거래나 사건에서 인식한 자본의 변동**

포괄손익 = 당기순손익 + 기타포괄손익(매도가능증권평가손익 + 해외사업환산손익 등)

☞ 포괄손익계산서 : 전통적인 손익계산서의 당기손익과 기타포괄손익으로 구성된 재무제표

(3) 현금흐름표의 기본요소

① **영업활동 현금흐름** : 제품의 생산과 판매활동 등 회사의 주된 영업활동과 관련한 현금 흐름을 말한다.

② **투자활동 현금흐름** : 주로 비유동자산의 취득과 처분, 여유자금의 운용활동과 관련한 현금흐름을 말한다.

③ **재무활동 현금흐름** : 자금조달 및 운용에 관한 현금흐름이다.

(4) 자본변동표의 기본요소

① **소유주**의 투자 : 주주들의 회사에 대한 투자를 말하는 것으로서 순자산의 증가를 가져온다.

② **소유주**에 대한 분배 : 현금배당 등을 함으로서 회사의 순자산이 감소하게 되는 것을 말한다.

3. 재무제표 요소의 측정

재무상태표와 손익계산서에 기록해야할 재무제표 기본요소의 화폐금액을 결정하는 과정이다.

[자산 평가의 측정속성]

시간 시장	과거가격	현행가격	미래가격
유입가치 (재화 유입시장)	취득원가 (역사적원가)	현행원가 (현행유입가치)	–
유출가치 (재화 유출시장)	–	현행유출가치	현재가치

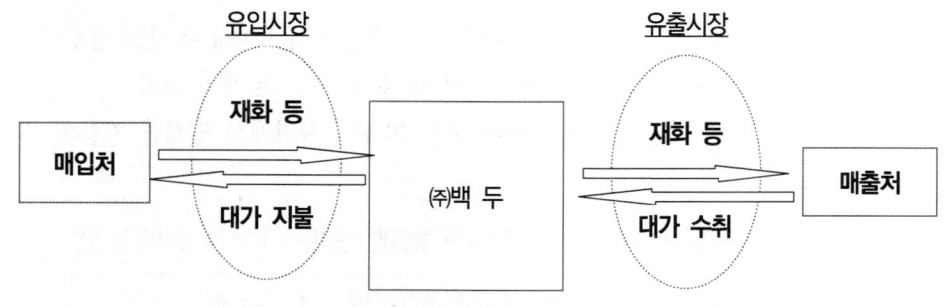

측정기준	자산	부채
1. 역사적원가	취득의 대가로 **취득당시에 지급한** 현금 등	부담하는 의무의 대가로 수취한 금액
2. 현행원가	동일하거나 또는 동등한 자산을 **현재시점에서 취득할 경우**에 그 대가	현재시점에서 그 의무를 이행하는데 필요한 현금 등
3. 실현가능가치 (이행가치)	정상적으로 처분하는 경우 **수취할 것으로 예상되는 현금** 등	부채를 상환하기 위해 지급될 것으로 예상되는 현금 등
4. 현재가치	자산이 창출할 것으로 기대되는 미래 순현금유입액의 현재할인가치로 평가	부채를 상환시 예상되는 미래순현금유출액의 현재할인가치로 평가

☞ 공정가치 : 측정일에 시장참여자 사이의 정상거래에서 자산을 매도하면서 수취하거나 부채를 이전하면서 지급하게 될 가격을 말한다.

　기업특유가치 : 자산의 계속적 사용으로부터 그리고 내용연수 종료시점에 처분으로부터 또는 부채의 결제로부터 발생할 것으로 기대되는 현금흐름의 현재가치를 말한다.

4. 재무제표 작성과 표시의 일반원칙

(1) 재무제표의 작성책임 : **경영자**

(2) 계속기업

　경영자는 재무제표를 작성 시 기업의 존속가능성을 평가하고, **계속기업을 전제로 재무제표를 작성**해야한다.

(3) 중요성과 통합표시

　중요한 항목은 재무제표의 본문이나 주석에 그 내용을 가장 잘 나타낼 수 있도록 구분표시하며, **중요하지 않는 항목은** 성격이나 기능이 유사한 항목과 통합하여 표시할 수 있다. 재무제표본문에는 통합하여 표시한 항목이라 할지라도 주석에는 이를 구분하여 표시할 만큼 중요한 항목인 경우 주석으로 기재한다.

(4) 공시

① 비교정보

- 계량정보 : 기간별 비교가능성을 높이기 위해서 **전기와 비교하는 형식으로 작성**해야 한다.
- 비계량정보 : 당기 재무제표를 이해하는데 필요시 전기 재무제표의 비계량정보를 비교하여 주석에 기재한다.

② 항목의 표시와 분류의 계속성

재무제표의 항목의 표시와 분류는 원칙적으로 매기 동일하여야 한다.

③ 금액표시 : 이용자들에게 오해를 줄 염려가 없는 경우에는 금액을 천원이나 백만원 단위 등으로 표시할 수 있다.

5. 재무상태표의 작성기준

1. 구분표시의 원칙	자산·부채 및 자본을 종류별, 성격별로 적절히 분류하여 일정한 체계 하에 구분·표시한다.
2. 총액주의	**자산, 부채는 순액으로 표기하지 아니하고 총액으로 기재한다.** 다만 기업이 채권과 채무를 상계할 수 있는 법적구속력을 가지고 있는 경우에는 상계하여 표시한다.
	매출채권은 총액으로 기재한 후 **대손충당금을 차감하는 형식(총액법)** 또는 매출채권에 대한 **대손충당금을 해당 자산에서 직접 차감하는 형식(순액법)으로 표시할 수 있다.**
3. 1년 기준 (유동·비유동)	자산과 부채는 결산일 현재 **1년 또는 정상적인 영업주기를 기준**으로 구분, 표시
4. 유동성배열	자산·부채는 **환금성이 빠른 순서로 배열**한다.
5. 구분과 통합표시	1. 현금 및 현금성자산 : 별도항목으로 구분표시한다. 2. 자본금 : **보통주자본금과 우선주 자본금**으로 구분표시한다. 3. 자본잉여금 : **주식발행초과금과 기타자본잉여금으로 구분표시**한다. 4. 자본조정 : **자기주식은 별도항목으로 구분하여 표시**한다.

6. 미결산항목및 비망계정(가수금·가지급금 등)은 재무제표상 표시해서는 안된다.
　☞비망(memorandum)계정 : 어떤 거래의 발생을 잠정적으로 기록하는 계정으로 향후 확정되면 대체된다.

6. 손익계산서의 작성기준

1. 발생기준	발생기준이란 **현금 유·출입시점에 관계없이 당해 거래나 사건이 발생한 기간에 수익·비용을 인식하는 방법**을 말한다.
2. 실현주의	수익은 **실현시기**를 기준으로 계상한다.
3. 수익비용대응의 원칙	비용은 관련수익이 인식된 기간에 인식한다.
4. 총액주의	**수익과 비용은 총액으로 기재한다.** ☞ 동일 또는 유사한 거래나 회계사건에서 발생한 차익, 차손 등은 총액으로 표시하지만 중요하지 않는 경우에는 관련 차익과 차손 등을 상계하여 표시할 수 있다.
5. 구분계산의 원칙	손익은 매출총손익, 영업손익, 법인세비용차감전순손익, 당기순손익, 주당순손익으로 구분하여 표시한다. ☞ *제조업, 판매업 및 건설업 외*의 업종에 속하는 기업은 매출총손익의 구분표시를 생략할 수 있다.
6. 환입금액표시	영업활동과 관련하여 비용이 감소함에 따라 발생하는 **퇴직급여충당부채 환입, 판매보증충당부채환입 및 대손충당금 환입 등은 판매비와 관리비의 부(-)의 금액으로 표시**한다.
7. 중단사업손익	중단사업으로부터 발생한 영업손익과 영업외손익으로서 **법인세 효과를 차감한 후의 순액으로 보고**하고 산출내역을 주석으로 기재한다.

7. 중간재무제표

중간재무제표란 중간기간(3개월, 6개월)을 한 회계연도로 보고 작성한 재무제표를 말한다.

(1) 종류 : 재무상태표와 손익계산서, 현금흐름표와 자본변동표 및 주석

(2) 작성기간 및 비교형식

중간기간이란 보통 3개월(분기), 6개월(반기)이 대표적이나 **그 밖의 기간도 가능**하다.
중간재무제표는 다음과 같이 비교하는 형식으로 작성한다.
재무상태표는 당해 중간기간말과 직전 회계연도말을 비교하는 형식으로 작성하고 손익계산서는 중간기간과 누적중간기간을 직전 회계연도의 동일 기간과 비교하는 형식으로 작성한다.

(3) 공시

연차재무제표와 동일한 양식으로 작성함을 원칙으로 하나, 다만 계정과목 등은 대폭 요약하거나 일괄 표시할 수 있다.

8. 주석

주석은 일반적으로 **정보이용자가 재무제표를 이해하고 다른 기업의 재무제표와 비교하는데 도움이 되는 정보**를 말한다. 이익잉여금처분계산서는 주석에 기재하여야 한다.
① 일반기업회계기준에 준거하여 재무제표를 작성하였다는 사실의 명기
② 재무제표 작성에 적용된 유의적인 회계정책의 요약
③ 재무제표 본문에 표시된 항목에 대한 보충정보
④ 기타 우발상황, 약정사항 등의 계량정보와 비계량정보

제4절   **중소기업회계기준**

이해관계자가 많지 않는 **중소기업(중소기업기본법에 의한 중소기업)의 특성을 고려하여 회계처리 부담을 완화**하기 위하여 적용한다.

1. 재무제표	– **1.대차대조표, 2. 손익계산서, 3. 자본변동표,** **4. 이익잉여금처분계산서(결손금처리계산서)** **3, 4 중 하나를 선택하여 작성한다.** – 전기와 비교하는 형식으로 작성하여야 하나, **해당연도만 작성가능**
2. 대차대조표(자본) 표시	– **자본금, 자본잉여금, 자본조정, 이익잉여금(결손금)**
3. 수익인식	– 회수기간이 1년 이상인 할부매출(장기할부매출)은 할부금 회수기일에 수익인식가능 – **단기간 용역매출에 완성기준 적용가능**
4. 법인세비용	– **법인세법에 따라 납부하여야 할 금액**

5. 유무형자산의 평가	**– 내용연수와 잔존가치는 법인세법에 따라 결정가능**
	– 유형자산의 감가상각방법 : 정액법, 정률법, 생산량비례법
	– 무형자산의 상각방법 : 정액법, 생산량비례법
6. 유가증권평가	– 장부금액과 만기금액에 차이가 있는 경우 유효이자율/정액법으로 상각하여 이자수익에 반영한다.
7. 장기성 매출채권(매입채무)평가	**– 현재가치평가 배제가능**

연/습/문/제

 객관식

01. 다음 중 재무회계에 대한 설명으로 틀린 것은?
① 회계의 주목적은 일정한 시점의 재무상태와 일정 기간의 경영성과를 파악하는 것이다.
② 복식부기는 일정한 원리원칙에 의하여 회계적 거래를 기록한다.
③ 재무제표는 기업이해관계자들의 의사결정을 위한 유용한 회계정보를 제공한다.
④ 모든 기업의 회계연도는 1월 1일부터 12월 31일까지이며, 회계연도는 1년을 초과할 수 없다.

02. 다음 중 재무회계 개념체계에 대한 설명으로 틀린 것은?
① 개념체계는 재무제표의 작성자가 회계기준을 해석·적용하여 재무제표를 작성·공시하거나, 특정한 거래나 사건에 대한 회계기준이 미비된 경우에 적용할 수 있는 일관된 지침을 제공한다.
② 개념체계는 구체적 회계처리방법이나 공시에 관한 기준을 정하는 것을 목적으로 한다.
③ 개념체계는 회계기준제정기구가 새로운 회계이론을 수용하거나 국제적인 회계 추세 등을 반영하기 위해 또는 기업실무의 변화를 고려하여 필요하다고 판단하는 경우에는 개정될 수 있다.
④ 개념체계는 일반목적 재무보고에 포괄적으로 적용되기 때문에 특수목적 보고서는 개념체계의 적용 대상은 아니지만, 관련 규정이 허용하는 범위 내에서 개념체계는 특수목적 보고서의 작성에도 적용될 수 있다.

03. 다음 중 재무회계개념체계에 대한 설명으로 틀린 것은?
① 개념체계는 기업실체의 재무보고 목적을 명확히 하고 이를 달성하는데 유용한 기초개념을 제공한다.
② 자산의 취득원가는 자산을 취득하였을 때 그 대가로 지급한 현금 및 현금등가액 또는 기타 지급수단의 공정가치를 말하며 역사적 원가와 동일한 의미이다.
③ 공정가치는 독립된 당사자 간의 현행 거래에서 자산이 매각 또는 구입되거나 부채가 결제 또는 이전될 수 있는 교환가치이다.
④ 개념체계 내용이 특정회계기준과 상충되는 경우 개념체계가 그 회계기준보다 우선한다.

04. 다음 중 재무회계개념체계에 대한 설명으로 틀린 것은?

① 경영자는 회계기준에 근거하여 진실되고 적정한 재무제표를 작성하여야 한다.

② 재무정보가 갖추어야 할 가장 중요한 질적특성은 목적적합성과 비교가능성이다.

③ 재무제표는 일정한 가정 하에서 작성되며, 그러한 기본가정으로는 기업실체, 계속기업 및 기간별 보고를 들 수 있다.

④ 재무제표는 특수한 목적의 정보를 필요로 하는 일부 정보이용자의 요구까지 모두 충족시키는 것은 아니다.

05. 다음 중 재무회계의 개념체계에 관한 설명으로 틀린 것은?

① 회계기준제정기구가 회계기준을 제정 또는 개정함에 있어 준거하는 재무회계의 개념과 개념의 적용에 관한 일관성 있는 지침을 제공한다.

② 재무제표의 작성자가 회계기준을 해석 · 적용하여 재무제표를 작성 · 공시하거나, 특정한 거래나 사건에 대한 회계기준이 미비된 경우에 적용할 수 있는 일관된 지침을 제공한다.

③ 외부감사인이 감사의견을 표명하기 위하여 회계기준 적용의 적정성을 판단하거나, 특정한 거래나 사건에 대한 회계기준이 미비된 경우 회계처리의 적정성을 판단함에 있어서 의견형성의 기초가 되는 일관된 지침을 제공한다.

④ 본 개념체계는 구체적 회계처리방법이나 공시에 관한 기준을 정하는 것을 목적으로 한다.

06. 재무회계 개념체계에 따른 자산과 부채의 측정기준에 대한 설명 중 틀린 것은?

① 자산의 취득원가는 자산을 취득하였을 때 그 대가로 지급한 현금, 현금등가액 또는 기타 지급수단의 공정가치를 말하며 역사적 원가와 동일한 의미이다.

② 공정가치는 독립된 당사자간의 현행 거래에서 자산이 매각 또는 구입되거나 부채가 결제 또는 이전될 수 있는 교환가치이다.

③ 공정가치의 측정시 시장가격이 존재하지 않는 경우 추정치를 사용하여 공정가치를 추정하는 것이 허용되지 않는다.

④ 자산의 순실현가능가치는 정상적인 기업활동 과정에서 미래에 당해 자산이 현금 또는 현금등가액으로 전환될 때 수취할 것으로 예상되는 금액에서 직접적으로 소요될 비용을 차감한 가액이다.

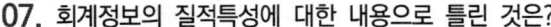

07. 회계정보의 질적특성에 대한 내용으로 틀린 것은?

① 예측가치란 정보이용자가 기업실체의 미래 재무상태, 경영성과, 순현금흐름 등을 예측하는 데에 그 정보가 활용될 수 있는 능력을 의미한다.

② 표현의 충실성을 확보하기 위해서는 회계처리대상이 되는 거래나 경제적 실질보다는 그 사건의 형식에 따라 회계처리하고 보고하여야 한다.

③ 검증가능성이란 동일한 경제적 사건이나 거래에 대하여 동일한 측정방법을 적용할 경우 다수의 독립적인 측정자가 유사한 결론에 도달할 수 있어야 함을 의미한다.

④ 목적적합성과 신뢰성이 있는 정보는 재무제표를 통해 정보이용자에게 제공되어야 한다.

08. 다음 중 재무정보의 유용한 질적특성에 대한 설명으로 틀린 것은?

① 재무정보가 갖추어야 할 중요한 질적특성은 목적적합성과 신뢰성이다.

② 대체적인 회계처리방법이 허용되는 경우 목적적합성의 정도가 유사하다면 신뢰성이 더 높은 회계처리방법이 선택되어야 한다.

③ 목적적합성과 신뢰성 중 어느 하나가 완전히 상실된 경우 그 정보는 유용한 정보가 될 수 없다.

④ 목적적합성과 신뢰성은 상충관계가 존재할 수 없다.

09. 다음 중 재무정보의 질적 특성에 관한 설명으로 틀린 것은?

① 재무정보의 질적특성이란 재무정보가 유용하기 위해 갖추어야 할 주요 속성을 말하며, 재무정보의 유용성의 판단기준이 된다.

② 신뢰성 있는 정보는 정보이용자가 기업실체의 과거, 현재 또는 미래 사건의 결과에 대한 예측을 하는 데 도움이 되거나 또는 그 사건의 결과에 대한 정보이용자의 당초 기대치를 확인 또는 수정할 수 있게 함으로써 의사결정에 차이를 가져올 수 있는 정보를 말한다.

③ 피드백가치는 제공되는 재무정보가 기업실체의 재무상태, 경영성과, 순현금흐름, 자본변동 등에 대한 정보이용자의 당초 기대치(예측치)를 확인 또는 수정되게 함으로써 의사결정에 영향을 미칠 수 있는 능력을 말한다.

④ 적시성 있는 정보를 제공하기 위하여 신뢰성을 희생해야 하는 경우가 있으므로 경영자는 정보의 적시성과 신뢰성 간의 균형을 고려해야 한다.

10. 다음 중 재무제표정보의 질적특성인 신뢰성에 대한 내용이 아닌 것은?

① 재무정보가 의사결정에 반영될 수 있도록 적시에 제공되어야 한다.

② 재무정보가 특정이용자에게 치우치거나 편견을 내포해서는 안된다.

③ 거래나 사건을 사실대로 충실하게 표현하여야 한다.

④ 동일사건에 대해 다수의 서로 다른 측정자들이 동일하거나 유사한 측정치에 도달하여야 한다.

11. 다음 중 발생주의 회계에 대한 설명으로 틀린 것은?

① 경제적 거래나 사건과 관련된 수익과 비용을 그 현금유출입이 있는 기간에 인식하는 것을 말한다.

② 재무제표 중 일부는 발생기준에 따라 작성되지 않는다.

③ 발생주의 회계는 발생과 이연의 개념을 포함한다.

④ 현금 유출입이 수반되지 않는 자산과 부채 항목이 인식될 수 있다.

12. 재무상태표의 기본요소 중 자산에 대한 설명으로 틀린 것은?

① 자산은 과거의 거래나 사건의 결과로서 현재 기업실체에 의해 지배되고 미래에 경제적 효익을 창출할 것으로 기대되는 자원이다.

② 유형자산을 포함한 많은 자산이 물리적 형태를 가지고 있지만 물리적 형태가 자산의 본질적인 특성은 아니다.

③ 부동산, 채권 등의 모든 자산의 법적 권리는 자산성 유무를 결정하는 최종적 기준이다.

④ 일반적으로 현금유출과 자산의 취득은 밀접하게 관련되어 있으나 양자가 반드시 일치하는 것은 아니다.

13. 다음 중 재무제표 기본요소의 측정에 관한 설명으로 틀린 것은?

① 자산의 취득원가는 자산을 취득하였을 때 그 대가로 지급한 현금, 현금등가액 또는 기타 지급수단의 공정가치를 말하며 역사적 원가와 동일한 의미이다.

② 이행가치는 독립된 당사자간의 현행 거래에서 자산이 매각 또는 구입되거나 부채가 결제 또는 이전될 수 있는 교환가치이다.

③ 순실현가능가치는 정상적 기업활동과정에서 미래에 당해 자산이 현금 또는 현금등가액으로 전환될 때 수취할 것으로 예상되는 금액에서 그러한 전환에 직접 소요될 비용을 차감한 가액이다.

④ 사용가치는 기업실체가 자산을 사용함에 따라 당해 기업실체의 입장에서 인식되는 현재의 가치를 말한다.

14. 재무제표의 표시와 관련한 설명 중 틀린 것은?

① 재무제표는 재무상태표, 손익계산서, 현금흐름표, 자본변동표로 구성되며, 주석을 포함한다.

② 재무제표의 작성과 표시에 대한 책임은 경영진에게 있다.

③ 일반기업회계기준에서 재무제표의 본문이나 주석의 항목은 유사한 항목과 통합하여 표시할 수 없다.

④ 재무제표의 기간별 비교가능성을 제고하기 위하여 전기 재무제표의 모든 계량정보를 당기와 비교하는 형식으로 표시한다.

15. 다음 중 재무제표의 작성과 표시에 대한 설명으로 틀린 것은?

① 재무제표의 기간별 비교가능성을 제고하기 위하여 재무제표 항목의 표시와 분류는 반드시 매기 동일하여야 한다.

② 재무제표의 작성과 표시에 대한 책임은 경영진에게 있다.

③ 재무제표가 일반기업회계기준에 따라 작성된 경우에는 그러한 사실을 주석으로 기재하여야 한다.

④ 재무제표의 표시와 관련하여 재무제표 본문과 주석에 적용하는 중요성에 대한 판단기준은 서로 다를 수 있다.

16. 다음 중 재무제표에 대한 설명으로 틀린 것은?

① 현금흐름 정보를 제외하고 발생기준 회계를 적용한다.

② 재무제표에 보고되는 전기의 비교정보를 공시한다.

③ 자산과 부채, 수익과 비용을 상계표시한다.

④ 중요성의 관점에서 유사한 항목을 통합하여 표시한다.

17. 다음 중 일반기업회계기준상 재무제표에 대한 설명으로 틀린 것은?

① 재무상태표는 일정 시점의 자산, 부채 그리고 자본에 대한 정보를 제공한다.

② 손익계산서는 일정기간 동안의 경영성과에 대한 정보를 제공한다.

③ 자본변동표는 일정 시점의 자본의 크기와 그 변동에 관한 정보를 제공한다.

④ 현금흐름표는 일정기간 동안의 현금흐름에 대한 정보를 제공한다.

18. 다음 중 손익계산서에 대한 설명으로 틀린 것은?

① 손익계산서는 기업의 미래현금흐름과 수익창출능력 등의 예측에 유용한 정보를 제공한다.

② 손익계산서에는 매출액, 매출원가, 매출총이익, 판매비와관리비 등을 구분하여 표시하여야 하며, 업종에 따라 매출총이익의 구분표시를 생략할 수 있다.

③ 계속사업손익은 기업의 계속적인 사업활동과 그와 관련된 부수적인 활동에서 발생하는 손익이며, 중단사업손익 항목은 제외한다.

④ 중단사업손익은 중단사업으로부터 발생한 영업손익과 영업외손익으로서 중단사업에서 발생한 법인세비용은 고려하지 않는다.

19. 다음 중 재무상태표의 작성기준에 대한 설명으로 틀린 것은?

① 재무상태표에는 회계연도 말 현재의 모든 자산, 부채 및 자본을 적정하게 표시한다.

② 부채란 과거의 거래나 사건의 결과로 현재 회사가 부담하고 있고 현재에 자원이 유출 또는 사용이 예상되는 의무이다.

③ 자본이란 회사의 자산 총액에서 부채 총액을 차감한 잔여 금액으로 회사의 자산에 대한 주주의 잔여청구권을 말한다.

④ 가지급금이나 가수금 등은 그 내용을 나타내는 적절한 항목으로 표시한다.

20. 다음 중 손익계산서의 작성기준에 대한 설명으로 틀린 것은?

① 손익계산서에는 그 회계연도에 속하는 모든 수익과 이에 대응하는 모든 비용을 적정하게 표시한다.

② 모든 수익과 비용은 그것이 발생한 회계연도에 배분되도록 회계처리한다.

③ 수익과 비용은 그 발생 원천에 따라 명확하게 분류하고, 수익 항목과 이에 관련되는 비용 항목은 대응하여 표시한다.

④ 수익과 비용은 순액으로 표시하는 것을 원칙으로 한다.

21. 다음 중간재무재표 작성에 있어서 인식과 측정에 대한 내용 중 틀린 것은?

① 중간재무제표는 연차재무제표와 동일한 회계정책을 적용하여 작성한다.

② 직전연차 보고기간 말에 회계정책을 변경하였다면 변경된 회계정책을 적용한다.

③ 연차재무제표의 결과는 보고빈도에 따라 달라지지 않아야 한다.

④ 중간재무보고를 위한 측정은 당해 회계연도의 누적기간이 아닌 중간보고기간을 기준으로 인식한다.

22. [중소기업회계기준] 다음 중 중소기업회계기준에 의한 자본 항목의 구분에 해당하지 않는 것은?

① 자본잉여금   ② 자본조정

③ 기타포괄손익누계액   ④ 이익잉여금

23. [중소기업회계기준] 다음 중 중소기업회계기준에 따른 내용으로 옳지 않은 것은?

① 손익계산서에 중단사업손익을 별도로 구분하여 표시하지 않는다.

② 1년 내에 완료되는 건설형 공사계약은 진행률에 의하지 않고 용역제공을 완료한 날에 수익을 인식할 수 있다.

③ 매출에누리와 매출환입은 매출액에서 차감된다.

④ 손익계산서에 계상된 포괄이익은 재무상태표(또는 대차대조표)에 기타포괄손익누계액에 반영된다.

24. 다음 중 회계정보의 질적특성에 관한 설명으로 틀린 것은?

① 상장기업에 대하여 분기, 반기재무제표를 공시하도록 요구하는 것은 신뢰성을 강조하는 것이다.

② 목적적합한 정보는 적시성을 전제로 하며 의사결정시점에 필요한 정보가 제공되지 않으면 목적 적합성을 상실하게 된다.

③ 차입거래로 보는 매출채권의 양도는 실질우선의 회계처리로 볼 수 있다.

④ 질적특성 간의 절충의 필요는 목적적합성과 신뢰성 간에 발생할 수 있으며 주요 질적특성의 구성 요소 간에도 발생할 수 있다.

25. 다음 중 손익계산서의 작성원칙에 대한 설명으로 틀린 것은?

① 매출액은 기업의 주된 영업활동에서 발생한 제품, 상품, 용역 등의 총매출액에서 매출할인, 매출 환입, 매출에누리 등을 차감한 금액이다.

② 매출액은 업종별이나 부문별로 구분하여 표시할 수 있으며, 반제품매출액, 부산물매출액, 작업폐 물매출액, 수출액, 장기할부매출액 등이 중요한 경우에는 이를 구분하여 표시할 수 있다.

③ 판매비와관리비는 제품, 상품, 용역 등의 판매활동과 기업의 관리활동에서 발생하는 비용으로서 당해 비용을 표시하는 적절한 항목으로 구분하여 표시하여야 하며 일괄표시할 수 없다.

④ 영업외비용은 기업의 주된 영업활동이 아닌 활동으로부터 발생한 비용과 차손으로서 중단사업손 익에 해당하지 않는 것으로 한다.

26. 다음 중 재무회계의 개념체계에 관한 설명으로 틀린 것은?

① 재무회계개념체계가 특정 일반기업회계기준과 상충되는 경우 일반기업회계기준은 재무회계개념 체계에 우선한다.

② 재무제표의 작성자가 회계기준을 해석·적용하여 재무제표를 작성·공시하거나, 특정한 거래나 사건에 대한 회계기준이 미비된 경우에 적용할 수 있는 일관된 지침을 제공한다.

③ 진행 중인 손해배상소송의 결과를 확실히 예측할 수 없는 상황에서 손해배상청구액을 인식하는 것은 재무정보의 목적적합성과 신뢰성을 저해한다.

④ 외부감사인이 감사의견을 표명하기 위하여 회계기준 적용의 적정성을 판단하거나, 특정한 거래 나 사건에 대한 회계기준이 미비된 경우 회계처리의 적정성을 판단함에 있어서 의견형성의 기초 가 되는 일관된 지침을 제공한다.

27. [중소기업회계기준] 다음 중 중소기업회계기준의 내용과 관련이 없는 것은?

① 매출채권을 양도하는 경우, 그 자산을 대차대조표에서 제거하고 장부금액과 수취한 대가의 차액은 매출채권처분손익 등 당기손익으로 인식한다.

② 자산과 부채는 유동성이 높은 항목부터 배열한다.

③ 이익잉여금처분계산서는 재무제표에 해당된다.

④ 손익계산서에서 중단사업손익을 별도로 구분하여 표시한다.

28. [중소기업회계기준] 다음 설명 중 틀린 것은?

① 재무제표는 비교형식이 아닌 해당 회계연도분만 작성할 수 있다.

② 자본은 자본금, 자본잉여금, 자본조정과 이익잉여금 또는 결손금으로 구분한다.

③ 이자수익은 유효이자율법이나 정액법을 적용하여 기간의 경과에 따라 인식한다.

④ 유형자산의 감가상각방법은 정액법, 정률법, 생산량비례법, 연수합계법 중 하나를 선택한다.

주관식

기업회계2급 시험은 객관식으로 출제되나, 수험생들의 학습효과를 배가시키기 위해서 계산문제 등은 주관식으로 편집했습니다.

01. 재무회계 개념체계에서 말하는 재무제표의 기본가정을 3가지를 적으시오.

02. 다음은 일반기업회계기준상 재무제표의 기본가정에 대한 설명이다. 아래의 (가) 안에 들어갈 내용을 적으시오.

기업실체의 경영활동에 있어 청산이나 사업축소 등을 가정하지 않고, 그 목적을 수행하기에 충분할 정도로 장기간 존속한다는 가정을 계속기업의 가정이라고 한다. 이 가정은 재무제표를 (가)로 평가하는 근거를 제공한다.

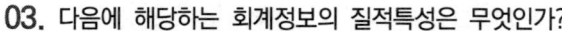

03. 다음에 해당하는 회계정보의 질적특성은 무엇인가?

> 어떤 기업실체의 투자자가 특정 회계연도의 재무제표가 발표되기 전에 당해 연도와 그 다음 연도의 이익을 예측하였으나 재무제표가 발표된 결과 당해 연도의 이익이 자신의 이익 예측치에 미달하는 경우, 투자자는 그 다음 연도의 이익 예측치를 하향 수정하게 된다. 이 예에서 당해 연도의 보고이익은 어떤 회계정보의 질적특성을 가지고 있는 정보로 볼 수 있다.

04. 재무제표의 질적 특성 중 신뢰성의 하부속성을 적으시오.

05. 다음 중 발생주의에 의한 회계처리에 해당하는 것을 모두 고른 것은?

> ㉠ 상품의 인도시점에 매출을 인식하는 것
> ㉡ 기계장치에 대한 감가상각비를 계상하는 것
> ㉢ 종업원에 대한 퇴직급여충당부채를 계상하는 것
> ㉣ 매출채권에 대한 대손충당금을 계상하는 것

06. 재무제표 요소의 측정기준 중 역사적 원가주의에 대한 설명을 모두 고르시오.

> 가. 다른 측정기준보다 더 단순하고 비용이 적게 든다.
> 나. 보다 검증 가능한 회계정보를 산출할 수 있다.
> 다. 미실현이익의 계상을 방지할 수 있다.
> 라. 회계정보의 적시성이 높아진다.

07. [중소기업 회계기준]상 재무제표 4가지를 적으시오.

연/습/문/제 답안

🔑 객관식

1	2	3	4	5	6	7	8	9	10
④	②	④	②	④	③	②	④	②	①

11	12	13	14	15	16	17	18	19	20
①	③	②	③	①	③	③	④	②	④

21	22	23	24	25	26	27	28
④	③	④	①	③	③	④	④

[풀이]

01. 법인기업의 회계연도는 **법인 설립 시 작성되는 정관에서 설정한 기간**이다. 단, 회계연도는 1년을 초과할 수 없다.

02. 개념체계는 회계기준이 아니므로 구체적 회계처리방법이나 공시에 관한 기준을 정하는 것을 목적으로 하지 않는다. 따라서 **개념체계의 내용이 특정 회계기준과 상충되는 경우에는 그 회계 기준이 개념체계에 우선한다.**

03. 재무회계개념체계 내용이 특정회계기준과 상충되는 경우 **특정 회계기준이 우선**한다.

04. 재무정보가 갖추어야 할 **가장 중요한 질적특성은 목적적합성과 신뢰성**이다.

05. 본 개념체계는 회계기준이 아니므로 구체적 회계처리방법이나 공시에 관한 기준을 정하는 것을 목적으로 하지 않는다.

06. 공정가치의 측정시 시장가격이 존재하지 않는 경우에는 시장참여자의 관점에서 당해 자산 또는 부채로부터의 **미래 현금흐름을 추정하고 그 현재가치를 측정함으로써 공정가치를 추정**할 수 있다.

07. 거래나 사건의 형식 보다는 그 **경제적 실질에 따라 회계처리하고 보고**하여야 한다.

08. 재무정보의 질적특성은 서로 절충이 필요할 수 있으며, 질적특성 간 절충의 필요는 목적적합성과 신뢰성 간에 발생할 수 있다.

09. 목적적합성 있는 정보는 정보이용자가 기업실체의 과거, 현재 또는 미래 사건의 결과에 대한 예측을 하는 데 도움이 되거나 또는 그 사건의 결과에 대한 정보이용자의 당초 기대치(예측치)를 확인 또는 수정할 수 있게 함으로써 의사결정에 차이를 가져올 수 있는 정보를 말한다.

10. 적시에 제공되어야 한다는 것은 **적시성으로 목적적합성의 하부속성**이다.

11. 현금유출입이 있는 기간이 아니라 **당해 거래나 사건이 발생한 기간에 인식하는 것**을 말한다.

12. 소유권 등의 법적 권리가 자산성 유무를 결정함에 있어 최종적 기준은 아니다.

13. 공정가치(또는 공정가액)는 **독립된 당사자 간의 현행 거래에서 자산이 매각 또는 구입되거나 부채가 결제 또는 이전될 수 있는 교환가치**이다.

14. 중요한 항목은 재무제표의 본문이나 주석에 그 내용을 가장 잘 나타낼 수 있도록 구분하여 표시하며, **중요하지 않은 항목은 성격이나 기능이 유사한 항목과 통합하여 표시**할 수 있다.

15. 재무제표의 기간별 비교가능성을 제고하기 위하여 재무제표 항목의 표시와 분류는 **다음의 경우를 제외하고는 매기 동일**하여야 한다.
    ① 일반기업회계기준에 의하여 재무제표 항목의 표시와 분류의 변경이 요구되는 경우
    ② 사업결합 또는 사업중단 등에 의해 영업의 내용이 유의적으로 변경된 경우
    ③ 재무제표 항목의 표시와 분류를 변경함으로써 기업의 재무정보를 더욱 적절하게 전달할 수 있는 경우

16. **자산과 부채, 수익과 비용은 원칙적으로 상계하여 표시하지 않는다.**

17. 자본변동표는 **일정기간 동안의 자본의 크기와 그 변동에 관한 정보**를 제공한다.

18. 중단사업손익은 중단사업으로부터 발생한 영업손익과 영업외손익으로서 사업중단직접비용과 중단사업자산손상차손을 포함하며, **법인세효과를 차감한 후의 순액으로 보고**하고 중단사업손익의 산출내역을 주석으로 기재한다. 이때 중단사업손익에 대한 법인세효과는 손익계산서의 중단사업손익 다음에 괄호를 이용하여 표시한다.

19. **미래에 자원이 유출되거나 사용될 것으로 예상되는 의무**를 말한다.

20. 수익과 비용은 총액으로 표시하는 것을 원칙으로 한다.

21. **당해 회계연도의 누적기간을 기준으로 인식**한다.

22. 중소기업회계기준은 자본을 **자본금, 자본잉여금, 자본조정과 이익잉여금(또는 결손금)**으로 구분한다.

23. 중소기업회계에서는 **포괄이익과 기타포괄손익의 개념이 없다.**

24. **분기, 반기재무제표는 적시에 재무정보가 제공되는 것(적시성)을 목적으로 하기 때문에 목적적합성**과 관련된다.

25. 판매비와관리비는 당해 비용을 표시하는 **적절한 항목으로 구분하여 표시하거나 일괄표시할 수 있다.** 일괄표시하는 경우에는 적절한 항목으로 구분하여 이를 주석으로 기재한다.

26. 진행 중인 손해배상소송에 대한 정보는 목적적합성 있는 정보일 수 있으나, 소송결과를 확실히 예측할 수 없는 상황에서 **손해배상청구액을 재무제표에 인식하는 것은 재무정보의 신뢰성을 저해할 수 있다.**

27. 중소기업회계기준의 손익계산서에는 **중단사업손익에 대해서 별도로 언급되어 있지 않다.**

28. 유형자산의 **감가상각방법은 정액법, 정률법, 생산량비례법** 중 하나를 선택한다.

주관식

01	기업실체, 계속기업, 기간별보고	02	역사적 원가	03	피드백가치 (확인역할)	
04	표현의 충실성, 중립성, 검증가능성	05	㉠, ㉡, ㉢, ㉣	06	가, 나, 다	
07	1. 대차대조표	2. 손익계산서		3. 이익잉여금처분계산서		4. 자본변동표

02. 계속기업의 가정은 재무제표를 **역사적원가로 평가하는 근거**를 제공한다.

05. 발생주의는 현금의 유입 및 유출에 관계없이 수익 또는 비용을 인식하는 개념이다. 모든 보기 문항은 발생주의에 따른 회계처리이다.

06. 가, 나, 다는 역사적원가주의 특징이고, **회계정보의 적시성은 공정가액(시가)주의에 관한 설명**이다.

계정과목별 이해 (자산)

Chapter 2

자산은

① **과거의 거래나 사건의 결과로서**

② **현재 기업에 의해 지배되고(통제)**

③ **미래에 경제적 효익을 창출할 것으로 기대되는 자원**이다.

자산은 원칙적으로 1년 기준에 의하여 유동자산과 비유동자산으로 구분된다.

제1절 유동자산

유동자산은 1년 이내에 현금화되는 유동성이 높은 자산이고, 그 외의 자산은 비유동자산으로 구분된다. 그러나 <u>1년을 초과하더라도 정상적인 영업주기 내(원재료 구입부터 대금회수까지 기간)에 실현될 것으로 예상되는</u> 매출채권 등은 유동자산으로 구분할 수 있다.

1. 당좌자산

유동자산 중 회사의 주된 영업활동과 관련하여 보유하고 있는 상품, 제품 등 재고자산을 제외한 나머지를 통틀어 당좌자산이라 한다. 즉, 판매과정을 거치지 않고 재무상태표일(보고기간말)로 부터 1년 이내에 현금화되는 모든 자산을 말한다.

(1) 현금 및 현금성 자산

현금은 기업이 소유하고 있는 자산 중에서 **가장 유동성이 높고** 경영활동에 있어 기본적인 지급 수단으로 사용되며,

현금 및 현금성자산이라는 계정으로 통합해서 별도항목으로 구분하여 표시한다.

① 현금(통화대용증권)

현금 자체가 유동적이며 자산 중에서 가장 유동성이 높은 자산이다. 현금은 통화와 통화대용 증권을 포함한다.

㉠ 통화

한국은행에서 발행한 지폐나 동전인 통화

㉡ 통화대용증권

통화는 아니지만 통화와 같은 효력이 있는 것으로 언제든지 통화와 교환할 수 있는 것으로서 **타인발행당좌수표, 은행발행자기앞수표, 송금수표, 가계수표, 우편환증서, 배당금지급 통지표, 만기가 도래한 공·사채 이자표 등**이 있다.

주의할 점은 우표나 수입인지, 수입증지는 현금처럼 유통될 수 없으므로 비용이나 선급비용으로 분류하고 차용증서(돈을 빌려 주고 받은 증서)는 대여금으로 분류한다.

☞ 수입인지 : 과세대상인 계약서를 작성시 소정의 수입인지(인지세)를 구입하여 첨부하여야 한다. 또한 행정기관의 인허가 관련에 따른 수수료 등에 대해서 수입인지를 구입하여야 한다.(중앙정부에서 발행)

수입증지 : 주민등록등 민원서류, 인허가 서류 제출시 수수료 등 행정처리 수수료이다.(지방자치단체에서 발행)

또한 **선일자수표는 매출채권 또는 미수금으로 분류**한다. 선일자수표란 실제 발행한 날 이후의 일자를 수표상의 발행일자로 하여 수표상의 발행일에 지급할 것을 약속하는 증서이다. 즉, 형식은 수표이지만 실질은 어음성격을 가지고 있다.

② 요구불예금

회사가 필요한 경우 언제든지 현금으로 인출할 수 있는 예금으로서 보통예금, 당좌예금 등이 있다.**(질권이 설정된 예금은 인출이 불가능하므로 현금성자산에서 제외된다.)**

☞ 질권 : 채권자가 채권의 담보로서 채무자의 물건을 수취하여 채무자가 변제할 때까지 수중에 두고, 변제하지 않은 때에는 그 물건에서 우선하여 변제를 받을 수 있는 담보물권을 말한다.

③ 현금성자산

"큰 거래 비용 없이 현금으로 전환이 용이하고, 이자율의 변동에 따라 가치변동 위험이 중요하지 않은 금융상품으로서 **취득당시 만기가 3개월 이내에 도래하는 것**"을 말한다.

ⓐ 금융시장에서 매각이 쉽고, 큰 거래비용 없이 현금으로 전환되기 쉬워야 한다.

ⓑ 금융상품이 이자율 변동에 따라 가격변동이 크지 않아야 한다.

ⓒ **취득당시 만기가 3개월 이내에 도래**하여야 한다.

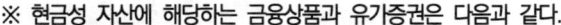

※ 현금성 자산에 해당하는 금융상품과 유가증권은 다음과 같다.
 - 취득 당시 만기가 3개월 이내 도래하는 채권
 - 취득당시 상환일 까지 기간이 3개월 이내인 상환우선주
 - 3개월 이내의 환매조건을 가진 환매채
☞ 전도금 : 본사와 지점을 가진 회사가 지점의 운영을 위하여 본사에서 일정한 금액을 미리 보내는 것으로 사용하기 전까지 현금으로 본다.

<당좌차월>

수표나 어음의 발행은 은행의 당좌예금잔액의 한도 내에서 발행하여야 하나, 은행과 당좌차월계약(차입계약)을 맺으면 예금잔액을 초과하여 계약 한도액까지 수표나 어음을 발행할 수 있는 방법이다. 이때 당좌예금 잔액을 초과하여 수표나 어음을 발행한 금액을 당좌차월이라고 하는데, 기업의 장부에는 당좌예금계정 대변의 잔액이 된다. **결산시점에 단기차입금의 계정과목으로 하여 유동부채로 분류한다.**

(2) 현금과부족(過不足) – 임시계정

현금과부족계정은 임시계정으로서 외부에 공시하는 재무상태표에 표시되어서는 안된다.

그러므로 현금불일치를 발견하였을 때 현금과부족이라는 임시계정에 회계처리 하였다가, 추후 차이내역을 규명하여 해당 계정으로 회계처리 하여야 한다.

그러나 **결산 시까지 그 원인이 밝혀지지 않는 경우 부족액은 잡손실계정(영업외비용)으로 처리하고, 초과액은 잡이익계정(영업외수익)으로 대체 처리하여야 한다.**

(3) 단기투자자산

회사가 단기적인 투자 목적으로 **단기금융상품, 단기매매증권, 단기대여금 및 유동자산으로 분류되는 매도가능증권, 만기보유증권** 등을 보유하고 있는 경우 그 자산을 통합하여 단기투자자산으로 공시할 수 있다.

즉, 단기투자자산은 각 항목별 금액 등이 중요한 경우에는 각각 표시하지만 중요하지 않은 경우에는 통합하여 단기투자자산으로 통합하여 공시할 수 있다.

① 단기금융상품

금융기관이 취급하는 정기예금·정기적금 및 기타 정형화된 금융상품 등으로 기업이 단기적 자금운영목적으로 보유하거나 **보고기간말로 부터 만기가 1년 이내에 도래**하여야 한다.

회계기간 중 정기예금·정기적금은 각각의 계정을 설정하여 회계처리를 하지만 발생빈도가 거의 없거나 비교적 소액일 경우 단기금융상품이라는 통합계정을 사용하기도 한다.

그리고 재무상태표를 작성하여 공시할 경우 단기금융상품으로 통합하여 표시한다.

② 단기대여금(VS 단기차입금)

금전소비대차계약에 따른 자금의 대여거래로 회수기한이 1년 내에 도래하는 채권이다.

☞ 소비대차 : 당사자 일방이 금전 기타 대체물의 소유권을 상대방에게 이전할 것을 약정하고, 상대방은 그와 동종·동질·
동량의 물건을 반환할 것을 약정하는 계약

(4) 유가증권의 회계

유가증권이란 재산권 또는 재산적 이익을 받을 자격을 나타내는 증권을 말한다. 회계에서 유가증권은 주식, 사채, 국채, 공채를 말하고 어음과 수표는 제외한다. 그러나 법에서의 유가증권은 어음과 수표도 포함된다.

유가증권은 증권의 종류에 따라 지분증권(주식)과 채무증권(사채(社債), 국채, 공채)로 분류한다. 회사가 유가증권에 투자하는 이유는 회사의 여유자금을 투자하여 이익을 얻을 수 있으면서도 자금이 필요할 때는 즉시 매각하여 현금화할 수 있기 때문이다.

① 유가증권의 분류

㉠ 단기매매증권 : 단기간 내의 매매차익을 목적으로 취득한 유가증권으로서 매수와 매도가 적극적이고 빈번하게 이루어지는 것을 말한다.

㉡ 매도가능증권 : 단기매매증권 또는 만기보유증권으로 분류되지 아니한 유가증권을 말한다.

㉢ 만기보유증권 : 만기가 확정된 채무증권으로서 상환금액이 확정되거나 확정이 가능한 채무증권을 만기까지 보유할 적극적인 의도와 능력이 있는 경우를 말한다.

㉣ **지분법적용투자주식** : 주식 중 다른 회사에 **중대한(유의적인 – 의미가 있다) 영향력을 행사할 수 있는 주식을** 말하는데 다음의 하나에 해당하는 경우를 말한다.

- 투자회사가 피투자회사의 의결권있는 주식의 20%이상을 보유
- 피투자회사의 이사회 또는 의사결정기관에의 참여
- 피투자회사의 이익잉여금분배나 내부유보에 관한 의사결정과정에의 참여
- 피투자회사의 영업정책결정과정에 참여
- 투자회사와 피투자회사 간의 중요한 내부거래
- 경영진의 인사교류 또는 필수적인 기술정보의 교환

단기매매증권은 유동자산으로 분류하나, 만기보유증권, 매도가능증권, 지분법적용투자주식은 1년 내에 만기가 도래하거나 매도 등에 의하여 처분할 것이 확실할 때 유동자산으로 분류한다.

② 취득원가 : **매입가액에 취득부대비용을 합한 금액**으로 한다.

다만 **단기매매증권의 경우에는 매입가액을 취득가액으로** 하고, <u>매입시 매입수수료등의 부대비용은</u> 당기비용(수수료비용 – 영업외비용)으로 처리한다.

③ 보유시 과실에 대한 회계처리

	이자 또는 배당금 수취시	
㉠ 채무증권	이자수익으로 처리	
㉡ 지분증권	현금배당	배당금수익
	주식배당	**회계처리는 하지 않고 수량과 단가를 새로이 계산한다.**

④ 유가증권의 기말평가

	평가액	평가손익
㉠ 단기매매증권	공정가액	영업외손익
㉡ 매도가능증권	공정가액	**자본(기타포괄손익누계액)**
	원가법	–
㉢ 만기보유증권	평가하지 않음 (장부가액 : 상각후원가[*1])	–
㉣ 지분법적용투자주식	지분법으로 평가[*2]	**영업외손익**

*1. <u>만기보유증권은 상각후원가법으로 평가한다.</u> 상각후 원가법이란 취득원가와 액면가액이 다른 경우 그 차액을 상환기 간동안 취득원가에 가감하여 만기일의 장부금액을 액면가액에 일치시키는 방법이다. 이때 액면가액과의 차액은 유효 이자율법을 적용하여 상환기간에 걸쳐 배분한다.⇐ 사채발행시 사채의 장부가액이 투자자 입장에서는 상각후원가가 됩니다.

*2. 취득시점 이후에 주식의 공정가액으로 평가하지 않고 지분변동액을 당해 지분법적용투자주식에 가감하여 보고하는 방 법을 말한다.

⑤ 손상차손 인식과 환입

회사는 매 회계기간말 마다 보유한 유가증권에 대하여 손상차손(회수가능가액이 취득가액보다 작은 경우) 인식할 것을 고려하여야 한다. 이러한 손상차손은 원칙적으로 개별 유가증권별로 측정하고 인식하는 것을 원칙으로 하고, 영업외비용으로 처리한다.

지분증권의 손상차손은 지분증권발행회사의 신용위험이 증가하여 공정가액의 회복이 불가능한 경우에 인식하는 것이다.

> **유가증권손상차손 = 장부가액 – 회수가능가액**

☞ <u>단기매매증권은 손상차손을 인식하지 않는다. 왜냐하면 단기매매증권은 기말마다 공정가치로 평가하고, 평가손익을 당기 손익으로 반영하였기 때문이다.</u>

공정가치로 평가하는 매도가능증권의 경우에는 **이전에 인식하였던 손상차손 금액을 한도로 하여 회복된 금액을 당기이익(손상차손 환입)으로** 인식한다.

손상차손에 대한 객관적인 증거

1. 금융기관으로부터 **당좌거래 정지처분을 받은 경우**, 청산 중에 있거나 **1년 이상 휴업 중인 경우**, 또는 완전자본잠식 상태에 있는 경우와 같이 유가증권발행자의 재무상태가 심각하게 악화된 경우
2. 이자 지급과 원금 상환의 지연과 같은 계약의 실질적인 위반이나 **채무불이행**이 있는 경우
3. 채무자 회생 및 파산에 관한 법률에 의한 회생절차개시의 신청이 있거나 회생절차가 진행 중인 경우와 같이, 유가증권발행자의 재무적 곤경과 관련한 경제적 또는 법률적인 이유 때문에 당초의 차입조건의 완화가 불가피한 경우
4. **유가증권발행자의 파산가능성이 높은 경우**
5. 과거에 그 유가증권에 대하여 손상차손을 인식하였으며 그 때의 손상사유가 계속 존재하는 경우
6. **유가증권발행자의 재무상태가 악화되어 그 유가증권이 시장성을 잃게 된 경우** 등
   ☞ 유가증권이 상장 폐지되어 시장성을 잃더라도 그것이 반드시 손상차손의 증거가 되지는 않는다.

---

⑥ 유가증권의 처분

유가증권 처분시 처분가액과 처분당시 장부가액(매도가능증권의 장부가액과 기타포괄손익누계액을 가감하면 매도가능증권의 취득가액이 된다)을 비교하여 이를 당기손익에 반영한다. 또한 **처분시 발생하는 증권거래 수수료나 증권거래세 등의 부대비용은 처분가액에서 차감하여 회계처리**한다.

⑦ 유가증권의 재분류(보유목적변경)

유가증권의 보유의도와 보유능력에 변화가 있어 재분류가 필요한 경우에는 다음과 같이 처리한다.

에서		으로	비고
단기매매증권		단기매매증권	
매도가능증권		매도가능증권	**단기매매증권이 시장성상실**
만기보유증권		만기보유증권	

가능 → 불가능 ┄┄▶

47

<예제> 매도가능증권과 단기매매증권

㈜한강의 다음 거래를 매도가능증권, 단기매매증권인 경우 각각 분개하시오.
1. 20×1년 10월 1일 ㈜한라의 주식 100주를 주당 8,000원과 매입수수료 10,000원을 현금지급하다.
   (㈜한라의 주식은 시장성이 있고, 장기적인 투자수익을 목적으로 취득하다)
2. 20×1년 12월 31일 ㈜한라의 주식의 공정가액은 주당 9,000원이다.
3. 20×2년　3월 31일 ㈜한라로부터 주당 100원의 배당금을 현금수취하다.
4. 20×2년　7월 31일 ㈜한라의 주식 50주를 주당 7,000원에 처분하고 증권거래세 등 수수료 10,000원을 차감한 금액이 당사 보통예금 계좌에 입금되다.
5. 20×2년　8월 31일 ㈜한라로부터 무상주 10주를 지급받다.

해답

	매도가능증권			단기매매증권		
1.	(차) 매도가능증권	810,000		(차) 단기매매증권	800,000	
				수수료비용[*1](영)	10,000	
	(대) 현　　　금		810,000	(대) 현　　　금		810,000
2.	(차) 매도가능증권	90,000		(차) 단기매매증권	100,000	
	(대) 매도가능증권평가익[*1]		90,000	(대) 단기매매증권평가익[*2]		100,000
	(자본-기타포괄손익누계액)			(영업외수익)		
	*1. 100주× 9,000원(공정가액)－100주×8,100원(장부가)					
	*2. 100주× 9,000원(공정가액)－100주×8,000원(장부가)					
3.	(차) 현　　　금	10,000		좌동		
	(대) 배당금수익		10,000			
4.	(차) 보통예금	340,000		(차) 보통예금	340,000	
	매도가능증권평가익[*1]	45,000		단기매매증권처분손[*3]	110,000	
	매도가능증권처분손[*2]	65,000		(영업외비용)		
	(영업외비용)					
	(대) 매도가능증권		450,000	(대) 단기매매증권		450,000
	*1. 90,000원(매도가능증권평가익)/100주×50주					
	*2. 처분가액－취득가액＝340,000－50주 × 8,100원＝△65,000원					
	☞ 취득가액＝장부가액(450,000)－평가이익(45,000)＝405,000원					
	*3. 처분가액－장부가액＝340,000－50주 × 9,000원＝△110,000원					

5.	– 회계처리없음 – 단가재계산 : (기존주식수×장부단가)/(기존주식수＋무상주식수) ＝(50×9,000) ÷ 60＝7,500

〈단기매매증권과 매도가능증권〉

	단기매매증권	매도가능증권
의 의	단기간 시세차익목적	언제 매도할지 모름
취득가액	**매입가액**	**매입가액＋취득부대비용**
기말평가	공정가액	공정가액(공정가액이 없는 경우 원가법)
	미실현보유손익 : 실현됐다고 가정 **(영업외손익 － 단기매증권평가손익)**	**미실현보유손익** **(자본 － 기타포괄손익누계액)**
처분손익	**처분가액 － 장부가액**	**처분가액 － 취득가액** ☞ 취득가액＝장부가액＋평가손실－평가이익

(5) 채권·채무회계

채권이란 기업이 영업활동을 수행하는 과정에서 재화나 용역을 외상으로 판매하고 그 대가로 나중에 현금 등을 받을 권리 또는 다른 회사나 타인에게 자금을 대여하고 그 대가로 차용증서나 어음을 수취하는 경우 등을 통칭하여 채권이라 부른다.

반대로 채무는 다른 회사나 타인에게 재화 또는 용역 또는 현금을 지급해야 할 의무를 말한다.

채권자		거 래	채무자	
매 출 채 권	외상매출금	일반적인 상거래 발생한 채권·채무	매 입 채 무	외상매입금
	받 을 어 음			지 급 어 음
미 수 금		일반적인 상거래 이외에서 발생한 채권·채무	미 지 급 금	
대 여 금		자금거래에서 발생한 채권·채무	차 입 금	
선 급 금		재화나 용역의 완료 전에 지급하는 계약금	선 수 금	

① 외상매출금(VS 외상매입금) : **상거래 채권**

상품매매업에 있어서 가장 빈번하게 발생하는 거래는 상품의 매출/매입거래이다. 그리고 대부분의 상품매매거래는 신용으로 거래되는 것이 대부분이다. 이때 사용하는 회계계정과목이 외상매출금과 외상매입금이다. 즉, 회사 영업의 주목적인 일반 상거래(상품이나 제품판매)에서 발생한 채권을 외상매출금, 채무를 외상매입금이라고 한다.

② 받을어음(VS 지급어음) : **상거래 채권**

어음이란 상품을 구입한 구매자가 일정기일에 대금을 판매자에게 지급하겠다고 약속하는 증서이다.

㉠ 어음의 양도

어음의 소지인은 만기일 전에 어음상의 권리를 자유로이 타인에게 양도할 수 있다. 어음을 양도할 때 어음 뒷면에 필요사항을 기입하고 서명날인하는 것을 배서라고 한다.

㉡ 어음의 추심위임배서

어음을 추심의뢰 할 때에도 어음에 배서를 하여야 하는데 이것을 추심위임배서라 하고, 은행은 일정액의 추심수수료를 지급받게 되는데, **추심수수료는 영업상의 거래에 해당하므로 수수료비용(판매비와 관리비)로 처리한다.**

㉢ 어음의 할인

기업의 자금이 부족한 경우에는 소지하고 있는 어음을 만기일 전에 금융기관에 선이자(할인료)와 수수료를 공제하고 대금을 받을 수 있는데 이를 어음의 할인이라고 한다.
어음을 할인한 경우(매각거래일 경우) 할인료와 수수료는 매출채권처분손실이라는 영업외비용으로 처리한다.

〈어음의 할인 및 추심〉

	중도매각(매각거래)	추심(만기)
	할인료	추심수수료
성 격	영업외거래	영업거래
	영업외비용	판매비와관리비
회계처리	(차) 현 금 XX **매출채권처분손실(영)** XX (대) 받 을 어 음 XX	(차) 현 금 XX **수수료비용(판)** XX (대) 받 을 어 음 XX

③ 미수금(VS 미지급금)

상품의 매매 등 일반적 상거래에서 발생한 채권, 채무에 대해서는 매출채권과 매입채무라는 계정을 사용하지만 **그 이외의 거래에서 발생하는 채권, 채무**는 미수금이나 미지급금 계정을 사용한다. **비록 토지 등을 구입하거나 처분 시에 어음을 지급하거나 수취하더라도 지급어음이나 받을어음계정을 사용해서는 안되고 미수금, 미지급금 계정을 사용하여야 한다.**

④ 대손회계

기업이 보유한 모든 채권을 100% 회수 한다는 것은 거의 불가능하다. 채권은 채무자의 부도, 파산, 사망 등의 이유로 일정 부분 회수 불가능한 위험을 가지고 있다. 이렇게 채무자의 파산, 부도, 사망 등의 사유로 회수가 불가능하게 된 경우를 "**대손**"이라고 한다. 기업회계기준에서 대손에 관한 회계처리는 충당금설정법(보충법)으로 회계처리 하도록 규정하고 있다.

구　분	회계처리
1. 대손시	★ 대손충당금 계정잔액이 충분한 경우 　(차) 대손충당금　　　×××　　(대) 매 출 채 권　　　××× ★ 대손충당금 계정잔액이 부족한 경우 　(차) 대손충당금　×××(우선상계)　(대) 매 출 채 권　　××× 　　　대손상각비　　×××
2. 대손처리한 　 채권회수시	★ **대손세액공제적용 채권** 　(차) 현 금 등　　×××　(대) 대손충당금　　××× 　　　　　　　　　　　　　　　**부가세예수금　×××**[1] 　*1. 회수금액 × 10/110 ★ **대손세액공제미적용 채권** 　(차) 현 금 등　　×××　(대) 대손충당금　　×××
3. 기말설정	**기말 설정 대손상각비 = 기말매출채권잔액 × 대손추정율 − 설정전 대손충당금잔액** ★ 기말대손추산액 〉설정전 대손충당금잔액 　(차) 대손상각비(판)　×××　(대) 대손충당금　　××× ★ 기말대손추산액 〈 설정전 대손충당금잔액 　(차) 대손충당금　×××　(대) **대손충당금환입(판관비)** ×××
4. 대손상각비의 　 구분	<table><tr><td></td><td>설　정</td><td>환　입</td></tr><tr><td>**매출채권**</td><td>대손상각비(판관비)</td><td>**대손충당금환입(판)**</td></tr><tr><td>**기타채권**</td><td>**기타의 대손상각비(영·비)**</td><td>대손충당금환입(영·수)</td></tr></table>
5. 대손충당금 　 표시	**총액법(매출채권과 대손충당금을 모두 표시)으로 할 수 있으며, 순액법(매출채권에서 대손충당금을 차감)으로 표시한 경우 주석에 대손충당금을 기재한다.**

<예제> 대손회계

다음은 ㈜한강의 거래내역이다. 다음의 거래를 분개하고 대손충당금 T계정을 작성하시오.

20×1년 기초 외상매출금에 대한 대손충당금은 100,000원이다.

1. 3월 15일 외상매출금 중 150,000원이 대손 확정되었다.
2. 3월 31일 전기에 대손처리한 외상매출금중 80,000원이 현금 회수되었다.
3. 4월 30일 외상매출금 중 40,000원이 대손 확정되었다.
4. 12월 31일 기말 외상매출금잔액이 20,000,000원인데 대손추정율을 2%로 추산하였다.

해답

1.	(차) 대손충당금[*1]	100,000원	(대) 외상매출금	150,000원
	대손상각비(판)	50,000원		
	*1. 대손충당금을 우선상계하고 부족한 경우에는 대손상각비로 처리한다.			
2.	(차) 현 금	80,000원	(대) 대손충당금	80,000원
3.	(차) 대손충당금	40,000원	(대) 외상매출금	40,000원
4.	(차) 대손상각비(판)	360,000원[*1]	(대) 대손충당금	360,000원
	*1. 기말 설정 대손상각비＝기말외상매출금잔액×대손추정율－설정전 대손충당금 **＝20,000,000×2%－40,000＝360,000**			

대손충당금

1.외상매출금	100,000	기 초 잔 액(1/1)	100,000
3.외상매출금	40,000	2.현 금	80,000
기말잔액(12/31)	**400,000**	4.대손상각비	**360,000**
계	540,000	계	540,000

대손추산액

당기 대손상각비＝대손추산액－설정전대손충당금

(6) 기타의 당좌자산

① 미수수익(VS 미지급비용)

발생주의에 따라 인식한 수익의 당기 기간경과분에 대한 수익으로서 아직 현금으로 미수취한 경우에 당기에 수익을 가산하는 동시에 **미수수익(당좌자산)**으로 계상하여야 한다.

② 선급비용(VS 선수수익)

발생주의에 따라 당기에 선 지급한 비용 중 차기비용으로서 차기 이후로 이연할 금액을 말한다. 즉, 당기에 지출한 비용 중 내년도 비용은 결산일 기준으로 자산에 해당된다.

③ 선급금(VS 선수금)

일반적 상거래에 속하는 재고자산의 구입 등을 위하여 선 지급한 계약금을 말한다.

장차 재고자산 등이 납품되면 재고자산으로 대체 정리될 잠정적인 재화나 용역에 대한 청구권을 내용으로 하는 채권계정이다.

④ 선납세금

손익계산서상의 법인세비용이란 기업의 당해 연도에 부담하여야 할 법인세와 지방소득세(법인분)를 말하는데, 선납세금은 중간 예납한 법인세와 기중에 원천징수 된 법인세 등이 처리되는 계정으로서 기말에 법인세비용으로 대체된다.

⑤ 부가세대급금(VS 부가세예수금)

부가가치세 과세대상 재화 등을 구입 시 거래징수 당한 부가가치세 매입세액을 말하는 것으로서 추후 부가가치세 신고 시 매입세액으로 공제된다.

⑥ 소모품

소모성 비품 구입에 관한 비용으로서 사무용품, 소모공구 구입비 등 **회사가 중요성에 따라 자산을 처리하는 것**을 말한다.

(7) 가지급금과 가수금

① 가지급금

회사에서 미리 지급한 금액 중 계정과목이나 금액이 미 확정시 그 내역을 파악할 때까지 일시적으로 처리해두는 계정이다.

② 가수금

회사에 입금된 금액 중 계정과목이나 금액이 미 확정시 그 내역을 파악할 때까지 일시적으로 처리해 두는 계정이다. 추후 입금된 내역이 확정시 해당 본 계정으로 회계처리 하여야 한다.

재무상태표 작성기준 중 <u>**이러한 임시계정은 외부에 공시되는 재무상태표에 표시되어서는 안된다.**</u>

(8) 채권을 이용한 자금조달

① 어음의 할인

기업의 자금이 부족한 경우에는 소지하고 있는 어음을 만기일 전에 금융기관에 선이자(할인료)와 수수료를 공제하고 대금을 받을 수 있는데 이를 어음의 할인이라고 한다.

어음을 할인한 경우(매각거래일 경우) 할인료와 수수료는 매출채권처분손실이라는 영업외비용으로 처리한다.

② 매출채권의 양도

매출채권을 타인에게 양도, 할인 등을 하는 경우 당해 채권에 대한 권리와 의무가 실질적으로 양수인에게 이전되는 경우에 한하여, 매출채권을 제거토록 하고 그 이외의 경우에는 차입거래로 보도록 하고 있다.

〈금융 자산(매출채권)을 제거할 수 있는 사례〉

1. 금융자산으로부터 현금흐름에 대한 **계약상 권리가 소멸하거나 결제된 경우**
2. 금융자산과 관련된 **유의적인[*1] 위험과 보상 모두를 상대방에게 양도한 경우**
3. 금융자산과 관련된 유의적인 위험과 보상의 일부를 보유하더라도 **양수자는 그 자산 전체를 매각할 수 있는 실질적인 능력을 가기고 있으며 일방적으로 행사할 수 있는 경우**

☞ **상환청구권** : 매출채권을 양도한 후 채무자가 채무불이행시 매출채권양수인(금융기관)이 채권 양도자에게 채권의 지급을 요구할 수 있는 권리를 말하는데, 이러한 상환청구권 유무에 따라서 매각거래와 차입거래의 구분과 관련이 없다.

 −상환청구권이 있는 경우 : 대손비용을 매출채권의 양도자(기업)가 부담
 −상환청구권이 없는 경우 : 대손비용을 매출채권의 양수자(금융기관)가 부담

---

*1. 중요한, 의미있는

매각거래		차입거래	
(차) 현 금	XXX	(차) 현 금	XXX
매출채권처분손실	XXX	이 자 비 용[*1]	XXX
(대) 매 출 채 권	XXX	(대) (단기)차입금	XXX

*1. 할인료는 선이자성격이다.

(9) 장기채권·채무의 현재가치 평가

화폐의 현재가치에 대해서 전산세무1급 시험에서는 거의 출제되지 않으나, 현재가치를 이해여야 사채를 이해할 수 있고, 향후 회계를 심도있게 공부할 수험생들에는 필수적 요소이다.

① 화폐의 시간가치

동일한 금액이라 하더라도 시간의 경과에 따라 화폐의 가치는 달라진다. 현재시점의 10,000원은 5년 후의 10,000원의 가치보다 클 것이다. 즉 현재 가치에 대하여 미래 가치가 대등하게 하기 위하여는 적절한 대가를 요구하는데 이를 이자라 한다.

㉠ 일시금의 미래가치

'일시금의 미래가치(future value : FV)'란 현재 일시금으로 지급한 금액에 복리를 적용한 이자를 합한, 미래에 받을 원리금(원금＋이자)합계액을 말한다.

예를 들어 10,000원을 5%의 정기예금에 가입했다고 가정하자. 1년 후에 원금 10,000원과 이에 대한 이자 500원(10,000원 × 5%)을 합한 금액 10,500원을 은행으로부터 돌려받는다. 또한 2년 후에는 1년 후의 원금 10,500원과 이에 대한 이자 525원(10,500원 × 5%)을 돌려 받는다.

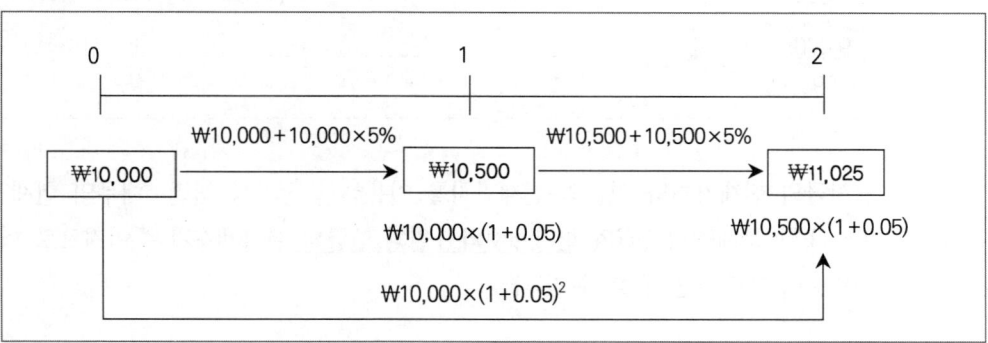

㉡ 일시금의 현재가치

'일시금의 현재가치(present value : PV)'란 미래가치의 반대개념으로 미래 일시에 받을 금액에서 복리를 적용한 이자를 차감해서 현시점의 가치로 환산한 금액을 말한다. 예를 들어 5%의 이자율에서 2년 후에 받을 11,025원의 현재시점의 가치는 미래가치를 계산하는 과정을 반대로 적용하면 된다.

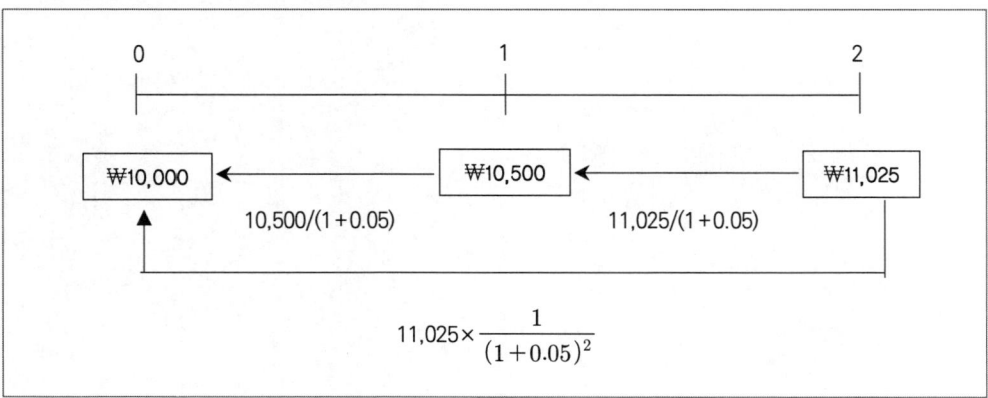

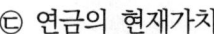

ⓒ 연금의 현재가치

'연금(annuity)'이란 매년 일정한 금액의 현금을 지급하거나 받는 것을 말한다.

이자율이 5%이고 1년 후부터 2년간 매년 ₩10,000씩 유입되는 연금의 현재가치는 다음의 그림과 같다.

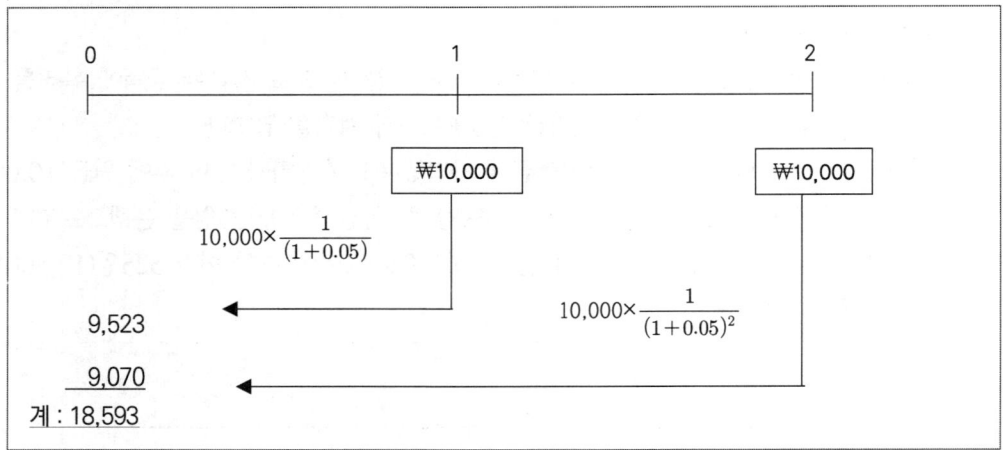

이러한 일시금의 현재가치와 연금의 현재가치를 이용해서 장기성 채권·채무의 현재가치를 구할 수 있다. 또한 문제에서 **1원의 현가계수와 1원의 연금의 현가계수**가 주어지므로 미래 일시금과 연금으로 현재가치를 구할 수 있다.

<예제> 현재가치

이자율은 연 10%이다. 다음에 대하여 현재가치를 계산하시오.
1. 3년후 수취하기로 한 10,000원의 현재가치
2. 3년간 매년 말 10,000원씩 수취하기로 한 현재가치

해답

1. 미래현금흐름(3년 후 10,000원)

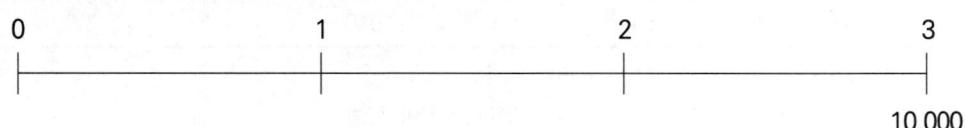

$$현재가치 = 10,000 \times \frac{1}{(1+0.1)^3} = 7,513원$$

2. 미래현금흐름(3년 후 10,000원)

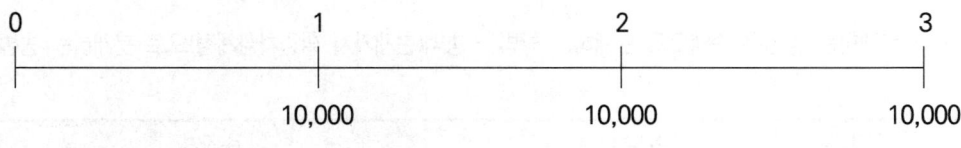

$$현재가치 = 10,000 \times [\frac{1}{(1+0.1)} + \frac{1}{(1+0.1)^2} + \frac{1}{(1+0.1)^3}] = 24,868원$$

☞ 현재가치 계산시 현가계수와 연금현가계수를 주는데,

$\frac{1}{(1+0.1)^3}$ 의 0.7513을 **현가계수(10%, 3기간)**이라 하고,

$[\frac{1}{(1+0.1)} + \frac{1}{(1+0.1)^2} + \frac{1}{(1+0.1)^3}]$의 2.4868을 **연금현가계수(10%,3기간)**이라고 한다.

1번의 경우 현재가치(7,513원)와 미래현금흐름(10,000원)의 차액(2,487원)을 기간 동안 이자수익 또는 이자비용으로 인식한다. 이때 사용하는 **할인율을 유효이자율**이라고 한다. 이러한 변동사항을 계산하는 표를 상각표라 한다.

1번의 사례를 이용하여 회계처리를 해보자. 제품을 판매하고 3년후 10,000원을 수령하기로 하고, 이때 유효이자율을 10%라고 하자.
이때 이자수익(사채의 경우 이자비용)은 자산(또는 부채)의 장부금액에 유효이자율을 곱하여 계산한다.

이자수익(이자비용) = 자산(부채)의 (기초)장부금액 × 유효이자율

〈상각표〉

연도	유효이자(A) (BV×유효이자율)	할인차금상각 (B)	장부금액 (BV)
20x1. 1. 1			7,513
20x1.12.31	751[*1]	751	8,264[*2]
20x2.12.31	826[*3]	826	9,090
20x3.12.31	910[*4]	910	10,000

*1. 7,513 × 10%   *2. 7,513 + 751
*3. 8,263 × 10% = 826   *4. 9,090 × 10% = 910(단수차이 조정)

기말장부금액(상각후원가) = 기초장부금액 ± 상각액

위의 사례에서 분개하는 방법은 순액으로 분개하는 방법과 총액(현재가치 할인차금계정)으로 분개하는 방법이 있다.

	총액법		순액법	
1. X1년 초	(차) 매출채권	10,000	(차) 매출채권	7,513
	(대) 매 출	7,513	(대) 매 출	7,513
	현재가치할인차금	2,487		
	☞ 현재가치할인차금은 매출채권을 차감하는 계정이다.			
2. X1년 말	(차) 현재가치할인차금	751	(차) 매출채권	751
	(대) 이자수익	751	(대) 이자수익	751
3. X2년 말	(차) 현재가치할인차금	826	(차) 매출채권	826
	(대) 이자수익	826	(대) 이자수익	826
3. X3년 말	(차) 현재가치할인차금	910	(차) 매출채권	910
	(대) 이자수익	910	(대) 이자수익	910
3. X3년 말 수령	(차) 현 금	10,000	(좌동)	
	(대) 매출채권	10,000		

② 기업회계기준상 현재가치 평가

재화등을 공급한 경우 그 대가를 장기간(1년 초과)걸쳐서 수취시 현재가치로 평가해야 한다. 이러한 명목가액과 현재가치의 차이를 현재가치할인차금으로 인식하고 이 할인차금은 보유기간동안 이자수익(또는 장기채무시 이자비용)으로 인식한다.

이러한 금융자산과 부채의 최초 인식시점에 **현재가치로 측정하는데 적용할 할인율은 유효이자율**이다.

현재가치평가대상	현재가치평가대상제외
1. 장기매출채권 또는 장기매입채무(기타채권 포함) 2. 장기금전대차거래 : 투자채권, 장기대여금, 　　장기차입금, 사채 등	1. 선급금, 선수금, 선급비용, 선수수익 2. 이연법인세자산과 이연법인세 부채

연/습/문/제

 객관식

01. 다음 중 현금및현금성자산에 대한 설명으로 틀린 것은?

① 기업의 유동성 판단에 중요한 정보이므로 유동자산에 별도 항목으로 구분하여 표시한다.

② 통화 및 타인발행수표 등 통화대용증권과 당좌예금, 보통예금이 포함된다.

③ 사용의 제한이 있는 예금을 포함한다.

④ 현금으로 전환이 용이하고 이자율 변동에 따른 가치변동의 위험이 경미한 금융상품으로서 취득 당시 만기일이 3개월 이내인 금융상품이 포함된다.

02. 다음 중 유가증권에 관한 설명으로 틀린 것은?

① 단기매매증권과 매도가능증권은 공정가치로 평가한다.

② 단기매매증권이 시장성을 상실한 경우에는 매도가능증권으로 분류하여야 한다.

③ 매도가능증권은 만기보유증권으로 재분류할 수 있으며 만기보유증권은 매도가능증권으로 재분류할 수 있다.

④ 유가증권과목의 분류를 변경할 때에는 재분류일 현재의 장부가액으로 변경한다.

03. 일반기업회계기준에서 유가증권의 보유의도와 보유능력에 변화가 있어 재분류가 필요한 경우에 대한 설명으로 틀린 것은?

① 단기매매증권은 원칙적으로 다른 유가증권 과목으로 재분류할 수 없다.

② 매도가능증권은 만기보유증권으로 재분류할 수 있다.

③ 만기보유증권은 매도가능증권으로 재분류할 수 있다.

④ 유가증권 과목의 분류를 변경할 때에는 취득원가로 평가한 후 변경한다.

04. 다음 중 유가증권에 대한 설명으로 틀린 것은?

① 유가증권은 증권의 종류에 따라 지분증권과 채무증권으로 분류할 수 있다.

② 단기매매증권과 매도가능증권은 지분증권으로 분류할 수 있으나 만기보유증권은 지분증권으로 분류할 수 없다.

③ 보고기간종료일로부터 1년 이내에 만기가 도래하는 만기보유증권의 경우, 유동자산으로 재분류하여야 하므로 단기매매증권으로 변경하여야 한다.

④ 단기매매증권은 주로 단기간 내에 매매차익을 목적으로 취득한 유가증권을 말한다.

05. ㈜연수는 당기 중에 ㈜세무의 지분증권 100주를 500,000원에 취득하면서 취득수수료 10,000원을 추가로 지급하였다. 당기 말 현재 동 지분증권의 공정가치는 600,000원이다. ㈜연수가 동 지분증권을 취득시 단기매매증권으로 분류하는 경우와 매도가능증권으로 분류하는 경우의 회계처리에 대한 설명으로 다음 중 틀린 것은?

① 단기매매증권의 경우 취득원가는 500,000원이다.

② 매도가능증권의 경우 기말에 비용으로 계상되는 금액은 0원이다.

③ 단기매매증권의 경우 순이익이 90,000원 증가한다.

④ 매도가능증권의 경우 기타포괄이익이 100,000원 증가한다.

06. ㈜대한의 20x1년도 주식거래 내역은 아래와 같다. ㈜대한이 취득한 주식을 모두 매도가능증권으로 분류할 경우 ㈜대한의 20x1년도 기말 재무제표에 보고될 항목과 금액으로 올바른 것은?

> • 20x1년 07월 12일 : 주식 500주를 주당 10,000원에 취득하고 거래수수료 50,000원을 지급함.
> • 20x1년 09월 25일 : 주식 200주를 주당 10,500원에 매각함.
> • 20x1년 12월 31일 : 주식의 공정가액은 주당 9,600원임.

① 매도가능증권 2,880,000원, 매도가능증권평가손실 120,000원

② 매도가능증권 2,880,000원, 매도가능증권평가손실 150,000원

③ 매도가능증권 3,000,000원, 매도가능증권처분이익 100,000원

④ 매도가능증권 3,030,000원, 매도가능증권처분이익 80,000원

07. ㈜서하의 매출채권 중 2,000,000원이 대손확정 되었다. 대손 확정 당시 ㈜서하의 매출채권에 대한 대손충당금 잔액이 1,000,000원이었다. 당해 대손확정이 ㈜서하의 재무제표에 미치는 영향으로 틀린 것은?

① 순자산가액은 불변이다.　　　　　　② 순이익이 감소한다.

③ 매출채권 총액이 감소한다.　　　　　④ 자본총액이 감소한다.

08. 다음 중 매출채권에 대한 대손충당금의 과소설정이 재무제표에 미치는 영향으로 틀린 것은?

① 비용의 과소계상   ② 자산의 과소계상

③ 당기순이익의 과대계상   ④ 이익잉여금의 과대계상

09. 다음 중 충당금설정법에 따른 대손 회계처리에 대한 설명으로 틀린 것은?

① 대손이 실제로 발생했을 때 대손비용을 인식하므로 객관적이다.

② 수익·비용 대응의 원칙에 충실하다.

③ 매출채권이 순실현가능가치로 평가된다.

④ 기업회계기준에서 인정하는 방법이다.

10. 다음 중 매출채권의 처분을 매각거래로 보기 위한 요건으로 틀린 것은?

① 양수인은 양수한 매출채권에 대해 매도인이 요구하는 경우 반환할 의무가 있어야 한다.

② 양도인은 매출채권 양도 후 당해 양도자산에 대한 권리를 행사할 수 없어야 한다.

③ 양도인은 매출채권 양도 후에 효율적인 통제권을 행사할 수 없어야 한다.

④ 양수인은 양수한 매출채권을 처분(양도 및 담보제공 등)할 자유로운 권리를 갖고 있어야 한다.

11. 다음 기말 자료에서 당좌자산의 합계액과 재고자산의 합계액으로 올바른 것은?

• 보통예금 :540,000원	• 원재료 :1,500,000원	• 제품 :2,100,000원
• 장기대여금 :500,000원	• 영업용차량 :2,000,000원	• 단기금융상품 :1,200,000원

	당좌자산	재고자산
①	540,000원	3,600,000원
②	1,740,000원	3,600,000원
③	540,000원	1,500,000원
④	1,740,000원	2,100,000원

12. ㈜세무는 20x1년 9월 1일에 1년분 화재보험료 120,000원을 현금으로 지급하면서, 전액을 보험료로 비용 처리하였다. 보험료에 대한 기말 수정분개가 미치는 영향을 고른 것은?

㉠ 유동자산이 증가한다.   ㉡ 비용이 증가한다.   ㉢ 당기순이익이 증가한다.

① ㉠, ㉡   ② ㉡, ㉢

③ ㉢   ④ ㉠, ㉢

13. 일반기업회계기준에 따라 현재가치에 의해 평가되어야 할 채권 또는 채무에 해당하지 않는 것은?

① 리스회계에 있어서의 금융리스부채

② 장기금전대차거래에서 발생하는 채권과 채무

③ 장기의 선급금과 선수금

④ 장기연불조건의 매매거래에서 발생하는 채권과 채무

14. 다음 중 유가증권의 손상차손이 발생했다는 객관적인 증거에 해당하지 않는 것은?

① 1년 이상 휴업 중인 경우

② 청산 중인 경우

③ 이자 지급과 원금 상환의 지연과 같은 계약의 실질적인 위반이나 채무불이행이 있는 경우

④ 유가증권이 상장 폐지된 경우

 **주관식**

01. 다음 자료에 의하여 재무상태표에 표시할 현금및현금성자산의 총액을 계산하면 얼마인가?

• 우편환증서 200,000원	• 보통예금 100,000원
• 당좌예금 300,000원	• 당좌차월 800,000원
• 배당금지급통지표 400,000원	• 양도성예금증서(180일만기) 50,000원

02. ㈜채원의 20x1년 기말 자산 내역은 다음과 같다. 20x1년 기말 재무상태표에 표시될 현금및현금성자산은 얼마인가?

• 통화(지폐) : 180,000원	• 보통예금 : 270,000원
• 정기적금 : 10,000,000원	• 국세환급통지서 : 80,000원

03. ㈜서울이 20x1년 말 결산 시 보유하고 있는 자산내역은 다음과 같다. 이를 토대로 재무상태표에 표시될 현금 및 현금성자산을 구하면 얼마인가?

• 보통예금 : 200,000원	• 자기앞수표 : 300,000원
• 수입인지 : 400,000원	• 우표 : 150,000원
• 지점전도금 : 120,000원	

04. ㈜세무의 20x1년 말 당좌예금 계정의 차변잔액은 90,000원으로 은행으로부터 수령한 은행조회서상 당좌예금의 잔액과 일치하지 않았다. 불일치에 대한 원인이 아래와 같을 때 정확한 당좌예금 잔액은 얼마인가?

> • ㈜세무가 12월 31일에 입금한 10,000원을 은행은 다음연도 1월 1일자로 입금 처리하였다.
> • 자동이체를 신청한 전력비 15,000원이 인출되었지만 ㈜세무는 모르고 있었다.
> • 부도수표 20,000원이 발생하였지만 ㈜세무는 통보받지 못하였다.

05. ㈜기업은 20×0년 중 단기매매목적으로 ㈜세무의 주식 100주를 주당 5,000원에 취득하였다. 20×0년 말 현재 ㈜세무의 주식은 공정가치가 주당 6,500원이다. 20×1년 중에 ㈜기업이 보유하고 있던 ㈜세무의 주식 중 60주를 주당 5,500원에 처분하였을 때 ㈜기업이 인식할 처분손익은 얼마인가?

06. ㈜태백은 단기매매를 목적으로 ㈜한라의 주식을 매수하였다. 20x1년의 거래내역이 다음과 같을 때 주식 거래가 20x1년 ㈜태백의 당기순이익에 미치는 영향은 얼마인가?

> • 20x1년 04월 13일 : ㈜한라의 주식 1,000주를 주당 10,000원에 취득하그, 중개수수료 200,000 원을 별도로 지급하였다.
> • 20x1년 09월 30일 : ㈜한라의 주식 500주를 5,200,000원에 매각했다.
> • 20x1년 12월 31일 : 보유주식의 시가는 11,000원이다.

07. ㈜서하의 20x1년도 매도가능증권처분손익은 얼마인가?

> • 20x0년 말 재무상태표에 매도가능증권의 장부가액은 9,500,000원 이다.
> • 20x0년 말 재무상태표에 매도가능증권 평가손실은 500,000원 이다.
> • 20x1년 8월 25일에 매도가능증권의 50%를 6,500,000원에 처분하였다.

08. 다음은 ㈜서울의 20x1년도 매출채권 및 대손충당금 관련 자료이다. 20x1년도 기초 매출채권 금액은 얼마인가?

- 20x1년도 외상매출액 : 2,800,000원
- 20x1년도 기말 매출채권 : 800,000원
- 20x1년도 회수불능으로 인한 대손처리액 : 50,000원
- 20x1년도 현금으로 회수한 매출채권 : 3,140,000원

09. 다음은 ㈜RUN의 매출채권과 대손충당금 관련 자료이다. 당기 손익계산서상 대손상각비는 얼마인가? (단, 보충법으로 회계처리한다.)

- 기초 대손충당금 잔액 : 500,000원
- 당기 매출채권 대손액 : 200,000원
- 전기 대손처리한 채권의 당기 회수액 : 200,000원
- 기말 매출채권 잔액 : 50,000,000원
- 대손추정액은 매출채권의 1%로 추정한다.

10. 다음 자료에 기초하여 당기 손익계산서에 표시될 대손상각비를 계산하면 얼마인가?

1. 전기말 받을어음의 잔액은 300,000원이며 이에 대한 대손충당금이 3,000원 설정되어 있다.
2. 당기 거래내역은 다음과 같다.
   - 단가 10,000원의 상품 200개를 외상으로 판매하면서 어음을 수령하였다.
     (운반비 5,000원은 별도로 현금지급)
   - 받을어음 중 500,000원을 회수하면서 대금의 10%를 할인해주었다.
   - 상기 어음 중 1,000,000원의 금액에 대하여 금융기관에 양도하였으나 받을어음의 소유에 따른 위험과 보상의 대부분을 양도자가 계속 보유하고 있다.
3. 당사는 기말 매출채권의 1%를 대손충당금으로 설정하고 있다.

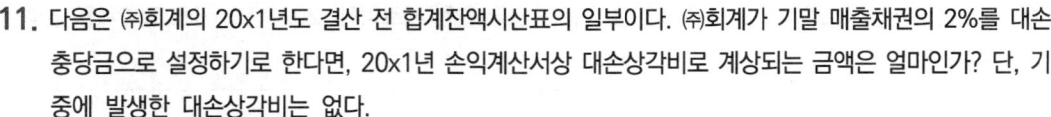

11. 다음은 ㈜회계의 20x1년도 결산 전 합계잔액시산표의 일부이다. ㈜회계가 기말 매출채권의 2%를 대손충당금으로 설정하기로 한다면, 20x1년 손익계산서상 대손상각비로 계상되는 금액은 얼마인가? 단, 기중에 발생한 대손상각비는 없다.

(단위 : 원)

차변		계정과목	대변	
잔액	합계		합계	잔액
45,500,000	54,900,000	외 상 매 출 금	9,400,000	
		(대 손 충 당 금)	100,000	100,000
1,500,000	4,000,000	받 을 어 음	2,500,000	
		(대 손 충 당 금)	60,000	60,000
44,000,000	51,000,000	미 수 금	7,000,000	
16,000,000	17,000,000	단 기 대 여 금	1,000,000	
		선 수 금	5,000,000	5,000,000

12. ㈜세무는 20x1년 중 24,000원의 매출채권을 대손 처리하였고, 20x1년 말 매출채권 잔액의 5%를 대손으로 추정하였다. ㈜세무의 매출채권 잔액이 아래와 같을 때 20x1년도에 인식할 대손상각비는 얼마인가?

구분	20x0년 말	20x1년 말
매출채권	1,000,000원	1,500,000원
대손충당금	44,000원	?

13. 20x0년 12월 31일 ㈜행운의 선급보험료 잔액은 42,000원이었다. 20x1년 중에 보험료로 70,000원을 지급하였으며, 20x1년 말 기말수정분개 후의 선급보험료 잔액은 38,000원이었다. 20x1년 보험료는 얼마인가?

14. ㈜세무는 기말 결산과정에서 선납한 1년치 복합기 렌탈료 중 기간미경과분 선급비용 500,000원과 대여금에 대한 기간경과분 미수이자 600,000원에 회계처리를 누락하였다. 이를 반영하여 계산한 ㈜세무의 수정 후 당기순이익은 2,000,000원이라면 수정 전 당기순이익은 얼마인가?

15. 20x1년 1월 1일 ㈜부산은 제품을 판매하고 대금으로 만기가 20x1년 6월 30일인 액면 3,000,000원의 어음을 거래처로부터 수취하였다. 20x1년 6월 1일, ㈜부산은 동 어음을 은행에서 연 5% 이자율로 할인하였다. 동 어음이 무이자부어음인 경우, ㈜부산이 인식할 매출채권처분손익은 얼마인가? 단, 할인 계산 시 월할로 계산한다.

16. ㈜서울의 20x1년 말 현재 외상매출금의 연령분석표는 다음과 같다. ㈜서울의 20x1년 말 재무상태표에 표시될 외상매출금의 장부금액은 얼마인가? 단, ㈜서울의 수정전 대손충당금 잔액은 10,000원이다.

경과기간	금액	대손추정액
1일 ~ 30일	80,000원	10,000원
31일 ~ 60일	150,000원	20,000원
61일 ~ 90일	200,000원	30,000원
91일 이후	250,000원	40,000원

17. ㈜제주는 20x0년 8월 1일 투자목적으로 ㈜여수의 주식 200주를 주당 15,000원에 취득하고 이를 매도가능증권으로 분류하였다. 20x1년 중 손상에 대한 사유가 발생하였으며, 회수가능액은 1주당 10,000원으로 추정된다. 20x2년 중 손상에 대한 사유가 해소되어 회수가능액은 주당 12,000원으로 예상된다면 ㈜제주의 20x2년 손상차손환입금액은 얼마인가?

연/습/문/제 답안

🔑 객관식

1	2	3	4	5	6	7	8	9	10
③	④	④	③	④	②	①	②	①	①

11	12	13	14						
②	④	③	④						

[풀이 - 객관식]

01. 현금성자산은 <u>사용의 제한이 없어야 한다.</u>

02. 유가증권과목의 분류를 변경할 때에는 <u>재분류일 현재의 공정가치로 평가한 후 변경</u>한다.

03. <u>재분류일 현재 공정가치로 평가한 후 변경</u>한다.

04. 계정과목명을 단기매매증권으로 분류 변경하는 것이 아니라, <u>만기보유증권(유동자산)으로 분류 변경</u>한다.

05.

	단기매매증권	매도가능증권
취득가액	500,000원(수수료비용 10,000)①	510,000원(수수료는 취득부대비용)
기말공정가액	600,000원	
평가손익	100,000원(당기손익)	**90,000원(자본)④**
당기손익	100,000 – 10,000 = 90,000원③	0②

06. 취득가액 = 500주 × 10,000 + 부대비용(50,000) = 5,050,000원

처분가액 = 200주 × 10,500원 = 2,100,000원

처분손익 = 처분가액(2,100,000) – 취득가액(200주 × 5,050,000/500주) = 80,000원(처분이익)

기말공정가액(매도가능증권) = 300주 × 9,600 = 2,880,000원

평가손익 = 공정가액(2,880,000) – 취득가액(300주 × 5,050,000/500주) = △150,000원(손실)

07. 대손확정액이 대손충당금 잔액을 초과하므로 대손상각비가 발생하여 순자산가액은 감소한다.

08. 대손충당금을 과소설정한 것은 손익계산서에 계상될 대손상각비를 과소계상했다는 것이다.
따라서 당기순이익 및 이익잉여금, 자산은 과대계상되고, 비용은 과소계상된다.

09. **대손이 발생했을 때 대손비용을 인식하는 것은 직접상각법**이고, 충당금설정법은 대손비용을 추정치로 계산한다는 점에서 객관성이 부족한 방법이다.

10. 매출채권의 처분을 매각거래로 보기 위해 충족해야 하는 요건은 다음과 같다.

　　가. 양도인은 매출채권 양도 후 당해 **양도자산에 대한 권리를 행사할 수 없어야 한다.**

　　나. 양도인은 매출채권 양도 후에 **효율적인 통제권을 행사할 수 없어야 한다.**

　　다. 양수인은 양수한 매출채권을 **처분(양도 및 담보제공 등)할 자유로운 권리를 갖고** 있어야 한다.

11. 당좌자산 = 보통예금(540,000) + 단기금융상품(1,200,000) = 1,740,000원

　　재고자산 = 원재료(1,500,000) + 제품(2,100,000) = 3,600,000원

　　장기대여금은 투자자산, 영업용차량은 유형자산으로 분류한다.

12. (누락된 회계처리)　(차) 선급비용　80,000　　　(대) 보험료　　80,000

　　수정분개로 유동자산(선급비용)이 증가하고, 비용(보험료)이 감소하므로 당기순이익이 증가한다.

13. 선급금과 선수금은 **비화폐성자산 및 부채에 해당하므로 현재가치평가를 하지 않는다.**

14. **유가증권이 상장 폐지되어 시장성을 잃더라도 그것이 반드시 손상차손의 증거가 되지는 않는다.**

🔑 주관식

01	1,000,000원	02	530,000원	03	620,000원
04	55,000원	05	60,000원 손실	06	500,000원 이익
07	1,500,000원(이익)	08	1,190,000원	09	0원
10	15,000원	11	780,000원	12	55,000원
13	74,000원	14	900,000원	15	12,500원(손실)
16	580,000원	17	400,000원		

[풀이 - 주관식]

01. 현금및현금성자산 = 우편환증서(200,000) + 보통예금(100,000) + 당좌예금(300,000)
　　　　　　　　　　 + 배당금지급통지표(400,000) = 1,000,000원

02. 현금 및 현금성자산 = 통화(180,000) + 보통예금(270,000) + 국세환급통지서(80,000) = 530,000원
　　정기적금(만기가 1년이내)은 단기금융자산에 해당한다.

03. 현금 및 현금성자산 = 보통예금(200,000) + 자기앞수표(300,000) + 지점전도금(120,000) = 620,000원

04.

구분	회사측 잔액
1. 수정전 잔액	90,000
① 전력비 인출	(15,000)
② 부도수표	(20,000)
2. 수정후 잔액	*55,000*

05. 단기매매증권 처분가액 = 60주 × 5,500원 = 330,000원

단기매매증권 장부가액 : 60주 × 6,500원 = 390,000원

단기매매증권 처분가액(330,000) - 단기매매증권 장부가액(390,000) = △60,000원(손실)

06. 단기매매목적의 금융자산 취득과정에서 발행하는 부대비용(200,000)은 당기비용으로 처리한다.

처분손익 = 처분가액(5,200,000) - 취득가액(5,000,000) = 200,000원(이익)

평가손익 = 500주 × [공정가액(11,000) - 취득가액(10,000)] = 500,000원(이익)

(-)영업외비용(200,000) + 처분이익(200,000) + 평가이익(500,000) = 500,000원(이익)

07. 매도가능증권의 취득가액 = 매도가능증권장부가액(9,500,000) + 평가손실(500,000) = 10,000,000원

처분손익(매도) = 처분가액(6,500,000) - 취득가액(10,000,000 × 50%) = 1,500,000원(이익)

08.

매출채권

기초잔액	**1,190,000**	대손액	50,000
		회수액	3,140,000
외상매출액	2,800,000	기말잔액	800,000
계	3,990,000	계	3,990,000

09. 기말대손충당금 = 기말매출채권(50,000,000) × 1% = 500,000원

대손충당금

대손	200,000	기초	500,000
		회수	200,000
기말	500,000	**대손상각비(설정?)**	**0**
계	700,000	계	700,000

10. 어음 중 금융기관에 양도한 것은 **실질적으로 소유에 따른 위험과 보상이 대부분 양도자가 계속 보유하고 있으므로, 양도가 아니라 담보로 차입한 것**으로 본다.

받을어음

기초잔액	300,000	할인	50,000
		회수액	450,000
매출(발생액 ?)	2,000,000	기말잔액	1,800,000
계	2,300,000	계	2,300,000

기말 대손충당금 설정액 : 1,800,000 × 1% = 18,000원

대손충당금

		기초	3,000
기말	18,000	**대손상각비(설정?)**	**15,000**
계	18,000	계	18,000

11. 매출채권 = 외상매출금(45,500,000) + 받을어음(1,500,000) = 47,000,000원

대손예상액 = 47,000,000원 × 2% = 940,000원

대손충당금설정액 = 대손예상액(940,000) - 설정전잔액(160,000) = 780,000원

12. 기말대손충당금 = 매출채권잔액(1,500,000) × 5% = 75,000원

대손충당금(20×1)

대손	24,000	기초	44,000
기말	75,000	**대손상각비(설정?)**	**55,000**
계	99,000	계	99,000

13.

선급비용(보험료)

기초	42,000	**보험료**	**74,000**
지급	70,000	기말	38,000
계	112,000	계	112,000

14. 수정전순이익(?) + 선급비용(500,000) + 미수이자(600,000) = 수정후순이익(2,000,000)

∴ 수정전순이익 = 900,000원

15. 매출채권처분손실 = 액면금액(3,000,000) × 할인율(5%) × 1개월/12개월 = 12,500원(손실)

16. **기말 대손충당금 = 대손추정액의 합계** = 100,000원

외상매출금 장부금액 = 외상매출금 총액(680,000) − 기말 대손충당금(100,000) = 580,000원

17. x1 손상차손 = [장부가액(15,000) − x1.회수가능가액(10,000)] × 200주 = 1,000,000원

x2 손상차손 환입 = [x2.회수가능가액(12,000) − 장부가액(10,000)] × 200주 = 400,000원

2. 재고자산

기업이 영업활동과정에서 판매 또는 제품의 생산을 위해서 보유하고 있는 자산이다.

(1) 재고자산의 분류

① 상　품 : 정상적인 영업활동과정에서 판매를 목적으로 구입한 상품

② 제　품 : 판매목적으로 제조한 생산품

③ 반제품 : 자가제조한 중간제품과 부분품으로 판매가 가능한 것

④ 재공품 : 제품의 제조를 위하여 제조과정에 있는 것

⑤ 원재료 : 제품을 제조하고 가공할 목적으로 구입한 원료, 재료 등

⑥ 저장품 : 소모품, 수선용 부분품 및 기타 저장품 등

⑦ 미착(상)품 : 운송중에 있어서 아직 도착하지 않은 원재료(상품)를 말한다.

(2) 재고자산의 취득원가 결정

자산의 취득원가에는 그 자산을 취득하여 사용하기까지 투입되는 모든 비용을 포함한다. 따라서 재고자산의 취득원가에는 **재고자산을 취득하여 사용하기까지 소요된 모든 지출액(매입부대비용)을 포함**한다.

취득원가 = 매입가액 + 매입부대비용 – 매입환출 – 매입에누리 – 매입할인 등

---

① 매입부대비용

매입운임, 매입수수료, 매입 시 보험료, 하역비 그리고 만약 해외로부터 수입 시 수입관세 및 통관수수료 등 이렇게 매입부대비용을 매입시점에 비용으로 처리하지 않고 재고자산의 취득원가에 가산하는 것은 수익비용대응원칙에 따른 것이다.

② 매입환출과 매입에누리

구매한 재고자산에 하자(불량, 수량부족 등)가 발생하여 매입한 재고자산을 판매처에 반품하는 것을 매입환출이라 하고 상기 사유로 인하여 가격을 할인해 주는 경우를 매입에누리라 한다.

③ 매입할인

구매자가 외상매입금을 조기에 지급한 경우 판매자가 가격을 할인해 주는 것을 말한다.

■ 매출환입, 매출에누리, 매출할인

매출환입이란 판매한 재고자산에 하자가 발생하여 매입자로부터 반품을 받은 것을 말하고 매출에누리란 이러한 하자에 대하여 매입자에게 가격을 할인하여 주는 것을 말한다.

매출할인은 외상으로 판매한 매출채권을 매입자가 조기에 대금을 지불하는 경우 외상대금의 일부를 할인해 주는 것을 말한다.

(2/10, n/30)의 조건으로 계약을 체결했다면 거래일로부터 10일 이내에 대금을 회수하는 경우 대금의 2%를 할인해주고 30일 이내에 대금회수를 완료해야 한다는 조건이다.

구　　　분		판매자		구매자	
		총매출액	100	총매입액	100
하 자 발 생	반 품 시	(-)매출환입	(5)	(-)매입환출	(5)
	가 격 에 누 리	(-)매출에누리	(10)	(-)매입에누리	(10)
조 기 결 제 에　따 른　할 인		(-)매출할인	(10)	(-)매입할인	(10)
운임(운반비)		운반비	판관비	(+)부대비용(운임)	5
		순매출액	75	순매입액	80

손익계산서상
매출액

재고자산
취득가액

(3) 기말재고자산의 귀속여부(기말재고자산의 범위)

재무상태표의 기말재고자산에 포함될 항목에는 회사의 창고에 보관하고 있는 재고자산과 비록 창고에 없더라도 회사의 기말재고자산으로 포함될 항목(미착품, 위탁품, 시용품 등)이 있다.

① 미착상품(운송중인 상품)

미착상품이란 상품을 주문하였으나 운송 중에 있어 아직 도착하지 않는 상품을 말한다. 이 경우 **원재료라면 미착품이란 계정을 사용**한다.

㉠ 선적지인도조건

선적시점(또는 기적시점)에 소유권이 구매자에게 이전되는 조건이다. 따라서 미착상품은 매입자의 재고자산에 포함하여야 한다.

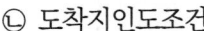

ⓒ 도착지인도조건

구매자가 상품을 인수하는 시점에 소유권이 구매자에게 이전되는 조건이다. 따라서 미착상품은 판매자의 재고자산에 포함하여야 한다. 이 경우 구매자가 대금을 **선지급한 경우 계약금에 해당되므로 도착시점까지 선급금계정으로 회계처리**하여야 한다.

② 위탁품(적송품)

회사(위탁자)의 상품을 타인(수탁자)에게 위탁해서 판매할 때 수탁자에 보관되어 있는 상품을 말한다. 이 경우 위탁상품에 대한 소유권은 위탁자의 재고자산에 포함하여야 하고 **수탁자가 고객에게 판매한 시점에서 위탁자는 수익을 인식**하고 재고자산에서 제외시켜야 한다.

③ 시송품(시용품)

소비자가 일정한 기간 동안 사용해보고 구매를 결정하는 상품을 시송품이라 한다. 따라서 소비자가 매입의사를 표시하기 전까지 판매회사의 소유이므로 재고자산에 포함하고 **소비자가 매입의사를 표시한 날에 회사는 수익을 인식**한다.

④ 반품률이 높은 재고자산

㉠ **합리적 추정이 가능**한 경우 : 재고자산을 판매한 것으로 보아 판매회사의 재고자산에서 제외한다.

㉡ **합리적 추정이 불가능**한 경우 : **구매자가 인수를 수락하거나 반품기간이 종료되는 시점**까지 판매회사의 재고자산에 포함한다.

⑤ 할부판매

대금회수여부와 무관하게 **재화를 인도하는 시점에 판매한 것**으로 보아 재고자산에서 제외한다.

(4) 재고수량의 결정방법

재고자산의 수량을 결정하는 방법에는 **계속기록법과 실지재고조사법**이 있다.

① 계속기록법

상품의 매입 또는 판매가 있을 때마다 내역(수량, 단가)을 기록함으로써 당기의 매출수량과 기말재고 수량을 결정하는 방법이다.

기초재고수량 + 당기매입수량 − 당기매출수량 = 기말재고수량

② 실지재고조사법

기말 창고에 실제 남아있는 상품의 수량을 카운트해서 당기 매출수량을 파악하는 방법이다.

기초재고수량 + 당기매입수량 − 기말재고수량 = 당기매출수량

즉, 실지재고조사법을 사용하면 당기매출수량이 모두 판매된 것인지 정확하지가 않다. 만일 도난이나 파손으로 발생한 수량이 있다면 이러한 수량이 매출수량에 포함되는 단점이 있다.

③ 상호방법 비교

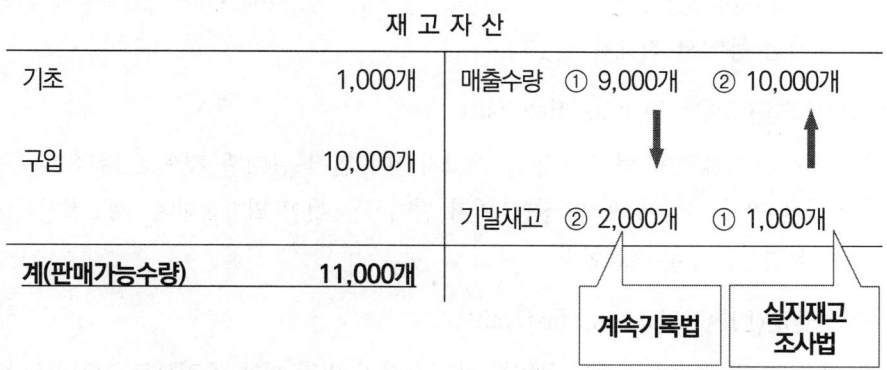

계속기록법을 적용하면 매출수량이 정확하게 계산되고, 실지재고조사법을 적용하면 기말재고자산 수량이 정확하게 계산된다.

재고감모란 재고가 분실, 도난, 마모 등으로 인해 없어진 것을 재고감모라 하며 그 수량을 재고감모수량이라 한다.

> **재고감모수량 = 계속기록법하의 기말재고수량 - 실지재고조사법하의 기말재고수량**

따라서 **계속기록법과 재고조사법을 병행하여 사용하는 것이 일반적이며, 이 경우 매출수량과 감모수량을 정확하게 파악**할 수 있다.

④ 재고자산 감모손실(수량부족분)

정상적인 감모란 재고자산을 보관하는 중에 발생하는 증발, 훼손 등으로 불가피하게 발생하는 것이고, 비정상적인 감모란 사고, 도난 등에 의해 발생한 것으로 부주의가 없었다면 회피할 수 있는 것을 말한다.

정상적인 감모는 원가성이 있는 감모로 보아 매출원가에 가산하고, 비정상적인 감모손실은 원가성이 없다고 판단하여 영업외비용(재고자산감모손실)으로 처리한다.

(5) 원가흐름의 가정(기말재고단가의 결정)

이론적으로 재고자산에 꼬리표(가격표)를 붙여 일일이 확인하는 방법(개별법)이 가장 정확한 방법이지만 재고자산의 종류가 다양하고 구입과 판매가 빈번한 재고자산의 특성상 개별법으로 적용하기에는 시간과 비용이 많이 든다.

그래서 재고자산의 실제물량흐름과 관계없이 일정한 가정을 통하여 매출원가와 기말재고로 배분한다.

① 개별법

재고자산이 판매되는 시점마다 판매된 재고자산의 단가를 정확히 파악하여 기록하는 방법으로 **가장 정확한 원가배분방법**이다. 이 배분방법은 재고자산이 고가이거나 거래가 빈번하지 않는 경우(보석, 골동품 등) 적용되어 왔으나, 기술의 발달로 바코드에 의한 재고자산의 관리가 가능하게 되어 대기업 등에서 적용하고 있다.

② 선입선출법(FIFO−first in, first out)

실제물량흐름과 관계없이 먼저 구입한 재고자산이 먼저 판매된 것으로 가정하는 방법이다. 대부분의 기업은 먼저 구입한 재고자산을 먼저 판매하는 것이 일반적이며, 재고자산의 진부화가 빠른 기업은 선입선출법을 적용한다.

③ 후입선출법(LIFO−last in, first out)

실제물량흐름과 관계없이 나중에 구입한 재고자산이 먼저 판매된 것으로 가정하는 방법이다. 대부분의 기업에서의 실제물량흐름과 거의 불일치되고 일부 특수업종에서 볼 수 있다. 고물상, 석탄야적장 등을 예로 들 수 있다. 후입선출법은 IFRS(한국채택 국제회계기준)에서 인정되지 않는다.

④ 평균법

실제물량흐름과 관계없이 재고자산의 원가를 평균하여 그 평균단가를 기준으로 배분하는 방법이다. 평균법에는 재고자산의 입고시마다 단가를 계속 기록하는 방법(계속기록법)인 이동평균법과 기말에 재고단가를 일괄하여 계산하고 기록(실지재고조사법)하는 방법인 총평균법이 있다.

⑤ 소매재고법(매출가격환원법)

대형할인점의 경우 다양한 종류의 재고자산을 구매하고 판매량도 대량이다. 이런 경우에 재고자산의 취득단가를 각각 계산하는 것이 매우 어렵다. 따라서 기말재고의 매출가격에 원가율을 곱해서 기말재고를 추정하는 방법이 소매재고법이다. 일반적으로 **유통업에서만 인정하는 방법**이다. 그밖의 업종에서 소매재고법을 사용하는 예외적인 경우에는 **이 방법이 실제원가에 기초한 다른 방법보다 합리적이라는 정당한 이유와 원가율 추정이 합리적이라는 근거를 주석으로 기재**해야 한다.

상품(원가)				⇒	상품(판매가)			
기초	xxx	매출원가	xxx		기초	xxx	매출액	xxx
당기매입	xxx				당기매입	xxx		
					순인상액	xxx		
		기말	xxx		순인하액	(xxx)	기말	xxx
계	xxx	계	xxx		계	xxx	계	xxx

매가(상품)에 의한 기말재고를 원가(상품)로 환원평가하기 위해서 원가율을 결정해야 한다. 원가율은 매가(상품)에 대한 원가(상품)의 비율을 말한다.

$$원가율(평균원가) = \frac{기초재고(원가) + 당기순매입액(원가)}{기초재고(매가) + 당기순매입액(매가) + 순인상액 - 순인하액}$$

따라서 원가율을 추정하면 기말재고를 추정하여 구할 수 있다.

$$기말재고(원가) = 기말재고(매가) \times 원가율$$

⑥ 각방법의 비교

1번째 구입원가가 10원, 2번째 구입원가가 20원, 3번째 구입원가가 30원이고 2개가 개당 50원에 판매되었다고 가정하고, 각 방법에 의하여 매출원가, 매출이익, 기말재고가액, 법인세를 비교하면 다음과 같다.

언제나 중앙

물가가 상승하는 경우		선입선출법	평균법	후입선출법
구입순서 **1.10원** **2.20원** **3.30원**	매출액(2개)	100원(50×2개)	100원	100원
	매출원가(2개)	30원(10+20) 〈	40원(20×2개) 〈	50원(30+20)
	매출이익 **(당기순이익)** **(법인세)**	70원 〉	60원 〉	50원
	기말재고	30원 〉	20원 〉	10원

자산 ∝ 이익

〈크기 비교 : 물가상승시〉

	선입선출법	평균법(이동, 총)	후입선출법
기말재고, 이익, 법인세	〉	〉	〉
매출원가	〈	〈	〈

☞ 물가하락시 반대로 생각하시면 됩니다.

<선입선출법과 후입선출법 비교>

	선입선출법	후입선출법
특징	• **물량흐름과 원가흐름이 대체적으로 일치** • 기말재고자산을 현행원가로 표시 • **수익과 비용 대응이 부적절**	• **물량흐름과 원가흐름이 불일치** • 기말재고자산이 과소평가 • **수익과 비용의 적절한 대응**

(6) 재고자산의 기말평가(저가법)

재고자산은 품질저하, 진부화, 유행경과 등으로 취득원가보다 하락할 수 있다. 기업회계기준에서는 기말재고자산을 공정가액으로 평가하도록 되어 있는데, 저가법에 의하여 평가를 하여야 한다.

저가법이란 취득원가와 공정가액을 비교하여 낮은 가액으로 평가하는 방법이다.

즉, 기말에 공정가액이 취득원가보다 높은 경우에는 취득원가로 평가하고, 공정가액이 취득원가보다 낮은 경우에는 공정가액으로 평가한다.

따라서 재고자산 가격이 하락하면 즉시 손실을 인식하지만 재고자산 가격이 당초 취득원가보다 높아진 경우에는 평가하지 아니고 이를 판매 시에 이익으로 기록한다.

① 적용방법

재고자산을 평가하는 방법에는 **종목별, 조별, 총계기준**이 있다.

종목별기준은 재고자산의 개별항목별로 평가하는 것으로 기업회계기준에서 인정하는 재고자산 평가 원칙이다.

예외적으로 **재고자산들이 서로 유사하거나 관련 있는 경우에는 조별기준으로도 적용할 수 있으나 총계기준은 인정되지 않는다.**

② 재고자산의 공정가액

㉠ 원재료 : **현행대체원가(원재료의 현행원가 : 현재 매입시 소요되는 금액)**

　다만, **원재료의 경우 완성될 제품의 원가이상으로 판매될 것으로 예상**되는 경우에는 그 생산에 투입하기 위해 보유하는 **원재료에 대해서는 저가법을 적용하지 않는다.**

㉡ **상품, 제품, 재공품 등 : 순실현가능가치(추정판매가액 – 추정판매비)**

③ 재고자산평가 회계처리

가격하락시 : (차) 재고자산평가손실(매출원가가산)××× 　(대) 재고자산평가충당금[1] 　×××

가격회복시 : (차) 재고자산평가충당금 　×××　(대) 재고자산평가충당금환입[2] 　×××
　　　　　　　　　　　　　　　　　　　　　　　　　(매출원가차감)

[1]. 재고자산의 차감적 평가계정
[2]. 당초 평가손실 인식액까지만 환입

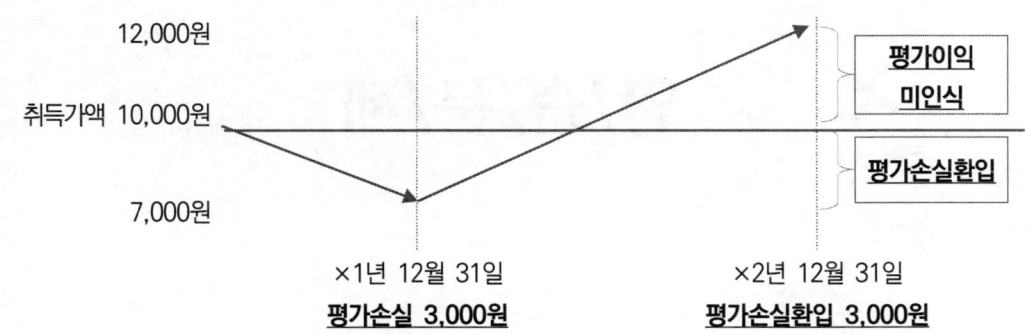

④ 재고자산감모손실과 평가손실간의 관계

사례 : 감모수량 : 20개(정상감모 : 15개, 비정상감모 : 5개)

	수량	단가
장부상	100개	1,000원
실 제	80개	800원

■ **선 감모손실 인식 후 평가손실 인식**

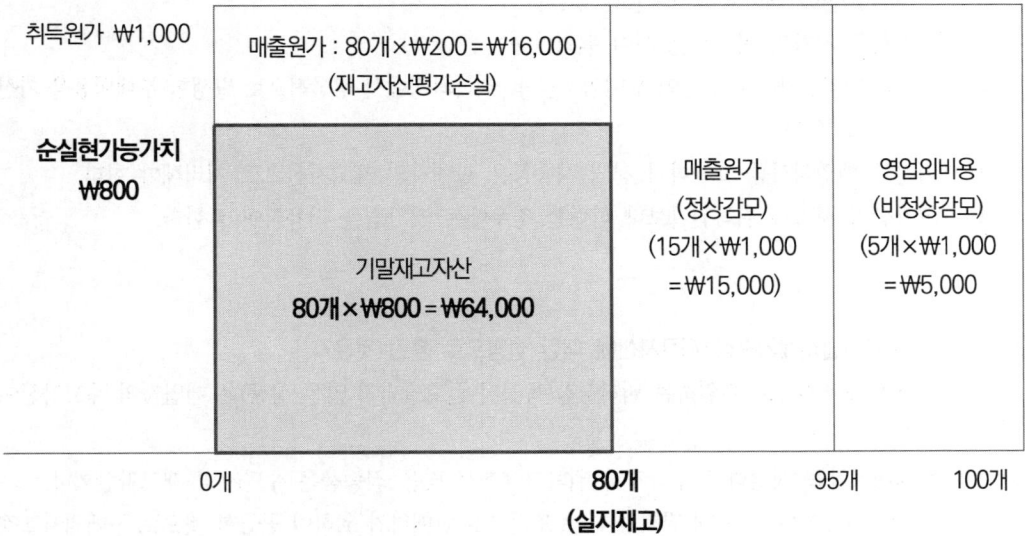

〈회계처리〉

- 비정상감모손실

　(차) **재고자산감모손실(영·비)** 5,000원　　(대) 재고자산(타계정대체)　　5,000원

 객관식

01. 다음의 재고자산에 관한 설명 중 틀린 것은?

① 운송 중에 있어 아직 도착하지 않은 미착상품은 매입자의 재고자산에 포함된다.

② 시송품은 매입자가 매입의사표시를 하기 전까지는 판매자의 재고자산에 포함한다.

③ 저당상품은 저당권이 실행되어 소유권이 이전되기 전까지는 담보제공자의 재고자산에 포함한다.

④ 적송품은 수탁자가 제3자에게 판매하기 전까지는 위탁자의 재고자산에 포함한다.

02. 다음 중 재고자산에 대한 설명 중 틀린 것은?

① 재고자산은 시가로 평가하는 것이 원칙이다.

② 재고자산 매입원가는 매입금액에 매입운임 등 취득과정에서 정상적으로 발생한 부대비용을 가산한 금액으로 한다.

③ 매입자가 매입의사를 표시하기 전의 시송품은 판매자의 재고자산으로 처리해야 한다.

④ 재고자산의 시가가 취득원가보다 하락한 경우에는 저가법을 적용하여야 한다.

03. 다음 중 일반기업회계기준상 재고자산에 대한 설명으로 틀린 것은?

① 목적지 인도조건으로 매입하는 미착상품(목적지에 도달되지 않은 상품)은 매입자의 재고자산이 아니다.

② 위탁매매계약을 체결하고 수탁자가 위탁자에게서 받은 적송품은 수탁자의 재고자산이다.

③ 매입자가 사용해본 후 구매 결정을 하는 조건으로 판매하기 위하여 공급한 것으로 구매의사결정이 안된 시송품은 판매자의 재고자산이다.

④ 장부상 재고보다 실제 조사한 재고의 수량이 적은 경우로써 감모된 원인에 원가성이 없는 경우에는 영업외비용으로 처리한다.

04. 재고자산의 평가방법 중 선입선출법에 대한 설명으로 틀린 것은?

① 대부분 기업의 실제물량흐름과 유사한 결과를 가져온다.

② 기말재고자산이 현행원가와 유사하게 평가된다.

③ 객관적이므로 이익조작의 가능성이 적다.

④ 물가 상승 시 다른 평가방법에 비해 당기순이익이 과소계상 된다.

05. 다음 중 재고자산에 대하여 저가법을 적용해야 하는 사유가 아닌 것은?

① 재고자산이 손상을 입은 경우

② 재고자산이 진부화되어 정상적인 판매시장이 없거나, 각종 여건 변화로 판매 가치가 하락한 경우

③ 완성하거나 판매하는데 필요한 원가가 상승하는 경우

④ 원재료를 투입하여 완성할 제품의 시가는 원가보다 높지만, 원재료의 현행대체원가가 취득원가보다 하락한 경우

06. 다음 중 재고자산의 저가법 적용에 대한 설명으로 틀린 것은?

① 재고자산을 저가법으로 평가하는 경우 재고자산의 시가는 순실현가능가치를 말한다.

② 재고자산 평가를 위한 저가법은 서로 유사하거나 관련있는 항목들을 통합하여 적용할 수 없다.

③ 재고자산평가손실은 재고자산의 차감계정으로 표시하고 매출원가에 가산한다.

④ 원재료를 투입하여 완성할 제품의 시가가 원가보다 높을 때는 원재료에 대하여 저가법을 적용하지 아니한다.

07. 다음 중 기말재고자산의 실제 재고수량과 장부상 재고수량이 차이가 나는 경우에 대한 설명으로 틀린 것은?

① 실제 재고수량과 장부상 재고수량 차이를 재고자산감모손실이라 한다.

② 정상적으로 발생한 감모손실 중 원가성이 있는 경우에는 매출원가에서 차감한다.

③ 비정상적으로 발생한 감모손실 중 원가성이 없는 경우에는 영업외비용에 가산한다.

④ 장부상 재고수량은 실사과정을 거쳐 실제 재고수량과 차이를 조정한다.

08. 다음 중 재고자산의 회계처리와 관련된 설명으로 옳은 것은?

① 도착지인도기준의 미착상품에 대한 운송비, 보험료 등을 판매자가 부담하는 경우 매입자는 이를 매입단가에 포함시켜 재고자산에 가산한다.

② 선적지인도기준의 미착상품에 대한 운송비, 보험료 등을 매입자가 부담한 경우 이를 매입자의 매입단가에 포함시켜 재고자산에 가산한다.

③ 재고자산의 장부수량과 실제수량의 차이에서 발생한 모든 재고자산감모손실은 매출원가로 처리하고, 재고자산의 취득원가에서 차감하는 형식으로 기재하여야 한다.

④ 재고자산에 저가법을 적용함으로써 발생한 재고자산평가손실은 회사의 선택에 따라 매출원가나 기타비용으로 처리할 수 있다.

09. 재고자산에 대한 설명 중 틀린 것은?

① 재고자산을 저가법으로 평가하는 경우, 제품재고의 시가는 순실현가능가치이다.

② 재고자산의 시가는 매 회계기간말에 추정한다.

③ 재고자산감모손실과 재고자산평가손실이 동시에 발생한 경우, 재고감모손실을 먼저 회계처리하고, 다음으로 재고자산평가손실에 대한 회계처리를 한다.

④ 재고자산감모손실은 전액 영업외비용으로 회계처리한다.

10. 다음 중 재고자산의 원가측정 방법에 대한 설명으로 틀린 것은?

① 통상적으로 상호 교환될 수 없는 재고항목이나 특정 프로젝트별로 생산되는 제품 또는 서비스의 원가는 개별법을 사용하여 결정한다.

② 개별법이 적용되지 않는 재고자산의 단위원가는 선입선출법이나 가중평균법 또는 후입선출법을 사용하여 결정한다.

③ 표준원가법이나 소매재고법 등의 원가측정방법은 추정에 의한 방법이므로 사용할 수 없다.

④ 성격과 용도 면에서 유사한 재고자산에는 동일한 단위원가 결정방법을 적용하여야 하며 성격이나 용도 면에서 차이가 있는 재고자산에는 서로 다른 단위원가 결정방법을 적용할 수 있다.

11. ㈜명인의 20x1년 기말재고자산 내역이 다음과 같을 때, 20x1년 매출원가에 미치는 영향은 얼마인가?

• 장부상 재고자산 : 1,000개	• 단위당 원가 : 1,000원 (시가 800원)
• 조사에 의한 실제 재고수량 : 900개	• 재고자산감모손실의 10%는 비정상적 발생이다.

① 매출원가 180,000원 증가　　　　　② 매출원가 200,000원 증가

③ 매출원가 270,000원 증가　　　　　④ 매출원가 280,000원 증가

12. ㈜회계가 보유한 20x1년 재고자산 현황이다. 재고자산 합계액과 재고자산 평가손실 합계액은?

구 분	취득원가	순실현가능가치	현행대체원가
원재료	300,000원	240,000원	260,000원
재공품	500,000원	450,000원	420,000원
제 품	750,000원	770,000원	720,000원

	재고자산 합계액	재고자산 평가손실
①	1,550,000원	120,000원
②	1,480,000원	120,000원
③	1,460,000원	90,000원
④	1,410,000원	90,000원

주관식

01. ㈜서울과 관련된 다음의 자료를 이용하여 20x1년 기말재고자산을 계산하면 얼마인가?

- 20x1년 말 ㈜서울 창고에 보관 중인 기말 재고자산 실사액 : 5,000,000원
- 타회사로 위탁하여 발송한 상품 중 아직 판매되지 않은 상품의 원가 : 1,050,000원
- ㈜서울이 FOB도착지(부산항) 인도조건으로 매입하여 아직 부산항에 도착하지 않은 상품의 원가
   : 250,000원
- 반품권이 부여되어 판매된 상품의 원가 : 400,000원(다만, 반품가능성은 예측할 수 없음)

02. ㈜명장의 당기 말 창고에 보관 중인 재고자산을 실사한 결과 실제 보유 중인 기말재고자산은 1,000,000 원으로 확인되었으며, 다음과 같은 사항이 반영되어 있지 않다. 다음 사항을 반영할 경우 ㈜명장의 정확한 기말재고자산은 얼마인가?

- 당기 중에 도착지인도조건으로 매입한 상품 200,000원이 당기 말 현재 아직 운송 중에 있다.
- 위탁판매분 중 수탁자가 당기 말까지 아직 판매하지 못한 위탁품이 300,000원이 있다.
- 시용판매분 중 고객이 당기 말까지 매입의사를 표시하지 않은 시송품 200,000원(원가)이 있다.

03. ㈜세무의 20x1년 결산일 현재 실지재고조사에 의하여 창고에 보관된 기말상품재고액은 2,300,000원으로 파악되었다. 아래의 자료를 반영하여 계산한 ㈜세무의 정확한 20x1년 기말상품재고액은 얼마인가?

- 시송품(원가 700,000원) 중 결산일까지 매입자가 매입의사표시를 한 시송품의 원가는 500,000원이다.
- ㈜법무에게 판매를 위탁한 적송품(원가 400,000원) 중 결산일까지 ㈜법무가 판매하지 못한 적송품의 원가는 150,000원이다.
- 선적지 인도조건으로 매입한 재고자산 250,000원이 결산일 현재 운송 중에 있다.
- 도착지 인도조건으로 매입한 재고자산 600,000원이 결산일 현재 운송 중에 있다.

04. ㈜발해의 20x1년 총매출액은 1,000,000원, 매출환입및에누리는 100,000원, 매출할인 20,000원, 기초재고는 400,000원, 총매입액은 600,000원, 매입환출및에누리는 50,000원이다. 매출총이익률이 15%일 때 ㈜발해의 20x1년 말 손익계산서상 매출원가는 얼마인가?

05. ㈜세무의 20x1년 총매출액은 900,000원, 매출환입 및 에누리는 80,000원, 매출할인 20,000원, 기초재고는 300,000원, 총매입액은 500,000원, 매입환출 및 에누리는 50,000원이다. 20x1년도 매출총이익률은 20%이다. ㈜세무의 20x1년말 기말재고액은 얼마인가?

06. 다음은 선입선출법을 채택하고 있는 ㈜펠리칸의 당기 자료이다. 아래의 자료에 의한 기초 상품의 단위당 원가는 얼마인가?

- 당기상품매입   3,500개(단위당 원가 2,000원)
- 당기상품판매   3,000개(단위당 원가 3,000원)
- 매출원가   5,900,000원
- 기말상품재고액   2,000,000원

07. 다음은 ㈜기업의 20x1년 재고자산 거래내용이다. 재고자산의 원가를 선입선출법으로 산정할 때, ㈜기업의 20x1년 기말재고액은 얼마인가?

일자	매입	매출
01월 01일	단위당 100원 × 100개	
03월 20일	단위당 150원 × 100개	
05월 17일	단위당 200원 × 100개	
07월 10일		단위당 300원 × 150개
09월 10일	단위당 250원 × 150개	
10월 10일	단위당 300원 × 100개	
11월 25일		단위당 400원 × 250개

08. 다음은 ㈜서울의 9월 중 상품 매매 자료이다. 재고자산의 평가방법으로 총평균법을 적용할 경우 9월 기말재고는 얼마인가?

일자	구분	수량	단가
09월 01일	기초재고	100개	1,000원
09월 14일	외상매입	300개	1,200원
09월 19일	외상매출	200개	2,000원
09월 28일	외상매입	100개	1,400원

09. ㈜한세는 총평균법을 사용하여 재고자산의 단가를 산정하며, ㈜한세의 20x1년도 재고자산 매입과 매출 내역은 아래의 자료와 같다. ㈜한세의 20x1년도 손익계산서에 보고된 매출총이익이 720,000원일 때 다음 중 ㈜한세의 20x1년 매출액을 구하시오.

일자	구분	수량	단위당 가격
01월 01일	전기이월	100개	900원
05월 10일	매입	300개	1,000원
09월 07일	매출	200개	?
11월 14일	매입	500개	1,200원
12월 23일	매출	400개	?

10. 다음은 ㈜성진의 당기 상품매매 관련 자료이다. ㈜성진의 기말 재무상태표에 표시되는 유동자산의 총합계액은 얼마인가?

- 기초상품재고액 500,000원
- 당기상품매입액 8,500,000원
- 매출액 8,000,000원
- 매출총이익률 30%
- 당좌자산총액 5,600,000원

11. ㈜세무의 20x1년 상품과 관련된 자료가 다음과 같을 때, 20x1년 말 상품의 장부금액은?

- ㉠ 기말상품의 장부상 수량 및 단위당 취득원가는 각각 1,000개 및 1,000원이다.
- ㉡ 실지재고수량 및 단위당 순실현가능가치는 각각 900개 및 800원이다.
- ㉢ 감모분 중 80%는 정상감모이다.

12. 다음은 ㈜대한의 계속기록법에 의한 재고자산 장부 내역이다. 기말에 재고자산을 실사한 결과 재고자산 감모 수량이 15개 발생하였다. 재고자산의 단위당 순실현가능가치가 2,700원일 때 다음 자료를 이용하여 계산한 재고자산평가손실과 재고자산감모손실의 합계액은 얼마인가?

일 자	수 량	단 가
기초 재고자산	600개	3,000원
당기 매입	1,400개	3,000원
기말 재고자산	500개	3,000원

13. 당기 말 재고자산 실사를 수행한 결과 ㈜오성의 재고자산 현황은 다음과 같다. 이를 토대로 재고자산감모손실을 구하면 얼마인가?

구분	장부수량	장부금액	실사수량
상품	7,000개	14,700,000원	6,800개
제품	1,500개	3,300,000원	1,500개
재공품	1,200개	7,800,000원	1,050개

14. ㈜세무는 재고자산의 실사를 수행하지 않고 매출총이익법에 의하여 기말 재고자산 금액을 추정한다. ㈜세무의 20x1년 거래 내역이 다음과 같을 때 매출총이익법에 따른 기말재고금액을 계산하면 얼마인가? 단, 매출총이익은 원가의 30%이다.

적 요	금 액
기초재고	250,000원
매 입	800,000원
매 출	1,235,000원

15. ㈜한국은 가중평균법에 의한 소매재고법으로 기말재고자산을 평가한다. 상품의 원가 및 판매가는 다음과 같다. 당기 중 판매가격의 변동이 없었다고 가정할 때, 기말재고상품은 얼마인가?

구 분	원 가	판매가
기초재고상품	560,000원	800,000원
당기매입상품	4,000,000원	4,900,000원
기말재고상품	?	1,000,000원

16. ㈜광주의 20x1년 중 장부상 재고자산의 거래내역이 다음과 같은 경우, 20x1년 손익계산서에 인식할 매출원가는 얼마인가? 단, **단위당 원가의 결정은 이동평균법**을 사용한다.

구분	수량	단위당 원가	총원가
01/01 기초	100개	100원	10,000원
05/30 매입	300개	200원	60,000원
06/23 매출	300개	?	?
09/30 매입	400개	250원	100,000원
11/20 매출	400개	?	?
12/31 기말	100개	?	?

연/습/문/제 답안

🔑 객관식

1	2	3	4	5	6	7	8	9	10
①	①	②	④	④	②	②	②	④	③

11	12								
③	③								

[풀이 - 객관식]

01. 미착상품은 **법률적인 소유권(선적지 인도조건 or 도착지 인도조건)의 유무에 따라서 재고자산 포함 여부를 결정**한다.

02. 재고자산은 **취득원가로 평가하는 것이 원칙**이다.

03. 적송품은 **수탁자가 제3자에게 판매하기 전까지는 위탁자의 재고자산에 포함**한다.

04. 물가가 상승(선입선출법)하는 경우 **과거의 취득원가에 현행 매출수익이 대응하므로 당기순이익이 과 대계상**된다.

05. 원재료의 현행대체원가는 순실현가능가치에 대한 최선의 이용가능한 측정치가 될 수 있다. 다만, **원재료를 투입하여 완성할 제품의 시가가 원가보다 높을 때는 원재료에 대하여 저가법을 적용하지 아니한다.**

06. 재고자산 평가를 위한 저가법은 항목별로 적용한다 그러나 경우에 따라서는 **서로 유사하거나 관련있 는 항목들을 통합하여 적용하는 것이 적절할 수 있다.**

07. 정상적으로 발생한 감모손실 중 **원가성이 있는 경우에는 매출원가에 가산한다.**

08. ① 운송비등을 판매자가 부담하는 경우 이는 판매자의 운임비용으로 처리한다.

　　③ 재고자산감모손실은 정상적 발생 유무에 따라 매출원가나 기타비용으로 처리할 수 있다.

　　④ **재고자산평가손실을 매출원가로 처리**하고, 취득원가에서 차감하는 형식으로 기재하여야 한다.

09. 재고자산 감모손실은 **정상적인 발생인 경우에는 매출원가에 가산**하고, **비정상적인 발생분만 영업외 비용**으로 처리한다.

10. 표준원가법이나 소매재고법 등의 원가측정방법은 그러한 방법으로 **평가한 결과가 실제 원가와 유사 한 경우에 편의상 사용할 수 있다.**

11. 재고자산평가손실과 재고자산감모손실(정상분)만 매출원가로 처리하고, 비정상감모손실은 영업외비용으로 처리한다.

감모수량 = 장부상(1,000개) – 실제 수량(900개) = 100개

감모손실(정상분) = 감모수량(100개) × [1 – 비정상감모(10%)] = 90,000원

평가손실 = 실제수량(900개) × [취득원가(1,000) – 시가(800)] = 180,000원

재고자산감모손실(정상)(90,000) + 재고자산평가손실(180,000) = 270,000원(증가)

12. 재고자산은 저가법을 적용하며 **재공품과 제품은 순실현가능가치로 평가하고 원재료는 현행대체원가로 평가**한다.

구 분	재고자산	재고자산 평가손실
원재료	260,000원(현행대체원가)	40,000원
재공품	450,000원(순실현가능가치)	50,000원
제 품	750,000원(취득원가)	–
합 계	**1,460,000원**	**90,000원**

🔑 주관식

01	6,450,000원	02	1,500,000원	03	2,900,000원
04	748,000원	05	110,000원	06	1,800원
07	42,500원	08	360,000원	09	1,380,000원
10	9,000,000원	11	720,000원	12	190,500원
13	1,395,000원	14	100,000원	15	800,000원
16	146,500원				

[풀이 - 주관식]

01. 기말재고자산의 계산

창고에 보관중인 재고실사액	: 5,000,000원
미판매된 위탁상품	: 1,050,000원
반품을 예측할 수 없는 조건부판매상품	: 400,000원
기말재고자산	6,450,000원

02.

상품창고보관중인 재고자산	1,000,000
운송중(도착지 인도조건)	×
미판매 위탁품	300,000
시송품(매입의사 표시가 없는)	200,000
기말재고자산 계	1,500,000

03. 기말상품 = 창고 보관 상품(2,300,000) + 시송품 (700,000 – 500,000) + 적송품(150,000)

   + 선적지 인도조건 미착매입상품(250,000) = 2,900,000원

04. 순매출액 = 총매출액(1,000,000) – 매출환입외(100,000 + 20,000) = 880,000원

   매출원가율 = 1 – 매출총이익율(15%) = 85%

   매출원가 = 순매출액(880,000) × 매출원가율(85%) = 748,000원

05. 순매출액 = 총매출액(900,000) – 매출환입(80,000) – 매출할인(20,000) = 800,000원

   매출원가율 = 1 – 매출총이익율(20%) = 80%

   매출원가 = 순매출액(800,000) × 매출원가율(80%) = 640,000원

   순매입액 = 총매입액(500,000) – 매입환출외(50,000) = 450,000원

<table>
<tr><th colspan="4" align="center">재고자산</th></tr>
<tr><td>기초재고</td><td align="right">300,000</td><td>매출원가</td><td align="right">640,000</td></tr>
<tr><td>순매입액</td><td align="right">450,000</td><td>*기말재고*</td><td align="right">*110,000*</td></tr>
<tr><td>계</td><td align="right">750,000</td><td>계</td><td align="right">750,000</td></tr>
</table>

06.

<table>
<tr><th colspan="8" align="center">상   품(선입선출법)</th></tr>
<tr><td>기초</td><td>500개</td><td>@1,800</td><td align="right">900,000</td><td>매출원가</td><td>3,000개</td><td></td><td align="right">5,900,000</td></tr>
<tr><td>순매입액</td><td>3,500개</td><td>@2.000</td><td align="right">7,000,000</td><td>기말</td><td>1,000개</td><td>@2.000</td><td align="right">2,000,000</td></tr>
<tr><td>계</td><td>4,000개</td><td></td><td align="right">7,900,000</td><td>계</td><td>4,000개</td><td></td><td align="right">7,900,000</td></tr>
</table>

   기초상품 단위당원가 = 기초상품재고금액(900,000) ÷ 기초상품수량(500개) = 1,800원

07. 기말재고수량 – 판매가능수량(550개) – 매출수량(400개) = 150개

   기말재고금액(선입선출법) = 100개 × @300(10.10) + 50개 × @250(9.10) = 42,500원

08. 기말재고수량 = 기초(100) + 매입(400) – 매출(200) = 300개

<table>
<tr><th colspan="8" align="center">상   품(총평균법)</th></tr>
<tr><td>기초</td><td>100</td><td>@1,000</td><td align="right">100,000</td><td rowspan="2">매출원가</td><td>200</td><td>@1,200</td><td></td></tr>
<tr><td>순매입액</td><td>300</td><td>@1,200</td><td align="right">360,000</td><td></td><td></td><td></td></tr>
<tr><td></td><td>100</td><td>@1,400</td><td align="right">140,000</td><td>*기말*</td><td>*300*</td><td>*@1,200*</td><td align="right">*360,000*</td></tr>
<tr><td>계</td><td>500</td><td>@1,200</td><td align="right">600,000</td><td>계</td><td></td><td></td><td align="right">600,000</td></tr>
</table>

09. 재고자산 단위당원가 = (100개 × 900원 + 300개 × 1,000원 + 500개 × 1,200원) ÷ 900개 = 1,100원

   매출원가 = 매출수량 600개 × 단위당원가(1,100) = 660,000원

   매출액 = 매출원가(660,000) + 매출총이익(720,000) = 1,380,000원

10. 매출원가 = 매출액(8,000,000) × [1 – 매출총이익률(30%)] = 5,600,000원

상 품

기초상품	500,000	매출원가	5,600,000
매입액	8,500,000	*기말상품*	*3,400,000*
계	9,000,000	계	9,000,000

유동자산 = 당좌자산(5,600,000) + 재고자산(3,400,000) = 9,000,000원

11. 기말재고자산 = 실지재고수량(900개) × 단위당 순실현가능가치(800원) = 720,000원

12. 재고자산감모손실 = 재고자산감모수량(15개) × 단위당 취득원가(3,000) = 45,000원

재고자산평가손실 = 기말재고자산수량(485개 × [취득원가(3,000) – 순실현가능가치(2,700)] = 145,500원

감모손실(45,000)실 + 평가손실(145,500) = 190,500원

13. 감모손실 = 감모수량 × 장부단가

	장부수량	장부금액	단위당원가	실사수량	감모수량	감모손실
상품	7,000개	14,700,000	@2,100	6,800개	200개	420,000
재공품	1,200개	7,800,000	@6,500	1,050개	150개	975,000
계						**1,395,000**

14. 매출총이익 = 매출액 – 매출원가 = 매출원가 × 30%

매출원가 = 매출액(1,235,000) ÷ (1 + 0.3) = 950,000원

재고자산

기초	250,000	매출원가	950,000
순매입액	800,000	*기말*	*100,000*
계	1,050,000	계	1,050,000

15. • 가중평균법에 의한 원가율 = $\dfrac{\text{기초재고 원가}(560,000) + \text{당기매입상품 원가}(4,000,000)}{\text{기초재고 매가}(800,000) + \text{당기매입상품 매가}(4,900,000)}$ = 80%

기말상품 = 기말재고상품 판매가(1,000,000) × 원가율(80%) = 800,000원

16.

구분	수량	단위당 원가	총원가	이동평균법 단위당원가	이동평균법 재고금액
01/01 기초	100개	100	10,000	@100	10,000
05/30 매입	300개	200	60,000	@175	70,000
06/23 매출	△300개	?	?	**@175**	**17,500**
09/30 매입	400개	250	100,000	@235	117,500
11/20 매출	△400개	?	?	**@235**	**23,500**
12/31 기말	100개	?	?	@235	23,500

매출원가 = 300개(6.23) × @175 + 400개(11.20) × @235 = 146,500원

제2절   비유동자산

1년 이내에 현금화되는 자산을 유동자산이라 하는데, 유동자산 외의 자산을 비유동자산으로 구분한다.

1. 투자자산

기업이 정상적인 영업활동과는 관계없이 투자를 목적(시세차익)으로 보유하는 자산을 투자자산이라 한다.

① 장기금융상품 : 정기예적금 등 재무상태표일(결산일)로부터 만기가 1년 이내에 도래하지 않는 것. 장기금융상품중 **사용이 제한되어 있는 예금(예 : 당좌개설보증금)은 특정현금과 예금이라는 계정과목을** 사용한다.

② 유가증권(매도가능증권, 만기보유증권) : 재무상태표일로 부터 만기가 1년 이내에 도래하는 것은 유동자산으로 분류하고, 만기가 1년 이후에 도래하는 것은 투자자산으로 분류한다.

③ **투자부동산 : 투자목적 또는 비영업용으로 소유하는 토지나 건물을** 말한다.

④ 장기대여금 : 대여금 중 만기가 1년 이내에 도래하지 않는 것

2. 유형자산

유형자산이란 재화나 용역의 생산이나 제공 또는 판매·관리 활동에 사용할 목적으로 보유하는 물리적 실체가 있는 비화폐성 자산이다.

(1) 종류

① 토지

영업활동에 사용하고 있는 대지, 임야, 전·답을 말한다.

또한 토지는 일반적으로 가치가 하락하지 않으므로 **감가상각대상자산이 아니다.**

② 건물

사옥이나 공장, 창고 등 회사의 영업목적으로 보유하고 있는 자산을 말한다.

③ 구축물

건물이외 구조물을 말하며, 교량, 갱도, 정원설비 등이 포함된다.

④ 기계장치

제조업의 경우 가장 기본적인 자산으로서 제품을 생산하기 위한 각종 기계설비 등을 말한다.

⑤ 차량운반구

영업활동을 위해 사용하는 승용차, 트럭, 버스 등을 말한다.

⑥ 건설중인 자산

유형자산을 건설하기 위하여 발생된 원가를 집계하는 임시계정으로서 유형자산이 완성되어 영업에 사용될 때 건설중인 자산의 금액을 해당 유형자산 계정과목으로 대체한다. 건설중인 자산은 미완성상태의 자산으로서 **아직 사용하지 않으므로 감가상각대상자산이 아니다.**

⑦ 비품

사무용 비품으로 책상, 의자, 복사기, 컴퓨터 등을 말한다.

(2) 유형자산의 취득원가

유형자산을 취득하여 회사가 영업목적으로 사용하기 전까지 소요되는 모든 부대비용을 포함한다. 당연히 매입 시 할인 받은 경우(매입할인)는 차감한다.

① 외부구입

구입대금에 유형자산이 본래의 기능을 수행하기까지 발생한 모든 부대비용을 포함한다. 부대비용에는 설치장소 준비를 위한 지출, 운송비, 설치비, 설계와 관련하여 전문가에게 지급하는 수수료, 시운전비(**다만 시험과정에 생산된 재화의 순매각금액은 해당 원가에서 차감한다.**), 취득세 등 유형자산의 취득과 직접 관련되는 제세공과금 등이 포함된다.

- 국공채 등을 불가피하게 매입하는 경우 채권의 매입가액과 현재가치와의 차액

② 일괄취득

여러 종류의 유형자산을 동시에 구입하고 대금을 일괄 지급한 경우를 말한다. 이 경우 자산의 취득원가는 **개별자산들의 상대적 공정가치에 비례하여 안분한 금액**으로 한다.

예를 들어 토지와 건물을 일괄 취득한 경우 토지와 건물의 상대적 공정가치에 비례하여 매입가액을 안분하여 취득원가로 계산한다.

그러나 토지만 사용할 목적으로 토지와 건물을 일괄하여 취득 후 철거한 경우 토지만을 사용할 목적으로 취득하였기 때문에 **일괄 취득가액과 철거비용은 토지의 취득원가**로 회계처리 하여야 한다.

〈철거비용〉

	타인건물구입후 즉시 철거	사용중인 건물철거
목 적	토지 사용목적으로 취득	타용도 사용
회계처리	토지의 취득원가	당기비용(유형자산처분손실)
폐자재매각수입	토지 또는 유형자산처분손실에서 차감한다.	

③ 자가건설

기업이 영업활동에 사용하기 위하여 유형자산을 자체적으로 제작·건설하는 경우가 있다. 이때 취득원가는 유형자산의 제작에 투입된 재료비·노무비·경비 등의 지출액을 건설중인자산으로 처리하였다가 완성시 해당 유형자산의 본계정으로 대체한다.

④ 무상취득

유형자산을 주주나 국가 등으로부터 무상으로 취득한 경우에는 취득한 자산의 공정가치를 취득원가로 하고 이를 자산수증익(영업외수익)으로 처리한다.

⑤ 현물출자

현물출자란 기업이 유형자산을 취득하면서 그 대가로 회사의 주식을 발행하여 지급하는 경우를 말한다. **유형자산의 취득원가는 취득한 자산의 공정가치로** 한다. 다만 유형자산의 공정가치를 신뢰성있게 측정할 수 없다면 발행하는 주식의 공정가치를 취득원가로 한다.

⑥ 교환취득

㉠ 동종자산간 교환(장부가액법)

교환으로 받은 자산의 취득원가는 교환시 제공한 자산의 장부가액으로 한다. 따라서 **교환손익(유형자산처분손익)이 발생하지 않는다.**

또한 동종자산의 구분기준은 물리적·기능적 유사성과 금액의 유사성을 동시에 충족해야한다. **만약 물리적으로 유사한 자산이라도 공정가치의 차이(대개 현금으로 수수)가 유의적(중요)인 경우에는 이종자산과의 교환으로 본다.**

㉡ 이종자산간 교환(공정가액법)

다른 종류의 자산과 교환하여 새로운 유형자산을 취득하는 경우 유형자산의 취득원가는 교환을 위하여 **제공한 자산의 공정가치로** 하고, 이때 **교환손익(장부가액과 공정가치의 차액)은 유형자산처분손익**으로 인식한다.

〈교환취득〉

	동종자산	이종자산
회계처리	**장부가액법**	**공정가액법**
취득원가	**제공한 자산의 장부가액**	**제공한 자산의 공정가액**[1]
교환손익	**인식하지 않음**	**인식(유형자산처분손익)**

[1]. 불확실시 교환으로 취득한 자산의 공정가치로 할 수 있다. 또한 자산의 교환에 현금수수시 현금수수액을 반영하여 취득원가를 결정한다.
이종자산 간의 교환시 신자산의 가액＝제공한 자산의 공정가액＋현금지급액－현금수취액

〈이종자산 교환거래 – 유형자산, 수익〉

	유형자산 취득원가	수익인식
원칙	**제공한 자산의 공정가치**	**제공받은 재화의 공정가치**
예외(원칙이 불확실시)	**취득한 자산의 공정가치**	**제공한 재화의 공정가치**

| 〈예제〉 교환취득 |

㈜한강의 다음 거래를 분개하시오. 다음의 자산은 영업목적으로 취득하였다.

1. 10월 1일 사용 중이던 기계A(취득가액 100,000원, 감가상각누계액 40,000원)를 토지와 교환하면서 현금 10,000원을 지급하였다. 교환시 기계A의 공정가치는 110,000원이다.

2. 10월 5일 사용 중이던 비품(취득가액 100,000원, 감가상각누계액 40,000원)과 차량운반구를 교환하면서 현금 10,000원을 수취하였다. 교환시 비품의 공정가치는 모르나, 차량운반구의 공정가치는 120,000원이다.

해답

1. (이종자산) (1+2)	(차) 감가상각누계액	40,000	(대) 기계장치(A)	100,000
	토 지	120,000	현 금	10,000
			유형자산처분이익	50,000
	〈1.공정가치(110,000원)로 처분〉			
	(차) 감가상각누계액	40,000	(대) 기계장치(A)	100,000
	현 금	110,000	유형자산처분이익	50,000
	〈2.유형자산 취득〉			
	(차) 토 지	120,000	(대) 현 금	120,000

2. (이종자산) (1+2)	(차) 감가상각누계액 현　금 차량운반구	40,000 10,000 120,000	(대) 비　품 유형자산처분이익	100,000 70,000
	〈1.유형자산 취득〉			
	(차) 차량운반구	120,000	(대) 현　금	120,000
	〈2.공정가치(130,000원)로 처분〉			
	(차) 감가상각누계액 현　　금	40,000 130,000	(대) 비　품 유형자산처분이익	100,000 70,000

⑦ 복구충당부채

자산의 취득시 향후 발생할 복구원가에 대한 충당부채는 유형자산을 취득하는 시점에서 해당 유형자산의 취득원가에 반영한다. 즉 **자산을 해체하거나 부지를 복구하는 데 소요될 것으로 최초에 추정되는 원가의 현재가치를 취득원가에 반영**한다.(예 : 원자력 발전소)

| <예제> 복구충당부채 |

㈜한강의 다음 거래를 분개하시오.

1. 20X1년 1월 1일 거래처의 토지에 구축물을 설치하고 이를 이용하는 계약을 체결하였다. 구축물의 취득 원가는 1,000,000원, 내용연수는 5년이며, 잔존가치는 50,000원이며 정액법으로 감가상각한다. ㈜한강은 5년 후에 구축물을 해체하고 원상복구를 해야 하며, 5년 후에 복구비용으로 지출할 금액은 200,000원으로 추정하였다. 복구비용은 충당부채의 인식요건을 충족하며, 현재가치 계산 시 적용할 할인율은 10%이다.

기간 이자율	현가 이자요소	연금의 현가 이자요소
5년 10 %	0.62092	3.79079

2. 20x1년 결산시 분개(감가상각비와 복구충당부채전입액)를 하시오.

해답

| 1. | (차) 구 축 물 | 1,124,184 | (대) 현 금 | 1,000,000 |
| | | | 복구충당부채 | 124,184 |

☞ 복구시 충당부채의 현재가치 = 200,000×0.62092(5년 10%, 현가계수) = 124,184원

| 2. | (차) 감가상각비 | 214,836 | (대) 감가상각누계액 | 214,836 |

☞ 감가상각비 = [취득가액(1,124,184) - 잔존가치(50,000)] ÷ 내용연수(5년) = 214,836원/년

| 2. | (차) 복구충당부채전입액 | 12,418 | (대) 복구충당부채 | 12,418 |

〈복구충당부채전입액 산출 – 유효이자율(10%)〉

연도	기초복구충당부채	전입액(유효이자율)	기말복구충당부채
20x1	124,184	×10% = 12,418	136,602
20x2	136,602	×10% = 13,660	150,262
20x3	150,262	×10% = 15,026	165,288
20x4	165,288	×10% = 16,529	181,817
20x5	181,817	×10% = 18,183*	200,000

* 단수차조정

⑧ 장기연불구입

자산의 매매에 있어서 당사자간의 개별약관에 의하여 그 대금을 2회 이상 분할하여 월부·연부 등에 따라 결제하는 조건으로 성립되는 거래형태를 말하는데, **미래현금 유출액의 현재가치를 취득원가**로 한다.

<예제> 장기연불구입

㈜한강의 다음 거래를 분개하시오.
20X1년 1월 1일에 토지를 2,000,000원에 취득하면서 2년 만기 무이자부어음(장기미지급금으로 회계처리) 를 발행하였다. 이 어음은 매년말 1,000,000원씩 2회에 거쳐 상환하는 조건으로 발행하였다. ㈜한강의 어음발행시 적용되는 시장이자율은 연 10%이고, 이자율 10%에서 2기까지의 현가계수는 각각 0.9901과 0.8264이다.

해답

| (차) 토 지 | 1,735,500 | (대) 장기미지급금 | 2,000,000 |
| 현재가치할인차금 | 264,500 | | |

☞ 장기성어음의 현재가치 = 1,000,000×[0.9091 + 0.8264] = 1,735,500원

⑨ 정부보조금(국고보조금)

자산 취득시 국가로부터 보조금(상환의무가 없는 경우)을 수령한 경우 자산의 취득원가에서 차감하여 표시한다. 그리고 **그 자산의 내용년수에 걸쳐 감가상각액과 상계하며, 해당 유형자산 을 처분시에는 정부보조금잔액을 처분손익에 반영**한다.

☞ **상환의무가 있는 경우에는 차입금으로 회계처리**한다.

| <예제> 정부보조금 |

㈜한강의 다음 거래를 분개하고 부분재무상태표를 작성하시오.

1. ×1년 7월 1일 정부로부터 정부보조금(상환의무가 없고, 추후 기계장치 취득에 사용될 예정이다) 10,000원을 보통예금으로 수령하였다.
2. ×1년 7월 3일 기계장치를 100,000원에 취득하고 보통예금계좌에서 이체하였다.
3. ×1년 12월 31일 내용년수 5년, 잔존가치 없는 것으로 가정하고 정액법으로 감가상각비를 계상하다.

해답

1.	(차) 보 통 예 금	10,000	(대) 정부보조금	10,000
			(보통예금차감)	
2.	(차) 기 계 장 치	100,000	(대) 보 통 예 금	100,000
	정부보조금	10,000	정부보조금	10,000
	(보통예금차감)		(기계장치차감)	
3.	(차) 감가상각비	10,000[*1]	(대) 감가상각누계액	10,000
	정부보조금	1,000[*2]	감가상각비	1,000
	(기계장치차감)			

결국 정부보조금은 해당 자산의 효익 제공기간(내용년수)동안 비용을 차감한다.

*1. 감가상각비 = (100,000 - 0)/5년 × 6개월/12개월 = 10,000

*2. 감가상각비와 상계되는 되는 정부보조금

$$= 감가상각비 \times \frac{정부보조금}{(취득가액 - 잔존가치)}$$

$$= 10,000 \times [10,000/(100,000-0)] = 1,000$$

⑩ 차입원가(금융비용 자본화)

차입원가란 유형자산 등의 건설에 필요한 자금의 원천이 외부로부터의 차입금으로 이루어질 때, 차입과 관련하여 발생하는 이자 등을 말한다.

차입원가는 기간비용(이자비용)으로 처리함을 원칙으로 한다. 다만 유형자산, 무형자산 및 투자부동산과 제조·매입·건설 또는 개발이 개시된 날로부터 의도된 용도로 사용하거나 판매할 수 있는 상태가 되기까지 <u>1년 이상이 소요되는 재고자산</u>(이들을 적격자산이라고 함)의 취득을 위한 자금에 차입금이 포함된다면 이러한 차입금에 대한 차입원가는 취득에 소요되는 원가로 회계처리할 수 있다.

차입원가는 다음과 같은 항목을 포함한다.

- 차입금과 사채에 대한 이자
- 사채발행차금상각액 또는 환입액
- 현재가치할인차금*1상각액
- 외화차입에 대한 환율변동손익
- 금융리스관련 금융비용
- 차입과 직접적으로 관련하여 발생한 수수료 등

*1. 장기성 채권(채무)의 미래에 수취(지급)할 명목가액을 유효이자율로 할인한 현재가치와의 차액을 말한다.
　　현재가치할인차금＝채권(채무)의 명목가액－채권(채무)의 현재가치

(3) 유형자산 취득 이후의 지출

	자본적지출	수익적지출
정 의	① 미래의 경제적 효익을 증가시키거나 ② 내용연수를 연장시키는 지출	자본적지출 이외
회계처리	해당 자산가액	수선비등 비용처리

(4) 유형자산의 감가상각

감가란 자산의 가치감소를 뜻하는 것이며, 유형자산의 감가상각이란 해당 유형자산의 **취득원가를 효익을 제공받은 기간(추정내용연수)동안 체계적·합리적으로 비용 배분하는 것**을 의미한다.

〈감가상각방법〉

1. 감가상각대상금액(A) (취득가액 – 잔존가치)	정액법	A/내용연수
	연수합계법	A × 잔여내용연수/내용연수의 합계
	생산량비례법	A × 당기실제생산량/예상총생산량
2. 장부가액(B) (취득가액 – 기초감가상각누계액)	정률법	B × 상각율
	이중체감법	B × (2/내용연수)

초기 감가상각비	**정률법(이중체감법)[*1]>내용연수합계법>정액법**
초기 장부가액	정액법>내용연수합계법>정률법(이중체감법)

*1. 정률법의 상각율과 이중체감법의 2/내용연수에 따라 달라질수 있다.

(5) 후속측정(재평가모형)

① 유형자산 회계정책 선택

원가모형	**감가상각 후 장부금액을 재무상태표에 표시**
재평가모형	감가상각 후 공정가치로 평가

☞ 공정가치 : 측정일에 시장참여자 사이의 정상거래에서 자산을 매도하면서 수취하게 될 가격을 말한다

② 재평가모형

재평가모형은 선택한 경우 보고기간말에 자산의 장부금액이 공정가치와 중요하게 차이가 나지 않도록 <u>주기적으로 수행</u>한다. 그러나 **매 보고기간말에 반드시 해야 하는 것은 아니다. 또한 특정유형자산을 재평가할 때 해당 자산이 포함되는 유형자산 분류전체를 재평가한다.**

재평가일에 <u>**공정가치에서 감가상각누계액과 손상차손누계액을 차감한 재평가금액을 장부금액으로 한다.**</u>

[재평가모형]

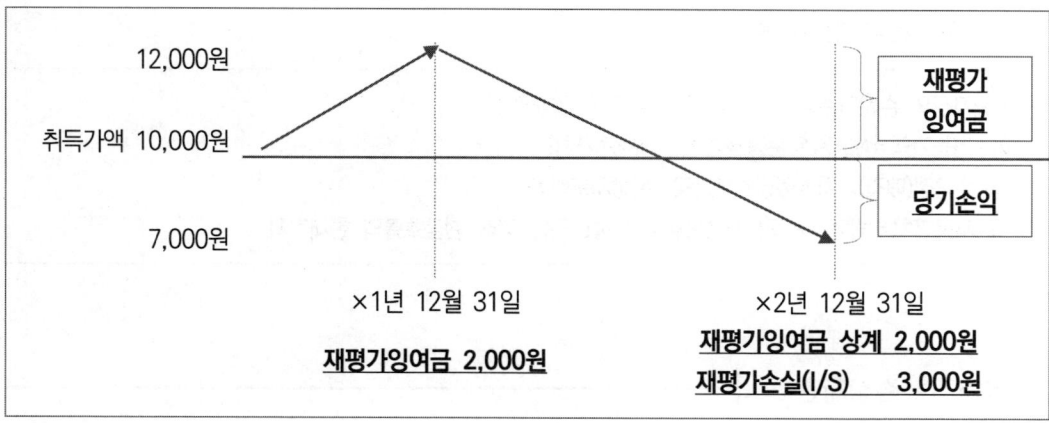

1. 재평가증	(차) 유 형 자 산	×××	(대) 재평가손실(I/S)*1	×××
			재평가잉여금	×××
			(자본 – 기타포괄손익누계액)	
	*1. 당기이전에 재평가손실액이 있는 경우 우선 상계한다.			
2. 재평가감	(차) **재평가잉여금**[*2]	×××	(대) 유 형 자 산	×××
	재평가손실(I/S)	×××		
	*2. 재평가잉여금 잔액이 있는 경우 우선 상계한다.			

(6) 유형자산의 손상

유형자산의 중대한 손상으로 인하여 **본질가치가 하락한 경우**에는 유형자산의 장부금액을 감액하고 이를 **손상차손으로 즉시 인식**해야 한다.

① 손상가능성의 판단기준

- 유형자산의 **시장가치가 현저하게 하락**한 경우
- 유형자산의 **사용강도나 사용방법에 현저한 변화가 있거나**, 심각한 물리적 변형이 초래된 경우
- 해당 유형자산으로부터 영업손실이나 순현금유출이 발생하고, 이 상태가 미래에도 지속될 것이라고 판단되는 경우 등

② 손상차손의 인식기준

- 유형자산의 손상차손 = 회수가능가액 – 손상전 장부금액
- **회수가능가액 = MAX[ⓐ순공정가치, ⓑ사용가치]**
  - ⓐ **순공정(매각)가치 = 예상처분가액 – 예상처분비용**
  - ⓑ **사용가치 = 해당 자산의 사용으로부터 예상되는 미래 현금흐름의 현재가치**

| <예제> 손상차손 |

㈜한강의 다음 거래를 분개하시오.

1. 20X1년 1월 1일 기계장치를 1,000,000원에 취득하였고, 기계장치의 내용연수는 5년 잔존가치는 없으며 정액법으로 상각하였다. 결산시 기계장치의 순공정가치는 450,000원 사용가치는 600,000원으로 손상차손을 인식하였다.
2. 20x2년 추가적인 손상차손이나 손상차손환입은 없었다, 결산시 감가상각하시오.

102

해답

1.	(차) 감가상각비	200,000	(대) 감가상각누계액	200,000

☞ 감가상각비 = (1,000,000 − 0) ÷ 5년 = 200,000원/년

	(차) 유형자산손상차손	200,000	(대) 손상차손누계액	200,000

☞ 20x1년말 장부가액 = (1,000,000 − 200,000) = 800,000원
　 손상차손 = 회수가능가액[MAX[순공정가치(450,000), 사용가치(600,000)]
　　　　　　　　　　　　　　　 − 장부가액(800,000) = △200,000원

2.	(차) 감가상각비	150,000	(대) 감가상각누계액	150,000

☞ 20x2년말 감가상각비 = 장부가액(600,000) ÷ 잔여내용연수(5 − 1) = 150,000원

---

3. 무형자산

무형자산이란 재화의 생산이나 용역의 제공, 타인에 대한 임대 또는 관리에 사용할 목적으로 기업이 보유하고 있으며, 물리적 형체가 없지만 식별가능하고 기업이 통제하고 있으며 미래 경제적 효익이 있는 비화폐성자산을 말한다.

(1) 종류

① 영업권

영업권이란 기업의 우수한 종업원, 고도의 경영능력, 영업상 또는 제조상의 비법, 양호한 노사관계, 우수한 인재나 자원의 확보 등으로 미래에 그 기업에 경제적 이익으로 공헌하리라고 기대되는 초과 수익력이 있는 경우 그 미래의 초과수익력을 말한다.

영업권이 자산으로 인식되기 위해서는 **외부구입영업권이어야 하고, 내부창설 영업권의 자산 계상은 인정하지 않는다.**

따라서 다른 기업을 취득 · 인수 · 합병할 경우에 취득한 순자산의 공정가액을 초과하는 경우 그 차액을 외부구입영업권이라 하는데 **기업회계기준에서는 외부구입영업권만 인정**한다.

② 내부적으로 창출된 무형자산(개발비)

개발비란 신제품, 신기술 등의 개발과 관련하여 발생한 비용(소프트웨어의 자체 개발과 관련된 비용을 포함)으로 개별적으로 식별가능하고 미래의 경제적 효익을 기대할 수 있는 것을 말한다.

개발비는 연구개발활동에 투입된 지출 중에서 무형자산의 인식요건에 부합하면 자산으로 계상한다는 의미이며, 법률상의 권리는 아니다. 또한 개발비와 유사한 지출로서 연구비가 있는데, 연구비란 새로운 과학적 지식을 얻고자하는 활동, 제품 등에 대한 여러 가지 대체안을 탐색하는 활동에 지출하는 비용을 말한다.

이러한 연구비는 미래 경제적 효익이 불투명하기 때문에 발생 즉시 판매비와 관리비로 당기비용 처리한다.

기업의 내부개발프로젝트를 연구 · 개발단계, 생산단계로 구분하여 회계처리를 보면 다음과 같다.

〈연구 · 개발 및 생산단계〉

연구단계		개발단계		생산단계	
발생시점 비용처리 (판매비와 관리비)	⟹	무형자산 인식조건을 충족시 개발비로 무형자산 계상	⟹	**무형자산상각비**	
		요건을 미충족시 경상연구개발비의 과목으로 발생시점에 비용처리 (판매비와 관리비)		**제조관련**	제조경비
				제조와미관련	판관비

③ 산업재산권

일정기간 독점적 · 배타적으로 이용할 수 있는 권리로서 특허권 · 실용신안권 · 상표권 등을 말한다.

☞ 특허권 : 새로 발명한 것(창작물)을 일정기간 독점적으로 소유 또는 이용할 수 있는 권리
　실용신안권 : 산업상 이용할 수 있는 물품 등에 대한 고안으로서 법에 따라 출원하여 부여받은 권리
　상표권 : 타 상품과 식별하기 사용하는 기호등을 상표라 하는데 이를 독점적으로 사용할 수 있는 권리

④ 라이선스

특허권자가 자신의 권리를 사용하고자 하는 특허사용자와 계약하여 권리실시를 허용하는 계약을 말한다.

⑤ 소프트웨어

컴퓨터 프로그램과 그와 관련된 문서들을 총칭하며, 자산인식요건을 충족하는 소프트웨어를 구입하여 사용하는 경우의 구입대가를 말한다.

그러나 컴퓨터를 구입시 부수되는 OS는 별도의 소프트웨어라는 무형자산으로 인식하는 것이 아니라, 컴퓨터의 취득부대비용으로 인식하여 유형자산으로 회계처리 한다.

⑥ 프랜차이즈

체인점본사와 가맹점간의 계약에 의하여 특정상표, 상호의 상품이나 용역을 독점적으로 판매할 수 있는 권리를 말한다. 회사가 맥도날드나 던킨도너츠에 가입비를 지급한 경우에 프랜차이즈란 무형자산으로 계상할 수 있다.

⑦ 이외에 저작권, 광업권, 어업권, 임차권리금 등이 있다.

☞ 임차권리금 : 임차인이 상가를 다른 세입자에게 매도함으로써 포기해야 하는 시설비와 영업권을 말한다.

(2) 무형자산의 취득원가

매입가액에 취득 부대비용을 가산하여 무형자산의 취득원가로 하고, 일반적으로 유형자산의 취득원가와 동일하다.

그러나 내부적으로 창출된 무형자산의 취득원가는 그 자산의 창출, 제조, 사용 준비에 직접 관련된 지출과 **합리적이고 일관성있게 배부된 간접 지출을 모두 포함**한다.

- 무형자산의 창출에 직접 종사한 인원에 대한 인건비와 직접 사용된 재료비, 용역비
- 무형자산의 창출에 직접 사용된 유형자산의 감가상각비와 무형자산의 상각비
- 법적권리를 등록하기 위한 수수료 등 무형자산을 창출하는데 직접적으로 관련있는 지출
- 무형자산의 창출에 필요하며 합리적이고 일관된 방법으로 배분할 수 있는 간접비용(연구관리직원의 인건비, 임차료, 보험료 등)
- 차입원가 중 자본화를 선택한 비용

(3) 무형자산의 상각

① 상각대상금액

무형자산의 잔존가치는 원칙적으로 "0"으로 한다.

② 내용연수

무형자산의 내용연수(상각기간)는 **독점적·배타적인 권리를 부여하고 있는 관계법령이나 계약에 정해진 경우를 제외하고는 20년을 초과할 수 없다. 이때 법률상 유효기간과 경제적 내용연수가 모두 존재한다면 둘 중 짧은 기간 동안 상각한다.** 또한, 상각시점은 무형자산이 **사용가능한 시점**부터 상각하도록 하고 있다.

내용연수가 비한정인 무형자산(내용연수를 추정하는 시점에서 내용연수를 결정하지 못하는 무형자산)은 상각하지 아니한다.

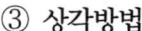

③ 상각방법

유형자산과 마찬가지로 정액법, 정률법, 생산량비례법 등 기업회계기준이 정하는 방법 중에서 기업이 합리적인 방법을 선택하여 상각한다.

그러나 **합리적인 상각방법을 정할 수 없는 경우에는 정액법을 사용하도록 하고 있다.**

다만, 영업권의 경우에 정액법만 허용된다.

④ 무형자산상각비

> **무형자산상각비 = [취득가액 − 0(잔존가치는 원칙적으로 "0")]/내용연수**
> **= 미상각잔액(장부가액)/잔여내용연수**

⑤ 재무제표 표시

유형자산과 달리 상각누계액 계정을 별도로 설정하지 않고 직접 차감하는 방법(직접상각법)을 사용할 수 있다.

〈유형자산 VS 무형자산〉

	유형자산	무형자산
취득가액	매입가액 + 부대비용	좌동(간접지출도 포함)
잔존가액	처분시 예상되는 순현금유입액	**원칙적으로 "0"**
내용년수	경제적 내용연수	좌동 **원칙 : 20년 초과 불가**
상각방법	정액법, 정률법, 내용연수합계법, 생산량비례법등	좌동 **다만 합리적인 상각방법이 없는 경우 "정액법"**
재무제표 표시	간접상각법	**직접상각법, 간접상각법 가능**

4. 기타비유동자산

비유동자산 중 투자자산 및 유형자산, 무형자산에 속하지 않는 자산을 의미한다.

(1) 임차보증금

타인소유의 부동산이나 동산을 사용하기 위하여 임대차계약을 체결하는 경우에 월세 등을 지급하는 조건으로 임차인이 임대인에게 지급하는 보증금을 말한다.

(2) 전세권

전세금을 지급하고 타인의 부동산을 그 용도에 따라 사용, 수익하는 권리이다.

(3) 장기매출채권

유동자산에 속하지 아니하는 일반적 상거래에서 발생한 장기의 외상매출금 및 받을어음을 말한다.

(4) 부도어음과수표

어음소지인이 어음대금 청구시 어음금액의 지급을 거절당한 경우 어음의 부도라 하고, 지급이 거절된 어음을 부도어음이라 한다. 어음이 부도되면 어음소지인은 어음발행자에게 어음금액을 청구할 수 있으며, 이때 어음소지인은 어음금액과 법정이자, 공증인에 의한 지급거절증서 작성 비용 등을 청구한다.

☞ 공증인 : 당사자의 촉탁에 따라 법률행위나 그 밖의 개인적인 권리에 관한 사실에 대한 공정증서의 작성 등의 사무를 처리하는 자를 말하는데, 변호사 등 일정 자격을 가진 자 중 법무부장관이 임명한다.

회사는 관리목적상 정상적인 어음과 구분하기 위하여 부도어음과수표계정(청구비용 등 포함)을 사용하고, 추후 회수가능성을 판단하여 대손처리한다.

(5) 기타 이외에 이연법인세자산, 장기미수금 등이 있다.

 객관식

01. 유형자산의 취득원가는 구입원가 또는 제작원가 및 경영진이 의도하는 방식으로 자산을 가동하는 데 필요한 장소와 상태에 이르게 하는 데 직접 관련되는 원가 등으로 구성된다. 다음 중 유형자산의 취득원가에서 차감되는 항목은?

① 자본화대상 차입원가

② 유형자산이 정상적으로 작동되는지 여부를 시험하는 과정에서 생산된 재화의 순매각금액

③ 설치장소 준비를 위한 지출

④ 유형자산의 경제적 사용이 종료된 후에 원상회복을 위하여 소요될 것으로 추정되는 복구원가

02. 다음 중 유형자산의 취득원가에 대한 설명으로 틀린 것은?

① 유형자산의 취득과 관련하여 국·공채 등을 불가피하게 매입하는 경우 당해 채권의 매입금액과 현재가치와의 차액은 유형자산의 취득원가에 가산하지 아니한다.

② 유형자산과 관련된 산출물에 대한 수요가 형성되는 과정에서 발생하는 초기 가동손실은 취득원가에 가산하지 아니한다.

③ 해당 유형자산의 경제적 사용이 종료된 후에 원상회복을 위하여 그 자산을 제거, 해체하거나 또는 부지를 복원하는 데 소요될 것으로 추정되는 원가는 유형자산의 취득원가에 가산하는 것이 원칙이다.

④ 유형자산이 정상적으로 작동되는지 여부를 시험하는 과정에서 발생하는 원가는 유형자산의 취득원가에 가산한다. 단, 시험과정에서 생산된 재화의 순매각금액은 당하 원가에서 차감한다.

03. 다음 중 유형자산에 대한 설명으로 틀린 것은?

① 동일한 업종 내에서 유사한 용도로 사용되고 공정가치가 비슷한 동종자산의 교환시 교환으로 받은 자산의 취득원가는 교환으로 제공한 자산의 장부금액으로 한다.

② 새로운 건물을 신축하기 위하여 사용 중이던 기존건물을 철거하는 경우에는 기존건물의 장부가액은 새로운 건물의 취득원가에 가산한다.

③ 유형자산의 감가상각은 감가상각대상금액을 그 자산의 내용연수 동안 합리적이고 체계적인 방법으로 각 회계기간에 배분하는 것이다.

④ 유형자산은 재화의 생산, 용역의 제공, 타인에 대한 임대 또는 자체적으로 사용할 목적으로 보유하는 물리적 형체가 있는 자산으로서, 1년을 초과하여 사용할 것이 예상되는 자산을 말한다.

04. 다음 중 유형자산의 원가에 대한 설명으로 틀린 것은?

① 현물출자, 증여, 기타 무상으로 취득한 유형자산은 공정가치를 취득원가로 한다.

② 유형자산을 사용하거나 이전하는 과정에서 발생하는 원가는 당해 유형자산의 장부금액에 포함하여 인식하지 아니한다.

③ 유형자산의 취득 또는 완성 후의 지출이 내용연수 연장을 가져오는 경우 자본적지출로 처리한다.

④ 건물을 신축하기 위하여 사용 중인 기존 건물을 철거하는 경우에 발생한 철거비용은 신축 건물의 취득원가에 포함한다.

05. 친절주유소는 20x1년 1월 1일, 새로운 원유저장탱크를 20,000,000원에 구축하였다. 새로 구축한 원유저장탱크는 정액법으로 상각하며 내용연수는 10년, 잔존가치는 없다. 동 설비의 내용연수 종료 후 예상 복구비용은 5,000,000원(예상복구비용의 현재가치는 3,600,000원)이라고 할 때, 다음 설명 중 알맞은 것은?

① 원유저장탱크의 취득가액은 20,000,000원이다.

② 원유저장탱크의 20x1년 감가상각비는 2,000,000원이다.

③ 원유저장탱크 예상복구비용에 대한 충당부채는 취득가액에 가산하여야 한다.

④ 원유저장탱크 복구비용은 실제 복구시점에 비용으로 처리하여야 한다.

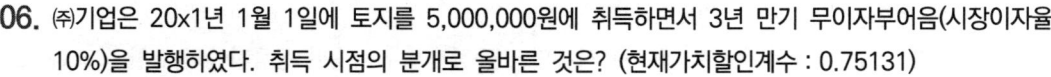

06. ㈜기업은 20x1년 1월 1일에 토지를 5,000,000원에 취득하면서 3년 만기 무이자부어음(시장이자율 10%)을 발행하였다. 취득 시점의 분개로 올바른 것은? (현재가치할인계수 : 0.75131)

① (차) 토지 　　　　　　3,756,550원 　　(대) 장기미지급금 　　　5,000,000원
　　　현재가치할인차금 　1,243,450원

② (차) 토지 　　　　　　5,000,000원 　　(대) 장기미지급금 　　　5,000,000원

③ (차) 토지 　　　　　　5,000,000원 　　(대) 장기미지급금 　　　3,756,550원
　　　　　　　　　　　　　　　　　　　　　현재가치할인차금 　1,243,450원

④ (차) 토지 　　　　　　3,756,550원 　　(대) 현금 　　　　　　　3,756,550원

07. ㈜용화는 20x1년 1월 1일 기존 건물이 있는 토지를 업무 사용 목적으로 20,000,000원에 일괄 취득하였다. 취득 시 토지와 건물에 대한 취득세 1,600,000원을 납부하였으며, 취득 당시 토지와 건물의 공정가치는 각각 15,000,000원과 5,000,000원이었다. 건물은 내용연수 10년, 정액법(잔존가액 없음)으로 감가상각할 때, 다음 중 틀린 것은?

① 취득세 중 건물의 취득원가에 포함되는 금액은 400,000원이다.
② 건물의 취득원가는 5,400,000원이다.
③ 토지의 취득원가는 16,000,000원이다.
④ 건물의 감가상각비는 540,000원이다.

08. ㈜영신은 20x1년 1월 1일 공장부지로 사용할 목적으로 토지를 100,000,000원에 매입하였다. 토지 위에 있던 건물을 철거한 후 공사를 시작하였고, 공장은 20x1년 말에 완공되었다. 관련된 지출이 다음과 같을 때 토지와 건물의 취득원가는 각각 얼마인가?

• 소유권 이전비용과 중개수수료	10,000,000원
• 설계비	30,000,000원
• 구건물 철거비	20,000,000원
• 건설원가	200,000,000원

	토지	건물
①	100,000,000원	260,000,000원
②	110,000,000원	250,000,000원
③	130,000,000원	230,000,000원
④	160,000,000원	200,000,000원

09. 다음 자료에 의할 때 옳지 않은 것은?

> • 20x0년 1월 1일 기계장치를 1,000,000원에 취득하였다.
> • 감가상각방법은 정률법, 내용연수 5년, 잔존가액 50,000원, 상각률은 45%라고 가정한다.
> • 20x1년 1월 1일 기계장치와 관련하여 다음과 같은 지출이 발생하였다.
>   – 생산량 증대를 위한 수선비용 300,000원
>   – 성능을 유지하기 위한 소모품 교체비용 10,000원

① 20x0년도 정률법의 감가상각대상금액은 1,000,000원이다.

② 20x0년도의 감가상각비는 450,000원이다.

③ 20x0년 말 기계장치의 장부가액은 550,000원이다.

④ 20x1년 1월 1일 발생한 소모품 교체비용 10,000원은 20x1년 감가상각비 계산에 영향을 미친다.

10. 다음 중 수익적지출로 처리하여야 할 것을 자본적지출로 잘못 회계처리한 경우 재무제표에 미치는 영향이 아닌 것은?

① 당기순이익이 과대계상된다.

② 현금유출액이 과대계상된다.

③ 자본이 과대계상된다.

④ 자산이 과대계상된다.

11. 20x0년 4월 1일에 내용연수 5년, 잔존가치 0원인 기계장치를 50,000원에 취득하였다. 20x1년의 감가상각비를 이중체감법으로 상각할 때와 정액법으로 상각할 때에 대한 설명으로 올바른 것은?

① 이중체감법이 정액법보다 감가상각비를 4,000원 더 많이 인식한다.

② 이중체감법과 정액법의 감가상각누계액의 차이는 7,500원이다.

③ 정액법에 의한 20x1년 감가상각누계액 합계액은 10,000원이다.

④ 이중체감법에 의한 감가상각비는 20,000원이다.

12. ㈜한국은 20x0년 1월 1일에 600,000원에 취득한 유형자산을 내용연수 5년, 잔존가치 0원, 정액법으로 상각하고 있다. 20x1년 말 유형자산의 회수가능액이 300,000원일 때 다음 중 20x1년의 재무제표에 미치는 영향으로 올바른 것은?

① 손상이 발생하였으므로 비용으로 계상되는 금액은 없다.

② 비용으로 계상되는 금액은 180,000원이다.

③ 비용은 감가상각비만 계상된다.

④ 손상차손은 120,000원이다.

13. 다음 중 무형자산의 인식요건에 대한 설명으로 틀린 것은?

① 무형자산은 물리적 형체가 없기에 식별가능할 것을 요건으로 한다.

② 미래경제적 효익을 확보할 수 있어야 한다.

③ 무형자산에 대하여 통제 가능해야 하며, 일반적으로 법적권리가 보장된다면 통제가능하다고 인식한다.

④ 내부 교육훈련을 통해 습득된 종업원의 기술도 무형자산 인식요건을 충족한다.

14. 다음 중 일반기업회계기준상 무형자산에 관한 설명으로 옳지 않은 것은?

① 무형자산으로 인식하기 위한 요건으로 식별가능성, 기업의 통제, 미래의 경제적 효익의 발생으로 분류한다.

② 무형자산의 내용연수가 독점적·배타적 권리를 부여하고 있는 관계 법령에 따라 20년을 초과하는 경우에도 상각기간은 20년을 초과할 수 없다.

③ 무형자산의 잔존가치는 없는 것을 원칙으로 한다.

④ 내부적으로 창출한 브랜드, 고객목록 및 이와 유사한 항목에 대한 지출은 무형자산으로 인식하지 않는다.

15. 다음 중 무형자산에 대한 설명으로 옳은 것은?

① 무형자산의 상각대상금액을 내용연수 동안 합리적으로 배분하기 위해 다양한 방법을 사용할 수 있다.

② 무형자산이 법적권리인 경우 법적 권리기간이 경제적 내용연수보다 긴 기간이면 법적 권리기간 동안 상각한다.

③ 내부적으로 창출된 영업권의 경우 그 금액을 합리적으로 추정할 수 있는 경우에는 무형자산으로 인식할 수 있다.

④ 연구단계에서 발생한 지출은 모두 발생 즉시 비용으로 인식하며, 개발단계에서 발생한 지출은 모두 무형자산으로 인식한다.

16. 다음 중 무형자산에 대한 설명으로 틀린 것은?

① 연구단계에서 발생한 지출은 무형자산으로 인식할 수 없고 발생한 기간의 비용으로 인식한다.

② 개발단계에서 발생한 모든 지출은 무형자산으로 인식한다.

③ 내부적으로 창출한 영업권은 원가를 신뢰성 있게 측정할 수 없고, 식별가능하지 않으므로 자산으로 인식하지 않는다.

④ 무형자산의 내용연수는 경제적 요인과 법적 요인의 영향을 받는데 이러한 요인에 의해 결정된 기간 중 짧은 기간으로 한다.

17. 다음 중 일반기업회계기준의 무형자산에 관한 내용으로 틀린 것은?

① 무형자산의 상각기간은 독점적·배타적인 권리를 부여하고 있는 관계 법령이나 계약에 정해진 경우를 제외하고는 20년을 초과할 수 없다.

② 무형자산의 잔존가치는 없는 것을 원칙으로 한다.

③ 무형자산의 상각대상금액을 내용연수 동안 합리적으로 배분하기 위해 다양한 상각방법을 사용할 수 있다.

④ 무형자산의 상각은 법률적 취득 시점부터 하며, 합리적인 상각방법을 정할 수 없는 경우에는 정액법을 사용한다.

18. 다음 중 무형자산에 대한 설명으로 틀린 것은?

① 무형자산에 대한 지출로서, 과거 비용으로 인식한 지출은 그 후의 기간에 무형자산의 원가로 인식할 수 없다.

② 무형자산 상각방법은 합리적인 방법을 택해야 하며, 합리적인 방법을 정할 수 없는 경우에는 정액법을 사용한다.

③ 무형자산의 잔존가치는 없는 것을 원칙으로 한다.

④ 프로젝트 연구단계에서 발생한 지출은 무형자산으로 인식한다.

19. 다음 중 유형자산의 교환에 관한 설명으로 틀린 것은?

① 다른 종류의 자산과의 교환으로 취득한 유형자산의 취득원가는 교환을 위하여 제공한 자산의 공정가치로 측정한다.

② 교환을 위하여 제공한 자산의 공정가치가 불확실한 경우에는 교환으로 취득한 자산의 공정가치를 취득원가로 할 수 있다.

③ 자산의 교환에 현금수수액이 있는 경우에도 교환으로 취득한 유형자산의 취득원가는 교환을 위하여 제공한 자산의 공정가치로 결정한다.

④ 동일한 업종 내에서 유사한 용도로 사용되고 공정가치가 비슷한 동종자산과의 교환으로 유형자산을 취득하는 경우에는 교환에 따른 거래손익을 인식하지 않아야 한다.

20. 다음 중 차입원가자본화에 대한 설명으로 틀린 것은?

① 차입원가자본화 대상 자산은 재고자산, 무형자산, 유형자산 등이 있다.

② 자본화 대상 차입원가에 금융리스 관련 금융비용은 포함되지 않는다.

③ 특정차입금에 대한 차입원가도 자본화기간이 종료되면 당기비용으로 처리한다.

④ 재고자산의 경우 차입원가를 자본화하려면 의도된 상태(취득, 건설, 생산)에 이르기까지 '1년 이상'의 기간을 필요로 한다.

주관식

01. ㈜기업은 건물과 토지를 180,000,000원에 일괄구입하고 취득세 8,000,000원(건물분 3,500,000원, 토지분 4,500,000원)을 납부하였다. 취득 당시 건물의 공정가치는 80,000,000원, 토지의 공정가치는 120,000,000원인 경우 ㈜기업이 인식해야 할 건물의 취득원가는 얼마인가? (단, 건물과 토지는 공정가치로 안분한다.)

02. ㈜세무는 20×1년 1월 초에 건물과 토지를 1,500,000원에 일괄 취득하였다. 취득 당시 토지와 건물의 공정가치는 각각 600,000원과 400,000원이었으며, 기존 건물은 취득 후 즉시 철거하였다. 건물철거비용 60,000원이 발생하였으며, 건물철거 폐자재는 20,000원에 처분하였다. ㈜세무가 인식할 토지의 취득원가는 얼마인가?

03. ㈜백제는 사용하던 구형 차량을 제공하는 조건으로 신형 차량을 취득하였다. 구형 차량의 취득원가는 10,000,000원, 감가상각누계액은 4,000,000원이며, 공정가치는 7,000,000원이다. 신형 차량의 판매가격은 9,000,000원이며, 추가로 현금 1,800,000원을 지급하였다. 위 교환거래에서 신형 차량의 취득가액은 얼마인가? (단, 교환 시 현금 등의 금액이 중요하다고 가정한다.)

04. ㈜성진은 20x1년 1월 1일 가설건축물을 100,000원에 취득하였다. 가설건축물의 내용연수는 5년이고, 내용연수 종료 후 건축물을 철거하여 원상태로 복구할 예정이다. 예상되는 복구비용은 30,000원으로 충당부채의 인식요건을 충족한다. 복구원가에 적용할 이자율은 10%이다. 이자율 10%, 5기간의 단일금액 1원에 대한 현재가치계수는 0.6209이다. 가설건축물의 취득원가는 얼마인가?

05. 제조업을 영위하는 ㈜세무는 20x1년 1월 1일에 특수목적제품의 제조를 위한 기계장치를 취득하였고, 관련 내용은 다음과 같다. ㈜세무는 기계장치의 감가상각방법으로 정액법을 적용한다. ㈜세무의 20x1년 감가상각비는 얼마인가?

> • 기계장치 구입원가 : 30,000,000원
> • 최초의 운송 및 취급 관련 원가 : 4,000,000원
> • 설치원가 및 조립원가 : 3,000,000원
> • 기계장치의 정상적 작동 여부를 시험하는 과정에서 발생한 원가 : 2,000,000원
> • 기계장치의 내용연수 및 잔존가치 : 5년, 4,000,000원

06. ㈜기업은 20x0년 7월 1일 정부로부터 국고보조금 20,000,000원을 지원받아 건물을 50,000,000원에 취득하였다. 건물의 잔존가치는 없으며 내용연수는 5년, 정액법으로 월할상각할 경우, 20x1년도의 감가상각비는 얼마인가?

07. 12월말 결산법인인 ㈜세무는 20x0년 1월 1일에 차량운반구를 1,000,000원에 구입한 후 내용연수 5년, 잔존가치 100,000원, 정액법을 적용하여 상각해왔다. 20x2년 4월 30일에 현금 600,000원을 받고 차량운반구를 매각하였을 때 유형자산처분이익은 얼마인가?(단, 감가상각비를 계산할 경우 월할상각할 것.)

08. 다음 자료를 토대로 20x2년 말 ㈜서울이 인식한 유형자산손상차손은 얼마인가?

> • 20x1년 01월 01일 : 기계장치 취득
>   (취득원가 10,000,000원, 내용연수 10년, 잔존가치 없음, 정액법, 월할 상각)
> • 20x2년 12월 31일 : 기계장치에 대한 손상차손 인식
>   (처분가치 6,000,000원, 사용가치 4,000,000원)

09. ㈜서하는 20x0년 1월 1일에 취득가액 20,000,000원, 내용연수 5년, 잔존가액 0원인 기계장치를 취득하여 정액법으로 감가상각하였다. 20x0년 말에 자산의 진부화로 회수가능가액이 12,000,000원이 되어 손상차손을 인식하였다고 할 경우, 20x1년 말에 인식할 감가상각비는 얼마인가?

10. ㈜신라는 20x0년 1월 1일 기계장치를 취득하였다. 취득원가는 10,000,000원, 내용연수는 5년, 감가상각방법은 정액법, 잔존가액은 없다. 20x1년 말 동 자산의 진부화로 손상차손 3,000,000원을 인식하였다. ㈜신라가 20x2년에 인식할 감가상각비는 얼마인가?

11. ㈜채원은 20x1년 1월 1일 ㈜주원이 보유하고 있는 특허권(장부가액 17,000,000원, 공정가 25,000,000원)을 취득하고 회사 주식(공정가 6,000원, 액면가 5,000원) 5,000주를 교부하였다. 20x1년 말 ㈜채원이 인식할 무형자산상각비(정액법, 내용연수 5년)는 얼마인가?

12. ㈜고려는 신제품 개발을 위한 연구 및 개발 활동을 하고 있으며, 20x1년 중에 연구 및 개발 활동에 대한 지출내역은 다음과 같다. 개발 활동 관련 지출액은 모두 무형자산의 인식기준을 충족하고, 10월 1일부터 신제품에 대한 사용이 가능하며, 개발비는 5년 동안 정액법으로 월할상각한다. ㈜고려의 20x1년 연구 및 개발 활동 관련 지출액이 당기손익에 미치는 영향은 얼마인가?

• 20x1년 2월 연구 활동 지출액 500,000원 • 20x1년 8월 개발 활동 지출액 1,000,000원

13. ㈜한세는 20x1년 1월 1일에 장부가액이 200,000원인 건물을 300,000원에 처분하고 처분대금은 3년 후인 20x3년 12월 31일에 수취하기로 하였다. 건물 처분대금의 명목금액과 현재가치의 차이는 중요하며, 건물 처분일 현재 유효이자율은 연 10%이다. 20x1년 말 ㈜한세가 유효이자율법에 따라 정상적으로 이자수익을 인식하였다면 20x2년 1월 1일 현재 장기미수금의 장부금액은 얼마인가? 단, 기간 3년, 연 10%, 1원의 현가계수는 0.75131이다.

연/습/문/제 답안

🗝 객관식

1	2	3	4	5	6	7	8	9	10
②	①	②	④	③	①	③	③	④	②

11	12	13	14	15	16	17	18	19	20
①	②	④	②	①	②	④	④	③	②

[풀이 - 객관식]

01. 유형자산이 정상적으로 작동되는지 여부를 시험하는 과정에서 발생하는 원가는 취득원가에 포함한다. 단, **시험과정에서 생산된 재화(예 : 장비의 시험과정에서 생산된 시제품)의 순매각금액(매각금액에서 매각부대원가를 뺀 금액)은 당해 원가에서 차감**한다.

02. 취득원가는 구입원가 또는 제작원가 및 경영진이 의도하는 방식으로 자산을 가동하는데 필요한 장소와 상태에 이르게 하는 데 직접 관련되는 원가와 관련된 지출 등으로 구성되며, 유형자산의 취득과 관련하여 **국·공채 등을 불가피하게 매입하는 경우 당해 채권의 매입금액과 일반기업회계기준에 따라 평가한 현재가치와의 차액을 포함**한다.

03,04. 새로운 건물을 신축하기 위하여 사용 중이던 기존건물을 철거하는 경우 **기존건물의 장부가액은 제거하여 처분손실로 반영**하고, **철거비용은 전액 당기비용으로 처리**한다.

05. 구입 또는 건설로 취득한 유형자산의 내용연수 종료 후 원상복구의무 등을 부담하는 때에는 **예상복구원가의 현재가치(3,600,000)를 충당부채로 인식**하고 유형자산의 취득원가(20,000,000)에 가산(23,600,000)한다. 내용연수 종료 후 **복구충당부채는 복구비용과 상계**하고 복구충당부채 금액과 실제 발생한 복구비용과의 차액은 복구공사를 진행한 회계기간의 당기손익으로 인식한다.

06. 토지(장기미지급금의 현재가치 = 5,000,000원 × 0.75131 = 3,756,550원
현재가치할인차금 : 5,000,000원 - 3,756,550원 = 1,243,450원

07. <u>일괄취득시 공정가치로 안분계산</u>한다.

	일괄취득가격	취득세	공정가치	취득가액
토지	20,000,000	1,600,000	15,000,000(75%)	16,200,000
건물			5,000,000(25%)	5,400,000

• 20x1년 건물 감가상각비 = 건물 취득원가(5,400,000) ÷ 10년 = 540,000원/년

08. 토지 = 토지 구입비용(100,000,000) + 소유권 이전비용과 중개수수료(10,000,000)
         + 구건물 철거비(20,000,000) = 130,000,000원

건물 = 설계비(30,000,000) + 건설원가(200,000,000) = 230,000,000원

09. 20x0년 감가상각비(정률법) = 장부가액(1,000,000) × 상각률(45%) = 450,000원

20x0년 장부가액 = 취득가액(1,000,000) - 감가상각누계액(450,000) = 550,000원

성능유지를 위한 소모품교체비용은 수익적 지출로 감가상각비계산에 영향을 미치지않는다.

10. 비용을 자산으로 계상하게 되면 자산과 당기순이익이 과대계상되고 자본이 과대계상된다. 그러나 현금유출액에는 영향을 미치지 않는다.

11. 〈이중체감법〉장부가액법, 상각율 = 2/내용연수→2/5 = 40%

20x0년 감가상각비 = 50,000원 × 40% × 9(4월~12월)/12 = 15,000원

20x1년 감가상각비 = [취득가액(50,000) - 감가상각누계액(15,000)] × 40% = 14,000원

〈정액법〉

20x0년 감가상각비 = 50,000원 ÷ 5년 × 9(4월~12월)/12 = 7,500원

20x1년 감가상각비 = 50,000원 ÷ 5년 = 10,000원/년

12. 감가상각비(정액법) = 취득가액(600,000) ÷ 5년 = 120,000원/년

20x1년 말 장부가액 = 취득가액(600,000) - 감가상각누계액(240,000,2년) = 360,000원

손상차손 = 회수가능액(300,000) - 장부가액(360,000) = △60,000원

20x1년 비용 = 감가상각비(120,000) + 손상차손(60,000) = 180,000원

13. 무형자산의 인식 요건은 식별가능성, 미래의 경제적 효익, 기업의 통제이다. <u>**훈련으로 습득된 종업원의 기술**</u>은 기업이 무조건적으로 <u>**통제 불가능하기에 무형자산 요건을 충족하지 못한다.**</u>

14. 독점적 · 배타적 권리를 부여하고 있는 <u>**관계 법령에 정해진 경우에는 20년을 초과할 수 있다.**</u>

15. ① 무형자산의 상각대상금액을 내용연수 동안 합리적으로 배분하기 위해 다양한 방법을 사용할 수 있다. 이러한 상각방법에는 <u>**정액법, 체감잔액법(정률법 등), 연수합계법, 생산량비례법 등**</u>이 있다. 다만, <u>**합리적인 상각방법을 정할 수 없는 경우에는 정액법**</u>을 사용한다.

② <u>**법적 권리기간과 경제적 내용연수 중 보다 짧은 기간 동안 상각한다.**</u>

③ <u>**내부적으로 창출된 영업권은 무형자산으로 인식할 수 없다.**</u>

④ 개발단계에서 발생한 지출 중 일정한 요건을 충족시키는 경우에만 무형자산으로 인식한다.

16. <u>**개발단계에서 발생한 지출은 특정 조건을 모두 충족하는 경우에만 무형자산으로 인식**</u>하고, 그 외의 경우에는 발생한 기간의 비용으로 인식한다

17. 무형자산의 상각은 법률적 취득 시점이 아니라 <u>**사용 가능한 시점부터 시작**</u>한다.

18. 연구단계에서는 미래경제적효익을 창출한 무형자산의 가치를 입증할 수 없기 때문에 **연구단계에서 발생한 지출은 당해 기간의 비용으로 인식**한다.

19. 다른 종류의 자산과의 교환으로 취득한 유형자산의 취득원가는 교환을 위하여 제공한 자산의 공정 가치로 측정한다. 다만, 교환을 위하여 제공한 자산의 공정가치가 불확실한 경우에는 교환으로 취득한 자산의 공정가치를 취득원가로 할 수 있다. **자산의 교환에 현금수수액이 있는 경우에는 현금수수액을 반영하여 취득원가를 결정**한다.

20. 차입원가자본화의 적용범위에 **리스이용자의 금융리스관련 원가도 포함**된다.

🔑 주관식

01	75,500,000원	**02**	1,540,000원	**03**	8,800,000원
04	118,627원	**05**	7,000,000원	**06**	6,000,000원
07	20,000원	**08**	2,000,000원	**09**	3,000,000원
10	1,000,000원	**11**	6,000,000원	**12**	550,000원 감소
13	247,932원				

[풀이 - 주관식]

01. 건물 취득가액 = 일괄취득가액(180,000,000) × 건물 공정가치(80,000,000)

/[건물 공정가치(80,000,000)+토지 공정가치(120,000,000)]+건물분 취득세 3,500,000원

= 75,500,000원

02. 토지취득원가 = 구입가격(1,500,000)+철거비용(60,000) – 폐자재 처분수입(20,000) = 1,540,000원

토지만 사용할 목적으로 토지와 건물을 일괄구입하는 경우 일괄구입대가를 모두 토지의 원가로 처리한다. 기존 건물을 철거할 때 발생하는 **건물철거비용은 토지 원가에 가산**하고, **건물철거로 인한 폐자재 처분수입은 토지 원가에서 차감**한다.

03. 구형차량을 신형차량으로 교환했으므로 이종자산 간의 교환이 된다.

신자산의 취득가액 = **제공한 자산의 공정가치**(7,000,000)+현금지급(1,800,000) = 8,800,000원

04. 복구충당부채 = 복구비용(30,000)×5년 10% 현가계수(0.6209) = 18,627원

취득원가 = 취득가액(100,000)+복구충당부채(18,627) = 118,627원

05. 취득원가 = 구입원가(30,000,000)+운송·취급원가(4,000,000)+설치·조립원가(3,000,000)

+시운전비(2,000,000) = 39,000,000원

☞ 유형자산의 취득원가는 구입원가에 해당 유형자산을 사용 가능한 상태에 이르게 하는데 직접 관련되어 지출한 비용(운송비, 설치비, 조립비, 시운전비 등)을 가산하여 산정한다.

감가상각비(정액법) = [취득원가(39,000,000) – 잔존가치(4,000,000원)]÷5년 = 7,000,000원/년

06. 감가상각비 = [취득가액(50,000,000) – 국고보조금(20,000,000)]÷5년 = 6,000,000원/년

07. 감가상각비(정액법) = [취득가액(1,000,000) – 잔존가치(100,000)] ÷ 5년 = 180,000원/년

감가상각누계액(처분시점) = 180,000 × 2년 + 180,000 ÷ 12개월 × 4개월(1.1~4.30) = 420,000원

장부가액(처분시점) = 취득가액(1,000,000) – 감가상각누계액(420,000) = 580,000원

처분손익 = 처분가액(600,000) – 장부가액(580,000) = 20,000원(이익)

08. 감가상각누계액(x2말) = 취득원가(10,000,000) × 2년/10년 = 2,000,000원

장부금액(x2말) = 취득원가(10,000,000) – 감가상각누계액(2,000,000) = 8,000,000원

회수가능액 = Max(처분가치 6,000,000원, 사용가치 4,000,000원) = 6,000,000원

손상차손 = 장부금액(8,000,000) – 회수가능액(6,000,000) = 2,000,000원

09. 손상차손을 인식 후의 장부가액을 기준으로 **잔여내용연수(4년)에 걸쳐 종전 감가상각방법을 적용**하여 감가상각비를 계상한다.

• 20x1년 감가상각비 = 장부가액(12,000,000) ÷ 잔여내용연수(4년) = 3,000,000원

10. 20x1년 말 감가상각누계액 = 취득원가(10,000,000) × 2년/5년 = 4,000,000원

20x1년 말 장부가액 = 취득원가(10,000,000) – 감가상각누계액(4,000,000) – 손상차손(3,000,000)
   = 3,000,000원

20x2년 감가상각비 = 20x1년말 장부가액(3,000,000) ÷ 잔여내용연수(3년) = 1,000,000원/년

11. 특허권 취득가액 = 6,000원(공정가) × 5,000주 = 30,000,000원

무형자산상각비 = 취득가액(30,000,000) ÷ 5년 = 6,000,000원/년

☞ 이종자산 간의 교환으로 취득한 자산의 취득원가는 제공한 자산의 공정가치로 측정한다.

12. 무형자산상각비 = 1,000,000 ÷ 5년 × 3개월/12개월 = 50,000원

연구비(500,000) + 당기 무형자산상각비(50,000) = 550,000원 감소

13. 20x1.01.01. 장기미수금 현재가치 = 처분대금(300,000) × 현가계수(0.75131) = 225,393원

연도	유효이자(A) (BV × 유효이자율(10%))	할인차금상각	장부금액 (BV)
20x1. 1. 1			225,393
20x1.12.31	22,539	22,539	**247,932**

계정과목별 이해 (부채)

NCS회계 - 3 전표관리 / 자금관리 NCS세무 - 2 전표처리

부채는

① 과거 거래나 사건의 결과로서

② 현재 기업이 부담하고

③ 그 이행에 대하여 **회사의 경제적 가치의 유출이 예상되는 의무**이다.

부채는 원칙적으로 1년 기준에 의하여 유동부채와 비유동부채로 구분된다.

제1절 유동부채

재무상태표일로 부터 만기가 1년 이내에 도래하는 부채를 유동부채라 하고, 그 이외는 비유동 부채라 한다.

1. 매입채무(VS 매출채권)

2. 미지급금(VS 미수금)

3. 단기차입금(VS 단기대여금)

4. 미지급비용(VS 미수수익)

5. 선수수익(VS 선급비용)

6. 선수금(VS 선급금)

7. 예수금

8. 부가세예수금(VS 부가세대급금)

9. 미지급세금

10. 유동성장기부채(유동성장기차입금)

비유동부채 중 결산일 현재 1년 이내에 상환하여야 할 금액

11. 미지급배당금

잉여금처분 결의시 현금배당액의 미지급된 금액을 말한다.

12. 가수금(VS 가지급금)

현금 등을 수취하였으나 계정과목이나 금액이 미확정 되었을 경우 임시적으로 처리하는 계정과목이다.

제2절   비유동부채

1. 장기차입금

실질적으로 이자를 부담하는 차입금으로서 만기가 재무상태표일 로부터 1년 이후에 도래하는 것을 말한다. 또한 장기차입금 중 만기가 재무상태표일로 부터 1년 이내에 도래시 유동성장기부채라는 계정과목으로 하여 유동성 대체를 하여야 한다.

2. 충당부채와 우발부채

확정부채는 ① 지출시기와 ② 지출금액이 확정된 것을 말하나, 충당부채나 우발부채는 ① **또는 ②가 불확실한 부채**를 말한다.

충당부채는 다음의 3가지 요건을 충족 시 충당부채로 인식하고, 미 충족 시 우발부채로 분류한다.

① 과거사건이나 거래의 결과로 인하여 현재 의무(법적의무)가 존재

② 당해 의무를 이행하기 위하여 자원이 유출될 가능성이 매우 높다.

③ 그 의무의 이행에 소요되는 금액을 신뢰성 있게 추정할 수 있어야 한다.

충당부채의 명목가액과 현재가치의 차이가 중요한 경우에는 현재가치로 평가한다.

〈충당부채와 우발부채 비교〉

가능성＼금액추정	신뢰성 있게 추정가능	신뢰성 있게 추정불가능
매우 높음	**충당부채로 인식**	우발부채 – 주석공시
어느 정도 있음	우발부채 – 주석공시	우발부채 – 주석공시
거의 없음	공시하지 않음	공시하지 않음

〈충당부채〉

1. 측정	① 충당부채로 인식하는 금액은 현재의무의 이행에 소요되는 지출에 대한 보고기간말 현재 **최선의 추정치**이어야 한다.
	② 충당부채의 명목가액 과 현재가치의 차이가 중요한 경우 **현재가치로 평가**한다. 현재가치 평가에 사용하는 할인율은 그 부채의 고유한 위험과 화폐의 시간가치에 대한 **현행시장의 평가를 반영한 세전 이율**이다.
	③ 예상되는 자산처분이 충당부채를 발생시킨 사건과 밀접하게 관련되었더라도, **당해 자산의 예상처분이익은 충당부채를 측정하는데 고려하지 아니한다.**
2. 변동	보고기간마다 잔액을 검토하고, 보고기간말 현재 **최선의 추정치**를 반영하여 증감조정한다.
3. 사용	최초의 인식시점에서 **의도한 목적과 용도에만 사용**하여야 한다.

3. 퇴직급여충당부채

퇴직금은 종업원이 입사시 부터 퇴직 시 까지 근로를 제공한 대가로 퇴직할 때 일시에 지급받는 급여를 말한다.

근로자퇴직급여보장법에 의하면 기업은 계속 근로기간 1년에 대하여 30일분 이상의 평균임금을 퇴직금으로 지급하여야 한다.

즉 퇴직금은 평균임금 × 근속년수의 계산구조를 가진다.

또한 발생주의에 따라 퇴직금을 지급시 전액 비용으로 처리하면 안되고 근로를 제공한 각 회계연도의 비용으로 처리하여야 한다.

퇴직급여추계액이란 결산일 현재 전 임직원이 퇴사할 경우 지급하여야 할 퇴직금 예상액을 말하는데 회사는 퇴직급여추계액 전액을 부채로 인식하여야 한다.

> **당기 퇴직급여 = 퇴직급여추계액 − 설정 전 퇴직급여충당부채 잔액**
> **= 퇴직급여추계액 − (퇴직급여충당부채기초잔액 − 당기 퇴직금지급액)**

회계처리는 대손충당금설정처럼 보고기간말 마다 퇴직급여추계액을 부채로 인식하여야 하고 부족분은 보충법으로 비용처리하면 된다.

4. 퇴직연금

퇴직연금이란 기업이 사외의 금융기관에 퇴직금의 일정액을 적립하고, 종업원은 퇴직한 뒤 연금 또는 일시금으로 수령하는 제도로서 종업원의 퇴직금을 보장해 주는 것을 말한다. 퇴직 연금은 **확정급여형과 확정기여형**으로 구분된다.

운용책임	확정기여형(종업원)	확정급여형(회사)
설정	–	(차) 퇴직급여 ××× (대) 퇴직급여충당부채 ×××

납부시	(차) 퇴 직 급 여 ×××
	  (대) 현 금 ×××
		(차) **퇴직연금운용자산**[1] ×××
		  (퇴직급여충당부채 차감)
		수수료비용(판/제) ×××
		  (대) 현 금 ×××

운 용 수 익	회계처리없음	(차) 퇴직연금운용자산 ××× (대) 이자수익(운용수익) ×××

퇴직시	회계처리없음	(차) 퇴직급여충당부채 ×××
		퇴 직 급 여 ×××
		  (대) 퇴직연금운용자산 ×××
		     현 금 ×××

*1. 퇴직연금운용자산이 퇴직급여충당부채와 퇴직연금미지급금의 합계액을 초과하는 경우에는 <u>초과액을 투자자산의 과목으로 표시한다.</u>

5. 제품보증충당부채

제품보증이란 제품의 판매와 관련하여 판매자가 구매자에게 일정기간 동안 제품의 품질등에 결함이 있을 경우 그것을 보증하여 교환이나 수선을 해주겠다는 약속을 말한다.

제품보증비의 지출이 이루어지는 원인은 제품의 판매에서 비롯되며, 현금 지출이 이루어진 시점과 관계없이 **수익이 보고된 기간에 제품보증비용을 추정함으로써 수익·비용이 대응**되게 된다.

6. 사채(VS 만기보유증권, 매도가능증권, 단기매매증권)

사채란 기업이 회사의 의무를 나타내는 유가증권을 발행해주고 일반투자자들로 부터 거액의 자금을 조달하는 방법이다.

기업이 일반인들에게 자금을 조달하는 방법에는 주식을 발행하는 방법과 사채를 발행하는 방법이 있다.

(1) 사채가격 결정요인

① 액면가액 : 만기일에 상환하기로 기재한 금액
② 액면이자율(표시이자율) : 발행회사에서 사채의 액면가액에 대해 지급하기로 약정한 이자율
③ 이자지급일 및 만기일
이러한 것이 결정되면 사채를 발행한 회사는 사채투자자에게 미래에 지급할 현금의무(상환의무)가 확정된다.

예를 들어 20×1년 액면가액 1,000,000원, 액면이자율 8%, 만기 3년, 이자지급일이 매년 12월 31일인 경우 다음과 같이 현금을 지급할 의무가 사채발행회사에게 있다.

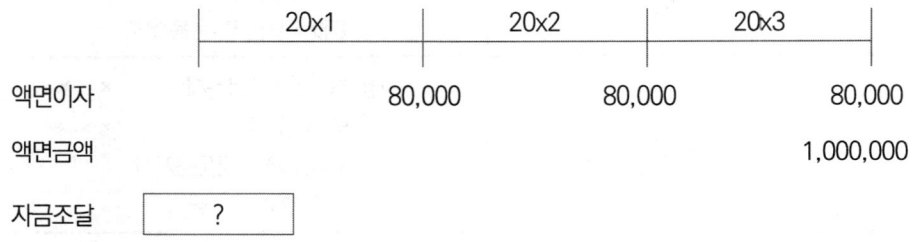

위와 같이 사채발행회사가 지급해야 할 현금의무를 나타내고 일반 대중으로부터 거액의 장기자금을 조달하는 것이다.

사채가 시장에서 거래되는 이자율을 시장이자율(≒유효이자율)이라 하고 신용도가 높은 회사는 낮은 이자율만 부담해도 투자자들이 사채를 구입할 것이고 신용도가 낮은 회사는 높은 이자율을 부담해야만 사람들이 사채를 구입할 것이다.

시장이자율 = 무위험이자율[1] + 신용가산이자율(risk premium)

---

[1]. 위험이 전혀 내포되지 않는 순수한 투자의 기대수익율로서 국채 등의 이자율로 보시면 된다.

즉 시장이자율과 회사의 신용도는 반비례관계를 갖는다.

(2) 사채의 발행

① 할인발행 : 사채의 발행가액이 액면가액 보다 적은 경우를 말한다.

(차) 현　　　금　　　　900,000　　　　(대) **사　　채(액면가액)　　1,000,000**
　　　사채할인발행차금　　100,000

그리고 이를 사채 발행시점의 재무상태표를 보면 다음과 같다.

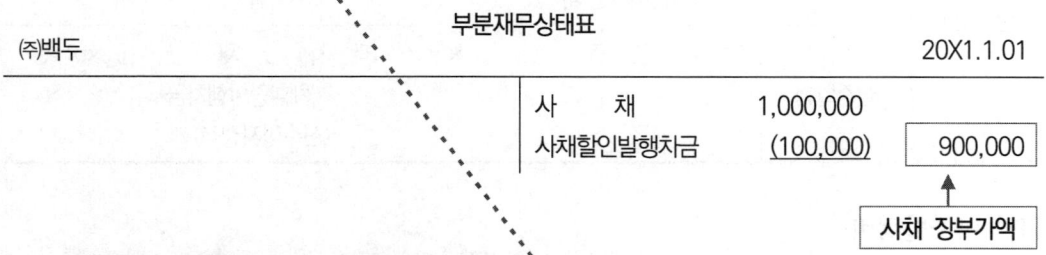

부분재무상태표

㈜백두　　　　　　　　　　　　　　　　　　　　　　　　　　　20X1.1.01

사　　채	1,000,000	
사채할인발행차금	(100,000)	900,000

사채 장부가액

이러한 사채할인발행차금은 **유효이자율법으로 상각**하는데,

(차)　이자비용　　　　　XXX　　　(대) 현금(액면이자지급액)　　　XXX
　　　　　　　　　　　　　　　　　　사채할인발행차금　　　　　XXX

사채발행기간동안 **이자비용을 증가시키는 역할**을 한다.

② 할증발행 : 사채의 발행가액이 액면가액보다 큰 경우를 말한다.

(차) 현　　　금　　　1,100,000　　　(대) **사　　채(액면가액)　　1,000,000**
　　　　　　　　　　　　　　　　　　　　사채할증발행차금　　100,000

그리고 이를 사채 발행시점의 재무상태표를 보면 다음과 같다.

부분재무상태표

㈜백두　　　　　　　　　　　　　　　　　　　　　　　　　　　20X1.1.01

사　　채	1,000,000	
사채할증발행차금	100,000	1,100,000

사채 장부가액

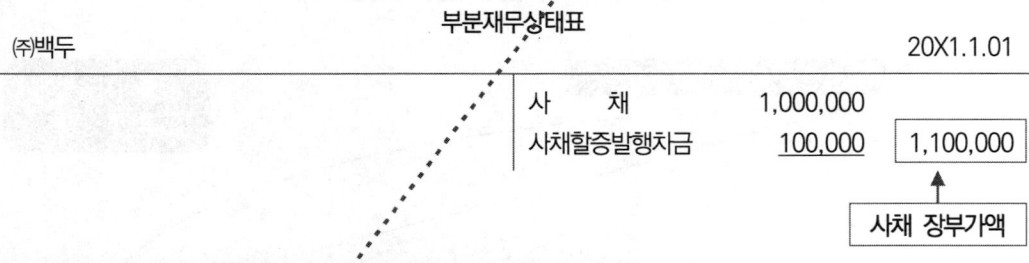

이러한 사채할증발행차금은 **유효이자율법으로 상각**하는데,
(차) 이자비용　　　　　XXX　　　(대) 현금(액면이자지급액)　　　XXX
　　　사채할증발행차금　　XXX
사채발행기간동안 **이자비용을 감소시키는 역할**을 한다.

발　행	액면발행	액면가액 = 발행가액	액면이자율 = 시장이자율
	할인발행	액면가액>발행가액	액면이자율<시장이자율
	할증발행	액면가액<발행가액	액면이자율>시장이자율
회계처리	할인발행	(차) 예 금 등　　　　××× 사채할인발행차금　××× (선급이자성격)	(대) 사　　채　　×××
	할증발행	(차) 예 금 등　　　　×××	(대) 사　　채　　××× 사채할증발행차금　××× (선수이자성격)

(3) 사채발행비

사채발행비란 사채발행과 관련하여 직접 발생한 사채발행수수료 등(인쇄비, 제세공과금 등)을 말하는데 **사채발행가액에서 직접 차감**한다.

(4) 상각

기업회계기준에서는 **사채할인발행차금과 사채할증발행차금을 유효이자율법에 따라 상각한다.** 이러한 발행차금은 사채발행기간 동안 이자비용을 증가시키거나 감소시킨다. 그러나 **상각액은 할인발행이나 할증발행에 관계없이 사채발행기간 동안 매년 증가한다.**

[사채장부가액과 사채발행차금상각(환입)액]

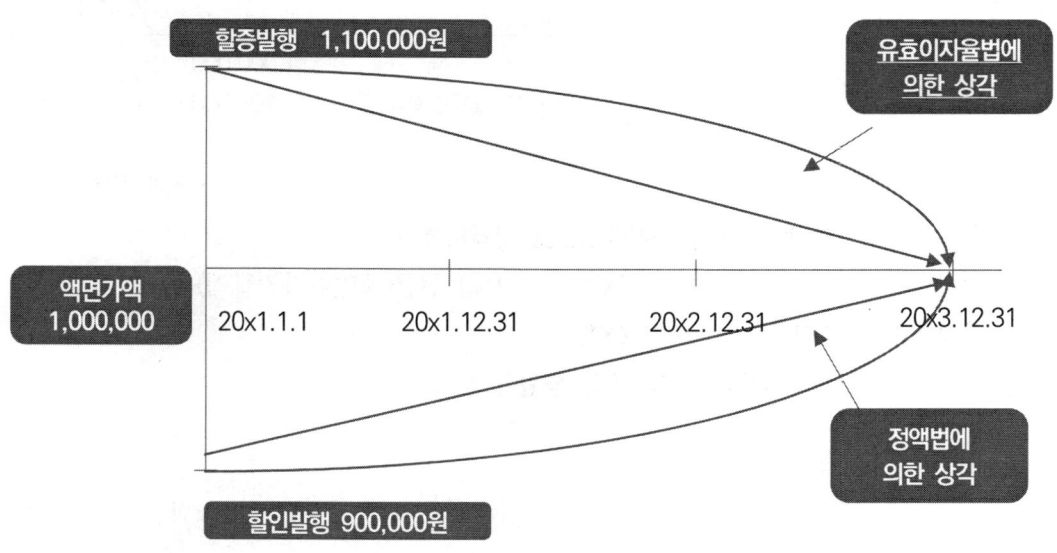

발행유형	사채장부가액^{*1}	사채발행차금상각	총사채이자(I/S이자비용)^{*2}
액면발행(1,000,000)	동일	0	액면이자
할인발행(900,000)	매년증가	**매년증가**	매년증가(액면이자+할인차금)
할증발행(1,100,000)	매년감소		매년감소(액면이자-할증차금)

사채할인(할증)발행차금은 **유효이자율법으로 상각(환입)**하고 그 금액을 사채이자에 가감한다. 이 경우 **사채할인(할증)발행차금 상각액은 할인발행이건 할증발행이건 매년 증가한다.**

☞ 투자자 입장에서는 *1.만기보유증권의 장부가액, *2.이자수익이 된다.

<예제> 사채의 할인발행

㈜한강은 20x1년 1월 1일 다음과 같은 조건의 사채를 발행하였다.

- 액면가액 : 100,000원
- 액면이자율 : 5%
- 이자지급 : 매년 12월 31일
- 상환기일 : 20x2년 12월 31일(만기 일시 상환)
- 시장이자율은 7%이고, 7%의 2년 연금현가계수는 1.8080이고, 7%의 2년 현가계수는 0.8734이다.

일자별로 발행회사와 투자회사(만기보유목적)의 입장에서 회계처리하시오.

해답

1. 2년 연금현가계수(1.8080) = 1년 현가계수(0.9346) + 2년 현가계수(0.8734)

   사채의 발행가액 = **액면이자의 현재가치 + 원금의 현재가치**

   = 5,000 × 1.8080 + 100,000 × 0.8734 = 96,380원

2. 사채할인발행차금 상각표(유효이자율법)

연도	유효이자(A) (BV×유효이자율)	액면이자(B) (액면가액×액면이자율)	할인차금상각 (A-B)	장부금액 (BV)
20x1. 1. 1				96,380
20x1.12.31	6,747^{*1}	5,000	1,747	98,127^{*2}
20x2.12.31	6,873^{*3}	5,000	1,873	100,000

*1. 96,380 × 7%
*2. 96,380 + 1,747
*3. 98,127 × 7% = 6,868 단수차이 조정

	발행회사			투자회사		
20x1. 1. 1	(차) 현 금	96,380		(차) 만기보유증권	96,380	
	사채할인발행차금	3,620				
	(대) 사 채		100,000	(대) 현 금		96,380
20x1.12.31	(차) 이 자 비 용	6,747		(차) 현 금	5,000	
	(대) 현 금		5,000	만기보유증권	1,747	
	사채할인발행차금		1,747	(대) 이 자 수 익		6,747
20x2.12.31 (이자지급)	(차) 이 자 비 용	6,873		(차) 현 금	5,000	
	(대) 현 금		5,000	만기보유증권	1,873	
	사채할인발행차금		1,873	(대) 이 자 수 익		6,873
20x2.12.31 (사채상환)	(차) 사 채	100,000		(차) 현 금	100,000	
	(대) 현 금		100,000	(대) 만기보유증권		100,000

☞ **상기 예제에서 이자지급일이 6개월(연 2회) 단위로 지급시**
액면이자율은 5% / 2회 = 2.5%로 연수를 2년 × 2회 = 4년으로 계산하면 된다.

(5) 조기상환

사채의 만기이전에 유통중인 사채를 매입하여 상환하는 것을 조기상환이라 한다.

조기상환시 사채의 상환가액에서 사채의 장부가액을 차감한 후 잔여금액을 사채상환손실(이익)으로 회계처리한다.

사채상환손익 = 순수사채상환가액 − 사채의 장부가액(액면가액 ± 미상각사채발행차금)

다음 재무상태표의 사채를 조기에 40%를 현금상환(3,000원)하였다고 가정하자.

부분 재무상태표

㈜백두

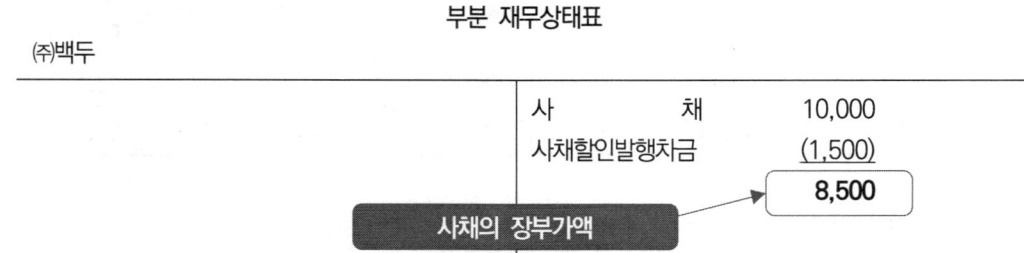

상환손익(사채) = 상환가액(3,000) − 장부가액[(10,000 − 1,500)×40%] = △400원(이익)

그러면 다음과 같이 회계처리한다.

(차) 사 채	4,000원	(대) 사채할인발행차금	600원
		현 금	3,000원
		사채상환이익	400원

사채할인(할증)발행차금을 상환비율(40%)만큼 제거하여야 하고 잔여금액을 사채상환이익(손실)로 회계처리한다.

부분 재무상태표(조기 상환 후)

㈜백두

	사 채	6,000
	사채할인발행차금	(900)
상환 후 장부가액 →		5,100

〈사채상환손익〉

	사채가격	상환손익
시장이자율상승	하락 → 상환금액<장부가액	이익발생
시장이자율하락	상승 → 상환금액>장부가액	손실발생

〈자산·부채의 차감 및 가산항목〉

	자산	부채
차감항목	대손충당금(채권) 재고자산평가충당금(재고자산) 감가상각누계액(유형자산) 현재가치할인차금[*1](자산) 정부보조금(유무형자산)	사채할인발행차금(사채) 퇴직연금운용자산(퇴직급여충당부채) - 현재가치할인차금[*1](부채) -
가산항목	-	사채할증발행차금(사채)

*1. 장기성 채권(채무)의 미래에 수취(지급)할 명목가액을 유효이자율로 할인한 현재가치와의 차액을 말한다.
  현재가치할인차금＝채권(채무)의 명목가액－채권(채무)의 현재가치

제3절   금융상품

---

1. 금융상품

정기예금 등 정형화된 상품 뿐만 아니라 거래당사자에게 **금융자산과 금융부채를 동시에 발생시키는 계약**으로 정의하고 있다.

2. 금융상품의 종류

① 금융자산 : 현금, 소유지분에 대한 증(투자주식, 출자금)서 및 현금(또는 다른 금융자산)을 수취하거나 유리한 조건으로 금융자산을 교환할 수 있는 계약상의 권리

(예) 매출채권, 대여금, 투자채권 등

② 금융부채 : 현금(또는 다른 금융자산)을 지급하거나 불리한 조건으로 금융자산을 교환해야 하는 계약상의 의무

(예) 매입채무, 차입금, 사채 등

③ 금융상품이 아닌 것 : **선급비용, 선급금 , 선수수익, 선수금**은 현금이나 다른 금융자산의 수취·지급이 아닌 재화 또는 용역의 수취·제공을 가져오게 되므로 **금융상품이 아니다.**

3. 금융상품의 회계처리

① 최초측정 : **최초인식시 공정가치로 측정**한다. 다만 금융자산(부채)의 취득(발행)과 직접 관련되는 거래원가는 최초인식하는 공정가치에 가산(차감)한다.(제외 : 단기매매증권)

② 후속측정 : **금융자산이나 금융부채는 상각후원가로 측정**한다. 다만 **단기매매증권과 매도가능증권은 공정가치로 평가**한다.

③ 공정가치의 최선의 추정치는 활성시장(예 : 유가증권시장 등)에서 공시되는 가격이다. 금융상품에 대하여 활성시장이 없다면 측정일 현재 독립된 당사자 사이의 정상적인 거래에서 발생할 수 있는 거래가격을 말한다.

연/습/문/제

 객관식

01. 다음 중 부채에 대한 설명으로 틀린 것은?
① 부채는 기업실체가 현재 시점에서 부담하는 경제적 의무이다.
② 부채는 과거의 거래나 사건으로부터 발생한다.
③ 부채는 금액이 반드시 확정되어야 한다.
④ 부채는 채권자의 권리의 포기 또는 상실 등에 의해 소멸되기도 한다.

02. 다음 중 일반기업회계기준의 금융자산 및 금융부채에 대한 설명으로 틀린 것은?
① 금융자산이나 금융부채는 금융상품의 계약당사자가 되는 때에만 재무상태표에 인식한다.
② 금융자산의 이전거래가 매각거래에 해당하면 처분손익을 인식할 수 있다.
③ 신규로 취득하는 금융자산의 공정가치를 알 수 없는 경우 '0'으로 보아 처분손익을 계상한다.
④ 선급비용과 선수수익은 금융상품으로 볼 수 있다.

03. 다음 중 충당부채에 대한 내용으로 올바르지 않은 것은?
① 최초의 인식시점에서 의도한 목적과 용도 외에도 사용할 수 있다.
② 과거사건으로 인해 현재의무가 존재할 가능성이 매우 높고 인식기준을 충족하는 경우에는 충당부채로 인식한다.
③ 충당부채의 명목금액과 현재가치의 차이가 중요한 경우에는 의무를 이행하기 위하여 예상되는 지출액의 현재가치로 평가한다.
④ 현재의무를 이행하기 위하여 소요되는 지출 금액에 영향을 미치는 미래사건이 발생할 것이라는 충분하고 객관적인 증거가 있는 경우에는, 그러한 미래사건을 감안하여 충당부채 금액을 추정한다.

04. 다음은 충당부채에 관한 설명이다. 다음 중 틀린 것은?

① 충당부채로 인식하는 금액은 현재의무의 이행에 소요되는 지출에 대한 보고기간말 현재 최선의 추정치이어야 한다.

② 충당부채의 금액에 대한 최선의 추정치는 관련된 사건과 상황에 대한 불확실성이 고려되어야 한다.

③ 충당부채의 명목금액과 현재가치의 차이가 중요한 경우에는 의무를 이행하기 위하여 예상되는 지출액의 현재가치로 평가한다.

④ 현재가치 평가에 사용하는 할인율은 그 부채의 고유한 위험과 화폐의 시간가치에 대한 현행 시장의 평가를 반영한 세후 이율이다.

05. 다음 중 충당부채, 우발부채 및 우발자산과 관련된 설명으로 틀린 것은?

① 충당부채는 과거사건이나 거래의 결과에 의한 현재의무로서 모두 부채로 인식한다.

② 우발부채는 부채로 인식하지 아니한다.

③ 우발자산은 자산으로 인식하지 아니하고 자원의 유입가능성이 매우 높은 경우에만 주석에 기재한다.

④ 충당부채의 명목금액과 현재가치의 차이가 중요한 경우에는 의무를 이행하기 위하여 예상되는 지출액의 현재가치로 평가한다.

06. 퇴직급여제도와 관련한 설명 중 틀린 것은?

① 확정기여형퇴직연금제도를 설정하면, 기업이 부담하는 퇴직금 납입액 전액을 당기비용으로 처리한다.

② 확정급여형퇴직연금제도에서 운용되는 자산은 기업이 직접 보유하고 있는 것으로 보아 회계처리한다.

③ 확정급여형퇴직연금제도에서 퇴직급여와 관련된 자산과 부채를 재무상태표에 표시할 때에는 퇴직급여와 관련된 부채에서 퇴직급여와 관련된 자산을 차감하는 형식으로 표시한다.

④ 확정급여형퇴직연금제도에서 퇴직급여와 관련된 자산이 관련 부채를 초과하는 경우, 그 초과액은 당좌자산(금융상품)의 과목으로 표시한다.

07. 다음 중 회사채에 대한 설명으로 틀린 것은?

① 사채할인발행차금은 액면이자율법을 적용하여 상각한다.

② 액면이자율보다 시장이자율이 큰 경우에는 할인발행한다.

③ 액면이자율과 시장이자율이 같은 경우에는 액면발행한다.

④ 사채발행비는 사채의 발행가액에서 차감한다.

08. ㈜대한은 발행한 사채의 이자비용에 대한 회계처리 과정에서 사채할증발행차금 상각을 누락하고 표시이자 지급액 전액을 이자비용으로 인식하였다. 다음 중 사채할증발행차금 상각 누락이 당기 재무제표에 미치는 영향으로 옳은 것은?
  ① 이자비용 과소계상, 사채장부금액 과소계상
  ② 이자비용 과소계상, 사채장부금액 과대계상
  ③ 이자비용 과대계상, 사채장부금액 과대계상
  ④ 이자비용 과대계상, 사채장부금액 과소계상

09. 20x1년 1월 1일 ㈜대부는 액면금액 10,000,000원, 표시이자율 5%(매년 말 이자 지급), 만기 20x1년 12월 31일인 사채를 발행하였다. 사채발행일의 유효이자율이 6%일 경우, 다음 설명 중 틀린 것은?
  ① 사채는 할인발행된다.
  ② 사채발행차금의 상각액은 매년 증가한다.
  ③ 사채의 이자비용은 매년 증가한다.
  ④ 현금으로 지급되는 액면이자는 매년 증가한다.

10. ㈜용화는 사채를 할인발행하고, 사채할인발행차금에 대하여 유효이자율법으로 상각하지 않고 정액법으로 상각하였다. 이러한 오류가 사채 발행연도의 재무제표에 미치는 영향으로 바르게 표시한 것은?

	사채 장부가액	이자비용
①	과대계상	과대계상
②	과대계상	과소계상
③	과소계상	과대계상
④	과소계상	과소계상

11. 재무상태표에 표시되는 다음의 항목 중 표시방법이 다른 항목은?
  ① 대손충당금
  ② 감가상각누계액
  ③ 사채할인발행차금
  ④ 판매보증충당부채

12. 금융자산 · 금융부채의 측정에 관한 설명 중 틀린 것은?
① 금융자산이나 금융부채는 최초인식시 공정가치로 측정한다.
② 공정가치의 최선의 추정치는 활성시장에서 공시되는 가격이며, 활성시장이 없다면 평가기법을 사용하여 공정가치를 결정한다.
③ 최초 인식 이후 공정가치로 측정하고 공정가치의 변동을 당기손익으로 인식하는 금융자산이나 금융부채의 경우 취득시 발생하는 거래원가는 공정가치에 가산한다.
④ 금융상품의 공정가치는 일반적으로 거래가격이지만, 장기연불조건의 매매거래에서 발생하는 채권채무로서 명목가액과 현재가치의 차이가 나는 경우 현재가치로 평가한다.

13. 사채의 상환시에 손실 또는 이익이 발생할 수 있다. 이러한 상환손익이 발생하는 이유로 가장 옳은 것은?
① 사채를 상환하는 시점에 사채에 표시된 표시이자율이 시장에서 변동되기 때문이다.
② 사채를 상환하는 시점의 사채의 액면가액이 변동하기 때문이다.
③ 사채를 상환하는 시점의 시장이자율이 변동되기 때문이다.
④ 사채를 상환하는 시점의 사채현재가치가 변동되지 않기 때문이다.

14. 다음 중 사채 상환에 관한 설명으로 틀린 것은?
① 사채발행일의 시장이자율보다 사채상환일의 시장이자율이 더 높으면 상환이익이 발생한다.
② 사채할인발행차금 및 사채할증발행차금은 사채발행 시부터 상환 시까지의 기간에 걸쳐 유효이자율법을 적용하여 상각 · 환입하고 동 상각 · 환입액을 사채이자비용에 가감하도록 규정하고 있다.
③ 사채 발행에 대한 비용(중개수수료, 증권인쇄비 등)은 사채할증발행차금에 가산한다.
④ 유효이자율이란 사채 발행가액과 사채의 미래현금흐름의 현재가치를 일치시켜 주는 할인율을 의미하고 기본적으로 사채 발행 시점의 시장이자율과 일치한다.

15. 다음 중 충당부채에 대한 설명으로 틀린 것은?
① 충당부채의 명목금액과 현재가치의 차이가 중요한 경우에는 의무이행을 이행하기 위하여 예상되는 지출액의 현재가치로 평가한다.
② 충당부채로 인식하는 금액은 현재의무의 이행에 소요되는 지출에 대한 보고기간말 현재 최선의 추정치이어야 한다.
③ 충당부채를 인식하기 위해서는 과거에 사건이나 거래가 발생하여 현재의무가 존재하여야 한다.
④ 충당부채를 발생시킨 사건과 밀접한 자산의 처분차익이 예상되는 경우에 당해 처분차익은 충당부채 인식에 고려하여야 한다.

주관식

01. 20x1년 말 현재 ㈜대전의 장부상 매입채무 금액은 1,892,000원이다. 결산 과정에서 발견된 다음의 거래를 모두 반영하는 경우 ㈜대전이 20x1년 말 재무상태표에 보고할 매입채무는 얼마인가? 단, ㈜대전은 모든 매입을 외상으로 거래하고 있다.

> • 20x1년 12월 26일에 FOB 도착지 인도조건으로 매입한 상품이 20x1년 말 현재 운송중에 있다. 상품의 송장 가격은 12,400원으로 ㈜대전은 매입에 관한 회계처리를 하지 않았다. 동 상품은 20x2년 1월 4일에 도착하였다.
> • 20x1년 12월 21일에 FOB 선적지 인도조건으로 매입한 상품이 20x1년 말 현재 운송중에 있다. ㈜대전은 이에 대한 회계처리를 하지 않았다. 상품의 송장가격은 9,800원으로 상품은 20x2년 1월 7일에 도착하였다.

02. 다음 중 제품보증충당부채로 설정되어야 할 적정한 추정금액은 얼마인가?

> ㈜회계는 제품 구입 후 12개월 이내에 발생하는 제조상의 결함이나 다른 명백한 결함에 따른 하자에 대하여 제품보증을 실시하고 있다. 만약 20x1년도에 판매된 제품에서 중요하지 않은 결함이 발견된다면 10억원의 보증비용이 발생하게 되고, 치명적인 결함이 발생하게 되면 30억원의 보증비용이 발생하게 될 것으로 예상된다. 기업의 과거 경험과 미래 예측의 결과, 판매된 제품의 70%는 하자가 없을 것으로 예상되며 제품의 20%는 중요하지 않은 결함이 발생될 것으로 예상되고 10%는 치명적인 결함이 있을 것으로 예상된다.

03. ㈜대구는 다음과 같이 사채를 발행하였다. 이를 토대로 사채할인발행차금을 구하면 얼마인가?

> • 사채 1좌당 액면금액 100,000원을 97,000원에 발행하였다. (총 200좌, 상환기간 5년, 표시이자율 10%, 이자지급 연 1회)
> • 사채발행에 따른 납입금은 보통예금으로 입금되었으며, 이와 별도로 사채발행비 200,000원은 현금으로 지급하였다.

04. ㈜명인은 20x1년 1월 1일 투자목적으로 액면금액 100,000원인 ㈜서울의 사채(만기 3년, 표시이자율 10%)를 취득하였다. 이 사채의 유효이자율은 12%이다. 이 사채의 이자수취일은 매년 12월 31일이다. 현가표가 다음과 같을 때 사채의 취득가격은 얼마인가?

할인율(n = 3)	단일금액 1원의 현가계수	정상연금 1원의 현가계수
10%	0.751	2.487
12%	0.712	2.402

05. ㈜명인은 20x1년 1월 1일 ㈜세무가 동 일자에 발행한 사채를 구입하고 만기보유증권으로 분류하였다. 20x2년 말 ㈜명인의 재무상태표에 표시되는 만기보유증권은 얼마인가? (소수점 미만 금액 발생 시 소수점 첫째 자리에서 반올림한다.)

- 사채 액면가액 1,000,000원
- 만기 3년
- 사채발행가액 971,712원
- 표시이자율 2%, 이자는 매년 말 후급
- 사채발행 시 시장이자율 3%

06. ㈜회계는 20x1년 1월 1일 다음과 같이 사채를 발행하였다. 이 사채와 관련하여 발행 후 3년간의 이자비용 합계액은 얼마인가? (단, 소수점 이하는 절사한다.)

- 3년 만기 사채의 액면금액 : 1,000,000원
- 액면이자율 : 연 8%(이자지급일은 매년 12월 31일)
- 발행시 유효이자율 : 연 10%
- 10%의 현가계수 : 0.75131, 10%의 연금현가계수 : 2.48685

07. ㈜회계는 20x0년 1월 1일 사채(액면금액 1,000,000원, 표시이자율 10%, 이자는 매년 말 후급, 만기 5년)을 927,900원에 할인발행하였다. 사채발행 당시 시장이자율은 12%이다. 20x0년 12월 31일에 이자를 지급하였으며, 20x1년 1월 1일에 상기 사채를 950,000원에 상환하였다. 이 때 발생한 사채상환손익은 얼마인가?

08. ㈜채원은 20x1년 1월 1일 ㈜악덕이 발행한 사채(액면가 100,000원, 3년 만기, 표시이자율 10%, 시장이자율 12%, 매년 말 이자 지급)를 95,670원에 만기보유목적으로 구입하였다. ㈜채원이 20x1년 말 인식할 이자수익은 얼마인가?

09. 20x1년 1월 1일 ㈜웅이는 액면금액 1,500,000원의 채무증권을 1,425,000원에 취득하고 매도가능증권으로 분류하였다. 동 채무증권의 표시이자율은 연 8%로 이자는 매년 말일에 지급하며, ㈜웅이가 20x1년도에 인식한 이자수익은 142,500원이다. 20x1년 12월 31일 동 채무증권의 공정가치가 1,455,000원 일 때, 매도가능증권이 20x1년 말 ㈜웅이의 재무상태표상 기타포괄손익누계액에 미치는 금액은 얼마인가?

☞ 매도가능증권(채무증권)의 상각후원가와 공정가치의 차이는 자본의 기타포괄손익누계액으로 처리한다.

10. ㈜경기는 20x1년 1월 1일 액면금액 1,000,000원(표시이자율 10%, 만기 3년, 매년 말 이자 지급)인 사채를 951,963원에 취득하고 단기매매증권으로 분류하였다. 동 사채의 취득 당시 유효이자율은 12%이며, 20x1년 말 공정가치는 1,020,000원이다. 동 금융자산 관련 회계처리가 ㈜경기의 20x1년도 당기순이익에 미치는 영향을 구하시오.

연/습/문/제 답안

🔑 객관식

1	2	3	4	5	6	7	8	9	10
③	④	①	④	①	④	①	③	④	①

11	12	13	14	15					
④	③	③	③	④					

[풀이 - 객관식]

01. 일반적으로 부채의 액면금액은 확정되어 있지만 제품보증을 위한 충당부채와 같이 그 측정에 추정을 요하는 경우도 있다. 따라서, 부채의 정의를 만족하기 위해서는 금액이 반드시 확정되어야 함을 의미하는 것은 아니다.

02. <u>**선급비용, 선수수익, 선급금, 선수금**</u>은 재화 또는 용역의 수취 · 제공을 가져오게 되므로 <u>**금융상품이 아니다.**</u>

03. 충당부채는 <u>**최초의 인식시점에서 의도한 목적과 용도**</u>에만 사용하여야 한다. 다른 목적으로 충당부채를 사용하면 상이한 목적을 가진 두 가지 지출의 영향이 적절하게 표시되지 못하기 때문이다.

04. 현재가치 평가에 사용하는 할인율은 그 부채의 고유한 위험과 화폐의 시간가치에 대한 <u>**현행 시장의 평가를 반영한 세전 이율**</u>이다.

05. 충당부채는 ① 과거사건이나 거래의 결과로 현재의무가 존재하고, ② 당해 의무를 이행하기 위하여 <u>**자원이 유출될 가능성이 매우 높고**</u>, ③ 그 의무의 <u>**이행에 소요되는 금액을 신뢰성 있게 추정**</u>할 수 있을 때 부채로 인식한다.

06. 확정급여형퇴직연금제도에서 퇴직급여와 관련된 자산이 관련 부채를 초과하는 경우, 그 <u>**초과액은 투자자산의 과목으로 표시**</u>한다.

07. <u>**사채할인발행차금은 유효이자율법을 적용하여 상각**</u>하며, 상각한 금액을 당해 기간의 사채이자(비용)에 가산하여야 한다.

08. 사채를 할증발행한 경우 이자비용은 표시이자 지급액에서 사채할증발행차금 상각액을 차감한 금액이다.

〈회계처리〉

회사 분개	(차) 이자비용	xxx원	(대) 현금	xxx원
올바른 분개	(차) 이자비용	yyy원	(대) 현금	xxx원
	사채할증발행차금	zzz원		

09. 표시이자율(5%)〈유효이자율(6%)→할인발행 사채를 할인발행한 경우, 이자비용과 사채할인차금상각액 및 사채의 장부가액은 매년 증가한다. 표시이자는 액면금액에 표시이자율을 적용하므로 매년 동일하다.

10. 사채할인발행차금을 유효이자율법이 아닌 정액법으로 상각하는 경우, 발행연도에 **사채할인발행차금 상각액이 과대계상**되어 사채의 장부금액이 과대계상되며 **이자비용도 과대계상**된다.

11. 판매보증충당부채를 제외한 나머지 계정과목은 모두 해당 자산 또는 부채에 차감 표시되는 항목이다.

12. 최초 인식 이후 공정가치로 측정하고 **공정가치의 변동을 당기손익으로 인식하는 금융자산(예 : 단기 매매증권)**이나 금융부채의 경우 취득시 발생하는 **거래원가는 당기 비용처리**한다.

13. 사채를 상환하는 시점의 **시장이자율(회사의 상환능력 등이 변동)이 변동**되면 현재가치가 변동된다. 그러나 사채의 액면가액 및 표시이자율은 명목금액 및 이자율로서 시장에서 변동되지 않으며 사채의 가치변동에는 영향을 미치지 않는다.

14. 사채발행비용은 사채할증발행차금에서 차감한다.

15. 충당부채를 발생시킨 사건과 밀접하게 관련된 자산의 처분차익이 예상되는 경우에 당해 **처분차익은 충당부채 금액을 측정하면서 고려하지 아니한다.**

🔑 주관식

01	1,901,800원	02	5억원	03	800,000원
04	95,220원	05	990,289원	06	289,742원
07	10,752원(손실)	08	11,480원	09	7,500원
10	168,037원(이익)				

[풀이 - 주관식]

01. 매입매무 = 장부상 매입채무(1,892,000) + FOB 선적지조건 매입채무(9,800) = 1,901,800원
FOB 도착지 인도조건의 미착품은 매입채무로 회계처리하지 않는다.

02. 제품보증충당부채 = 70% × 0 + 20% × 10억원 + 10% × 30억원 = 5억원

03. 사채의 발행가액 = 발행가액(97,000) × 200좌 - 사채발행비(200,000) = 19,200,000원
사채의 액면가액 = 액면가액(100,000) × 200좌 = 20,000,000원
발행가액(19,200,000) - 액면가액(20,000,000) = △800,000원(할인발행)

04. 유효이자율이 12%를 선택해서 사채의 취득가격을 계산해야 한다.

액면금액(100,000)×0.712＋표시이자(10,000)×2.402＝95,220원

05. 사채(만기보유증권) 상각표

구분	유효이자(3%)	표시이자(2%)	상각액	장부가액
20x1.01.01.				971,712
20x1.12.31.	29,151	20,000	9,151	980,863
20x2.12.31.	29,426	20,000	9,426	**990,289**
20x3.12.31.	29,711	20,000	9,711	1,000,000

06. 사채발행가액＝1,000,000×0.75131＋1,000,000×8%×2.48685＝950,258원

사채할인발행차금＝액면가액(1,000,000)－발행가액(950,258)＝49,742원

액면이자＝액면가액(1,000,000)×액면이자율(8%)＝80,000원

총 이자비용＝사채할인발행차금(49,742)＋액면이자(80,000)×3년＝289,742원

07.

구분	유효이자(12%)	표시이자(10%)	상각액	장부가액
20x0.01.01.				927,900
20x0.12.31.	111,348	100,000	11,348	**939,248**

20x1.01.01상환손익＝상환가액(950,000)－장부가액(939,248)＝△10,752원(손실)

08. 이자수익＝만기보유증권 장부가액(95,670)×유효이자율(12%)＝11,480원

09. 매도가능증권(사채) 유효이자율＝이자수익(142,500)÷취득가액(1,425,000)＝10%

구분	유효이자(10%)	표시이자(8%)	상각액	장부가액
20x1.01.01.				1,425,000
20x1.12.31.	142,500	120,000	22,500	**1,447,500**

공정가치(1,455,000)－상각후원가(1,447,500)＝7,500원(매도가능증권평가익)

→ 상각후원가와 공정가치의 차액을 매도가능증권평가손익(기타포괄손익누계액)에 반영

10. 이자수익(투자자)＝액면금액(1,000,000)×표시이자율(10%)＝100,000원

☞ **보유기간에 해당하는 금액을 이자 등의 명목으로 수령하는 경우에 이자수익으로 인식한다.(즉 할인 또는 할증취득한 경우에도 그 차금을 상각하지 않는다.)**

단기매매증권평가손익＝기말 공정가치(1,020,000)－취득가액(951,963)＝68,037원(이익)

당기손익＝이자수익(100,000)＋단기매매증권평가이익(68,037)＝168,037원(이익)

계정과목별 이해 (자본)

Chapter **4**

로그인 기업회계 2급

제1절 자본의 분류

1. 자본금	기업이 발행한 총발행주식수에 주식 1주당 액면가액을 곱하여 계산하고, **보통주자본금과 우선주자본금은 구분표시**한다.
2. 자본잉여금	영업활동 이외 자본거래(주주와의 자본거래)에서 발생한 잉여금으로서 **주식발행초과금과 기타자본잉여금으로 구분표시**한다.

주식발행초과금	감자차익	자기주식처분익	–

3. 자본조정	자본거래 중 자본금, 자본잉여금에 포함되지 않지만 자본항목에 가산되거나 차감되는 임시적인 항목으로서, **자기주식은 별도항목으로 구분하여 표시**한다.

주식할인발행차금	감자차손	자기주식처분손	자기주식

4. 기타포괄손익누계액	손익거래 중 손익계산서에 포함되지 않는 손익으로 **미실현손익**	
5. 이익잉여금	영업활동에 의해 발생한 순이익 중 주주에게 배당하지 않고 회사 내에 유보시킨 부분	
	(1) 기처분이익잉여금	㉠ **법정적립금** ㉡ **임의적립금**
	(2) **미처분이익잉여금**	

제2절   자본금

주식회사의 자본금은 상법의 규정에 따라 발행주식총수에 주당액면금액을 곱한 금액으로 법정 자본금이라 한다.

자본금 = 발행주식총수 × 주당액면금액

자본금은 보통주 자본금과 우선주 자본금으로 나뉘는데 이익배당의 보장여부와 의결권의 존재여부에 따라 구분한다.

보통주란 이익 및 잔여재산분배 등에 있어서 표준이 되는 주식을 말한다.

보통주는 지분비율에 비례하는 의결권을 행사 할 수 있고, 또한 이익배당을 받을 권리가 있다.

우선주는 보통주에 비하여 이익배당 등 특정사항에 대해 보통주보다 우선권이 주어지는 주식으로서 일반적으로 주주총회에서의 의결권은 없다.

☞ 무액면주식 : **주권에 액면가액이 기재되지 않고 주식의 수만 기재된 주식**으로 비교적 수월하게 자금조달이 가능하다는 장점이 있다.

1. 주식의 발행(자본금의 증가)

회사 설립 후에 사업 확장 또는 부채의 상환을 위하여 자금이 필요할 때 주식을 추가로 발행하여 자금을 조달하는데, 이것을 신주발행 또는 유상증자라 한다.

이 경우 자본금이 증가하는 동시에 자산도 증가하게 되므로 이를 실질적 증자라고 한다.

주식발행은 주식의 액면가액(**무액면주식의 경우 발행금액 중 이사회 또는 주주총회에서 정한 금액**)과 발행가액의 차이에 따라 액면발행, 할인발행, 할증발행으로 나누어진다.

여기서 **발행가액은 주식대금납입액에서 신주발행비 등을 차감한 후의 금액**으로 계산된다.

신주발행비란 주식 발행 시 각종 발행 수수료 및 제세공과금, 인쇄비 등을 말한다.

(1) 액면발행 : 발행가액과 액면가액이 일치하는 것

(2) 할증발행 : 주식발행가액이 액면가액보다 초과하여 주식을 발행하는 것을 말하고 이때 초과금액은 주식발행초과금(자본잉여금)으로 회계처리 한다.

(3) 할인발행 : 주식발행가액이 액면가액보다 미달하게 주식을 발행하는 것을 말하고, 이때 미달금액은 주식할인발행차금(자본조정)으로 회계처리 한다.

2. 무상증자

무상증자란 자본잉여금이나 이익잉여금 중 배당이 불가능한 법정적립금을 자본에 전입함에 따라 자본금을 증가시키는 것을 말한다. 이러한 무상증자는 자본잉여금 또는 이익잉여금을 자본금 계정으로 대체하는 것에 불과하므로 회사의 자본구성만 변경될 뿐 기업의 순자산에는 아무런 변동이 없다. 따라서 투자자인 주주는 아무런 지분율 변동이 없고 소유주식수만 증가한다. **(∴ 주주가 무상주 수령시 아무런 회계처리를 하지 않는다.)**

3. 자본금의 감소

(1) 유상감자(실질적 감자)

회사의 사업규모 축소 등으로 인하여 자본금이 과잉된 때 이미 발행한 주식을 매입하고, 주식대금을 주주에게 지급함으로써 실질적으로 회사의 자산이 감소하는 것을 말한다.

(2) 무상감자(형식적 감자)

회사의 결손금이 누적되어 있고 향후 영업실적이 호전될 기미가 없는 경우 회사의 자본금을 감소시켜 누적된 결손금을 보전하는 것을 말한다.

형식적 감자의 경우 자본금만 감소할 뿐 회사의 순자산에는 아무런 변동이 없다.

〈감자〉

		주식수	자본금	순자산(자본)
실질적감자 (유상)	(차) 자본금 XX (대) 현금 등 XX	감소	감소	감소
형식적감자 (무상)	(차) 자본금 XX (대) 결손금 XX	감소	감소	변동없음

제3절 자본잉여금

자본잉여금은 주식의 발행 등 회사의 영업활동 이외의 자본거래(주주와의 자본거래)로 인하여 발생한 잉여금을 말하고, 자본금으로의 전입(무상증자)이나 이월결손금의 보전에 사용할 수 있다.

1. 주식발행초과금

2. 감자차익

3. 자기주식처분익

자기주식이란 자기가 발행한 주식을 회사가 소유하게 되는 경우 그 해당 주식을 말한다.

상법에서는 회사의 명의와 계산으로 ①거래소에서 시세가 있는 주식의 경우에는 거래소에서 취득하는 방법, ② 주식수에 따라 균등한 조건으로 취득하는 방법으로서 배당가능익의 범위내에서 자기주식을 취득할 수 있다. 또한 상법에서는 특정목적에 의한 자기주식을 취득할 수 있다.

자기주식을 취득할 경우 그 취득원가를 자본조정항목으로 하여 분류하고, 자본에서 차감하는 형식으로 보고한다.

자기주식을 일시 보유목적으로 취득하고, 매각할 경우 매각이익이 발생하였다면 자기주식처분이익으로 하여 손익계산서에 반영하지 않고 자본잉여금으로 분류한다.

반대로 매각손실이 발생하였다면, **자기주식처분이익계정 잔액을 먼저 상계하고, 남은 금액은 자본조정항목인 자기주식처분손실로 분류**한다.

이외에도 **전환권(신주인수권)대가*****도 자본잉여금에 해당**한다.

* 전환권(신주인수권)대가 : 전환(신주인수권부)사채의 발행시점에서 전환(신주인수권부)사채의 발행가액과 전환(신주인수권부)사채 현재가치의 차이금액으로써 전환(신주인수권부)사채에 부여된 전환권(신주인수권)가치를 말한다.

❙ <예제> 자기주식 ┣━━━━━━━━━━━━━━━━

㈜한강의 다음 거래를 분개하시오.
1. 3월 1일 자기주식 100주(액면가 10,000원)를 주당 12,000원에 현금매입하다.
2. 3월 15일 위의 자기주식 중 10주를 주당 15,000원에 현금처분하다.
2. 3월 31일 위의 자기주식 중 20주를 주당 8,000원에 현금처분하다.

해답

1.	(차) 자기주식(자본조정)	1,200,000	(대) 현　　　금	1,200,000
2.	(차) 현　　　금	150,000	(대) 자기주식(자본조정)	120,000
			자기주식처분이익(자본잉여금)	30,000
3.	(차) 현　　　금	160,000	(대) 자기주식	240,000
	자기주식처분이익[1]	30,000		
	자기주식처분손실(자본조정)	50,000		

[1]. **자기주식처분이익과 처분손실은 먼저 상계하여 회계처리한다.**

제4절　자본조정

자본조정은 자본거래에 해당하지만 자본금, 자본잉여금 이외의 항목으로서 **임시적 성격의 항목**이라고 할 수 있다.

1. 주식할인발행차금

주식할인발행차금은 주식발행초과금과 우선상계하고 잔액이 남을 경우 주식발행연도부터 3년 이내의 기간에 매기 균등액을 이익잉여금의 처분을 통하여 상각한다.

2. 감자차손

감자차손은 발생시점에 이미 계상되어 있는 감자차익과 우선 상계하고 남은 잔액은 감자차손으로 처리한다. 그리고 감자차손은 이익잉여금의 처분과정에서 미처분이익잉여금과 상계한다.

3. 자기주식, 자기주식처분손실

자기주식처분손실의 잔액이 발생하면 이익잉여금의 처분과정에서 미처분이익잉여금과 상계한다.

4. 미교부주식배당금

이익잉여금처분계산서의 주식배당액을 말하며, 주식교부시에 자본금으로 대체된다.

〈자본잉여금과 자본조정〉

	자본잉여금	자본조정
신주발행	주식발행초과금	주식할인발행차금
자본금감소(감자)	감자차익	감자차손
자기주식	자기주식처분익 –	자기주식처분손 자기주식

자본잉여금은 발생시점에 이미 계상되어 있는 자본조정을 우선 상계하고, 남은 잔액은 자본잉여금으로 계상한다. 또한 반대의 경우도 마찬가지로 회계처리한다. 즉 순액을 재무상태표 자본에 표시한다.

이외에도 **주식선택권**[*1], **출자전환채무**[*2], **배당건설이자**[*3], **신주청약증거금**[*4] 등이 자본조정에 해당한다.

*1. 주식선택권 : 기업에서 임직원에게 일정기간이 지난 후에 회사의 주식을 미리 약정한 가격에 살 수 있는 권리를 부여하는 것
*2. 출자전환채무 : 채무에 대해서 출자전환을 합의하였으나 출자전환이 즉시 이행되지 않는 경우에는 조정대상채무를 출자전환채무의 과목으로 처리한다.
*3. 배당건설이자 : 상법상 회사설립 후 2년 이내 영업 전부의 개시가 불가능한 경우에는 이익잉여금이 없어도 개업 전 일정한 기간 내에 연 5%이내의 범위 내에서 법원의 인가를 받아 주주들에게 배당할 수 있다.
*4. 신주청약증거금 : 신주 발행 시 청약자가 납입한 금액으로 신주발행시 자본금으로 대체된다.

▌ <예제> 주식발행 ├─────────────

㈜한강의 다음거래를 분개하시오.
1. 3월 1일 유상증자를 실시하고(액면가액 5,000원, 발행가액 8,000원 발행주식수 5,000주) 보통예금계좌로 입금하다. 또한 신주발행비 5,000,000원은 현금지급하다.
2. 7월 1일 유상증자를 실시하고(액면가액 5,000원, 발행가액 3,000원 발행주식수 10,000주) 보통예금계좌로 입금하다. 또한 신주발행비 7,000,000원은 현금지급하다.

해답

1.	(차) 보 통 예 금	40,000,000	(대) 자 본 금	25,000,000
			현　　　금	5,000,000
			주식발행초과금	10,000,000
2.	(차) 보 통 예 금	30,000,000	(대) 자 본 금	50,000,000
	주식발행초과금[*1]	10,000,000	현　　　금	7,000,000
	주식할인발행차금	17,000,000		

*1. 주식발행초과금과 주식할인발행차금은 먼저 상계하여 회계처리한다.

제5절　기타포괄손익누계액

　　포괄손익이란 주주와의 자본거래를 제외한 모든 거래나 사건에서 인식한 자본의 변동을 말한다.

　　기타포괄손익은 순자산의 증감을 가져오는 거래 가운데 **미실현손익(잠재적 손익)으로 분류**되어 **손익계산서에 계상되지 못하는 항목으로 언젠가 이익잉여금으로 흘러갈 요소**이다.

　　여기서 당기발생 미실현손익(기타포괄손익)은 포괄손익계산서에 반영되고 그 누계액(기타포괄손익누계액)은 재무상태표에 계상된다.

　　즉 기타포괄손익누계액이란 손익거래 중 손익계산서에 포함되지 않는 손익의 잔액으로서 **매도가능증권평가손익, 해외사업환산손익, 현금흐름위험회피 파생상품 평가손익, 재평가잉여금(재평가차익)** 등이 있다.

　　기타포괄손익누계액은 미실현손익으로서 **기타포괄손익이 실현될 때(매도가능평가손익의 경우 매도가능증권의 처분시)** 당기순손익에 포함되게 된다.

| 제6절 | 이익잉여금 |

이익잉여금은 회사의 영업활동의 결과로 벌어들인 이익 중 사외에 유출되지 않고 사내에 남아 있는 부분을 원천으로 하는 잉여금을 말한다.

이익잉여금을 증가시키는 것은 이익창출 활동결과인 당기순이익이며 이익잉여금을 감소시키는 것은 이익창출 활동결과인 당기순손실과 주주들에 배당금을 지급하는 경우이다.

1. 법정적립금

상법이나 그 외의 법률규정에 따라 이익잉여금 중에서 일정금액을 적립하는 것을 말하는 것으로 강제적 성격을 가지고 있어 법적요건을 갖추게 되면, 무조건 적립하여야 한다.

(1) 이익준비금

대표적인 법정적립금으로서 주식회사는 상법의 규정에 따라 "**회사는 자본금의 1/2에 달할 때까지 매기 결산시 금전에 의한 이익배당액의 1/10이상의 금액을 이익준비금으로 적립**하여야 **한다.**"라고 규정하고 있다.

이러한 이익준비금은 결손금을 보전하거나 자본금으로 전입(무상증자)할 수 있다.

> **참고**
>
> **법정준비금**
>
> 상법에서는 법정준비금을 그 재원에 따라 **이익준비금과 자본준비금으로 구분하는데** 자본거래에서 **발생한 잉여금(기업회계기준상 자본잉여금을 의미한다.)**을 자본준비금으로 적립하여야 한다. 또한 회사는 적립된 자본준비금 및 이익준비금의 총액이 자본금의 1.5배를 초과하는 경우에는 주주총회의 결의에 따라 준비금을 배당 등의 용도로 사용할 수 있게 하였다.

(2) 기타법정적립금

상법이외 법령에 따라 이익금의 일부를 적립하여야 되는 경우가 있다.

이 적립금 역시 결손보전과 자본금으로의 전입 목적으로만 사용가능하다.

2. 임의적립금

회사의 정관이나 주주총회의 결의에 의해 임의로 적립된 금액으로서 기업이 자발적으로 적립한 적립금으로서 법정적립금과 성격은 다르지만 이 역시 **현금배당을 간접적으로 제한함으로써 기업의 재무구조를 개선하거나 미래투자자금을 확보**한다는 점은 동일하다.

임의적립금은 기업이 해당 목적을 실현한 후에 다시 주주들에게 현금배당할 수 있다. 예를 들면 사업확장적립금, 감채기금적립금 등이 있다.

3. 미처분이익잉여금(미처리결손금)

기업이 벌어들인 이익 중 배당이나 다른 잉여금으로 처분되지 않고 남아 있는 이익잉여금을 말한다. 미처분이익잉여금은 주주총회시 결의에 의해 처분이 이루어지는데 주주총회는 결산일이 지난 뒤(3개월 이내)에 열리기 때문에 이익잉여금 처분전의 잔액이 당기 재무상태표에 표시된다.

결손금이란 수익보다 비용이 많은 경우로서 당기순손실을 의미한다. 이러한 결손금은 기존의 잉여금으로 보전된다.

제7절 이익잉여금의 처분

1. 이익잉여금 처분계산서(결손금처리계산서)

이익잉여금처분계산서는 이익잉여금의 변동내용을 보고하는 양식으로서 정기주주총회에서 이익잉여금 처분에 대하여 주주들로 부터 승인을 받아야 한다.

정기주주총회는 회계연도가 끝난 뒤(3개월 이내) 다음 해 초에 개최되고, 이 때 재무제표가 확정된다.

따라서, **회계연도말 재무상태표에는 처분하기전의 이익잉여금으로 표시**된다.

이익잉여금처분계산서

제 2 기　20×1년 1월　1일 부터
20×1년 12월 31일 까지
처분예정일 20×2년 2월 28일

주주총회일

(주) 백두　　　　　　　　　　　　　　　　　　　　　　　　　단위 : 원

과　목	금　액
I.미 처 분 이 익 잉 여 금	
1. 전기이월미처분이익잉여금	
2. 당기순이익	
……	
II.임의적립금등 이입액	
1. XX　적립금	
III.이익잉여금처분액	
1. 법정적립금(이익준비금)	
2. 기타법정적립금	
3. 배당금	
가. 현금배당	
나. 주식배당	
4. 임의적립금	
IV.차기이월미처분이익잉여금(I + II − III)	

재무상태표상
"미처분이익잉여금"

임의적립금에서
미처분이익잉여금으로 들어옴

주주총회에서 처분예정

152

2. 배당금

(1) 현금배당 : 회사의 순자산은 감소하고 자본도 감소하게 된다.

(2) 주식배당 : 주식배당은 기업 자금의 외부유출을 막고 동시에 이익배당의 효과도 갖는다. 또한 현금배당과는 반대로 회사의 자산과 자본에는 아무런 변화가 없다.

	현금배당	주식배당
배당선언일	(차) 이월이익잉여금 ××× (미처분이익잉여금) (대) 미지급배당금 ××× (유동부채)	(차) 이월이익잉여금 ××× (미처분이익잉여금) (대) 미교부주식배당금 ××× (자본조정)
	(투자자) (차) 미 수 금 ××× (대) 배당금수익 ×××	(투자자) – 회계처리없음 –
배당지급일	(차) 미지급배당금 ××× (대) 현 금 ×××	(차) 미교부주식배당금 ××× (대) 자 본 금 ×××
재 무 상 태	**–주식발행회사의 최종분개**	
	(차) 이월이익잉여금(자본) ××× **(대) 현 금(자산)** ×××	**(차) 이월이익잉여금(자본)** ××× **(대) 자 본 금(자본)** ×××
	순자산의 유출	**재무상태에 아무런 변화가 없다**

[주식배당, 무상증자, 주식분할, 주식병합]

	주식배당	무상증자	주식분할	주식병합
주식수	증가	증가	증가	감소
액면금액	불변	불변	감소	증가
자본금	증가	증가	불변	불변
자 본	불변	불변	불변	불변

☞ 주식분할 : 1주를 2주로 또는 2주를 3주로 나누는 것을 말한다.
　주식병합 : 주식분할의 반대 개념으로 수개의 주식을 합치는 것을 말한다.

| <예제> 이익잉여금의 처분

㈜한강(피투자회사)과 ㈜청계(투자회사)의 다음 거래를 분개하시오. ㈜한강은 ㈜청계가 100% 투자한 회사라 가정한다.

1. 3월 1일 주주총회에서 다음 내용으로 미처분이익잉여금의 이입과 처분을 결의하다.

    – 이입액 :   사업확장적립금   1,500,000원
    – 처분액 :   현금배당   1,000,000원
                   주식배당   2,000,000원
                   이익준비금   100,000원

2. 3월 10일 현금배당금 1,000,000원을 현금 지급하다.
3. 3월 15일 주주총회에서 결의한 주식배당에 대해서 주식을 발행하여 지급하다.

해답

1.	㈜한강	(차) 사업확장적립금	1,500,000	(대) 이월이익잉여금 (미처분이익잉여금)		1,500,000
		(차) 이월이익잉여금 (미처분이익잉여금)	3,100,000	(대) 이익준비금 미지급배당금 미교부주식배당금		100,000 1,000,000 2,000,000
	㈜청계	(차) 미 수 금	1,000,000	(대) 배당금수익		1,000,000
		☞ 현금배당만 회계처리하고, 주식배당은 회계처리하지 않는다.				
2.	㈜한강	(차) 미지급배당금	1,000,000	(대) 현　　금		1,000,000
	㈜청계	(차) 현　　금	1,000,000	(대) 미 수 금		1,000,000
3.	㈜한강	(차) 미교부주식배당금	2,000,000	(대) 자 본 금		2,000,000
	㈜청계	☞ 주식배당은 회계처리하지 않는다.				

연/습/문/제

 객관식

01. 다음 중 자본에 대한 설명으로 옳지 않은 것은?

① 자본은 자산에서 부채를 차감한 후에 남는 잔여지분을 말하며, 순자산 또는 소유주지분이라고 한다.

② 자본잉여금은 자본거래활동에서 발생한 잉여금으로 주식발행초과금, 감자차익, 자기주식처분이익이 있다.

③ 주식할인발행차금은 주식발행초과금과 우선상계하고, 우선상계할 것이 없으면 이익잉여금처분 시 미처분이익잉여금과 상계한다.

④ 자본금은 법률에 의하여 정해진 납입자본금을 의미하는데, 발행주식수에 발행가액을 곱한 금액이다.

02. 다음 중 재무상태표의 자본과 관련한 설명으로 틀린 것은?

① 자본금은 주당 액면가액에 발행주식수를 곱한 금액이다.

② 순자산의 증감을 가져오는 거래중에 미실현손익으로 분류되는 것은 기타포괄손익누계액에 계상된다.

③ 무상증자와 주식배당 모두 자본금의 증가를 가져온다.

④ 감자차손, 자기주식처분손실, 매도가능증권평가이익은 자본조정 항목이다.

03. 다음 중 이익잉여금처분계산서 작성 시 미처분이익잉여금에 가감하여 표시하는 항목이 아닌 것은?

① 전기이월이익잉여금　　　　　　　② 당기순이익

③ 중간배당액　　　　　　　　　　　④ 현금배당과 주식배당

04. 재무상태표 상의 자본에 대한 설명으로 틀린 것은?

① 자본은 기업의 자산에서 모든 부채를 차감한 후의 잔여지분을 나타내며, 주주로부터의 납입자본에 기업활동을 통하여 획득하고 기업의 활동을 위해 유보된 금액을 가산하고, 기업활동으로부터의 손실 및 소유자에 대한 배당으로 인한 주주지분 감소액을 차감한 잔액이다.

② 자본금은 법정 납입자본금으로서 발행주식수에 액면가액을 곱한 금액이므로 무액면주식을 발행하거나 현물을 제공받고 주식을 발행할 수 없다.

③ 자본잉여금은 자본과 관련된 거래에서 발생하여 자본을 증가시키는 잉여금을 말한다.

④ 자본조정은 당해 항목의 성격으로 보아 자본거래에 해당하나 최종 납입된 자본으로 볼 수 없거나 자본의 가감 성격으로 자본금이나 자본잉여금으로 분류할 수 없는 항목이다.

05. 다음 자본의 내용 중 옳지 않은 것은?

① 현물출자에 의한 주식발행의 경우, 주식의 발행가액은 출자받은 자산의 공정가치로 한다.

② 주식할인발행차금 발생시 주식발행초과금이 존재하는 경우에는 주식발행초과금과 우선 상계하고, 잔액이 남은 경우에는 주식발행연도부터 3년 이내의 매결산기에 이익잉여금의 처분을 통해 균등하게 상각한다.

③ 자기주식처분손실 발생시 자기주식처분이익이 존재하는 경우에는 자기주식처분이익과 먼저 상계하고 남은 금액을 자기주식처분손실로 인식한다.

④ 기타포괄손익누계액이란 자본거래 중 손익계산서에 당기손익으로 분류되지 않은 미실현손익으로, 미실현손익이 실현되는 시점에 당기손익에 반영된다.

06. 다음 중 주식의 발행가액에 대한 설명으로 틀린 것은?

① 현금을 납입받고 액면주식을 발행한 경우 주식의 발행가액은 납입받은 현금의 금액으로 한다.

② 현금을 납입받고 무액면주식을 발행한 경우 주식의 발행가액은 이사회 또는 주주총회에서 결정한 금액으로 한다.

③ 현물을 제공받고 주식을 발행한 경우에는 제공받은 현물의 공정가치를 주식의 발행금액으로 한다.

④ 자본잉여금 또는 이익잉여금을 자본금에 전입하여 기존의 주주에게 무상으로 신주를 발행하는 경우에는 주식의 공정가치를 주식의 발행금액으로 한다.

07. ㈜세무는 20x1년 1월 1일 자금조달을 위하여 유상증자를 하였다. 유상증자를 통해 발행한 주식수는 1,000주, 액면금액은 5,000원, 발행가액은 8,000원이다. 다음 설명 중 틀린 것은?

① 발행주식총수가 증가한다.

② 자본금이 5,000,000원 증가한다.

③ 자본잉여금이 증가한다.

④ 유상증자로 회사의 순자산에는 영향이 없다.

08. ㈜세무는 보통주 10주(주당 액면가액 5,000원, 주당 발행가액 8,000원)를 45,000원에 매입 소각하였다. ㈜세무가 보통주 매입소각과 관련하여 손익계산서에 미치는 영향은?

① 0원

② 손실 5,000원

③ 이익 5,000원

④ 이익 35,000원

09. ㈜백제의 20x1년 말 자본구성항목이 다음과 같을 때 기말 재무상태표에 자본잉여금과 자본조정으로 표시될 금액은 얼마인가?

• 이익준비금 : 350,000원	• 감자차익 : 350,000원
• 주식발행초과금 : 500,000원	• 자기주식처분이익 : 700,000원
• 출자전환채무 : 600,000원	• 매도가능증권평가이익 : 150,000원

	자본잉여금	자본조정		자본잉여금	자본조정
①	1,550,000원	600,000원	②	1,250,000원	750,000원
③	1,150,000원	500,000원	④	1,050,000원	850,000원

10. ㈜부산은 20x1년 7월 1일 자본잉여금 5,000,000원을 재원으로 무상증자를 실시하였다. 무상증자를 통해 발행한 주식의 주당 액면가액은 5,000원이다. 다음 설명 중 올바른 것을 모두 고른 것은?

가. 무상증자로 발행주식은 1,000주 증가한다.
나. 주식배당과는 달리 무상증자로 회사의 재무구조는 개선된다.
다. 무상증자로 자본금이 5,000,000원 증가한다.
라. 무상증자는 회사의 순자산에 변화를 가져오지 않는다.

① 가, 나, 다 　　　② 가, 다, 라 　　　③ 나, 다, 라 　　　④ 가, 나, 다, 라

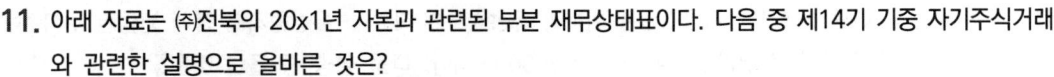

11. 아래 자료는 ㈜전북의 20x1년 자본과 관련된 부분 재무상태표이다. 다음 중 제14기 기중 자기주식거래와 관련한 설명으로 올바른 것은?

구분	제14기 20x1년	제13기 20x0년
자본금(보통주 5,000주, @10,000원)	50,000,000원	50,000,000원
이익잉여금	24,420,000원	12,780,000원
자본조정	( )원	(-)800,000원
자기주식(보통주 80주, @10,000원)	( )원	800,000원
자본총계	74,420,000원	61,980,000원

① 20x1년 자기주식의 변동은 없었다.

② 20x1년 기중 보유 중인 자기주식을 모두 처분하였다.

③ 20x1년 기중 보유 중인 자기주식을 소각하였다.

④ 20x1년 자기주식 수가 증가하였다.

 주관식

01. 다음 중 자본잉여금에 해당하는 계정과목을 고르시오.

가. 주식할인발행차금	나. 이익준비금	다. 매도가능증권평가이익
라. 자기주식처분이익	마. 전환권대가	바. 주식발행초과금

02. 다음은 ㈜연수의 자본 관련 내역이다. 자본조정 항목을 모두 고르시오.

① 감자차익	② 자기주식	③ 자기주식처분이익
④ 주식할인발행차금	⑤ 자기주식처분손실	⑥ 이익준비금
⑦ 감자차손	⑧ 주식매수선택권	

03. ㈜채원은 채무 변제를 위하여 30,000,000원의 금융부채를 출자전환하기로 하였다. 출자전환으로 발행하는 주식의 액면가액은 25,000,000원, 공정가치는 30,000,000원이다. 동 거래를 회계처리 할 경우, ㈜채원의 자본금 증가액은 얼마인가?

04. 다음 자료를 보고 ㈜망고의 자본잉여금과 이익잉여금의 합계를 구하시오.

• 주식발행초과금	160,000원	• 임의적립금	25,000원
• 자본금	200,000원	• 자기주식	100,000원
• 이익준비금	50,000원	• 매도가능증권평가이익	60,000원
• 자기주식처분손실	125,000원	• 감자차익	40,000원

05. ㈜연수는 당기 중에 주식을 추가 발행하였으며 관련 자료는 다음과 같다. 주식발행과 관련된 회계처리를 완료한 이후에 재무상태표에 표시될 주식발행초과금 또는 주식할인발행차금의 잔액은 얼마인가?

- 추가로 발행한 주식 수는 100주이며, 주당 액면금액은 5,000원이다.
- 주당 발행가액은 6,000원이며, 신주발행 직접원가 20,000원이 발생하였다.
- 주식을 추가 발행하기 전 재무상태표 상 주식할인발행차금의 잔액은 50,000원이다.

06. 다음 자료를 이용하여 20x1년도 이익잉여금 처분에 대한 주주총회 결의 직후 20x1년 이익잉여금처분계산서상 차기이월 미처분이익잉여금 잔액을 계산하면 얼마인가?

- 전기이월 미처분이익잉여금 : 1,230,000원
- 당기순이익 : 520,000원
- 주주총회 결의
  - 현금배당 600,000원   - 주식배당 200,000원
  - 임의적립금 적립 90,000원   - 이익준비금 적립(상법에 의한 최소금액 적립)

07. 다음은 ㈜삼전의 20x1년 말 자본구성항목이다. 재무상태표에 자본조정으로 표시될 금액은 얼마인가?

- 이익준비금 : 200,000원
- 감자차익 : 250,000원
- 주식발행초과금 : 300,000원
- 신주청약증거금 : 600,000원
- 출자전환채무 : 300,000원
- 자기주식처분이익 : 100,000원
- 매도가능증권평가이익 : 50,000원

08. ㈜회계의 이익잉여금에 대한 사항이 다음과 같을 때 20x1년 처분전이익잉여금 (가)는 얼마인가?(단, 이익준비금은 상법상 최소금액을 적립하기로 하였다.)

	당기(20x1년)		전기	
I. 처분전이익잉여금		(가)		250,000원
1. 전기이월이익잉여금	( )		200,000원	
2. 당기순이익	20,000원		50,000원	
II. 임의적립금이입액				50,000원
1. 사업확장적립금			50,000원	
III. 이익잉여금처분액		55,000원		( )
1. 이익준비금	500원		( )	
2. 현금배당금	( )		50,000원	
IV. 차기이월이익잉여금		( )		( )

연/습/문/제 답안

🔑 **객관식**

1	2	3	4	5	6	7	8	9	10
④	④	④	②	④	④	④	①	①	②

11									
②									

[풀이 - 객관식]

01. 법정자본금은 **발행주식수에 액면금액을 곱한 금액**이다.

02. **매도가능증권평가이익은 기타포괄손익누계액에 해당**한다.

03. **현금배당과 주식배당은 이익잉여금처분액에 표시**된다.

04. 주주로부터 현금을 수령하고 주식을 발행하는 경우 주식(상환우선주 등 포함)의 발행금액이 액면금액 **(무액면주식의 경우 발행금액 중 이사회 또는 주주총회에서 자본금으로 정한 금액)**보다 크다면 그 차액을 주식발행초과금으로 하여 자본잉여금으로 회계처리한다.

기업이 현물을 제공받고 주식을 발행한 경우에는 제공받은 현물의 공정가치를 주식의 발행금액으로 한다.

05. **기타포괄손익누계액이란 손익거래 중 손익계산서에 당기손익으로 분류되지 않은 미실현손익**으로, 미실현손익이 실현되는 시점에 당기손익에 반영된다.

06. 자본잉여금 또는 이익잉여금을 자본금에 전입하여 기존의 주주에게 무상으로 신주를 발행하는 경우에는 **주식의 액면금액을 주식의 발행금액**으로 한다.

07. ① 유상증자를 통해 1,000주를 발행하였으므로 발행주식수가 1,000주 증가한다.

② 자본금 증가액 = 액면금액(5,000) × 발행주식수(1,000주) = 5,000,000원

③ 자본잉여금 = [발행가액(8,000) - 액면금액(5,000)] × 1,000주 = 3,000,000원(할증발행)

08. 자본금을 감소시킬 때 발생한 감자차익은 자본잉여금 계정에 속한다. 보통주 매입소각과 관련하여 회사는 감자차익 5,000원을 인식하기 때문에 매입소각으로 손익계산서에 미치는 영향은 없다.

09. 자본잉여금 = 감자차익(350,000) + 주식발행초과금(500,000) + 자기주식처분이익(700,000)

= 1,550,000원

자본조정 = 출자전환채무 600,000원

10. 가. 무상증자 발행주식수 = 자본잉여금(5,000,000) ÷ 주당 액면가액(5,000) = 1,000주 증가

　나. 무상증자는 자본계정 내에서의 변동에 해당하여 **자본총계에 변화를 가져오지 않으므로 재무구조는 변함이 없다.**

　다. 무상증자는 자본잉여금 계정을 자본금 계정으로 변경하는 것으로 자본금이 증가한다.

　라. 무상증자는 **자본계정 내 항목 간 대체에 불과**하여 자본총계에 영향을 미치지 않는다.

11. 20x1년 자본금은 변동이 없고, 자본조정(자기주식) 금액은 0원으로 변동되었으므로 **20x0년도 자본조정에 있던 자기주식을 처분**하였다.

🔑 주관식

01	라, 마, 바	02	② ④ ⑤ ⑦ ⑧	03	25,000,000원
04	275,000원	05	30,000원 (주식발행초과금)	06	800,000원
07	900,000원	08	265,000원		

[풀이 - 주관식]

01. 자본잉여금에는 주식발행초과금, 자기주식처분이익, 전환권대가, 감자차익 등이 있다.

02. 자본조정 항목은 주식할인발행차금, 감자차손, 자기주식, 자기주식처분손실, 주식매수선택권이다.

03. 〈회계처리〉

　출자전환일 (차) 차입금　　30,000,000원　　(대) **자본금**　　　　　　**25,000,000원**
　　　　　　　　　　　　　　　　　　　　　　주식발행초과금　　　5,000,000원

04. 자본잉여금 = 주식발행초과금(160,000) + 감자차익(40,000)원 = 200,000원

　이익잉여금 = 임의적립금(25,000) + 이익준비금(50,000) = 75,000원

05. 발행가액 = 6,000원 × 100주 - 신주발행비(20,000) = 580,000원

　액면가액 = 5,000원 × 100주 = 500,000원

　발행가액(580,000) - 액면가액(500,000) - 주식할인발행차금(50,000) = 30,000원(주식발행초과금)

　(차) 현금　　　　　580,000원　　(대) 자본금　　　　　　　　500,000원
　　　　　　　　　　　　　　　　　　　주식할인발행차금　　　　50,000원
　　　　　　　　　　　　　　　　　　　주식발행초과금　　　　　30,000원

06. 차기이월미처분이익잉여금 = 전기이월 미처분이익잉여금(1,230,000) + 당기순이익(520,000)

　　　　　　　　　　　　　　- 현금배당(600,000) - 주식배당(200,000) - 임의적립금(90,000)

　　　　　　　　　　　　　　- 이익준비금(60,000) = 800,000원

　☞ 이익준비금 적립액 : 현금배당 600,000원×10% = 60,000원

07. 자본조정 = 신주청약증거금(600,000) + 출자전환채무(300,000) = 900,000원

08.

	당기(20x1년)	전기
Ⅰ. 처 분 전 이 익 잉여금	**(가 : 265,000원)**	250,000원
1.　전기이월이익잉여금	**(245,000원)**	200,000원
2. 당 기 순 이 익	20,000원	50,000원
Ⅱ. 임 의 적 립 금 이입액		50,000원
1. 사 업 확 장 적립금		50,000원
Ⅲ. 이 익 잉 여 금 처분액	55,000원	**(55,000원)**
1. 이 익 준 비 금	500원	**(5,000원)**
2. 현 금 배 당 금	( )	50,000원
Ⅳ. 차기 이월 이익 잉여금	( )	**(245,000원)**

• 전기 이익준비금 = 5,000원(현금배당금의 10%)
• 전기 차기이월이익잉여금 = 250,000원 + 50,000원 − 55,000원
　　　　　　　　　　　 = 245,000원(당기 전기이월이익잉여금)
• 20x1년 처분전이익잉여금 = 245,000원 + 20,000원 = 265,000원

계정과목별 이해 (수익 · 비용)

NCS회계 - 3   전표관리 / 자금관리   NCS세무 - 2   전표처리

제1절   수익 및 비용의 의의

1. 수익의 의의

(1) 수익

회사의 주된 영업활동과 관련하여 발생하는 것으로 기업회계기준서는 매출액으로 표현하고 있다. 매출액은 회사의 업종에 따라 차이가 발생한다.

(2) 차익

회사의 주된 영업활동 이외의 부수적인 거래나 사건으로 발생한 순자산의 증가로서 기업회계기준에서는 유형자산처분이익, 단기매매증권처분이익 등이 있는데 이를 총괄하여 영업외수익으로 표현한다.

2. 비용의 의의

(1) 비용

회사의 주된 영업활동과 관련하여 발생하는 것으로 기업회계기준서는 매출원가와 판매비와 관리비가 있다.

(2) 차손

회사의 주된 영업활동 이외의 부수적인 거래나 사건으로 발생한 순자산의 감소로서 기업회계기준에서는 유형자산처분손실 등이 있는데 이를 총괄하여 영업외비용으로 표현한다.

제2절 수익인식기준

수익과 비용은 원칙적으로 발생기준에 따라 인식한다.

수익은 발생기준보다는 수익인식요건을 구체적으로 설정하여 아래의 요건이 충족되는 시점에 수익으로 인식하는데 이를 **실현주의**라 한다.

1. 수익의 인식시점

대부분의 기업은 **판매시점 또는 인도시점**에 수익을 인식하는 것이 일반적이다.

재화의 판매로 인한 수익은 다음 조건이 모두 충족될 때 인식한다.

> 1. 재화의 소유에 따른 <u>유의적인 위험과 보상이 구매자에게 이전</u>된다.
> 2. 판매자는 판매한 재화에 대하여 소유권이 있을 때 통상적으로 행사하는 정도의 <u>관리나 효과적인 통제</u>를 할 수 없다.
> 3. 수익금액을 신뢰성있게 측정할 수 있고, 경제적 효익의 유입 가능성이 매우 높다.
> 4. 거래와 관련하여 <u>발생했거나 발생할 원가를 신뢰성있게 측정</u>할 수 있다.
>   만약 이러한 비용을 신뢰성 있게 측정할 수 없다면 수익으로 인식하지 못하고 부채(선수금)로 인식한다.

2. 진행기준(생산기준)

수익을 용역제공기간(생산기간)중에 인식하는 것으로서 **작업진행율**[1]**(보통 원가 투입비율)**에 따라 기간별로 수익을 나누어 인식한다.

*1. 작업진행률 = $\dfrac{\text{당해 사업연도말까지 발생한 총공사비 누적액}}{\text{총공사예정비}}$

진행기준에 따라 수익을 인식하는 경우로는 **용역의 제공 계약, 건설형 공사계약** 등이 있다.

3. 건설형공사 계약

건설형공사는 일반적으로 여러 회계기간에 걸쳐 진행되기 때문에 공사수익과 공사원가를 공사가 수행되는 회계기간에 적절하게 배분한다.

다음 조건을 모두 충족시 공사수익을 진행기준을 적용하여 인식한다.

1. 총공사수익금액을 신뢰성있게 측정할 수 있다.
2. 계약과 관련된 경제적 효익이 건설사업자에게 유입될 가능성이 매우 높다.
3. 공사원가와 공사진행률을 모두 신뢰성있게 측정할 수 있다.
4. 공사원가를 명확히 식별할 수 있고 신뢰성있게 측정할 수 있어서 실제 발생된 공사원가를 총공사예정원가의 예상치와 비교할 수 있다.

(1) 공사진행률

공사진행률은 실제공사비 발생액을 **토지의 취득원가와 자본화대상 금융비용 등을 제외**한 총공사예정원가로 나눈 비율로 계산함을 원칙으로 한다.

다만, 공사수익의 실현이 작업시간이나 작업일수 또는 기성공사의 면적이나 물량등과 보다 밀접한 비례관계에 있고 전체 공사에서 이미 투입되었거나 완성된 부분이 차지하는 비율을 객관적으로 산정할 수 있는 경우에는 그 비율로 할 수 있다.

공사진행률 = 실제공사비 발생액/총공사 예정원가

(2) 공사수익의 인식

당기공사수익은 공사 계약금액에 보고기간 종료일 현재의 공사진행률을 적용하여 인식한 누적공사수익에서 전기말까지 계상한 누적공사수익을 차감하여 산출한다.

당기공사수익 = 공사계약금액 × 공사진행률 − 전기말 누적공사수익

(3) 당기공사원가의 인식

당기공사원가에는 **특정공사에 관련된 공사 직접원가(건설공사에 사용된 재료원가와 노무원가, 외주비, 이주대여비 관련 순이자비용등)와 공사공통원가** 등을 말하는데,

당기에 실제로 발행한 총공사비용에 공사손실충당부채전입액(추정공사손실)을 가산하고 공사손실충당부채 환입액을 차감하며 다른 공사와 관련된 타계정대체액을 가감하여 산출한다. **공사활동과 관련없는 원가(장기적인 유휴생산설비나 건설장비의 감가상각비 등)**은 공사원가에서 제외된다.

(4) 공사손실

공사와 관련하여 **향후 공사손실의 발생이 예상되는 경우에는 예상손실을 즉시 공사손실충당부채**로 인식한다. 즉 이는 보수주의라는 제약조건에 따라 공사손실을 조기에 인식하고 이를 충당부채로 계상하는 것이다.

(B/S)당기말 공사손실충당부채 = 공사총손실×(1 - 누적진행률)

(I/S)당기 공사손실충당부채 전입(환입액) = 당기말 공사손실충당부채 - 전기말까지 공사손실충당부채

| <예제 > 공사수익 및 공사원가 |

㈜ 지구의 다음 자료에 의하여 7기와 8기의 공사수익을 계산하시오.

기업회계기준의 공사수익요건을 모두 충족한다.

기말 현재 진행중인 A건물 신축공사는 다음과 같다.

공사기간	도급금액	총공사예정비	7기공사비
7기 10.5~ 8기 12.31	10,000,000	8,000,000	2,000,000

* 총공사비는 총공사예정비와 일치하였으며 나머지 공사비는 8기에 투입되었다.

해답

	공사진행률	누적공사수익	당기공사수익*
7기	2,000,000/8,000,000 = 25%	10,000,000 × 25% = 2,500,000	2,500,000
8기	8,000,000/8,000,000 = 100%	10,000,000 × 100% = 10,000,000	10,000,000 - 2,500,000 = 7,500,000

* 당기공사수익 = 공사계약금액 × 공사진행률 - 전기말 누적공사수익

4. 용역수익

용역의 제공이란 일반적으로 계약에 의하여 합의된 과업을 수행하는 것을 말하는데, 이러한 용역수익은 진행기준에 따라 수익을 인식한다. 일반적으로 건설형공사와 동일하다고 보면 된다.

---

1. 거래전체의 수익금액을 신뢰성 있게 측정할 수 있고, 경제적 효익의 유입가능성이 매우 높다.
2. 진행율을 신뢰성있게 측정할 수 있다.
3. 이미 발생한 원가와 거래의 완료를 위하여 투입하여야 할 원가를 신뢰성있게 측정할 수 있다.

---

(1) 용역진행률

---

1. 총예상작업량(또는 작업시간)에 대한 실제작업량(또는 작업시간)의 비율
2. 총예상용역량에 대한 누적용역제공량의 비율
3. 총추정원가에 대한 발생원가 누적액의 비율

---

(2) 진행기준의 배제

① 원가회수기준

---

1. 진행률을 합리적으로 추정할 수 없는 경우
2. 용역제공거래의 성과를 신뢰성있게 추정할 수 없는 경우
3. 수익금액을 신뢰성있게 측정할 수 없는 경우

발생한 **원가의 범위내에서 회수가능한 금액을 수익으로 인식**하고 발생한 원가 전액을 비용으로 계상한다.

② 경제적 효익의 유입가능성이 낮은 경우

용역제공거래의 성과를 신뢰성있게 추정할 수 없고 발생한 원가의 회수가능성도 낮은 경우에는 **수익을 인식하지 않고 발생한 원가를 비용으로 인식**한다.

(3) 용역손실 예상시

용역제공거래에서 이미 발생한 원가와 그 거래를 완료하기 위해 추가로 발생할 것으로 추정되는 원가의 합계액이 해당 **용역거래의 총수익을 초과하는 경우**에는 그 **초과액과 이미 인식한 이익의 합계액을 당기 손실로 인식**한다.

5. 반품권이 있는 판매

반품권이 있는 판매는 **반품이 예상되는 제품에 대해서는 수익을 인식하지 않고, 환불부채로 인식**한다.

(1) 반품가능성 예측가능

인도시점에 반품예상액을 제외한 금액을 수익으로 인식하고 반품으로 회수할 자산을 반품제품회수권으로 인식한다.

(2) 반품예측불능

반품권과 관련된 불확실성이 해소되는 시점에 수익을 인식한다.

〈거래형태별 수익인식 요약〉

위 탁 판 매	수탁자가 제 3자에게 판매한 시점				
시 용 판 매	고객이 구매의사를 표시한 시점				
상 품 권	**재화(용역)을 인도하고 상품권을 회수한 시점**				
	구분	회계처리			
	상품권판매	(차) 현금	XX	(대) 선수금	XX
		상품권할인액	XX		
	교환시	(차) 선수금	XX	(대) 매출	XX
				상품권할인액	XX
정 기 간 행 물	구독기간에 걸쳐 정액법으로 인식				
할부판매(장 · 단기)	재화의 인도시점				
반 품 조 건 부 판 매	**반품가능성을 신뢰성있게 추정시 수익인식가능**				
설 치 용 역 수 수 료	진행기준				
공 연 수 익 (입 장 료)	**행사가 개최되는 시점**				
광 고 관 련 수 익	방송사 : 광고를 대중에게 전달하는 시점 광고제작사 : 진행기준				
수 강 료	강의기간동안 발생기준				
재화나 용역의 교환	동종	수익으로 인식하지 않는다.			
	이종	판매기준(수익은 교환으로 취득한 재화나 용역의 공정가치로 측정하되, 불확실시 제공한 재화나 용역의 공정가치로 측정한다.)			

제3절 비용인식기준

1. 직접대응	비용이 관련 수익과 직접적인 인과관계를 파악할 수 있는 것(매출원가)	
2. 간접대응	① 체계적 합리적 배분	특정한 수익과 직접 관련은 없지만 일정기간 동안 수익창출과정에 사용된 자산으로 수익창출기간 동안 배분하는 것(감가상각비)
	② 기간비용	수익과 직접 관련이 없고 해당 비용이 미래 경제적 효익의 가능성이 불확실한 경우에 발생즉시 비용으로 인식하는 것(광고선전비)

제4절 매출액과 매출원가

1. 매출액

기업의 주요 영업활동과 관련하여 재화나 용역을 제공함에 따라 발생하는 대표적인 수익이다. 손익계산서에는 이러한 순매출액이 기재된다.

> **(순)매출액＝총매출액 – 매출환입 및 에누리 – 매출할인**

2. 매출원가

상품, 제품 등의 매출액에 직접 대응되는 원가로서 일정기간 중에 판매된 상품이나 제품 등에 배분된 매입원가 또는 제조원가를 매출원가라 한다.

판 매 업		제 조 업	
I. 매　출　액	×××	I. 매　출　액	×××
II. 매 출 원 가(1+2-3)	×××	II. 매 출 원 가(1+2-3)	×××
1. 기초상품재고액　×××		1. 기초제품재고액　×××	
2. 당기상품매입액　×××		2. 당기제품제조원가　×××	
3. 기말상품재고액　(×××)		3. 기말제품재고액　(×××)	
III. 매출총이익(I – II)	×××	III. 매출총이익(I – II)	×××

> **당기상품매입액＝총매입액 – 매입에누리와 환출 – 매입할인**
> **당기제품제조원가＝기초재공품원가＋당기총제조원가 – 기말재공품원가**

제5절 제조경비/판매비와 관리비

판매비와 관리비란 상품, 제품과 용역의 판매활동 또는 기업의 관리와 유지활동에서 발생하는 비용으로서 매출원가에 속하지 아니하는 모든 영업비용을 말한다.

판매비와 관리비는 당해 비용을 표시하는 적절한 항목으로 구분하여 표시하거나 일괄하여 표시할 수 있다.

또한 비용이 제품 제조와 관련되어 있는 경우에는 제조경비로 처리한다.

제6절 영업외손익

회사의 주된 영업활동 이외의 보조적 또는 부수적인 활동에서 발생하는 수익(영업외수익)과 비용(영업외비용)을 말한다.

1. 이자수익(VS 이자비용)

2. 배당금수익

3. 임대료

4. 단기매매증권평가이익(VS 단기매매증권평가손실)

5. 단기매매증권처분이익(VS 단기매매증권처분손실)

6. 외환차익(VS 외환차손) : 외환거래시 마다 발생한다.

7. 외화환산이익(VS 외화환산손실) : 기말 외화자산·부채 평가시 발생한다.

8. 유형자산처분이익(VS 유형자산처분손실)

9. 자산수증이익

10. 채무면제이익

11. 잡이익(VS 잡손실)

12. 기타의 대손상각비(VS 대손충당금 환입)

기타의 대손상각비는 매출채권이외의 채권(미수금, 대여금 등)에 대한 대손상각비를 처리하는 계정을 말한다.

13. 재고자산감모손실

재고자산의 수량부족으로 인한 손실 중 **비정상적인 감모분**을 말한다.

14. 기부금

상대방에게 아무런 대가없이 기증하는 금전, 기타의 재산가액을 말한다.

15. 재해손실(VS 보험차익)

16. 전기오류수정이익(VS 전기오류수정손실)

오류로 인하여 전기 이전의 손익이 잘못되었을 경우에 전기오류수정이익(전기오류수정손실)이라는 계정과목으로 하여 당기 영업외손익으로 처리하도록 규정하고 있다. 그러나 오류가 전기 재무제표의 신뢰성을 심각하게 손상시킬 수 있는 **중대한 오류의 경우에는 오류로 인한 영향을 미처분이익잉여금에 반영하고 전기재무제표를 수정**하여야 한다.

제7절   법인세비용

회사는 회계기간에 발생한 이익, 즉 법인의 소득에 대하여 세금을 납부해야 하는데 이에 대한 세금을 법인세라 한다. 법인세비용은 회사의 영업활동의 결과인 회계기간에 벌어들인 소득에 대하여 부과되는 세금이므로 동일한 회계기간에 기간비용으로 인식하여야 한다.

법인세의 회계처리는 결산일 현재 소득에 대하여 법인세 비용을 산출하고, 기 원천징수 또는 중간예납분(선납세금)을 대체하고 차액분만 미지급세금으로 회계처리하고 익년도 3월말까지 관할 세무서에 신고 납부한다.

연/습/문/제

 객관식

01. 다음 중 일반기업회계기준의 수익인식기준에 대한 설명으로 틀린 것은?
① 배당금수익은 배당금을 받을 권리와 금액이 확정되는 시점에 인식한다.
② 건설용역 제공의 경우 진행기준을 적용하여 수익을 인식한다.
③ 위탁판매의 경우 수탁자가 위탁자산을 판매한 날 수익을 인식한다.
④ 임대료의 경우 임대료를 실제로 지급받는 날에 인식한다.

02. 다음 중 수익인식기준에 대한 설명으로 틀린 것은?
① 이자수익은 유효이자율법을 적용하여 수익을 인식한다.
② 상품권 판매의 경우 상품권을 판매하는 시점에 수익을 인식한다.
③ 위탁매출의 경우 수탁자가 위탁품을 제3자에게 판매하는 시점에 수익을 인식한다.
④ 배당금수익은 배당금을 받을 권리와 금액이 확정되는 시점에 인식한다.

03. 다음 중 수익인식기준에 대한 설명으로 틀린 것은?
① 위탁매출의 경우 수탁자가 위탁품을 판매한 날 수익을 인식한다.
② 상품권은 물품 등을 판매하면서 상품권이 회수되는 때에 매출을 인식한다.
③ 로열티 수익은 관련된 계약의 실질을 반영하여 발생기준에 따라 인식한다.
④ 수강료는 수강료가 결제되는 시점에 수익을 인식한다.

04. 다음 중 수익인식에 대한 내용으로 틀린 것은?

① 상품권 판매의 경우 재화가 인도되는 시점에 별도의 회계처리를 하지 않고 상품권 판매시점에 수익을 인식한다.

② 시용판매의 경우 구매자가 구입의사를 표시한 날 수익을 인식한다.

③ 위탁판매의 경우 수탁자가 위탁품을 소비자에게 판매한 날 수익을 인식한다.

④ 할부판매의 경우 장·단기 구분 없이 재화가 고객에게 인도되는 시점에 수익으로 인식한다.

05. ㈜주원은 상품권 판매 시 상품권 권면의 5%에 해당하는 금액을 할인하여 판매하고 있다. 다음의 상품권 관련 회계처리에 대한 설명 중 틀린 것은?

(차)	선수금	20,000,000원	(대)	매출	18,900,000원
				상품권할인액	1,000,000원
				현금	100,000원

① 상품 판매시점에 하는 회계처리다.

② 상품권할인액은 상품권 판매시 선수금의 차감계정으로 표시된다.

③ ㈜주원이 매출로 인식해야 할 금액은 19,000,000원이다.

④ 현금은 상품권 잔액을 환급하는 금액이다.

06. 수익인식에 대한 설명으로 옳지 않은 것은?

① 수익은 재화의 판매, 용역의 제공이나 자산의 사용에 대하여 받았거나 받을 대가의 공정가치로 측정한다.

② 판매대가가 재화의 판매, 용역의 제공이후 장기간에 걸쳐 유입되는 경우에는 그 공정가액이 미래에 받을 금액의 합계액보다 작을 수 있다.

③ 수익은 거래와 관련된 경제적 효익의 유입 가능성이 매우 높은 경우에만 인식한다.

④ 이미 수익으로 인식한 금액에 대해서 추후 회수가능성이 불확실해지는 경우에는 수익금액을 조정하여 불확실성을 반영하여야 한다.

07. 건설형 공사계약의 경우 당기공사수익은 공사계약금액에 공사진행률을 적용하고, 당기공사원가는 실제 발생원가를 인식하도록 하고 있다. 당기공사원가에 해당하는 항목과 거리가 먼 것은?

① 외주비

② 건설 현장 인력의 노무비

③ 이주대여비 관련 순이자비용

④ 장기적인 유휴생산설비의 감가상각비

08. 다음 중 건설형 공사계약의 공사수익과 비용의 인식에 관한 설명으로 틀린 것은?

① 진행기준을 적용하여 인식하는 당기공사수익은 당기 말 누적공사수익에서 전기 말까지 계상한 누적공사수익을 차감하여 산출한다.

② 원가기준에 의하여 진행률을 산정하는 경우 총공사예정원가를 적절히 추정하여야 한다.

③ 진행기준에 따른 공사수익을 인식하는 경우에는 공사원가도 진행률로 계산하여야 한다.

④ 진행기준 하에서 공사수익은 그 공사가 수행된 회계기간별로 인식한다.

09. 다음 중 용역제공에 대한 수익인식기준 적용에 대한 설명으로 틀린 것은?

① 용역제공거래의 성과를 신뢰성 있게 추정할 수 없고, 발생한 원가의 회수가능성이 낮은 경우에는 수익을 인식하지 않고 발생한 원가를 비용으로 인식한다.

② 보험계약기간에 추가 제공 용역이 필요하지 않다면 보험대리인이 받는 보험대리수수료는 보험의 개시일 또는 갱신일에 수익으로 인식한다.

③ 금융용역을 통한 대출중개수수료는 대출이 이루어진 시점에 수익으로 인식한다.

④ 단독 예술 공연에서 발생하는 입장료수익은 예매시점에 수익으로 인식한다.

10. 다음은 재화 판매에 대한 수익인식기준에 관한 설명이다. 이 중 틀린 것은?

① 인도한 재화의 결함에 대하여 정상적인 품질보증범위를 초과하여 책임을 지는 경우에는 판매시 수익을 인식하지 않는다.

② 판매대금의 회수가 구매자의 재판매에 의해 결정되는 경우에는 거래시 수익을 인식하지 않는다.

③ 설치조건부 판매에서 계약의 유의적인 부분을 차지하는 설치가 아직 완료되지 않은 경우에는 거래시 수익을 인식하지 않는다.

④ 판매한 제품에 대하여 유형, 품질, 조건, 가격이 같은 다른 제품으로 교환하는 것이 가능하게 판매한 경우에는 거래 시 수익을 인식하지 않는다.

11. 일반기업회계기준에 대한 다음의 설명 중 틀린 것은?

① 매출액은 기업의 주된 영업활동에서 발생한 제품, 상품, 용역 등의 총매출액에서 매출할인과 매출에누리를 차감한다. 그러나 매출환입은 차감하지 않는다.

② 매출액은 업종별이나 부문별로 구분하여 표시할 수 있으며, 반제품매출액, 부산물매출액, 작업폐물매출액, 수출액, 장기할부매출액 등이 중요한 경우에는 이를 구분하여 표시하거나 주석으로 기재한다.

③ 매출원가는 제품, 상품 등의 매출액에 대응되는 원가로서 판매된 제품이나 상품 등에 대한 제조원가 또는 매입원가이다.

④ 판매비와관리비는 제품, 상품, 용역 등의 판매활동과 기업의 관리활동에서 발생하는 비용으로서 매출원가에 속하지 아니하는 모든 영업비용을 포함한다.

12. 다음 중 건설형 공사계약에 관한 설명으로 틀린 것은?

① 공사수익은 수취하였거나 수취할 대가의 공정가치로 측정한다.

② 당기공사원가는 당기에 실제로 발생한 총공사비용에 공사손실충당부채전입액을 가산하고 공사손실충당부채환입액을 차감하며 다른 공사와 관련된 타계정대체액을 가감하여 산출한다.

③ 계약에 직접 관련이 되며 계약을 획득하기 위해 공사계약체결 전에 부담한 지출은 개별적으로 식별이 가능하며 신뢰성 있게 측정될 수 있고 계약의 체결가능성이 매우 높은 경우이더라도 공사원가에 포함될 수 없다.

④ 당기공사수익은 공사계약금액에 보고기간종료일 현재의 공사진행률을 적용하여 인식한 누적공사수익에서 전기말까지 계상한 누적공사수익을 차감하여 산출한다.

 주관식

01. 다음은 반품가능판매의 회계처리에 대한 설명이다. 올바른 설명을 모두 고르시오.

> 가. 판매 후 실제 반품시점에 반품으로 인한 손실금액이 관련 충당부채를 유의적으로 초과하는 경우 동 금액은 판매관리비로 회계처리한다.
>
> 나. 반품 관련하여 발생할 반품추정비용은 충당부채에 반영하여야 하고, 그 성격에 따라 매출원가 및 판매비와관리비로 회계처리한다.
>
> 다. 반품가능판매인 경우, 판매시점에 반품 예상 매출액과 매출원가를 각각 차감하고 매출총이익에 해당하는 금액은 충당부채로 설정한다.

02. ㈜발해의 20x1년 총매출액은 1,000,000원, 매출환입및에누리는 100,000원, 매출할인 20,000원, 기초재고는 400,000원, 총매입액은 600,000원, 매입환출및에누리는 50,000원이다. 매출총이익률이 15%일 때 ㈜발해의 20x1년 말 손익계산서상 매출원가는 얼마인가?

03. 다음은 ㈜용화의 장기할부판매 관련 자료이다. 이를 토대로 ㈜용화가 20x1년에 인식할 수익은 모두 얼마인가?

> • 20x1.1.1. 상품을 판매하고 대금은 20x1.12.31.부터 3년간 매년 말 2,000,000원씩 받기로 하였다.
> • ㈜용화의 유효이자율은 8%이다.
> • 유효이자율 8%의 3기간 연금 현가계수는 2.57710이다.

04. ㈜민우는 20x0년 1월 1일에 장부가액이 200,000원인 건물을 300,000원에 처분하고 처분대금은 3년 후인 20x2년 12월 31일에 수취하기로 하였다. 건물 처분대금의 명목금액과 현재가치의 차이는 중요하며, 건물 처분일 현재 유효이자율은 10%이다. ㈜민우가 유효이자율법에 따라 20x0년 말에 정상적으로 이자수익을 인식하였다면 20x1년 1월 1일 현재 장기미수금의 장부금액은 얼마인가? 단, 기간 3, 10%, 1원의 현가계수는 0.75131이다.

05. ㈜수경은 ㈜세종과 도급계약(20x1.5.1.~20x2.10.30.)을 체결하였다. 도급금액은 40,000,000원이며, 총공사예정원가는 25,000,000원이다. 20x1년 실제 투입된 공사비는 15,000,000원이라고 할 경우, ㈜세종이 20x1년에 인식할 공사수익은 얼마인가?

06. 다음은 ㈜채원의 도급공사내역이다. 도급금액은 2억원이고 총공사원가와 총공사예정원가가 동일한 경우, 20x1년 인식할 공사수익은 얼마인가?

공사기간	20x0년 공사이익	20x0년 실제공사원가
20x0.06.26~20x1.10.12	30,000,000원	50,000,000원

07. 20x1년 7월 1일 ㈜경구는 총계약금액이 50,000,000원인 건설공사를 수주하였다. 계약 당시 이 공사는 20x2년에 완공될 예정이었으며, 총공사예정원가는 30,000,000원으로 추정하였다. 20x1년 결산일에 인식한 공사수익이 30,000,000원이었다면 실제 투입된 공사비는 얼마인가?

08. 다음 ㈜대구의 도급공사 현황이다. 도급금액은 10,000,000원이며, 20x1년 1월 25일에 공사를 개시하여 20x2년 12월 31일에 완공하였다. ㈜대구가 20x2년에 인식할 공사이익은 얼마인가?

구 분	20x1년	20x2년	계
연도별 발생원가	3,000,000원	5,000,000원	8,000,000원
공사대금 수령액	4,000,000원	6,000,000원	10,000,000원

연/습/문/제 답안

🗝 객관식

1	2	3	4	5	6	7	8	9	10
④	②	④	①	③	④	④	③	④	④

11	12								
①	③								

[풀이 – 객관식]

01. 임대료는 **발생주의에 따라 임대수익을 인식**한다.

02. 상품권 판매의 경우 **상품권을 회수하고 재화를 인도하는 시점에 수익을 인식**한다.

03. **수강료는 진행기준으로 수익을 인식**한다.

04. 상품권 판매의 경우 상품권을 판매한 시점에는 상품권 선수금(부채)으로 계상하고, **상품권이 회수되고 재화가 인도되는 시점에 수익으로 인식**한다.

05. 상품 판매시점, 즉 소비자가 물품을 구매하고 상품권으로 결제하는 경우에 해당하며, 현금액은 상품권 액면가에서 잔액을 환급해 주는 금액이다. 매출로 인식하는 금액은 18,900,000원이다.

   상품권 발행 시에는 부채 계정인 선수금 계정으로 처리한 후, 소비자가 상품 또는 제품을 구매하고 상품권으로 결제하여 상품권이 상품 또는 제품과 교환되는 시점에 매출로 인식한다.

   상품권을 할인 발행하는 경우, 상품권 액면금액을 선수금으로 인식하고 **할인액은 선수금의 차감계정인 상품권할인액으로 처리** 후, **매출 시점에 선수금과 상품권할인액을 상계**한다.

06. 이미 수익으로 인식한 금액에 대해서 추후에 회수가능성이 불확실해지는 경우에는 수익금액을 조정하지 아니하고 **회수불가능하다고 추정되는 금액을 비용(대손상각비)으로 인식**한다.

07. **장기적인 유휴생산설비나 건설장비의 감가상각비는 공사원가에 반영할 수 없다.**

08. **공사원가는 공사가 수행된 회계기간의 비용으로 인식**한다.

09. 입장료수익은 예매 시점이 아닌 **행사가 개최되는 시점에 인식**한다.

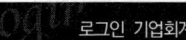

10. 미래의 반품금액을 신뢰성 있게 추정할 수 있다는 조건들이 모두 충족되지 않는 한 수익을 인식할 수 없다. 수익을 인식하는 경우에는 반품추정액을 수익에서 차감한다. 고객이 한 제품을 유형, 품질, 조건, 가격이 같은 다른 제품(예 : 색상이나 크기가 다른 제품)과 **교환하는 경우에는 반품으로 보지 않는다.**

11. 매출환입도 매출액에서 차감한다.

12. 공사원가는 계약체결일로부터 계약의 최종적 완료일까지의 기간 동안에 당해 공사에 귀속될 수 있는 원가를 포함한다. 그러나 계약에 직접 관련이 되며 **계약을 획득하기 위해 공사계약체결 전에 부담한 지출은, 개별적으로 식별이 가능하며 신뢰성 있게 측정될 수 있고 계약의 체결가능성이 매우 높은 경우에 공사원가의 일부로 포함**된다. 공사원가에 포함되는 공사계약전 지출은 경과적으로 선급공사원가로 계상하며, 당해 공사를 착수한 후 공사원가로 대체한다.

🔑 주관식

01	가,나,다	02	748,000원	03	5,566,536원
04	247,932원	05	24,000,000원	06	120,000,000원
07	18,000,000원	08	1,250,000원		

[풀이 - 주관식]

02. 순매출액 = 총매출액(1,000,000) – 매출환입및에누리(100,000) – 매출할인(20,000) = 880,000원
매출원가 = 순매출액(880,000) × [1 – 매출총이익률(15%)] = 748,000원

03. 상품매출 및 매출채권 = 년부(2,000,000) × 3년 연금현가계수(2.5771) = 5,154,200원
매출채권에 대한 이자수익 = 매출채권(5,154,000) × 유효이자율(8%) = 412,336원
수익 = 상품매출(5,154,200) + 이자수익(412,336) = 5,566,536원

04. x0년초 장기미수금 현재가치 = 명목가액(300,000) × 현가계수(0.75131) = 225,393원

구분	유효이자(10%)	표시이자(0%)	상각액	장부가액
20x0.01.01.				225,393
20x0.12.31. (20x1. 1. 1)	22,539	0	22,539	**247,932**

05. 공사진행률 = 공사비(15,000,000) ÷ 총공사예정원가(25,000,000) = 60%
공사수익 = 도급금액(40,000,000) × 공사진행률(60%) = 24,000,000원

06. 20x0년 공사수익 = 공사이익(30,000,000) + 공사원가(50,000,000) = 80,000,000원
20x1년 공사수익 = 도급금액(200,000,000) – 전기공사수익(80,000,000) = 120,000,000원

07. 20x1년 누적공사진행률 = 누적공사수익(30,000,000) ÷ 총공사수익(50,000,000) = 60%
실제투입공사비 = 총공사예정원가(30,000,000) × 진행률(60%) = 18,000,000원

08.

	20x1년	20x2년
누적공사원가(A)	3,000,0000	8,000,0000
총추정공사원가(B)	8,000,0000	8,000,0000
누적진행률(A/B)	37.5%	100%
총공사계약금액	10,000,000	
당기계약수익(C)	3,750,000	6,250,000
당기계약원가(D)	3,000,000	5,000,000
당기계약이익(C－D)	*750,000*	**1,250,000**

회계변경 및 오류수정

NCS회계 - 4   결산관리

제1절   회계변경의 의의

인정된 회계기준 ⇨ 인정된 회계기준으로 변경

회계변경이란 기업의 경제적 환경변화에 따라 과거에 채택하였던 **회계정책이나 회계적 추정치를 변경**하는 것을 말한다.

이러한 회계변경으로 인하여 회계정보의 **기간별비교가능성(일관성)을 훼손**할 수 있으므로 회계변경으로 인한 영향을 정보이용자들에게 충분히 공시할 필요가 있다.

따라서 회계변경을 하는 **기업은 반드시 정당성을 입증하여야 한다.** 즉 회사에게 책임을 지운 것은 회계변경의 남용을 방지하기 위함이다.

그러나 회계기준의 변경으로 인하여 회계변경시에는 기업이 변경의 정당성을 입증할 필요가 없으나, <u>세법의 개정으로 세법규정을 적용하여 회계변경시에는 이를 정당한 회계변경으로 보지 않는다.</u> 또한 이러한 회계변경과 오류수정사항은 주석에 공시하여야 한다.

〈정당한 사유〉

	정당한 사유	입증책임
비자발적	기업회계기준의 변경 **(세법의 변경은 정당한 사유가 아니다)**	–
자발적	1. 기업환경의 중대한 변화(예 : 합병) 2. 업계의 합리적인 관행 수요	회사

회계변경의 유형

1. 회계정책의 변경

정책의 변경이란 재무보고에 적용하던 회계정책을 다른 회계정책으로 바꾸는 것을 말한다. 즉 일반적으로 **인정된 회계기준(원칙)에서 다른 인정된 회계기준(원칙)으로 변경**하는 것을 말한다.

이는 여러 대체적 방법(기업회계기준에서 인정된)이 있을 때의 문제를 말한다.

> 1. **재고자산의 평가방법의 변경(선입선출법에서 평균법으로 변경)**
> 2. **유가증권의 취득단가 산정방법(총평균법에서 이동평균법으로 변경)**
> 3. **표시통화의 변경**
> 4. **유형자산의 평가모형(원가법에서 재평가모형으로 변경)**

2. 회계추정의 변경

추정의 변경이란 기업환경의 변화, 새로운 정보의 획득 또는 경험의 축적에 따라 지금까지 사용해오던 **회계적 추정치의 근거와 방법을 바꾸는 것**을 말한다.

회계추정은 발생주의 회계에 필연적으로 수반되는 과제이다. 추정은 불확실하고 불완전한 정보하에서 이루어지고 또한 주관적 판단이 개입된다.

> 1. **유형자산의 내용연수/잔존가치 변경 또는 감가상각방법 변경**
>   ☞ **중소기업회계기준에서 감가상각방법의 변경은 정책의 변경으로 본다.**
> 2. **채권의 대손설정률 변경**
> 3. **제품보증충당부채의 추정치 변경**
> 4. **재고자산의 순실현가능가액**

3. 회계변경으로 보지 않는 사례

> 1. **중요성의 판단에 따라 일반기업회계기준과 다르게 회계처리하던 항목들의 중요성이 커지게 되어 일반기업회계기준을 적용하는 경우(품질보증비용 : 지출시점비용에서 충당부채설정법을 적용시)**
> 2. **과거에는 발생한 경우가 없는 새로운 사건이나 거래에 대하여 회계정책을 선택/회계추정을 하는 경우**

제3절 회계변경의 회계처리

회계변경을 처리하는 방법으로는 이론적으로 **소급법, 당기일괄처리법, 전진법**이 있다.

1. 소급법

소급법이란 변경연도 기초시점에서 자산과 부채에 미친 **회계변경의 누적효과**를 계산하여 기초이익잉여금을 수정하고, 이와 관련된 자산과 부채를 소급적으로 수정하는 방법을 말한다.

여기서 **회계변경의 누적효과란 관련 자산·부채에 대하여 새로운 방법(변경된 방법)을 처음부터 적용했다고 가정할 경우 변경연도의 기초시점까지 계상될 장부금액과 종전방법에 의해 실제 장부금액과의 차액**을 말한다.

정액법(취득가액 50,000원, 기초감가상각누계액 10,000원)으로 감가상각을 하던 중 정률법(취득가액 50,000원, 기초감가상각누계액 15,000원)으로 회계추정의 변경시 누적효과는 유형자산의 장부가액 차이인 5,000원을 말한다.

소급법에서는 비교재무제표를 재작성해야 하므로 기간별 비교가능성을 확보할 수 있다.

〈누적효과〉

〈 B/S(기초) – 정액법〉

기계	50,000	
누계액	(10,000)	
	40,000	

⟹ 정률법으로 감가상각방법 변경

〈 B/S(기초) – 정률법〉

기계	50,000	
누계액	(15,000)	
	35,000	

누적효과 : △5,000원(35,000 – 40,000)

누적효과＝변경 후 방법에 의한 기초 이익잉여금 – 변경 전 방법에 의한 기초이익잉여금

2. 당기일괄처리법

당기일괄처리법은 변경연도의 기초시점에서 자산과 부채에 미친 누적효과를 계산하여 이를 **변경한 연도의 손익으로 보고 일괄적으로 관련 자산·부채를 수정하는 방법**이다. 이 방법은 비교재무제표를 작성할 필요가 없으므로 기간별 비교가능성을 저해한다.

3. 전진법

전진법은 **회계변경 누적효과를 계산하지 않고,** 또한 반영하지 않으며 과거연도의 재무제표도 재작성하지 않고, **회계변경 효과를 당기 및 그 후속기간에만 영향을 미치게 하는 방법**이다.

이러한 전진법은 과거 재무제표에 대한 신뢰성을 확보할 수 있으며 실무적으로 간편하다는 장점이 있다.

위의 예에서 각 방법에 의하여 회계처리를 해보면 다음과 같다.

	회계처리(누적효과에 대한 처리)			
소급법	(차) 이익잉여금(회계변경누적효과)	5,000원	(대) 감가상각누계액	5,000원
당기일괄처리법	(차) 회계변경누적효과(영·비)	5,000원	(대) 감가상각누계액	5,000원
전진법	-			

〈회계처리방법 요약〉

처리방법	소급법	당기일괄처리법	전진법
시제	과거	현재	미래
누적효과	**계산**		**계산안함**
	이월이익잉여금	**당기손익**	
전기재무제표	재작성	작성안함(주석공시)	해당없음
강조	비교가능성	-	신뢰성

4. 기업회계기준상 회계처리

1. 정책의 변경	원칙	**소급법**	
	예외	전진법(누적효과를 계산할 수 없는 경우)	
2. 추정의 변경	**전진법**		
3. 동시발생	1. 누적효과를 구분할 수 있는 경우	정책의 변경에 대하여 소급법 적용 후 추정의 변경에 대해서 전진법 적용	
	2. 구분할 수 없는 경우	전체에 대하여 전진법 적용	
4. 중소기업회계기준	**회계정책, 추정의 변경 모두 전진법으로 회계처리한다.**		

제4절   오류수정

잘못된 회계기준 ⇨ 인정된 회계기준으로 변경

---

1. 오류의 의의

오류란 경제적 사건이나 거래를 인식 또는 측정하는 과정에서 사실을 잘못 적용한 것을 말한다. 오류는 계산상의 착오, 회계기준의 잘못된 적용, 사실판단의 잘못이나 부정·과실 또는 사실의 누락 등으로 인해 발생한다.

2. 오류의 유형

(1) 당기순이익에 영향을 미치지 않는 오류

이는 계정과목 분류상의 오류로 재무상태표 또는 손익계산서에만 영향을 주는 오류로 분류할 수 있고, 이러한 오류는 수정분개를 통하여 올바른 계정으로 대체하면 된다.

(2) 당기순이익에 영향을 미치는 오류

① 자동조정오류

전기에 발생한 오류를 수정하지 않더라도, 오류의 반대작용으로 인하여 당기에 자동적으로 수정되는 오류를 말한다.

x1년 기말재고를 80,000원으로 오류로 계상한 경우 x2년 기말 재고자산을 정확하게 계상하면 매출원가는 x1년에 20,000원 과대되나, x2년에는 20,000원 과소되어 2개년에 걸쳐 오류로 인한 손익의 효과가 두 회계기간에 걸쳐 서로 상쇄되는 오류이다.

	정당		오류	
	x1년	x2년	x1년	x2년
기초재고	50,000	100,000	50,000	80,000
당기매입액	500,000	600,000	500,000	600,000
기말재고	100,000(정당)	150,000	80,000(오류)	150,000
매출원가	450,000	550,000	470,000	530,000
	1,000,000		1,000,000	

- 손익의 결산정리사항(선급비용, 선수수익, 미수수익, 미지급비용)
- 재고자산의 과대, 과소 계상
- 매출액과 매입액의 기간 구분 오류

② 비자동조정오류

비자동적오류란 2개의 회계연도가 지나도 자동적으로 조정되지 않은 오류이다. 이러한 오류는 재무상태표의 자산가액을 적정한 가액으로 수정하고 오류발견시까지의 손익의 차이를 손익계산서나 재무상태표에 반영하여야 한다.
- 자본적지출과 수익적지출의 구분 오류
- 감가상각비 과소(대) 계상

3. 오류의 회계처리

오류수정은 당기 손익계산서에 영업외손익(전기오류수정손익)으로 보고하는 데, 다만 **중대한 오류는 소급법으로 처리**한다.

여기서 중대한 오류라 함은 재무제표의 **신뢰성을 심각하게 손상할 수 있는 매우 중요한 오류**를 말한다.

	중대한 오류	중대하지 아니한 오류
회계처리	**소급법** (이월이익잉여금 – 전기오류수정손익)	**당기일괄처리법** (영업외손익 – 전기오류수정손익)
비교재무제표	재작성(주석공시)	해당없음(주석공시)
중소기업회계기준	당기에 발견한 전기 또는 그 이전 회계연도의 오류는 **당기에 영업외손익의 전기오류수정손익으로 회계처리**한다.	

연/습/문/제

 객관식

01. 다음 중 회계변경에 대한 설명으로 틀린 것은?

① 회계정책의 변경과 회계추정의 변경이 동시에 이루어지는 경우에는 회계정책 변경의 효과를 우선 적용한 후, 회계추정의 변경효과를 적용한다.

② 회계정책의 변경은 재무제표의 작성과 보고에 적용하던 회계정책을 변경하는 것을 말하며, 회계추정의 변경은 기존에 사용하던 회계적 추정치의 근거와 방법 등을 변경하는 것을 말한다.

③ 회계정책의 변경은 전진적으로 처리하여 그 효과를 당기와 당기이후의 기간에 반영한다.

④ 회계변경의 효과를 회계정책의 변경효과와 회계추정의 변경효과로 구분하기가 불가능한 경우에는 이를 회계추정의 변경으로 본다.

02. 다음 중 회계변경에 관한 설명으로 틀린 것은?

① 회계정책의 변경은 소급하여 적용하는 것이 원칙이다.

② 단순히 세법 규정을 따르기 위한 회계변경은 정당한 회계변경으로 보지 아니한다.

③ 회계정책의 변경을 반영한 재무제표가 더 신뢰성과 목적적합한 정보를 제공한다 하더라도 회계정책을 변경할 수 없다.

④ 회계추정의 변경효과는 전진적으로 처리하며 그 효과는 당기와 미래에 반영한다.

03. 다음 중 회계정책 및 회계추정에 관한 설명으로 틀린 것은?

① 변경된 새로운 회계정책은 소급하여 적용한다.

② 회계정책의 변경에 따른 누적효과를 합리적으로 결정하기 어려운 경우에는 회계변경을 전진적으로 처리하여 그 효과가 당기와 당기 이후의 기간에 반영되도록 한다.

③ 회계추정의 변경은 전진적으로 처리하여 그 효과를 당기와 당기 이후의 기간에 반영한다.

④ 회계변경의 속성상 그 효과를 회계정책의 변경효과와 회계추정의 변경효과로 구분하기가 불가능한 경우에는 이를 회계정책의 변경으로 본다.

04. 다음 중 회계추정의 변경에 해당하지 않는 것은?

① 차량운반구의 감가상각방법을 정액법에서 정률법으로 변경하였다.

② 재고자산 원가흐름의 가정을 총평균법에서 선입선출법으로 변경하였다.

③ 기계장치의 내용연수를 8년에서 10년으로 변경하였다.

④ 비품의 잔존가치를 50,000원에서 100,000원으로 변경하였다.

05. [중소기업회계기준] 다음은 중소기업회계기준의 회계정책, 회계추정의 변경과 오류 수정에 관한 설명이다. 틀린 것은?

① '회계정책의 변경'이란 재무제표의 작성에 적용하던 회계정책을 다른 회계정책으로 바꾸는 것을 말한다.

② '회계추정의 변경'이란 환경의 변화, 새로운 정보의 입수 또는 경험의 축적에 따라 회계적 추정치의 근거와 방법 등을 바꾸는 것을 말한다.

③ 변경된 새로운 회계정책은 소급하여 적용한다

④ 회계추정의 변경은 전진적으로 회계처리하여 그 효과는 당기와 그 이후의 회계연도에 반영한다.

06. 다음 중 오류수정에 대한 설명으로 틀린 것은?

① 오류수정은 전기 또는 그 이전의 재무제표에 포함된 회계적 오류를 당기에 발견하여 이를 수정하는 것을 말한다.

② 당기에 발견한 전기 또는 그 이전 기간의 중대하지 않은 오류는 당기 손익계산서에 영업외손익 중 전기오류수정손익으로 보고한다.

③ 전기 이전 기간에 발생한 중대한 오류의 수정은 자산, 부채 및 자본의 기초금액에 반영한다.

④ 비교재무제표를 작성하는 경우 중대한 오류의 영향을 받는 회계기간의 재무제표항목은 재작성하지 않는다.

07. ㈜연수는 기말 결산 시 다음과 같은 회계오류를 발견하였다. 다음 중 회계연도 말 유동자산과 자본을 모두 과대계상하게 되는 오류는 무엇인가?

① 기계장치에 대한 감가상각비 과소계상

② 기말 재고자산의 과대계상

③ 미지급비용의 과소계상

④ 매출채권에 대한 대손충당금 과대계상

08. ㈜주원은 20x0년 1월 1일 기계장치(내용연수 5년, 잔존가치 없음, 정액법, 월할상각)를 20,000,000원에 취득하여 사용하고 있다. ㈜주원은 20x2년 1월 1일 해당 기계장치의 잔존가치를 3,000,000원으로 변경하였다. 다음 설명 중 올바른 것은?

① 기계장치의 잔존가치의 변경은 회계정책의 변경에 해당한다.

② 20x2년도 기계 감가상각비는 3,000,000원이다.

③ 20x2년도 말, 기계장치 장부가액은 11,000,000원이다.

④ 20x2년도 감가상각누계액은 9,000,000원이다.

09. 다음의 회계변경 중 성격이 다른 것은?

① 매출채권 등에 대한 대손추정률의 변경 ② 재고자산의 진부화 여부에 대한 판단과 평가

③ 유가증권 취득단가 산정방법의 변경 ④ 감가상각방법의 변경

10. 다음 중 회계 추정의 변경이 아닌 것은?

① 매출채권의 성실예상률 변경

② 유형자산 및 무형자산의 감가상각방법, 경제적 내용연수 및 잔존가치의 변경

③ 제품보증충당부채의 추정치 변경

④ 유형자산 및 무형자산 측정기준을 원가모형에서 재평가모형으로 변경

11. ㈜트리온은 20x0년 기말 상품재고액이 50,000원 과대평가되었음을 20x1년 기말에 발견하였다. 재고자산의 오류수정을 반영하기 전 ㈜트리온의 20x1년도 손익계산서 관련 자료는 아래와 같다. 법인세효과를 고려하지 않는 경우 다음 중 ㈜트리온의 20x1년도 손익계산서에 대한 설명으로 올바른 것은?

20x1년	
기초상품재고액	200,000원
당기상품매입액	1,000,000원
기말상품재고액	400,000원
매출원가	800,000원
당기순이익	200,000원

① 수정후 매출원가는 750,000원이다.

② 수정후 기말상품재고액은 350,000원이다.

③ 수정후 당기순이익은 150,000원이다.

④ 수정후 기초상품재고액은 200,000원이다.

12. 다음 중 오류수정에 대한 설명으로 틀린 것은?

① 오류수정은 전기 또는 그 이전의 재무제표에 포함된 회계적 오류를 당기에 발견하여 이를 수정하는 것을 말한다.

② 중대한 오류를 수정한 경우에는 중대한 오류로 판단한 근거를 주석으로 기재한다.

③ 당기에 발견한 전기 또는 그 이전 기간의 오류는 기말 재무상태표에 기타포괄손익누계액 중 전기 오류수정손익으로 보고한다.

④ 비교재무제표를 작성하는 경우 중대한 오류의 영향을 받는 회계기간의 재무제표항목은 재작성한다.

13. [중소기업회계기준] 다음 중 중소기업회계기준에 따른 회계정책 및 회계추정의 변경과 오류수정에 관한 설명으로 틀린 것은?

① 회계정책의 변경효과는 일반기업회계기준과 달리 전진법으로 처리한다.

② 당기에 발견한 전기 또는 그 이전 회계연도의 오류는 중대한 오류 여부와 상관없이 당기에 영업외손익으로 처리한다.

③ 유형자산의 감가상각방법 변경은 일반기업회계기준과 동일하게 회계추정의 변경으로 분류한다.

④ 중소기업회계기준에서 변경을 요구하는 경우 회계정책을 변경할 수 있다.

14. [중소기업회계기준] 다음 중 중소기업회계기준에 따른 내용으로 틀린 것은?

① 장기할부매출의 경우 할부금회수기일이 도래한 날에 수익을 인식할 수 있다.

② 시장가격이 없는 채무증권은 장부금액과 만기금액에 차이가 있는 경우 이자수익을 인식하는 방법으로 정액법을 사용할 수 있다.

③ 1년 내에 완료되는 단기용역매출에 대하여 진행률을 적용하지 않고 용역제공을 완료한 날에 수익을 인식할 수 있다.

④ 일반적인 오류는 영업외손익으로 당기손익에 반영하고 중대한 오류는 이익잉여금에 반영한다.

📖 **주관식**

01. ㈜성진은 20x0년 1월 1일 기계장치를 2,000,000원에 취득하고, 내용연수 10년, 잔존가치는 200,000 원으로 예측하여 정액법으로 상각해왔다. ㈜성진은 20x2년 1월 1일에 이 기계장치의 상태를 조사한 후 총내용연수를 6년, 잔존가치는 없는 것으로 추정을 변경하였다. ㈜성진이 20x2년에 인식할 감가상각 비는 얼마인가?

02. ㈜세무는 20x0년 1월 초 운반용 차량운반구(취득원가 1,000,000원, 잔존가치 100,000원, 내용연수 5년, 정액법 상각)를 취득하였다. 20x2년 1월 초 300,000원을 지출하여 성능개선을 한 결과, 내용연수 가 3년 더 연장되었으며, 잔존가치는 40,000원으로 추정되었다. 20x2년 말 ㈜세무가 차량운반구에 대해 인식할 감가상각비는?

03. ㈜명인은 20x0년 1월 1일에 취득한 기계장치에 대해서 20x3년 1월 1일을 기준으로 다음과 같이 정당하게 회계추정을 변경하였다. 20x3년에 인식할 감가상각비는 얼마인가?

- 취득원가 : 2,000,000원
- 감가상각방법 : 정액법
- 내용연수 : 4년에서 5년으로 변경
- 잔존가치 : 200,000원에서 100,000원으로 변경

연/습/문/제 답안

🔑 객관식

1	2	3	4	5	6	7	8	9	10
③	③	④	②	③	④	②	②	③	④

11	12	13	14						
①	③	③	④						

[풀이 - 객관식]

01. **회계정책의 변경은 소급법을 적용**하고 **회계추정의 변경은 전진법을 적용**한다.

02. 회계정책의 변경을 반영한 재무제표가 더 신뢰성과 목적적합한 정보를 제공한다면 회계정책을 변경할 수 있다.

03. 회계변경의 속성상 그 효과를 **회계정책의 변경효과와 회계추정의 변경효과로 구분하기가 불가능한** 경우에는 이를 **회계추정의 변경**으로 본다.

04. 재고자산 원가흐름의 가정을 총평균법에서 선입선출법으로 변경한 것은 회계정책의 변경에 해당한다.

05. **중소기업의 회계정책 또는 회계추정의 변경은 전진적으로 회계처리**하여 그 효과가 당기와 그 이후의 회계연도에 반영되도록 한다.

06. 비교재무제표를 작성하는 경우 **중대한 오류의 영향을 받는 회계기간의 재무제표항목은 재작성**한다.

07. 자산과 이익(자본)은 비례관계이다. 자산이 과대되면 이익이 과대되고, 자산이 과소되면 이익이 과소된다. 기말재고자산이 과대계상되면 이익(자본)이 과대계상된다.

08. 기계장치의 **잔존가치 변경은 회계추정의 변경에 해당**한다.

x0년 감가상각비 = 20,000,000 ÷ 5년 = 4,000,000/년

x1.12.31 장부가액 = 취득가액(20,000,000) - 감가상각누계액(4,000,000 × 2년) = 12,000,000원

x2년 감가상각비 = [장부가액(12,000,000) - 잔존가치(3,000,000)] ÷ 잔여내용연수(3년)

         = 3,000,000/년②

x2년말 감가상각누계액 = 4,000,000 × 2년 + 3,000,000원 = 11,000,000원④

x2년말 장부가액 = 취득가액(20,000,000) - 감가상각누계액(11,000,000) = 9,000,000원③

09. 유가증권 취득단가 산정방법의 변경은 회계정책의 변경이고, 나머지는 회계추정의 변경이다.

10. 측정기준의 변경은 회계정책의 변경이다.

11. 수정후 당기순이익③ = 수정전(200,000) + 기초재고과대(50,000) = 250,000원

재고자산(수정후)

기초재고④	150,000	매출원가①	750,000
총매입액	1,000,000	기말재고②	400,000
계(판매가능재고)	1,150,000	계	1,150,000

12. 당기에 발견한 전기 또는 그 이전기간의 중대하지 아니한 오류는 당기 손익계산서에 영업외손익 중 전기오류수정손익으로 보고하고, **중대한 오류는 이월이익잉여금**의 전기오류수정손익으로 처리한다.

13. '회계정책의 변경'이란 재무제표의 작성에 적용하던 회계정책을 다른 회계정책으로 바꾸는 것을 말한다. 이 경우 회계정책의 변경에는 재고자산의 단위원가결정방법 변경과 **유형자산의 감가상각방법 변경(중소기업) 등**이 포함된다.

14. 당기에 발견한 전기 또는 그 이전 회계연도의 오류는 **당기에 영업외손익의 전기오류수정손익**으로 회계처리한다.

○━ 주관식

01	410,000원	02	150,000원	03	275,000원

[풀이 - 주관식]

01. x1년말 감가상각누계액 = [취득가액(2,000,000) - 잔존가치(200,000)] ÷ 10년 × 2년 = 360,000원

x2년초 장부가액 = 취득가액(2,000,000) - 감가상각누계액(360,000) = 1,640,000원

내용연수의 변경은 회계추정의 변경에 해당하므로 전진법으로 회계처리한다.

잔여내용연수 = 변경내용연수(6년) - 경과내용연수(2년) = 4년

x2년 감가상각비(정액법) = [장부가액(1,640,000) - 잔존가치(0)] ÷ 변경내용연수(4년) = 410,000원/년

02. 감가상각비(정액법) = [취득원가(1,000,000) - 잔존가치(100,000)] ÷ 5년 = 180,000원/년

20x1년말 감가상각누계액 = 180,000 × 2년 = 360,000원

20x1년말 장부가액 = 취득원가(1,000,000) - 감가상각누계액(360,000) = 640,000원

20x2년초 장부가액 = 장부가액(640,000) + 자본적 지출액(300,000) = 940,000원

20x2년초 잔여내용수 = 내용연수(5년) - 경과연수(2년) + 연장내용연수(3년) = 6년

20x2년 감가상각비 = [장부가액(940,000) - 잔존가치(40,000)] ÷ 잔여내용연수(6년) = 150,000원/년

03. x2년말 감가상각누계액 = [취득원가(2,000,000) - 잔존가치(200,000)]

× 경과연수(3)/내용연수(4) = 1,350,000원

x2년말 장부가액 = [취득원가(2,000,000) - 감가상각누계액(1,350,000) = 650,000원

x3년 감가상각비 = [장부가액(650,000) - 잔존가치(100,000)] ÷ 잔여내용연수(2) = 275,000원

결산 및 재무제표 외

제1절   결산의 절차

결산이란 회계연도 종료 후에 해당연도의 회계처리를 마감하여, 그 결과인 재무제표를 작성하는 일련의 절차를 말한다.

1. 예비절차	1. 수정전시산표의 작성 2. 결산수정분개 3. 수정후시산표의 작성
2. 본 절차	4. 계정의 마감
3. 결산보고서	5. 재무제표의 작성 **(제조원가명세서, 손익계산서, 이익잉여금처분계산서, 재무상태표순)**

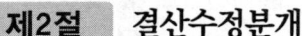

1. 결산수정분개의 유형

유 형	수 정 분 개 내 용	
1. 매출원가의 계산	재고자산실사 → 재고자산의 평가 → 매출원가의 계산 순으로 한다.	
2. 손익의 결산정리	이연	선급비용, 선수수익
	발생	미수수익, 미지급비용
3. 자산·부채의 평가	유가증권의 평가	유가증권의 장부가액을 결산일 공정가액으로 평가
	대손충당금 설정	채권에 대해서 회수가능가액으로 평가
	재고자산의 평가	감모와 재고자산의 가격하락을 반영
	퇴직급여충당부채 설정	당기 퇴직급여 비용 인식
	외화자산·부채의 평가	외화자산·부채에 대하여 기말 환율로 평가
4. 자산원가의 배분	유·무형자산의 취득원가를 합리적인 기간 동안 나누어 비용으로 인식하는 절차	
5. 유동성대체	비유동자산(비유동부채)의 만기가 1년 이내에 도래하는 경우 유동자산(유동부채)로 분류 변경하는 것	
6. 법인세비용	결산일에 당기의 법인세 비용을 정확하게 산출하여 비용으로 계상	
7. 기타	가지급금·가수금, 전도금 등의 미결산항목정리 등	

2. 계정과목별 결산수정분개

(1) 매출원가의 산정

> **상품매출원가 = 기초상품재고액 + 당기매입액 − 기말상품재고액**
> **제품매출원가 = 기초제품재고액 + 당기제품제조원가 − 기말제품재고액**

(2) 손익의 결산정리(손익의 발생, 손익의 이연)

(3) 자산의 평가

① 유가증권의 평가

유가증권 중 주식(상장주식)은 가격변동이 심하기 때문에 취득당시의 가격과 결산일 현재의 공정가액가 달라지게 된다. 이렇게 달라진 금액은 재무상태표와 손익계산서에 반드시 반영하여야 한다.

② 채권의 평가

결산일에 모든 채권에 대하여 회수가능성을 판단하고, 회수불가능하다고 판단하는 채권에 대하여 대손충당금을 설정하여야 한다.

대손충당금은 합리적이고 객관적인 기준(예를 들면 과거의 대손경험율)에 따라 계산하여야 한다.

또한 **매출채권**(외상매출금, 받을어음)의 대손상각비는 회사의 주된 영업과 관련되어 있으므로 **판매비와 관리비인 "대손상각비"**로 처리하고, **기타의 채권**(미수금, 대여금 등)은 회사의 주된 영업과 관련이 없으므로 **영업외비용인 "기타의 대손상각비"**로 회계처리한다.

③ 재고자산의 평가

먼저 기말재고실사를 통해서 재고자산의 감모수량을 파악한 후, 재고자산의 진부화, 부패, 파손 등으로 인하여 재고자산의 가치가 감소한 경우 기말 **순실현가능가액**으로 평가하여야 한다.

기업회계기준에서는 재고자산감모손실이 정상적으로 발생하는 경우에는 매출원가에 가산하고, 비정상적으로 발생하는 경우에는 영업외비용으로 회계처리한다.

④ 퇴직급여충당부채의 설정

회사는 부족한 퇴직급여충당부채를 당기 비용으로 인식하여야 한다.

⑤ 외화자산·부채의 평가

기업회계기준에서는 화폐성 외화자산·부채를 결산일 현재 환율을 적용하여 환산하고 그에 따른 차손익을 외화환산손익으로 인식하여야 한다.

여기서 화폐성자산에는 매출채권, 대여금 등이 있고, 화폐성부채에는 매입채무, 차입금 등이 있다.

(4) 자산원가의 배분

수익발생과는 명확한 인과관계를 알 수 없지만 일정기간(내용연수)동안 수익 창출활동에 기여할 것으로 판단되면 그 해당기간에 걸쳐 합리적이고 체계적인 방법으로 배분하여야 한다. 감가상각비와 무형자산상각비는 수익·비용 대응의 원칙에 따라 당기에 비용을 인식하는 것을 말한다.

제3절 장부마감

회계장부의 작성을 완료하기 위해서는 당해 연도에 기록된 총계정원장상의 모든 계정과목에 대해 차변금액과 대변금액을 일치시켜 장부를 마감한다.

손익계산서의 손익계정(수익과 비용)은 최종적으로 재무상태표의 이익잉여금계정에 그 결과를 대체하고 소멸하는 **임시계정이므로 회계연도가 끝나면 잔액을 "0"으로 만든다.** 반면에 재무상태표계정(자산, 부채, 자본)은 회계연도가 끝나더라도 계정잔액이 소멸하지 않고, **다음 회계기간에 이월되는 영구적 계정**이다.

제4절 재무제표작성

〈제조기업의 재무제표확정순서〉

제조원가명세서 → 손익계산서 → 이익잉여금처분계산서 → 재무상태표

제5절 현금흐름표

현금흐름표는 기업의 현금흐름을 나타내는 표로서 현금의 유입과 유출내용을 표시하는 보고서이다. 이러한 현금흐름표는 기업의 자금동원능력을 평가할 수 있는 자료를 제공해 준다.

1. 기업활동과 현금흐름

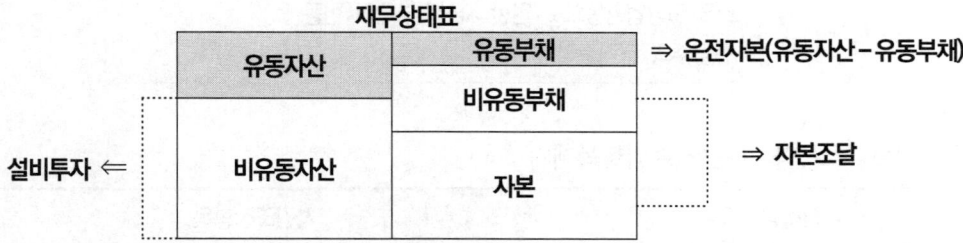

(1) 영업활동현금흐름

① 운전자본을 구성하는 **유동자산과 유동부채는 대부분 영업활동**과 관련된다.
② **이자지급과 이자수입 및 배당금수입은 영업활동현금흐름**이고 배당금지급은 재무활동 현금흐름으로 분류한다.
③ 단기매매목적으로 보유하는 자산에서 발생하는 흐름은 투자활동현금흐름이다.

(2) 투자활동현금흐름

① **비유동자산의 증감**을 가져오는 거래는 대부분 투자활동이다.
② 장기매출채권과 이연법인세자산 등은 영업활동 관련 계정이다.

(3) 재무활동현금흐름

① **비유동부채나 자본을 증감**시키는 거래는 대부분 재무활동이다.
② 퇴직급여충당부채와 이연법인세부채 등은 영업활동 관련 계정이다.

2. 작성시 유의사항

현금의 유입과 유출내용에 대하여는 기중 증가 또는 감소를 상계하지 아니하고, 각각 **총액으로 기재**한다. 다만 예수금이나 대출금과 같이 거래가 빈번하여 총금액이 크고 단기간에 만기가 도래하는 현금의 유입과 유출항목은 **순증감액으로 기재할 수 있다.**

3. 직접법과 간접법(현금흐름표 작성방법 : 영업활동으로 인한 현금흐름)

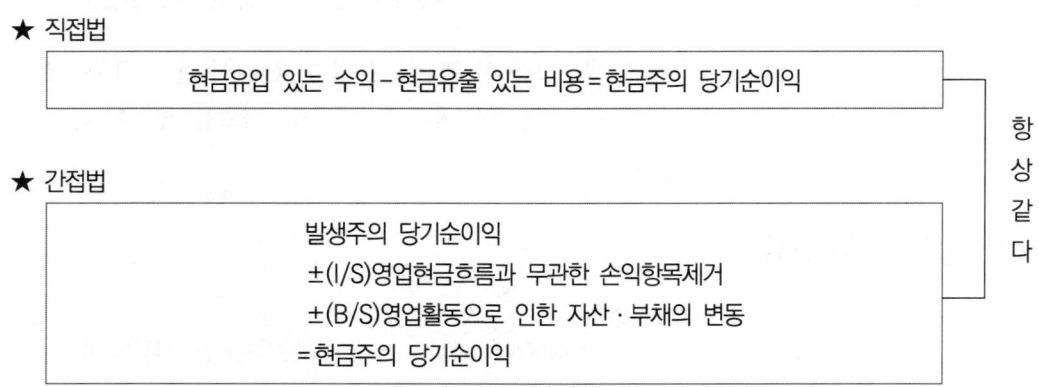

★ 직접법

현금유입 있는 수익 – 현금유출 있는 비용 = 현금주의 당기순이익

★ 간접법

발생주의 당기순이익
±(I/S)영업현금흐름과 무관한 손익항목제거
±(B/S)영업활동으로 인한 자산·부채의 변동
= 현금주의 당기순이익

항상 같다

±(I/S)영업현금흐름과 무관한 손익항목제거

가산조정항목	차감조정항목
(현금지출없는 비용)	**(현금유입없는 수익)**
• **감가상각비, 무형자산상각비** • 사채할인발행차금 상각액 • **유형자산처분손실 등**	• **유형자산처분이익** • **단기투자자산의 처분이익** • 사채상환이익

±(B/S)영업활동으로 인한 자산·부채의 변동

가산조정항목	차감조정항목
• 매출채권, 재고자산 감소 • 매입채무, 미지급비용 증가	• 매출채권, 재고자산 증가 • 매입채무, 미지급비용 감소

☞ 일반기업의 절대 다수는 간접법을 선호하고 있다. <u>만약 직접법으로 작성한 경우 당기순손익과 당기순손익에 가감할 항목에 관한 사항을 주석 공시하여야 한다.</u>

제6절 자본변동표

자본변동표는 일정시점 현재 자본의 크기와 **일정 기간 동안 변동된 자본의 증가 및 감소 내**
용을 보고하는 재무제표이다.

			자본변동표 제4기 20x1.01.01. ~20x1.12.31.			
구분	자본금	자본잉여금	자본조정	기타포괄손익 누계액	이익 잉여금	총계
20x1.1.1.	XXX	XXX	XXX	XXX	XXX	XXX
20x1년 자본의 변동	XXX –	XXX –	XXX –	XXX –	XXX	XXX
20x1.12.31	XXX	XXX	XXX	XXX	XXX	XXX

제7절 주당순이익

영업활동성과를 나타내는 것으로서 투자자들이 가장 빈번하게 이용하고 있는 투자지표이다.

$$\text{주당이익(EPS, Earnings Per Share)} = \frac{\text{보통주이익}}{\text{가중평균유통보통주식수}}$$

〈주당이익의 유용성과 한계〉

유용성	① **특정기업의 경영성과를 기간별로 비교시 유용하다.** ② 기업의 배당성향을 파악하는데 유용하다. ③ **주식투자 의사결정에 유용한 정보를 제공한다.** 주가수익율(PER, Price – Earning Ratio) = 주식가격/주당이익
한계	① 주당이익은 과거 경영성과이기 때문에 **미래 수익력 예측에 한계**가 있다. ② 주당이익이 기업의 규모에 따라 달라질 수 있기 때문에 기업 간 비교에는 한계가 있다.

제8절 보고기간 후 사건

보고기간 후 사건은 **보고기간말(결산일)**과 **재무제표가 사실상 확정된 날**(정기주주총회 제출용 재무제표가 이사회에서 최종 승인된 날을 말하며, 다만 주주총회에서 수정·승인된 경우에는 주주총회일을 말한다.)사이에 발생한 기업의 재무상태에 영향을 미치는 사건을 말하고, 이러한 보고기간 후 사건이 발생하면 관련 재무제표의 수정여부를 검토하여야 한다.

1. 수정을 요하는 보고기간 후 사건

(1) 인식

보고기간말 현재 존재하였던 상황에 대한 추가적 증거를 제공하는 사건으로서 재무제표상의 금액에 영향을 주는 사건은 그 영향으로서 재무제표를 수정한다.

(2) 수정을 요하는 보고기간후 사건의 예(**보고기간말 현재 존재**)

---

1. 자산의 가치가 하락되었음을 나타내는 정보를 보고기간 이후에 입수하는 경우
2. 손상차손금액의 수정을 요하는 정보를 보고기간 후에 입수하는 경우
3. 소송사건의 결과가 보고기간 후에 확정되는 경우
4. 자산의 취득원가 또는 매각한 자산의 금액을 보고기간 후에 결정하는 경우
5. 종업원에 대한 이익분배 또는 상여금지급 금액을 보고기간 후에 확정하는 경우
6. 전기 또는 그 이전 기간에 발생한 회계적 오류를 보고기간 후에 발견하는 경우

또한 보고기간 후에 기업의 청산이 확정되거나 청산 이외의 다른 현실적인 대안이 없다고 판단되는 경우에는 **계속기업의 전제에 기초하여 재무제표를 작성하여서는 아니된다.**

2. 수정을 요하지 않는 보고기간 후 사건

보고기간말 현재 존재하지 않았으나 보고기간 후에 발생한 상황에 대한 증거를 제공한 사건을 말하며, 그 사건에 대해서는 재무제표를 수정하지 않는다.
대표적인 예로 유가증권의 시장가격이 하락한 경우이다.

연/습/문/제

 객관식

01. 다음 중 영업이익의 변동에 영향을 주지 않는 계정과목으로 옳은 것을 모두 고른 것은?

가. 기말재고자산의 증가	나. 법인세비용	다. 자기주식처분손실	라. 감가상각비

① 가, 나   ② 나, 라

③ 나, 다   ④ 나, 다, 라

02. 현금흐름표에서 영업활동으로 인한 현금흐름에 해당하지 않는 것은?

① 이자수익의 현금 수령

② 현금매출

③ 대여금의 현금 회수

④ 법인세 등의 현금 지급

03. 다음 중 현금흐름표에 관한 설명으로 틀린 것은?

① 현금흐름표의 정보는 영업활동, 재무활동, 투자활동에 관한 현금흐름이다.

② 투자활동은 현금의 대여와 회수활동, 유가증권·투자자산·유형자산 및 무형자산의 취득과 처분활동 등을 말한다.

③ 재무활동은 현금의 차입 및 상환활동, 신주발행이나 배당금의 지급활동 등과 같이 부채 및 자본계정에 영향을 미치는 거래를 말한다.

④ 현금흐름표에서 현금이란 현금만을 의미하므로 현금성자산은 포함하지 않는다.

04. 다음은 현금흐름표에 관한 설명이다. 옳지 않은 것은?

① 영업활동으로 인한 현금흐름은 직접법 또는 간접법으로 표시한다.

② 영업활동으로 인한 현금의 유입에는 제품 등의 판매에 따른 현금유입과 기타 투자활동과 재무활동에 속하지 아니하는 거래에서 발생된 현금유입이 포함된다.

③ 거래가 빈번하여 총금액이 크고 단기간에 만기가 도래하는 경우에도 현금의 유입과 유출항목은 총액으로 표시하여야 한다.

④ 사채발행 또는 주식발행으로 인한 현금유입시에는 발행금액으로 표시한다.

05. ㈜백호는 20x1년 1월 1일에 기계장치를 100,000,000원에 구입하고 기계장치를 인도받았다. 기계장치 구입대금 중 10,000,000원은 20x1년 1월 1일 기계장치를 인도받은 즉시 현금으로 지급하였으며, 잔액은 20x1년 6월 30일에 지급하기로 하는 어음을 발행하였다. 이 거래와 관련하여 ㈜백호가 현금흐름표에 투자활동으로 보고해야 하는 금액은 얼마인가?

① 투자활동으로 인한 현금유입 10,000,000원

② 투자활동으로 인한 현금유출 10,000,000원

③ 투자활동으로 인한 현금유입 90,000,000원

④ 투자활동으로 인한 현금유출 100,000,000원

06. 당기순이익으로부터 간접법에 의하여 영업활동으로 인한 현금흐름을 구할 때 조정되는 항목이 아닌 것은?

① 기계장치 감가상각비

② 사채상환손실

③ 매출채권의 증가

④ 자기주식의 처분

07. 자본변동표는 자본의 크기와 그 변동에 관한 정보를 제공하는 재무제표에 해당한다. 다음 항목 중 자본변동표에 영향을 줄 수 없는 것은?

① 매도가능증권평가손익

② 당기순이익

③ 충당부채

④ 감자차손

08. 다음은 자본변동표 일부이다. (a), (b) 각각 들어갈 항목으로 바르게 짝지어진 것은?

			자본변동표			
			제4기 20x1.01.01. ~20x1.12.31.			
구분	자본금	자본잉여금	자본조정	기타포괄손익 누계액	이익잉여금	총계
20x1.1.1.	1,000,000원	–	–	–	250,000원	1,250,000원
(a)	500,000원	100,000원	–	–	–	600,000원
(b)	–	–	–	–	150,000원	150,000원
20x1.12.31	1,500,000원	100,000원	–	–	400,000원	2,000,000원

	(a)	(b)		(a)	(b)
①	유상증자	당기순이익	②	유상증자	현금배당
③	유상감자	당기순이익	④	무상증자	현금배당

09. 다음은 보고기간 후 사건에 관한 내용이다. 수정을 요하는 보고기간 후 사건에 해당되지 않는 것은?

① 보고기간말 현재 이미 자산의 가치가 하락되었음을 나타내는 정보를 보고기간말 이후에 입수하는 경우

② 전기 또는 그 이전기간에 발생한 회계적 오류를 보고기간 후에 발견하는 경우

③ 보고기간말 현재 지급하여야 할 의무가 있는 종업원에 대한 이익분배 또는 상여금지급 금액을 보고기간 후에 확정하는 경우

④ 유가증권의 시장가격이 보고기간말과 재무제표가 사실상 확정된 날 사이에 하락한 경우

10. 일반기업회계기준에서 보고기간후사건의 설명 중 틀린 것은?

① 보고기간후사건은 보고기간말과 재무제표 발행승인일 사이에 발생한 유리하거나 불리한 사건을 말한다.

② 보고기간 후에 지분상품보유자에 대해 배당을 선언한 경우, 그 배당금을 보고기간말의 부채로 인식하지 아니한다.

③ 경영진이 보고기간 후에, 기업을 청산하거나 경영활동을 중단할 의도를 가지고 있거나, 청산 또는 경영활동의 중단 외에 다른 현실적 대안이 없다고 판단하는 경우에도 계속기업의 기준 하에 재무제표를 작성하여야 한다.

④ 보고기간말에 존재하였던 상황에 대한 정보를 보고기간 후에 추가로 입수한 경우에는 그 정보를 반영하여 공시 내용을 수정한다.

11. 다음 중 주당이익의 유용성에 대한 설명으로 틀린 것은?

① 경영성과에 대한 보통주 1주당 측정치를 나타내며, 경영자의 성과를 판단하는데 유용한 정보를 제공한다.

② 기업의 주당순이익과 1주당 배당금 지급액을 비교해봄으로써 당기순이익 중 배당으로 사외로 유출되는 부분과 사내에 유보되는 부분의 상대적 비중을 알 수 있다.

③ 기업의 주가를 주당이익으로 나눈 주가수익률(PER)을 계산하여 주가 수준을 판단할 수 있다.

④ 주당이익은 미래에 발생할 것으로 예상되는 이익으로 계산되므로 기업의 미래 수익력과 관련된 의사결정에 유용하다.

12. 다음 중 수정을 요하는 보고기간후사건의 예로 틀린 것은?

① 보고기간말 이전에 존재했던 소송사건의 결과가 보고기간 후에 확정되는 경우

② 전기에 발생한 회계적 오류를 보고기간 후에 발견하는 경우

③ 보고기간말 현재 지급해야 할 의무가 있는 직원에 대한 성과상여금이 보고기간 후에 확정되는 경우

④ 보유 주식의 시장가격이 보고기간말과 재무제표가 사실상 확정된 날 사이 하락하는 경우

 **주관식**

01. 다음 중 현금흐름표의 영업활동으로 인한 현금흐름에 속하는 것을 고르시오.

> 가. 용역의 제공으로 인한 현금 유입
> 나. 지분상품 취득에 따른 현금 유출
> 다. 법인세 납부로 인한 현금 유출
> 라. 주식 발행에 따른 현금 유입
> 마. 종업원 복리후생비 지출에 따른 현금 유출

02. 다음 자료에 의한 당기 말 손익계산서상의 당기순이익은 얼마인가? 단, 당기 중 다음 자료 외의 자본변동은 없었다.

• 기말자산총액	6,000,000원	• 기초자산총액	3,000,000원
• 기말부채총액	4,000,000원	• 기초부채총액	2,000,000원
• 당기 중 배당금 지급액	500,000원		

03. 20x1년 12월 31일 결산일 현재 ㈜회계의 수정전 당기순이익은 30,000원이다. 결산을 수행하기 위하여 검토한 결과 다음의 수정사항이 확인되었다. 결산수정분개를 반영한 후의 당기순이익은 얼마인가?

- 당기 중 매입한 20,000원의 소모품 중 7,000원의 소모품이 사용되지 않고 창고에 남아있다. 소모품은 매입 시점에 모두 자산으로 인식한다.
- 당기 중 거래처의 제품 100,000원을 대신 판매하고 판매대행수수료를 제외한 금액을 지급하였으나 이에 대한 회계처리를 누락하였다. 판매대행수수료는 판매금액의 5%이다.

04. ㈜서울은 결산 마감 전 다음 사항을 발견하였다. 수정 전 당기순이익이 2,500,000원일 경우 수정 후 당기순이익은 얼마인가?

- 다음 해 임차료 선급분을 당기 비용으로 처리한 금액 150,000원
- 매입거래 중복입력으로 인한 재고자산 과대계상 400,000원
- 단순착오에 의한 감가상각비 과대계상 600,000원

05. ㈜케이의 수정후당기순이익이 1,800,000원이며, 결산 시 발견한 수정사항이 다음과 같을 때 수정전당기순이익은 얼마인가?

선수수익 150,000원과 미지급비용 230,000원에 대한 회계처리 누락

06. 다음은 ㈜주원의 현금흐름표 일부이다. 20x1년도 기말 현금액 (가)는 몇 원인가?

현 금 흐 름 표

제4기 20x1.01.01. ~ 20x1.12.31.
제3기 20x0.01.01. ~ 20x0.12.31.

과목	당기	전기
Ⅰ. 영업활동으로 인한 현금흐름	6,000,000원	7,000,000원
Ⅱ. 투자활동으로 인한 현금흐름	500,000원	2,000,000원
Ⅲ. 재무활동으로 인한 현금흐름	1,500,000원	4,000,000원
Ⅳ.현금의 증가	8,000,000원	13,000,000원
Ⅴ. 기초의 현금	( )	3,000,000원
Ⅵ. 기말의 현금	(가)	16,000,000원

07. 다음 자료를 이용하여 당기순이익을 구하시오.

- 매출액 15,000,000원
- 단기매매증권평가이익 300,000원
- 매도가능증권평가이익 500,000원
- 임직원급여 1,200,000원
- 매출원가 10,000,000원
- 광고선전비 200,000원
- 자기주식처분손실 1,000,000원
- 접대비 200,000원

08. 수정후시산표의 각 계정 잔액이 다음과 같이 존재한다고 가정할 경우, 장부 마감 후 다음 회계연도로 이월되는 계정과목의 차변 합계액은 얼마인가?

- ㉠ 지급임차료 1,000원
- ㉡ 기계장치 30,000원
- ㉢ 매출원가 60,000원
- ㉣ 매출채권 35,000원
- ㉤ 단기차입금 43,000원
- ㉥ 매입채무 17,000원

09. ㈜충남의 20x1년 말 자본변동표는 다음과 같다. ㈜충남의 20x1년 손익계산서에 표시된 당기순이익은 얼마인가?

구분	납입자본	이익잉여금	자기주식	재평가잉여금	총계
20x1년 01월 01일	200,000원	250,000원		100,000원	550,000원
유상증자	100,000원				100,000원
현금배당		(50,000원)			(50,000원)
자기주식 취득			(50,000원)		(50,000원)
총포괄손익		200,000원		100,000원	300,000원
20x1년 12월 31일	300,000원	400,000원	(50,000원)	200,000원	850,000원

연/습/문/제 답안

🔑 객관식

1	2	3	4	5	6	7	8	9	10
③	③	④	③	②	④	③	①	④	③

11	12								
④	④								

[풀이 - 객관식]

01. 법인세비용은 법인세비용차감전순이익에서 차감하여 당기순이익으로 산출되며, 자기주식처분손실은 자본조정항목이다. 이들은 영업이익과 관련이 없다.

02. **대여금의 현금 회수는 투자활동으로 인한 현금흐름에 해당**한다.

03. **현금흐름표**에서 현금이라 함은 **현금및현금성자산을 말한다.**

04. 현금흐름표는 현금의 유입과 유출내용에 대하여는 기중 증가 또는 기중 감소를 상계하지 아니하고 각각 총액으로 표시한다. 다만, **거래가 빈번하여 총금액이 크고 단기간에 만기가 도래하는 현금의 유입과 유출항목은 순증감액으로 표시할 수 있다.**

05. 기계장치를 취득하고 **현금으로 지출한 금액만 투자활동으로 보고**한다. 기계장치 취득가액 중 어음을 발행한 90,000,000원은 재무활동으로 보고한다.

06. 기계장치 감가상각비와 사채상환손실은 당기순이익에 가산 조정하고, 매출채권의 증가는 차감 조정한다. **자기주식의 처분은 재무활동에서 반영**한다.

07. 자본변동표는 자본항목의 변동사항을 표시한다. **충당부채는 부채항목으로 자본변동표에 영향을 주지 않는다.** 매도가능증권평가손익, 감자차손은 자본조정항목이고, 당기순이익은 이익잉여금에 영향을 준다.

08. (a) 자본금과 자본잉여금이 기중 증가하였으므로, 유상증자에 해당한다.

(b) 이익잉여금이 기중 증가하는 것은 당기순이익이다.

09. **유가증권의 시장가격이 보고기간말과 재무제표가 사실상 확정된 날 사이에 하락한 것**은 수정을 요하지 않는 보고기간후사건의 예이다.

10. 보고기간 후에 기업의 청산이 확정되거나 청산 이외의 다른 현실적인 대안이 없다고 판단되는 경우에는 **계속기업의 전제에 기초하여 재무제표를 작성하여서는 아니된다.**

11. **주당이익은 과거의 수치(당기순이익과 주식수)로 계산**된다.

12. 유가증권의 시장가격이 보고기간말과 재무제표가 사실상 확정된 날 사이에 하락한 것은 수정을 요하지 않는 보고기간후사건의 예이다. 이 경우 **시장가격의 하락은 보고기간말 현재의 상황과 관련된 것이 아니라 보고기간말 후에 발생한 상황이 반영된 것**이다. 따라서 그 유가증권에 대해서 재무제표에 인식한 금액을 수정하지 아니한다.

🔑 주관식

01	가,다,마	02	1,500,000원	03	22,000원
04	2,850,000원	05	2,180,000원	06	24,000,000원
07	3,700,000원	08	65,000원	09	200,000원

[풀이 - 주관식]

01. • 영업활동으로 인한 현금 흐름 : 가, 다, 마
- 투자활동으로 인한 현금 흐름 : 나
- 재무활동으로 인한 현금 흐름 : 라

02. 기초자본 = 기초자산(3,000,000) - 기초부채(2,000,000) = 1,000,000원
기말자본 = 기말자산(6,000,000) - 기말부채(4,000,000) = 2,000,000원
자본증가(1,000,000) = 당기순이익(?) - 배당금지급(500,000)
∴ 당기순이익 = 1,500,000원

03. 수정후 당기순이익 = 수정전 당기순이익(30,000) - 소모품비(13,000) + 수수료 수익(5,000) = 22,000원

04. 수정후 당기순이익 = 수정전 당기순이익(2,500,000) + 선급비용 누락(150,000) - 재고자산 과대계상(400,000) + 감가상각비 과대계상(600,000) = 2,850,000원

05. 수정전 순이익(??) - 선수수익(150,000) - 미지급비용(230,000) = 수정후 순이익(1,800,000)
∴ 수정전 당기순이익 = 2,180,000원

06. 가 = 전기말 현금(16,000,000) + 당기 현금 증가(8,000,000) = 24,000,000원

07. 당기순이익 = 매출(15,000,000) - 매출원가(10,000,000) + 단기매매증권평가이익(300,000) - 광고선전비(200,000) - 임직원급여(1,200,000) - 접대비(200,000) = 3,700,000원

08. 이월되는 계정은 재무상태표 계정이고 차변으로 이월되는 계정은 자산계정이다.
이월되는 차변계정 = 기계장치(30,000) + 매출채권(35,000) = 65,000원

09. 이익잉여금 증감 = 기초(250,000) - 현금배당(50,000) + 총괄손익(200,000) = 200,000원(당기순이익)
☞ 당기순이익은 이익잉여금 계정으로 대체되는 금액이므로 **총포괄손익 중 이익잉여금 증가분에 해당**한다.

Part II

원가회계

원가의 기초개념

제1절   원가회계의 의의

1. 기본개념

제조기업 등이 제품에 대한 원가정보를 얻기 위하여 제품 또는 용역의 생산에 소비한 원가자료를 인식·측정하여 기록, 계산, 집계하는 회계시스템의 한 분야이다.

원가회계는, 제조 기업, 매매업, 금융업, 보험업, 창고업, 운송업 기타 서비스업 등 모든 업종에 적용할 수 있다.

즉, 원가회계란 외부보고를 위한 ① 재무제표의 작성(재무 회계측면) 및 ②경제적 실체의 내부정보이용자인 경영자에게 제품원가계산 및 관리적 의사결정에 유용한 각종 원가정보를 제공하기 위하여 기업실체의 생산활동 및 영업활동에 관련된 원가정보를 확인하고 집계하며 분류하여 전달하는 서비스 활동이다.

2. 원가회계의 목적

① 재무제표 작성에 필요한 원가정보의 제공
② 원가관리에 필요한 원가정보의 제공
③ 의사결정에 필요한 원가정보의 제공

3. 원가회계의 특징

① 재무제표의 작성에 필요한 원가를 집계하고 반영한다.

즉 손익계산서의 제품매출원가를 결정하기 위하여 제품생산에 소비된 원가를 집계하고, **재무상태표에 표시되는 재공품과 제품 등 재고자산의 가액을 결정**한다.

② 회사의 각 부문별 책임자(영업, 생산, 재무)들에게 원가관리에 필요한 원가자료를 제공 한다.

③ 회사의 **경영계획 및 통제, 의사결정에 필요한 원가 자료를 제공**한다.

④ 원가회계에서는 **여러 가지 목적에 다양한 원가가 사용**된다.

제2절 원가의 개념과 분류

1. 원가의 개념

원가란 재화나 용역을 얻기 위하여 희생된 경제적 가치의 소비액을 의미한다.

즉, 제조기업이 제품 및 용역을 생산하기 위하여 사용한 모든 원재료, 노동력, 생산설비, 각종 비용 등의 소비액을 말한다.

2. 원가의 분류

(1) 발생형태에 따른 분류(재료비, 노무비, 경비)

원가는 그 발생형태에 따라 재료비·노무비·경비로 분류한다.

이는 원가 중 가장 기본적인 것으로서 제조원가의 3요소라고도 한다.

① 재료비

제품제조를 위해 소비된 주요재료비, 보조재료비, 부분품 및 각종 소모품비를 모두 포함한다.

② 노무비

제품제조에 관련된 종업원의 임금, 급료, 각종 제수당 및 퇴직금 등 일체의 인건비를 포함한다.

③ 경비

위 ①, ② 이외에 제품제조와 관련하여 발생한 비용을 총칭하는 개념으로 감가상각비, 공장 임차료, 전력비, 수도광열비 등이 있다.

(2) 제품과의 관련성에 따른 분류(추적 가능성에 따른 분류)

① 직접비

특정제품의 제조에만 소비되어 특정제품에 직접 추적하여 부과할 수 있는 명확한 인과관계(원인과 결과)가 있는 원가로 직접재료비, 직접노무비, 직접경비가 있다.

② 간접비

여러 제품의 제조를 위하여 공통적으로 소비되어 특정제품과의 인과관계를 파악할 수 없는 원가로서 간접재료비, 간접노무비, 간접경비가 있다.

원가는 추적을 하면 제품과의 인과관계를 파악할 수 있는 게 대부분이나, 시간과 경제성을 고려하여 직접재료비와 직접노무비를 제외한 모든 원가를 간접비로 분류한다.

(3) 원가행태(모양)에 따른 분류(고정비 VS 변동비)

원가행태란 조업도수준이 변화함에 따라 총원가발생액이 일정한 형태로 변화할 때 그 변화형태를 말한다.

여기서 조업도란 기업의 경영활동수준을 말하며, 상황에 따라 생산량·판매량·직접노동시간·기계작업시간 등과 같은 여러 가지 지표에 의하여 측정될 수 있다.

① 변동비 (variable costs)

㉠ 순수변동비

변동비라 하면 순수변동비를 말하는데 순수변동비란 제품 제조수량 증감(조업도 등의 증감)에 따라 원가발생 총액이 비례적 일정하게 나타난다. 변동비에는 직접재료비 등이 있다.

단, **단위당 변동비는 생산량의 증감에 관계없이 일정**하다.

여기서 **단위당 변동비는 1개당 변동비(총변동비/조업도)**를 의미한다.

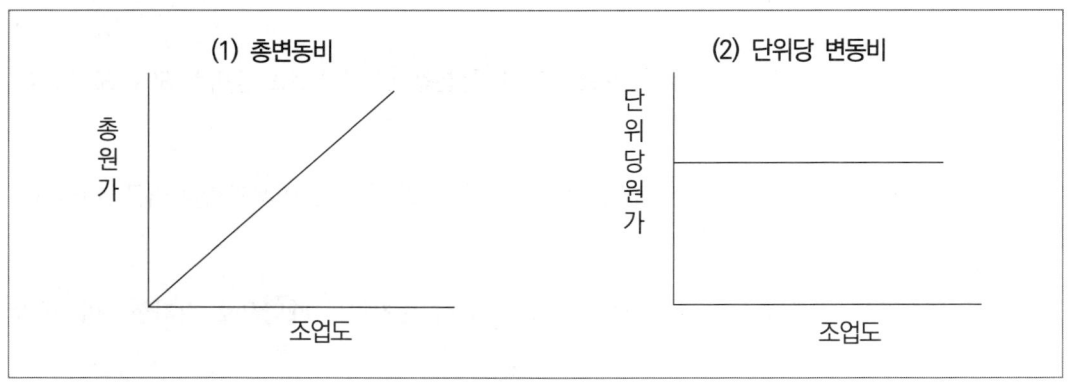

ⓛ 준변동비(혼합원가)

변동비와 고정비가 혼합된 원가를 말하는 것으로서 조업도의 변화와 관계없이 일정액의 고정비와 단위당 일정비율로 증가하는 변동비 두 부분으로 구성된 원가를 말한다. 준변동비에는 기본요금과 단위당 요금으로 산출되는 전기료, 전화요금 등이 있다.

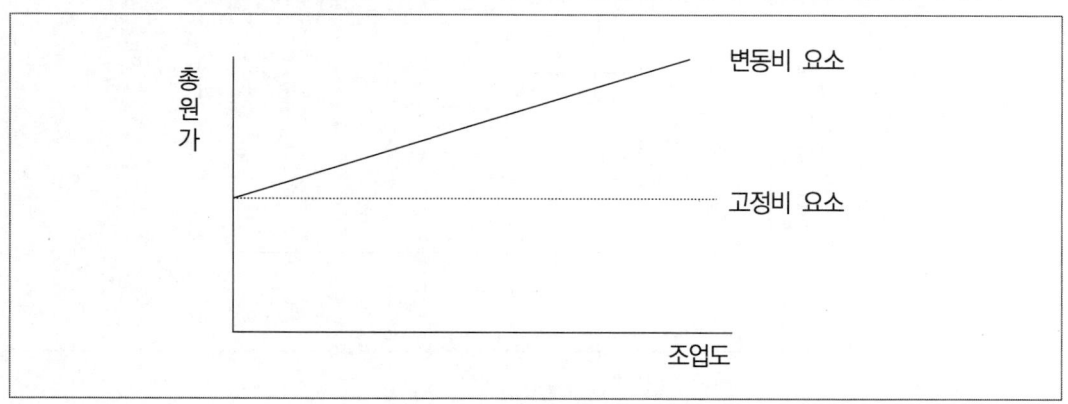

② 고정비 (fixed costs)

㉠ 순수고정비

고정비라 하면 순수고정비를 말하는데, 제품 제조수량의 증감(조업도 등의 증감)에 관계 없이 그 총액이 항상 일정하게 발생 하는 원가를 말한다.

고정비에는 감가상각비, 보험료, 임차료 등이 있다.

단, **단위당 고정비는 생산량의 증감에 반비례하여 감소한다.**

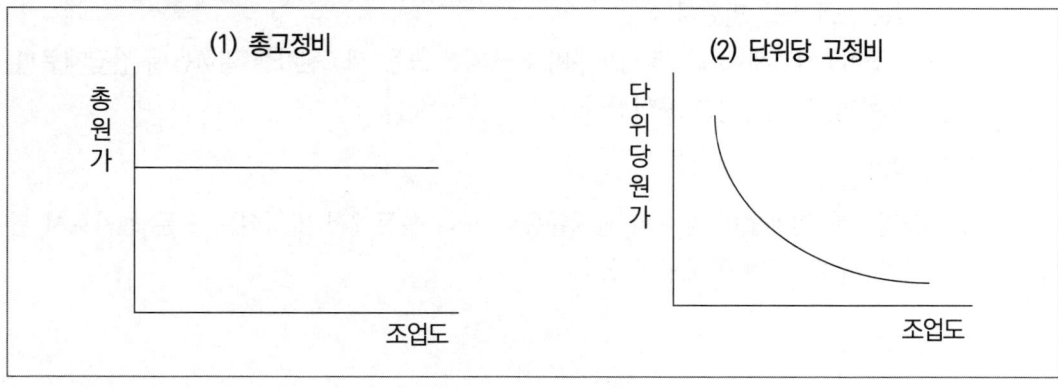

㉡ 준고정원가(계단원가)

특정 범위의 조업도 구간(관련범위)에서는 원가 발생액이 변동 없이 일정한 금액으로 고정되어 있으나, 조업도 수준이 그 관련범위를 벗어나면 일정액만큼 증가 또는 감소하는 원가를 말한다. 계단형의 원가형태를 지니므로 계단원가라고도 한다.

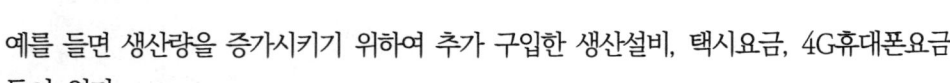

예를 들면 생산량을 증가시키기 위하여 추가 구입한 생산설비, 택시요금, 4G휴대폰요금 등이 있다.

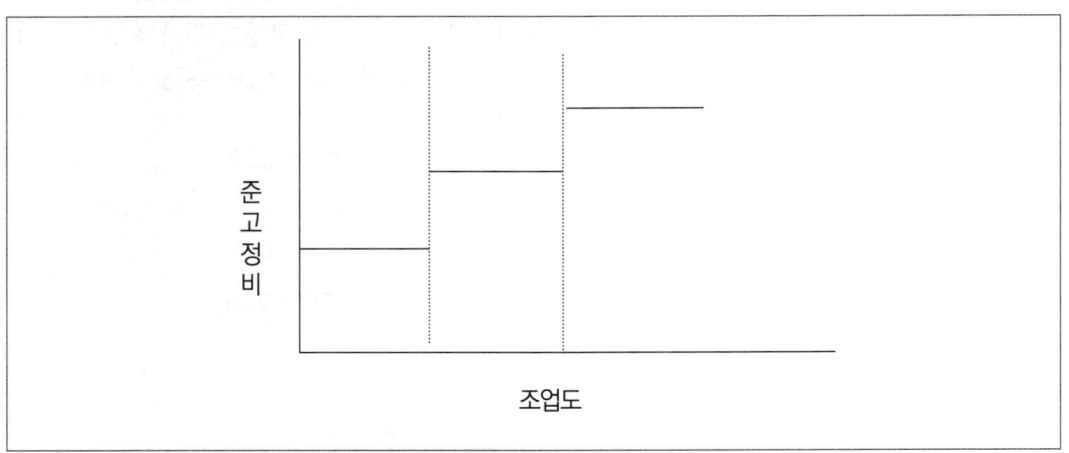

(4) 제조활동에 따른 분류(제조원가와 VS 비제조원가)

① 제조원가

제품의 제조활동과정에서 발생하는 원가를 제조원가라고 하는데, **직접재료비, 직접노무비, 제조간접비를 제조원가 3요소**라고 한다.

    ㉠ 직접재료비 : 원재료의 원가로서 특정제품에 직접적으로 쉽게 추적하여 부과할 수 있는 재료비를 말한다.

    ㉡ 직접노무비 : 제품 제조과정에서 투입된 노동력에 대한 대가 중 특정 제품에 직접 추적할 수 있는 노무비를 말한다.

    ㉢ 제조간접비 : 직접재료비와 직접노무비를 제외한 모든 제조원가를 말하는데 **간접재료비, 간접노무비, 간접경비**를 포함한다.

② 비제조원가

기업의 제조활동과 관계없이 제품의 판매활동과 관리 활동에서 발생되는 모든 원가로서 판매비와 관리비가 비제조원가에 해당한다.

<원가의 분류>

	발생형태에 따른 분류	추적가능성에 따른 분류	제조원가 3요소	원가행태에 따른 분류	제품이 김밥일 경우
제조원가	재료비	직접재료비	직접재료비	변동제조원가	김, 밥, 단무지, 시금치 등
		간접재료비	–		깨소금, 참기름 등
	노무비	직접노무비	직접노무비	변동제조원가	주방장 인건비
		간접노무비	–		주방보조 인건비
	제조경비	직접경비[1]	제조간접비[1]	변동제조원가	임차료, 감가상각비, 전기 요금, 가스요금 등
		간접경비		고정제조원가	
비제조원가	판매비와 관리비				

*1. 직접경비는 일반적으로 제조간접비에서 제외되는 것이 원칙이다.

■ 기본원가와 가공원가

제조원가중 직접재료비와 직접노무비를 기초원가(기본원가)라 하고 직접노무비와 제조간접 비를 가공원가라고 한다.

	제조원가 3요소 (총제조원가)	
기초원가 (기본원가)	직접재료비	
	직접노무비	가공원가(가공비)[1]
	제조간접비	

*1. 직접경비는 가공원가에 포함된다.

(5) 자산화 여부에 따른 분류(제품원가 VS 기간원가)

① 제품원가(재고가능원가)

제품을 생산할 때 재고자산에 배부되는 모든 원가를 제품원가라 한다.

제품원가는 일단 재고자산(제품)으로 계상되었다가 제품이 판매될 때 제품매출원가라는 비용계정으로 대체된다.

② 기간원가(재고불능원가)

제품생산과 관련 없는 원가를 기간원가라 하고, 기간원가는 항상 발생된 기간에 비용으로 처리한다. 판매비와 관리비가 기간원가에 속한다.

(6) 의사결정에 따른 분류

① 관련원가와 비관련원가

관련원가란 의사결정에 미치는 원가로서 여러 **대안 사이에 차이가 나는 미래원가**를 말한다. 이와 반대로 비관련원가는 의사결정에 영향을 미치지 않는 원가로서 여러 대안사이에 차이가 없는 원가를 말한다.

② 매몰원가

과거의 의사결정의 결과로 **이미 발생된 원가로서 현재의 의사결정에는 아무런 영향을 미치지 못하는 원가**로서, 비관련원가에 해당한다.

③ 기회비용

여러 가지 대안 중 의사결정시 어느 한 대안을 선택하면 다른 대안은 포기할 수밖에 없다면, 이때 **포기해야 하는 대안에서 얻을 수 있는 순현금유입액이 기회비용**이다.

<예제> 매몰원가 및 기회비용

㈜한강은 기계장치(취득가액 10,000,000원 감가상각누계액 2,000,000원)를 처분하려고 한다. 이 기계는 바로 5,000,000원에 외부에 판매할 수 있으나, 3,000,000원의 재작업 후 판매하면 10,000,000원을 받을 수 있다.

1. 의사결정에 영향을 미치지 못하는 매몰원가는 얼마인가?
2. 재작업 후 판매시 기회비용은 얼마인가?

해답

1. 매몰원가 : 8,000,000원

   기계를 취득 후 감가상각한 현재의 장부가액 8,000,000원은 현재의 의사결정에 영향을 미칠 수 없기 때문이다.
2. 재작업 후 판매 시 기회비용 : 5,000,000원

	대안(가) – 즉시 판매	대안(나) – 재작업후 판매
현금유입(A)	5,000,000	10,000,000
현금유출(B)	–	3,000,000
순현금유입액(A – B)	**5,000,000**	**7,000,000**
기회비용	대안(나)를 선택 시 대안(가)를 포기해야 하므로 기회비용은 대안(가)의 순현금유입액을 말한다.	

〈원가의 구성〉

				이익	
			판매비와관리비		
	간접재료비 간접노무비 간접경비	제조간접비	제조원가	총원가 (판매원가)	판매가격
직접재료비 직접노무비 직접경비	직접원가				

연/습/문/제

 객관식

01. 다음 중 원가회계의 목적이 아닌 것은?
① 매출액의 계산 및 이익처분의 정보를 제공한다.
② 제품원가계산을 위한 정보를 제공한다.
③ 경영계획수립과 통제를 위한 원가정보를 제공한다.
④ 예산통제 및 성과평가에 필요한 정보를 제공한다.

02. 다음 중 원가의 성격이 다른 것은?
① 생산직 직원의 급여
② 공장 기계장치의 감가상각비
③ 제품 판매를 위한 시설의 임차료
④ 공장건물의 보험료

03. 다음 중 변동원가에 해당하는 것이 아닌 것은?
① 생산직원에게 지급되는 직접노무원가
② 조업도의 변동에 따라 투입되는 소모품
③ 공장건물의 화재보험료
④ 공장의 전력비

04. 중식당을 운영하고 있는 김경구씨는 짜장면과 짬뽕을 만드는 데 들어가는 식용유의 원가를 직접재료원가로 분류할지 제조간접원가로 분류할지 고민 중이다. 두 메뉴 모두 재료를 볶는 과정에서 소량의 식용유가 소요된다. 다음 중 식용유 원가의 원가 분류와 관련하여 고려하지 않아도 되는 것은?
① 식용유 원가의 추적가능성
② 회계처리와 관련된 비용과 효익
③ 식용유의 원가가 총원가에서 차지하는 비중
④ 두 메뉴에 대한 고객의 선호도

05. 다음 중 직접원가 및 간접원가에 관한 설명으로 틀린 것은?

① 조업도의 변동에 따른 원가행태에 따라 변동원가와 고정원가로 분류된다.

② 실질적 또는 경제적으로 특정 제품 등에 직접 관련시킬 수 있는 원가를 정상원가라고 한다.

③ 발생한 원가를 원가대상별로 추적할 수 있는가에 따라서 직접원가와 간접원가로 분류된다.

④ 제품의 원가 계산시 간접원가는 인과관계 등 합리적인 기준에 따라 제품에 배분된다.

06. 다음 중 일정한 조업도의 범위 내에서는 원가 총액의 변화가 없으나 일정한 범위를 벗어나면 원가 총액이 급격히 달라지는 형태의 원가는?

① 변동원가   ② 결합원가

③ 계단원가   ④ 혼합원가

07. 다음 중 원가에 관한 설명으로 올바른 것은?

① 의사결정상황에서 하나의 대안을 선택한 결과 제거될 수 있는 원가를 회피가능원가라 한다.

② 특정대안을 선택함으로써 포기된 효익으로 의사결정시 반드시 고려해야 하는 원가를 매몰원가라 한다.

③ 과거에 이미 발생하여 현재 혹은 미래의 의사결정에 의하여 회피할 수 없는 원가를 기회원가라 한다.

④ 변동원가는 관련원가이고, 고정원가는 비관련원가이다.

08. 다음 중 원가에 관한 설명으로 틀린 것은?

① 매몰원가는 과거에 이미 발생하여 현재 혹은 미래의 의사결정에 의하여 회피할 수 없는 원가이다.

② 기회원가는 의사결정과정에서 특정대안을 선택함으로써 포기된 이익이나 효익을 말한다.

③ 의사결정상황에서 하나의 대안을 선택한 결과 제거될 수 있는 원가를 회피가능원가라 한다.

④ 관련원가는 대체안 간에 차이가 있는 과거원가로서 의사결정에 반드시 고려되어야 한다.

09. 다음 설명 중 올바른 것은?

① 직접재료비와 직접노무비의 합을 가공원가(전환원가)라 한다.

② 직접노무비와 제조간접비의 합을 기본원가(기초원가)라 한다.

③ 당기총제조원가는 기본원가(기초원가)와 가공원가(전환원가)의 합이다.

④ 직접재료비, 직접노무비, 제조간접비는 재고가능원가이다.

10. 다음 중 제품원가에서 주원가(기초원가)가 가공원가(전환원가)보다 작을 때 이에 대한 설명으로 옳은 것은?

① 직접재료비는 제조간접비보다 크다.

② 직접재료비는 직접노무비보다 작다.

③ 직접재료비는 제조간접비보다 작다.

④ 직접노무비는 제조간접비보다 크다.

11. 다음 자료를 이용하여 계산한 기본원가와 가공원가는 얼마인가?

• 직접재료원가 : 100,000원	• 직접노무원가 : 120,000원
• 제조간접원가 : 250,000원	

	기본원가	가공원가		기본원가	가공원가
①	100,000원	370,000원	②	220,000원	350,000원
③	220,000원	370,000원	④	350,000원	220,000원

 주관식

01. 다음은 관련 범위 내의 조업도에 따른 원가이다. 원가행태에 따른 분류를 적으시오.

생산량	200개	400개	600개
총원가	1,500,000원	1,500,000원	1,500,000원
단위원가	7,500원	3,750원	2,500원

02. 다음 설명 중 괄호 안에 들어갈 내용으로 올바른 것은?

㈜채원은 업무용 차량을 20x1년 1월 10,000,000원에 구입하여 사용해 왔으나, 20x1년 8월 태풍으로 인해 차량이 침수되었다. ㈜채원은 차량을 폐차할지 수리해서 사용할지 고민하고 있다. 이때, 차량구입액은 의사결정과 관계없는 (   )이다.

03. ㈜서울은 구형 모니터를 보유 중이다. 이 모니터의 구입원가는 500,000원이었다. ㈜서울의 경영진은 이 모니터를 200,000원에 판매할지 150,000원을 투입하여 수리한 후 400,000원에 판매할지를 고민하고 있다. 이 경우의 매몰원가는 얼마인가?

04. 다음은 ㈜채원이 2월 중 지출한 경비내역이다. 제조원가에 해당하는 항목은 몇 개인가?

• 공장건물 보험료	300,000원	• 생산직 급여	3,000,000원
• 본사 건물 수선유지비	400,000원	• 제품 온라인 홍보비	1,000,000원
• 영업부 회식비	300,000원	• 공장전력비	560,000원
• 공장 건물 감가상각비	2,200,000원	• 공장근로자 건강보험료	220,000원

05. 다음은 의류제조회사인 ㈜더원의 원가자료이다. 다음 중 제품원가계산 시 포함하지 않는 항목의 합계는 얼마인가?

• 공장소모품비	150,000원	• 본사 사옥 임차료	170,000원
• 영업부 직원 급여	700,000원	• 공장건물 화재보험료	200,000원
• 공장감독관의 급여	800,000원	• 기계수리공의 급여	500,000원
• 광고선전비	100,000원	• 회계부서 소모품비	50,000원

06. ㈜은아의 직접노무원가는 기본원가의 60%이고, 가공원가의 40%이다. 직접재료원가가 20,000원이라고 할 때 ㈜은아의 당기총제조원가는 얼마인가? (단, 기초 및 기말재고는 없다.)

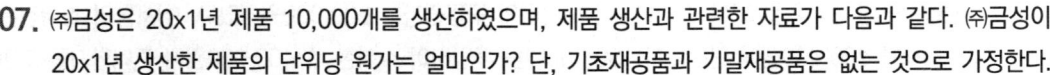

07. ㈜금성은 20x1년 제품 10,000개를 생산하였으며, 제품 생산과 관련한 자료가 다음과 같다. ㈜금성이 20x1년 생산한 제품의 단위당 원가는 얼마인가? 단, 기초재공품과 기말재공품은 없는 것으로 가정한다.

• 직접재료비	3,000,000원	• 본사 건물 임차료	1,000,000원
• 공장 임차료	1,200,000원	• 공장 난방비	1,000,000원
• 판매직원 급여	1,500,000원	• 영업용차량 유지비	700,000원
• 직접노무비	4,000,000원	• 간접재료비	300,000원

08. ㈜대한의 제조간접원가는 가공원가의 40%이다. 직접노무원가가 54,000원이고, 직접재료원가가 52,000원일 경우 ㈜대한의 제조간접원가는 얼마인가?

연/습/문/제 답안

🔑 객관식

1	2	3	4	5	6	7	8	9	10
①	③	③	④	②	③	①	④	④	③

11									
③									

[풀이 - 객관식]

01. 매출액의 계산 및 이익처분에 관한 정보는 재무회계의 목적이다.

02. 제품 판매를 위한 시설의 임차료는 비제조원가(판매비와관리비)이다.

03. **공장건물의 화재보험료**는 조업도의 변동과 무관한 **고정원가이다.**

04. 직접원가로 분류할지 여부를 결정할 때 두 메뉴에 대한 고객의 선호도는 고려할 필요가 없다.

05. 실질적 또는 경제적으로 **특정 제품 등에 직접 관련시킬 수 있는 원가를 직접원가**라고 한다.

06. 계단원가를 준고정원가라고도 한다.

07. ② 기회원가에 관한 설명이다.

　③ 매몰원가에 관한 설명이다.

　④ 원가행태를 가지고 단정적으로 관련원가 여부를 판단할 수 없다. 관련원가란 의사결정 대안 간에 차이를 발생시키는 미래원가를 의미하는데 변동원가도 비관련원가일수 있고 고정원가도 관련원가가 될 수 있다.

08. **관련원가는 대체안 간에 차이가 있는 미래원가**이다.

09. ① 가공원가(전환원가)란 직접노무비와 제조간접비의 합이다.

　② 기본원가(기초원가)란 직접재료비와 직접노무비의 합이다.

　③ 당기총제조원가는 당기에 발생한 직접재료비, 직접노무비, 제조간접비의 합이다.

10. 기초원가 = 직접재료비(X) + 직접노무비(Y), 가공원가 = 직접노무비(Y) + 제조간접비(Z)

　기초원가(X + Y) ⟨ 가공원가(Y + Z)일 경우

　∴ 직접재료비(X) ⟨ 제조간접비(Z)

11. 기본원가 = 직접재료원가(100,000) + 직접노무원가(120,000) = 220,000원

가공원가 = 직접노무원가(120,000) + 제조간접원가(250,000) = 370,000원

◑━ 주관식

1	(순수)고정원가	2	매몰원가	3	500,000원
4	5개	5	1,020,000원	6	95,000원
7	950원/단위	8	36,000원		

[풀이 - 주관식]

01. 조업도 변화에도 불구하고 총원가가 일정하고 생산량이 증가함에 따라 단위당 원가가 감소하는 원가 행태는 순수고정원가이다.

02. **과거의 이미 지출한 비용**으로 현재 또는 미래의 의사결정을 하더라도 회수할 수 없는 원가를 매몰원가라고 한다.

03. 매몰원가는 이미 발생하여 의사결정과 관련이 없는 원가이므로 **모니터의 구입원가(500,000)이 매몰원가**이다.

04. 제조원가 항목은 공장건물 보험료, 생산직 급여, 공장전력비, 공장건물 감가상각비, 공장근로자 건강보험료 총 5개이다.

05. 판관비 = 영업부 직원 급여(700,000) + 광고선전비(100,000) + 본사 사옥 임차료(170,000) + 회계부서 소모품비(50,000) = 1,020,000원

06. 직접노무원가 = 기본원가(직접재료원가 + 직접노무원가) × 60%

직접노무원가 × (1 - 60%) = 직접재료원가(20,000) × 60%   ∴직접노무원가 = 30,000원

가공원가 = 직접노무원가(30,000) ÷ 40% = 75,000원

당기총제조원가 = 직접재료원가(20,000) + 가공원가(75,000) = 95,000원

07. 제조간접비 = 공장 임차료(1,200,000) + 공장 난방비(1,000,000) + 간접재료비(300,000)

= 2,500,000원

당기총제조원가 = 직접재료비(3,000,000) + 직접노무비(4,000,000) + 제조간접비(2,500,000)

= 9,500,000원

단위당 원가 = 당기총제조원가(9,500,000) ÷ 생산량(10,000개) = 950원/단위

08. 제조간접원가 = 가공원가 × 40% = (직접노무원가 + 제조간접원가) × 40%

= 0.4 × 직접노무원가(54,000) + 0.4 × 제조간접원가

0.6 × 제조간접원가 = 21,600원

∴ 제조간접원가 = 21,600 ÷ 0.6 = 36,000원

제3절 원가의 흐름

1. 제조기업의 원가흐름

제조기업은 원재료, 노동력, 생산설비 및 기타 용역 등 생산요소를 외부에서 구입한 후 이를 투입하여 제품을 생산(제조활동)하고, 생산된 제품을 판매하여 이익을 창출하므로 제조 활동은 제조기업의 주요 활동이 된다.

제조원가란 제품을 제조하는 과정에서 발생하는 모든 원가를 의미하며, 직접재료원가, 직접노무비, 제조간접비로 구성되는데, 이는 재공품 계정에 집계되며 제품이 완성시 완성된 제품의 제조원가는 제품계정으로 대체된다.

〈제조기업의 원가흐름〉

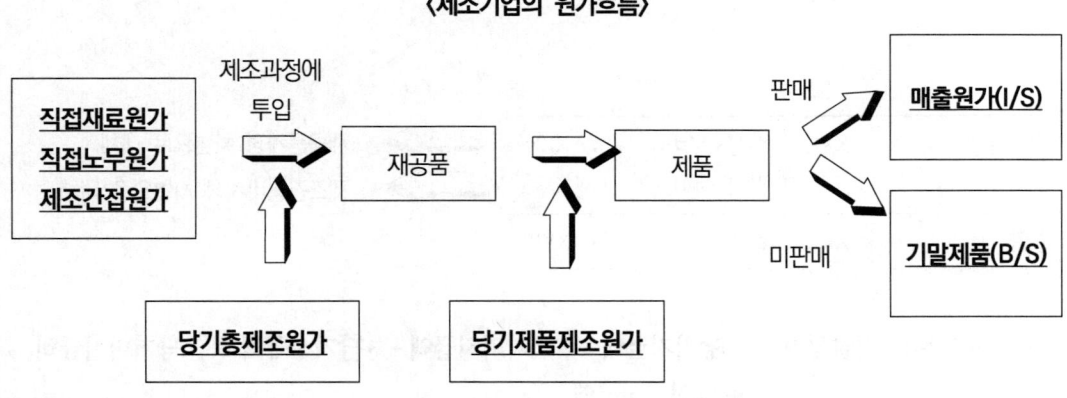

2. 당기총제조원가

당기 중에 발생된 모든 제조원가를 의미하는데, **직접재료비, 직접노무비, 제조간접비**를 말한다.

(1) 원재료계정

제품을 생산하기 위하여 투입된 재료의 원가를 재료비라고 하며, 추적가능성에 따라 직접재료비와 간접재료비로 구분된다.

원재료의 사용액 중 직접재료비는 재공품계정 차변으로 대체되고, 간접재료비는 제조간접비계정 차변으로 대체된다.

원재료

기초재고	XXX	사용(투입,소비)	
		– 직접재료비	XXX
		– 간접재료비	XXX
구입	XXX	기말재고	XXX
합계	XXX	합계	XXX

⟹ 재공품계정 차변으로 대체
⟹ 제조간접비계정 차변으로 대체
⟹ B/S상 원재료

(2) 노무비계정

제품을 생산하기 위하여 투입된 노동력의 대가를 노무비라고 하며, 추적가능성에 따라 직접노무비와 간접노무비로 구분된다.

직접노무비는 재공품계정 차변으로 대체되고, 간접노무비는 제조간접비계정 차변으로 대체된다.

노무비

당기발생액	XXX	직접노무비	XXX
		간접노무비	XXX
합계	XXX	합계	XXX

⟹ 재공품계정 차변으로 대체
⟹ 제조간접비계정 차변으로 대체

노무비(경비)당기발생액 = ①당기지급액 – ②전기미지급액 – ③당기선급액 + ④당기미지급액 + ⑤전기선급액

① 당기지급액	(차) 노 무 비(경비) XXX	(대) 현 금 XXX
	② 미지급비용(전기) XXX	
	③ 선급비용(당기) XXX	
당기발생미지급분	(차) 노 무 비(경비) XXX	(대) ④ 미지급비용(당기) XXX
전기선급분	(차) 노 무 비(경비) XXX	(대) ⑤ 선급비용(전기) XXX

(3) 제조간접비계정

직접재료비, 직접노무비 이외에 제품제조에 소비된 원가를 제조간접비라고 하는데, 간접재료비, 간접노무비, 간접경비가 제조간접비 계정에 집계된 후 기말에 재공품 계정 차변으로 대체된다.

제조간접비			
간접재료비	XXX	배부액	XXX
간접노무비	XXX		
간접경비	XXX		
합계	XXX	합계	XXX

→ 재공품계정 차변으로 대체

3. 재공품

재공품이란 제조과정이 완료되지 않고 아직 공정에 있는 상태의 재고자산을 말한다.

당기총제조원가가 재공품계정 차변에 투입되고 당기에 제품이 완성되었을 때에는 완성된 제품의 원가(당기제품제조원가)를 재공품계정의 대변에서 제품계정으로 대체된다.

당기총제조원가 = 직접재료비 + 직접노무비 + 제조간접비

재공품			
기초재공품	XXX	당기제품제조원가	XXX
직접재료비	XXX		
직접노무비	XXX		
제조간접비	XXX	기말재공품	XXX
합계	XXX	합계	XXX

→ 제품계정 차변으로 대체

→ B/S상의 재공품

당기제품제조원가 = 기초재공품원가 + 당기총제조원가 - 기말재공품원가

---

4. 제품

제품계정은 완성된 제품을 처리하는 계정이다.

제품이 완성되면 재공품계정의 당기제품제조원가를 제품계정 차변에 대체시키고, 제품이 판매되면 판매된 제품의 원가(매출원가)를 제품계정의 대변에서 매출원가계정의 차변으로 대체된다.

제 품

기초제품	XXX	매출원가	XXX
당기제품제조원가	XXX	기말제품	XXX
합계	XXX	합계	XXX

매출원가계정 차변으로 대체

B/S상의 제품

> **매출원가 = 기초제품재고액 + 당기제품제조원가 − 기말제품재고액**

5. 제조기업의 원가흐름 요약

1. 원재료

기초재고	XXX	직접재료비	XXX
구입	XXX	기말	XXX

2. 노무비

당기발생액	XXX	직접노무비	XXX

3. 제조간접비

간접재료비	XXX	배부액	XXX
간접노무비	XXX		
간접경비	XXX		

당기총제조원가   **당기제품제조원가**

4. 재공품

기초재고	XXX	제품	XXX
직접재료비	XXX		
직접노무비	XXX		
제조간접비	XXX	기말재고	XXX
계		계	

5. 제 품

기초재고	XXX	매출원가	XXX
제품	XXX	기말재고	XXX
계		계	

6. 제조기업의 회계처리 요약(참고)

1. 재료비	1. 원재료 구입	(차) 원 재 료	XXX	(대) 현 금 등	XXX
	2. 직접재료비 투입	(차) 재 공 품	XXX	(대) 원 재 료	XXX
2. 노무비	1. 직접노무비 발생	(차) 노 무 비	XXX	(대) 현 금 등	XXX
	2. 직접노무비의 재공품대체	(차) 재 공 품	XXX	(대) 노 무 비	XXX
3. 제조간접비	1. 제조간접비 집계	(차) 제조간접비	XXX	(대) 간접재료비외	XXX
	2. 제조간접비의 재공품대체	(차) 재 공 품	XXX	(대) 제조간접비	XXX
4. 재공품과 제품	1. 당기총제조원가 집계	(차) 재 공 품	XXX	(대) 원 재 료 노 무 비 제조간접비	XXX XXX XXX
	2. 제품의 완성	(차) 제 품	XXX	(대) 재 공 품	XXX
	3. 제품의 판매	(차) 매 출 원 가	XXX	(대) 제 품	XXX

7. 제조원가명세서

제조원가명세서는 제조기업의 당기제품제조원가 계산을 나타내는 명세서로서 **원재료계정과 재공품계정 변동사항**이 모두 표시되어 있다.

그러나 **제품계정의 변동사항은 손익계산서**에 표시된다.

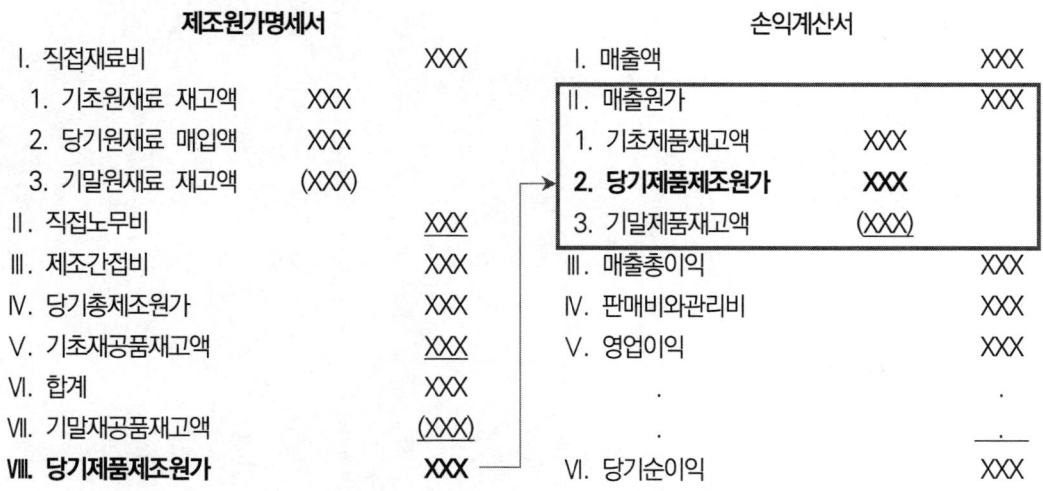

제조원가명세서			손익계산서		
I. 직접재료비		XXX	I. 매출액		XXX
1. 기초원재료 재고액	XXX		II. 매출원가		XXX
2. 당기원재료 매입액	XXX		1. 기초제품재고액	XXX	
3. 기말원재료 재고액	(XXX)		**2. 당기제품제조원가**	**XXX**	
II. 직접노무비		XXX	3. 기말제품재고액	(XXX)	
III. 제조간접비		XXX	III. 매출총이익		XXX
IV. 당기총제조원가		XXX	IV. 판매비와관리비		XXX
V. 기초재공품재고액		XXX	V. 영업이익		XXX
VI. 합계		XXX			.
VII. 기말재공품재고액		(XXX)			.
VIII. 당기제품제조원가		**XXX**	VI. 당기순이익		XXX

> **제조원가명세서(당기제품제조원가) : 원재료 + 재공품 T계정**
> **손익계산서(매출원가) : 제품 T계정**

| <예제> 원가의 흐름 |

㈜한강의 20×1년 회계자료가 다음과 같을 때 물음에 답하시오.

	기초재고	기말재고
원재료	100,000	150,000
재공품	150,000	100,000
제 품	100,000	120,000
원재료구입액	800,000	
직접노무비	350,000	
제조간접비	400,000	

1. 직접원가

2. 기초원가

3. 가공원가

4. 당기총제조원가

5. 당기제품제조원가

6. 매출원가를 구하시오.

해답

원재료

기초	100,000	**직접재료비**	**750,000**
구입	800,000	기말	150,000
계	900,000	계	900,000

1. 직접원가 = 직접재료비(750,000) + 직접노무비(350,000) = 1,100,000원
2. 기초원가 = 직접재료비(750,000) + 직접노무비(350,000) = 1,100,000원
3. 가공원가 = 직접노무비(350,000) + 제조간접비(400,000) = 750,000원
4. 당기총제조원가 = 직접재료비(750,000) + 직접노무비(350,000) + 제조간접비(400,000)

   = 기초원가(1,100,000) + 제조간접비(400,000)

   = 직접재료비(750,000) + 가공원가(750,000) = 1,500,000원

원재료

기초	100,000	**직접재료비**	**750,000**
구입	800,000	기말	150,000
계	900,000	계	900,000

재공품

기초재고	150,000	5.당기제품제조원가	1,550,000
직접재료비	**750,000**		
직접노무비	350,000		
제조간접비	400,000	기말재고	100,000
계	1,650,000	계	1,650,000

제 품

기초재고	100,000	6.매출원가	1,530,000
당기제품제조원가	1,550,000	기말재고	120,000
계	1,650,000	계	1,650,000

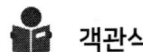 **객관식**

01. 다음 중 원가집계 계정 흐름의 순서로 올바른 것은?

① 재료비 – 재공품 – 제품 – 매출원가

② 재료비 – 재공품 – 매출원가 – 제품

③ 매출원가 – 제품 – 재공품 – 재료비

④ 재공품 – 재료비 – 제품 – 매출원가

02. 다음 중 제조원가의 흐름에 관한 설명으로 틀린 것은?

① 원재료는 제품을 생산하기 위해서 구입했으나 아직 생산공정에 투입되지 않은 재고자산을 의미하므로 원재료와 직접재료원가는 같은 의미가 아니다.

② 당기총제조원가는 기본원가와 가공원가의 합이다.

③ 간접재료원가와 간접노무원가는 제조간접원가에 포함된다.

④ 기초 및 기말제품재고가 없는 경우 매출원가는 당기제품제조원가와 같다.

03. 다음 중 제조원가명세서상에 표시될 수 없는 과목은?

① 직접노무비

② 기말재공품재고액

③ 기말제품재고액

④ 당기재료비구입액

04. 다음 중 제조원가명세서에 포함되지 않는 항목은?

① 기말원재료재고액

② 기말제품재고액

③ 당기제품제조원가

④ 기말재공품재고액

05. 다음 중 제조원가명세서와 재무제표에 관한 설명으로 틀린 것은?

① 기말제품재고가 증가하면 매출원가는 감소한다.

② 제조원가명세서 상의 당기총제조원가는 손익계산서의 매출원가계산의 구성항목에 해당한다.

③ 제조원가명세서 상의 기말재공품재고액은 재무상태표의 재공품 계정에 계상된다.

④ 손익계산서의 기말제품재고액은 재무상태표의 제품 계정에 계상된다.

06. 다음 중 제조원가명세서에 관한 설명으로 틀린 것은?

① 제조원가명세서는 당기제품제조원가를 구하는 과정을 나타내는 보고서이다.

② 손익계산서와 제조원가명세서상의 당기제품제조원가는 동일하다.

③ 손익계산서상의 매출원가에 대한 상세한 정보를 담는 보고서이다.

④ 제조원가명세서 항목에는 재무상태표상 재고자산으로 기록되는 원재료, 기말재공품 항목이 있다.

07. 다음 중 제조원가명세서와 재무제표에 관한 설명으로 옳지 않은 것은?

① 기말제품재고자산이 증가하면 당기순이익은 증가한다.

② 제조원가명세서상의 당기제품제조원가는 손익계산서의 매출원가계산의 구성항목에 해당한다.

③ 제조원가명세서상의 기말원재료재고액은 재무상태표의 원재료 계정에 계상된다.

④ 당기에 발생한 모든 제조원가를 당기제품제조원가라 한다.

08. ㈜주원의 원가회계 담당자는 당기 제품생산에 투입된 일용직 급여 일부를 판매관리비로 처리하였다. 담당자 실수로 인해 나타날 현상과 거리가 먼 것은?

① 판매관리비가 과소계상된다.

② 제품 단위당 원가가 과소계상된다.

③ 당기총제조원가가 과소계상된다.

④ 기말재공품원가가 과소계상된다.

09. 다음 중 손익계산서와 제조원가명세서에 관한 설명 중 올바른 것은?

① 제조원가명세서에는 매출원가에 관련된 정보를 확인할 수 있다.

② 직접재료원가＋직접노무원가＋제조간접원가＝당기제품제조원가 이다.

③ 매출액 - 매출원가＝영업이익 이다.

④ 기초제품재고자산＋당기제품제조원가 - 기말제품재고자산＝매출원가 이다.

10. 다음 중 제품원가에서 기본원가와 가공원가가 동일한 금액일 때, 이에 대한 설명으로 올바른 것은?

① 직접재료원가는 제조간접원가보다 크다.

② 직접재료원가는 직접노무원가보다 작다.

③ 직접재료원가와 제조간접원가는 같다.

④ 직접노무원가는 제조간접원가보다 크다.

11. 다음의 제조원가명세서에 대한 설명으로 틀린 것은?

제조원가명세서		
1. 직접재료비		1,300,000원
기초재료재고액	400,000원	
당기매입액	1,200,000원	
기말재료재고액	300,000원	
2. 직접노무비		(　　　　)
3. 제조간접비		2,400,000원
4. 당기총제조비용		4,700,000원
5. 기초재공품원가		(　　　　)
6. 합계		6,500,000원
7. 기말재공품원가		(　　　　)
8. 당기제품제조원가		5,500,000원

① 기말재공품원가는 1,000,000원이다.

② 기본원가는 2,300,000원이다.

③ 기초재공품원가는 1,800,000원이다.

④ 가공원가는 4,100,000원이다.

 주관식

01. 다음은 ㈜채원의 원가 자료이다. 당기분 원재료 매입액은 얼마인가?

• 기초원재료	100,000원	• 기말원재료	300,000원
• 당기 노무비	500,000원	• 당기 제조간접비	700,000원
• 당기총제조원가는 가공원가의 130%이다.			

02. ㈜발해는 7월 중 원재료 100,000원을 구입하였고, 직접노무원가 200,000원, 제조간접원가 300,000원이 발생하였다. ㈜발해의 7월 1일 현재 원재료 재고액은 60,000원, 7월 31일 현재 원재료 재고액은 20,000원이다. 7월의 총제조원가는 얼마인가?

03. 다음은 ㈜서울의 원가 관련 자료이다. 다음 자료를 이용하여 계산한 기말재공품은 얼마인가?

• 직접재료비 130,000원	• 직접노무비 10,000원
• 제조간접비 40,000원	• 기초재공품 20,000원
• 당기제품제조원가 170,000원	

04. 다음 자료에 의한 매출총이익은 얼마인가?

• 매출액	1,000,000원	• 기초재공품	500,000원
• 원재료 구입액	300,000원	• 기말재공품	400,000원
• 당기제품제조원가	500,000원	• 기초제품	100,000원
• 판매비와 관리비	400,000원	• 기말제품	200,000원
• 제조간접비	300,000원		

05. 다음 자료를 이용하여 당기제품제조원가를 구하면 얼마인가?

• 매출액 2,300,000원	• 기초재공품재고 80,000원	• 기말재공품재고 100,000원
• 매출에누리 100,000원	• 직접재료비 150,000원	• 기초제품 150,000원
• 매출총이익 1,500,000원	• 직접노무비 250,000원	• 기말제품 100,000원

06. 다음 자료를 활용하여 ㈜기업의 제조간접비를 계산하면 얼마인가? 단, ㈜기업은 당기에 사업을 개시하였으며 당기 원재료 매입액은 700,000원이고, 원재료 기말재고액은 100,000원이다.

• 기말재공품 : 당기총제조원가의 10%	• 당기 가공원가 : 560,000원
• 기말제품 : 150,000원	• 당기 기초원가 : 940,000원

07. 이벤트업을 영위하는 ㈜석원은 당월에 행사를 진행하고 용역수익 20,000원을 수령하였다. 해당 용역에 대하여 원가를 분석한 결과 직접재료원가는 10,000원이고, 제조간접비는 직접노무원가의 50%이다. 이 행사의 매출총이익률이 20%일 때, 제조간접비는 얼마인가?

08. ㈜세무의 20x1년 기초재고자산은 200,000원이며, 당기 매입액은 1,500,000원이다. 회사의 매출액은 1,875,000원인데 상품 원가에 25%를 가산하여 판매하고 있다. 당기 말 재고실사를 통해 파악한 창고에 보관 중인 기말재고자산은 130,000원으로 장부상 기말재고자산과 실제 기말재고자산의 차이는 직원의 상품 횡령으로 인한 것임이 밝혀졌다. ㈜세무의 직원이 횡령한 상품의 원가는 얼마인가?

09. ㈜행운은 모자를 제조하여 판매한다. 당기에 원재료를 72,500원에 구입하였고, 직접노무원가는 69,500원, 제조간접원가는 40,500원 발생하였다. 다음 자료에 의하여 당기제품제조원가를 구하면 얼마인가?

	기초	기말
원재료	30,000원	17,500원
재공품	37,500원	36,000원

10. 노트북을 생산, 판매하는 ㈜주원의 연간 조업도 및 원가내역은 다음과 같다. 20x1년에 노트북을 4,000 개 생산한다면 제품 단위당 원가는 얼마인가?

조업도	단위당 변동원가	고정제조원가
0개 ~ 2,000개	700원	3,000,000원
2,001개 ~ 5,000개	550원	6,000,000원
5,001개 ~ 10,000개	500원	7,000,000원

11. ㈜태평은 20x1년 중에 30,000단위의 제품을 판매하였으며, 제품 1단위를 생산하기 위해서는 7kg의 원재료가 소요된다. 기초재고와 기말재고수량이 다음과 같을 때 ㈜태평이 20x1년 중에 구입한 원재료 수량은 얼마인가? (기초, 기말 재공품 재고는 없다.)

구분	기초	기말
원재료	50,000kg	10,000kg
제품	15,000단위	25,000단위

12. 다음은 ㈜서울의 20x1년 7월 재고자산 관련 자료이다. 20x1년 7월의 직접재료 사용액은 300,000원, 매출원가는 2,000,000원이다. 가공원가가 직접노무원가의 500%라고 할 때, 20x1년 7월의 직접노무원 가는 얼마인가?

구분	20x1년 7월 1일	20x1년 7월 31일
직접재료	30,000원	40,000원
재공품	200,000원	300,000원
제품	150,000원	100,000원

연/습/문/제 답안

🔑 객관식

1	2	3	4	5	6	7	8	9	10
①	②	③	②	②	③	④	①	④	③

11									
④									

[풀이 - 객관식]

01. 재료비 - 재공품 - 제품 - 매출원가

02. 기본원가 = 직접재료원가 + 직접노무원가

가공원가 = 직접노무원가 + 제조간접원가

당기총제조원가 = 기본원가(직접재료원가 + 직접노무원가) + 제조간접원가

03. 04. 제조원가명세서는 원재료T계정과 재공품 T계정을 표시한 것이고, 손익계산서에는 제품T계정을 표시한다. 따라서 **기말제품재고액은 손익계산서에 나타난다.**

05. 제조원가명세서 상의 **당기제품제조원가는 손익계산서의 매출원가계산의 구성항목에 해당**한다.

06. 제조원가명세서에는 매출원가에 대한 정보를 담고 있지 않다.

07. 당기에 발생한 모든 제조원가를 당기총제조원가라 하며, **당기제품제조원가는 당기에 완성된 제품**의 원가를 말한다.

08. 제조원가 항목을 판매관리비로 처리하였으므로, 판매관리비는 과대계상되고, 제조 관련 원가는 과소계상된다.

09. ① 제조원가명세서는 당기총제조원가 및 당기제품제조원가에 관한 정보를 확인할 수 있다.

② 직접재료원가 + 직접노무원가 + 제조간접원가 = 당기총제조원가이다.

③ 매출액 - 매출원가 = 매출총이익 이다

10. 기본원가 = 직접재료비 + 직접노무비

가공원가 = 직접노무비 + 제조간접비

직접재료비 + 직접노무비 = 직접노무비 + 제조간접비 ∴ 직접재료비 = 제조간접비

11.

제조원가명세서		
1. 직접재료비		②1,300,000원
기초재료재고액	400,000원	
당기매입액	1,200,000원	
기말재료재고액	300,000원	
2. 직접노무비		②**(1,000,000)**
3. 제조간접비		2,400,000원
4. 당기총제조비용		4,700,000원
5. 기초재공품원가		③**(1,800,000)**
6. 합계		6,500,000원
7. 기말재공품원가		①**(1,000,000)**
8. 당기제품제조원가		5,500,000원

가공원가 = 당기총제조비용(4,700,000) − 직접재료비(1,300,000) = 3,400,000원

🔑 주관식

1	560,000원	2	640,000원	3	30,000원
4	600,000원	5	650,000원	6	220,000원
7	2,000원	8	70,000원	9	196,500원
10	2,050원/단위	11	240,000kg	12	350,000원

[풀이 - 주관식]

01. 당기총제조원가 = [노무비(500,000) + 제조간접비(700,000)] × 130% = 1,560,000원

    직접재료비 = 당기총제조원가(1,560,000) − 노무비(500,000) − 제조간접비(700,000) = 360,000원

원재료			
기초재고	100,000	직접재료비	360,000
구입	**560,000**	기말재고	300,000
계	660,000	계	660,000

02.

원재료			
기초재고	60,000	직접재료비	140,000
구입	100,000	기말재고	20,000
계	160,000	계	160,000

총제조원가 = 직접재료비(140,000) + 직접노무비(200,000) + 제조간접원가(300,000) = 640,000원

03.

재공품

기초재고	20,000	당기제품제조원가	170,000
직접재료비	130,000		
직접노무비	10,000		
제조간접비	40,000	*기말재고*	*30,000*
계	200,000	계	200,000

04. 매출총이익 = 매출액(1,000,000) – 매출원가(400,000) = 600,000원

제 품

기초재고	100,000	매출원가	400,000
당기제품제조원가	500,000	기말재고	200,000
계	600,000	계	600,000

05. 순매출액 = 총매출액(2,300,000) – 매출에누리(100,000) = 2,200,000원

매출원가 = 순매출액(2,200,000) – 매출총이익(1,500,000) = 700,000원

제 품

기초재고	150,000	매출원가	700,000
당기제품제조원가	*650,000*	기말재고	100,000
계	800,000	계	800,000

06.

원재료

기초재고	0	직접재료비	600,000
구입	700,000	기말재고	100,000
계	700,000	계	700,000

직접노무비 = 기초원가(940,000, = 직재 + 직노) – 직접재료비(600,000) = 340,000원

제조간접비 = 가공원가(560,000, = 직노 + 제간) – 직접노무비(340,000) = 220,000원

07. 매출원가 = 매출액 20,000원 × [1 – 매출총이익률 (20%)] = 16,000원

매출원가(16,000) = 직접재료원가(10,000) + 직접노무원가 + 제조간접비(= 직접노무원가 × 50%)

1.5 × 직접노무원가 = 6,000원   ∴ 직접노무원가 = 4,000원

제조간접비 = 직접노무원가(4,000) × 50% = 2,000원

08. 매출원가 = 매출액(1,875,000) ÷ (1 + 이익가산율 25%) = 1,500,000원

상 품

기초상품	200,000	매출원가	1,500,000
순매입액	1,500,000	*기말상품*	*200,000*
계	1,700,000	계	1,700,000

횡령상품의 원가 = 장부상 기말재고자산(200,000) – 실제 기말재고자산(130,000) = 70,000원

09. 당기총제조원가 = 직접재료비(85,000) + 직접노무원가(69,500) + 제조간접원가(40,500) = 195,000원

원재료				⇒	재공품			
기초	30,000	직접재료비	85,000		기초	37,500	*당기제품제조원가*	*196,500*
매입	72,500	기말	17,500		*당기총제조원가*	195,000	기말	36,000
계	102,500	계	102,500		계	232,500	계	232,500

10. 단위당원가(4,000개 생산) = 단위당 변동원가(550) + 고정제조원가(6,000,000) ÷ 4,000개

                   = 2,050원/단위

11.

제 품(생산량)			
기초재고	15,000	판매	30,000
생산	40,000	기말재고	25,000
계	55,000	계	55,000

• 원재료 당기투입량 : 제품 당기생산량 40,000단위 × 7kg = 280,000kg

원재료(수량)			
기초재고	50,000	투입량	280,000
구입량	*240,000*	기말재고	10,000
계	290,000	계	290,000

12.

재고자산(재공품+제품)			
기초재고(재공품+제품)	200,000 + 150,000	매출원가	2,000,000
당기총제조원가	2,050,000	기말재고(재공품+제품)	300,000 + 100,000
합 계	2,400,000	합 계	2,400,000

가공원가 = 당기총제조원가(2,050,000) - 직접재료원가(300,000) = 1,750,000원

가공원가(1,750,000) = 직접노무원가 × 5   ∴ 직접노무원가 = 350,000원

NCS회계 - 3　원가계산 – 원가배부/원가계산(4)

제1절　원가계산의 절차와 종류

1. 원가계산의 절차

원가계산이란 제품생산에 투입된 가치를 제품 단위당 배부, 계산, 집계하는 절차를 말한다.

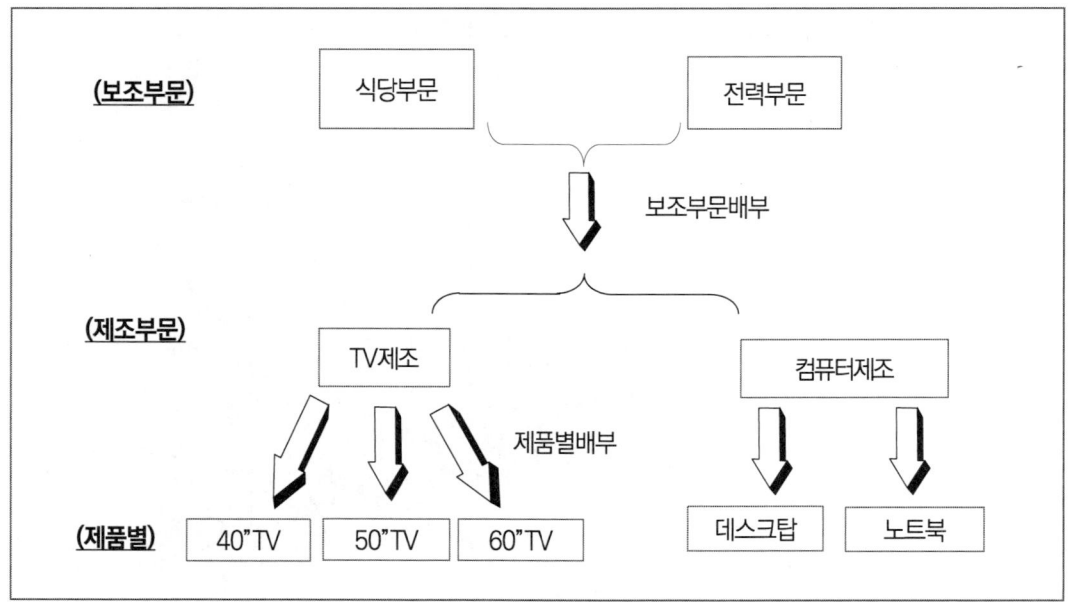

제조기업에서 제품제조원가는 최종적으로 제품별 원가(40"TV, 50"TV 등)을 산출하는 것이 목표이고, 공장 내에서 발생되는 모든 원가를 최종적으로 제품별로 집계하는 것이 원가계산이다. 즉 원가계산의 절차는 다음과 같다.

1단계 : 요소별 원가계산(전술한 바와 같이 직접재료비, 직접노무비, 제조간접비의 개별 계산을 의미한다)

2단계 : 부문별 원가계산

3단계 : 제품별 원가계산

2. 원가계산의 종류

① 원가측정에 따른 분류

제품원가계산시 실제 발생액으로 원가계산을 하느냐, 추정에 의한 원가계산을 하느냐에 따라 실제원가, 정상원가, 표준원가로 나뉜다.

	실제원가계산	정상(예정)원가계산	표준원가계산
직접재료비	실제원가	실제원가	표준원가
직접노무비	실제원가	실제원가	표준원가
제조간접비	**실제원가**	**예정배부액**	표준배부액

② 생산형태에 따른 분류

	개별원가계산	종합원가계산
생산형태	주문생산	대량연속생산

③ 원가계산범위에 따른 분류

		전부원가계산	변동원가계산
직접재료비		**제품원가**	**제품원가**
직접노무비			
제조간접비	변동제조간접비		
	고정제조간접비		**기간비용**

1. 원가부문과 원가배부

(1) 원가부문

일반적으로 원가부문은 원가요소를 분류·집계하는 계산상의 구분으로서 일반적으로 제조부문과 보조부문으로 구분한다.

① 제조부문 : 제품의 제조활동을 직접 수행하는 부문을 말한다.

② 보조부문 : 제조부문에 대하여 간접적으로 지원하는 부문을 말한다.

(2) 원가추적

직접원가를 특정원가 대상(제품, 제조부문, 보조부문 등)에 직접 부과하는 것을 말하고 만약 직접 부과하지 못하는 간접원가는 배부기준에 따라 부문별로 배분한다.

(3) 원가배부(원가배분)

원가집합(직접추적할 수 없는 간접원가들이 집계된 것)의 간접원가를 합리적인 배부기준에 따라 원가대상에 대응시키는 과정으로서 다음과 같은 배부기준이 있다.

① **인과관계기준**

원가발생이라는 결과를 야기시킨 원인에 따라 원가를 배분하는 것으로서 **가장 합리적인 배분방법**이다.

② 부담능력기준

발생된 간접비를 부담할 수 있는 능력(예 매출이나 이익이 많이 나는 부문)에 따라 원가를 배분하는 방법이다.

③ 수혜기준

원가대상이 경제적 효익을 받은 경우 제공받은 효익의 크기에 비례하여 원가를 배분하는 방법이다.

④ 기타 : 공정성과 형평성기준이 있으나 매우 포괄적이고 애매모호한 기준이다.

2. 부문별 원가계산

(1) 절차

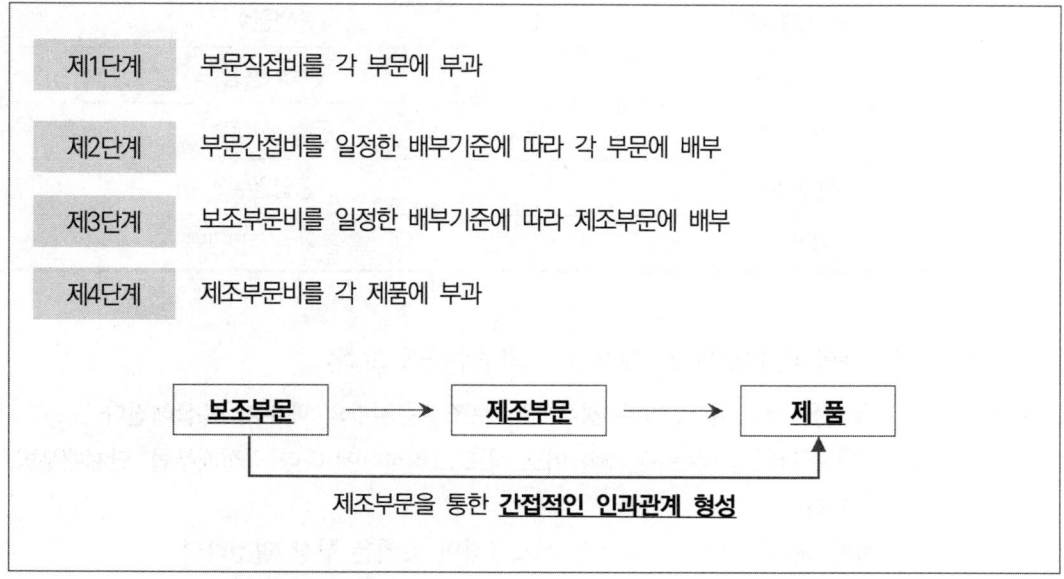

제1단계	부문직접비를 각 부문에 부과
제2단계	부문간접비를 일정한 배부기준에 따라 각 부문에 배부
제3단계	보조부문비를 일정한 배부기준에 따라 제조부문에 배부
제4단계	제조부문비를 각 제품에 부과

보조부문 ⟶ 제조부문 ⟶ 제 품

제조부문을 통한 **간접적인 인과관계 형성**

(2) 부문간접비(공통원가)의 배부기준

부문간접비는 여러 부문 또는 공장전체에 공통적으로 발생하기 때문에 합리적인 배부기준(인과관계)에 의하여 배부하여야 한다.

부문공통비	배부기준
건물감가상각비	**점유면적**
전력비	전력사용량
임차료, 재산세, 건물보험료	점유면적
수선유지비	수선작업시간

(3) 보조부문원가를 제조부문에 배분

부문간접비를 보조부문과 제조부문에 배부한 후에는 보조부문원가를 제조부문에 배부해야 한다.

① 보조부문원가의 배부기준 : 인과관계에 따라 제조부문에 배부

보조부문원가	배부기준
공장인사관리부문	종업원수
전력부문	전력사용량
용수부문	용수 소비량
식당부문	종업원수
구매부문	주문횟수/주문금액

② 보조부문원가의 배부방법(보조부문간 용역수수관계 고려)

보조부문간에 용역을 서로 주고 받은 경우에는 보조부문원가의 배부가 복잡해진다.

이러한 경우 보조부문간의 용역수수관계를 어느 정도 고려하냐에 따라 직접배부법, 단계배부법, 상호배부법으로 나눈다.

다만, **어느 방법에 의하든 배부 전·후의 제조간접비 총액은 항상 일정하다.**

　㉠ 직접배부법

　　보조부문간의 용역수수관계를 전혀 고려하지 않고 제조부문에 직접 배부하는 방법이다.

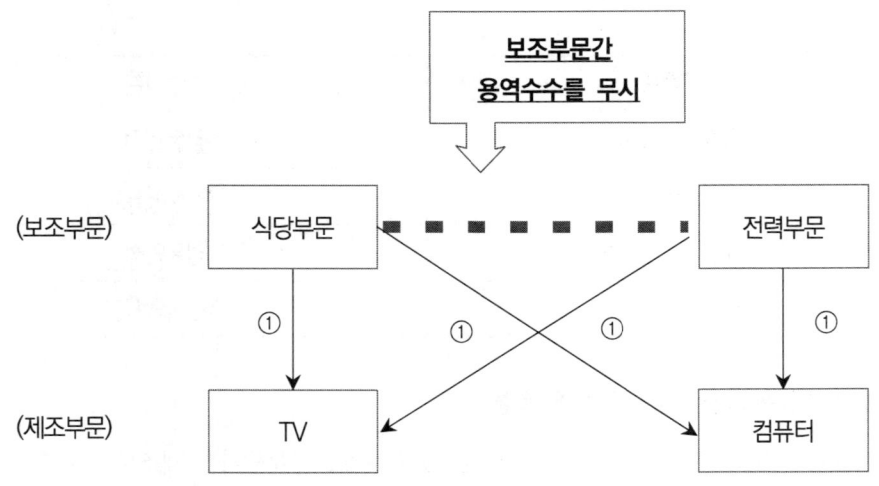

　㉡ 단계배부법

　　보조부문간의 배부순서를 정하고 단계적으로 다른 보조부문과 제조부문에 배부하는 방법이다.

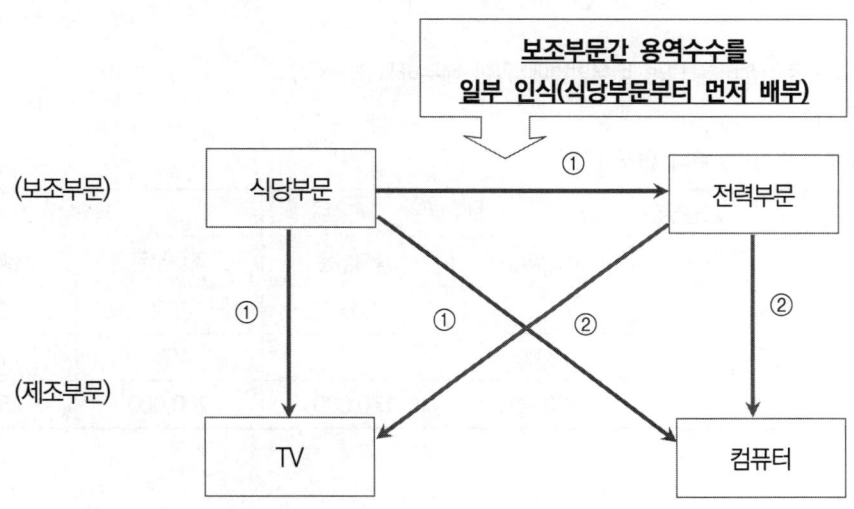

ⓒ 상호배부법

보조부문간의 **용역수수관계를 완전하게 고려하는 방법으로 가장 정확한 방법**이나 가장 복잡하다. 또한 용역수수관계를 전부 인식하므로 배부순서는 고려하지 않는다.

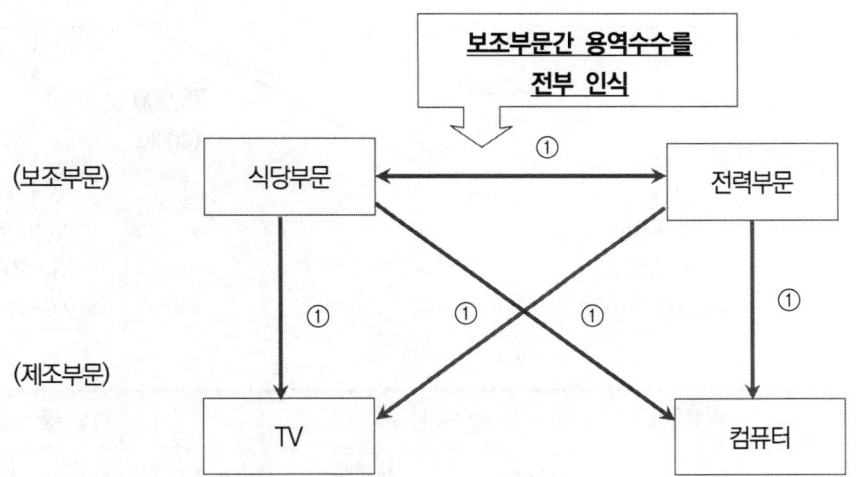

ⓔ **각 방법 비교**

구 분	직접배부법	단계배부법	상호배부법
보조부문간 용역수수관계	전혀 인식하지 않음	일부만 인식	전부인식
장점	간편	–	정확
단점	부정확	–	복잡

<예제> 직접배부법 및 단계배분법

보조부문의 제조간접비를 다음 배부방법에 의한 배부하시오.
1. 직접배부법
2. 단계배분법(수선부문부터 먼저 배분)

제공부문＼사용부문	보조부문		제조부문	
	수선부문	동력부문	조립부문	절단부문
수선부문		50%	20%	30%
동력부문	20%		40%	40%
제조간접비	100,000	150,000	200,000	250,000

해답

1. 직접배부법

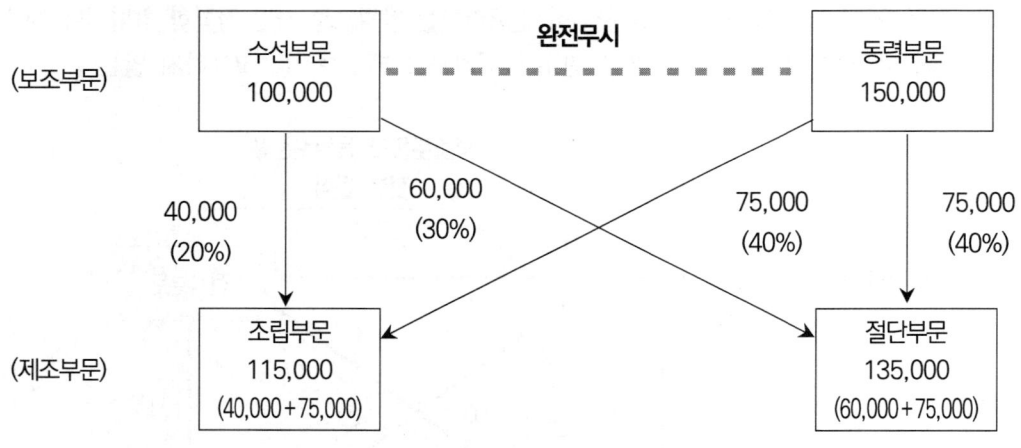

제공부문＼사용부문	보조부문		제조부문	
	수선부문	동력부문	조립부문	절단부문
배부전원가	100,000	150,000	200,000	250,000
수선부문(0 : 20% : 30%)	(100,000)	–	40,000*1	60,000*2
동력부문(0 : 40% : 40%)	–	(150,000)	75,000*3	75,000*4
배부후 원가	**–**	**–**	**315,000**	**385,000**

*1. 100,000 × 20%/[20% + 30%] = 40,000 *2. 100,000 − 40,000 = 60,000
*3. 150,000 × 40%/[40% + 40%] = 75,000 *4. 150,000 − 75,000 = 75,000

2. 단계배분법(수선부문부터 배분)

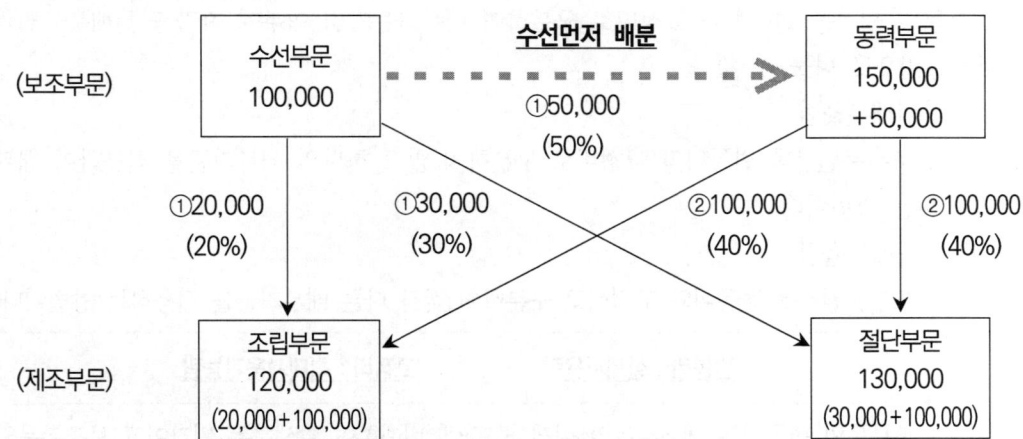

사용부문	보조부문		제조부문	
제공부문	수선부문	동력부문	조립부문	절단부문
배부전원가	100,000	150,000	200,000	250,000
수선부문(50% : 20% : 30%)	(100,000)	50,000[*1]	20,000[*2]	30,000[*3]
동력부문(0 : 40% : 40%)	–	(200,000)	100,000[*4]	100,000[*5]
배부후 원가	**–**	**–**	**320,000**	**380,000**

*1. 100,000 × 50%/100% = 50,000   *2. 100,000 × 20%/100% = 20,000

*3. 100,000 × 30%/100% = 30,000   *4. 200,000 × 40%/[40% + 40%] = 100,000

③ 보조부문원가의 배부방법(보조부문원가의 행태별 배부)

보조부문의 원가를 변동비와 고정비로 구분하여 배부하는가의 여부에 따라 단일배부율법과 이중배부율법으로 나눌 수 있다.

　㉠ 단일배부율법

　　보조부문원가를 변동비와 고정비로 구분하지 않고 하나의 배부기준을 적용하여 배부하는 방법이다.

　㉡ 이중배부율법

　　보조부문원가를 변동비와 고정비로 구분하여 각각 다른 배부기준을 적용하는 방법이다.

・변동비 : 실제사용량　　**・고정비 : 최대사용가능량**

　　보조부문의 변동비는 제조부문의 실제사용량에 비례하여 발생하는 원가이고 보조부문의 고정비(대부분 감가상각비)는 대부분 다른 부문이 최대로 용역을 사용할 경우를 대비하여 설비투자를 하므로 최대사용가능량을 기준으로 배부하는 것이 합리적이다.

④ 보조부문원가 배부방법(용역수수 고려)과 행태별 배부방법과의 관계

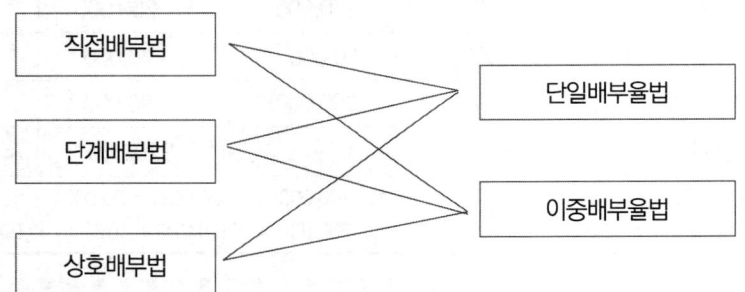

서로 결합하여 여섯 가지 방법이 있을 수 있다.

연/습/문/제

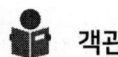 객관식

01. 다음 중 부문별 원가계산에 관한 설명으로 틀린 것은?
① 제품이 여러 제조과정을 거쳐 생산되는 기업에서 사용한다.
② 제조간접비를 발생한 장소별로 분류 집계한다.
③ 직접재료비를 보다 더 정확하게 배부하기 위하여 부문별 원가계산을 한다.
④ 소규모 기업보다는 상대적으로 규모가 큰 기업에서 적용한다.

02. 다음 중 원가배분의 기준으로 틀린 것은?
① 수혜기준   ② 인과관계기준
③ 부담능력기준   ④ 일괄분배기준

03. 다음은 원가배분에 관한 내용이다. 부문공통원가인 건물의 감가상각비의 배분기준으로 가장 합리적인 것은?
① 각 부문의 인원수   ② 각 부문의 작업시간
③ 각 부문의 면적   ④ 각 부문의 건물가액

04. 다음 중 공통부문원가를 배부하는 기준으로 올바르지 않게 연결한 것은?
① 건물감가상각비 : 건물 점유 면적
② 기계감가상각비 : 기계가 차지하는 면적
③ 복리후생비 : 종업원 수
④ 수선유지비 : 수선횟수

05. 다음 중 부문별 원가계산에 대한 설명으로 틀린 것은?

① 부문별 원가계산은 원가의 발생을 관리하고 제품원가의 계산을 정확히 하기 위하여 원가를 부문별로 계산하는 것을 말한다.

② 부문별 원가계산은 성과평가에도 활용될 수 있다.

③ 원가부문은 원가요소를 분류·집계하는 계산상의 구분으로서 제조부문과 보조부문으로 구분한다.

④ 부문별 원가계산 시 원가의 비목별 계산에서 집계된 원가요소는 그 전부 또는 일부를 다시 원가부문별로 집계한 후, 이를 다시 제품별로 배분할 수 없다.

06. 보조부문비를 각 제조부문에 배부하는 데에 있어 보조부문 간 상호 용역 수수 관계를 정확하게 고려한 순서대로 나열한 것은?

① 직접배분법 〉 상호배분법 〉 단계배분법

② 단계배분법 〉 직접배분법 〉 상호배분법

③ 상호배분법 = 단계배분법 〉 직접배분법

④ 상호배분법 〉 단계배분법 〉 직접배분법

07. 보조부문비를 각 제조부분에 배부하는데 있어 보조부문간의 배부순서에 따라 배부액이 달라질 수 있는 방법은?

① 직접배분법   ② 단계배분법

③ 상호배분법   ④ 이중배부법

08. 다음 중 보조부문의 원가 배부에 관한 설명으로 틀린 것은?

① 보조부문의 원가를 배부하는 방법에 따라 회사의 매출총이익도 달라진다.

② 단계배부법은 보조부문 상호 간에 배부순서를 정한 다음 그 순서에 따라 보조부문비를 다른 보조부문과 제조부문에 배분하는 방법으로 배분이 끝난 보조부문에는 다른 보조부문비를 배분하지 않는다.

③ 보조부문원가의 제조부문에 대한 배분 방법에는 직접배분법, 단계배분법, 상호배분법 등이 있다.

④ 상호배분법은 보조부문의 수가 여러 개일 경우 시간과 비용이 많이 소요되고 계산하기가 어렵다는 단점이 있다.

09. 다음 중 상호배분법에 대한 설명으로 올바른 것은?

① 배분절차가 다른 방법보다 간단하다.

② 보조부문 상호 간의 용역수수관계가 밀접한 경우 부정확한 원가배분을 초래할 수 있다.

③ 어느 부문의 원가를 먼저 배분해야 하는지 배분 순서를 정해야 한다.

④ 보조부문 상호간의 용역수수관계를 완전히 반영한다.

10. ㈜한세는 보조부분의 원가를 이중배분율법에 의하여 배부하고자 한다. 다음 중 보조부문의 원가를 용역제공량 기준으로 이중배분율법에 따라 제조부문에 배분하는 방법으로 올바른 것은?

	변동원가	고정원가
①	실제사용량	실제사용량
②	실제사용량	최대사용량
③	최대사용량	최대사용량
④	최대사용량	실제사용량

11. 다음 중 부문별 원가계산에 대한 설명으로 틀린 것은?

① 단일배분율법은 보조부문의 원가를 변동비와 고정비로 구분하지 않고 하나의 기준으로 배분하는 방법이다.

② 이중배분율법은 보조부문의 원가를 변동비와 고정비로 구분하여 각각 다른 기준으로 배분하는 방법이다.

③ 단일배분율법과 이중배분율법은 부문별원가를 원가행태에 따라 배부하는 방법이다.

④ 단일배분율법은 이중배분율법에 비해 회사 전체의 이익을 높게 계상하도록 하는 방법이다.

01. 다음의 원가배분 절차를 올바른 순서대로 나열하시오.

(가) 배부기준과 방법 선택	(나) 원가대상 설정
(다) 원가집합 설정	(라) 배분율 계산 (마) 원가배분

02. ㈜성진은 두 개의 보조부문(동력부문과 수선부문)과 두 개의 제조부문(조립부문과 절단부문)을 운영하고 있다. 20x1년 중 각 부문의 상호 용역 수수 관계와 부문별로 집계된 원가는 다음과 같다. 직접배부법을 이용하여 보조부문 원가를 배부하였다면 (가)에 들어갈 금액은 얼마인가?

소비부문 제공부문	보조부문		제조부문	
	동력부문	수선부문	조립부문	절단부문
동력부문		50%	20%	30%
수선부문	40%		30%	30%
배분 전 원가	200,000원	300,000원	(가)	580,000원
배분 후 원가			950,000원	850,000원

03. ㈜대한은 직접배부법을 사용하여 보조부문 원가를 제조부문에 배분한다. 보조부문인 수선부에서 발생한 원가는 300,000원이다. 제조부문인 A공정에 보조부문 원가 275,000원이 배부되었다면 보조부문 중 전력부에서 발생한 원가를 구하시오.

소비부문 제공부문	보조부문		제조부문	
	수선부	전력부	A공정	B공정
수선제공(시간)		4,000	3,000	1,000
동력제공(kw)	3,000		1,500	1,500

04. ㈜서울은 보조부문 B의 원가부터 배부하는 방식의 단계배부법을 이용하여 보조부문원가를 배부하고 있다. 다음 자료를 이용하여 보조부문 A로부터 제조부문 X에 배부되는 금액은 얼마인가?

사용부문 / 제공부문	보조부문		제조부문	
	A	B	X	Y
부문별 원가	13,800원	12,000원	12,000원	15,000원
A	–	40%	40%	20%
B	35%	–	45%	20%

05. ㈜기업은 단계배부법에 의하여 동력부문, 수선부문의 순으로 보조부문의 원가를 배부하고 있다. ㈜기업의 원가계산 담당자는 보조부문의 원가를 배부하는 중 실수로 다른 보조부문으로부터 배부받은 원가를 누락하고 다음과 같이 원가를 배부하였다. 이 실수로 인하여 제조부문에 배부되지 못한 보조부문의 원가는 얼마인가?

구 분	보조부문		제조부문	
	동력부문	수선부문	조립부문	절단부문
배부 전 원가	10,000원	8,000원	25,000원	30,000원
동력부문 배부액		2,000원	3,000원	5,000원
수선부문 배부액			6,000원	2,000원
배부 후 원가			34,000원	37,000원

연/습/문/제 답안

1	2	3	4	5	6	7	8	9	10
③	④	③	②	④	④	②	①	④	②

11									
④									

[풀이 - 이론]

01. **제조간접비를 보다 더 정확하게 배부하기 위하여 부문별 원가계산**을 한다.

02. 일괄분배기준은 원가배분 기준이 아니다.

03. 건물의 감가상각비는 **건물의 면적과 가장 밀접한 인과관계**를 가진다.

04. 기계감가상각비는 **부문별 기계사용시간에 비례하여 배부하는 것이 합리적**이다.

05. 보조부문은 직접 생산활동을 수행하지 아니하고 제조부문을 지원·보조하는 부문으로서 그 수행하는 내용에 따라 세분할 수 있다.

　① 원가계산은 원가의 발생을 관리하고 제품원가의 계산을 정확히 하기 위하여 부문별로 계산할 수 있다. 이 경우 원가의 비목별 계산에서 집계된 원가요소는 그 전부 또는 일부를 다시 원가부문별로 집계한 후, 이를 다시 제품별로 배분할 수 있다.

　② 원가부문은 원가요소를 분류·집계하는 계산상의 구분으로서 제조부문과 보조부문으로 구분한다.

　③ 제조부문은 직접 제조작업을 수행하는 부문을 말하며 제조활동 등에 따라 세분할 수 있다.

07. 단계배분법은 보조부문 상호간에 배부순서를 정한 다음 그 순서에 따라 보조부문비를 다른 보조부문과 제조부문에 배분하는 방법이다. **단계배분법은 배분이 끝난 보조부문에는 다른 보조부문비를 배분하지 않음**을 주의해야 한다.

08. **보조부문의 원가를 어떻게 배부하더라도 회사의 매출총이익은 변동이 없다.**

09. ①, ②는 직접배분법, ③은 단계배분법에 대한 설명이다.

11. 단일배분율법이나 이중배분율법 모두 이익을 높게 계상하도록 하는 방법이 아니다.

주관식

1	(다)(나)(가)(라)(마)	2	720,000원	3	100,000원
4	12,000원	5	2,000원		

[풀이 - 계산]

02.

〈직접배분법〉	보조부문		제조부문	
	동력	수선	조립	절단
배분전 원가	200,000	300,000	**720,000(가)**	580,000
동력(20% : 30%)	(200,000)	–	80,000	120,000
수선**(30% : 30%)**	–	(300,000)	150,000	150,000
보조부문 배부후 원가			950,000	850,000

03.

〈직접배분법〉	보조부문		제조부문	
	수선	전력	A공정	B공정
배분전 원가	300,000	–	–	–
수선(75% : 25%)	(300,000)	–	225,000	75,000
전력(50% : 50%)	–	**??(100,000)**	??(50,000)	50,000
보조부문 배부후 원가			275,000	

04. 단계배부법 : B부문부터 먼저 배부

제공부문 \ 사용부문	보조부문		제조부문	
	B	A	X	Y
배부전원가	12,000	13,800	–	–
보조부문 배부 B(35% : 45% : 20%)	(12,000)	4,200	5,400	2,400
A(0 : 40% : 20%)	–	(18,000)	**12,000**	
보조부문 배부후 원가	0	0		

06. 동력부문 부문비 배부 후 수선부문이 배부하여야 할 금액은 10,000원이나 수선부문의 배부 전 원가 8,000원만 제조부문에 배부하였으므로 동력부문으로부터 배부받은 금액 2,000원이 제조부문에 배부되지 못하고 남아있다.

구 분	보조부문		제조부문	
	동력부문	수선부문	조립부문	절단부문
배부 전 원가	10,000원	8,000원	25,000원	30,000원
동력부문 배부액		**2,000원**	**3,000원**	**5,000원**
수선부문 배부액		**(10,000)**	6,000원	2,000원
배부 후 원가			34,000원	37,000원

1차배부　　　2차배부

개별원가계산

NCS회계 - 3   원가계산 – 원가배부/원가계산(4)

제1절   의의와 절차

1. 개별원가계산의 의의

원가계산은 생산형태에 따라 2가지 원가계산으로 분류한다.

	개별원가계산	종합원가계산
생산형태	주문생산	대량연속생산
업종	조선업, 건설업	자동차제조업, 정유업

개별원가계산이란 고객의 주문이나 특별한 수요에 따라 종류와 규격이 상이한 제품을 개별적으로 생산하는 형태로 조선업, 건축업, 인쇄업 등의 경영형태에서 사용된다.

또한 제품을 생산하는 제조기업뿐만 아니라 고객의 요구에 따라 작업내용을 명확히 구분할 수 있는 회계법인, 병원 등 서비스업체에서도 적용될 수 있다.

기업이 고객으로부터 주문을 받으면 제조부문은 생산현장에 고객이 요구한 제품을 생산할 것을 지시하는 제조지시서를 보내고, 이 제조지시서에 의해 개별 작업이 시작되며, 작업에 투입되는 원가가 개별작업별로 작업원가표에 집계된다.

따라서 개별원가계산에서는 개별작업별로 원가를 집계하므로 **제조직접비(직접재료비, 직접노무비)와 제조간접비의 구분이 중요**하다.

2. 개별원가계산의 절차

① 개별작업에 대한 제조직접비(직접노무비, 직접재료비)를 직접부과
② 개별작업에 대한 제조간접비 집계
③ 제조간접비 배부기준율 설정
④ 배부기준율(공장전체,부문별)에 따라 제조간접비의 배분

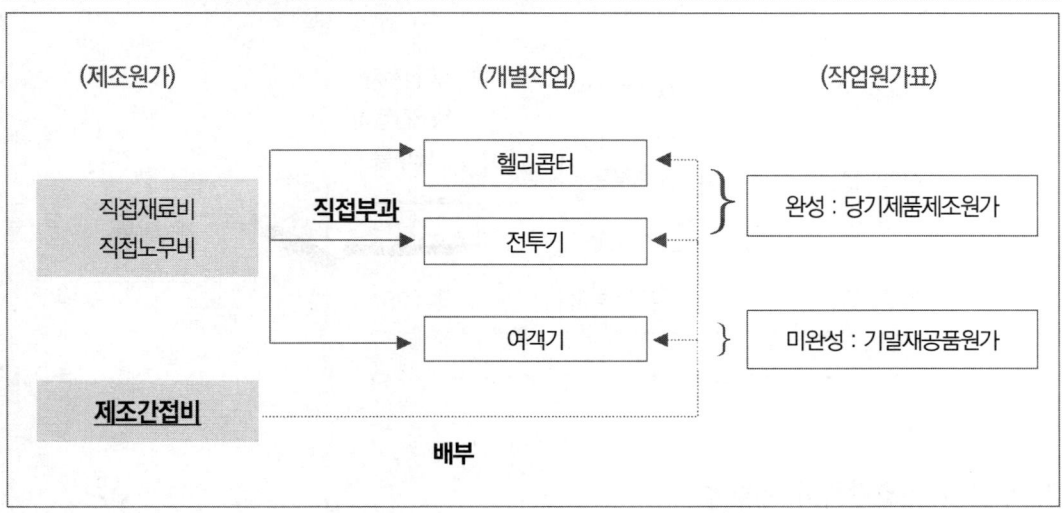

제2절   제조간접비의 배부

제조간접비는 원가의 특성상 제품에 직접 추적이 불가능한 원가이다. 따라서 제조간접비를 제품원가에 배부하기 위해서는 일정한 배부절차를 통해서 간접적으로 배부해야 한다.

제조부문이 여러 개 존재할 경우에는 제조부문별로 각기 다른 배부기준을 적용할 수도 있고 공장전체에 하나의 배부기준을 적용할 수도 있다.

1. 공장전체 제조간접비배부율

공장전체에 하나의 배부기준을 적용하는 방법이다.

> **공장전체 제조간접비 배부율 = 공장전체 제조간접비/공장전체 배부기준 합계**
> **제조간접비 배부액 = 공장전체 배부기준 × 배부율**

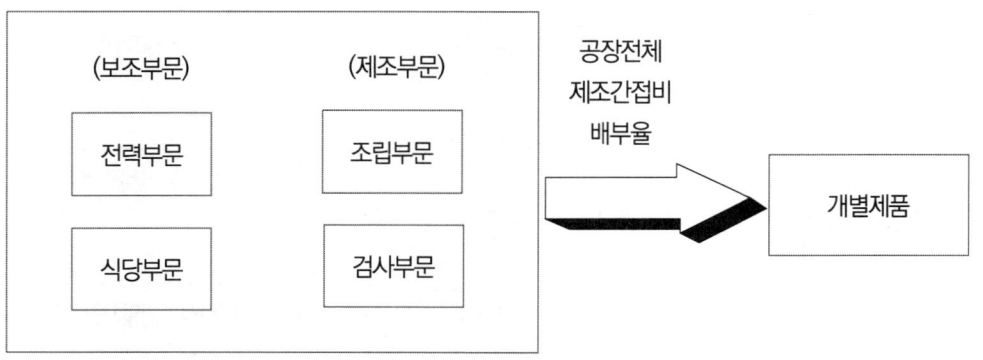

2. 부문별 제조간접비 배부율

부문별로 다른 배부율을 적용하여 제조간접비를 배부하는 방법이다.

> **부문별 제조간접비 배부율 = 부문별 제조간접비/부문별 배부기준 합계**
> **제조간접비 배부액 = 부문별 배부기준 × 부문별배부율**

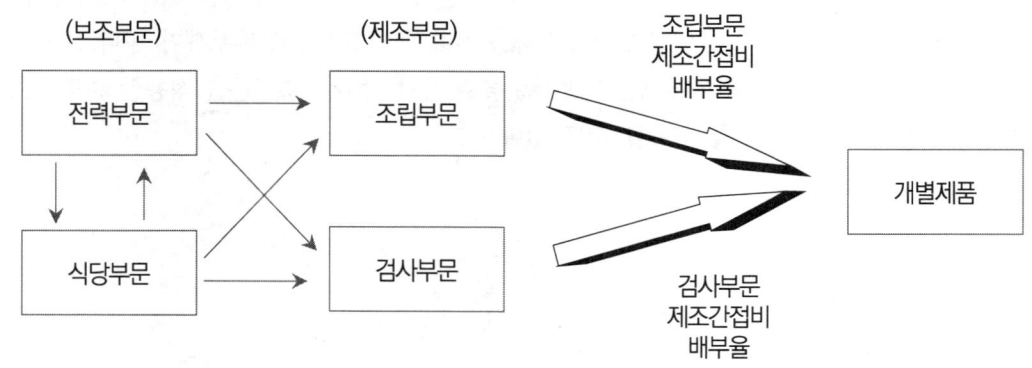

제3절 실제개별원가계산 VS 정상개별원가계산

실제개별원가계산은 실제제조간접비 배부율을 사용하여 제조간접비를 구하는 것이고, 정상(예정)개별원가계산은 예정제조간접비 배부율을 사용하여 제조간접비를 구하는 것이다.

	실제개별원가계산	정상개별원가계산
직접재료비	실제발생액	실제발생액
직접노무비	실제발생액	실제발생액
제조간접비	**실제발생액** **(실제조업도×실제배부율)**	**예정배부액** **(실제조업도×예정배부율)**

1. 실제개별원가계산

개별작업에 직접재료비와 직접노무비를 실제원가로 추적·부과하고 제조간접비를 실제배부율에 의하여 각 개별작업에 배부하는 원가계산방법으로 실제원가를 바탕으로 원가를 계산한다.

> ① 제조간접비 실제배부율 = 실제제조간접비 합계/실제조업도
> ② 제조간접비 배부액 = 개별작업의 실제조업도 × 제조간접비 실제배부율

실제개별원가 계산은 다음과 같은 문제가 있다.
① 실제제조간접비가 기말에 집계되므로 원가계산이 기말까지 지체되므로 **원가계산이 지연되고**, 이로 인하여 결산도 지연된다.
② 조업도가 월별·계절별로 차이가 나면 **제품단위당 원가가 월별·계절별로 달라진다.**
이러한 문제점을 극복하기 위하여 정상개별원가가 도입되었다.

<예제> 실제개별원가계산

㈜한강은 #101(헬리콥터), #102(전투기), #103(여객기)이 작업 중에 있으며, 이들과 관련하여 발생된 원가 및 자료는 다음과 같다.

	#101	#102	#103	합계
직접재료비	500,000원	600,000원	900,000원	2,000,000원
직접노무비	700,000원	600,000원	700,000원	2,000,000원
기계작업시간	100시간	200시간	200시간	500시간
직접노동시간	400시간	300시간	300시간	1,000시간

공장 전체 제조간접비 발생액은 3,000,000원 인데, ① 기계시간작업 기준 ② 직접노동시간을 기준으로 각 작업에 배부되는 제조간접비를 구하시오.

해답

1. 제조간접비 실제배부율

　　① 기계작업시간 기준 : 실제제조간접비합계/실제기계작업시간합계

　　　　= 3,000,000원/500시간 = 6,000원/기계작업시간

　　② 직접노동시간 기준 : 실제제조간접비합계/실제직접노동시간합계

　　　　= 3,000,000원/1,000시간 = 3,000원/직접노동시간

2. 제조간접비 실제배부액

　　① 기계작업시간 기준

　　　→ 제조간접비 실제배부액 = 실제조업도 × 실제배부율(6,000/기계작업시간)

	#101	#102	#103	합계
직접재료비	500,000원	600,000원	900,000원	2,000,000원
직접노무비	700,000원	600,000원	700,000원	2,000,000원
제조간접비	600,000원 (100시간×6,000)	1,200,000원 (200시간×6,000)	1,200,000원 (200시간×6,000)	**3,000,000원** 배부
기계작업시간 (실제조업도)	100시간	200시간	200시간	500시간

② 직접노동시간 기준

→ 제조간접비 실제배부액＝실제조업도× 실제배부율(3,000/직접노동시간)

	#101	#102	#103	합계
직접재료비	500,000원	600,000원	900,000원	2,000,000원
직접노무비	700,000원	600,000원	700,000원	2,000,000원
제조간접비 (실제배부액)	1,200,000원 (400시간×3,000)	900,000원 (300시간×3,000)	900,000원 (300시간×3,000)	3,000,000원
직접노동시간 (실제조업도)	400시간	300시간	300시간	1,000시간

2. 정상개별원가계산

(1) 의의

정상개별원가계산은 실제개별원가계산의 문제점(**①원가계산지연 ②제품단위당 원가 변동**)을 극복 하고자 제조간접비를 **예정(추정)배부하는 원가계산**이다.

연초에 연간 제조간접비 예산과 연간 예정조업도를 예측하여, 예정배부율을 구하고 기중에 실제 조업도와 예정배부율을 이용하여 제조간접비를 먼저 배부하여 제품원가 계산을 하고, 추후 실제 발생 제조간접비를 집계한다.

그러면 **예정배부 제조간접비와 실제 발생 제조간접비가 차이**가 발생하는데 이를 **제조간접비 배부차이**라고 한다.

〈정상원가 계산절차〉

1. **기초에 예정배부율 산출**
   제조간접비 예정배부율＝제조간접비 예산액/예정조업도(기준조업도)
2. **기중에 실제 조업도에 따라 배부**
   ① **제조간접비 예정배부액＝개별작업의 실제조업도×제조간접비 예정배부율**
   ② 제조간접비 실제발생액 집계
   ③ 제조간접비 배부차이 집계
3. **기말에 제조간접비 배부차이를 조정**

(2) 제조간접비 배부차이에 대한 회계처리

1) 제조간접비 배부차이

제조간접비 예정배부율을 이용하여 제조간접비를 예정배부하는 경우, 제조간접비 실제발생액과 예정배부액간에 차이가 발생하는데 이를 제조간접비 배부차이라고 한다.

제조간접비 배부차이 = 실제발생액 − 예정배부액

〈과대배부와 과소배부〉

1. 과대배부 : 실제발생액 〈 예정배부액

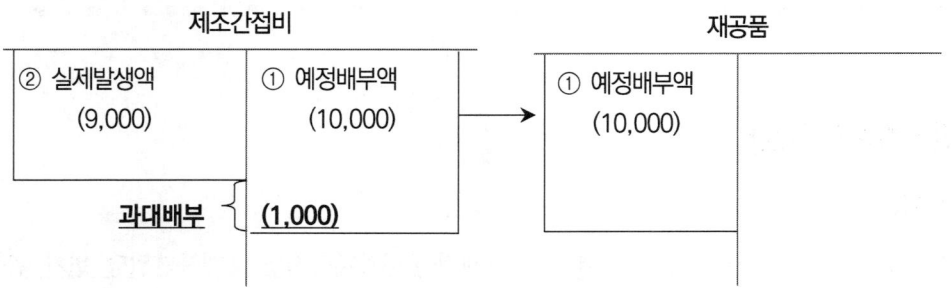

2. 과소배부 : 실제발생액 〉예정배부액

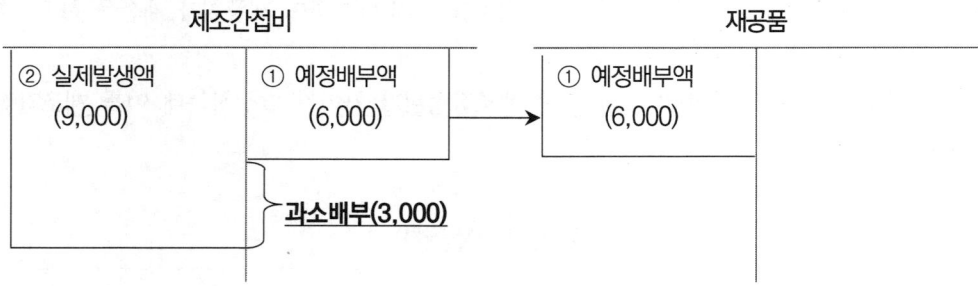

2) 제조간접비 배부차이 처리방법

재무제표는 실제원가계산에 의하여 작성되어야 하므로 기중에 예정 배부된 제조간접비는 실제치가 아니므로 **기말에 재공품, 제품, 매출원가에 포함된 예정제조간접비를 실제발생액으로 조정하여야 한다.**

① 무배분법(재고자산에 배분하지 아니하는 방법)

　　㉠ 매출원가조정법

　　㉡ 영업외손익조정법

　　　두 가지 방법은 제조간접비 배부차이를 전액 매출원가 또는 영업외손익에서 가감조정 하는 방법이다.

> 과소배부시 :
> (차) 매출원가 또는 영업외비용　　×××　　　(대) 제조간접비(배부차이)　　×××

> 과대배부시 :
> (차) 제조간접비(배부차이)　　×××　　　(대) 매출원가 또는 영업외수익　　×××

② 비례배분법(재고자산에 배분하는 방법)

　　㉠ 총원가기준 비례배분법

　　　기말재공품, 기말제품, 매출원가의 총원가(기말잔액) 비율에 따라 배부차이를 배부하는 방법

　　㉡ 원가요소별(제조간접비)비례배분법

　　　기말재공품, 기말제품, 매출원가에 포함된 제조간접비 비율에 따라 배부차이를 배부하는 방법 이 경우 가장 정확한 방법으로 차이 조정 후 기말재공품, 기말제품, 매출원가의 금액은 실제원가계산에 의한 금액과 정확히 일치한다.

| **\<예제\> 정상개별원가계산** |

㈜한강은 #101(헬리콥터), #102(전투기), #103(여객기)가 작업 중에 있으며, 이들과 관련하여 발생된 원가 및 자료는 다음과 같다.

	#101	#102	#103	합계
직접재료비	500,000원	600,000원	900,000원	2,000,000원
직접노무비	700,000원	600,000원	700,000원	2,000,000원
기계작업시간	100시간	200시간	200시간	500시간
직접노동시간	400시간	300시간	300시간	1,000시간

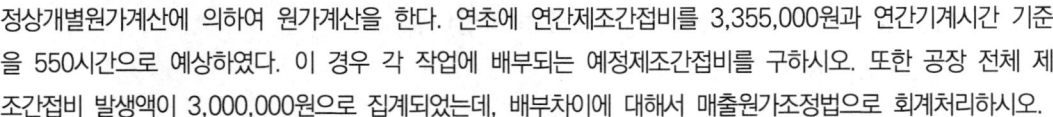

정상개별원가계산에 의하여 원가계산을 한다. 연초에 연간제조간접비를 3,355,000원과 연간기계시간 기준을 550시간으로 예상하였다. 이 경우 각 작업에 배부되는 예정제조간접비를 구하시오. 또한 공장 전체 제조간접비 발생액이 3,000,000원으로 집계되었는데, 배부차이에 대해서 매출원가조정법으로 회계처리하시오.

해답

1. 제조간접비 예정배부율

   기계작업시간 기준 : 제조간접비예산/예정 기계작업시간(예정조업도)

   = 3,355,000원/550시간 = 6,100원/기계작업시간

2. 제조간접비 예정배부액

	#101	#102	#103	합계
직접재료비	500,000원	600,000원	900,000원	2,000,000원
직접노무비	700,000원	600,000원	700,000원	2,000,000원
제조간접비 (예정배부액)	610,000원 (100시간×6,100)	1,220,000원 (200시간×6,100)	1,220,000원 (200시간×6,100)	①**3,050,000원** **(예정배부액)**
	①**실제조업도×예정배부율**			
기계작업시간 (실제조업도)	100시간	200시간	200시간	500시간

3. 배부차이 : 50,000원 과대배부

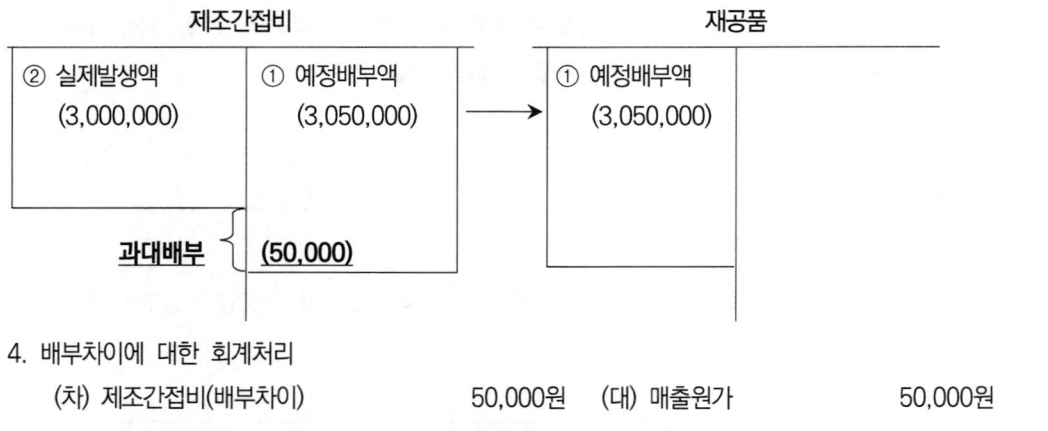

4. 배부차이에 대한 회계처리

   (차) 제조간접비(배부차이)　　　　　50,000원　　(대) 매출원가　　　　　50,000원

연/습/문/제

 객관식

01. 다음 중 개별원가계산에 대한 설명으로 틀린 것은?
① 완성품환산량 계산이 핵심과제이다.
② 제조간접비의 정확한 배분이 중요 과제이다.
③ 작업지시서를 사용한다.
④ 독특하고 차별화된 제품을 생산하는 업종에 적합하다.

02. 다음 중 개별원가계산에 관한 설명으로 틀린 것은?
① 작업별 원가계산이라고도 하며 작업원가표를 통해서 원가를 집계한다.
② 작업별로 가공원가를 배부기준에 따라 배부하여야 한다.
③ 배부기준은 편리하게 적용가능한 방법으로 발생원인과의 인과관계를 고려하여야 한다.
④ 제조간접원가는 구분된 작업별 추적이 불가능하다.

03. 다음 중 개별원가계산에 대한 설명으로 틀린 것은?
① 개별원가계산은 종류, 크기, 모양 등이 상이한 제품을 주문 등에 의하여 개별적으로 생산하는 기업이 사용하는 원가계산방식이다.
② 개별원가계산은 조선업, 건설업 등의 업종에 적합하다.
③ 개별원가계산은 직접비와 간접비의 구분이 필요 없는 대신 직접재료비와 가공비로 분류하게 된다.
④ 개별원가계산은 다품종 소량 생산하는 업종에 적합하다.

04. 다음 중 개별원가계산에 관한 설명으로 틀린 것은?

① 종합원가계산에 비해 각 제품별로 원가를 집계하기 때문에 직접원가와 간접원가를 구분해야 한다.

② 조선업처럼 수요자의 주문에 기초하여 제품을 생산하는 업종에서 주로 사용한다.

③ 모든 제조원가를 작업별로 직접 추적한다.

④ 여러 가지 제품을 주문에 의해 생산하거나 동종의 제품을 일정 간격을 두고 비반복적으로 생산하는 업종에 적합한 원가계산제도이다.

05. 다음 중 개별원가계산에 대한 설명으로 틀린 것은?

① 종류, 크기, 모양 등이 상이한 제품을 주문 등에 의하여 개별적으로 생산하는 기업이 사용하는 원가계산방식이다.

② 조선업, 건설업 등의 업종에 적합하다.

③ 재료비와 가공비에 대하여 완성품환산량을 사용하여 계산한다.

④ 다품종 소량 생산하는 업종에 적합하다.

06. 정상개별원가계산의 방법에 의하여 제조간접비를 예정배부하는 경우 올바른 것은?

① 배부기준의 실제조업도×예정배부율

② 배부기준의 예정조업도×예정배부율

③ 배부기준의 실제조업도×실제배부율

④ 배부기준의 예정조업도×실제배부율

07. 다음 중 정상원가계산에서 제조간접비 과소배부가 발생하는 경우는?

① 제조간접비배분액이 실제제조간접비보다 작은 경우

② 제조간접비배분액이 예정제조간접비보다 작은 경우

③ 예정제조간접비가 제조간접비배분액보다 큰 경우

④ 예정제조간접비가 실제제조간접비보다 큰 경우

08. 다음 제조간접비 배부차이에 대한 설명으로 틀린 것은?

① 제조간접비 계정의 차변 금액이 제조간접비 계정의 대변 금액보다 큰 경우에는 과소배부가 발생한다.

② 정상원가계산에서 재공품계정 차변에 기재되는 금액은 제조간접비 예정배부액이다.

③ 제조간접비가 과대배부 된 경우 매출원가조정법을 적용하면 영업이익은 감소한다.

④ 제조간접비 배부차이를 조정하는 방법으로는 매출원가조정법, 비례배분법, 영업외손익법, 이연법이 있다.

09. 다음 중 정상원가계산에서 제조간접비 배부차이에 관한 설명으로 틀린 것은?

① 실제제조간접비와 제조간접비배부액의 차이를 배부차이라 한다.

② 제조간접비배부액이 실제제조간접비보다 큰 경우를 과대배부라 한다.

③ 배부차이를 매출원가에서 전액 조정하는 경우 제조간접비 과소배부액은 매출원가에서 차감한다.

④ 제조간접원가 실제발생액은 제조간접원가(통제)계정의 차변에 집계된다.

10. ㈜삼한은 제조간접비를 기계작업시간을 기준으로 배부한다. 20x1년 초 예상 제조간접원가는 3,000,000원, 예상 기계작업시간은 30,000시간이다. 20x1년 말 실제로 발생한 제조간접원가는 2,800,000원, 실제 기계작업시간은 35,000시간이라고 할 때, 제조간접원가 배부차이는 얼마인가?

① 200,000원 과소배부

② 200,000원 과대배부

③ 700,000원 과소배부

④ 700,000원 과대배부

11. ㈜대한은 정상개별원가계산을 사용하고 있으며, 기계시간을 기준으로 제조간접원가를 배부하고 있다. 제조간접원가 실제 발생액은 667,500원이고, 실제 사용 기계시간은 4,050시간이다. 예정제조간접원가 총액은 648,750원이고, 예정기계시간은 3,750시간이다. 제조간접원가 과소 또는 과대배부액은 얼마인가?

① 33,150원 과소배부

② 28,450원 과소배부

③ 28,450원 과대배부

④ 33,150원 과대배부

12. 다음 중 정상원가계산에서 제조간접비 과대배부에 관한 설명으로 올바른 것은?

① 실제원가가 정상원가보다 큰 경우에 발생한다.

② 제조간접비예정배부액이 실제 제조간접비보다 큰 경우에 발생한다.

③ 배부차이 조정방법에 따라 매출원가, 제품, 재공품 계정의 금액을 상향조정하게 된다.

④ 매출원가, 제품, 재공품 계정이 실제원가보다 과소계산된다.

13. 제조간접원가 배부차이를 조정하는 방법에는 매출원가조정법, 총원가비례배분법, 원가요소별 비례배분법이 있다. 제조간접원가 부족배부액 50,000원을 배부한다고 할 때, 순이익이 가장 작게 나타나는 방법은?

① 매출원가조정법

② 총원가비례배분법

③ 원가요소별 비례배분법

④ 모든 방법의 순이익은 같다.

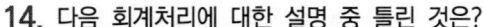

14. 다음 회계처리에 대한 설명 중 틀린 것은?

(차) 제조간접원가(배부차이) 60,000원	(대) 매출원가	60,000원

① 배부차액 조정후 매출원가는 60,000원 만큼 감소했다.

② 제조간접비가 60,000원 초과배부 되었다.

③ 배부차액 조정후 기말재고자산이 60,000원 만큼 증가했다.

④ 제조간접비 배부차액을 매출원가에서 조정하였다.

15. ㈜세종은 정상개별원가계산을 적용하고 있다. 당기 중에 착수한 작업 중 #101은 완료되었으며, #102는 미완료 상태이다. 당기에 발생한 작업별 원가는 다음과 같다. ㈜세종은 제조간접원가를 실제직접원가의 50%로 예정배부하고 있다. 당기 중에 발생한 실제 제조간접원가는 30,000원이다. 제조간접원가 배부차이를 총원가비례배분법에 의해 회계처리할 경우의 분개로 옳은 것은?

구분	#101	#102	합계
직접재료원가	20,000원	30,000원	50,000원
직접노무원가	20,000원	10,000원	30,000원

① (차) 재공품   7,500원   (대) 제조간접원가배부차이   15,000원
      제품   7,500원

② (차) 제품간접원가배부차이   15,000원   (대) 재공품   7,500원
      제품   7,500원

③ (차) 재공품   5,000원   (대) 제조간접원가배부차이   10,000원
      제품   5,000원

④ (차) 제조간접원가배부차이   10,000원   (대) 재공품   5,000원
      제품   5,000원

 주관식

01. ㈜광주는 20x1년 한 해 동안 작업지시서 #1 ,#2, #3의 세 가지 작업을 착수하였고 실제발생원가와 실제발생시간은 다음과 같다. 완성된 세 가지 작업에 대하여 연말에 집계된 실제제조간접원가는 20,000원이다. 직접노무원가기준을 이용하여 배부하는 경우 각 작업에 배부되는 제조간접원가는 얼마 인가?

구분	#1	#2	#3	합계
직접재료원가	4,000원	6,000원	10,000원	20,000원
직접노무원가	10,000원	12,000원	18,000원	40,000원
기계시간	1,000시간	1,200시간	1,800시간	4,000시간

02. ㈜행운은 개별원가계산 하에서 기계시간을 기준으로 제조간접비를 예정배부하고 있다. 당기 중 1,000단위의 제품을 완성하였으며, 기초 및 기말재공품은 없다. ㈜행운은 완성된 제품의 단위당 원가를 450원으로 예상하고 있으며, 당기 제품생산에 관련된 원가는 다음과 같다. 제조간접비 배부액은 얼마인가?

- 직접재료비 100,000원
- 직접노무비 150,000원
- 실제로 발생한 제조간접비 185,000원

03. ㈜선호는 두 개의 보조부문(수선부문, 전력부문)에서 발생하는 원가를 직접노동시간을 기준으로 각 작업에 예정배부하고 있다. 다음 예산 자료에 의하여 작업 A에 배부될 보조부문원가의 합계액을 구하면 얼마인가?

구분	수선부문	전력부문
간접재료비	400,000원	1,000,000원
간접노무비	1,400,000원	1,800,000원
감가상각비	1,000,000원	8,200,000원
감독자급여	1,200,000원	1,000,000원
합계	4,000,000원	12,000,000원
예정직접노동시간	4,000시간	6,000시간
작업 A의 실제 직접노동시간	15시간	10시간

04. ㈜세무는 직접노무시간을 기준으로 제조간접원가를 배부하는 개별원가계산을 채택하고 있다. 20x1년 10월 작업 X에 대해 예상한 직접노무시간이 200시간이고, 실제 발생한 직접노무시간은 220시간이다. 20x1년 관련 자료가 아래와 같을 때, 작업 X의 20x1년 10월 정상원가계산과 실제원가계산에 의한 각 제조원가의 차이는 얼마인가?

구분	제조간접원가	직접노무시간
연간예산	1,500,000원	5,000시간
10월 실제 발생액	130,000원	500시간

05. ㈜백제는 직접노동시간을 기준으로 제조간접원가를 예정배부하고 있다. 당기의 제조간접원가 관련 자료가 다음과 같을 때 정상조업도는 몇 시간인가?

• 제조간접원가 예산액 : 500,000원   • 제조간접원가 실제발생액 : 420,000원
• 실제조업도(직접노동시간) : 4,000시간   • 제조간접비 배부차이 : 과소배부 20,000원

06. ㈜서울은 제조간접비를 직접노무시간 기준으로 배분하고 있다. 제조지시서 #2의 제조원가는 얼마인가?

• 당기 제조간접비 총액 : 1,200,000원
• 당기 직접노무시간 : 800시간
• 제조지시서 #2
–직접재료비 : 2,400,000원   –직접노무비 : 1,600,000원
–직접노무시간 : 700시간

07. ㈜주원의 20x1년도 제조간접비 실제 발생액은 270,000원이고, 제조간접비 부족배부액 6,000원을 영업외손익으로 배부한다. 배부 후 매출원가는 얼마인가?

매출원가	기말제품	기말재공품
200,000원	150,000원	50,000원

08. ㈜진해의 당기말 현재 각 계정별 잔액은 다음과 같다. ㈜진해가 제조간접비 배부차액을 기말재공품, 제품, 매출원가에 배분하여 처리한다면 당기순이익 변화금액은 얼마인가?

구분	차변	대변
재공품	1,000원	
제품	2,000원	
매출원가	7,000원	
제조간접비	2,500원	3,000원

09. ㈜세무는 20x1년에 선박제조업을 개시하였으며 직접노무시간을 기준으로 제조간접원가를 배부하는 정상개별원가계산을 운영하고 있다. 관련 활동 및 원가자료는 다음과 같다. 20x1년도 발생한 실제 제조간접원가는 180,000원, 예정제조간접원가는 150,000원, 예정직접노무시간은 15,000시간이었다. 20x1년말 현재 거북선은 완성되어 판매되었고, 판옥선은 완성되었으나 미판매되었고, 화물선은 미완성상태이다. ㈜세무가 제조간접원가 배부차이를 매출원가에서 전액 조정할 때 조정한 후의 매출원가는 얼마인가?

	거북선	판옥선	화물선
직접재료비	10,000원	20,000원	30,000원
직접노무비	20,000원	30,000원	40,000원
실제직접노무시간	1,000시간	4,000시간	12,000시간

10. ㈜고려는 정상개별원가계산을 이용한다. 제조간접원가(통제)계정의 차변금액이 20,000원만큼 더 크다. 배부차이를 원가요소별 비례배분법에 의하여 회계처리를 할 때 매출원가의 증감액은 얼마인가?

	매출원가	기말제품	기말재공품	계
기말잔액	500,000원	300,000원	150,000원	950,000원
제조간접원가포함액	(20,000원)	(30,000원)	(50,000원)	(100,000원)

11. 신속한 원가계산을 위하여 정상원가계산을 사용하고 있는 ㈜전주의 제조간접원가와 관련된 정보는 다음과 같다. 다음 중 제조간접원가 배부차이를 구하시오.

- 제조간접원가 예산 : 500,000원+(기계시간×5원)
- 예정조업도 : 2,000기계시간
- 실제 제조간접원가 발생액 : 505,000원
- 실제조업도 : 1,500기계시간

연/습/문/제 답안

🔑 객관식

1	2	3	4	5	6	7	8	9	10
①	②	③	③	③	①	①	③	③	④

11	12	13	14	15					
④	②	①	③	④					

[풀이 - 객관식]

01. **완성품환산량의 계산은 종합원가계산의 핵심과제**이다.

02. 가공원가는 직접노무원가와 제조간접원가로 구성되는데 **직접노무원가는 직접원가로 원가파악이 쉽기 때문에 원가배부대상이 아니다.**

03. 직접비와 간접비의 구분이 필요 없는 대신 **직접재료비와 가공비로 분류하는 것은 종합원가계산의 특징**이다.

04. 개별원가계산에서 **제조간접원가는 작업별로 추적할 수 없어서 배부**한다.

05. **완성품환산량을 이용하는 것은 종합원가계산의 특징**이다.

07. 실제제조간접비와 제조간접비배부액의 차이를 배부차이라 한다. 제조간접비배분액이 실제제조간접비보다 작은 경우를 과소배부라 한다.

08. **제조간접비가 과대배부된** 경우 매출원가조정법을 적용하면 **영업이익은 증가**한다.

09. 배부차이를 매출원가에서 전액 조정하는 경우 **제조간접비 과소배부액은 매출원가에 가산**한다.

10. 예정배부율 = 예상 제조간접원가(3,000,000) ÷ 예정조업도(30,000시간) = 100원/기계작업시간
예정배부액 = 실제 조업도(35,000시간) × 예정배부율(@100원) = 3,500,000원
예정배부액(3,500,000) - 실제 제조간접원가(2,800,000) = 700,000원 과대배부

11. 예정배부율 = 예정제조간접원가(648,750) ÷ 예정조업도(3,750시간) = 173원/기계시간
예정배부액 = 실제조업도(4,050시간) × 예정배부율(@173원) = 700,650원
예정배부액(700,650) - 실제 발생액(667,500원) = 33,150원(과대배부)

12. ① 실제 제조간접비 > 정상(예정)원가 → 과소배부
③ 실제 제조간접비 < 정상(예정)원가 → 과대배부 → 매출원가, 제품, 재공품을 하향조정
④ 과대배부 → 매출원가, 제품, 재공품 과대계산

13. **매출원가조정법은 배부차이를 전액 매출원가에 가산**하므로 순이익이 가장 작게 나타난다.

14. 배부차액을 조정하는 회계처리는 기말재고자산에 영향을 미치지 않는다.

15. 제조간접원가 예정배부액 = (직접재료원가 + 직접노무원가) × 50%

제품	#101	#102	계
직접재료원가	20,000	30,000	50,000
직접노무원가	20,000	10,000	30,000
제조간접원가(직접원가의 50%)	20,000	20,000	40,000
총원가	60,000	60,000	120,000
배부차이 조정	**△5,000**	**△5,000**	**△10,000**

제조간접원가 배부차이 = 예정배부액(40,000) − 실제 발생액(30,000) = 10,000원(과다배부)

🗝 **주관식**

1	〈해설참고〉	2	200,000원	3	35,000원
4	8,800원	5	5,000시간	6	5,050,000원
7	200,000원	8	350원 증가	9	50,000원
10	4,000원 증가	11	2,500원(초과배부)		

[풀이 - 계산]

01. 제조간접원가배부율 = 작업지시설별 직접노무원가/직접노무원가 합계(40,000)

작업지시서	#1	#2	#3	합계
직접노무원가	10,000	12,000	18,000	40,000
제조간접원가배부율	25%	30%	45%	100%
제조간접원가배부액	**5,000**	**6,000**	**9,000**	**20,000**

02. 당기제품제조원가 = 예상 단위당 원가(450원) × 생산량(1,000단위) = 450,000원

= 직접재료비(100,000) + 직접노무비(150,000) + 제조간접비 배부액(?)

∴ 제조간접비 배부액 = 200,000원

03.

	제조간접비예산	예정조업도	예정배부율	실제조업도	배부액
수선부문	4,000,000	4,000	1,000	15	15,000
전력부문	12,000,000	6,000	2,000	10	20,000
계	16,000,000	–	–	–	**35,000**

04. 예정배부율 = 제조간접원가 예산(1,500,000) ÷ 예정조업도(5,000) = 300원/직접노무시간

실제배부율 = 제조간접원가 발생액(130,000) ÷ 실제조업도(500) = 260원/직접노무시간

정상원가 배부액 = 실제조업도(220시간) × 예정배부율(300) = 66,000원

실제원가 배부액 = 실제조업도(220시간) × 실제배부율(260) = 57,200원

원가차이 = 정상원가계산 제조원가(66,000) − 실제원가계산 제조원가(57,200) = 8,800원

05.

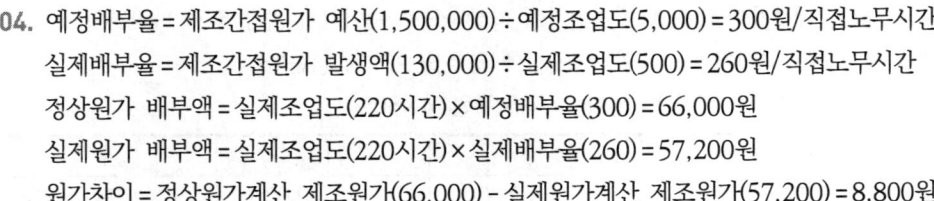

정상(예정)조업도 = 제조간접원가예산액(500,000) ÷ 예정배부율(100) = 5,000시간

06. 제조간접비 배부율 = 제조간접비(1,200,000) ÷ 직접노무시간(800) = 1,500원/시간

제조간접비 = 실제조업도(700시간) × 배부율(1,500) = 1,050,000원

제조원가(#2) = 직접재료비(2,400,000) + 직접노무비(1,600,000) + 제조간접비(1,050,000)

= 5,050,000원

07. **제조간접비 배부차이를 영업외손익으로 처리하므로 매출원가는 동일**하다.

08. 제조간접원가 차변(실제발생액)과 대변(예정배부액)의 차액 500원은 과대배부를 의미한다.

구 분	배부전 금액	비율	배부차액	배부후 금액
매출원가	7,000	70%	**△350**	6,650
기말재공품	1,000	10%	△50	
기말제품	2,000	20%	△100	
합 계	10,000		△500(과대)	

매출원가 금액에 대하여 350원만큼 차감 조정하고, 당기순이익은 350원만큼 증가한다.

09. 예정배부율 = 예정제조간접원가(150,000) ÷ 예정조업도(15,000시간) = 10원/시간당

예정배부액 = 실제직접노무시간(17,000시간) × 10원 = 170,000원

예정배부액(170,000) − 실제발생액(180,000) = △10,000원(과소배부)→매출원가조정법

예정배부액(거북선) = 실제직접노무시간(1,000시간) × 예정배부율(10원) = 10,000원

〈거북선 : 판매〉

직접재료비	직접노무비	제조간접비	조정전 매출원가	배부차이	**조정후 매출원가**
10,000원	20,000원	10,000원	40,000원	+10,000	**50,000**

10. 제조간접원가계정의 차변금액이 20,000원만큼 더 크다는 것은 20,000원 과소배부된 것이다.

즉, 실제배부액(20,000)>예정배부액(0)

구 분	기말잔액	제조간접원가	비율	배부차액	배부후 금액
매출원가	500,000	20,000	20%	**+4,000**	504,000
기말재공품	150,000	50,000	50%	+10,000	
기말제품	300,000	30,000	30%	+6,000	
합 계	950,000	100,000		20,000원(과소배부)	

11. 예정배부액 = 500,000원 + 실제조업도(1,500시간) × 예정배부율(5원) = 507,500원

배부차이 = 예정배부액(507,500) − 실제발생액(505,000) = 2,500원(초과 배부)

종합원가계산

Chapter 4

로그인 기업회계 2급

NCS회계 - 4 원가계산 - 원가계산/원가정보활용

제1절 의의와 절차

1. 종합계산의 의의

종합원가계산이란 단일 종류의 제품을 **연속적으로 대량 생산**하는 경우에 적용되는 원가계산 형태로서, 종류와 성격이 동일한 제품을 연속적으로 대량 생산하는 경영형태(소품종 대량생산)에 적합한 원가계산방법으로서 전자제조업·화학업·제지업·철강업·정유업 등의 업종에서 주로 이용되고 있다.

종합원가계산은 **공정별로 원가계산**을 하는데 흐름은 다음과 같다.

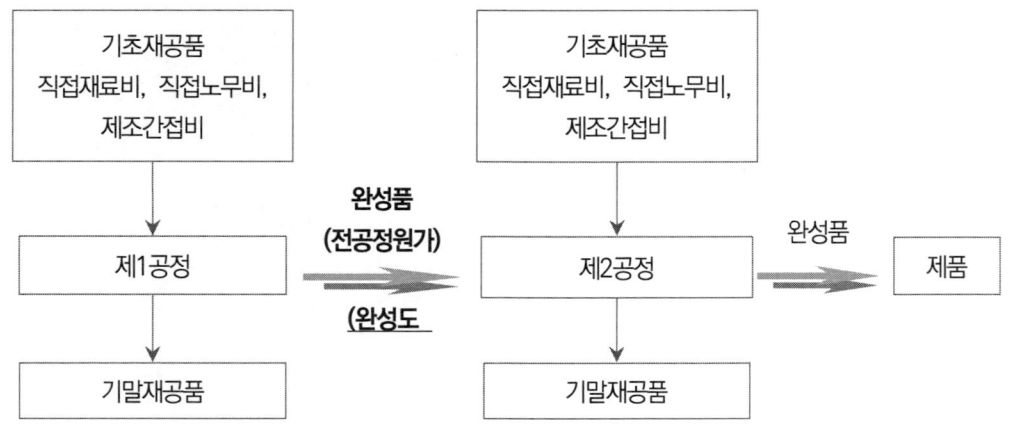

재공품(1공정)			
기초재고	XXX	**완 성 품**	**XXX**
직접재료비	XXX		
직접노무비	XXX		
제조간접비	XXX		
		기말재고	XXX
계		계	

재공품(2공정)			
기초재고	XXX	**제 품**	**XXX**
전공정원가	**XXX**		
직접재료비	XXX		
직접노무비	XXX		
제조간접비	XXX	기말재고	XXX
계		계	

2. 종합원가계산의 종류

① 단순종합원가계산(단일공정종합원가계산)

단일제품, 단일공정을 통하여 연속적으로 생산하는 형태의 원가계산방법이다.(예 : 얼음제조업)

② 공정별종합원가계산

동일 종류의 제품을 두 개 이상의 제조공정을 거쳐 연속적으로 대량생산하고 있는 경영에서 사용되는 원가계산방법이다.(제지업, 제당업 등)

③ 조별종합원가계산

단일 종류가 아닌 **여러 종류의 제품을 연속적으로 대량생산하는 경우에 제품의 종류마다 조를 설정**하여 조별로 종합원가계산을 하는 방법이다.(통조림제조, 자동차제조)

④ 등급별종합원가계산

동일한 공정에서 동일한 재료를 사용하여 계속적으로 **동일한 종류의 제품을 생산하나 품질, 모양, 크기, 무게 등이 서로 다른 제품을 생산하는 기업에서 사용하는 원가계산방법**이다.(예 : 양조업, 제화업, 정유업)

3. 종합원가계산의 절차

〈1단계〉 물량흐름파악

〈2단계〉 완성품환산량 계산

〈3단계〉 배분할 원가 요약(원가요소별로 기초재공품원가와 당기발생원가의 파악)

〈4단계〉 완성품환산량당 단위당 원가계산

〈5단계〉 완성품원가와 기말재공품원가 계산

제2절　완성품환산량

　종합원가계산에서는 완성품환산량을 기준으로 원가를 완성품과 기말재공품에 배부하게 된다. 여기서 완성품환산량이란 각 공정에서 수행한 총작업량을 완성품 기준으로 변형하는 경우에 환산되는 완성품의 수량을 의미한다. 즉 공정에서 수행한 작업량을 완성품 기준으로 변형한 가상적인 수치가 완성품 환산량이다.

완성품환산량 = 수량 × 완성도(진척도)
완성도는 원가요소별(주로 재료비, 가공비)로 파악되어야 함

예를 들어
　기초재공품이 100개 당기 투입(착수)수량이 200개 인데, 기말에 완성품이 250개 기말재공품이 50개로서 기말재공품의 완성도가 50% 가정하자.

재 공 품				완성도	완성품환산량
기초재공품	100개	완성품	250개	100%	250개(250개×100%)
당기투입	200개	기말재공품	50개	50%	25개(50개×50%)
계	300개	계	300개		275개

제3절　평균법과 선입선출법(원가흐름의 가정)

1. 평균법

　기초재공품(전기의 기말재공품)의 완성도를 무시하고 당기에 착수한 것으로 가정하여 기초재공품원가와 당기투입원가를 구별하지 않고 완성품과 기말재공품에 배부하는 방법이다.

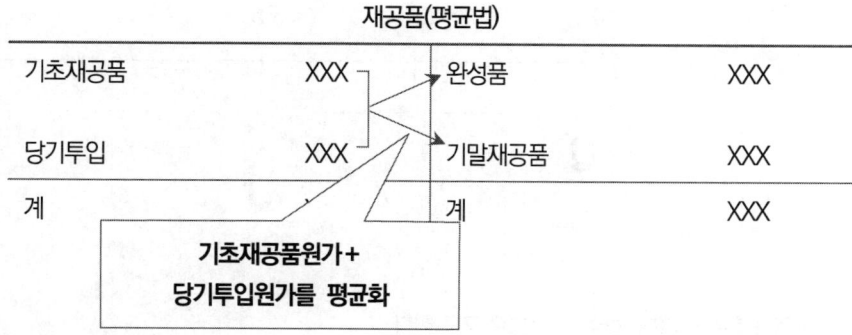

2. 선입선출법

기초재공품부터 먼저 완성시키고 난 후에 당기 투입 분을 완성시킨다는 가정하에 원가계산하는 방법이다. 선입선출법이 실제 물량흐름에 충실한 방법이다.

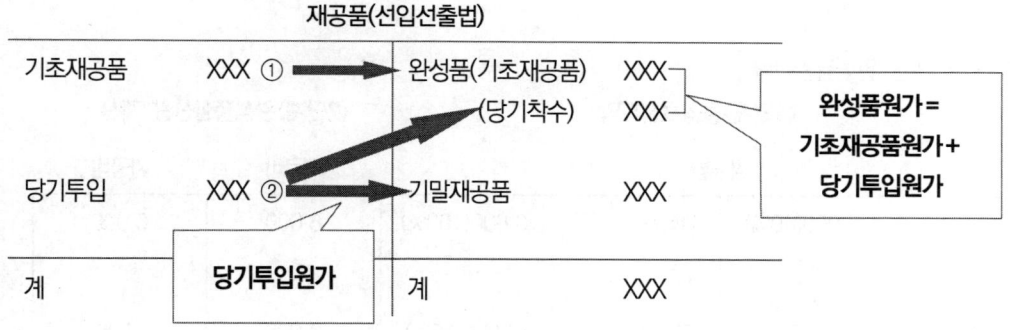

| <예제> 평균법과 선입선출법

1. 기초재공품 : 1,000개(가공비 진척도 40%)

2. 당기투입량 : 7,000개

3. 기말재공품 : 2,000개(가공비진척도 25%)

4. 재료비는 공정초에 투입되고 가공비는 공정전반에 걸쳐 균등하게 발생한다.

평균법과 선입선출법에 의하여 완성품 환산량을 계산하시오.

해답

〈선입선출법과 평균법의 물량흐름〉

재료비와 가공비로 나누는 이유는 투입시점이 다르기 때문에 구분한다.

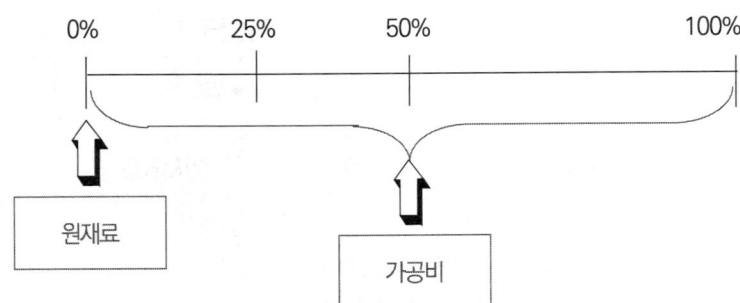

1. 평균법 : **기초재공품은 당기에 착수한 것으로 가정한다.**

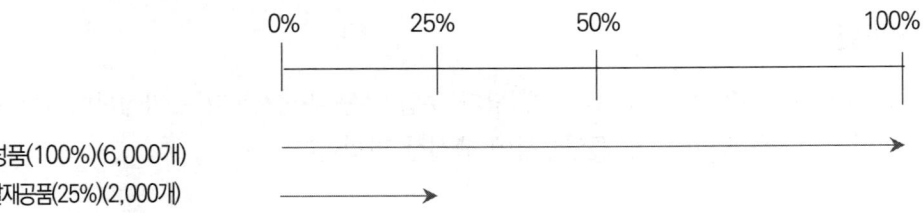

완성품(100%)(6,000개)
기말재공품(25%)(2,000개)

2. 평균법에 의한 완성품환산량

	〈1단계〉물량흐름파악			〈2단계〉완성품환산량 계산	
	평균법			재료비	가공비
기초재공품	1,000(40%)	완성품	6,000(100%)	6,000	6,000
당기투입	7,000	기말재공품	2,000(25%)	2,000	500
계	8,000	계	8,000	**8,000**	**6,500**

3. 선입선출법 : **완성품을 기초재공품과 당기투입 완성분으로 나누어 계산한다.**

∴ 완성품

  – 기초재공품(60%)(1,000개)

  – 당기투입완성(100%)(5,000개)

∴ 기말재공품(25%)(2,000개)

4. 선입선출법에 의한 완성품환산량

〈1단계〉물량흐름파악				〈2단계〉완성품환산량 계산	
선입선출법				재료비	가공비
기초재공품	**1,000(40%)**	완성품	6,000		
		기초재공품	**1,000(60%)**	0	600
		당기투입분	**5,000(100%)**	5,000	5,000
당기투입	7,000	기말재공품	2,000(25%)	2,000	500
계	8,000	계	8,000	**7,000**	**6,100**
		평균법 – 선입선출법		**1,000**	**400**

선입선출법과 평균법의 수량차이는 **기초재공품의 완성품 환산량차이다.**

> **기초재공품의 완성품 환산량** : 재료비 1,000×100%(완성도) = 1,000개
>
> 가공비 1,000× 40%(완성도) =400개

if 0,
선입선출법 = 평균법

> **완성품환산량(평균법) = 완성품환산량(선입선출법) + 기초재공품의 완성품 환산량**

| <예제> 종합원가계산 |

1. 기초재공품 : 1,000개(가공비 진척도 40%)

    ① 재료비 : 180,000원   ② 가공비 : 16,000원

2. 당기투입량 : 7,000개

    ① 재료비 : 700,000원   ② 가공비 : 244,000원

3. 기말재공품 : 2,000개(가공비진척도 25%)

4. **재료비는 공정초에 투입되고 가공비는 공정전반에 걸쳐 균등하게 발생한다.**

    평균법과 선입선출법에 의한 완성품원가와 기말재공품원가를 구하시오.

해답

1. 평균법에 의한 종합원가계산

〈1단계〉 물량흐름파악(평균법)				〈2단계〉 완성품환산량 계산	
평균법				재료비	가공비
기초재공품	1,000(40%)	완성품	6,000(100%)	**6,000**	**6,000**
당기투입	7,000	기말재공품	2,000(25%)	**2,000**	**500**
계	8,000	계	8,000	**8,000**	**6,500**

〈3단계〉 원가요약   180,000 + 700,000   16,000 + 244,000

    (기초재공품원가 + 당기투입원가)   880,000   = 260,000

                                8,000개   6,500개

    〈4단계〉 완성품환산량당단위원가   = @110   = @40

    〈5단계〉 완성품원가와 기말재공품원가계산

    – 완성품원가 = 6,000개 × @110원 + 6,000개 × @40원＝900,000원

    – 기말재공품원가 = 2,000개 × @110원 + 500개 × @40원＝240,000원

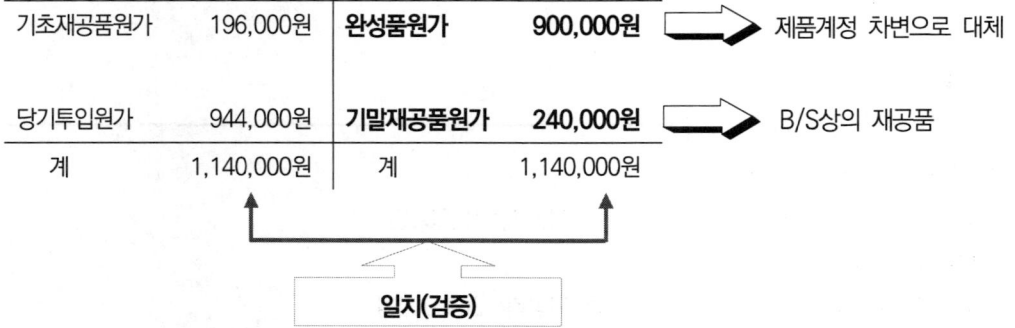

재공품(평균법)

기초재공품원가	196,000원	**완성품원가**	**900,000원**	⇒ 제품계정 차변으로 대체
당기투입원가	944,000원	**기말재공품원가**	**240,000원**	⇒ B/S상의 재공품
계	1,140,000원	계	1,140,000원	

일치(검증)

2. 선입선출법에 의한 종합원가계산

〈1단계〉 물량흐름파악(선입선출법)				〈2단계〉 완성품환산량 계산	
선입선출법				재료비	가공비
기초재공품	1,000(40%)	완성품	6,000		
		– 기초재공품 1,000(60%)		0	600
		– 당기투입분5,000(100%)		5,000	5,000
당기투입	7,000	기말재공품	2,000(25%)	2,000	500
계	8,000	계	8,000	**7,000**	**6,100**

〈3단계〉 원가요약(당기투입원가)   700,000   244,000

                                7,000개   6,100개

〈4단계〉 완성품환산량당 단위원가   = @100   = @40

〈5단계〉 완성품원가와 기말재공품원가계산

– 완성품원가 = 기초재공품원가 + 당기 투입 완성품원가

     = (180,000원 + 16,000원) + 5,000개 × @100원 + 5,600개 × @40원 = 920,000원

– 기말재공품원가 = 2,000개 × @100원 + 500개 × @40원 = 220,000원

재공품(선입선출법)

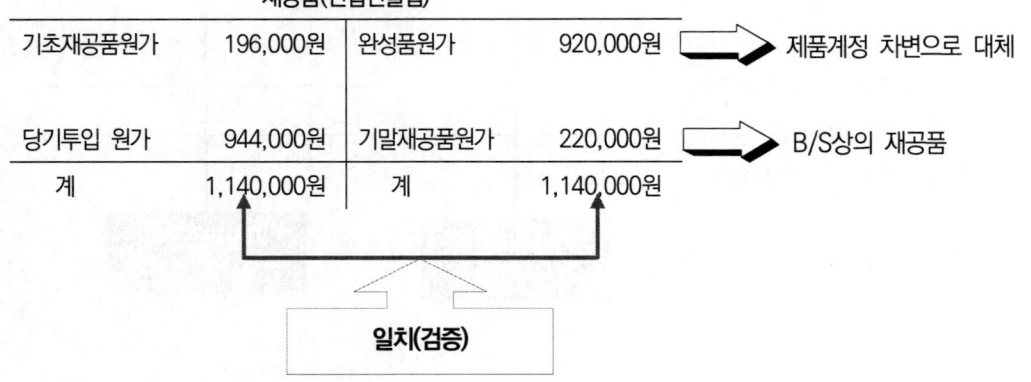

기초재공품원가	196,000원	완성품원가	920,000원	⇨ 제품계정 차변으로 대체
당기투입 원가	944,000원	기말재공품원가	220,000원	⇨ B/S상의 재공품
계	1,140,000원	계	1,140,000원	

일치(검증)

제4절 공손

1. 기본개념

지금까지 100% 생산효율을 가정하여 종합원가계산을 살펴보았으나, 일반적으로 공정 특성상 일정량의 불량품이 발생한다.

공손품은 즉 **정상품에 비하여 품질이나 규격이 미달되는 불합격품**을 말한다.

공손이 발생한 경우 공손품원가를 어떻게 처리할 것인가의 문제가 발생되는데 정확한 제품 원가계산을 위하여 공손을 인식하여 원가계산을 할 수도 있고, 정확성은 떨어지나 계산의 편의를 위하여 공손을 인식하지 않을 수도 있다.

작업폐물(SCRAP)이란 투입된 원재료로부터 발생하는 찌꺼기나 조각을 말하며, 판매가치가 상대적으로 작은 것을 말한다. 예를 들어 옷을 만들 때 들어가는 원단 중 남는 원단조각을 말한다.

☞ 감손 : 제조과정에서 증발되거나 가스화(예 : 원유) 등으로 인해 투입된 물량의 일부분이 사라지는 것으로서 영업외비 용으로 처리한다.

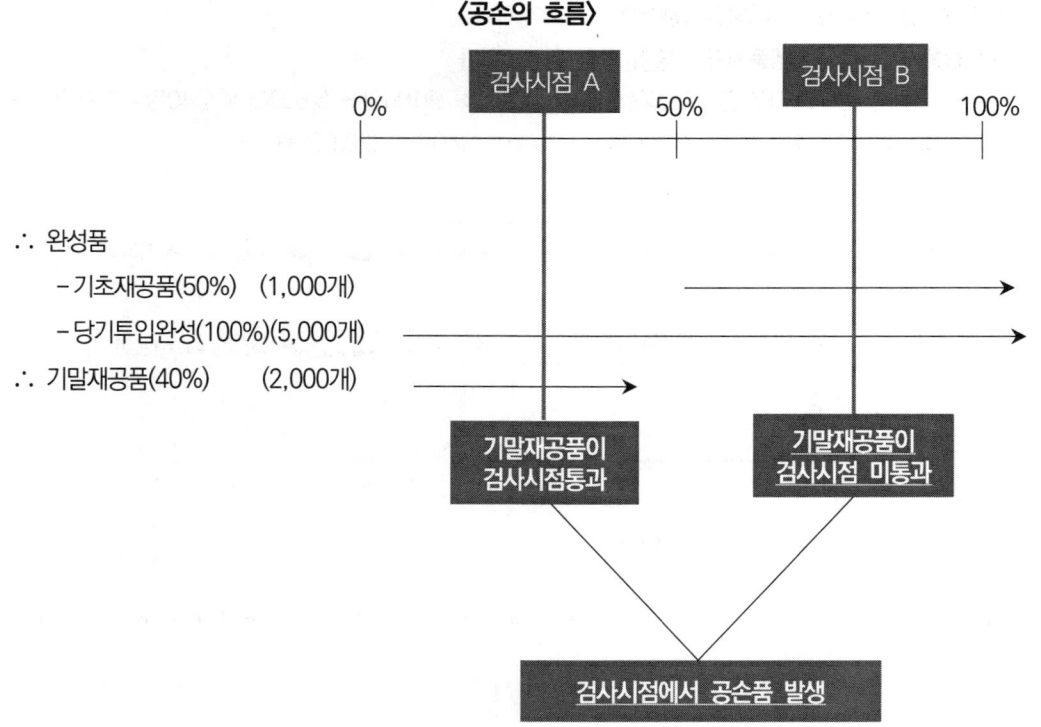

〈공손의 흐름〉

2. 정상공손과 비정상공손

① 정상공손

　정상공손은 생산과정에서 어쩔 수 없이 발생하는 공손을 말하는 것으로 이것은 기업이 통제할 수 없는 공손이다.

　이러한 정상공손원가는 정상품(완성품)원가와 기말재공품에 가산하여야 한다.

　공정에서 정상품과 공손품의 판단은 검사시점에서 한다.

　만약 하자가 발생하였다면 검사시점에서 공손품으로 분류하고, 하자가 없다고 판단하면 정상품으로 분류한다.

　따라서 **정상공손원가는 기말재공품이 검사시점을 통과하였으면 완성품과 기말재공품에 배분하고 기말재공품이 검사시점을 미통과하였으면 완성품에만 배분한다.**

② 비정상공손

　비정상공손은 갑작스런 정전, 기계 고장, 작업자의 부주의로 발생하는데, 제조활동을 효율적으로 수행하면 방지할 수 있는 통제가능한 공손으로서 **비정상공손원가는 영업외비용으로 처리**한다.

재공품

기초재공품원가	완성품원가
	공손원가
	–정상공손원가 ⇨ 정상품(완성품, 기말재공품)에 가산
	–비정상공손원가 ⇨ 영업외비용
당기투입원가	기말재공품
계	계

〈공손품 회계처리〉

정상공손원가	제조원가	기말재공품이 검사시점 통과	완성품과 기말재공품에 배부
		기말재공품이 검사시점 미통과	완성품에만 배부
비정상공손원가	영업외비용		

<예제> 공손품 수량계산1

1. 기초재공품 : 1,000개
2. 당기투입량 : 9,000개
3. 완　성　품 : 8,000개
4. 기말재공품 : 1,900개(60%)
5. 정상공손은 완성품의 1%로 가정하고, 정상공손수량과 비정상공손수량은 얼마인가?

해답

재공품

기초재공품	1,000개	완성품	8,000개
		공손품 ╱ **정상공손**	**80개**
		(100개) **비정상공손**	**20개**
당기투입	9,000개	기말재공품	1,900개
계	10,000개	계	10,000개

정상공손은 완성품(8,000개)의 1%이므로 80개이고, 비정상공손은 20개이다.

<예제> 공손품 수량계산2

1. 기초재공품 : 1,000개(70%)
2. 당기투입량 : 9,000개
3. 완 성 품 : 8,000개
4. 기말재공품 : 1,900개(60%)
5. 검사는 완성도 50%인 시점에서 실시하고, 정상공손은 당기 합격한 수량의 1%로 가정하고, 정상공손수량과 비정상공손수량은 얼마인가?

해답

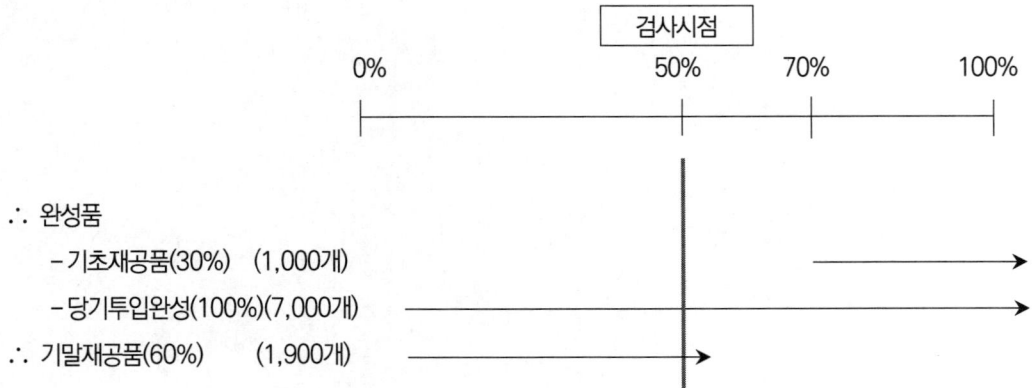

재 공 품

기초재공품(70%)	1,000개	완성품		8,000개
		공손품	**정상공손**	**89개**
		(100개)	**비정상공손**	**11개**
당기투입	9,000개	기말재공품(60%)		1,900개
계	10,000개	계		10,000개

∴ 완성품
　– 기초재공품(30%)　(1,000개)
　– 당기투입완성(100%)(7,000개)
∴ 기말재공품(60%)　　(1,900개)

기초재공품(70%)은 전기에 검사시점(50%)을 통과했고, 기말재공품(60%)은 당기에 검사시점을 통과했다.
합격품 = 당기완성품수량 + 기말재공품수량 – 기초재공품수량(검사시점 이미 통과)
　　　 = 8,000개 + 1,900개 – 1,000개 = 8,900개
정상공손수량 = 합격한 수량의 1% = 89개

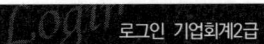

제5절 개별원가계산과 종합원가계산의 비교

구 분	개별(작업별)원가계산	종합원가계산
적용생산형태	**주문생산** (다품종소량생산)	**대량연속생산** (소품종대량생산)
업 종	조선업, 건설업, 항공기제조업	자동차, 전자제품, 정유업
원 가 계 산	**작업별원가계산** **(제조지시서, 작업원가표)**	**공정별원가계산** **(제조원가보고서)**
특 징	1. **정확한 원가계산** 2. 시간과 비용이 과다 　 (직·간접비 구분) 3. **핵심과제 : 제조간접비 배부**	1. **지나친 단순화로 정확도가 떨어진다.** 2. 시간과 비용이 절약 　 (투입시점에 따라 원가구분) 3. **핵심과제 : 완성품환산량**

연/습/문/제

 객관식

01. 다음 중 종합원가계산에서 완성품환산량 계산 시 완성도가 항상 100%인 것은?
　① 노무원가　　　　　　② 직접재료비　　　　　③ 전공정대체원가　　　④ 가공원가

02. 다음 중 종합원가계산에 대한 설명으로 틀린 것은?
　① 원가분류를 재료원가와 가공원가로 분류한다.
　② 공정별 원가계산이라고도 한다.
　③ 인쇄업이나 조선업에서 제품을 고객별로 제공하는 주문별, 작업별 원가계산에 사용된다.
　④ 제조원가계산 시 완성품환산량 개념을 사용한다.

03. 다음 중 등급별원가계산에 대한 설명으로 틀린 것은?
　① 동일 종류의 제품이 동일공정에서 연속적으로 생산되나 그 제품의 품질 등이 다른 경우 적용한다.
　② 등급품이란 동일한 재료를 투입하여 동일 제조공정을 거쳐 생산되는 유사제품을 말한다.
　③ 개별작업별로 독립적인 다른 제품을 생산할 때 적용한다.
　④ 원가의 추적이 가능한 직접원가는 등급품별로 당해 제품에 직접 부과한다.

04. 다음 중 등급별 원가계산에 대한 설명으로 옳지 않은 것은?
　① 동일 종류의 제품이 동일 공정에서 연속적으로 생산되나 그 제품의 품질 등이 다른 경우에 적용한다.
　② 다른 종류의 제품을 조별로 연속하여 생산하는 생산형태에 적용한다.
　③ 각 등급품에 대하여 합리적인 배부기준을 정하고 동 배부기준에 따라 당기 완성품총원가를 안분하여 계산한다.
　④ 등급별로 직접원가를 구분하는 것이 가능할 경우 직접원가는 당해 제품에 직접 부과한다.

05. 다음 중 등급별원가계산에 대한 설명으로 틀린 것은?

① 등급품이란 동일한 재료를 투입, 동일한 제조공정을 거쳐 생산되지만, 품질 등이 다른 제품을 말한다.

② 등급품별로 직접원가를 구분하는 것이 가능할 경우, 직접원가는 당해 제품에 직접 부과한다.

③ 등급품별 단위당 원가는 각 등급품에 대하여 합리적인 배부기준을 정하여 완성품총원가를 동 배부기준에 따라 안분하여 계산한다.

④ 등급별원가계산은 동일한 재료로 동일한 공정에서 생산되는 다른 종류의 제품으로 주산물과 부산물을 명확히 구분하기 곤란한 경우에 적용한다.

06. 다음 중 조별원가계산에 대한 설명으로 틀린 것은?

① 각 조별로 원가를 집계한 후, 종합원가계산 절차를 따른다.

② 다른 종류의 제품을 조별로 연속하여 대량 생산하는 생산형태에 적합하다.

③ 당해 제조원가를 조직접비와 조간접비로 구분하여 조직접비는 각 조에 직접 부과하고, 조간접비는 일정배부기준에 따라 각 조별로 배부한다.

④ 동일한 재료를 투입하지만, 동일한 제조공정을 통해 품질이 다른 제품이 생산되는 품목에 적합하다.

07. 종합원가계산방법 중 원가흐름에 대한 내용이 다른 것은?

① 기초재공품 완성분과 당기착수 완성분을 구분하지 않는다.

② 환산량 단위당 원가의 배부대상이 되는 원가에서 기초재공품원가가 포함되지 않는다.

③ 완성품 원가의 계산시 기초재공품 원가가 별도로 가산된다.

④ 당기발생원가는 당기에 수행된 작업량의 완성품 환산량에만 배분한다.

08. 종합원가계산을 적용하는 공정에서 재료 A는 공정 40% 시점에 전량 투입되며, 가공원가는 공정 전반에 걸쳐 균등하게 투입된다. 공정 30%가 진척된 기말재공품의 완성품환산량에 대한 설명으로 올바른 것은?

① 재료원가와 가공원가에 모두 완성품환산량이 포함된다.

② 재료원가에는 완성품환산량이 포함되지 않으며 가공원가에는 모두 포함된다.

③ 재료원가에는 완성품환산량이 포함되지 않으며 가공원가에는 30% 포함된다.

④ 재료원가와 가공원가에 모두 완성품환산량이 포함되지 않는다.

09. 다음 중 공손에 대한 설명으로 틀린 것은?

① 공손이란 품질에 미달하는 불합격품을 말한다.

② 정상공손이란 양질의 합격품을 얻기 위해서 필연적으로 발생하는 공손이다.

③ 비정상공손은 영업외비용으로 처리한다.

④ 공손품의 검사시점이 기말재공품의 완성도 이후인 경우에 기말재공품에도 정상공손원가를 배분한다.

10. 다음 중 공손에 관한 설명으로 틀린 것은?

① 공손품이란 정상품에 비해 품질이나 규격이 기준에 미달하는 불합격품을 말한다.

② 공손은 정상공손과 비정상공손으로 나뉜다.

③ 비정상공손원가는 영업외비용으로 처리한다.

④ 기말재공품이 검사 시점을 통과하지 못한 경우 정상공손원가는 완성품과 기말재공품에 배분한다.

11. 다음 중 공손에 대한 설명으로 틀린 것은?

① 정상공손은 생산과정에서 어쩔 수 없이 발생하는 공손을 말하는 것으로, 제조 활동을 효율적으로 수행하면 방지할 수 있는 통제 가능한 공손이다.

② 작업폐물이란 투입된 원재료로부터 발생하는 찌꺼기나 조각을 말하며, 판매가치가 상대적으로 작은 것을 말한다.

③ 공손품이란 정상품에 비하여 품질이나 규격이 미달되는 불합격품을 말한다.

④ 정상공손원가는 기말재공품이 검사시점을 통과하였으면 완성품과 기말재공품에 배분하고, 기말재공품이 검사시점을 미통과하였으면 완성품에만 배분한다.

12. 다음 중 종합원가계산에서 공손 및 감손에 대한 설명으로 틀린 것은?

① 감손이란 제조과정에서 증발, 분산, 가스화 등으로 공정에 투입된 원재료의 수량이 감소하여 나타나는 손실을 말한다.

② 비정상공손 및 감손은 영업외비용으로 처리한다.

③ 공손품의 검사시점이 기말재공품의 완성도 이후인 경우에는 기말재공품에 정상공손원가를 배분하지 않는다.

④ 감손은 잔존가치가 존재하므로 작업폐물과 같다.

13. 기말재공품의 완성도가 50%인데, 이를 70%로 잘못 파악하여 종합원가계산을 실행하는 경우, 다음 설명 중 틀린 것은?

① 기말재공품의 완성품환산량이 과대계상된다.

② 기말재공품의 원가가 과대계상된다.

③ 완성품환산량 단위당 원가가 과소계상된다.

④ 당기완성품의 완성품환산량이 과대계상된다.

14. 다음은 공손 및 작업폐물에 대한 설명이다. 틀린 것은?

① 공손품이란 재료의 불량, 종업원의 부주의나 과실 등으로 품질이나 규격이 정상품에 비하여 미달되는 불합격품을 말한다.

② 정상공손이란 제품을 생산하기 위하여 어쩔 수 없이 발생하는 공손으로서, 공손의 발생이 불가피한 성격을 갖기 때문에 제품원가에 가산한다.

③ 비정상공손이란 능률적인 생산이 이루어지는 경우라면 발생하지 않을 것으로 예상되는 공손을 말한다. 따라서 비정상공손은 원가에 가산하지 않고 공손이 발생한 기간의 영업외비용으로 처리한다.

④ 작업폐물이란 제품 제조를 위해 원재료를 가공하는 과정에서 발생하는 폐물로서, 제재업에서의 톱밥, 기계작업에서의 쇳가루 등을 말한다. 작업폐물이 특정작업과 관련된 경우에는 제조간접비에서 작업폐물의 평가액을 차감하고, 작업폐물이 여러 제품의 제조과정에서 발생한 경우에는 제조원가(직접재료비)에서 작업폐물의 평가액을 차감한다.

15. 다음 중 종합원가계산에 대한 설명으로 올바른 것을 모두 고른 것은?

> 가. 정상공손원가의 배분기준으로 검사시점을 통과한 합격품의 완성품환산량을 사용하는 것이 타당하다.
> 나. 정상공손수량은 평균법이 선입선출법보다 크게 계산된다.
> 다. 전공정원가에 대한 완성품환산량은 공정 초기(0% 시점)에 투입되는 재료원가처럼 계산한다.

① 가   ② 나   ③ 다   ④ 나, 다

16. ㈜부산은 제품제조원가 계산에 종합원가계산을 적용하고 있다. 20x1년 5월 제조와 관련하여 차후 검토 결과 월말 재공품의 완성도가 80%이었으나 30%로 잘못 적용하여 계산하는 오류가 발생하였다. 이러한 오류가 완성품환산량, 완성품환산량 단위당 원가, 완성품원가에 각각 미치는 영향으로 옳은 것은?

	완성품환산량	완성품환산량 단위당원가	완성품원가
①	과소	과대	과대
②	과소	과소	과소
③	과대	과대	과대
④	과대	과소	과소

 주관식

01. 종합원가계산의 계산 절차에 대해 순서대로 나열하시오.

> ㉠ 완성품환산량 계산
> ㉡ 물량흐름파악
> ㉢ 완성품원가와 기말재공품원가 계산
> ㉣ 완성품환산량 단위당 원가계산
> ㉤ 배분할 원가 요약(원가요소별 기초재공품원가와 당기발생원가의 파악)

02. ㈜채원의 종합원가계산 내역이다. 평균법에 의한 기말재공품 가공비환산량을 계산하면 얼마인가?

> • 기초재공품　　　0개　　　　　• 완성품　　　　　6,000개
> • 당기착수량　　　8,000개　　　• 기말재공품(50%)　2,000개
> • 당기 착수 : 재료비 2,160,000원, 가공비 1,600,000원
> • 원재료는 공정 초기에 투입되며, 가공비는 공정 전반에 걸쳐 투입된다.

03. 단일공정에서 단일제품을 생산하고 있는 ㈜정승의 8월 가공비 자료는 다음과 같다. 가공비가 공정 전반에 걸쳐 균등하게 발생할 때 선입선출법에 의한 가공비의 완성품환산량은 얼마인가?

구분	물량 단위
기초재공품 수량	10,000개 (완성도 70%)
당기착수량	150,000개
당기완성량	100,000개
기말재공품 수량	?개 (완성도 70%)

04. 다음 종합원가계산 자료에 의하여 재료비와 가공비의 당월 작업분의 완성품환산량을 각각 구하면 얼마인가? 단, 재공품 평가는 선입선출법에 따른다.

- 당월 착수수량 90,000개
- 당월 완성량 80,000개
- 월초 재공품수량 30,000개(완성도 : 재료비 70%, 가공비 60%)
- 월말 재공품수량 40,000개(완성도 : 재료비 60%, 가공비 20%)

05. ㈜한국은 선입선출법에 의한 종합원가계산을 사용한다. 제2공정의 물량 흐름에 관한 자료는 다음과 같다. 제2공정에서 직접재료가 가공원가 완성도 40%에서 투입된다면 직접재료원가와 가공원가의 당기작업량의 완성품환산량은 각각 얼마인가?

구 분	물량단위	가공원가완성도
기초재공품 수량	700개	50%
전공정대체량	5,300개	
당기완성품 수량	5,700개	
기말재공품 수량	300개	70%

06. ㈜세무는 종합원가계산을 적용한다. 직접재료는 공정 초기에 전량 투입되며, 가공원가는 공정 전반에 걸쳐 균등하게 발생한다. 가중평균법과 선입선출법에 의한 가공원가 완성품환산량은 각각 10,000개, 9,500개이다. 기초재공품의 수량이 2,500개라면 기초재공품의 가공원가 완성도는 몇 %인가?

07. ㈜한국은 단일제품을 대량으로 생산하고 있다. 직접재료는 공정이 시작되는 시점에 전량 투입되며, 가공원가는 공정 진행에 따라 균등하게 발생한다. 당기 완성품 수량은 15,000단위이며, 직접재료원가에 대한 총완성품환산량은 20,000단위, 가공원가에 대한 총완성품환산량은 18,000단위이다. 원가계산 시 평균법에 따라 계산할 경우 기말재공품의 가공원가 완성도는 얼마인가?

08. ㈜기업은 단일공정에서 단일제품을 생산 및 판매하고 있다. 당사는 종합원가계산을 적용하고 있으며, 원가흐름은 선입선출법을 가정하고 있다. 전환원가는 공정 전반에 걸쳐 균등하게 발생하며 기말에 계산한 전환원가의 완성품환산량 단위당 원가는 20원이다. 당기에 실제로 발생한 전환원가는 얼마인가?

	물 량	전환원가 완성도
기초재공품	500개	80%
기말재공품	800개	20%
당기착수량	3,500개	−

09. ㈜정성은 선입선출법에 의한 종합원가계산을 적용하고 있다. 직접재료는 공정이 시작되는 시점에서 전량 투입되며, 가공원가는 공정 진행에 따라 균등하게 발생한다. 다음 자료에 의한 기말재공품원가는 얼마인가?

- 기초재공품 : 100개(완성도 30%), 재료원가 10,000원, 가공원가 50,000원
- 당기 투입비용 : 재료원가 300,000원, 가공원가 680,000원
- 기말재공품 : 100개(완성도 70%)
- 당기완성품 : 300개

10. ㈜연수는 평균법에 의한 종합원가계산제도를 적용하고 있다. 기말재공품은 50,000단위인데 재료비 완성도는 100%, 가공비 완성도는 60%이다. 재료비의 완성품환산량 단위당 원가는 100원, 가공비의 완성품환산량 단위당 원가는 200원이라면 기말재공품원가는 얼마인가?

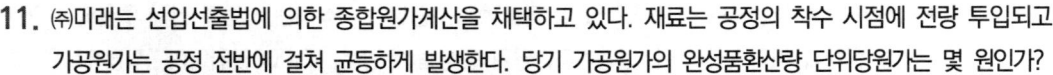

11. ㈜미래는 선입선출법에 의한 종합원가계산을 채택하고 있다. 재료는 공정의 착수 시점에 전량 투입되고 가공원가는 공정 전반에 걸쳐 균등하게 발생한다. 당기 가공원가의 완성품환산량 단위당원가는 몇 원인가?

구분	물량 단위	가공원가 완성도	재료원가	가공원가
기초재공품 수량	500개	50%	400,000원	300,000원
당기투입 수량	9,000개		900,000원	406,250원
당기완성품 수량	8,000개			
기말재공품 수량	1,500개	25%		

12. ㈜정상은 종합원가계산제도를 적용하고 있다. 공손품은 제품을 검사하는 시점에서 파악된다. 정상공손은 당기완성수량의 10%이다. 검사시점이 20%인 경우 비정상공손수량은 몇 개인가?

• 기초재공품(완성도 30%)	1,000개	• 당기착수량	3,500개
• 당기제품생산량	2,800개	• 기말재공품(완성도 70%)	1,200개

13. ㈜대한은 가중평균법에 의한 종합원가계산을 채택하고 있다. 품질검사는 제품의 완성도 40% 시점에서 이루어지며 당기 품질검사를 통과한 정상품의 2%를 정상공손으로 간주한다. 20x1년도의 제품 생산 관련 자료가 아래와 같을 때 다음 중 ㈜대한의 20x1년도 정상공손수량은?

• 기초재공품 수량 5,000단위(완성도 80%)	• 당기착수 수량 20,000단위
• 당기완성 수량 20,500단위	• 기말재공품 수량 4,000단위(완성도 60%)

14. 다음은 ㈜한국의 제조활동과 관련된 자료이다. ㈜한국은 선입선출법에 의한 종합원가계산을 사용하고 있다. 당기 중 발생한 정상공손 수량은 얼마인가? (단, 검사시점은 40% 공정이며, 정상공손은 당기 검사를 통과한 수량의 10%이다.)

• 기초재공품 : 200개(60%)	• 당기착수량 : 2,000개
• 기말재공품 : 300개(80%)	• 당기완성수량 : 1,700개

15. ㈜진용의 20x1년 7월의 제품제조원가는 1,000,000원으로 총 100,000단위의 제품을 완성하였으며, 이 중 60,000단위가 7월 중에 판매되었다. 그리고 7월 말 현재 가공 중인 재공품 25,000단위의 가공비 완성도는 50%, 원가는 650,000원이다. 공손 검사는 생산 완료 시에 이루어지며 7월의 정상공손원가는 20,000원, 비정상공손원가는 15,000원이다. 20x1년 7월에 비용으로 인식할 공손원가는 얼마인가? 단, 완성품수량에 공손품수량은 포함되어 있지 않다.

16. ㈜밸런스는 가중평균법에 의한 종합원가계산을 사용하며 최초 공정은 A공정이고 최종 공정은 B공정이다. B공정에서 직접재료는 공정의 50% 시점에서 일괄 투입되고 가공원가는 B공정 전반에 걸쳐 균등하게 발생한다. B공정의 20x1년 기말 완성품환산량 단위당 원가는 아래와 같다. 20x1년 기말 B공정의 재공품이 2,000개이고 가공원가의 완성도는 40%일 때 ㈜밸런스의 B공정 기말재공품원가를 구하시오.?

• 직접재료원가	200원/개
• 전공정(A공정)원가	700원/개
• 가공원가	400원/개

17. ㈜한우물은 단일제품을 대량으로 생산하고 있다. 재료는 공정 초기에 전량 투입되며, 가공원가는 공정 진행에 따라 균등하게 발생한다. 기초재공품 수량 2,000단위(완성도 50%), 당기투입수량 18,000단위이며, 당기의 직접재료원가에 대한 총완성품환산량은 18,000단위, 전환원가에 대한 총완성품환산량은 17,000단위, 당기 완성품 수량은 16,000단위이다. 원가계산 시 선입선출법에 따라 계산할 경우 기말재공품의 가공원가 완성도는 얼마인가?

18. 종합원가계산을 채택하고 있는 ㈜한국의 모든 원가는 공정 전반에 걸쳐 완성도에 따라 균등하게 발생한다. 20x1년 12월 말 기말재공품의 물량은 1,000단위이며, 완성도는 60%이다. 기말재공품원가가 24,000원이고, 완성품환산량 단위당 직접재료원가가 10원인 경우, 12월 말 완성품환산량 단위당 가공원가는 얼마인가?

19. ㈜서울은 종합원가계산을 채택하고 있다. 당기의 기초재공품은 1,000단위, 기말재공품은 2,000단위(완성도 70%)이며, 당기투입수량은 4,000단위이다. 선입선출법에 의한 완성품환산량이 4,000단위일 경우, 기초재공품의 완성도는 몇 %인가?

연/습/문/제 답안

🔑 객관식

1	2	3	4	5	6	7	8	9	10
③	③	③	②	④	④	①	③	④	④

11	12	13	14	15	16				
①	④	④	④	③	①				

[풀이 - 객관식]

01. 전공정대체원가는 전공정에서 당공정으로 이체되는 것으로 **항상 완성도가 100%**이다.

02. 인쇄업이나 조선업 등에 주문별, **작업별 원가계산에 사용되는 것은 개별원가계산**이다.

03. 개별작업별로 하는 원가 계산은 개별원가계산이다.

04. 다른 종류의 제품을 **조별로 연속하여 생산하는 생산형태에는 조별 원가계산**을 적용한다.

05. 주산물과 부산물을 구분하기 곤란한 경우 연산품원가계산을 적용한다.

06. 등급별원가계산에 대한 설명이다.

07. 선입선출법(②③④)은 기초재공품 완성분과 당기착수 완성분으로 구분이 가능하다고 가정하는 원가 흐름이며, 평균법(①)은 기초재공품 완성분과 당기착수 완성분으로 구분하지 않고 모두 당기에 착수되어 완성된 것으로 가정한다.

08. 재공품이 재료 **A가 투입되는 시점에 도달하지 않았으므로 재료원가는 포함되지 않고**, 가공원가는 공정 전반에 걸쳐 균등하게 투입되므로 공정진척도인 30%만큼 포함된다.

09. 공손품의 **검사시점이 기말재공품의 완성도 이후인 경우에는 기말재공품에 정상공손원가를 배분하지 않는다.**

10. 기말재공품이 검사 시점을 통과하지 못한 경우 정상공손원가는 완성품에만 배분한다.

11. 정상공손은 **생산과정에서 어쩔 수 없이 발생하는 공손**을 말하는 것으로, **기업이 통제할 수 없는 공손**이다.

12. 감손은 잔존가치가 전혀 없으므로 작업폐물과 구별된다.

13. 기말재공품의 완성도를 과대인식하여, 기말재공품의 완성품환산량이 과대계상되며, 완성품환산량 단위당 원가가 과소계상된다. 기말재공품의 완성도는 당기 완성품의 완성품환산량에 영향을 미치지 않는다.

14. 작업폐물이란 제품 제조를 위해 원재료를 가공하는 과정에서 발생하는 폐물로서, 제재업에서의 톱밥, 기계작업에서의 쇳가루 등을 말한다. 작업폐물이 **특정작업과 관련된 경우에는 제조원가(직접재료비)에서 작업폐물의 평가액을 차감**하고, 작업폐물이 **여러 제품의 제조과정에서 발생한 경우에는 제조간접비에서 작업폐물의 평가액을 차감**한다.

15. 가 : 정상공손원가는 **검사시점을 통과한 합격품 물량을 기준으로 배분**한다.

나 : **정상공손수량은 원가흐름에 대한 가정에 영향을 받지 않는다.** 평균법 또는 선입선출법에 의한 정상공손수량은 동일하다.

16. 기말재공품의 완성도 적용 오류(과소)이므로 평균법 또는 선입선출법 여부와 관계없이 동일한 결과를 나타낸다. **완성품 환산량은 과소계산**되며, 따라서 **완성품환산량 단위당 원가(원가÷완성품환산량)는 과대, 완성품원가(완성품 환산량×단위당 원가)도 과대계상**된다.

🔑 주관식

1	㉢㉠㉤㉣㉡	2	1,000개	3	135,000개
4	재료비 83,000개 가공비 70,000개	5	재료비 5,300개 가공비 5,560개	6	20%
7	60%	8	59,200원	9	240,000원
10	11,000,000원	11	@50원	12	220개
13	390단위	14	180개	15	27,000원
16	1,720,000원	17	50%	18	30원
19	40%				

[풀이 - 주관식]

02. 기말재공품 가공비환산량 = 기말재공품(2,000개) × 완성도(50%) = 1,000개

03.

⟨1단계⟩ 물량흐름파악(선입선출법)		⟨2단계⟩ 완성품환산량 계산	
재공품		재료비	가공비
완성품	100,000		
– 기초재공품	10,000(30%)	0	3,000
– 당기투입분	90,000(100%)	90,000	90,000
기말재공품	60,000(70%)	60,000	42,000
계	160,000	**150,000**	**135,000**

04. 재료비와 가공비는 완성도에 비례하여 투입된다.

〈1단계〉 물량흐름파악(선입선출법)		〈2단계〉 완성품환산량 계산	
재공품		재료비	가공비
완성품	80,000		
– 기초재공품	30,000(30%,40%)	9,000	12,000
– 당기투입분	50,000(100%,100%)	50,000	50,000
기말재공품	40,000(60%,20%)	24,000	8,000
계	120,000	**83,000**	**70,000**

05. 직접재료원가는 40%완성도 시점에서 투입

〈1단계〉 물량흐름파악(선입선출법)		〈2단계〉 완성품환산량 계산	
재공품		재료비	가공비
완성품	5,700		
– 기초재공품	700(50%)	0	350
– 당기투입분	5,000(100%)	5,000	5,000
기말재공품	300(70%)	300	210
계	6,000	**5,300**	**5,560**

06. 선입선출법과 평균법의 차이는 기초재공품의 완성도차이이다.

평균법(10,0000개) – 선입선출법(9,500개) = 500개

기초재공품 가공원가 완성도 = 완성도차이(500개) ÷ 기초재공품(2,500개) = 20%

07.

〈1단계〉 물량흐름파악(평균법)		〈2단계〉 완성품환산량 계산	
재공품		재료비	가공비
완성품	15,000(100%)	15,000	15,000
기말재공품	5,000(x%)	5,000	3,000
계	20,000	20,000	18,000

기말재공품의 가공원가 완성도 = 가공비 완성품환산량(3,000)/기말재공품 수량(5,000) = 60%

08.

〈1단계〉 물량흐름파악(선입선출법)		〈2단계〉 완성품환산량 계산	
재공품		재료비	가공비
완성품	3,200		
– 기초재공품	500(20%)		100
– 당기투입분	2,700(100%)		2,700
기말재공품	800(20%)		160
계	4,000		**2,960**
〈3단계〉 원가요약(당기투입원가)			2,960개×@20 = 59,200
〈4단계〉 완성품환산량당 단위원가			= @20

09.

〈1단계〉 물량흐름파악(선입선출법)			〈2단계〉 완성품환산량 계산	
재공품			재료비	가공비
기초재공품	100(70%)	완성품 300		
		– 기초재공품 100(70%)	0	70
		– 당기투입분 200(100%)	200	200
당기투입	300	기말재공품 100(70%)	100	70
계	400	계 400	**300**	**340**

〈3단계〉 원가요약(당기투입원가)   300,000   680,000

300개   340개

〈4단계〉 완성품환산량당 단위원가   = @ 1,000   = @2,000

〈5단계〉 완성품원가와 기말재공품원가계산

- 완성품원가 = **기초재공품원가(10,000 + 50,000)**

　+ 당기투입 완성품원가(200개 × @1,000 + 270개 × @2,000) = 800,000원

- 기말재공품원가 = 100개 × @1,000원 + 70개 × @2,000원 = **240,000원**

10.

〈1단계〉 물량흐름파악(평균법)			〈2단계〉 완성품환산량 계산	
재공품			재료비	가공비
		완성품		
		기말재공품 50,000(60%)	50,000	30,000
		계		

〈3단계〉원가요약(기초재공품원가 + 당기투입원가)

〈4단계〉 완성품환산량당단위원가   @100   @200

〈5단계〉 완성품원가와 기말재공품원가계산

- 기말재공품원가 = 50,000개 × @100원 + 30,000개 × @200원 = 11,000,000원

11.

〈1단계〉 물량흐름파악(선입선출법)			〈2단계〉 완성품환산량 계산	
재공품			재료비	가공비
		완성품 8,000		
		– 기초재공품 500(50%)	0	250
		– 당기투입분 7,500(100%)	7,500	7,500
		기말재공품 1,500(25%)	1,500	375
		계 9,500	**9,000**	**8,125**

〈3단계〉 원가요약(당기투입원가)   900,000   406,250

9,000개   8,125개

〈4단계〉 완성품환산량당 단위원가   = @ 100   = **@50**

12. 정상공손품수량 = 당기완성품(2,800개) × 10% = 280개

재공품			
기초재공품	1,000개	완성품	2,800개
		공손품　　**정상공손**	**280개**
		(500개)　　**비정상공손**	**220개**
당기투입	3,500개	기말재공품	1,200개
계	4,500개	계	4,500개

13. 정상공손은 당기 검사시점(40%)을 통과한 정상품의 2%로 간주한다.

　　정상공손 = [완성수량(20,500) – 기초(5,000, 80%) + 기말(4,000, 60%)] × 2% = 390단위

14. 검사(40%)통과수량 = [당기완성품(1,700) – 기초재공품(200) + 기말재공품(300, 80%)] × 10% = 180개

　　☞기초재공품(60%)은 전기에 검사를 받았다.

15. 기말재공품 완성도가 검사시점(100%시점)에 도달하지 못했으므로 **정상공손원가는 전액 제품에만 배부**되고, 이 중 판매된 60%가 매출원가로 비용화된다.

그리고 비정상공손원가는 영업외비용으로 처리한다.

완성품 100,000	판매(매출원가)	60,000	정상공손원가(20,000) × 60%(판매분)
	제품	40,000	+ 비정상공손원가(15,000) = 27,000원

16.

〈1단계〉 물량흐름파악(평균법)		〈2단계〉 완성품환산량 계산		
재공품(B공정)		전공정원가	재료비	가공비
완성품				
기말재공품　　**2,000(40%)**		**2,000**	**0**	**800**
계				
〈4단계〉 완성품환산량당단위원가		@700	@200	@400

〈5단계〉 기말재공품원가 = 2,000개 × @700 + 800개 × @400 = 1,720,000원

17.

〈1단계〉 물량흐름파악(선입선출법)			〈2단계〉 완성품환산량 계산	
재공품			재료비	가공비
기초	2,000	완성품 16,000		
		– 기초재공품 2,000(50%)	0	1,000
		– 당기투입분 14,000(100%)	14,000	14,000
당기투입	18,000	기말재공품 4,000(??%)	4,000	??(2,000)
	20,000	계 20,000	**18,000**	**17,000**

가공원가의 완성도 = 완성품환산량(2,000)/기말재공품(4,000) = 50%이다.

18.

〈1단계〉 물량흐름파악(평균법)		〈2단계〉 완성품환산량 계산
재공품		원가
	완성품	
	기말재공품　1,000(60%)	600
	계	

〈4단계〉 완성품환산량당단위원가 @40

〈5단계〉 기말재공품원가계산

　- 기말재공품원가 = 600개 × (@10 + 단위당 가공원가) = 24,000원

∴ 완성품 환산량 단위당 가공원가 = @30원

19.

〈1단계〉 물량흐름파악(선입선출법)			〈2단계〉 완성품환산량 계산	
재공품			재료비	가공비
기초재공품	1,000(??%)	완성품　3,000		
		- 기초재공품　**1,000(??%)**		**(600)**
		- 당기투입분　2,000(100%)		2,000
당기투입	4,000	기말재공품　2,000(70%)		1,400
계	5,000	계　5,000		**4,000**

∴ 기초재공품의 완성도 = **1 - 당기 완성품환산량(600) ÷ 기초재공품(1,000) = 40%**

결합원가계산

NCS회계 - 4   원가계산

1. 결합원가계산의 의의

동일한 **원재료로부터 동일한 제조공정을 거쳐 동시에 생산되는 두 종류 이상의 서로 다른 제품을 결합제품**이라 하고, 이러한 동일한 제조공정의 원가를 각 결합제품에 배부하여야 하는데 이를 결합원가계산이라 한다.

결합제품의 대표적인 예로 정유산업의 원유가 가솔린, 등유, 경유와 기타제품으로 가공되고, 한우가 등심, 안심, 갈비와 기타 제품으로 가공되는 것이 있다.

결합제품은 크게 **연산품(주산물)과 부산물**로 나눈다.

연산품(주산물)이란 결합제품 중 상대적으로 판매가치가 비교적 큰 제품을 말한다.

부산물이란 연산품의 제조과정에서 부수적으로 생산되는 제품으로서 연산품에 비하여 상대적으로 판매가치가 작은 제품을 말한다.

정유업에서 있어서 연산품은 가솔린, 등유, 중유 등을 말하고 부산물은 아스팔트를 예로 들 수 있다.

2. 결합원가배분

결합원가를 이해하기 위해서 공정도를 그려보도록 하겠다.

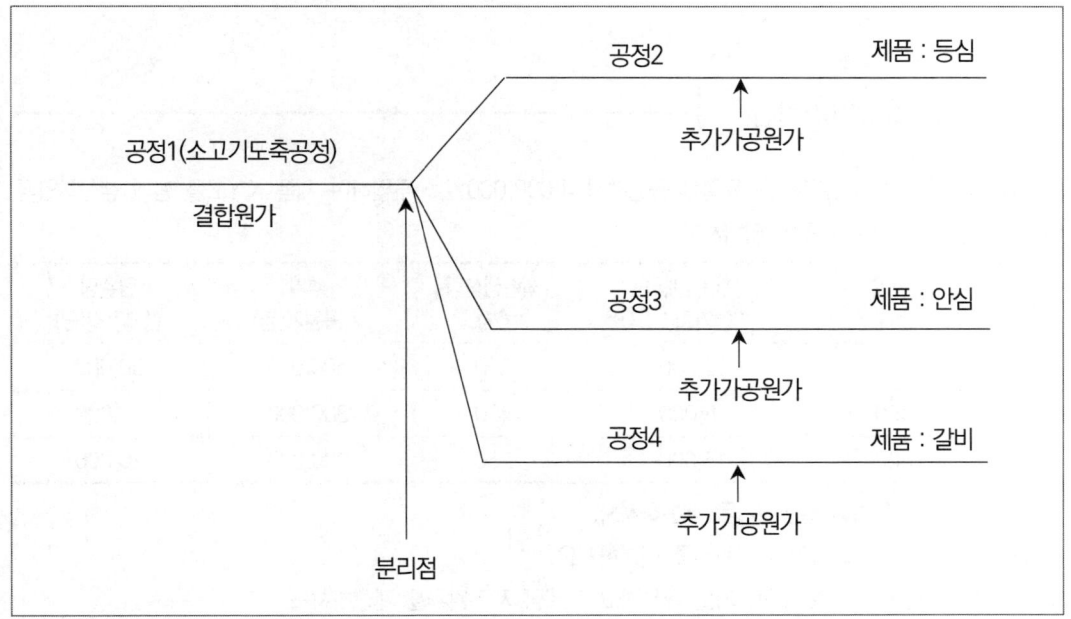

공정1에서 발생된 결합원가를 개별제품(연산품)에 배분해야 하는데 **결합원가(매몰원가임)와 연산품간의 명백한 인과관계를 파악하기 어려우므로** 인위적인 방법에 의하여 결합원가를 배분해야 한다. 따라서 **정확한 제품원가계산이 불가능**하고, **의사결정시 결합원가는 고려대상에서 제외된다.**

(1) 물량기준법

연산품의 물리적 특성인 생산량, 중량, 부피, 면적 등 **분리점에서의 물량을 기준**으로 하여 결합원가를 배분하는 방법이다.

(2) 판매가치기준법

연산품의 **분리점에서의 판매가치(분리점에서 생산량×분리점에서 판매가격)를 기준**으로 하여 결합원가를 배분하는 방법이다.

(3) 순실현가치법

판매시점에서의 연산품의 **순실현가치(=개별제품의 최종판매가액 – 추가가공원가 – 판매비)를** 기준으로 하여 결합원가를 배분하는 방법이다.

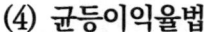

(4) 균등이익율법

개별제품의 최종판매가치에 대하여 매출총이익률이 같아지도록 결합원가를 배분하는 방법이다. 이 방법을 적용하면 **기업전체 매출총이익률과 개별제품의 매출총이익률이 같아진다.**

| <예제> 결합원가계산 |

당기에 사업을 개시한 ㈜한강은 동일한 공정에서 4,000,000원을 투입하여 제품 X,Y,Z를 함께 생산하였다. 다음 자료를 이용하여 물음에 답하시오.

제품	생산량 (KG)	분리점에서 판매가치(KG당)	최종생산량 (개)	추가 가공원가(원)	단위당 판매가격(원)
X	250	12,000	200	500,000	30,000
Y	450	8,000	400	300,000	10,000
Z	300	15,000	250	200,000	20,000

1. 물량기준법에 의하여 결합원가를 배분하시오.
2. 판매가치기준법에 의하여 결합원가를 배분하시오.
3. 순실현가치법에 의하여 결합원가를 배분하고 단위당 제조원가를 계산하시오.

해답

[공정도]

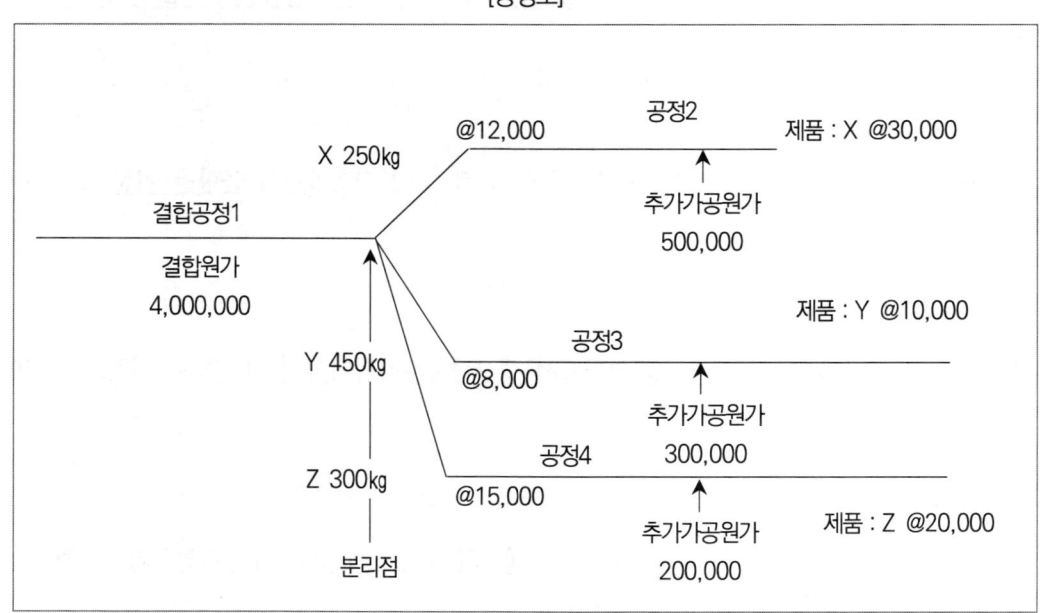

1. 물량기준법
  – **분리점에서의 생산량**으로 결합원가를 계산한다.

제품	생산량	결합원가배분액
X	250	4,000,000 × 250/1,000 = 1,000,000
Y	450	4,000,000 × 450/1,000 = 1,800,000
Z	300	4,000,000 × 300/1,000 = 1,200,000
계	1,000	4,000,000

2. 판매가치기준법 : **분리점에서 생산량**으로 판매가치를 환산하여 계산한다.

제품	총판매가액	결합원가배분액
X	250 × 12,000 = 3,000,000	4,000,000 × 3,000,000/11,100,000 = 1,081,081
Y	450 × 8,000 = 3,600,000	4,000,000 × 3,600,000/11,100,000 = 1,297,297
Z	300 × 15,000 = 4,500,000	4,000,000 × 4,500,000/11,100,000 = 1,621,622
계	11,100,000	4,000,000

3. 순실현가치법 : **최종판매시점에서의 생산량**에 대하여 순실현가치를 계산한다.
  ① 결합원가배분

제품	순실현가치	결합원가배분액
X	200 × 30,000 – 500,000 = 5,500,000	4,000,000 × 5,500,000/14,000,000 = 1,571,429
Y	400 × 10,000 – 300,000 = 3,700,000	4,000,000 × 3,700,000/14,000,000 = 1,057,143
Z	250 × 20,000 – 200,000 = 4,800,000	4,000,000 × 4,800,000/14,000,000 = 1,371,428
계	14,000,000	4,000,000

  ② 총제조원가와 단위당 제조원가

제품	총제조원가	단위당제조원가
X	1,571,429 + 500,000 = 2,071,429	2,071,429/200개 = 10,357
Y	1,057,143 + 300,000 = 1,357,143	1,357,143/400개 = 3,393
Z	1,371,428 + 200,000 = 1,571,428	1,571,428/250개 = 6,286

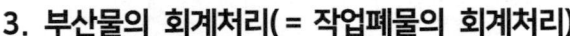

3. 부산물의 회계처리(= 작업폐물의 회계처리)

부산물과 작업폐물은 연산품에 비하여 판매가치가 현저히 낮으므로 연산품과 같은 방법으로 결합원가를 배분할 수 없다.

생산기준법이란 생산시점에서 **부산물을 순실현가치로 평가**하여 결합원가에서 부산물의 순실현가치를 차감한 금액을 연산품에 배분하는 방법이다.

판매기준법이란 부산물에 결합원가를 배분하지 않고 부산물의 판매시점에서 부산물의 판매이익을 잡이익으로 처리하는 방법이다.

구　분		생산기준법	판매기준법
부 산 물 인 식 시 점		부산물 생산시	부산물 판매시
회　계 처　리	생　산　시	부산물 XX ／ 재공품 XX	없음
	판　매　시	현금 XX ／ 부산물 XX	현 금 XX ／ 잡이익 XX
분 리 점 에 서 평　　가　　액		부산물의 순실현가치 (결합원가가 배분됨)	0 (결합원가가 배분되지 않음)
연산품에 배분되는 결 　합 　원 　가		**결합원가 − 부산물의 순실현가치**	**결합원가**

연/습/문/제

 객관식

01. 다음 중 부산물에 대한 설명으로 올바른 것은?

① 주산물의 수익에 비해 적은 수익을 창출하는 제품

② 작업폐물로 처리될 원료로부터 생산된 제품

③ 동일한 종류의 원재료를 투입하여 동시에 생산되는 서로 다른 2종 이상의 제품

④ 주산물보다 더 높은 판매가치를 가지는 제품

02. 다음 중 결합원가배분방법과 관련이 없는 것은?

① 물량기준법

② 분리점에서의 판매가치기준법

③ 균등이익률법

④ 원가차감법

03. 다음의 내용은 무엇에 대한 설명인가?

생산과정에서 생기는 재료의 찌꺼기나 조각으로 인쇄소에서 종이 절단 후 나오는 종이 부스러기, 목공소의 톱밥, 프레스 공정 후의 철판 잔여물 등을 말한다.

① 연산품 ② 작업폐물

③ 공손 ④ 감손

04. 다음 중 결합원가와 관련된 설명으로 틀린 것은?

① 결합원가는 동일한 원료 또는 재료를 가공하여 서로 다른 제품들을 생산하는 과정에서 발생하는 원가이다.

② 분리가능원가는 분리점 이후 추가가공으로 인하여 발생하는 가공원가 등의 비용을 모두 포함한 원가이다.

③ 순실현가치법은 추가가공 후 모든 연산품의 매출총이익률을 같게 만든다.

④ 결합원가의 배분 방법으로서 물량기준법은 각 개별제품의 수익성을 왜곡시킬 가능성이 있다.

05. 다음 중 결합원가와 관련한 설명으로 틀린 것은?

① 균등이익률법에서는 조건이 같다면 추가가공원가가 높은 제품에 더 많은 결합원가가 배부된다.

② 물량기준법을 사용하면 개별제품에 대한 수익성을 잘못 판단할 가능성이 있다.

③ 분리점판매가치법에서 분리점의 판매가치를 계산할때에는 판매량이 아닌 생산량을 이용한다.

④ 균등매출총이익률법을 이용하여 결합원가를 배분하면 분리점 이후에 추가가공을 하는 경우에도 각 개별제품의 매출총이익률은 동일하다.

06. 다음 중 결합원가에 관한 설명으로 올바른 것은?

① 균등이익률법에서는 조건이 같다면 추가가공비가 높은 제품에 더 많은 결합원가가 배부된다.

② 분리점판매가치법에서 분리점의 판매가치를 계산할 때에는 생산량이 아닌 판매량을 이용한다.

③ 물량기준법은 제품의 판매가격을 알 수 없을 때 유용하게 사용될 수 있다.

④ 기업이익을 극대화하기 위한 추가가공 의사결정을 할 때 이미 배분된 결합원가를 고려해야 한다.

07. 다음 중 연산품 종합원가계산에 대한 설명으로 틀린 것은?

① 연산품은 동일 재료를 투입하여 동일한 공정에서 서로 다른 종류의 제품이 생산되는 것을 말한다.

② 연산품을 분리점에서 판매할 것인지 아니면 추가 가공하여 판매할 것인지에 대한 의사결정시 결합원가는 최우선 고려사항이다.

③ 연산품 원가계산은 일정 단계가 되기 전까지 주산물과 부산물이 명확히 구분하기 곤란한 경우에 적용한다.

④ 물량 기준에 의한 결합원가의 배분은 각 제품의 물량과 판매가격 사이에 밀접한 상관관계가 존재하는 경우에 적용한다.

08. 다음 중 결합원가에 대한 설명으로 틀린 것은?

① 동일한 원재료에서 출발하여 서로 다른 제품으로 인식되는 시점을 분리점이라 한다.

② 인과관계에 따라 정확한 배부기준을 사용하므로 결합원가는 개별제품에 추적이 가능하며, 정확한 원가계산이 가능하다.

③ 동일한 공정에서 동일한 재료를 투입하여 생산되는 두 종류 이상의 서로 다른 제품을 연산품이라 한다.

④ 분리점 이후의 가공과정에서 발생한 제조원가를 추가가공원가라 하며, 이는 의사결정과정에 영향을 미친다.

09. 다음 중 부산물에 관한 설명으로 틀린 것은?

① 함께 생산되는 제품 중 판매가치가 상대적으로 높은 것이다.

② 부산물을 생산기준법에 따라 회계처리할 경우, 부산물의 원가는 순실현가치로 기록한다.

③ 부산물은 연산품원가계산에서 주산물과 비교되는 개념이다.

④ 부산물은 정상적인 생산과정에서 발생한다.

10. 다음 중 부산물에 관한 설명으로 틀린 것은?

① 정상적으로 생산을 진행하여도 부산물이 만들어질 수 있다.

② 결합제품의 생산과정에서 만들어지는 생산품이므로 등급별원가계산을 적용한다.

③ 부산물의 회계처리방법으로는 생산기준법과 판매기준법이 있다.

④ 결합공정에 의하여 생산된 부산물의 순실현가치는 0보다 작을 수 있다.

11. 연산품과 부산물에 대한 설명이다. 틀린 것은?

① 부산물을 생산기준법(원가차감법)에 따라 회계처리할 경우, 부산물의 원가는 순실현가치로 기록하며, 이 금액만큼 주산품에 배분되는 결합원가에서 가산한다.

② 연산품을 분리점에서 판매할 것인지 아니면 추가가공하여 판매할 것인지에 대한 의사결정시 결합원가는 고려하지 않는다.

③ 연산품이란 동일한 종류의 원재료를 투입하여 동시에 생산되는 서로 다른 2종 이상의 제품을 말한다.

④ 연산품은 분리점에 도달할 때까지 발생한 결합원가를 일정한 기준에 따라 각 제품에 배분해 주어야 한다.

12. 다음 중 결합원가와 관련된 설명으로 틀린 것은?

① 결합원가는 동일한 원료 또는 재료를 가공하여 서로 다른 제품을 생산하는 과정에서 발생한 원가이다.

② 분리점이후에 개별제품에 발생하는 원가로 개별제품에 추적이 가능한 원가를 추가가공원가 또는 분리가능원가라 한다.

③ 결합원가를 투입하여 동시에 생산되는 서로 다른 두 종류이상의 개별제품을 주산품이라 한다.

④ 분리가능원가는 분리점 이후에 추가가공으로 발생하는 가공원가, 유통비용, 마케팅비용 등이 모두 포함된 원가이다.

13. ㈜여수는 재료를 투입하여 주산품 A와 B, 부산물 C를 생산하고 있다. 각 제품은 분리점 이후에 추가가공된 후에 판매된다. 분리점 이전의 결합원가는 1,300,000원이며, 순실현가치법에 의하여 배부한다. 20x1년 중의 생산 및 판매 관련 자료는 다음과 같다. 부산물을 생산시점에서 인식한다고 가정할 때, 다음 설명 중 틀린 것은? 단, 기초재고는 없다.

제품	생산량	판매량	추가가공원가	kg당 판매단가
A	300kg	300kg	200,000원	4,000원
B	600kg	600kg	300,000원	3,000원
C	100kg	100kg	–	1,000원

① 제품 A의 총제조원가는 480,000원이다.

② 제품 B의 총제조원가는 1,020,000원이다.

③ 회사 전체의 매출총이익은 1,300,000원이다.

④ 부산물에 대한 결합원가 배부액은 100,000원이다.

 주관식

01. ㈜대전은 결합제조공정에서 제품 A와 제품 B를 생산하고 있다. ㈜대전은 제품 A 1,000개와 제품 B 500개를 생산했으며, 분리점에서 단위당 판매가격은 제품 A 100원, 제품 B 50원이다. 분리점에서의 판매가치법에 따라 제품 B에 배분되는 결합원가가 200,000원이었다면 총결합원가는 얼마인가?

02. ㈜회계는 결합원가를 물량기준법에 의해 배분하고 있다. 다음 자료에 의하여 결합원가 3,000,000원 중 X제품에 배분될 결합원가는?

연산품	수 량	단위당 판매가격	총 판매가격
X	1,500개	5,000원	7,500,000원
Y	3,500개	1,000원	3,500,000원
Z	2,500개	2,000원	5,000,000원
합 계	7,500개		16,000,000원

03. ㈜연세는 균등매출총이익률법에 의해 결합원가를 배부하고 있다. 결합제품 X에 배부된 결합원가가 170,000원일 때 총결합원가는 얼마인가?

결합제품	용량	kg당 최종판매가격	추가가공원가
X	500kg	560원	40,000원
Y	600kg	400원	60,000원

04. ㈜세무는 균등매출총이익률법에 의해 결합원가를 배부하고 있다. 결합제품 Y에 배부된 결합원가가 60,000원일 때 총결합원가는 얼마인가?

결합제품	용량	kg당 최종판매가격	추가가공원가
X	250kg	160원	20,000원
Y	300kg	400원	30,000원

05. ㈜연수는 단일 공정을 통해 결합제품 A, B를 생산하고 있으며, 당기 결합원가 발생액은 50,000원이다. 다음 자료를 이용하여 균등이익률법으로 결합원가를 배부할 경우 제품 A에 배부될 금액은 얼마인가?

구분	추가가공 후 판매가격	추가가공원가
제품 A	60,000원	15,000원
제품 B	40,000원	25,000원

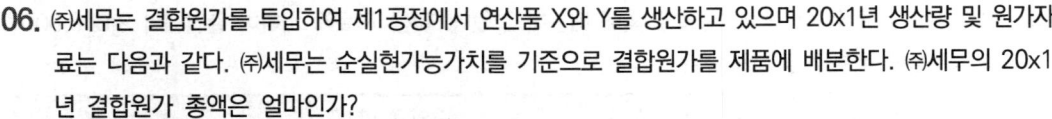

06. ㈜세무는 결합원가를 투입하여 제1공정에서 연산품 X와 Y를 생산하고 있으며 20x1년 생산량 및 원가자료는 다음과 같다. ㈜세무는 순실현가능가치를 기준으로 결합원가를 제품에 배분한다. ㈜세무의 20x1년 결합원가 총액은 얼마인가?

구분	연산품 X	연산품 Y	합계
결합원가	25,000원	?	?
생산량	300개	200개	
단위당 판매가격	2,000원	2,500원	
단위당 판매비	1,000원	1,000원	

07. ㈜명인은 결합원가를 순실현가치법으로 배분하고 있다. 당기에 발생한 결합원가가 2,000,000원인 경우 A 제품에 배분될 결합원가는 얼마인가?

제품	생산량	단위당 판매가격	단위당 추가가공원가
A	5,000개	900원	100원
B	4,000개	1,700원	200원

08. ㈜희망은 제품의 제조 공정상 발생하는 부산물의 생산이 완료되었을 때 부산물의 순실현가치를 주산물에 배부한다. 부산물의 판매가격은 50,000원, 판매비용은 30,000원이라고 할 때 주산물에 배부할 부산물 금액은 얼마인가?

09. ㈜수리는 하나의 동일한 공정에서 A제품 10,000개, B제품 5,000개, 부산물 1,000개를 생산하였다. 분리점에서 A제품은 단위당 200원, B제품은 단위당 100원에 판매할 수 있다. 결합원가는 750,000원이 발생했고 상대적 판매가치를 기준으로 배부한다. 부산물은 분리점에서 단위당 10원에 판매되는데 단위당 2원의 판매비용이 발생한다. ㈜수리가 부산물을 생산기준법(원가차감법)으로 회계처리한다면 A 제품과 B제품에 배부되는 결합원가의 합계액은 얼마인가?

10. ㈜기업은 20x1년에 주산물 1,000개와 부산물 200개를 생산하면서 결합원가가 154,000원 발생하였다. 부산물은 분리점 이후에 판매되는데, 판매단가는 55원이며 판매비용은 단위당 10원이다. ㈜기업은 부산물의 회계처리시 원가차감법을 사용하며 생산시점에서 부산물의 원가를 인식한다고 할 때, 주산물에 배부되어야 할 결합원가는 얼마인가? (단, 결합공정에서 재공품은 없다.)

11. ㈜대한은 분리점에서 판매가치법을 사용하여 결합원가를 각 제품에 배부한다. 20x1년도에 결합공정을 거쳐 결합제품 A와 B를 각각 1,500단위 생산하였으며, 재공품은 없다. 분리점에서 결합제품 A와 B의 단위당 판매가격은 각각 300원과 200원이며, ㈜대한의 결합제품 B에 배분된 결합원가가 120,000원일 경우 결합원가 총액을 구하시오.

연/습/문/제 답안

🔑 객관식

1	2	3	4	5	6	7	8	9	10
①	④	②	③	①	③	②	②	①	④

11	12	13							
①	③	①							

[풀이 - 객관식]

01. 부산물은 **주산물의 수익에 비해 적은 수익을 창출하는 제품**을 말한다.

02. 원가차감법은 부산물의 회계처리 방법이다.

03. 작업폐물은 생산과정에서 생기는 재료의 찌꺼기나 조각으로 인쇄소에서 종이 절단 후 나오는 종이 부스러기, 목공소의 톱밥, 프레스 공정 후의 철판 잔여물을 말한다.

04. 균등이익률법은 **추가가공 후 모든 연산품의 매출총이익률을 같게 만든다.**

05. 균등이익률법은 연산품의 이익률이 동일하게 하므로 조건이 같다면 **추가가공원가가 높은 제품에 더 적은 결합원가가 배분**된다.

06. ① 균등이익률법에서는 조건이 같다면 **추가가공비가 높은 제품에 더 적은 결합원가가 배부**된다.

　② 분리점판매가치법에서 분리점의 판매가치를 계산할 때에는 **판매량이 아닌 생산량을 이용**한다.

　④ 기업이익을 극대화하기 위한 추가가공 의사결정을 할 때 이미 **배분된 결합원가는 매몰원가이므로 고려하지 않는다.**

07. **결합원가는 매몰원가로서, 추가가공 여부를 의사결정할 때 고려사항**이 아니다.

08. 결합원가는 **인과관계에 따른 개별제품 추적이 불가능하여 정확한 원가계산이 불가능**하다.

09. 부산물은 함께 생산되는 제품 중 **판매가치가 상대적으로 낮은 제품**을 말한다.

10. 결합공정에 의하여 생산된 **부산물의 순실현가치가 음수이면 작업폐물에 해당**한다.

11. 생산기준법(원가차감법)에 따라 회계처리하는 경우 부산물의 원가는 순실현가치로 기록하며, 이 금액만큼 **주산품에 배분되는 결합원가에서 차감**한다.

12. 결합원가를 투입하여 동시에 생산되는 **서로 다른 두 종류이상의 개별제품을 연산품 또는 결합제품**이라 한다.

13. 부산물(c)의 순실현가치 = 판매량(100) × 순실현가치(1,000) = 100,000원④

결합원가배분액 = 결합원가(1,300,000) − 부산물의 순실현가치(100,000) = 1,200,000원

제품	생산판매량	추가가공원가	kg당 판매단가	순실현가치	배부액
A	300kg	200,000	4,000	1,000,000(40%)	**480,000**
B	600kg	300,000	3,000	1,500,000(60%)	**720,000**
				2,500,000	1,200,000

제품	매출액	추가가공원가	결합원가배분액	제조원가	매출총이익
A	1,200,000	200,000	480,000	**680,000**①	520,000
B	1,800,000	300,000	720,000	**1,020,000**②	780,000
계	3,000,000	500,000	1,200,000	1,700,000	**1,300,000**③

🔑 주관식

01	1,000,000원	**02**	600,000원	**03**	290,000원
04	70,000원	**05**	39,000원	**06**	50,000원
07	800,000원	**08**	20,000원	**09**	742,000원
10	145,000원	**11**	300,000원		

[풀이 - 주관식]

01. 〈판매가치법〉

제품	생산량	단위당가격	총판매가격	배부율	배부액
A	1,000	100	100,000	80%	800,000
B	500	50	25,000	20%	200,000
계	1,500		125,000	100%	**1,000,000**

02. 〈물량기준법〉

연산품	수 량	배분율	결합원가	결합원가배분액
X	1,500개	20%		**600,000원**
Y	3,500개	46.67%	3,000,000원	1,4000,000원
Z	2,500개	33.33%		1,000,000원
합 계	7,500개	100%	−	3,000,000원

03. 〈균등이익률법〉

제품	생산량	단위당 가격	총판매 가 격	추가가공 원가	결합원가	이익	이익률
X	500	560	280,000	40,000	170,000	70,000	**25%**
Y	600	400	240,000	60,000	120,000	60,000	**25%**
계			520,000	100,000	290,000	130,000	

04. 균등이익율법 → 제품 Y의 매출총이익률은 전체의 균등매출총이익률과 동일하다.

제품	생산량	단위당 가격	총판매 가 격	추가가공 원가	결합원가	매출이익	이익율
X	250kg	160	40,000	20,000	?	?	?(25%)
Y	300kg	400	120,000	30,000	60,000	30,000	25%
계			160,000	50,000	70,000	?	?(25%)

총판매가격(160,000) × 이익률(25%) = 총매출이익(40,000원)

총매출이익(40,000) = 총매출액(160,000) – 추가가공원가(50,000) – 총결합원가(?)

∴ 총결합원가 = 70,000원

05. 〈균등이익율법〉 전체의 균등매출총이익률은 제품별 매출총이익률은 동일하다.

매출총이익 = 판매가격(100,000) – 추가가공원가(40,000) – 결합원가(50,000) = 10,000원

매출총이익률 = 매출총이익(10,000) ÷ 총매출액(100,000) = 10%

제품	판매가격	추가가공원가	결합원가	매출이익	이익율
A	60,000	15,000	**?(39,000)**	6,000	10%
B	40,000	25,000		4,000	10%
계	100,000	40,000	**50,000**	10,000	10%

06. 〈순실현가능가치법〉

제품	생산량	가격	총판매가격	판매비	순실현가치	배부율	결합원가배부액
X	300	@2,000	600,000	300,000	300,000	50%	25,000
Y	200	@2,500	500,000	200,000	300,000	50%	25,000
계			1,100,000		600,000	100%	**50,000**

07. 〈순실현가치법〉

제품	생산량	단위당 가격	총판매 가 격	추가가공 원가	순실현가치	배부율	결합원가배부액
A	5,000	900	4,500,000	500,000	4,000,000	40%	**800,000**
B	4,000	1,700	6,800,000	800,000	6,000,000	60%	1,200,000
계			11,300,000		10,000,000	100%	2,000,000

08. 배부할 부산물금액 = 부산물 판매가격(50,000) – 판매비용(30,000) = 20,000원

09. 부산물의 순실현가치 = 1,000개 × [단위당 판매가격(10) – 단위당 판매비용(2)] = 8,000원

배부되는 결합원가(생산기준법) = 결합원가(750,000) – 순실현가치(8,000) = 742,000원

10. 부산물의 순실현가치 = 200개 × [단위당 판매가격(55원) – 단위당 판매비용(10원) = 9,000원

주산물에 배분되는 결합원가(생산기준법) = 결합원가(154,000) – 부산물의 순실현가치(9,000)

= 145,000원

11. 〈판매가치법〉

제품	생산량	단위당가격	총판매가격	배부율	배부액
A	1,500	300	450,000	60%	180,000
B	1,500	200	300,000	40%	120,000
계	3,000		750,000	100%	**300,000**

결합원가총액 = B결합원가 배부액(120,000)/배부율(40%) = 300,000원

NCS회계 - 4   원가계산

제1절   개 요

1. 표준원가계산의 의의 및 유용성

① 직접재료비, 직접노무비, 변동제조간접비, 고정제조간접비에 대하여 사전에 설정해 놓은 **표준원가(SQ × SP)를 이용하여 제품원가계산**을 한다.

   → 신속한 제품원가계산

② 표준원가를 사용하면 실제원가계산의 문제점인 **제품단위원가가 변동되지 않는다.**

③ 실제원가(AQ × AP)와 표준원가와의 차이을 분석함으로써 **성과평가에 유용**하다.

④ 기업이 연초에 수립한 계획을 수치화하여 **예산을 편성하는데 기초**가 된다.

⑤ 표준원가는 평가한 결과가 **실제원가와 유사한 경우에 편의상 사용(재무제표에 표시)**할 수 있다.

   그리고 정기적으로 검토하여야 하며 현재 상황에 맞게 조정하여야 한다.

		실제원가계산	표준원가계산
직접재료비		실제원가(AQ×AP)	**표준원가(SQ×SP)**
직접노무비		실제원가(AQ×AP)	**표준원가(SQ×SP)**
제조간접비	변동	실제원가(AQ×AP)	**표준원가(SQ×SP)**
	고정	실제발생액	**표준배부액(SQ×SP)**

AQ(Actual Quantity) : 실제투입량   AP(Actual Price) : 실제가격
SQ : 실제산출량에 허용된 표준투입량(표준조업도)   SP(Standard Price) : 표준가격

2. 표준원가계산의 한계

① 표준원가의 설정이 쉽지 않으며, **표준원가를 설정하는데 시간과 비용이 많이 소요**된다.
② 표준원가는 **재무적 측정치(원가통제)만을 강조하고 비재무적 측정치(품질, 납기 등)를 도외시**한다.
③ 표준원가와 실제원가와의 차이에 대해서 어느 정도까지 관리해야 할지 **객관적인 기준이 없다.**

3. 표준원가의 종류

① 이상적 표준 : 최선의 조건(완전 이상적인 조업조건)하에서만 달성할 수 있는 최저목표원가를 말하는데, 현실적 표준을 설정하기 위한 출발점으로 생각하면 된다.
② 정상적 표준 : 정상적인 조업수준이나 능률수준에 대하여 설정된 표준원가로서, 이상 또는 우발적인 상황을 제거한 것이다.
③ 현실적 표준 : 매우 능률적인 작업환경하에서 달성가능한 표준원가로서 정상적인 기계고장이나 공손, 종업원의 휴식시간 등을 고려한 원가이다. 따라서 종업원의 동기부여에 긍정적인 영향을 미친다. 현재 **표준원가계산제도에서의 표준원가라 하면 일반적으로 현실적 표준원가를 많이 사용**하고 있다.

제2절 차이분석

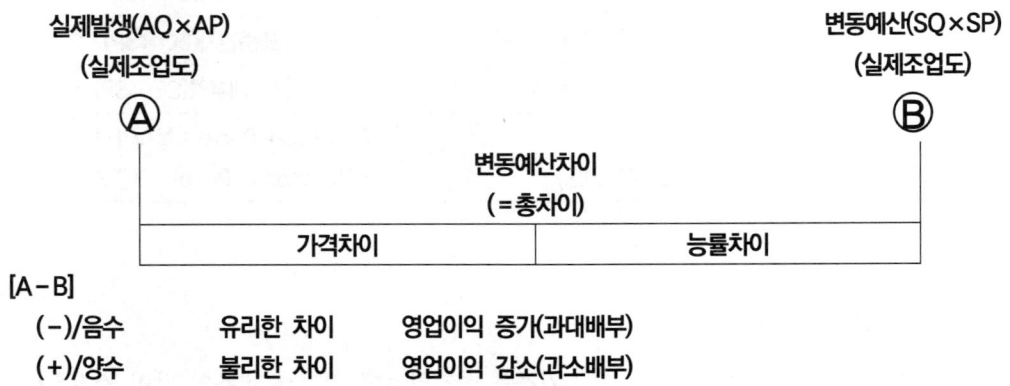

실제발생(AQ×AP)   변동예산(SQ×SP)

(실제조업도)   (실제조업도)

Ⓐ   Ⓑ

변동예산차이
(=총차이)

| 가격차이 | 능률차이 |

[A–B]

(-)/음수   유리한 차이   영업이익 증가(과대배부)

(+)/양수   불리한 차이   영업이익 감소(과소배부)

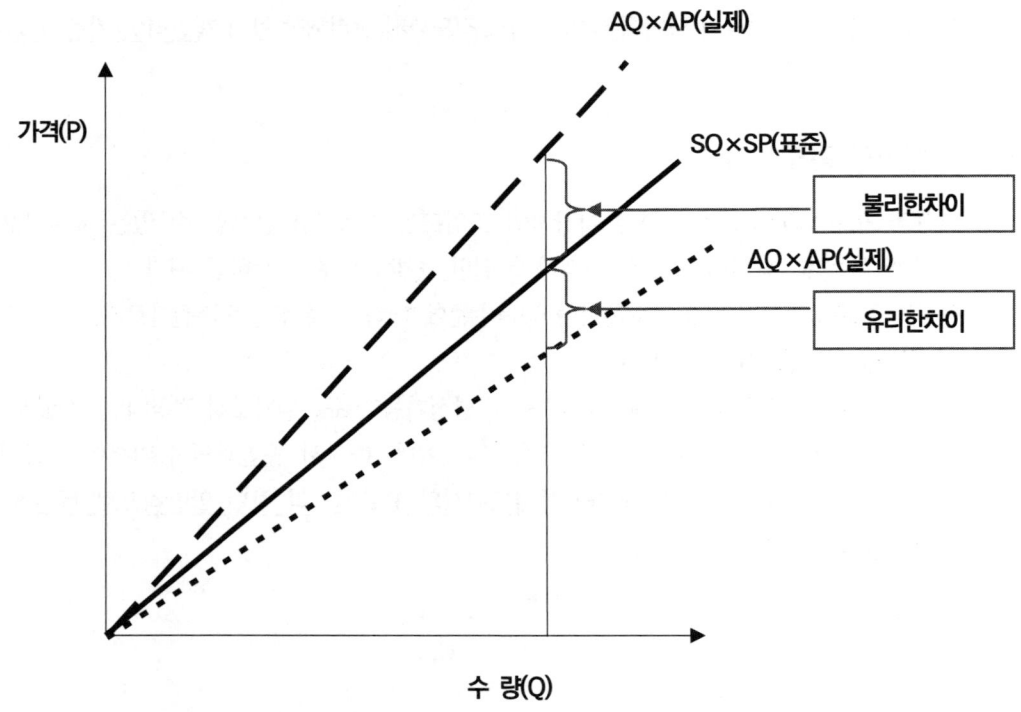

가격(P)

AQ×AP(실제)

SQ×SP(표준)

불리한차이

AQ×AP(실제)

유리한차이

수 량(Q)

1. 변동제조원가 차이분석

(1) 차이분석(직접재료비, 직접노무비, 변동제조간접비) : <u>재료가격차이를 사용시점에서 분리하는 경우</u>

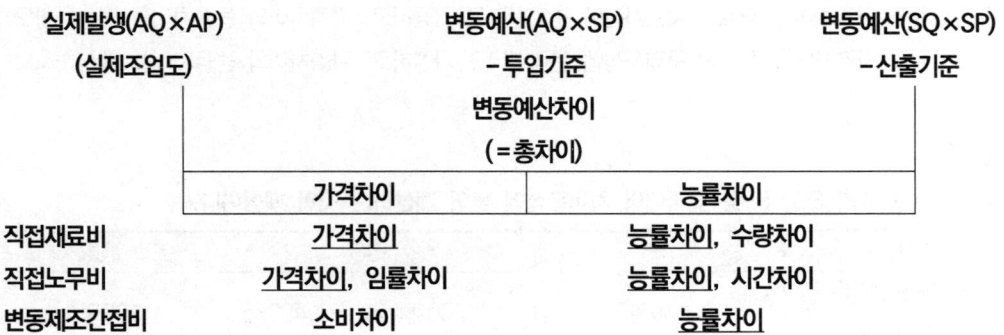

실제발생(AQ×AP)	변동예산(AQ×SP)	변동예산(SQ×SP)
(실제조업도)	−투입기준	−산출기준
	변동예산차이	
	(＝총차이)	
	가격차이	능률차이
직접재료비	**가격차이**	**능률차이, 수량차이**
직접노무비	**가격차이, 임률차이**	**능률차이, 시간차이**
변동제조간접비	소비차이	**능률차이**

(2) 재료가격차이를 구입시점에서 분리하는 경우(직접재료비)

[구입시점]

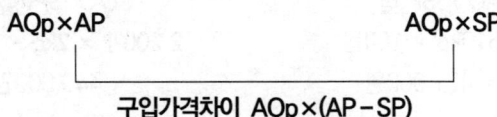

AQp×AP   AQp×SP

구입가격차이 AQp×(AP−SP)

[사용시점]

AQu×SP   SQ×SP

AQp : 직접재료의 실제구입량
AQu : 직접재료의 실제사용량   능률차이 (AQu−SQ)×SP

재료가격차이를 <u>구입시점에서 분리하는 경우</u> 다음과 같은 장점이 있다.
① 성과에 대한 정보(가격차이)를 적시에 얻기 위해서는 <u>원가차이의 계산은 빠를수록 좋다.</u>
② 원재료계정이 표준원가로 기록되므로 <u>원가흐름의 가정이 필요없게 되어 회계처리가 간편해진다.</u>

<예제> 직접재료원가차이

㈜한강은 표준원가계산제도를 채택하고 있으며, 제품생산에 사용되는 재료의 표준투입량은 제품 1단위당 2kg이고 kg당 100원이다. 당기 예상 생산량은 2,000단위였으나 실제 생산량은 2,200단위였으며 당기 중 직접재료 5,000kg을 550,000원에 외상구입하여 4,510kg을 사용하였다.

1. 직접재료원가 가격차이를 재료의 **사용시점**에 분리한다고 가정하고, 가격차이와 능률차이를 계산하시오.
2. 직접재료원가 가격차이를 재료의 **구입시점**에 분리한다고 가정하고, 가격차이와 능률차이를 계산하시오.

해답

표준원가는 AQ, AP, SQ, SP를 찾아내어 차이분석에 넣어 계산하는 것이 핵심이다.

AQ	AP	SQ	SP
5,000kg(구입) 4,510kg(사용)	110원	2,200개×2kg=4,400kg	100원/kg

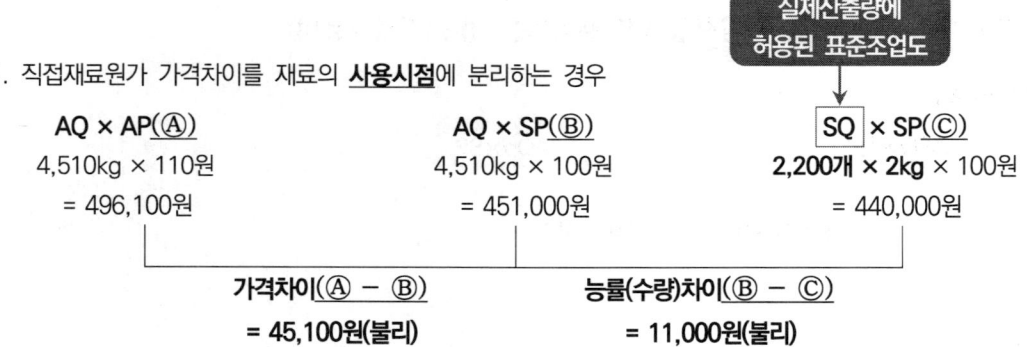

1. 직접재료원가 가격차이를 재료의 **사용시점**에 분리하는 경우

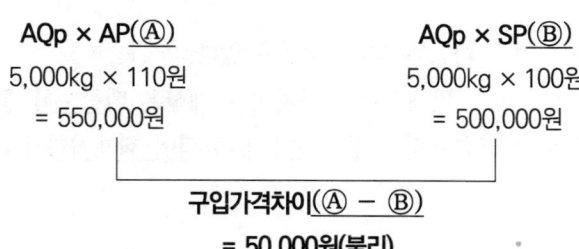

2. 직접재료원가 가격차이를 재료의 **구입시점**에 분리하는 경우

[구입시점]

AQp × AP(Ⓐ)　　　　AQp × SP(Ⓑ)
5,000kg × 110원　　　5,000kg × 100원
= 550,000원　　　　= 500,000원

구입가격차이(Ⓐ - Ⓑ)
= 50,000원(불리)

[사용시점]

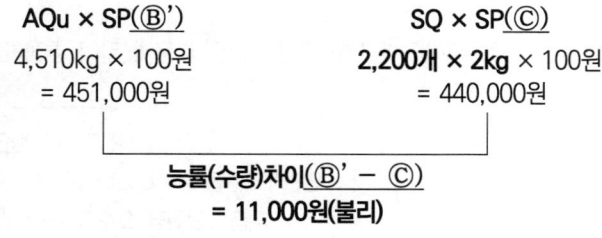

AQu × SP(Ⓑ΄)	SQ × SP(ⓒ)
4,510kg × 100원	**2,200개 × 2kg** × 100원
= 451,000원	= 440,000원

능률(수량)차이(Ⓑ΄ - ⓒ)
= 11,000원(불리)

| <예제> 직접노무원가차이

㈜한강은 표준원가계산제도를 채택하고 있으며, 제품생산에 2시간의 직접노동시간이 소요되며 시간당 표준
임률은 100원이다. 당기 예상 생산량은 2,000단위였으나 실제 생산량은 1,900단위였으며 이에 3,750시
간이 소요되었으며, 실제발생한 직접노무원가는 390,000원이다.
직접노무원가의 가격차이(임률차이)와 능률차이(시간차이)를 계산하시오.

해답

AQ	AP	SQ	SP
3,750시간	?(104)	1,900단위×2시간=3,800시간	100원/시간
390,000원		380,000원	

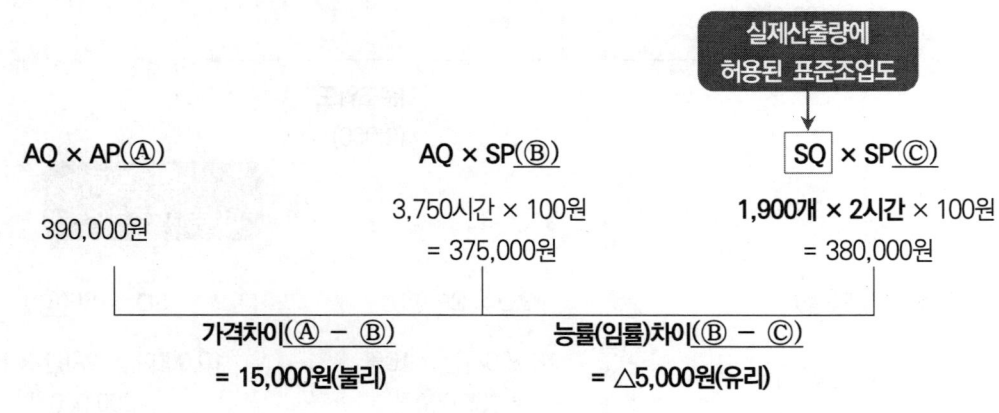

실제산출량에
허용된 표준조업도

AQ × AP(Ⓐ)	AQ × SP(Ⓑ)	SQ × SP(ⓒ)
390,000원	3,750시간 × 100원	**1,900개 × 2시간** × 100원
	= 375,000원	= 380,000원

가격차이(Ⓐ - Ⓑ)   능률(임률)차이(Ⓑ - ⓒ)
= 15,000원(불리)   = △5,000원(유리)

<예제> 변동제조간접원가차이

㈜한강은 제조간접원가에 대한 표준원가를 다음과 같이 추정하였다.

연간추정생산량 8,000단위

연간제조간접비 = 100,000원 + 10원 × 직접노동시간

제품 1단위당 표준직접노동시간 2시간

당기에 발생한 실제변동제조간접비는 220,000원이며, 당기생산량은 10,000단위로서 직접노동시간은 18,500시간이다. 변동제조간접원가에 대한 소비차이와 능률차이를 구하시오.

해답

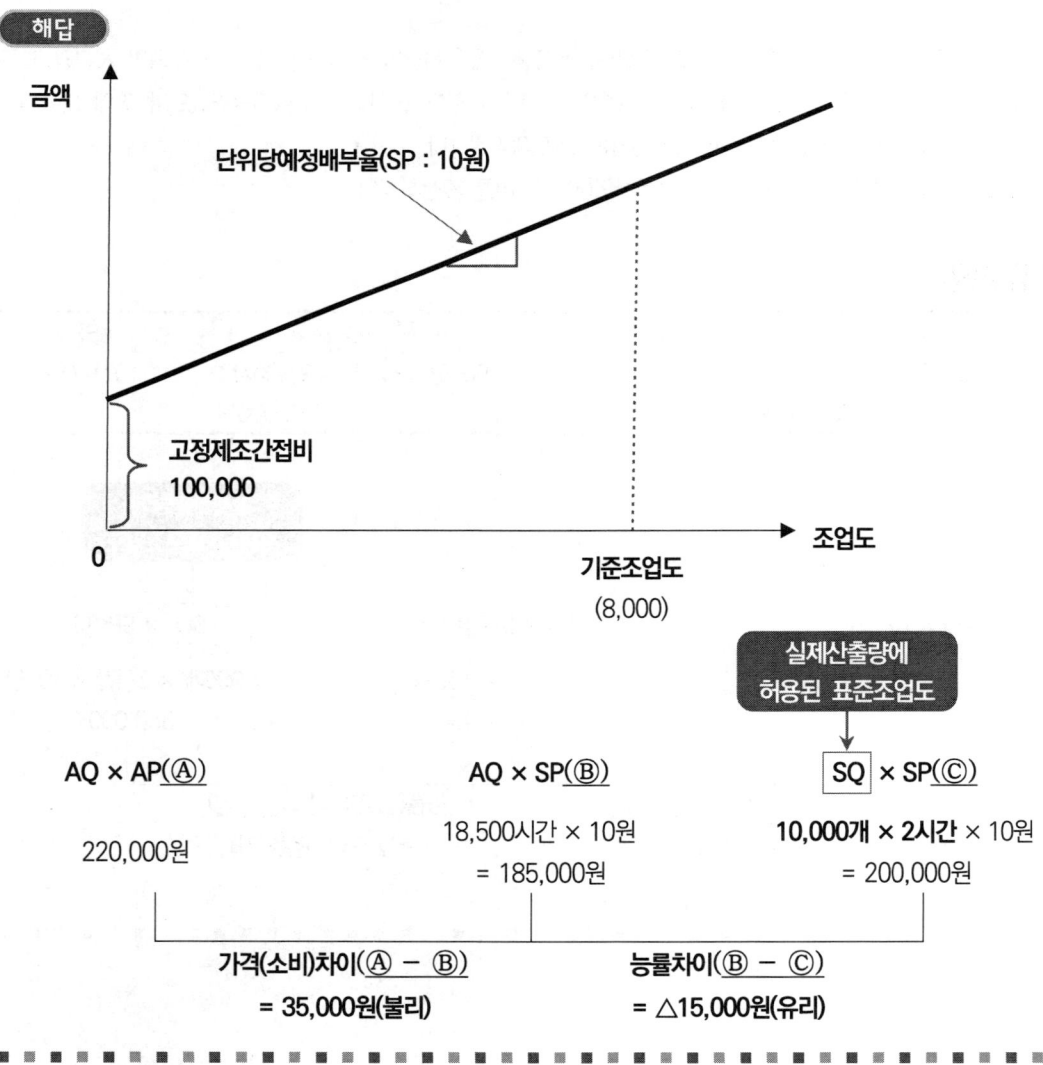

2. 고정제조간접원가 차이분석

(1) 기준조업도

조업도란 기업이 보유한 자원의 활용정도를 나타내는 수치인데, 산출량인 생산량, 판매량으로 표시하거나 투입량인 직접노동시간, 기계 작업시기간 등으로 표시할 수 있다.

기준조업도란 정상원가계산이나 표준원가계산에서 사용되는 제조간접비 표준(예정)배부율을 계산하기 위해 미리 설정해 놓은 조업도를 말한다.

참고

기준조업도의 종류

1. 이상 조업도 : 유휴설비의 발생이 전혀 발생하지 않는 달성 가능한 최대조업도
2. 실제 최대조업도 : 정상적인 여유시간(기계수선, 휴일 등)을 허용하면서 달성할 수 있는
     최대조업도
3. 정상조업도 : 수요의 계절적 변동을 평준화 시기키기에 긴 기간에 걸친 평균 연간조업도

(2) 고정제조간접원가의 차이분석의 특징

① 고정제조간접원가는 **조업도와 관계없이 일정하게 발생하므로 투입 - 산출관계가 존재하지 않는다.** 따라서 **가격차이와 능률차이로 분리할 수 없다.** 따라서 원가통제목적상 실제발생액과 예산을 총액으로 비교하여 그 차이 전액을 예산차이로 관리한다.

② 제품원가계산목적상 **고정제조간접원가를 예정배부시 고정제조간접원가의 예산과 배부액 사이에 차이가 발생하는데 이러한 차이를 조업도 차이**라 한다. 이러한 조업도차이는 기준조업도와 실제산출량에 허용된 표준조업도와의 차이가 있을 때 발생한다.

(3) 차이분석

실제발생	변동예산(투입기준 = 산출기준) = 고정제조간접비예산 = 기준조업도 × SP	표준배부액(SQ × SP)
예산차이(소비차이)		(생산)조업도차이

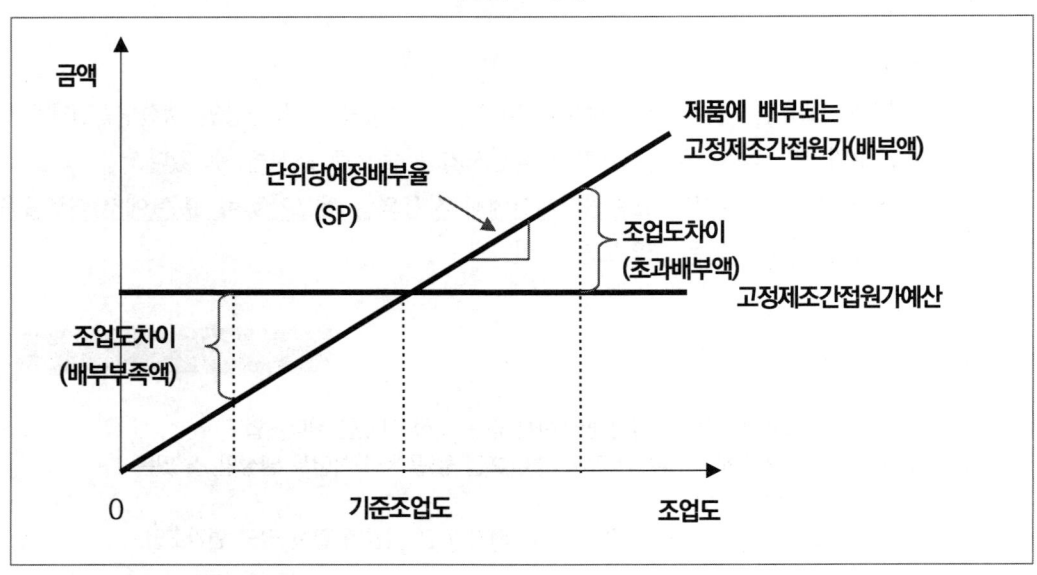

〈조업도 차이〉

<예제> 고정제조간접원가차이

㈜한강은 제조간접원가에 대한 표준원가를 다음과 같이 추정하였다.

연간추정생산량 8,000단위

연간제조간접비 = 100,000원 + 10원 × 직접노동시간

제품 1단위당 표준직접노동시간 2시간

당기에 발생한 실제고정제조간접비는 120,000원이며, 당기생산량은 10,000단위이다. 고정제조간접조원가에 대한 예산차이와 조업도차이를 구하시오.

해답

1. 고정제조간접원가 표준배부율(SP) = 고정제조간접비예산/기준조업도
   = 100,000원/ 8,000단위 = 12.5원

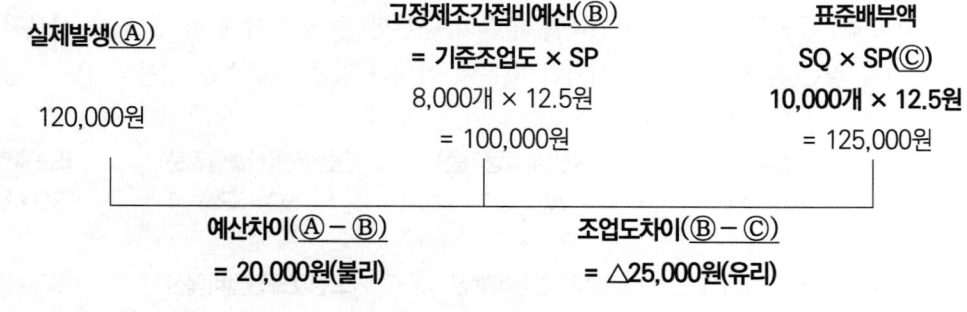

실제발생(Ⓐ)

120,000원

고정제조간접비예산(Ⓑ)
= 기준조업도 × SP
8,000개 × 12.5원
= 100,000원

표준배부액
SQ × SP(ⓒ)
10,000개 × 12.5원
= 125,000원

예산차이(Ⓐ - Ⓑ)
= 20,000원(불리)

조업도차이(Ⓑ - ⓒ)
= △25,000원(유리)

3. 원가차이 발생원인

	직접재료비	직접노무비	제조간접비
가격차이 (임률차이 소비차이) (AP - SP)	– 재료시장의가격변동 – 긴급주문 – 가격할인	– 임률의 변경 – 정시외 작업증가	– 물가의 변동 – 계절적인 소비량의 증가 – 예산편성의 오류
능률차이 (수량차이 시간차이) (AQ - SQ)	– 생산방법의 변경 – 불량재료 사용 – 가공상의 실패	– 근로자의 과다배치 – 작업방법의 변경 – 작업자의 불성실	– 능률차이 : 직접노무비와 동일 – 조업도차이 : 제품수요감퇴 / 　기계고장/생산계획의 차질

4. 제조간접비에 대한 여러 가지 차이분석(3분법, 2분법, 1분법)

4분법이란 총제조간접원가를 변동제조간접원가와 고정제조간접원가로 나누어서 차이를 계산하는 방법을 말한다. 위에서 계산한 것이 4분법이다. 4분법을 사용하기 위해서는 변동제조간법원가와 고정제조간접원가의 실제발생액을 명확히 구분할 수 있어야 한다. 그러나 실무적으로 준변동원가와 같은 항목은 구분이 어렵기 때문에 아래와 같은 간편법을 사용하기도 한다.

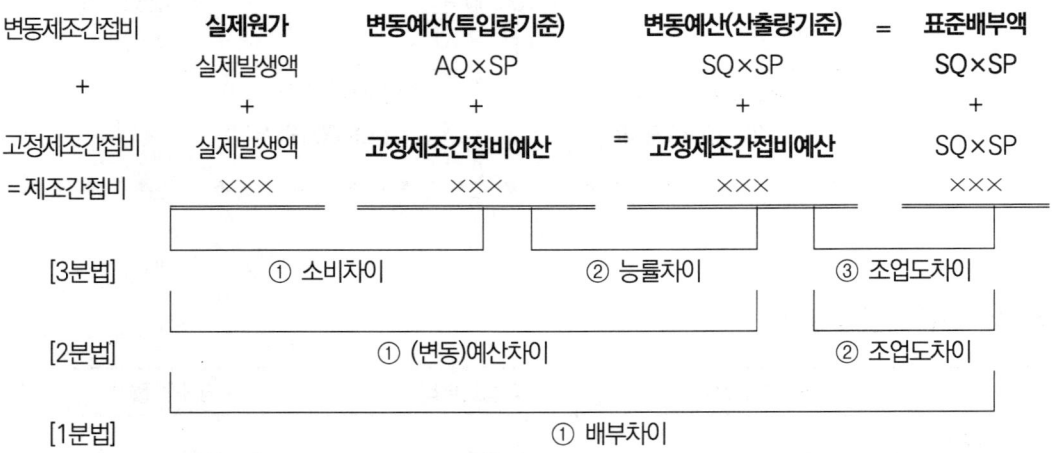

제3절 원가차이의 배분

개별정상원가의 제조간접비 배부차이 처리방법과 거의 유사하다.

(1) 매출원가 조정법 : 모든 원가차이를 매출원가에 가감하는 방법이다.

(2) 영업외손익법 : 모든 원가차이를 영업외손익으로 처리하는 방법이다.

(3) 총원가비례배분법 : 매출원가와 재공품, 제품의 총액 기준으로 원가차이를 배분하는 방법이다.

(4) 원가요소별 비례배분법 : 각 계정의 총원가에 포함된 원가요소별 금액의 비율로 배분하는 방법이다.

재료	구입(구입시점)가격차이	재료능률차이를 포함 각 계정의 재료원가 비율
	능률차이	각 계정의 재료원가비율
노무원가차이		각 계정의 노무원가비율
제조간접원가차이		각 계정의 제조간접원가비율

연/습/문/제

 객관식

01. 다음 중 표준원가계산에 대한 설명으로 틀린 것은?

① 표준원가는 미래의 계획을 계량화한 예산을 작성하는데 사용할 수 있다.

② 표준원가는 경영자의 성과평가의 기준으로 사용된다.

③ 표준원가는 제품원가계산에 있어 계산이 복잡하고 많은 시간이 할애된다.

④ 표준원가는 재고자산의 원가흐름에 대한 가정이 필요없다.

02. 다음 중 표준원가계산제도에 관한 설명으로 틀린 것은?

① 표준을 설정할 때는 달성 가능한 표준을 설정하여야 동기부여가 가능하다.

② 표준원가는 원가요소별로 가격표준과 수량표준을 합산하여 제품 단위당 표준원가를 설정한다.

③ 원가 발생의 예외를 관리하여 통제하기에 적절한 원가계산방법이다.

④ 표준에서 벗어나는 중요한 차이는 모두 검토하여야 한다.

03. 표준원가계산에 대한 설명으로 틀린 것은?

① 표준원가제도는 원가통제를 효과적으로 할 수 있다.

② 표준원가제도는 표준원가와 실제원가의 차이를 분석하여야 한다.

③ 표준원가제도는 신속한 원가계산이 가능하여 실제원가에 비해 정확한 계산이 가능하다.

④ 표준원가제도는 실제원가에 비해 관리회계적 분석에 도움을 준다.

04. 다음 중 표준원가계산에 대한 설명으로 틀린 것은?

① 예외에 의한 관리를 통해 원가통제를 수행하므로 표준원가와 실제원가의 차이는 원가차이의 중요성에 대한 객관적인 기준이 된다.

② 과학적이고 객관적인 표준원가를 설정하는 것이 쉽지 않으며, 표준원가를 설정하는 데에 시간과 비용이 많이 소비된다.

③ 표준원가를 기초로 하여 성과평가를 수행하는 경우 주로 재무적 측정치만을 강조하는 경향이 있다.

④ 최근에는 직접원가보다 간접원가의 비중이 증가하고 있으므로 표준원가의 유용성이 감소하고 있다.

05. 다음 중 표준원가계산에 관한 설명으로 틀린 것은?

① 표준원가는 성과평가의 자료로 이용된다.

② 실제원가보다 표준원가가 더 큰 경우에는 불리한 차이를 발생시킨다.

③ 표준원가를 이용하여 직접재료원가, 직접노무원가, 제조간접원가를 계산하는 방법이다.

④ 표준원가는 원가통제를 목적으로 이용되며 가격표준과 수량표준으로 설정된다.

06. 다음 중 표준원가계산에 대한 설명으로 틀린 것은?

① 표준원가 계산을 사용하더라도 외부공시용 재무제표에는 실제원가로 변환해야 한다.

② 매출원가 가감법에서 유리한 원가차이는 매출원가에서 차감하고 불리한 차이는 가산한다.

③ 영업외손익법에서 유리한 차이는 영업외비용으로 불리한 차이는 영업외수익으로 처리한다.

④ 원가차이에 대한 회계처리방법에는 크게 비례배분법과 비배분법으로 분류한다.

07. 표준원가계산의 유용성에 대해 틀린 것은?

① 표준원가가 설정되면 표준원가를 이용하여 예산을 쉽게 편성할 수 있다.

② 실제원가와 표준원가의 차이를 분석하여 통제·성과평가에 이용할 수 있다.

③ 제품원가계산과 회계처리가 신속·간편해진다.

④ 과학적이고 객관적인 표준원가를 설정하는 것은 쉽고, 시간과 비용이 적게 발생한다.

08. 다음 중 표준원가계산에 있어 원가차이에 대한 성격이 다른 하나는?

① 직접재료원가 수량차이

② 직접노무원가 능률차이

③ 변동제조간접원가 능률차이

④ 변동제조간접원가 소비차이

09. 표준원가에 관한 설명으로 틀린 것은?

① 표준원가와 실제원가의 차이를 분석함으로써 효율적인 원가통제가 가능하다.

② 표준을 설정할 때는 달성이 불가능하더라도 이상적인 표준을 설정하여야 동기부여가 가능하다.

③ 표준원가는 예산을 설정할 때 기초자료로 활용할 수 있다.

④ 표준원가는 원가요소별로 가격표준과 수량표준을 곱하여 제품 단위당 표준원가를 설정한다.

10. 다음 자료를 이용하여 변동제조간접원가의 소비차이와 능률차이를 계산하면 각각 얼마인가?

• 변동제조간접원가 실제발생액	8,800원
• 변동제조간접원가 표준배부율	80원/작업시간당
• 실제작업시간	120시간
• 실제생산량에 허용된 표준작업시간	115시간

	소비차이	능률차이
①	880원 유리	440원 불리
②	600원 불리	400원 불리
③	460원 불리	440원 유리
④	800원 유리	400원 불리

11. 다음 중 표준원가계산에 대한 설명으로 틀린 것은?

① 원가요소의 표준은 수량과 가격에 대하여 각각 설정한다.

② 표준배부율은 예산제조간접원가를 기준조업도로 나눈 배부율이다.

③ 변동제조간접원가 능률차이는 변동제조간접원가 배부율의 차이에 대한 원가차이를 말한다.

④ 고정제조간접원가 소비차이는 실제고정제조간접원가와 예산고정제조간접원가의 차이이다.

 주관식

01. 표준원가의 차이분석 대한 다음의 표에서 (㉠), (㉡)에 들어갈 단어로 알맞은 것은?

구분	직접재료원가	직접노무원가	변동제조간접원가	고정제조간접원가
가격 측면	가격차이	임률차이	(㉠)	예산차이
수량 측면	수량차이	능률차이	능률차이	(㉡)

02. 다음은 표준원가계산을 채택하고 있는 ㈜한세의 직접노무원가에 대한 자료이다. 직접노무원가의 능률차이가 400,000원 불리한 차이일 경우 임률차이는 얼마인가?

> • 시간당 실제 직접노무원가 : 시간당 5,000원
> • 시간당 직접노무원가 표준임률 : 시간당 4,000원
> • 허용된 표준 직접 작업시간 : 500시간

03. ㈜서울의 제품 단위당 표준직접노무비와 10월의 실제 자료가 아래와 같을 경우 직접노무비 능률차이를 구하면 얼마인가?

> • 표준직접노무비(@20원, 5시간) : 100원
> • 제품생산량 : 800개
> • 실제직접노무비(@24원, 5,000시간) : 120,000원

04. 다음은 ㈜소노의 20x2년 표준원가계산과 관련된 자료이다. ㈜소노의 당기 실제 작업시간은 얼마인가?

> • 실제 생산량 : 1,000단위   • 유리한 임률차이 : 500,000원
> • 노무비발생액 : 2,000,000원   • 불리한 능률차이 : 100,000원
> • 단위당 표준허용시간 : 12시간

05. ㈜기업은 표준원가시스템을 사용하고 있다. 직접재료원가의 제품 단위당 표준사용량은 8g이고, 표준가격은 g당 10원이다. ㈜기업은 월초에 g당 9원에 재료를 10,000g 구입하였으며, 이 중 8,000g은 제조에 사용되었다. ㈜기업의 당월 생산량은 800개이다. 직접재료가격차이를 구입시점에 분리하는 경우 직접재료원가 차이(가격차이, 수량차이)를 계산하시오.

06. 다음은 ㈜세무의 20x1년 표준원가계산자료이다. 당기의 실제 작업시간을 계산하면 얼마인가?

- 실제 생산량 : 2,000단위
- 단위당 표준허용시간 : 24시간
- 불리한 능률차이 : 200,000원
- 노무비 발생액 : 4,000,000원
- 유리한 임률차이 : 1,000,000원

07. ㈜서울은 당기 중에 직접재료 2,000kg을 kg당 100원에 구입하였다. 당기의 예정생산량은 50단위이며, 실제생산량은 52단위이다. 직접재료의 가격표준은 kg당 90원이다. 수량차이가 54,000원(유리)일 때 직접재료의 표준수량은 얼마인가? 단, 당기 직접재료의 기초재고와 기말재고는 없다.

08. ㈜세무의 표준원가계산에 대한 자료가 다음과 같을 때 실제임률은 얼마인가?

- 실제생산량 : 100개
- 제품단위당 표준허용시간 : 18시간/개
- 노무비 능률차이 : 200,000원(불리)
- 노무비발생액 : 2,500,000원
- 노무비 임률차이 : 500,000원(불리)

09. ㈜대전은 표준원가계산제도를 사용하여 제품 원가를 계산하고 있다. 다음 자료를 이용하여 실제발생 고정제조간접원가를 계산하면 얼마인가?

- 정상조업도 : 400단위
- 예산차이 : 1,200원 유리
- 제품 단위당 고정제조간접비 배부율 : 20원
- 예산생산량 : 220단위
- 조업도차이 : 800원 불리
- 실제생산량 : 360단위

10. ㈜민우는 표준원가계산제도를 채택하고 있으며, 직접노무시간을 기준으로 고정제조간접원가를 제품에 배부한다. 다음 자료에 의할 경우 기준조업도는 얼마인가?

• 직접노무시간당 고정제조간접비배부율	10원	• 불리한 조업도 차이	2,000원
• 제품단위당 표준직접노무시간	2시간	• 실제생산량	1,000단위

11. ㈜주원의 3월 제조간접원가와 관련된 정보는 다음과 같다. 고정제조간접원가에 대한 예산차이와 조업도 차이를 구하시오

- 제조간접원가 배부율 산정을 위한 기준조업도는 10,000작업시간이다.
- 고정제조간접원가 예산은 3,200,000원, 실제발생액은 3,560,000원이다.
- 총표준작업시간은 11,000시간이다.

12. 다음은 표준원가계산제도를 사용하는 ㈜한세의 20x1년 12월 중 표준원가 및 생산활동 관련 자료이다. 기초 및 기말재고가 없는 경우, ㈜한세의 20x1년 12월 실제 제품생산량은 몇 단위인가?

- 제품 1단위 제조를 위해서 투입되는 표준수량은 4kg이며, kg당 가격은 10원이다.
- 실제 발생한 직접재료원가 : 60,000원
- 직접재료가격차이 : 20,000원 유리
- 직접재료수량차이 : 30,000원 불리

연/습/문/제 답안

🗝 객관식

1	2	3	4	5	6	7	8	9	10
③	②	③	①	②	③	④	④	②	④

11									
③									

[풀이 - 객관식]

01. 표준원가는 **제품원가계산에 있어 수량만 파악하면 간편하고 신속하게 원가계산**을 할 수 있다.

02. 표준원가는 **원가요소별로 가격표준과 수량표준을 곱하여 제품 단위당 표준원가를** 설정한다.

03. **정확한 실제원가와의 차이를 분석**하여야 한다.

04. 예외에 의한 관리를 하는 경우에는 **어느 정도의 원가차이를 중요한 예외사항으로 볼 것인가를 결정**해야 하는데, 이에 대한 **객관적인 기준을 설정하기 어렵다.**

05. **실제원가 〈 표준원가 → 유리한 차이 → 이익↑**

06. 영업외손익법에서 **유리한 차이는 영업외수익으로 불리한 차이는 영업외비용**으로 처리한다.

07. **과학적이고 객관적인 표준원가를 설정하는 것이 쉽지 않으며**, 표준원가를 설정하는데 시간과 비용이 많이 발생한다.

08. 수량차이, 능률차이는 모두 수량 차이를 분석하는 용어이고, **소비차이는 수량이 아닌 가격 차이를** 분석하는 용어이다.

09. **달성가능한 표준을 설정**하여야 동기부여가 가능하다.

10.

AQ	AP	SQ	SP
120시간	?	115시간	80원/시간
8,800원		9,200원	

AQ × AP(Ⓐ)	AQ × SP(Ⓑ)	SQ × SP(Ⓒ)
8,800원	120시간× **80원** = 9,600원	**115**시간 × 80원= 9,200원

소비차이*(Ⓐ - Ⓑ)*	능률차이*(Ⓑ - Ⓒ)*
△800원(유리)	400원(불리)

11. 변동제조간접원가 배부율의 차이(AP – SP)에 대한 원가차이를 변동제조간접원가 소비차이, **배부기준량의 차이(AQ – SQ)에 의한 원가차이를 변동제조간접원가 능률차이**라고 한다.

🔑 **주관식**

01	㉠ 소비차이 ㉡ 조업도차이	02	600,000원(불리)	03	20,000원(불리)
04	12,500시간	05	가격차이 10,000(유리) 수량차이 16,000(불리)	06	50,000시간
07	50kg	08	1,250원	09	6,800원
09	2,200시간	11	예산차이 360,000불리 조업도차이 320,000유리	12	1,250단위

[풀이 - 주관식]

02.

AQ	AP	SQ	SP
??(600시간)	5,000원	500시간	4,000원/시간

AQ × AP(Ⓐ)	AQ × SP(Ⓑ)	SQ × SP(Ⓒ)
600시간× **5,000원**	**600**시간×4,**000원**	**500**시간 × 4,000원
= 3,000,000원	= 2,400,000원	= 2,000,000원

임률차이*(Ⓐ – Ⓑ)* 600,000(불리)	능률차이*(Ⓑ – Ⓒ)* 400,000(불리)

03. AQ=5,000시간÷800개=6.25시간

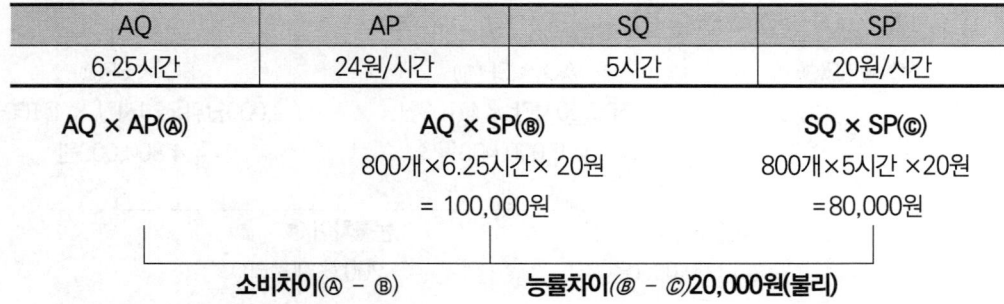

AQ	AP	SQ	SP
6.25시간	24원/시간	5시간	20원/시간

AQ × AP(ⓐ)	AQ × SP(ⓑ)	SQ × SP(ⓒ)
	800개×6.25시간× 20원 = 100,000원	800개×5시간 ×20원 =80,000원

소비차이(ⓐ - ⓑ)　　능률차이(ⓑ - ⓒ)20,000원(불리)

04. SQ=1,000단위×12시간=12,000시간

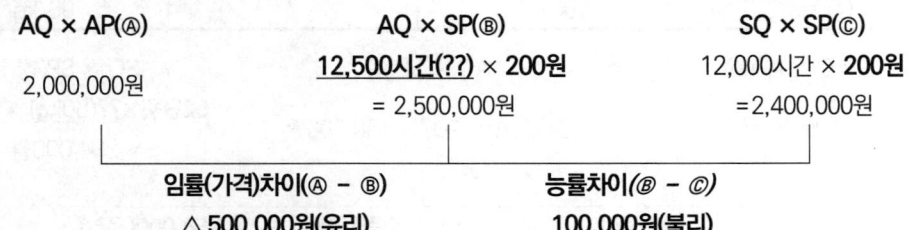

AQ × AP(ⓐ)	AQ × SP(ⓑ)	SQ × SP(ⓒ)
2,000,000원	<u>12,500시간(??)</u> × 200원 = 2,500,000원	12,000시간 × 200원 =2,400,000원

임률(가격)차이(ⓐ - ⓑ)　　능률차이(ⓑ - ⓒ)
△ 500,000원(유리)　　100,000원(불리)

05. AQ=8,000g/800개=10g/개

AQ	AP	SQ	SP
10g	9원/g	8g	10원/g

〈구입시점〉

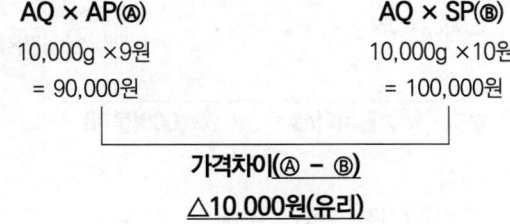

AQ × AP(ⓐ)	AQ × SP(ⓑ)
10,000g ×9원 = 90,000원	10,000g ×10원 = 100,000원

가격차이(ⓐ - ⓑ)
△10,000원(유리)

〈사용시점〉

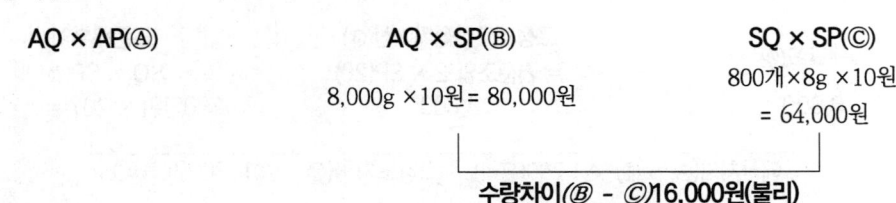

AQ × AP(ⓐ)	AQ × SP(ⓑ)	SQ × SP(ⓒ)
	8,000g ×10원= 80,000원	800개×8g ×10원 = 64,000원

수량차이(ⓑ - ⓒ)16,000원(불리)

06. SQ = 2,000단위 × 24시간 = 48,000시간

SP = 4,800,000 ÷ SQ(48,000시간) = @100/시간

AQ × AP(ⓐ)	AQ × SP(ⓑ)	SQ × SP(ⓒ)
4,000,000원	**50,000시간** × @100원 = 5,000,000원	2,000단위×24시간 × @100원 = 4,800,000원

임률차이(ⓐ - ⓑ) △1,000,000(유리)　　**능률차이**(ⓑ - ⓒ) 200,000(불리)

07.

AQ	AP	SQ	SP
2,000kg/52단위	100원/kg	?	90/kg

AQ × AP(ⓐ)	AQ × SP(ⓑ)	SQ × SP(ⓒ)
200,000원	2,000kg × 90원 = 180,000원	**52단위 × ??(50kg)** × 90원 = 234,000원

가격차이(ⓐ - ⓑ)　　**수량차이**(ⓑ - ⓒ)△54,000(유리)

08.

AQ	AP	SQ	SP
?	?	18시간	?
2,500,000원		?	

AQ × AP(ⓐ)	AQ × SP(ⓑ)	SQ × SP(ⓒ)
2,500,000원	2,000,000원	1,800,000 = 100개 × 18시간 × SP

임률차이(ⓐ - ⓑ) 500,000불리　　**능률차이**(ⓑ - ⓒ) 200,000(불리)

AQ × SP(1,000) = 2,000,000 → AQ = 2,000시간

AQ(2,000) × AP(???) = 2,500,000 → AP = 1,250원/시간

09. 예산 = 정상조업도(400단위) × SP(= 고정제조간접비 배부율) = 8,000원

실제발생(ⓐ)	고정제조간접비예산(ⓑ) = 기준조업도 × SP(20)	표준배부액 SQ × SP(ⓒ)
6,800	8,000	360단위 × 20원 = 7,200

예산차이(ⓐ - ⓑ) △1,200(유리)　　**조업도차이**(ⓑ - ⓒ) 800원(불리)

10. SP = 10원　　SQ = 2시간/단위

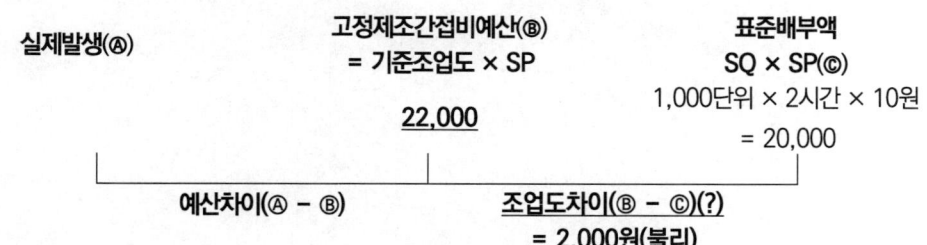

실제발생(Ⓐ)	고정제조간접비예산(Ⓑ) = 기준조업도 × SP	표준배부액 SQ × SP(ⓒ) 1,000단위 × 2시간 × 10원 = 20,000
	22,000	

예산차이(Ⓐ - Ⓑ)　　조업도차이(Ⓑ - ⓒ)(?)
= 2,000원(불리)

기준조업도 = 예산(22,000) ÷ SP(10원) = 2,200시간

11. 고정제조간접원가 예정배부율 = 고정제조간접원가 예산(3,200,000) ÷ 기준조업도(10,000시간)
= 320원/시간

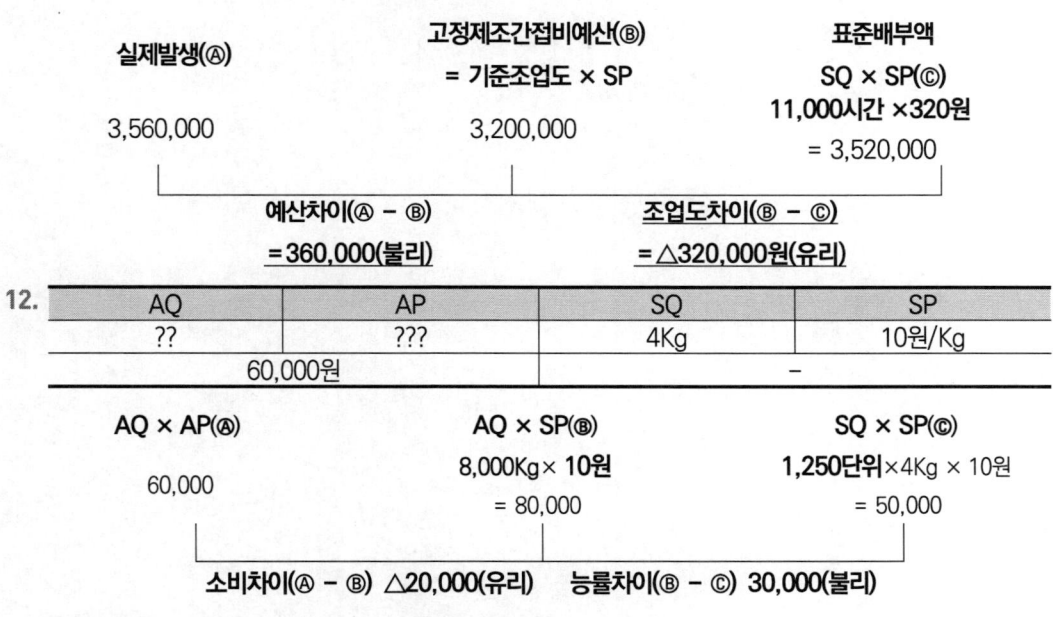

실제발생(Ⓐ)	고정제조간접비예산(Ⓑ) = 기준조업도 × SP	표준배부액 SQ × SP(ⓒ) 11,000시간 × 320원 = 3,520,000
3,560,000	3,200,000	

예산차이(Ⓐ - Ⓑ)　　조업도차이(Ⓑ - ⓒ)
= 360,000(불리)　　= △320,000원(유리)

12.

AQ	AP	SQ	SP
??	???	4Kg	10원/Kg
60,000원		–	

AQ × AP(Ⓐ)	AQ × SP(Ⓑ) 8,000Kg × 10원 = 80,000	SQ × SP(ⓒ) 1,250단위 × 4Kg × 10원 = 50,000
60,000		

소비차이(Ⓐ - Ⓑ) △20,000(유리)　　능률차이(Ⓑ - ⓒ) 30,000(불리)

실제생산량 = 표준투입량(5,000) ÷ 표준투입량(4) = 1,250단위

Part Ⅲ

기출문제

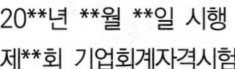
20**년 **월 **일 시행
제**회 기업회계자격시험

종목 및 등급 : **기업회계2급**
(09 : 30~10 : 50)

– 제한시간 : 80분

– 페이지수 : 18p

수험번호 : _____

성   명 : _____

▶ 시험시작 전 문제를 풀지 말 것 ◀

〈응시자 주의사항〉

① 시험지가 본인이 응시하고자 하는 종목인지, 페이지 수가 맞는지를 확인합니다. 응시
종목과 파본 여부를 확인하지 않은 것에 대한 책임은 수험자 본인에게 있습니다.

② 답안지(OMR카드) 작성 시 반드시 컴퓨터용 사인펜만을 사용하여야 합니다. 응시 종
목과 급수, 시험지 유형, 수험번호, 생년월일을 정확히 표기하십시오.

③ 컴퓨터용 사인펜 외의 다른 필기구를 사용하거나 수험정보 오기재 및 중복 표기로
인한 채점 누락 등에 대한 책임과 불이익은 수험자 본인에게 있습니다.
※ 또한 수정테이프 사용(번짐, 떼임 등으로 인한 판독 오류 등)에 대한 책임은 수험자에게 있
으며 수정액 사용은 불가합니다.

④ 시험을 마친 후 답안지의 감독관확인 여부를 다시 확인하고 제출하십시오.
감독관확인을 받지 않은 답안지는 무효 처리됩니다.

 한 국 세 무 사 회

제92회 기업회계 2급

합격율	시험년월
22%	2025.08

※ 재무회계의 문제에서 별도의 언급이 없으면 일반기업회계기준을 적용하고 해당 문제에서 중소기업회계 기준을 명시한 경우 중소기업회계기준을 적용한다.

객관식 **문항당 4점**

1부 재무회계

01. 다음 중 재무 보고의 목적에 대한 설명으로 옳지 않은 것은?

① 경영자의 수탁 책임 평가에 유용한 정보를 제공한다.

② 투자 및 신용 의사결정에 유용한 정보를 제공한다.

③ 재무 상태, 경영성과, 현금흐름, 자본변동에 관한 정보를 제공한다.

④ 과거 재무에 대한 보고이므로 미래현금흐름 예측에 유용한 정보 제공이 불가능하다.

02. 다음의 보기 중 재무제표의 기본가정에 해당하는 것은 몇 개인가?

- 기업실체
- 계속기업
- 현금주의
- 기간별보고

① 1개　　　　② 2개　　　　③ 3개　　　　④ 4개

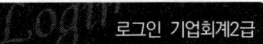

03. 아래와 같은 거래요소의 결합관계가 아닌 것은?

(차변) 부채의 감소	(대변) 자산의 감소
(차변) 비용의 발생	(대변) 부채의 증가
(차변) 자산의 증가	(대변) 자본의 증가

① 미지급금 1,000원을 보통예금에서 인출하여 지급하였다.

② 직원의 식대 500원을 외상으로 처리하고 다음 달에 지급하기로 하였다.

③ 현금 2,000원을 출자하여 영업을 개시하였다.

④ 예금이자 100원을 보통예금 통장으로 받았다.

04. 다음의 자료를 이용하여 재무상태표에 표시되는 당좌자산 금액을 계산하면 얼마인가?

- 예수금 : 200,000원
- 단기매매증권 : 1,000,000원
- 타인발행수표 : 300,000원
- 우편환증서 : 100,000원
- 미지급금 : 450,000원
- 선급금 : 500,000원

① 650,000원 　　② 1,900,000원 　　③ 2,100,000원 　　④ 2,150,000원

05. 다음은 ㈜양산의 외상매출금 관련 자료이다. 20x1년 손익계산서상 대손상각비로 인식할 금액을 계산하면 얼마인가?

- 01.01. 전기말 이월된 대손충당금 : 8,000원
- 05.01. 거래처인 ㈜연하가 파산하여 관련 외상매출금 4,000원이 회수불능 상태가 되었다.
- 10.01. 거래처인 ㈜연상이 파산하여 관련 외상매출금 3,000원이 회수불능 상태가 되었다.
- 12.31. 기말 외상매출금 잔액은 1,000,000원이며 대손충당금은 외상매출금 잔액의 2%를 설정하였다.

① 1,000원 　　② 12,000원 　　③ 19,000원 　　④ 20,000원

06. ㈜세인은 20x1년 단기매매목적으로 ㈜현정의 주식을 다음과 같이 취득 및 처분하였다. 이때 ㈜현정 주식의 처분으로 인하여 발생한 처분손익은 얼마인가?

> • 20x1년 7월 1일 :
>   ㈜현정 주식 100주를 주당 100원에 취득하였고 취득 과정 중 중개수수료 1,000원을 지급하였다.
> • 20x1년 9월 30일 :
>   ㈜현정 주식 50주를 주당 140원에 처분하였다.

① 처분이익 2,000원   ② 처분이익 1,500원
③ 처분손실 3,000원   ④ 처분손실 4,000원

07. 12월 말 결산법인인 ㈜세무는 20x0년 1월 1일 장기투자목적으로 ㈜회계의 주식 1,000주를 5,000,000원에 취득하고 이를 매도가능증권으로 분류하였다. ㈜세무는 20x1년 7월 1일에 매도가능증권 500주를 3,200,000원에 처분하였다. 관련 정보가 다음과 같을 때 20x1년 손익계산서에 미치는 영향으로 옳은 것은?

> • 20x0년 초 : 5,000원/주
> • 20x0년 말 : 6,500원/주
> • 20x1년 말 : 7,000원/주

① 700,000원 이익이 증가   ② 700,000원 이익이 감소
③ 1,000,000원 이익이 증가   ④ 1,000,000원 이익이 감소

08. 다음 중 재고자산에 대한 설명으로 옳지 않은 것은?

① 재고자산은 역사적 원가주의에 의하여 취득원가로 평가된다.
② 재고자산의 매입원가는 매입금액에서 매입운임, 하역료 및 보험료 등 취득 과정에서 정상적으로 발생한 부대원가를 가산한 금액이다.
③ 재고자산을 저가법으로 평가하는 경우 상품과 제품은 순실현가능가치를 시가로 한다.
④ 선입선출법은 현실적으로 실지재고조사법에서 많이 사용된다.

09. ㈜기업의 20x1년 상품과 관련된 매입 및 매출 자료는 다음과 같다.

일자	적요	수량	단가	금액
1월 1일	기초재고	10개	140원	1,400원
4월 5일	매입	20개	80원	1,600원
6월 5일	매출	(20개)		
8월 5일	매입	20개	70원	1,400원
10월 5일	매출	(10개)		
11월 5일	매입	10개	40원	400원

재고자산의 평가 방법은 평균법으로서 실지재고조사법을 적용할 때 ㈜기업의 20x1년 매출원가는 얼마인가? 단, 장부상 재고와 실지 재고는 일치한다.

① 2,400원   ② 2,800원   ③ 2,500원   ④ 2,900원

10. 다음은 ㈜뉴뉴의 20x1년 기말재고자산 및 매출원가와 관련된 자료이다. 다음 자료를 바탕으로 20x1년 매출원가로 인식할 금액을 계산하면 얼마인가?

- 장부상 재고자산 : 300개(단위당 취득원가 : 100원)
- 기말 창고에 실제 남아있는 재고 : 240개
- 감모 중 50%는 정상 감모이다.
- 감모 반영 전 매출원가 발생액은 3,000,000원이다.

① 3,003,000원   ② 3,004,000원   ③ 3,006,000원   ④ 3,008,000원

11. ㈜민국은 20x1년 새 건물을 신축하기 위해 건축물이 딸린 토지를 취득하였으며 다음은 토지 취득과 관련된 자료이다. 다음 자료를 바탕으로 토지의 취득원가를 계산하면 얼마인가?

- 토지 매입가액 : 50,000,000원
- 토지 취득과 관련된 취·등록세 : 2,300,000원
- 토지 위의 기존 폐건물 철거비 : 1,000,000원
- 폐건물을 철거하면서 발생한 폐자재 처분 수입 : 300,000원
- 새로운 신축건물 건설비 : 20,000,000원

① 52,300,000원   ② 53,000,000원   ③ 53,300,000원   ④ 73,000,000원

12. ㈜세무는 20x0년 1월 1일 취득원가 20,000,000원, 내용연수 5년인 기계장치를 취득하였다. 상각률 35%인 정률법을 사용하여 감가상각하던 중 20x1년 6월 30일에 12,000,000원에 처분하였다. 20x1년 손익계산서에 계상해야 할 유형자산처분손익은 얼마인가?

① 처분이익 1,275,000원

② 처분이익 1,325,000원

③ 처분손실 1,275,000원

④ 처분손실 1,325,000원

13. 다음 중 무형자산에 대한 설명으로 옳은 것은?

① 무형자산의 인식요건을 충족시키지 못할 경우 그것을 취득 또는 창출하는 데 소요되는 지출이 발생했을 때 비용으로 인식한다.

② 개발단계에서 발생하는 모든 지출은 무형자산으로 인식한다.

③ 기업이 발행한 지분증권과 교환하여 취득한 무형자산의 취득원가는 그 지분증권의 장부가액으로 한다.

④ 내부적으로 창출된 무형자산의 취득원가는 그 자산의 창출, 제조, 사용준비에 직접 관련된 지출 로만 한다.

14. 다음 중 차입원가 자본화에 대한 설명으로 옳지 않은 것은?

① 차입원가의 회계처리 방법은 모든 자본화대상자산에 대하여 매기 계속하여 적용하고, 정당한 사유 없이 변경하지 아니한다.

② 자본화 대상 차입원가에는 현재가치 할인차금 상각액은 포함하나 받을어음의 할인료는 제외한다.

③ 특정차입금에 대한 차입원가는 일반차입금에 대한 차입원가보다 나중에 적용한다.

④ 자본화 대상에 포함되는 적격자산은 유형자산, 무형자산 및 투자부동산과 제조, 매입, 건설, 또는 개발이 개시된 날로부터 의도된 용도로 사용하거나 판매할 수 있는 상태가 될 때까지 1년 이상의 기간이 소요되는 재고자산도 포함한다.

15. ㈜세무는 다음과 같이 20x1년 1월 1일 사채를 발행하려 한다. 20x1년 12월 31일 이 사채와 관련된 이자비용을 계산하면 얼마인가? 단, 소수점 이하는 절사할 것.

> • 사채의 액면금액 : 1,000,000원
> • 액면이자율 : 8%(이자지급일 : 매년 12월 31일)
> • 만기 : 3년
> • 발행 시 시장이자율 : 10%
> • 10%의 현가계수 : 0.75131, 연금현가계수 : 2.48685

① 80,000원   ② 95,025원   ③ 100,000원   ④ 60,104원

16. ㈜기업은 20x1년 3월 1일에 자기회사 발행주식 50주를 취득하였는데, 주당 액면가액과 취득가액은 각각 500원과 1,000원이다. 20x1년 5월 1일에 자기주식 20주를 주당 1,300원에 매각하였으며, 20x1년 7월 1일에 자기주식 30주를 주당 900원에 매각하였다. 자기주식 관련 거래가 20x1년 자본에 미치는 영향으로 옳은 것은?

① 이익잉여금 3,000원 감소   ② 이익잉여금 3,000원 증가
③ 자본잉여금 3,000원 감소   ④ 자본잉여금 3,000원 증가

17. 다음은 ㈜한국의 자본과 관련된 자료이다. 다음 자료를 이용하여 자본조정과 자본잉여금을 계산하면 얼마인가?

> • 감자차손 : 10,000원   • 자기주식 : 30,000원
> • 주식발행초과금 : 150,000원   • 주식할인발행차금 : 80,000원
> • 감자차익 : 20,000원   • 매도가능증권평가이익 : 150,000원
> • 자기주식처분이익 : 130,000원   • 이익준비금 : 200,000원

	자본조정	자본잉여금
①	150,000원	50,000원
②	50,000원	150,000원
③	300,000원	120,000원
④	120,000원	300,000원

18. ㈜태인은 단기 시세차익을 목적으로 보유하고 있는 주식에 대하여 20x1년 1월 31일에 700,000원의 현금배당과 액면금액 500,000원(보통주식 50주)의 주식배당을 받았다. 배당과 관련된 분개로 옳은 것은?

①	(차) 현금	500,000 원	(대) 배당금수익	500,000원
②	(차) 단기매매증권	500,000 원	(대) 배당금수익	500,000원
③	(차) 현금	700,000 원	(대) 배당금수익	700,000원
④	(차) 현금	700,000 원	(대) 단기매매증권	700,000원

19. 다음 중 수익의 인식에 대한 설명으로 옳지 않은 것은?

① 수익은 통상적인 경영활동에서 발생하는 경제적 효익의 총유입을 말하며 자산의 증가 또는 부채의 감소로 나타난다.

② 수익은 재화의 판매, 용역의 제공이나 자산의 사용에 대하여 받았거나 또는 받을 대가의 공정가치로 측정한다.

③ 수익은 실현되었거나 또는 실현가능한 시점에서 인식한다.

④ 매출에누리와 할인 및 환입은 수익에서 차감하고 금액이 중요한 경우에는 차감하지 않는다.

20. ㈜한국은 20x0년 1월 1일에 건설공사를 100,000원에 수주하여 즉시 공사에 착공하여 20x1년 말에 완공하였다. 관련 자료가 다음과 같을 때 진행기준을 적용하는 경우 ㈜한국의 20x1년 공사 손익은 얼마인가?

구분	20x0년 말	20x1년 말
누적 발생 원가	20,000원	80,000원
총 추정원가	80,000원	80,000원

① 20,000원 손실   ② 20,000원 이익   ③ 15,000원 손실   ④ 15,000원 이익

21. ㈜은퇴는 확정기여형 퇴직연금제도(DC형 퇴직연금)를 도입하고 있다. 관련 거래가 다음과 같을 때 20x1년 비용으로 인식할 금액은 얼마인가?

> • 20x1년 12월 1일 ㈜은퇴는 퇴직연금 부담금 8,000,000원을 납입했다.
> • 20x1년 12월 31일 ㈜은퇴의 퇴직급여추계액은 12,000,000원이다.
> • 20x1년 중 ㈜은퇴에서는 실제 어떠한 퇴직자도 발생하지 않았다.

① 0원　　　　　② 8,000,000원　　　　③ 12,000,000원　　　　④ 20,000,000원

22. ㈜실수는 기말결산 마감 전에 다음에 대한 부분을 발견하였다. 수정 전 당기순이익이 6,200,000원일 경우 수정 후 당기순이익은 얼마인가?

> • 대손충당금 과소계상 : 300,000원
> • 급여와 관련된 미지급비용 과소계상 : 600,000원
> • 재고자산 과대계상 : 400,000원
> • 건물의 감가상각누계액 과소계상 : 500,000원

① 5,200,000원　　　　② 4,900,000원　　　　③ 4,700,000원　　　　④ 4,400,000원

23. 다음 중 재무제표 인식요건에 대한 설명으로 옳지 않은 것은?
① 자산은 미래경제적 효익이 기업에 유입될 가능성이 높고 해당 항목의 원가 또는 가치를 신뢰성 있게 측정할 수 있어야 한다.
② 부채는 현재 의무의 이행에 따라 경제적 효익이 내재된 자원의 유출가능성이 높고 결제될 금액에 대해 신뢰성 있게 측정할 수 있어야 한다.
③ 수익은 자산의 감소나 부채의 감소와 관련하여 미래경제적 효익이 증가하고 이를 신뢰성 있게 측정할 수 있어야 한다.
④ 비용은 자산의 감소나 부채의 증가와 관련하여 미래경제적 효익이 감소하고 이를 신뢰성 있게 측정할 수 있어야 한다.

24. 다음 중 손익계산서상에 나타날 수 없는 계정과목은?
① 수입임대료　　　　② 광고선전비　　　　③ 이자수익　　　　④ 선수수익

25. [중소기업회계기준] 다음 중 유형자산과 관련하여 적용할 수 없는 감가상각방법은?

① 정액법　　　　　　② 정률법　　　　　　③ 연수합계법　　　　　　④ 생산량비례법

■■■■■ 2부 원가회계

01. 다음 중 제품원가계산의 분류에 대한 설명으로 옳지 않은 것은?

① 제품원가계산은 각 기업의 생산형태에 따라 개별원가계산과 종합원가계산으로 나눌 수 있다.

② 제품원가계산을 할 때 기말에 집계된 실제원가를 이용하느냐, 기초에 설정된 표준원가를 이용하느냐, 이 둘을 결합한 원가를 사용하느냐에 따라 실제원가계산, 표준원가계산, 정상원가계산으로 나뉜다.

③ 전부원가계산은 직접재료원가, 직접노무원가, 변동제조간접원가, 고정제조간접원가를 제품원가 범위에 포함시킨다.

④ 동종 제품을 연속적으로 대량생산하는 기업에서 주로 개별원가계산방법을 사용하여, 제조원가를 제조공정별로 구분하여 집계한다.

02. 다음의 자료를 이용하여 판매비와관리비를 계산하면 얼마인가?

> • 생산직 관리자의 급여 : 2,000원
> • 본사 건물의 관리비 : 1,000원
> • 기계수선비 : 700원
> • 본사사무실의 전력비 : 1,500원

① 1,500원　　　　　② 2,500원　　　　　③ 2,700원　　　　　④ 3,700원

03. 다음은 어떤 원가 개념에 대한 설명인가?

> 이미 투입되거나 발생된 원가로서 현재 또는 미래에 어떠한 의사결정을 하더라도 회수할 수 없는 원가이다. 따라서 해당 원가는 미래의사결정에 영향을 미치지 아니한다.

① 매몰원가　　　　　② 기회원가　　　　　③ 회피가능원가　　　　　④ 관련원가

04. ㈜한국의 기계 전력비는 매월 동일한 고정원가가 발생하고, 기계 사용시간에 따라 별도로 추가적인 변동원가가 발생한다. 1월, 2월 기계 전력비가 다음과 같고, 3월 기계 사용시간이 800시간일 때 예상되는 기계 전력비는 얼마인가?

> • 1월 600시간 사용함에 따라 전력비가 4,500,000원 발생
> • 2월 500시간 사용함에 따라 전력비가 4,200,000원 발생

① 4,800,000원　　　　② 4,950,000원　　　　③ 5,050,000원　　　　④ 5,100,000원

05. 표준원가계산제도를 채택하고 있는 ㈜대한의 직접재료원가에 대한 자료는 다음과 같다. 직접재료의 kg당 표준가격을 계산하면 얼마인가?

> • 직접재료의 제품 단위당 표준사용량 : 10kg
> • 실제 제품 생산량 : 50단위
> • 직접재료의 실제 사용량 : 400kg
> • 직접재료의 능률차이 : 20,000원 유리한 차이

① 150원　　　　② 180원　　　　③ 200원　　　　④ 250원

06. 다음 중 표준원가계산에서 원가차이분석에 대한 설명으로 옳지 않은 것은?

① 원가통제와 성과평가에 유용한 정보를 제공한다.
② 유리한 차이는 표준원가보다 실제원가가 커서 이익을 감소시킨다.
③ 직접재료원가차이는 가격차이와 능률차이로 나누어진다.
④ 직접재료원가의 가격차이를 구입시점에서 분리하든 사용시점에서 분리하든 직접재료원가의 능률차이는 동일하다.

07. ㈜데스크는 책상을 만드는 회사이다. 책상을 만드는 과정에서 다음과 같은 원가가 발생했다면 연간 책상 50,000개를 생산했을 때의 제품 단위당 원가는 얼마인가?

- 책상 1개 단위의 생산과 관련하여 발생하는 재료 및 부품비 : 700원(1개당)
- 책상 20,000개 단위마다 1회 발생하는 외주검사비 : 1,000,000원(1회당)
- 책상을 생산하는 공장 건물의 감가상각비 : 6,000,000원

① 840원 　　　　② 860원 　　　　③ 880원 　　　　④ 900원

08. 제조원가 계산식이 다음과 같을 때 빈칸 ㉠, ㉡, ㉢에 들어갈 용어로 옳은 것은?

(㉠) = 기초원재료재고액 + 당기원재료매입액 − 기말원재료재고액
(㉡) = 직접재료원가 + 직접노무원가 + 제조간접원가
(㉢) = 기초재공품재고액 + 당기총제조원가 − 기말재공품재고액

	㉠	㉡	㉢
①	원재료 사용액	당기제품제조원가	당기총제조원가
②	당기총제조원가	원재료 사용액	당기제품제조원가
③	원재료 사용액	당기총제조원가	당기제품제조원가
④	당기제품제조원가	당기총제조원가	원재료 사용액

09. 정상개별원가계산을 적용하고 있는 ㈜세무는 제조간접원가를 직접노무시간당 6원에 예정 배부한다. 20x1년 원가 자료가 다음과 같을 때 20x1년의 원재료 매입액은 얼마인가?

원재료 관련		노무 관련		당기총제조원가	당기제품 제조원가
기초 재고액	기말 재고액	직접노무원가	실제 노무시간		
1,000원	1,500원	25,000원	2,000시간	65,000원	64,000원

① 28,500원 　　　　② 28,000원 　　　　③ 27,500원 　　　　④ 27,000원

10. 다음 중 제조원가명세서에 대한 설명으로 옳지 않은 것은?

① 매출원가에 대한 정보를 알 수 없다.

② 재무제표의 부속명세서이다.

③ 기말 제품 재고액에 대한 정보를 알 수 있다.

④ 당기총제조원가, 당기제품제조원가에 대한 정보를 알 수 있다.

11. ㈜민국의 당기제품 생산수량은 700단위, 기말 제품수량은 200단위이다. 제품 단위당 판매가격은 1,400원이며, 당기에 발생한 원가는 아래와 같다. 전부원가계산에 의한 매출총이익을 계산하면 얼마인가? 단, 기초 및 기말 재공품과 기초제품은 없다.

> • 직접재료원가 : 180,000원   • 변동판매관리비 : 50,000원
> • 직접노무원가 : 120,000원   • 고정제조간접원가 : 40,000원
> • 변동제조간접원가 : 150,000원   • 고정판매관리비 : 20,000원

① 150,000원   ② 180,000원   ③ 350,000원   ④ 400,000원

12. 다음 중 원가배분에 대한 설명으로 옳지 않은 것은?

① 직접원가는 특정 원가대상에 직접 추적할 수 있으나, 간접원가는 특정 원가대상에 직접 추적할 수 없으므로 총원가를 구한 후 역산하여 산출한다.

② 원가할당이란 제품원가계산, 계획과 통제 등에 필요한 원가정보를 얻기 위하여 원가를 원가대상에 적절히 할당하는 것을 의미하며 원가추적과 원가배분으로 나눌 수 있다.

③ 직접재료원가와 직접노무원가는 개별작업에 직접 추적할 수 있으므로 부문별 원가계산의 대상이 되는 것은 제조간접원가에 국한된다.

④ 직접배분법은 보조부문 상호간에 용역수수관계를 전혀 고려하지 않고 보조부문원가를 배분하는 방법이다.

13. 20x1년의 가공원가는 70,000원이고 재고자산에 대한 자료가 다음과 같을 때 당기제품제조원가와 매출원가는 얼마인가?

구분	원재료	재공품	제품
기초(1월 1일)	10,000원	50,000원	20,000원
매입(6월 30일)	40,000원		
기말(12월 31일)	20,000원	40,000원	30,000원

	당기제품제조원가	매출원가
①	110,000원	100,000원
②	110,000원	110,000원
③	100,000원	110,000원
④	100,000원	100,000원

14. 아래 내용에서 설명하고 있는 원가행태에 해당하지 않는 것은?

> 변동원가와 고정원가 두 요소를 모두 가지고 있는 원가, 즉 조업도가 "0"일 때에도 고정원가 부분만큼의 원가가 발생하며, 조업도 증가에 따라 비례하여 총원가가 증가한다.

① 택시비   ② 감가상각비   ③ 전화요금   ④ 전기요금

15. 보조부문 S1과 S2 및 제조부문 M1과 M2의 부문 간 용역 수수 관계와 원가는 다음과 같다.

구분	보조부문		제조부문		합계
	S1	S2	M1	M2	
S1	A	0.25A	0.4A	0.35A	-
S2	0.1B	B	0.3B	0.6B	-
원가	600,000원	2,400,000원	0원	0원	3,000,000원

보조부문 원가는 상호배분법으로 제조부문에 배분하는 경우로서 A와 B의 값이 각각 861,538원과 2,615,385원일 때 배분 후 제조부문 M1의 원가는 얼마인가? 단, 소수점 이하는 절사한다.

① 1,870,769원   ② 1,129,230원   ③ 784,615원   ④ 344,615원

16. 다음 중 개별원가계산의 장점과 단점에 대한 설명으로 옳지 않은 것은?

① 실제개별원가 계산은 실제자료를 사용하므로 결과를 그대로 외부보고용 재무제표에 반영할 수 있다.

② 정상(예정)개별원가 계산은 예정배부율로 배부하므로 기중에 작업이 완료되더라도 제품원가계산을 할 수 있다.

③ 실제개별원가 계산은 실제자료를 사용하여 정확한 원가계산이 가능하므로 원가정보의 적시성이 증가한다.

④ 정상(예정)개별원가 계산은 실제발생액과 예정배부액간의 차이가 발생하게 되는데 이 차이에 대한 회계처리가 추가로 필요하므로 실제개별원가계산에 비해 복잡하다.

17. ㈜세무는 평균법하의 종합원가계산을 적용하고 있으며 자료는 아래와 같고 품질검사는 완성도 40% 시점에서 이루어진다면 당기검사합격물량은 몇 개인가?

- 기초재공품 : 600개(완성도 : 60%)
- 당기착수량 : 2,500개
- 당기완성량 : 2,500개
- 기말재공품 : 300개(완성도 : 70%)

① 1,900개　　　② 2,200개　　　③ 2,500개　　　④ 2,800개

18. ㈜세무는 이중배분율법에 의하여 보조부문의 제조간접원가를 제조부문에 배분하고 있다. 제조부문 중 가공부문에 배분된 제조간접원가가 2,400,000원(고정제조간접원가 1,200,000원 포함)이면 각 보조부문에서 발생한 변동제조간접원가와 고정제조간접원가는 얼마인가?

제조 부문	실제기계시간	최대기계시간
절단 부문	2,000시간	6,000시간
가공 부문	6,000시간	9,000시간

	변동제조간접원가	고정제조간접원가
①	1,200,000원	2,000,000원
②	1,200,000원	2,400,000원
③	1,600,000원	2,000,000원
④	1,600,000원	2,400,000원

19. 다음 중 부산물에 대한 설명으로 옳지 않은 것은?

① 주산품에 비해서 가치는 떨어지나 수량면에서 상대적으로 중요하다.

② 부산물의 회계처리 방법은 크게 생산기준법과 판매기준법으로 나뉜다.

③ 생산기준법은 부산물의 가치가 중요성이 있어서 이익에 상당한 영향을 미치는 경우에 사용한다.

④ 판매기준법에서는 모든 결합원가를 주산품에 배분하므로 부산물에는 결합원가가 배분될 수 없다.

20. ㈜세무는 평균법에 의한 종합원가계산을 하고 있다. 직접재료는 공정 초기에 전부 투입되며, 가공원가는 공정 전반에 걸쳐 균등하게 발생한다. 원가계산을 위한 자료가 다음과 같을 경우, 기말재공품 완성도는 얼마인가?

- 당기완성품수량 : 1,000개
- 기말재공품수량 : 500개
- 기초재공품가공원가 : 700,000원
- 당기투입가공원가 : 2,300,000원
- 기말재공품가공원가 : 600,000원

① 40% ② 50% ③ 60% ④ 70%

21. ㈜결합은 동일한 공정에서 결합제품 A, B, C를 생산하고 있다. 결합원가는 1,200,000원이며 분리점에서의 판매가치에 따라 배분하고 있다. 관련 원가자료는 다음과 같으며 이때 결합제품 B에 배분될 결합원가는 얼마인가?

결합제품	분리점에서의 판매가치	추가가공원가	추가가공 후 판매가치
A	500,000원	200,000원	800,000원
B	400,000원	200,000원	500,000원
C	1,100,000원	500,000원	1,600,000원

① 200,000원 ② 220,000원 ③ 240,000원 ④ 260,000원

22. ㈜화정은 종합원가계산을 채택하고 있으며 선입선출법을 적용한다. 가공원가는 공정 전반에 걸쳐 균등하게 발생하고 관련 원가자료는 다음과 같다. 이때 가공원가와 관련한 전체 완성품환산량이 3,100개라면 기초재공품의 완성도는 얼마인가?

> - 기초재공품 수량 : 500개(완성 : ?%)
> - 당기착수량 : 3,000개
> - 완성품수량 : 2,500개
> - 기말재공품 수량 : 1,000개(완성도 : 80%)

① 20% ② 40% ③ 60% ④ 80%

23. 다음 중 공손에 대한 설명으로 옳지 않은 것은?

① 공손품은 품질이나 규격이 정상품에 미달하는 불합격품을 말한다.
② 정상공손은 영업외비용으로 처리한다.
③ 비정상공손은 작업의 비능률로 발생하는 것으로 효율성을 높이면 회피 가능하며 통제할 수 있는 공손이다.
④ 공손은 검사시점에서 일시에 발생하고 검사시점 이후에는 발생하지 않는 것으로 가정한다.

24. 20x1년 영업을 시작한 ㈜세무는 종합원가계산을 하고 있다. 직접재료는 공정 초기에 전량 투입되고 가공원가는 공정 전반에 걸쳐 균등하게 발생한다. 생산 관련 자료가 다음과 같을 때 기말재공품 원가는 얼마인가?

> - 당기 제조착수수량 : 100단위
> - 기말재공품 : 40단위(가공원가 완성도 : 25%)
> - 당기 투입 직접재료원가 : 40,000원
> - 당기 투입 가공원가 : 70,000원

① 16,000원 ② 26,000원 ③ 36,000원 ④ 46,000원

25. 다음 중 표준원가계산의 유용성 및 한계점에 대한 설명으로 옳지 않은 것은?

① 표준원가가 설정되어 있으면 표준원가를 이용하여 예산을 쉽게 편성할 수 있다.

② 사전에 설정된 표준원가를 이용하여 원가계산을 하기 때문에, 제품원가계산과 회계처리가 신속하고 간편하다.

③ 다품종 소량생산체제로 생산환경이 변화하면서 간접원가의 비중이 증가하고 있어 표준원가의 유용성이 점차 중요시되고 있다.

④ 표준원가는 지나친 원가 통제로 인하여 품질하락 등을 초래할 우려가 있다.

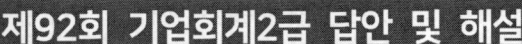

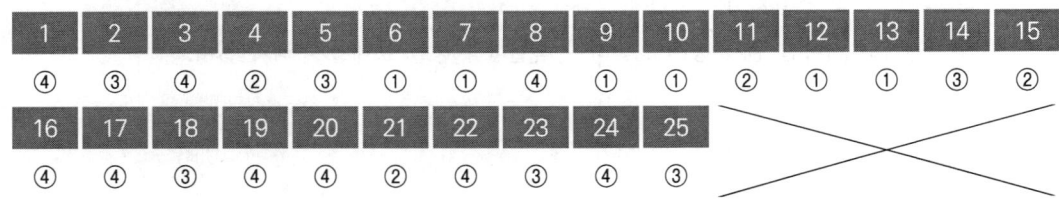

1부 재무회계

1	2	3	4	5	6	7	8	9	10	11	12	13	14	15
④	③	④	②	③	①	①	④	①	①	②	①	①	③	②

16	17	18	19	20	21	22	23	24	25
④	④	③	④	④	②	④	③	④	③

01. 과거 재무에 대한 보고라 하더라도 **미래현금흐름 예측에 유용한 정보를 제공**할 수 있다.

02. 재무제표는 일정한 가정하에서 작성되며, 그러한 기본가정으로는 **기업실체, 계속기업 및 기간별 보고**를 들 수 있다.

03. ① (차) 미지급금 – 부채의 감소   (대) 보통예금 – 자산의 감소

     ② (차) 복리후생비 – 비용의 발생   (대) 미지급금 – 부채의 증가

     ③ (차) 현금 – 자산의 증가   (대) 자본금(출자금) – 자본의 증가

     ④ (차) 보통예금 – 자산의 증가   (대) 이자수익 – 수익의 발생

04. 당좌자산 = 단기매매증권(1,000,000) + 타인발행수표(300,000) + 우편환증서(100,000)

                + 선급금(500,000) = 1,900,000원

05.

대손충당금

대손	7,000	기초	8,000
기말(1,000,000×2%)	20,000	**대손상각비(설정?)**	**19,000**
계	27,000	계	27,000

06. 처분손익(단기매매증권) = 처분가액(50주×140) – 장부가액(50주×100) = 2,000원(이익)

07. 처분손익(매도가능증권) = 처분가액(3,200,000) – 취득가액(5,000,000×50%) = 700,000원(이익)

     ☞ 매도가능증권평가이익은 **기타포괄손익누계액**으로 손익계산서에 미치는 영향은 없다.

08. 재고를 먼저 입고된 순서대로 먼저 출고되는 것으로 가정하는 방법이 선입선출법이고, 주로 회계장부에서 재고자산 평가나 원가계산 시 사용되지만, 실지재고조사법과는 직접적으로 연결되지는 않습니다. 이에 반해 재고평가 시 총평균단가를 적용하는 방법이 총평균법이고, **실지재고법(실제 조사한 재고를 기준으로 평가)과 결합해서 원가계산의 단순화에 적합**하다.

09.

상 품(총평균법)							
기초	10개	@140	1,400	*매출원가*	*30개*	*@80*	*2,400*
순매입액	20개	@80	1,600				
	20개	@70	1,400	기말	30	@80	2,40
	10개	@40	400				
계(판매가능재고)		*@80*	4,800	계			4,800

10. 정상감모손실 = 감모수량(300 – 240)×50%×취득원가(100) = 3,000원

　　매출원가 = 감모 반영 전 매출원가(3,000,000)+정상감모손실(3,000) = 3,003,000원

11. 토지 취득원가 = 매입가(50,000,000)+취·등록세(2,300,000)+철거비(1,000,000)

　　　　　　　– 처분수입(300,000) = 53,000,000원

　☞ 새 건물을 신축하기 위하여 기존 건물이 있는 토지를 취득하고 그 건물을 철거하는 경우 기존 건물의 철거 관련
　　비용에서 철거된 건물의 부산물을 판매하여 수취한 금액을 차감한 금액은 토지의 취득원가에 포함한다.

12. x0년 감가상각비(정률법) = 취득가액(20,000,000)×상각률(35%) = 7,000,000원

　　x1년 감가상각비(상반기) = [취득가액(20,000,000) – 누계액(7,000,000)]×상각률(35%)×6/12

　　　　　　　　　 = 2,275,000원

　　x1년 6월 30일까지의 감가상각누계액 = x0(7,000,000)+x1.상반기(2,275,000) = 9,275,000원

　　x1년 6월 30일 기계장치 장부가액 = 취득가액(20,000,000) – 누계액(9,275,000) = 10,725,000원

　　처분손익 = 처분가액(12,000,000) – 장부가액(10,725,000) = 1,275,000원(이익)

13. ② 개발단계에서 발생하는 지출은 **요건을 충족하는 경우에만 무형자산으로 인식**하고, 그 외의 경우
　　에는 경상개발비의 과목으로 발생한 기간의 비용으로 인식한다.

　　③ 기업이 발행한 지분증권과 교환하여 취득한 무형자산의 취득원가는 그 **지분증권의 공정가치**로
　　한다.

　　④ 내부적으로 창출된 무형자산의 취득원가는 그 자산의 창출, 제조, 사용준비에 **직접 관련된 지출과
　　합리적이고 일관성 있게 배분된 간접지출**을 모두 포함한다.

14. 특정차입금에 대한 차입원가를 먼저 적용한다.

15. 사채 발행금액 = 액면가액(1,000,000)×0.75131+액면이자(80,000)×2.48685 = 950,258원

　　20x1년 12월 31일 이자비용 = 발행가액(950,258)×시장이자율(10%) = 95,025원

16. 20x1.5.1. 매각 = 20주×[처분가액(1,300) – 취득가액(1,000)] = 6,000원(이익)

　　20x1.7.1. 매각 = 30주×[처분가액(900) – 취득가액(1,000)] = △3,000원(손실)

　　자본잉여금 3,000원(자기주식처분손익, 6,000원 – 3,000원)이 증가한다.

17. 자본조정 = 감자차손(10,000)+자기주식(30,000)+주식할인발행차금(80,000원) = 120,000원

　　자본잉여금 = 주식발행초과금(150,000)+감자차익(20,000)+자기주식처분이익(130,000)
　　　　　　　 = 300,000원

18. 현금배당에 대해서만 수익을 인식하고, 주식배당에 대해서는 배당금수익을 인식하지 않는다.

19. 금액이 중요한 경우에는 **차감하는 형식으로 표시하거나 주석으로 기재**한다.

20. 〈건설공사〉

	x0년	x1년
누적발생원가(A)	20,000	80,000
총 추정원가(B)	80,000	80,000
누적진행률(A/B)	25%	100%
총공사계약금액	100,000	
당기누적공사수익	25,000	100,000
당기공사수익	25,000	75,000
당기공사원가	20,000	60,000
당기공사손익	**5,000**	**15,000(이익)**

21. 확정기여형 퇴직연금제도(DC형 퇴직연금)에서는 퇴직연금 부담금 납부(8,000,000)로 모든 의무는 종결되고 퇴직급여충당금을 인식하지 아니한다. 따라서 부담금 납부(8,000,000)는 비용에 해당한다.

22. 수정 후 당기순이익 = 수정 전 당기순이익(6,200,000) – 대손충당금(300,000) – 급여(600,000)
　　　　　　　　　　 – 재고과대(400,000) – 감가상각과소(500,000) = 4,400,000원

23. 수익은 **자산의 증가나** 부채의 감소로 인해 기업의 경제적 효익이 증가하고, 그 금액을 신뢰성 있게 측정할 수 있을 때 인식된다

24. 선수수익은 재무상태표의 부채 계정이다.

25. **유형자산의 감가상각방법은 정액법, 정률법, 생산량비례법 중 하나를 선택**한다.

2부 원가회계

1	2	3	4	5	6	7	8	9	10	11	12	13	14	15
④	②	①	④	③	②	③	③	①	③	③	①	①	②	②

16	17	18	19	20	21	22	23	24	25					
③	②	③	①	②	③	②	②	②	③					

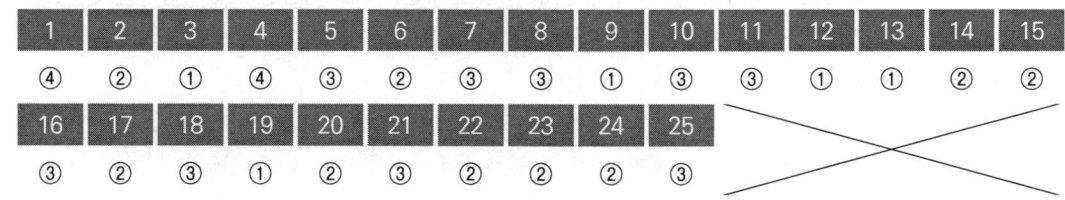

01. **동종 제품을 연속적으로 대량생산하는 기업에서는 주로 종합원가계산방법을** 사용한다.

02. 판매비와관리비 – 본사 건물의 관리비(1,000) + 사무실의 전력비(1,500) = 2,500원

04. 1월 전력비 600시간 × 변동원가(x) + 고정원가(y) = 4,500,000원
　　 2월 전력비 500시간 × 변동원가(x) + 고정원가(y) = 4,200,000원
　∴ 변동원가(x) = 3,000원/시간, 고정원가(y) = 2,700,000원
　　 3월(전력비) = 고정원가(2,700,000) + 기계사용시간(800) × 단위당 변동비(3,000) = 5,100,000원

05. 〈표준원가〉

AQ	AP	SQ	SP
400kg	??	50단위×10kg	??
??		??	

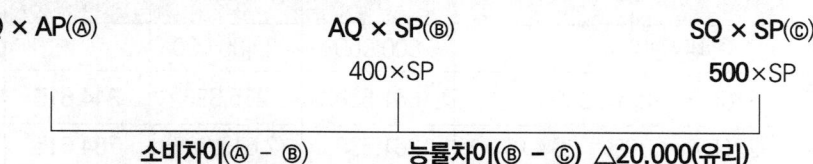

AQ × AP(Ⓐ)   AQ × SP(Ⓑ)   SQ × SP(ⓒ)

                         400×SP   **500**×SP

소비차이(Ⓐ - Ⓑ)   능률차이(Ⓑ - ⓒ) △20,000(유리)

(400×SP) - (500×SP) = (-)20,000원   ∴ SP(kg당 표준가격) = 200원

06. **유리한 차이**는 표준원가보다 실제원가가 작아 **이익을 증가**시킨다.

07. 총제조원가 = 재료원가(700)×생산량(50,000) + 외주검사비(1,000,000)×3회
　　　　　　　 + 감가상각비(6,000,000) = 44,000,000원

　　단위당 원가 = 총제조원가(44,000,000)÷생산량(50,000) = 880원/개

09. 제조간접원가원가배부액 = 실제노무시간(2,000)×예정배부율(6) = 12,000원

　　당기총제조원가(65,000) = 직접재료원가(??) + 직접노무원가(25,000) + 제조간접원가(12,000)

　　∴ 직접재료원가 = 28,000원

원재료

기초재고	1,000	직접재료원가	28,000
구입	**28,500**	기말재고	1,500
계	29,500	계	29,500

10. 손익계산서를 통하여 기말 제품 재고액에 대한 정보를 알 수 있다.

11. 단위당 원가 = [직접재료원가(180,000) + 직접노무원가(120,000) + 변동제조간접원가(150,000)
　　　　　　　 고정제조간접원가(40,000)]÷생산수량(700) = 700원/개

　　매출총이익 = 판매수량(500)×[판매가격(1,400) - 단위당 원가(700)] = 350,000원

12. 간접원가는 직접 추적할 수 없으므로 **합리적인 배분 기준을 선택하여 원가대상에 배분**하는 과정이
필요하다. 총원가를 구한 후 역산하는 것은 아니다.

13. 당기총제조원가 = 직접재료원가(30,000) + 가공원가(70,000) = 100,000원

	원재료			⇒		재공품		
기초	10,000	직접재료비	30,000		기초	50,000	*당기제품제조원가*	*110,000*
매입	40,000	기말	20,000		당기총제조원가	100,000	기말	40,000
계	50,000	계	50,000		계	150,000	계	150,000

제 품

기초재고	20,000	*매출원가*	*100,000*
당기제품제조원가	110,000	기말재고	30,000
계	130,000	계	130,000

14. 감가상각비는 고정원가로 조업도 수준의 변동에 상관없이 **총원가가 일정하게 발생하는 원가**로서, 단위당 원가는 조업도가 증가함에 따라 감소한다.

15. 〈상호배분법〉

제공부문	사용부문	보조부문 S1	보조부문 S2	제조부문 M1	제조부문 M2
배부전원가		600,000	2,400,000		
보조부문배부	S1(25% : 40% : 35%)	(861,538)	215,385	**344,615**	
	S2(10% : 30% : 60%)	261,539	(2,615,385)	**784,615**	
계		0	0	**1,129,230**	

16. 모든 **실제자료가 집계될 때까지 원가계산하는 것이 어렵기 때문**에 원가정보의 적시성이 감소한다.

17.

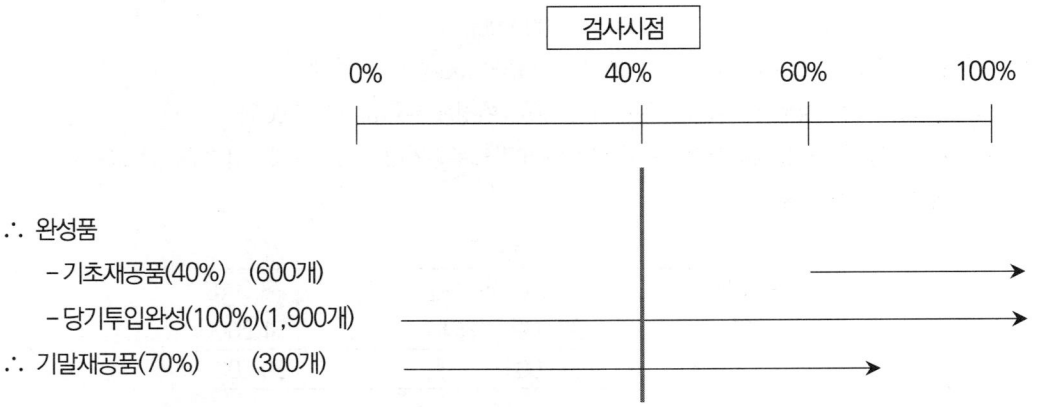

∴ 완성품
  - 기초재공품(40%) (600개)
  - 당기투입완성(100%)(1,900개)
∴ 기말재공품(70%) (300개)

∴당기검사합격물량 = 당기투입완성(1,900개) + 기말재공품(300개) = 2,200개

18. 변동제조간접원가(X) = X × 실제기계시간(6,000시간/8,000시간) = 1,200,000원,
  ∴ X = 1,600,000원

  고정제조간접원가(Y) = Y × 최대기계시간(9,000시간/15,000시간) = 1,200,000원, ∴ Y = 2,000,000원

19. 주산품에 비해서 가치나 **수량 면에서 상대적으로 중요성이 낮은 제품**이다.

20. 〈평균법〉

〈1단계〉물량흐름파악 재공품		〈2단계〉완성품환산량 계산 재료비	가공비
완성품	1,000 (100%)	1,000	1,000
기말재공품	500 (A%)	500	500A
계	1,500	1,500	1,000+500A
〈3단계〉원가요약(기초재공품원가+당기투입원가)			700,000+2,300,000
			1,000+500A

〈5단계〉 완성품원가와 기말재공품원가계산
  - 기말재공품원가(600,000) = 500 A × [3,000,000 ÷ (1,000 + 500A)] ∴A = 0.5(50%)

21. 〈판매가치법〉

결합제품	분리점에서의 판매가치	배분율	결합원가 배분액
A	500,000	25%	300,000원
B	400,000	20%	*240,000원*
C	1,100,000	55%	660,000원
계	2,000,000	100%	1,200,000원

22. 〈선입선출법〉

〈1단계〉 물량흐름파악		〈2단계〉 완성품환산량 계산	
재공품		재료비	가공비
완성품	2,500		
– 기초재공품	500 (??%)	0	??(300)
– 당기투입분	2,000 (100%)	2,000	2,000
기말재공품	1,000 (80%)	1,000	800
계	3,500	3,000	3,100

∴기초재공품 완성도 = 1 - 가공비 완성품 환산량(300) ÷ 기초재공품(500) = 0.4(40%)

23. 정상공손은 검사시점에 따라 완성품 또는 기말재공품에 배분하므로 제조원가로 저리한다.

24. 〈평균법〉

〈1단계〉 물량흐름파악		〈2단계〉 완성품환산량 계산	
재공품		재료비	가공비
완성품	60 (100%)	60	60
기말재공품	40 (25%)	40	10
계	100	100	70
〈3단계〉원가요약(기초재공품원가+당기투입원가)		+40,000	70,000
		100	70
〈4단계〉 완성품환산량당단위원가		@400	@1,000

〈5단계〉 완성품원가와 기말재공품원가계산

– 기말재공품원가 = 40개 × @400 + 10개 × @1,000 = *26,000원*

25. 간접원가의 비중이 증가하고 있어 활동기준원가계산이 더 적합하고, 표준원가는 반복적이고 표준화된 생산(대량)생산에 유용하므로, **표준원가의 유용성이 점차 감소**하고 있다.

제91회 기업회계 2급

합격율	시험년월
28%	2025.06

1부 재무회계

01. 재무회계는 기업의 재무상태와 경영실적을 측정하여 정보이용자들에게 재무정보를 제공한다. 다음 중 재무정보이용자에 대한 설명으로 옳지 않은 것은?

① 소비자는 해당 기업의 제품을 구입하는 경우 제품의 품질과 내용연수를 평가하는 데 유용한 정보를 필요로 한다.

② 채권자는 원금과 이자의 회수가능성을 평가하는 데 유용한 정보를 필요로 한다.

③ 경영자는 투자자와 채권자들이 이용하는 회계정보를 전혀 이용하지 않는다.

④ 재무정보의 이용자는 현재 및 잠재적 투자자, 채권자, 기타 정보이용자를 대상으로 한다.

02. ㈜태양은 20x1년 1월 1일 자기주식 10주를 주당 5,000원에 취득하였고 20x1년 12월 31일 자기주식 5주를 주당 6,000원에 처분하였다. 이러한 거래들로 인하여 20x1년 손익계산서상 영향을 주는 금액은 얼마인가?

① 20,000원 감소   ② 5,000원 감소

③ 영향 없음   ④ 5,000원 증가

03 다음 중 재무제표 요소의 측정기준에 대한 설명으로 옳은 것은?

① 현행원가로 측정한 자산은 동일하거나 동등한 자산을 취득 시점에 취득할 경우에 그 대가로 지급할 현금이나 현금성 자산의 금액으로 평가한다.

② 역사적 원가는 자산과 부채를 최초로 인식할 때의 금액이며, 자산의 경우에는 취득원가라고도 한다.

③ 자산의 실현 가능 가치는 정상적이지 않은 처분거래에서도 실현 가능할 것으로 예상되는 현금이나 현금성 자산의 금액으로 평가한다.

④ 현재가치 측정 자산은 정상적인 영업과정에서 그 자산이 창출한 확정된 과거 현금유입액의 현재 할인가치로 평가한다.

04 다음 중 회계상 거래인 것은?

① 종업원을 월급 1,200,000원으로 채용하였다.

② 상품 300,000원의 주문을 받았다.

③ 광고료 100,000원을 현금으로 지급하였다.

④ 건물 월세 계약을 500,000원으로 하기로 구두상 약속하였다.

05 ㈜성은은 20x1년 7월 1일 액면금액 1,000,000원(만기일 : 20x4년 6월 30일, 표시이자율 : 연 8%)의 사채를 936,600원에 할인 발행하였다. 사채 발행 당시 유효이자율은 10%이며 표시이자는 매년 6월 30일과 12월 31일 두 번 지급한다. 사채할인발행차금을 유효이자율법으로 상각한다면 사채를 발행한 시점부터 20x1년 12월 31일까지의 기간에 상각되는 사채할인발행차금으로 올바른 것은?

① 13,600원   ② 10,500원   ③ 6,830원   ④ 5,500원

06 20x0년말 미처분이익잉여금이 80,000원인 ㈜새싹의 20x1년 당기순이익은 120,000원이다. 당기 이익잉여금을 다음과 같이 처분하려고 한다. 다음의 사항들이 주주총회에서 원안대로 승인되는 경우 차기이월이익잉여금은 얼마인가?

- 감채기금적립금 이입 : 30,000원
- 현금배당 : 40,000원
- 주식배당 : 10,000원
- 사업확장적립금 적립 : 25,000원
- 이익준비금 적립 : 현금배당의 10%

① 151,000원   ② 161,000원   ③ 171,000원   ④ 181,000원

07. ㈜탐사의 결산일 현재 매출채권은 6,450,000원이고 매출채권의 대손과 관련된 자료는 다음과 같을 때, 회수 가능한 매출채권 추정액은 얼마인가?

- 기초 매출채권 대손충당금 잔액 : 400,000원
- 당기 중 회수불능으로 대손처리한 매출채권 : 500,000원
- 당기 중 매출채권의 대손상각비 : 1,050,000원

① 5,300,000원   ② 5,400,000원   ③ 5,500,000원   ④ 5,600,000원

08. ㈜정성은 주식 100주를 단기 보유 목적으로 1주당 5,000원에 취득하고 증권거래 수수료로 20,000원을 지급하였다. 재무상태표에 기록될 단기매매증권은 얼마인가?

① 520,000원   ② 500,000원   ③ 450,000원   ④ 400,000원

09. 다음은 ㈜랑랑의 재고자산과 관련된 자료이다. ㈜랑랑은 상품과 관련하여 매년 말 저가법을 적용한다고 할 때 보기 중 틀린 설명은?

- 20x0년 기말 자료
  - 상품 취득원가 : 3,000,000원
  - 상품 순실현가능가치 : 2,000,000원
- 20x1년 기중 자료
  - 상품과 관련하여 어떠한 매입이나 판매는 없었다.
- 20x1년 기말 자료
  - 상품 취득원가 : 3,000,000원
  - 상품 순실현가능가치 : 3,100,000원

① 20x0년말 재고자산평가충당금잔액은 1,000,000원이다.
② 20x0년말 재고자산 장부가액은 2,000,000원이다.
③ 20x1년말 재고자산 장부가액은 3,100,000원이다.
④ 20x1년말 재고자산평가충당금환입액은 1,000,000원이다.

10. ㈜부산의 20x1년 상품의 매입과 매출에 관한 자료가 다음과 같을 때, 선입선출법에 의한 매출원가는?

일자	수량	단가	금액
기초재고(1월 1일)	100개	50원	5,000원
매입(4월 1일)	200개	65원	13,000원
매출(4월 30일)	(250)개	?	
매입(7월 1일)	200개	75원	15,000원
매출(9월 1일)	(200)개	?	

① 21,500원   ② 21,750원   ③ 23,250원   ④ 29,250원

11. ㈜태인은 화재로 인해 기말재고자산이 전부 소실되었다. 매출총이익률법을 적용하여 소실된 재고자산을 추정하려고 한다. 관련 자료가 다음과 같을 때 소실된 재고자산을 추정하면 얼마인가?

> • 기초 재고금액 : 1,000,000원
> • 당기 매입금액 : 8,000,000원
> • 당기 매출액 : 10,000,000원
> • 매출총이익률 : 30%

① 1,000,000원   ② 2,000,000원   ③ 3,000,000원   ④ 4,000,000원

12. 다음 내용에 해당하는 질적 특성으로 올바른 것은?

> 재무정보는 오류, 편견으로부터 벗어나 충실하게 나타낼 수 있어야 한다. 이 특성에 대한 하부속성으로는 표현의 충실성, 중립성, 검증 가능성이 있다.

① 이해가능성   ② 목적적합성
③ 신뢰성   ④ 비교가능성

13. 다음 중 유형자산에 대한 설명으로 틀린 것은?

① 토지와 건물을 매입하여 건물을 신축할 목적으로 취득한 토지와 기존건물의 대가는 모두 토지의 취득원가로 한다. 이 경우 기존건물 철거비용에서 부산물 매각 대금을 차감한 금액도 토지의 취득원가로 처리한다.

② 토지를 보유하는 동안 납부하는 부동산 보유세의 경우도 토지취득과 관련된 지출로 보아 매년 말 토지의 취득원가에 가산시킨다.

③ 새로운 지역 또는 새로운 고객층을 대상으로 영업을 하는 데 소요되는 원가는 유형자산의 취득원가로 보지 아니한다.

④ 유형자산의 설치장소 준비원가는 해당 유형자산이 가동하기 위해 필요한 장소와 상태에 이르게 하는 데 직접 관련되는 원가이므로 유형자산의 취득원가를 구성한다.

14. ㈜팔자는 20x0년 4월 1일 건물을 13,000,000원에 구입한 후 내용연수 10년, 잔존가액 1,000,000원, 정액법을 사용하여 감가상각하고 있다. 20x1년 9월 30일 해당 건물을 분할하여 50%는 기존 그대로 사용하고 나머지 50%는 현금 6,000,000원에 처분한 경우 건물 처분으로 인식할 유형자산 처분손익은 얼마인가? 단, 감가상각비는 월할 계산한다.

① 처분손실 7,000,000원 　　　　　　② 처분손실 5,200,000원

③ 처분손실 12,500원 　　　　　　　　④ 처분이익 400,000원

15. ㈜도움의 20x1년 기계의 취득 및 결산에 대한 자료가 다음과 같다. 20x1년 12월 31일에 기계장치의 장부금액은 얼마인가?

> • 20x1년 1월 1일 15,000,000원의 기계장치를 구입하였으며, 정부로부터 국고보조금 3,000,000원을 지원받아 실제 12,000,000원을 지출하였다(국고보조금은 자산차감법을 적용하여 재무제표에 반영한다).
> • 기계장치는 내용연수 10년, 잔존가치 0원, 정액법으로 감가상각하며 월할 계산한다.

① 10,500,000원　　　② 10,800,000원　　　③ 12,000,000원　　　④ 13,500,000원

16. ㈜연구의 20x1년 지출한 연구비용 내역은 아래와 같다. ㈜연구가 20x1년에 연구와 관련하여 경상연구 개발비로 처리할 금액은 얼마인가?

> • 연구단계 지출액 : 3억원
> • 개발단계 지출액 : 2억원(이중 무형자산 인식요건을 갖춘 금액은 1억원)

① 1억원　　　　　② 3억원　　　　　③ 4억원　　　　　④ 5억원

17. ㈜민정의 매도가능증권과 관련된 정보는 다음과 같다. 20x2년 10월 1일 처분으로 당기손익에 영향을 미치는 금액은 얼마인가?

> - 20x0년 1월 1일 매도가능증권을 5,000,000원에 취득했다.
> - 20x0년 12월 31일 매도가능증권 공정가액은 7,000,000원이다.
> - 20x1년 12월 31일 매도가능증권 공정가액은 4,000,000원이다.
> - 20x2년 10월 1일 매도가능증권을 6,000,000원에 처분했다.

① 2,000,000원 증가   ② 1,000,000원 증가

③ 1,000,000원 감소   ④ 2,000,000원 감소

18. ㈜정밀의 기말 재무상태표상 계정의 잔액이 다음과 같을 때 기말 자본은 얼마인가?

> - 현금 : 100,000원   - 미수수익 : 130,000원
> - 상품 : 300,000원   - 선급금 : 180,000원
> - 선수금 : 250,000원   - 미지급금 : 110,000원

① 150,000원   ② 350,000원   ③ 590,000원   ④ 850,000원

19. 다음 중 부채에 대한 설명으로 올바른 것은?

① 기업의 정상영업주기 이내에 상환이나 결제 등을 통하여 소멸할 것이 충분히 예상되는 부채의 경우 유동부채로 분류할 수 있다.

② 지급 시기나 금액이 불확실한 경우 부채의 정의에 부합해도 부채로 인식할 수 없다.

③ 우발부채는 재무제표에 인식한다.

④ 장기차입금, 장기매입채무는 유동부채에 해당한다.

20. 다음 중 자본에 대한 설명으로 옳지 않은 것은?

① 자본금은 법정자본금뿐만 아니라 임의자본금으로도 할 수 있다.

② 자본잉여금은 증자나 감자 등 주주와의 거래에서 발생하여 자본을 증가시키는 잉여금이다.

③ 자본조정은 당해 항목의 성격으로 보아 자본거래에 해당하나 최종 납입된 자본으로 볼 수 없거나 자본의 가감 성격으로 자본금이나 자본잉여금으로 분류할 수 없는 항목이다.

④ 기타포괄손익누계액은 보고기간 종료일 현재의 매도가능증권평가손익, 해외사업환산손익, 현금흐름위험회피 파생상품평가손익 등의 잔액이다.

21. ㈜정찰의 20x1년 기말 유동자산의 내역이 다음과 같을 때 20x1년 기말 재무상태표에 표시될 현금및현금성자산은 얼마인가?

• 선일자수표 : 50,000원	• 통화(지폐) : 25,000원
• 양도성예금증서(160일 만기) : 180,000원	• 보통예금 : 70,000원
• 정기적금 : 2,000,000원	• 장기금융상품 : 200,000원
• 지점전도금 : 120,000원	• 배당금지급통지서 : 50,000원

① 150,000원　　② 200,000원　　③ 265,000원　　④ 300,000원

22. 다음 중 시용판매의 수익 인식 시점은 언제인가?

① 상품의 발송을 위한 선적이 시작되는 시점

② 구매자에게 상품이 인도되는 시점

③ 구매자가 구입의사 표시를 하는 시점

④ 구매자로부터 판매대금을 회수하는 시점

23. ㈜공정은 50,000,000원의 공사도급계약(공사기간 : 20x0년 4월 1일~20x1년 9월 30일)을 체결하였으며 공사관련 원가는 다음과 같다. 진행기준에 따라 수익을 인식하는 경우 20x1년의 공사원가와 공사이익은 얼마인가?

구분	20x0년	20x1년
실제발생한 공사원가	10,000,000원	25,000,000원
추가예정 공사원가	30,000,000원	

	공사원가	공사이익
①	25,000,000원	12,500,000원
②	25,000,000원	07,500,000원
③	35,000,000원	12,500,000원
④	30,000,000원	07,500,000원

24. ㈜한성은 다음과 같은 내용의 보험에 가입하였다. 이와 관련하여 20x1년 ㈜한성에서 보험료로 인식할 금액은 얼마인가?

> • 20x1년 8월 1일 차량보험료 120,000원을 현금으로 납부하였다.
> • 차량보험료의 보험기간은 20x1년 8월 1일~20x2년 1월 31일이다.

① 20,000원 ② 50,000원 ③ 100,000원 ④ 120,000원

25. [중소기업회계기준] 다음 중 재무제표에 해당하지 않는 것은?

① 대차대조표   ② 손익계산서
③ 현금흐름표   ④ 자본변동표

2부 원가회계

01. 다음 중 직접원가와 간접원가에 대한 설명으로 틀린 것은?

① 직접원가는 원가대상에 직접적으로 추적할 수 있는 원가이다.

② 간접원가는 원가대상에 개별적으로 구분되어 포함되므로 개별원가라고도 한다.

③ 가공원가는 직접원가인 직접노무원가와 간접원가인 제조간접원가로 구성된다.

④ 직접원가는 변동원가이다.

02. 표준원가를 적용하는 ㈜사무의 20x1년 직접노무원가와 관련된 자료는 다음과 같다. 20x1년 직접노무시간당 실제 임률은 얼마인가?

- 제품 실제생산량 : 100개
- 직접노무원가 실제 발생액 : 145,600원
- 단위당 표준직접노무시간 : 6시간
- 직접노무원가 능률차이 : 10,000원(유리)
- 직접노무원가 임률차이 : 5,600원(불리)

① 240원 　　　　 ② 250원 　　　　 ③ 260원 　　　　 ④ 270원

03. 다음 중 표준원가계산에 대한 설명으로 틀린 것은?

① 미리 설정해 놓은 표준원가를 이용하여 원가계산을 한다.

② 원가계산을 간편하고 신속하게 할 수 있다.

③ 표준원가를 통하여 예산설정의 기초자료로 사용할 수 있다.

④ 표준원가계산은 원가흐름에 대한 가정이 필수적이다.

04. 다음 중 제조간접원가 배부에 대한 설명으로 틀린 것은?

① 공장전체에 하나의 배부기준을 적용하면 제조부문의 특성을 반영하지 못한다.

② 공장전체에 하나의 배부기준을 적용하면 보조부문원가를 제조부문에 배분할 필요가 있다.

③ 제조부문별로 다른 배부기준을 적용하면 제조부문의 특성을 반영할 수 있다.

④ 제조부문별로 다른 배부기준을 적용하면 보조부문원가를 제조부문에 배분할 필요가 있다.

05. ㈜세연이 20x1년에 매입한 원재료는 190,000원이고, 제조공정에 투입되는 원재료는 모두 직접재료원가이다. 제조간접원가는 가공원가의 50%이고 기본원가는 500,000원이며 재고자산 현황이 다음과 같을 때 당기제품제조원가와 매출원가는 얼마인가?

구분	20x1년 1월 1일 잔액	20x1년 12월 31일 잔액
원재료	20,000원	10,000원
재공품	60,000원	80,000원
제품	50,000원	30,000원

	제품제조원가	매출원가		제품제조원가	매출원가
①	800,000원	780,000원	②	800,000원	790,000원
③	780,000원	810,000원	④	780,000원	800,000원

06. 다음은 ㈜세상의 20x1년 원가와 관련된 자료이다. 20x1년 당기총제조원가는 얼마인가?

- 매출원가 : 2,120,000원
- 기말제품 : 180,000원
- 기말재공품 : 400,000원
- 기초제품 : 100,000원
- 기초재공품 : 300,000원

① 2,100,000원　　② 2,200,000원　　③ 2,300,000원　　④ 2,400,000원

07. 다음 중 기본원가와 가공원가에 모두 속하는 원가는?

① 직접재료원가
② 간접재료원가
③ 직접노무원가
④ 제조간접원가

08. 다음은 정상개별원가계산을 적용하는 ㈜세경의 20x1년 원가 자료이다. 제조간접원가 과소배부액이 40,000원일 때 20x1년 예산 직접노무시간은?

연간 제조간접원가 예산	실제 발생한 제조간접원가	실제 직접노무시간
500,000원	480,000원	2,200시간

① 2,300시간　　② 2,400시간　　③ 2,500시간　　④ 2,600시간

09. 다음의 자료를 이용하여 ㈜세영의 제조간접원가를 계산하면 얼마인가?

- 직접 재료원가 : 10,000원
- 간접 재료원가 : 5,000원
- 간접 노무원가 : 10,000원
- 공장 수선비 : 20,000원
- 공장 보험료 : 10,000원
- 본사 보험료 : 15,000원

① 30,000원　　　② 35,000원　　　③ 40,000원　　　④ 45,000원

10. 다음 중 공손에 대한 설명으로 틀린 것은?

① 공손은 정상공손, 비정상공손으로 분류된다.

② 공손 수량을 계산할 때에는 선입선출법으로만 계산한다.

③ 개별원가계산에서 비정상공손원가는 재고가능원가로 간주되지 않으며, 그 공손이 발견된 기간의 비용으로 처리된다.

④ 공정별 원가계산에서 공손 단위를 산출 단위에 포함시킬 경우 완성품환산량 단위당 원가가 더 커진다.

11. ㈜세현의 매출 및 원가 관련 자료가 다음과 같을 때 매출총이익은 얼마인가?

- 기초 제품재고 : 12,000원
- 기말 제품재고 : 24,000원
- 기초 재공품재고 : 6,000원
- 기말 재공품재고 : 12,000원
- 공장 감가상각비 : 16,000원
- 직접재료원가 : 10,000원
- 직접노무원가 : 8,000원
- 매출액 : 30,000원

① 10,000원　　　② 14,000원　　　③ 20,000원　　　④ 24,000원

12. 다음의 설명에 맞는 배분방법은 무엇인가?

- 먼저 배분순서를 정하고 그 순서에 따라 배분한다.
- 보조부문 상호 간의 용역수수를 일부 고려한다.
- 배분순서가 임의적인 경우 원가배분결과에 왜곡이 발생한다.

① 직접배분법　　　② 단일배분율법　　　③ 상호배분법　　　④ 단계배분법

13. ㈜세인의 20x1년 재고자산과 관련된 자료가 다음과 같을 때 20x1년 가공원가는 얼마인가?

구분	원재료	재공품	제품
기초재고	25,000원	50,000원	13,000원
기말재고	16,000원	35,000원	28,000원
당기매입액	38,000원	?	?

※ 당기제품제조원가는 97,000원이다.

① 35,000원   ② 40,000원   ③ 150,000원   ④ 180,000원

14. 원가대상이 제공받은 경제적 효익 정도에 따라 원가를 배분하는 기준으로, 수익자 부담원칙에 입각한 공통원가 배분기준인 것은?

① 인과관계기준   ② 수혜기준
③ 부담능력기준   ④ 공정성과 공평성 기준

15. ㈜양용은 단계배분법(전력부문, 수선부문 순으로 배분)을 사용하여 보조부문원가를 제조부문으로 배분하고자 한다. 보조부문의 용역제공 정도 및 부문별 발생원가는 다음과 같다. 이때 보조부문원가를 배분한 후 B제조부문의 총원가는 얼마인가?

사용부문 제공부문	보조부문		제조부문	
	전력부문	수선부문	A제조부문	B제조부문
발생원가	3,000,000원	2,000,000원	4,000,000원	3,500,000원
전력부문		30%	40%	30%
수선부문	20%		40%	40%

① 5,850,000원   ② 6,150,000원   ③ 6,350,000원   ④ 6,650,000원

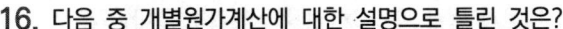
16. 다음 중 개별원가계산에 대한 설명으로 틀린 것은?

① 주로 다품종 소량 주문생산형태에 적합한 원가계산제도이다.

② 각 작업별로 원가가 계산되기 때문에 비용과 시간이 많이 소요된다.

③ 각 작업지시서별로 직접재료원가와 직접노무원가를 집계하고 제조간접원가 배부기준에 따라 제조간접원가를 배부하여 제품원가를 계산한다.

④ 원가계산자료가 상세하고 단순해서 오류가 발생할 가능성이 적다.

17. ㈜고독은 정상개별원가계산을 사용하고 있으며 기계사용시간을 기준으로 제조간접원가를 배분하고 있다. 원가 자료가 다음과 같을 때 제조간접원가 예산은 얼마인가?

> • 예상 기계사용시간(예정조업도) : 13,000시간
> • 실제 기계사용시간(실제조업도) : 10,000시간
> • 실제 제조간접원가 발생액 : 3,000,000원
> • 제조간접원가 배부차이 : 300,000원 과다배부

① 3,510,000원　　② 3,900,000원　　③ 4,290,000원　　④ 4,680,000원

18. 다음 중 결합원가에 대한 설명으로 올바른 것은?

① 물량기준법은 추가가공공정이 있는 제품의 수익성을 낮게 판단한다.

② 순실현가치법은 분리점 판매가치를 알 수 없는 경우는 사용할 수 없다.

③ 균등매출총이익률법은 결합공정이 많은 경우 순실현가치법보다 적용이 간편하다.

④ 기업이익을 극대화하기 위한 추가가공 의사결정을 할 때에는 이미 배분된 결합원가를 고려하지 않는다.

19. ㈜결합은 결합 생산공정에서 원재료를 이용하여 A제품과 B제품을 제조하고 있으며 A제품에 배부된 결합원가는 50,000원이다. 결합원가를 순실현가치를 이용하여 두 제품에 배부하는 경우 원가 자료가 다음과 같을 때 두 제품으로 배부되기 이전의 총 결합원가는 얼마인가?

구분	A제품	B제품
생산량	500개	800개
분리점에서의 1개당 가격	400원	500원
1개당 추가 가공원가	–	150원
1개당 최종 판매가격	400원	900원

① 50,000원　　　② 100,000원　　　③ 150,000원　　　④ 200,000원

20. 선입선출법에 따른 종합원가계산을 적용하는 ㈜세한의 생산 관련 자료는 다음과 같다. 직접재료는 공정 초기에 전량 투입되고 가공원가는 공정 전반에 걸쳐 균등하게 발생할 때 기말재공품의 가공원가 완성품 환산량은 얼마인가?

- 기초재공품 : 200단위(완성도 30%)
- 당기착수품 : 800단위
- 당기완성품 : 700단위
- 기말재공품 : 300단위
- 선입선출법에 의한 가공원가의 총 완성품환산량 : 850단위

① 200단위　　　② 210단위　　　③ 220단위　　　④ 230단위

21. 다음 중 종합원가계산과 관련된 설명으로 틀린 것을 모두 고른 것은?

- ㉠ 가중평균법은 기초재공품 모두를 당기에 착수하는 것으로 가정한다.
- ㉡ 선입선출법에 비해 가중평균법은 당기의 성과를 이전의 기간과 독립적으로 평가할 수 있는 보다 적절한 기회를 제공한다.
- ㉢ 종합원가계산에서는 기초재공품의 존재 여부와 관계없이 선입선출법과 평균법에 의한 제품 제조원가가 항상 다르게 산정된다.
- ㉣ 선입선출법이 가중평균법에 비해 실제 물량 흐름에 보다 충실한 원가 흐름 가정이라 볼 수 있다.

① ㉡, ㉢　　　② ㉠, ㉡　　　③ ㉢　　　④ ㉡, ㉢, ㉣

22. 종합원가계산을 적용하는 ㈜세계의 원재료는 공정의 초기에 전량 투입되고 가공원가는 공정 전반에 걸쳐서 균등하게 발생한다. 재료원가에 대한 완성품 환산량은 평균법과 선입선출법을 적용했을 때 각각 5,000단위와 4,500단위이다. 또한, 가공원가에 대한 완성품 환산량은 평균법과 선입선출법을 적용했을 때 각각 3,000단위와 2,600단위이다. 기초재공품의 가공원가 완성도는 몇 %인가?

① 50%　　　　　② 60%　　　　　③ 70%　　　　　④ 80%

23. 선입선출법에 의한 종합원가계산을 체택하고 있는 ㈜신속의 직접재료원가는 공정의 70% 시점에 전량 투입된다. 관련 원가자료가 다음과 같을 때 직접재료원가의 완성품환산량은 몇 개인가?

• 기초재공품 수량 : 500개(완성도 : 50%)	• 당기착수량 : 1,000개
• 완성품수량 : 800개	• 기말재공품 수량 : 700개(완성도 : 80%)

① 500개　　　　　② 700개　　　　　③ 1,200개　　　　　④ 1,500개

24. 다음 중 원가의 행태에 대한 설명으로 옳지 않은 것은?

① 총 고정원가는 관련 범위 내에서 생산량이 증가하면 증가한다.
② 단위당 변동원가는 생산량이 증가하더라도 일정하다.
③ 총 변동원가는 생산량이 증가하면 증가한다.
④ 단위당 고정원가는 생산량이 증가하면 감소한다.

25. ㈜민영은 정상개별원가계산을 사용하고 있으며 노동시간을 기준으로 제조간접원가를 배분하고 있다. 예정배부율은 400원/노동시간, 실제 발생한 노동시간은 300시간, 실제 발생한 제조간접원가는 110,000원이다. 다음의 설명 중 틀린 것은?

① 제조간접원가가 10,000원만큼 과다배부 되었다.
② 제조간접원가 계정의 차변 금액이 대변 금액보다 큰 상태이다.
③ 배부차이를 매출원가조정법으로 조정할 경우 매출총이익은 증가한다.
④ 기말재고자산(기말재공품, 기말제품)이 없는 경우, 배부차이에 대한 적용은 총원가 비례배분법, 원가요소별 비례배분법 둘 다 동일하다.

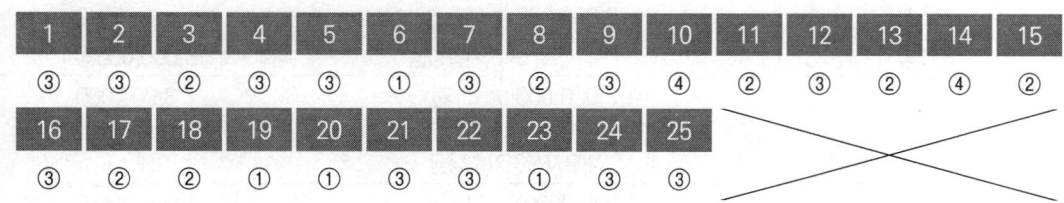

1부 재무회계

1	2	3	4	5	6	7	8	9	10	11	12	13	14	15
③	③	②	③	③	①	③	②	③	④	②	③	②	④	②

16	17	18	19	20	21	22	23	24	25
③	②	②	①	①	③	③	①	③	③

01. 경영자는 투자자와 채권자들이 이용하는 회계정보를 이용하기도 한다.

02. 자기주식 취득, 보유, 처분과 관련하여 손익계산서상 영향을 주지 아니하고, 재무상태표의 자본계정에 영향을 미친다.

03. ① 현행원가로 측정한 자산은 동일하거나 동등한 자산을 **현재 시점에 취득할 때 그 대가로 지급할** 현금이나 현금성 자산의 금액으로 평가한다.

③ 자산의 실현 가능 가치는 **정상적인 처분거래에서 실현 가능할 것으로 예상되는 현금**이나 현금성 자산의 금액으로 평가한다.

④ 현재가치로 측정한 자산은 정상적인 영업과정에서 그 자산이 창출할 것으로 기대되는 **미래 순 현금유입액의 현재할인가치**로 평가한다.

04. 채용, 주문, 구두상 약속은 아직 확정된 회계상 거래가 아니다.

05. **연 2회 이자를 지급하므로 이자율(10%)도 1/2(5%)을 적용**한다.

〈사채할인발행차금 상각표(유효이자율법)〉

연도	유효이자(A) (BV×5%)	액면이자(B) (액면가액×4%)	할인차금상각 (A−B)	장부금액 (BV)
20x1. 7. 1				936,600
20x1.12.31	46,830	40,000	*6,830*	943,430

06. 차기이월이익잉여금 = 전기미처분이익잉여금(80,000) + 당기순이익(120,000)

+ 감채기금적립금 이입(30,000) − 현금배당(40,000) − 주식배당(10,000)

− 사업확장적립금 적립(25,000) − 이익준비금(40,000×10%) = 151,000원

07. 회수가능매출채권 = 기말 매출채권(6,450,000) − 대손충당금(950,000) = **5,500,000원**

대손충당금

대손	500,000	기초	400,000
기말	950,000	대손상각비(설정)	1,050,000
계	1,450,000	계	1,450,000

08. 단기매매증권 = 100주 × 주당 취득가액(5,000) = 500,000원

☞ 단기매매증권 취득 시 발생한 수수료를 비용으로 처리한다.

09. ① x0년말 재고자산평가충당금 = 취득원가(3,000,000) – 순실현가능가치(2,000,000) = 1,000,000원

② x0년말 장부가액 = 취득원가(3,000,000) – 재고자산평가충당금(1,000,000) = 2,000,000원

상 품

기초상품	3,000,000	매출원가	0
순매입액	0	기말상품	3,000,000③
계	3,000,000	계	3,000,000

재고자산평가충당금

환입	1,000,000④	기초	1,000,000①
기말	0		
계	1,000,000	계	1,000,000

☞ 저가법 적용에 따른 평가손실을 초래했던 상황이 해소되어 새로운 시가가 장부금액보다 상승한 경우에는 최초의 장부금액을 초과하지 않는 범위에서 평가손실을 환입한다. 재고자산평가손실의 환입은 매출원가에 차감한다.

10.

상 품(선입선출법)

기초	100개	@50	5,000	매출원가	100개+200개+150개	_29,250_
순매입액	200개	@65	13,000		(5,000+13,000+150×@75)	
	200개	@75	15,000			
계(판매가능재고)			33,000	계		33,000

11. 매출원가 = 매출액(10,000,000) × [1 – 매출총이익률(30%)] = 7,000,000원

재고자산

기초상품	1,000,000	매출원가	7,000,000
순매입액	8,000,000	_기말상품(소실재고자산)_	_2,000,000_
계	9,000,000	계	9,000,000

13. 토지를 보유하는 동안 납부하는 부동산 보유세(재산세)는 토지의 취득원가가 아닌 당기손익(세금과 공과)로 처리한다.

14. 감가상각비 = [취득가액(13,000,000) – 잔존가치(1,000,000)] ÷ 10년 = 1,200,000원

x1.09.30 감가상각누계액 = 년 감가상각비(1,200,000) × (12+6)/12 = 1,800,000원

x1.09.30 장부가액 = 취득가액(13,000,000) – 감가상각누계액(1,800,000) = 11,200,000원

x1.09.30 처분손익 = 처분가액(6,000,000) – 장부가액(11,200,000) × 50% = 400,000원(이익)

15. 기초장부가액 = 취득가액(15,000,000) – 정부보조금(3,000,000) = 12,000,000원

감가상각비(국고보조금 반영) = 기초장부가액(12,000,000) ÷ 10년 = 1,200,000원/년

기말장부가액 = 기초장부가액(12,000,000) – 감가상각비(1,200,000) = 10,800,000원

16. 경상연구개발비 = 연구단계(3억) + 개발단계[2억 – 자산(1억)] = 4억원

17. 처분손익(매도가능증권) = 처분가액(6,000,000) – 취득가액(5,000,000) = 1,000,000원(이익)

18. 자산 = 현금(100,000) + 상품(300,000) + 미수수익(130,000) + 선급금(180,000) = 710,000원

   부채 = 선수금(250,000) + 미지급금(110,000) = 360,000원

   자본 = 자산(710,000) − 부채(360,000) = 350,000원

19. ② 충당부채는 **지출 시기 또는 그 금액이 불확실한 것으로, 부채로 인식 가능**하다.

   ③ 우발부채는 재무제표(본문)에 인식하지 않는다.

   ④ 만기가 1년 초과하는 장기차입금, 장기매입채무 등은 비유동부채에 해당한다.

20. 자본금은 법정자본금으로 한다.

21. 현금및현금성자산 = 통화(25,000) + 보통예금(70,000) + 배당금지급통지서(50,000)

   + 지점전도금(120,000) = 265,000원

   ☞ **정기적금은 단기금융자산에 해당한다.**

22. 시용판매의 경우 **매입자가 매입의사를 표시하는 날 수익 인식**을 한다.

23.

	x0년	x1년
누적공사원가(A)	10,000,000	35,000,000
총 공사예정원가(B)	40,000,000	35,000,000
누적진행률(A/B)	25%	100%
총공사계약금액	50,000,000	
당기누적공사수익	12,500,000	50,000,000
당기공사수익	12,500,000	37,500,000
당기공사원가	10,000,000	**25,000,000**
당기공사이익	**2,500,000**	**12,500,000**

24. 당기 보험료(비용) = 1년치 보험료(120,000) × 5/6 = 100,000원

25. 중소기업회계기준 기준에 의한 재무제표는 1. 대차대조표, 2. 손익계산서, 3. 자본변동표 4. 이익잉여금처분계산서 또는 결손금처리계산서이다.

2부 원가회계

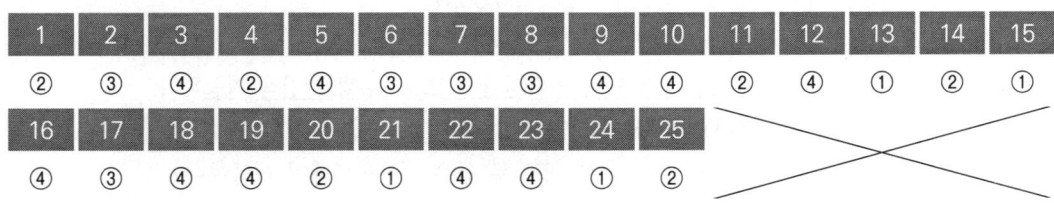

1	2	3	4	5	6	7	8	9	10	11	12	13	14	15
②	③	④	②	④	③	③	③	④	④	②	④	①	②	①

16	17	18	19	20	21	22	23	24	25
④	③	④	④	②	①	④	④	①	②

01. 직접원가는 **원가대상에 개별적으로 구분되어 포함되므로 개별원가**라고도 한다.

02.

AQ	AP	SQ	SP
??(260)	??(560)	100개×6=600시간	??(250)
145,600원		−	

AQ × AP(ⓐ)	AQ × SP(ⓑ)	SQ × SP(ⓒ)
560시간× 260원	560시간× 250원	600시간 × 250원
= 145,600	= 140,000	= 150,000

임률차이(ⓐ − ⓑ) 5,600(불리) 능률차이(ⓑ − ⓒ)△10,000(유리)

03. 표준원가계산은 **원가흐름에 대한 가정(선입선출법/평균법)이 필요 없다.**

04. 공장전체의 하나의 배부기준을 적용 시 **보조부문원가를 제조부문에 배분할 필요가 없고, 바로 제품에 배분한다.**

05.

원재료

기초재고	20,000	**직접재료원가**	200,000
구입	190,000	기말재고	10,000
계	210,000	계	210,000

직접노무원가 = 기본원가(500,000) − 직접재료원가(200,000) = 300,000원

제조간접원가 = [직접노무원가(300,000) + 제조간접원가] × 50% = 300,000원

당기총제조원가 = 직·재(200,000) + 가공원가(600,000) = 800,000원

재공품

기초재고	60,000	*당기제품제조원가*	*780,000*
당기총제원가	800,000	기말재고	80,000
계	860,000	계	860,000

제 품

기초재고	50,000	*매출원가*	*800,000*
당기제품제조원가	780,000	기말재고	30,000
계	830,000	계	830,000

06.

재고자산(재공품＋제품)

기초재고(재공품＋제품)	100,000＋300,000	**매출원가**	**2,120,000**
당기총제조원가	**2,300,000**	기말재고(재공품＋제품)	400,000＋180,000
합 계	2,700,000	합 계	2,700,000

07. 기본원가 = 직접재료원가 + **직접노무원가**, 가공원가 = **직접노무원가** + 제조간접원가

08. 제조간접원가 예정배부액 = 실제(480,000) – 과소배부(40,000) = 440,000원

제조간접원가 예정배부율 = 예정배부액(440,000)÷실제 직접노무시간(2,200) = 200원/시간

연간 예산 직접노무시간(예정조업도) = 예산(500,000)÷예정배부율(200) = 2,500시간

09. 제조간접원가 = 간접재료원가(5,000) + 간접노무원가(10,000) + 공장수선비(20,000)

　　　　　+ 공장 보험료(10,000) = 45,000원

10. 공손 단위를 산출 단위에 포함시키는 경우에는 공손의 완성품환산량에 포함되어 계산된다. 따라서 공손 단위를 산출 단위에 포함시키지 않은 경우에 비하여 완성품환산량이 커지므로 완성품환산량 단위당 원가(원가÷완성품 환산량)는 작아진다.

11. 당기총제조원가 = 직접재료원가(10,000) + 직접노무원가(8,000) + 감가상각비(16,000) = 34,000원

재고자산(재공품＋제품)

기초재고(재공품＋제품)	6,000＋12,000	**매출원가**	**16,000**
당기총제조원가	34,000	기말재고(재공품＋제품)	12,000＋24,000
합 계	52,000	합 계	52,000

매출총이익 = 매출액(30,000) – 매출원가(16,000) = 14,000원

13.

원재료

기초재고	25,000	직접재료비	47,000
구입	38,000	기말재고	16,000
계	63,000	계	63,000

재공품

기초재고	50,000	당기제품제조원가	97,000
직접재료비	47,000		
가공원가	**35,000**	기말재고	35,000
계	132,000	계	132,000

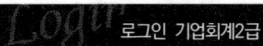

15. 〈단계배분법 : 전력부문부터 먼저 배부한다.〉

〈단계배분법〉	보조부문		제조부문	
	전력	수선	A	B
배분전 원가	3,000,000	2,000,000	4,000,000	3,500,000
전력부문(30% : 40% : 30%)	(3,000,000)	900,000	1,200,000	900,000
수선부문(0 : 40% : 40%)	–	(2,900,000)	1,450,000	1,450,000
보조부문 배부 원가	–	–	6,650,000	*5,850,000*

16. 개별원가계산은 원가계산자료가 상세하고 복잡해서 오류가 발생할 가능성이 크다.

17. 예정배부액 = 실제 발생액(3,000,000) + 과다배부(300,000) = 3,300,000원

예정배부율 = 예정배부액(3,300,000)/실제 기계사용시간(10,000)) = 330원/시간

제조간접원가 예산 = 예정조업도(13,000시간) × 예정배부율(330원/시간) = 4,290,000원

18. ① 제품의 수익성을 낮게 판단하는 방법은 순실현가치법이다.

② 순실현가치법은 분리점 판매가치를 알 수 없는 경우에도 사용가능하다.

③ **균등매출총이익률법은 결합공정이 많은 경우 순실현가치법보다 적용이 어렵다.**

19.

제품	생산량	최종 판매가격	순실현가치	결합원가 배부액
A	500	400	500개×@400=200,000(25%)	50,000(25%)
B	800	900	800개×(@900–@150)=600,000(75%)	75,000(75%)
계			800,000(100%)	*200,000(100%)*

20. 〈1단계〉 물량흐름파악(선입선출법) 〈2단계〉 완성품환산량 계산

재공품		재료비	가공비
완성품	700		
– 기초재공품	200(70%)	0	140
– 당기투입분	500(100%)	500	500
기말재공품	300(??%)	300	*210*
계	1,000	**800**	850

21. ㉡ 가중평균법은 전기에 투입되어 이월된 원가와 당기에 투입된 원가를 평균하는 방법이므로 **당기의 성과와 이전 기간의 성과를 독립적으로 평가하기에는 부적절**하다.

㉢ 종합원가계산에서 **기초재공품이 없을 때** 제품 제조원가는 **선입선출법과 평균법이 동일하게 산정**된다.

22. 평균법 완성품 환산량과 선입선출법 완성품 환산량은 **기초재공품의 완성품 환산량만큼 차이가 난다.**

기초재공품의 재료원가 완성품 환산량 = 평균법(5,000) – 선입선출법(4,500) = 500단위

기초재공품의 가공원가 완성품 환산량 = 평균법(3,000) – 선입선출법(2,600) = 400단위

기초재공품의 가공원가 완성도 = 가공원가 완성품 환산량(400) ÷ 재료원가 완성품환산량(500) = 80%

23. 〈1단계〉 물량흐름파악(선입선출법)　　　　　　　　　　　〈2단계〉 완성품환산량 계산

재공품		재료비(70%)	가공비
완성품	800		
– 기초재공품	500(50%)	500	
– 당기투입분	300(100%)	300	
기말재공품	700(80%)	700	
계	1,500	**1,500**	

24. 고정원가의 경우 관련 범위 내에서 **생산량이 증가하여도 총 고정원가는 일정**하다.

25. ① 제조간접원가 예정배부액 = 예정배부율(400) × 실제조업도(300) = 120,000원,

예정배부액(120,000) – 실제발생액(110,000) = 10,000원(과대배부)

② 제조간접원가 계정의 차변 금액(실제 금액, 110,000원)이 대변 금액(예정 배부액, 120,000원)보다 적은 상태이다.

③ 과다배부되었으므로 매출원가조정법으로 조정 시 매출원가가 차감되어 매출총이익은 증가한다.

④ 기말재고자산(기말재공품, 기말제품)이 전혀 없는 경우 배부차이에 대해 총원가 비례배분법을 적용하나, 원가요소별 비례배분법을 적용하나 동일하다.

제90회 기업회계 2급

합격율	시험년월
30%	2025.04

1부 재무회계

01. 다음 중 재무제표에 대한 설명으로 틀린 것은?

① 재무제표 작성 시 계속기업을 전제로 한다.

② 재무제표는 재무상태표, 포괄손익계산서, 현금흐름표, 자본변동표로 구성되며 주석을 포함한다.

③ 재무제표의 기업간 비교가능성을 제고하기 위하여 원칙적으로 재무제표 항목의 표시는 매기 동일하여야 한다.

④ 재무상태표는 일정 시점 현재 기업의 재무상태를 나타내는 보고서이다.

02. 다음은 재무회계의 질적 특성에 대한 설명이다. 틀린 것은 모두 몇 개인가?

> 가. 근본적 질적 특성 구성에는 목적 적합성과 충실한 표현이 있고, 보강적 질적 특성 구성에는 비교 가능성, 검증 가능성, 적시성 및 이해 가능성이 있다.
>
> 나. 목적 적합한 재무정보가 예측 가치를 갖기 위해서 그 자체가 예측치 또는 예상치일 필요는 없다.
>
> 다. 충실한 표현에 있어 완전한 서술은 정보이용자가 서술되는 현상을 이해하는 데 필요한 모든 정보를 포함하는 것이다.
>
> 라. 검증 가능성은 합리적인 판단력이 있고 독립적인 서로 다른 관찰자가 어떤 서술이 충실한 표현이라는 데, 비록 반드시 완전히 일치하지는 못하더라도, 의견이 일치할 수 있다는 것을 의미한다.

① 0개 ② 1개 ③ 2개 ④ 3개

03. 다음 중 재무상태표의 작성기준에 대한 설명으로 틀린 것은?

① 자산, 부채 및 자본은 총액에 의하여 기재함을 원칙으로 하고 자산의 항목과 부채 또는 자본의 항목을 상계함으로써 그 전부 또는 일부를 재무상태표에서 제외하여서는 안 된다.

② 재무제표의 작성과 표시에 대한 책임은 경영자에게 있다.

③ 중요한 항목은 재무제표의 본문이나 주기에 그 내용을 가장 잘 나타낼 수 있도록 구분하여 표시한다.

④ 재무상태표에 기재하는 자산과 부채의 항목배열은 유동성 배열법에 의함을 원칙으로 한다.

04. 다음의 자료를 기초로 재무상태표에 표시될 현금및현금성자산의 총액을 구하면 얼마인가?

• 배당금 지급통지표 : 150,000원	• 우편환증서 : 40,000원
• 부도수표 : 10,000원	• 우표 : 10,000원
• 지점전도금 : 70,000원	• 수입인지 : 30,000원
• 직원가불금 : 130,000원	

① 220,000원　　　② 260,000원　　　③ 320,000원　　　④ 350,000원

05. ㈜기업은 상품을 거래처에 판매하고 약속어음 1,000,000원을 받았으나 거래처가 9월 26일에 파산하여 약속어음의 회수가 불가능하게 되었다. 9월 26일 현재 장부상 대손충당금이 400,000원일 때 9월 26일에 인식할 대손상각비는 얼마인가?

① 1,000,000원　　　② 800,000원　　　③ 700,000원　　　④ 600,000원

06. ㈜회계는 20x1년 2월 6일에 시장성 있는 단기매매증권 300주를 6,000,000원에 취득하였다. 이 중 100주를 20x1년 8월 7일에 1주당 24,000원에 양도하였으며 대금은 수수료 비용 100,000원을 차감한 후 현금으로 받은 경우 이 거래로 인한 당기순이익의 증가액은 얼마인가?

① 300,000원　　　② 400,000원　　　③ 500,000원　　　④ 600,000원

07. 다음은 ㈜부산이 20x1년 중에 매입한 재고 관련 자료이다. ㈜부산이 20x1년에 매입한 재고자산의 취득원가는?

> • 매입 재고 : 22,000,000원
> • 보험료 및 하역료 : 400,000원
> • 매입운임 : 400,000원
> • 매입 할인 : 300,000원
> • 제품 생산 전 원재료 보관을 위한 창고보관료 : 1,500,000원

① 25,700,000원   ② 22,500,000원   ③ 24,000,000원   ④ 22,100,000원

08. ㈜서울의 20x1년 중 재고자산의 거래 내역과 재고자산의 손실 내역이 다음과 같을 때 손익계산서에 인식할 매출원가와 영업외비용은 얼마인가?

구분	단위	단위원가	총원가
기초(1/1)	100개	100원	10,000원
매입(5/30)	300개	200원	60,000원
매출(6/23)	300개	?	?
매입(9/30)	400개	250원	100,000원
매출(11/20)	400개	?	?
기말(12/31)	100개	?	?

• 단가 결정은 이동평균법을 사용한다.
• 재고자산평가손실 : 5,000원
• 정상적인 재고감모손실 : 3,000원
• 비정상적인 재고감모손실 : 2,500원

	매출원가	영업외비용
①	71,650원	5,000원
②	150,000원	5,000원
③	154,500원	3,000원
④	154,500원	2,500원

09. 다음 중 재고자산의 단가 결정에 대한 설명으로 틀린 것은?

① 재고자산의 단가 결정을 어떻게 가정하느냐에 따라 매출원가와 기말재고자산의 단가가 달라질 수 있다.

② 개별법이란 실제 매출이 발생할 때 실제 구입원가를 기록하였다가 매출원가로 대응시키는 방법이다.

③ 선입선출법은 현실에서 가장 많이 쓰이는 방법으로, 실제 회사의 물량 흐름과 유사하다.

④ 물가 상승 시 기말재고금액은 후입선출법이 선입선출법보다 크게 계상된다.

10. ㈜경기는 20x1년 1월 1일에 A공장을 신축하기 위해 B건물(토지 포함)을 500,000원에 매입한 후 B건물은 철거하였다. 이후 A공장의 건설공사를 착공하여 20x1년 12월 10일에 완공하였다. A공장의 건설공사 기간 중 발생한 자료가 다음과 같을 때 토지와 건물의 취득원가는 얼마인가?

① B건물의 철거 비용	: 100,000원
② A공장의 건축 설계비용	: 150,000원
③ B건물의 매매계약 및 등기 등과 관련된 법률 비용	: 80,000원
④ A공장 건축비용	: 2,000,000원
⑤ B건물을 철거할 때 나온 고철 등 판매 수입	: 50,000원

	토지	건물
①	2,150,000원	630,000원
②	630,000원	630,000원
③	630,000원	2,150,000원
④	2,150,000원	2,150,000원

11. 다음 중 유형자산의 원가 구성에 대한 설명으로 틀린 것은?

① 자본적 지출은 생산능력의 증대, 내용연수의 연장을 가져오는 지출을 말한다.

② 수익적 지출은 자산의 원상회복이나 능률 유지를 위한 지출을 말한다.

③ 자본적 지출을 수익적 지출로 처리하게 되면 비용이 과소계상된다.

④ 수익적 지출을 자본적 지출로 처리하게 되면 비용이 과소계상된다.

12. ㈜강서는 보유하고 있던 건물을 3,000,000원에 외상으로 매각하였다. 처분 건물의 취득원가는 5,000,000원이고 처분일 현재의 감가상각누계액은 3,500,000원인 경우 ㈜강서가 행할 회계처리를 올바르게 표시한 것은?

①	(차) 외상매입금	3,000,000원	(대) 건물	5,000,000원
	감가상각누계액	3,500,000원	유형자산처분이익	1,500,000원
②	(차) 미수금	3,000,000원	(대) 건물	5,000,000원
	감가상각누계액	3,500,000원	유형자산처분이익	1,500,000원
③	(차) 외상매입금	3,000,000원	(대) 건물	5,000,000원
	감가상각누계액	3,500,000원	기타포괄손익누계액	1,500,000원
④	(차) 미수금	3,000,000원	(대) 건물	5,000,000원
	감가상각누계액	3,500,000원	기타포괄손익누계액	1,500,000원

13. ㈜강남은 20x0년 1월 1일에 A기계를 100,000원에 취득한 후 연수합계법(내용연수 5년, 잔존가치 10,000원)으로 감가상각하였다. 20x2년 1월 1일에 A기계의 감가상각방법을 정액법으로 변경하고 잔존내용연수는 5년, 잔존가치는 0원으로 추정 변경하였다.
이러한 회계변경이 정당한 것으로 인정될 때 20x2년에 인식할 A기계의 감가상각비는 얼마인가?

① 8,500원 ② 8,800원 ③ 9,000원 ④ 9,200원

14. 다음 중 무형자산의 상각방법에 대한 설명으로 틀린 것은?

① 상각방법은 경제적 효익이 소비되는 형태를 반영하는 합리적인 방법이어야 한다.
② 합리적인 상각방법을 정할 수 없는 경우 정액법을 사용한다.
③ 무형자산의 상각은 지출이 발생한 시점부터 시작한다.
④ 무형자산의 잔존가치는 없는 것을 원칙으로 한다.

15. ㈜태인은 20x1년 말 다음과 같은 상황에 대한 회계처리 방안에 대해 검토 중에 있다. 다음 사항을 반영할 때 20x1년 말 재무상태표에 계상하여야 할 충당부채의 금액은 얼마인가? 다음에 제시된 금액은 모두 신뢰성 있게 측정 가능하다.

> (1) ㈜태인은 용광로 사용 시 발생하는 매연에 대한 여과장치를 새로운 법률제정으로 인해 20x2년 말까지 설치하여야 한다. 20x1년 말 현재 여과장치를 설치하고 있지 않았다. 여과장치의 예상 설치비용은 10,000,000원이다.
> (2) ㈜태인은 점포를 임차하여 사용하고 있으며, 임차기간이 만료되었을 때 원상복구 해주어야 하는 의무가 있다. 복구 시 예상되는 비용은 7,000,000원이고 20x1년 말 현재가치 금액은 6,200,000원이다.

① 6,200,000원 ② 7,000,000원 ③ 16,200,000원 ④ 17,000,000원

16. 다음 중 사채에 대한 설명으로 틀린 것은?

① 사채의 할인발행이란 사채의 발행금액을 액면금액보다 낮게 발행하는 것이다.

② 사채발행비는 사채 발행으로 인해 조달된 현금을 감소시키는 효과로 인하여 지급수수료로 회계처리 한다.

③ 사채발행 시 시장이자율과 사채의 액면이자율의 크기에 따라 사채는 액면발행, 할인발행, 할증발행으로 구분된다.

④ 유효이자율법 적용 시 사채를 할인 발행하는 경우 사채의 장부금액은 매년 증가한다.

17. ㈜조정은 20x1년 1월 1일에 사채(액면금액 100,000원, 만기 3년, 표시이자율 연 8%, 매년 말 이자지급)를 발행하였다. 20x1년 1월 1일 사채의 유효이자율이 연 10%일 때 사채의 발행가액은 얼마인가? 단, 소수점 이하는 절사한다.

할인율	단일금액 1원의 현재가치			정상연금 1원의 현재가치		
	1년	2년	3년	1년	2년	3년
8%	0.9259	0.8573	0.7938	0.9259	1.7833	2.5771
10%	0.9091	0.8264	0.7513	0.9091	1.7355	2.4868

① 92,031원 ② 95,024원 ③ 97,031원 ④ 99,737원

18. ㈜한국의 20x1년 거래 내역이 다음과 같을 때 20x1년 말 자본잉여금으로 계상되는 금액은 얼마인가?
단, 각 거래는 독립적이고 상계 처리하지 않는 것으로 가정한다.

> • 2월 5일 액면 2,000원인 주식을 7,000원에 발행하였다.
> • 3,000원에 매입한 자기주식을 8,000원에 처분하였다.
> • 장기투자목적으로 1월 1일에 매입한 주식 15,000원의 12월 31일 현재 공정가치는 18,000원이다.
> • 액면 5,000원인 주식을 7,000원에 매입하여 즉시 소각하였다.

① 5,000원   ② 10,000원   ③ 11,000원   ④ 13,000원

19. 다음 중 재무제표상 자본에 해당하는 계정과목이 아닌 것은?
① 주식발행초과금   ② 가지급금
③ 기타포괄손익누계액   ④ 감자차손

20. 컴퓨터를 판매하는 ㈜전자는 20x1년 4월 1일에 컴퓨터 100대를 총 5,000,000원에 판매하였고 판매
대금의 20%는 현금으로, 50%는 어음으로 받고 나머지 잔액은 20x2년 중에 받기로 하였다. 이 경우
해당 거래와 관련하여 20x1년 4월 1일 매출채권으로 계상해야 할 금액은 얼마인가?
① 5,000,000원   ② 1,500,000원   ③ 2,500,000원   ④ 4,000,000원

21. 백신프로그램을 제조 판매하는 ㈜제조는 백신프로그램을 20x1년 11월 1일 300,000원에 판매하였다.
백신프로그램은 4년간 사후관리를 진행하며 사후관리의 대가 120,000원은 판매대금에 포함되어 있다.
이 경우 20x1년에 수익으로 인식할 금액은 얼마인가?
① 180,000원   ② 185,000원   ③ 190,000원   ④ 300,000원

22. 20x0년 1월 1일 ㈜대전은 총도급금액 10,000,000원인 건설공사계약(공사기간 : 20x0.1.1.~ 20x2.12.31.)을 체결하였다. 공사원가 내역이 다음과 같을 때 20x1년 공사수익으로 인식할 금액은?

구분	20x0년	20x1년	20x2년
연도별 발생(예상)원가	3,000,000원	2,500,000원	2,500,000원
연도별 공사대금 수령액	3,500,000원	3,000,000원	3,500,000원

① 2,500,000원 ② 3,000,000원 ③ 3,125,000원 ④ 6,875,000원

23. 다음은 ㈜사과의 비용항목이다. 영업외비용은 얼마인가?

- 복리후생비 : 1,000원
- 기업업무추진비(접대비) : 1,500원
- 이자비용 : 3,000원
- 유형자산처분손실 : 1,000원
- 미수금 : 2,500원

① 2,500원 ② 4,000원 ③ 5,500원 ④ 6,500원

24. 매출채권의 매각거래로 보기 위한 조건(제거 조건)에 대한 다음의 설명 중 옳은 것을 모두 고른 것은?

(ㄱ) 양도인은 매출채권 양도 후 당해 매출채권에 대한 권리를 행사할 수 없어야 한다.
(ㄴ) 양수인은 양수한 매출채권을 처분(양도 및 담보제공 등)할 자유로운 권리를 갖고 있어야 한다.
(ㄷ) 양도인은 매출채권 양도 후에 효율적인 통제권을 행사할 수 있어야 한다.

① (ㄱ), (ㄷ) ② (ㄱ), (ㄴ) ③ (ㄴ), (ㄷ) ④ (ㄱ), (ㄴ), (ㄷ)

25. [중소기업회계기준] 다음 중 손익계산서의 작성기준에 대한 설명으로 옳지 않은 것은?

① 수익과 비용은 순액으로 표시하는 것을 원칙으로 한다.
② 수익과 비용은 그 발생 원천에 따라 명확하게 분류하고, 수익항목과 이에 관련되는 비용항목은 대응하여 표시한다.
③ 손익계산서에는 그 회계연도에 속하는 모든 수익과 이에 대응하는 모든 비용을 적정하게 표시한다.
④ 손익계산서는 한 회계연도의 회사의 경영성과에 대한 정보를 제공하는 재무보고서이다.

▊▊ 2부 원가회계

01. ㈜드림의 20x1년 원가자료가 다음과 같은 경우 가공원가는 얼마인가?

> • 원재료 : 기초재고 15,000원, 기말재고 3,000원
> • 직접노무원가 : 10,000원
> • 가공원가의 20%가 제조간접원가이다.

① 10,000원   ② 12,500원   ③ 22,000원   ④ 24,500원

02. 다음은 ㈜해냄의 20x1년 경비 내역이다. 비제조원가는 얼마인가?

> • 생산직 직원의 격려 및 사기 진작을 위한 회식비 : 300,000원
> • 거래처 영업을 위한 기업업무추진비 : 200,000원
> • 생산용으로 사용하는 기계장치의 감가상각비 : 400,000원
> • 회사 광고를 위한 광고선전비 : 500,000원
> • 관리자 급여 : 5,000,000원(본사영업부서 30%, 공장생산부서 70% 비율로 관리)
> • 생산직 직원 급여 : 3,000,000원
> • 공장 화재보험료 : 200,000원

① 2,200,000원   ② 2,400,000원   ③ 4,300,000원   ④ 5,700,000원

03. 다음 중 원가의 분류에 대한 설명으로 옳은 것은?

① 생산량의 변동에 따라 정비례하여 총원가가 변동하는 원가는 변동원가라 한다.
② 제품생산과 관련 없이 발생하므로 발생 즉시 비용으로 처리되는 원가를 기회비용이라고 한다.
③ 한 단위를 추가로 생산하거나 판매하려고 하는 경우 총원가의 증가분은 기간원가라고 한다.
④ 일정기간 생산량의 변화에 관계없이 총원가가 일정한 원가를 역사적 원가라고 한다.

04. 다음 중 제품생산에 사용한 기계의 감가상각비를 기간비용으로 처리한 결과로 맞는 것은?

① 제품 단위당 원가가 과대계상 된다.   ② 판매관리비가 과소계상 된다.
③ 당기총제조원가가 과대계상 된다.   ④ 기말재공품재고 금액이 과소계상 된다.

05. 종합원가계산에서 평균법 완성품환산량이 100개이고 기초재공품 완성품환산량이 30개, 기말재공품 완성품환산량이 50개인 경우 선입선출법 완성품환산량은 몇 개인가?

① 50개   ② 70개   ③ 100개   ④ 120개

06. 다음 중 옳지 않은 것은?

① 직접경비는 직접재료원가, 직접노무원가처럼 별도로 구분해서 원가를 계산한다.

② 가공원가는 직접재료원가와 제조간접원가를 합한 것을 말한다.

③ 개별원가계산은 조선업, 건설업 등에 주로 사용된다.

④ 제조간접원가의 배분은 제조간접원가라는 계정에 집계하여 이를 적절한 배부기준에 따라 개별작업에 배부한다.

07. 다음 중 표준원가계산에 대한 설명으로 옳지 않은 것은?

① 표준원가계산은 표준원가를 달성할 수 있도록 효과적으로 원가통제를 하기 위해 적용하는 방법이다.

② 표준종합원가계산에서는 완성품환산량의 단위당 원가를 별도로 계산할 필요가 없다.

③ 표준원가와 실제원가가 차이가 나는 경우 원가통제를 할 수 없다.

④ 원가흐름의 가정이 필요 없으며 제품의 수량만 파악되면 표준단가를 이용하여 제품원가를 신속하게 계산할 수 있다.

08. ㈜전주의 20x1년 원가 관련 자료가 다음과 같을 때 매출원가는 얼마인가?

• 기초제품 : 40,000원	• 기말제품 : 260,000원	• 기초재공품 : 120,000원
• 기말재공품 : 60,000원	• 당기총제조원가 : 360,000원	

① 190,000원   ② 200,000원   ③ 210,000원   ④ 220,000원

09. ㈜수원의 원가 자료가 다음과 같을 때 기말재공품원가는 얼마인가?

- 직접재료원가 : 20,000원
- 당기제품제조원가 : 30,000원
- 가공원가 : 30,000원
- 기초제품 : 15,000원
- 기초재공품 : 10,000원
- 매출원가 : 35,000원

① 10,000원　　② 15,000원　　③ 25,000원　　④ 30,000원

10. ㈜화성은 20x1년 초에 영업을 개시하여 여객선 제작, 화물선 제작에 착수하였다. 여객선은 당기 중 완성되어 판매되었고, 화물선은 기말 현재 완성되어 판매되지 않고 있다. 당기 중 이들 작업과 관련하여 발생한 원가 및 기타 자료는 다음과 같다.

구분	여객선 작업	화물선 작업
직접재료원가	800,000원	700,000원
직접노무원가	800,000원	1,200,000원
직접노동시간	100시간	150시간
기계가동시간	500시간	200시간

당기 중 집계된 제조간접원가 발생액은 2,400,000원이다. 제조간접원가 배부기준이 직접노무원가일 경우 당기제품제조원가와 매출원가는?

	당기제품제조원가	매출원가
①	3,340,000원	5,900,000원
②	3,340,000원	2,560,000원
③	5,900,000원	3,340,000원
④	5,900,000원	2,560,000원

11. 당월의 실제직접노동시간 2,000시간 중 제조지시서(A) 제조에 투입된 시간은 150시간이었다. 당월에 실제로 발생한 총원가와 제조지시서(A) 제조에 대한 원가가 다음과 같을 때 제조지시서(A)에 배부되는 제조간접원가는 얼마인가? 단, 제조간접원가는 실제직접노동시간을 기준으로 배부한다.

구분	총원가	제조지시서(A)
직접재료원가	1,800,000원	50,000원
직접노무원가	2,000,000원	150,000원
제조간접원가	400,000원	?

① 15,000원 ② 20,000원 ③ 25,000원 ④ 30,000원

12. 다음은 ㈜세광의 20x1년 원가와 관련된 자료이다. 20x1년 당기총제조원가는 얼마인가?

> (1) 직접원재료 관련
> - 20x1년 기초 재고 없음
> - 20x1년 당기 중 매입액 : 4,200,000원
> - 20x1년 기말 재고액 : 400,000원
> (2) 직접노무원가 관련
> - 20x1년 총 지급된 노무원가 : 9,700,000원(전년도에 미지급한 노무원가 500,000원이 포함됨)
> - 20x1년 미지급한 노무원가 : 800,000원
> (3) 제조간접원가 관련
> - 직접노무원가 발생액의 20%이다.

① 15,080,000원 ② 15,800,000원 ③ 15,840,000원 ④ 16,240,000원

13. 다음 중 보조부문원가 배분방법에 대한 올바른 설명으로 묶인 것은?

> 가. 직접배분법은 원가배분의 정확성이 높다.
> 나. 단계배분법은 보조부문 상호간의 용역수수를 일부 고려한다.
> 다. 상호배분법은 배분순서에 영향을 받지 않는다.
> 라. 직접배분법은 배분순서가 달라지면 배분 후의 결과가 달라진다.
> 마. 상호배분법은 배분과정이 간단하다.

① 가, 나 ② 나, 다 ③ 다, 라 ④ 가, 마

14. 다음은 ㈜성장의 20x1년 원가 및 매출 등에 대한 자료이다. 다음의 자료를 이용하여 매출총이익을 계산하면 얼마인가?

> • 매출 : 7,000,000원
> • 당기제품제조원가 : 5,000,000원
> • 제품의 재고는 기초보다 기말에 100,000원이 증가하였다.
> • 원재료 재고는 기초보다 기말에 200,000원이 증가하였다.
> • 재공품 재고는 기초와 기말이 동일하다.
> • 판매관리비 : 300,000원

① 1,400,000원　　② 1,800,000원　　③ 2,000,000원　　④ 2,100,000원

15. 보조부문으로서 검사부문과 전기부문에서 발생한 원가는 각각 60,000원과 90,000원이고 보조부문이 제공한 용역은 다음과 같다.

구분	보조부문		가공부문		합계
	검사	전기	A공정	B공정	
검사부문	–	100시간	200시간	300시간	600시간
전기부문	400kwh	–	300kwh	200kwh	900kwh

보조부문 원가의 배분은 단계배분법으로서 검사부문 원가를 먼저 배분할 때 A공정에 배분되는 금액은 얼마인가?

① 70,000원　　② 80,000원　　③ 90,000원　　④ 100,000원

16. 다음 중 개별원가계산방법에 대한 설명으로 틀린 것은?

① 직접재료원가는 개별작업에 직접 추적하여 집계한다.
② 제조간접원가는 중요성이 큰 원가를 선정하여 그 비율에 따라 배부한다.
③ 제조간접원가는 실제배부율을 이용하여 각 작업에 배부할 수 있다.
④ 정상개별원가계산에서 제조간접원가는 예정배부율을 이용하여 배부한다.

17. 다음 중 결합원가에 대한 설명으로 틀린 것은?

① 연산품은 동일한 종류의 재료를 투입하여 같은 공정을 거쳐서 생산되는 여러 종류의 제품을 말한다.

② 결합원가는 인과관계에 따라서 개별제품별 추적이 어렵다.

③ 분리점 이후에 발생하는 추가 가공원가도 개별제품별 추적이 어렵다.

④ 결합원가를 배분하는 방법에는 물량기준법, 분리점에서의 판매가치법, 순실현가치법, 균등이익률법이 있다.

18. 정상개별원가계산을 적용하는 ㈜다산은 직접노무시간을 기준으로 제조간접원가를 예정 배부하고 있다. 20x1년 말 제조간접원가 배부차이를 조정하기 전의 재공품은 5,000원, 제품은 15,000원, 매출원가는 80,000원이다. 20x1년 원가 자료가 다음과 같을 때 제조간접원가 배부차이를 재공품, 제품, 매출원가(배부 차이 조정 전) 비율로 조정하면 20x1년 말 배부 차이 조정 후 매출원가는 얼마인가?

연간 제조간접원가 예산	실제 발생한 제조간접원가	연간 예정조업도 (직접노무시간)	실제 직접노무시간
14,400원	14,500원	1,600시간	1,700시간

① 65,360원　　② 69,360원　　③ 75,360원　　④ 79,360원

19. ㈜평등은 종합원가계산을 채택하고 있으며 평균법을 적용한다. 직접재료는 공정 초기에 전량 투입되고, 가공원가는 공정 전반에 걸쳐 균등하게 발생한다. 당기의 가공원가와 관련된 원가 자료가 다음과 같을 때 완성품환산량 단위당 가공원가는 얼마인가?

- 기초재공품 : 100개(완성도 50%)
- 당기착수량 : 900개
- 기말재공품 : 100개(완성도 50%)
- 당기완성품수량 : 900개
- 기초재공품의 가공원가 : 63,500원
- 당기발생 가공원가 : 459,000원

① 510원　　② 530원　　③ 550원　　④ 570원

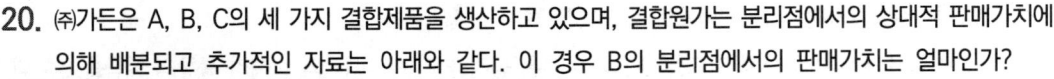

20. ㈜가든은 A, B, C의 세 가지 결합제품을 생산하고 있으며, 결합원가는 분리점에서의 상대적 판매가치에 의해 배분되고 추가적인 자료는 아래와 같다. 이 경우 B의 분리점에서의 판매가치는 얼마인가?

구분	A	B	C	합계
결합원가	?	?	40,000원	200,000원
분리점에서의 판매가치	80,000원	?	?	300,000원
추가가공원가	6,000원	32,000원	12,000원	
추가가공 후 판매가치	?	230,000원	120,000원	

① 60,000원 　　② 160,000원 　　③ 200,000원 　　④ 300,000원

21. ㈜정원은 선입선출법에 의한 종합원가계산을 이용하여 원가를 계산한다. 다음의 자료를 이용할 때 가공원가의 완성품환산량은 얼마인가?

- 기초재공품 : 8,000개(완성도 70%)
- 기말재공품 : 13,000개(완성도 50%)
- 착수량 : 30,000개
- 완성품수량 : 25,000개
- 원재료는 공정 초에 전량 투입되고, 가공원가는 공정 전반에 걸쳐 균등하게 발생한다.

① 25,900개 　　② 28,700개 　　③ 30,000개 　　④ 35,200개

22. 다음 중 공손과 감손에 대한 설명으로 틀린 것은?

① 공손품이란 품질 및 규격이 표준에 미달하는 불합격품을 말한다.

② 비정상공손원가는 제조활동을 효율적으로 수행하였다면 방지할 수 있으므로 영업외비용으로 처리한다.

③ 감손은 감손물량 전부를 정상감손으로 간주한다.

④ 정상공손은 양질의 제품을 생산하는 과정에 불가피하게 발생하는 공손을 말하는 것으로 정상공손원가는 검사합격물량원가에 미포함시킨다.

23. ㈜독고는 정상개별원가계산을 사용하고 있으며 전력사용시간을 기준으로 제조간접원가를 배분하고 있다. 제조간접원가와 관련된 원가 자료는 다음과 같을 때 제조간접원가 배부차이는 얼마인가?

- 제조간접원가 예산 : 5,000,000원
- 예상 전력사용시간 : 250,000시간
- 실제 제조간접원가 발생액 : 5,200,000원
- 실제 전력사용시간 : 230,000시간

① 600,000원 과대배부   ② 600,000원 과소배부

③ 200,000원 과대배부   ④ 200,000원 과소배부

24. 표준원가계산제도를 채택하고 있는 ㈜한영은 노동시간을 기준으로 고정제조간접원가를 배부하고 있다. 노동시간당 고정제조간접원가 표준배부율은 50원, 실제 생산량은 300단위, 제품 단위당 표준노동시간은 4시간이다. 기준조업도가 1,000시간일 경우 조업도차이와 능률차이는 얼마인가?

	조업도차이	능률차이
①	15,000원 불리	15,000원 불리
②	10,000원 불리	15,000원 유리
③	10,000원 유리	0원
④	계산 불가능	15,000원 유리

25. ㈜세인은 표준원가계산제도를 채택하고 있고 직접노무원가에 대한 자료는 다음과 같다. 이때 실제 발생한 직접노무원가는 얼마인가?

- 실제 제품 생산량 : 200개
- 제품 단위당 허용된 표준작업시간 : 5시간
- 시간당 직접노무원가의 표준임금 : 600원
- 직접노무원가의 가격차이 : 30,000원 불리한 차이
- 직접노무원가의 능률차이 : 10,000원 유리한 차이

① 620,000원   ② 640,000원   ③ 660,000원   ④ 670,000원

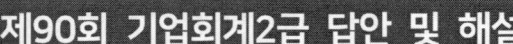

제90회 기업회계2급 답안 및 해설

■■■■ 1부 재무회계

1	2	3	4	5	6	7	8	9	10	11	12	13	14	15
③	①	③	②	④	①	②	④	④	③	③	②	④	③	①

16	17	18	19	20	21	22	23	24	25
②	②	②	②	④	②	③	②	②	①

01. 재무제표의 **기간별 비교가능성을 제고**하기 위하여 원칙적으로 재무제표 항목의 표시는 매기 동일하여야 한다.

02. 모두 옳은 설명이나, '가.'는 한국채택 국제회계기준의 재무회계 개념체계에 대한 설명이다.

03. 주기가 아니라 **주석에 표시**한다.

04. 현금및현금성자산 = 배당금 지급통지표(150,000) + 지점전도금(70,000) + 우편환증서(40,000)
    = 260,000원

05. 대손상각비 = 회수불능채권(1,000,000) − 대손충당금(400,000) = 600,000원

   ☞ **대손이 발생하면 장부상 대손충당금을 먼저 상계한 후, 부족한 부분은 대손상각비로 처리한다.**

06. 단기매매증권 1주당 취득가액 = 취득가액(6,000,000) ÷ 300주 = 20,000원/주
    처분손익 = [처분가액(24,000) − 장부가액(20,000)] × 100주 = 400,000원(이익)
    당기순이익 증가액 = 처분이익(400,000) − 수수료비용(100,000) = 300,000원

07. 취득원가 = 매입 재고(22,000,000) + 보험료 및 하역료(400,000) + 매입운임(400,000)
        − 매입 할인(300,000) = 22,500,000원

08. 〈이동평균법〉

구입순서	수량	단가	금액	누적재고수량	재고금액	평균단가
기초(1.1)	100	100	10,000	100	10,000	@100
매입(5.30)	300	200	60,000	400	70,000	@175
매출(6.23)	△300			100	17,500	@175
매입(9.30)	400	250	100,000	500	117,500	@235
매출(11.20)	△400			100	23,500	@235
기말(12.31)	100	235	23,500	100	23,500	@235

• 매출원가 = 300개 × @175 + 400개 × @235 + 정상감모손실(3,000) + 평가손실(5,000) = 154,500원
• 영업외비용 = 비정상적인 재고감모손실(2,500)

09. 물가 상승 시 기말재고금액은 선입선출법이 후입선출법보다 크게 계상된다.

2개 판매시(50원×2개)		선입선출법		평균법		후입선출법
구입순서 1. 10원 2. 20원 3. 30원	매 출 액	100원		100원		100원
	매출원가	30원	＜	40원	＜	50원
	매출이익	70원	＞	60원	＞	50원
	기말재고	**30원**	≧	**20원**	＞	**10원**

10. 토지의 취득원가 = B건물의 취득원가(500,000) + 철거비용(100,000) + 법률 비용(80,000)
　　　　　　　　　　 – 철거시 고철(50,000) = 630,000원

　　　건물의 취득원가 = 건축설계비용(150,000) + 건축비용(2,000,000) = 2,150,000원

11. 자본적 지출을 수익적 지출로 처리하게 되면 자산 장부가액이 과소계상 되고 **비용이 과대계상**된다.

12. 처분손익 = 처분가액(3,000,000) – 장부가액(5,000,000 – 3,500,000) = 1,500,000원(이익)
　　　상거래 이외의 채권이므로 미수금으로 회계처리 한다.

13. • x2년 1월 1일 감가상각누계액(연수합계법) = (100,000원 – 10,000원) × (5＋4)/15 = 54,000원
　　　• x2년 1월 1일 A기계 장부가액 = 취득가액(100,000) – 감가상각누계액(54,000) = 46,000원
　　　• x2년도 A기계 감가상각비(정액법) = 장부가액(46,000)/5년(잔존 내용연수) = 9,200원

14. 무형자산의 **상각은 자산이 사용가능한 때부터 시작**한다.

15. (1) 법규에 따르는 매연여과장치의 설치원가에 대한 의무발생사건이 없어 현재 의무(x1.12.31)가
　　　　 존재하지 않으므로 설치비용에 대한 충당부채를 인식하지 않는다.
　　　(2) 임차점포시설물을 **원상복구 시켜야 할 의무가 있고** 현재가치 금액인 6,200,000원을 충당부채로
　　　　 인식한다.

16. 사채발행비는 사채 발행으로 인해 조달된 현금을 감소시키는 효과로 인하여 **사채발행가액에서 차감**
　　　하여 처리한다.

17. 원금에 대한 현재가치 = 액면금액(100,000) × 0.7513 = 75,130원
　　　액면이자에 대한 현재가치 = 액면금액(100,000) × 액면이자율(8%) × 2.4868 = 19,894원
　　　사채의 발행가액 = 원금에 대한 현재가치(75,130) + 액면이자에 대한 현재가치(19,894) = 95,024원

18. 주식발행초과금 = 발행가액(7,000) – 액면가(2,000) = 5,000원
　　　자기주식처분이익 = 처분가(8,000) – 취득가액(3,000) = 5,000원
　　　매도가능증권평가손익은 기타포괄손익누계액이고, 감자차손은 자본조정이다.
　　　자본잉여금 = 주식발행초과금(5,000) + 자기주식처분이익(5,000) = 10,000원

19. 가지급금은 재무제표상 자산에 해당한다.

20. 매출채권 = 판매대금(5,000,000) × 어음 및 외상(80%) = 4,000,000원

21. 백신프로그램 판매대가 = 총판매대가(300,000) – 사후관리대가(120,000) = 180,000원
　　　x1년 사후관리 용역수익 = 사후관리대가(120,000) ÷ 4년 × 2/12 = 5,000원
　　　x1년 수익인식 금액 = 백신(180,000) + 용역수익(5,000) = 185,000원

22. 〈건설용역〉

	x0년	x1년
누적공사원가(A)	3,000,000	5,500,000
추정 총공사원가(B)	8,000,000	8,000,000
누적진행률(A/B)	37.5%	68.75%
총공사계약액	10,000,000	
당기누적공사수익(C)	3,750,000	6,875,000
당기공사수익	3,750,000	*3,125,000*
당기공사원가	3,000,000	2,500,000
당기공사이익	**750,000**	**625,000**

23. 영업외비용 = 이자비용(3,000) + 유형자산처분손실(1,000) = 4,000원

☞ **복리후생비와 기업업무추진비는 판매관리비이고 미수금은 자산에 해당한다.**

24. 매출채권과 관련하여 다음의 요건을 모두 충족한 경우에는 매각거래로 본다.

(1) 양도인은 매출채권 **양도 후 당해 매출채권에 대한 권리를 행사할 수 없어야 한다.**

(2) 양수인은 **양수한 매출채권을 처분(양도 및 담보제공 등)할 자유로운 권리**를 갖고 있어야 한다.

(3) 양도인은 매출채권 양도 후에 **효율적인 통제권을 행사할 수 없어야 한다.**

25. **수익과 비용은 총액으로 표시하는 것을 원칙**으로 한다.

2부 원가회계

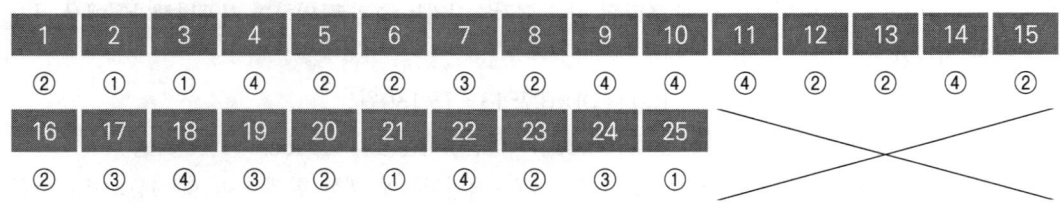

1	2	3	4	5	6	7	8	9	10	11	12	13	14	15
②	①	①	④	②	②	③	②	④	④	④	②	②	④	②

16	17	18	19	20	21	22	23	24	25
②	③	④	③	②	①	④	②	③	①

01. 제조간접원가(A) = 가공원가[직접노무원가(10,000) + A] × 0.2   ∴ A = 2,500원

가공원가 = 직접노무원가(10,000) + 제조간접원가(2,500) = 12,500원

02. 비제조원가 = 기업업무추진비(200,000) + 광고선전비(500,000) + 관리자 급여(5,000,000) × 30%

= 2,200,000원

03. ② 기간원가에 관한 설명이다.

③ 한계원가에 관한 설명이다.

④ 고정원가에 관한 설명이다.

04. 당기총제조원가(감가상각비)가 과소계상되므로 기말재공품재고 금액이 과소계상 된다.

05. 선입선출법 완성품환산량 = 평균법 완성품환산량(100) - 기초재공품 완성품환산량(30) = 70개

06. 가공원가는 **직접노무원가와 제조간접원가를 합한 것**을 말한다.

07. 실제원가가 표준원가 범위 내에서 발생하고 있는지를 분석함으로써 **원가통제를 보다 효과적으로 수행할 수** 있다.

08.

재공품			
기초	120,000	당기제품제조원가	420,000
당기총제조원가	360,000	기말	60,000
계	480,000	계	480,000

⇒

제 품			
기초	40,000	매출원가	200,000
당기제품제조원가	420,000	기말	260,000
계	460,000	계	460,000

09.

재공품			
기초재고	10,000	당기제품제조원가	30,000
직접재료원가	20,000		
가공원가	30,000	기말재고	30,000
계	60,000	계	60,000

10. 제조간접원가실제배부율 = 실제제조간접원가(2,400,000)/실제직접노무원가(2,000,000) = 1.2원

구분	여객선 작업(판매완료)	화물선 작업(완성품)
직접재료원가	800,000	700,000
직접노무원가	800,000	1,200,000
제조간접원가	800,000×1.2 = 960,000	1,200,000×1.2 = 1,440,000
합계	2,560,000	3,340,000

당기제품제조원가 = 여객선(2,560,000) + 화물선(3,340,000) = 5,900,000원

매출원가 = 여객선 원가(2,560,000)

11. 제조간접원가 배부율 = 총제조간접원가(400,000) ÷ 실제직접노동시간(2,000) = 200원/시간

제조간접원가 배부액(A) = 배부율(200) × 150시간(실제직접노동시간) = 30,000원

12.

원재료			
기초재고	0	직접재료원가	3,800,000
구입	4,200,000	기말재고	400,000
계	4,200,000	계	4,200,000

직접노무원가 = 총지급액(9,700,000) − 전기 미지급(500,000) + 당기 미지급분(800,000)

　　　　　　 = 10,000,000원

제조간접원가 = 직접노무원가(10,000,000) × 20% = 2,000,000원

당기총제조원가 = 직·재(3,800,000) + 직·노(10,000,000) + 제·간(2,000,000) = 15,800,000원

13. 가. 직접배분법은 원가배분의 정확성이 낮다.

　　라. 단계배분법은 **배분순서가 달라지면 배분 후의 결과가 달라진다.**

　　마. 상호배분법은 배분과정이 복잡하다.

14.

제 품

기초재고	0	매출원가	4,900,000
당기제품제조원가	5,000,000	기말재고	100,000
계	5,000,000	계	5,000,000

매출총이익 = 매출(7,000,000) - 매출원가(4,900,000) = 2,100,000원

15. 〈단계배분법 : 검사부문부터 먼저 배부한다.〉

〈단계배분법〉	보조부문		제조부문	
	검사	전기	A공정	B공정
배분전 원가	60,000	90,000		
검사부문(100 : 200 : 300)	(60,000)	10,000	20,000	240,000
전기부문(0 : 300 : 200)	–	(100,000)	60,000	40,000
보조부문 배부 원가			**80,000**	

16. 제조간접원가는 **작업별로 측정가능한 배부기준에 따라 각 작업에 배부**한다(실제개별원가계산, 정상개별원가계산).

17. 분리점 이후의 **추가 가공원가는 결합제품별로 직접 추적이 가능한 원가**이다.

18. 제조간접원가 예정배부율 = 예산(14,400) ÷ 예정조업도(1,600) = 9원/시간
제조간접원가 예정배부액 = 실제조업도(1,700) × 예정배부율(9) = 15,300원
제조간접원가 배부차이 = 배부액(15,300) - 실제(14,500) = 800원(과대배부)
배부차이 조정전 원가 = 매출원가(80,000) + 재공품(5,000) + 제품(15,000) = 100,000원
배부 차이 매출원가 배분 = 과대배부(800) × 매출원가(80,000)/조정전 원가 계(100,000원) = 640원
배부 차이 조정 후 매출원가 = 조정전 매출원가(80,000) - 배분액(640) = 79,360원

19.

〈1단계〉 물량흐름파악(평균법)			〈2단계〉 완성품환산량 계산	
재공품			재료비	가공비
	완성품	900(100%)	900	900
	기말재공품	100(50%)	100	50
	계	1,000	1,000	950
〈3단계〉원가요약(기초재공품원가 + 당기투입원가)				63,500 + 459,000
				950
〈4단계〉 완성품환산량당단위원가				@550

20. 〈상대적 판매가치〉

구분	A	B	C	합계
결합원가	?	?	40,000 (20%)	200,000
분리점에서의 판매가치	80,000	? **(160,000)**	?(20%) **(60,000)**	300,000

21.

〈1단계〉 물량흐름파악(선입선출법)		〈2단계〉 완성품환산량 계산	
재공품		재료비	가공비
완성품	25,000		
– 기초재공품	8,000(30%)	0	2,400
– 당기투입분	17,000(100%)	17,000	17,000
기말재공품	13,000(50%)	13,000	6,500
계	38,000	**30,000**	**25,900**

22. 정상공손은 양질의 제품을 생산하는 과정에 불가피하게 발생하는 공손을 말하는 것으로 <u>**정상공손원가는 검사합격물량원가에 포함**</u>시킨다.

23. 예정배부율 = 예산(5,000,000) ÷ 예상 전력사용시간(250,000) = 20원/시간

예정배부액 = 실제 전력사용시간(230,000) × 예정배부율(20) = 4,600,000원

∴ 배부차이 = 실제발생액(5,200,000) – 예정배부액(4,600,000) = 600,000원(과소배부)

24. 고정제조간접원가는 <u>**조업도의 변화에 따라 능률적으로 통제할 수 없으므로 능률차이는 없다.**</u>

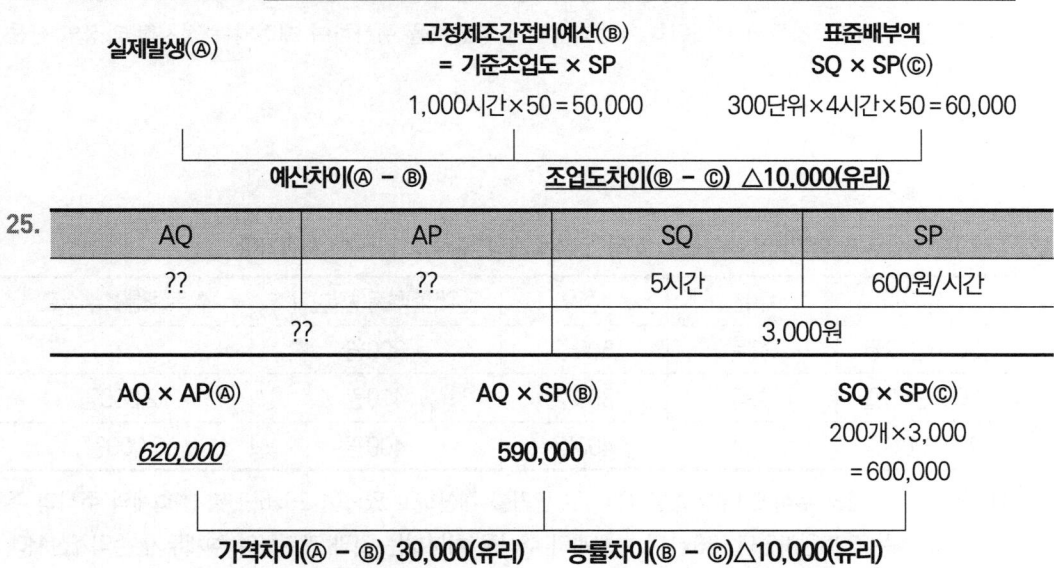

실제발생(ⓐ)	고정제조간접비예산(ⓑ) = 기준조업도 × SP	표준배부액 SQ × SP(ⓒ)
	1,000시간×50 = 50,000	300단위×4시간×50 = 60,000

예산차이((ⓐ – ⓑ))　　조업도차이((ⓑ – ⓒ)) △10,000(유리)

25.

AQ	AP	SQ	SP
??	??	5시간	600원/시간
??		3,000원	

AQ × AP(ⓐ)	AQ × SP(ⓑ)	SQ × SP(ⓒ)
620,000	590,000	200개×3,000 =600,000

가격차이((ⓐ – ⓑ) 30,000(유리)　　능률차이((ⓑ – ⓒ)△10,000(유리)

합격율	시험년월
28%	2024.10

1부 재무회계

01. 다음 중 일반적으로 인정된 회계원칙의 특성으로 옳지 않은 것은?

① 제정 당시의 이용 가능한 회계실무로서 기업실무에서 수용해야 한다.

② 경제적, 사회적 환경이 변화한다고 하더라도 변화되지 않는 특성이 있다.

③ 회계감사인이 재무제표의 적정성을 판단하는 기준이 되기도 한다.

④ 다양한 이해관계자들이 회계원칙 제정과정에서 영향력을 행사하여 제정되는 정치적 과정의 산물이다.

02. 다음은 ㈜세무가 단기매매목적으로 취득한 ㈜회계의 주식과 관련한 사항이다.

일자	구분	수량	단위당 취득(처분)가격	취득(처분) 수수료
20x0년 2월	취득	500주	300원	–
20x1년 5월	취득	300주	410원	12,800원
20x1년 9월	처분	400주	400원	5,000원

㈜세무는 ㈜회계의 주식에 대해 총평균법으로 단가를 계산하고 있으며 20x0년 말 ㈜회계의 주식의 주당 공정가치는 330원이었다. 20x1년 ㈜회계의 주식을 처분하는 것과 관련하여 ㈜세무가 손익계산서에 인식할 이익은?

① 4,600원   ② 11,000원   ③ 13,000원   ④ 17,000원

03. 다음 중 재무상태표의 자산에 대한 설명으로 틀린 것은?

① 자산은 과거의 거래나 사건의 결과로서 현재 기업실체에 의해 지배되고 미래에 경제적 효익을 창출할 것으로 기대되는 자원이다.

② 자산에 내재된 미래의 경제적 효익이란 직접 또는 간접적으로 기업실체의 미래 현금흐름 창출에 기여하는 잠재력을 말한다.

③ 자산은 물리적 형태가 그 본질적인 특성이다.

④ 기업실체의 자산은 과거의 거래나 사건으로부터 발생한다.

04. 다음 자료에 의하여 재무상태표에 표시할 현금및현금등가물의 총액은 얼마인가?

• 계약기간이 3개월 이하인 초단기수익증권 : 300,000원	• 보통예금 : 300,000원
• 양도성예금증서(결산일로부터 150일 만기) : 400,000원	• 매출채권 : 600,000원
• 은행 발행 자기앞수표 : 350,000원	• 부도수표 : 400,000원

① 300,000원　　　② 600,000원　　　③ 700,000원　　　④ 950,000원

05. 다음 중 재무정보의 질적 특성에 대한 설명으로 틀린 것은?

① 중요성은 기업특유의 목적적합성으로 미리 정할 수 있다.

② 누락되거나 잘못 기재된 경우 의사결정에 영향을 미친다면 중요하다.

③ 재무정보의 선택이나 표시에 편의가 없어야 한다.

④ 미래 결과를 예측하기 위해 사용하는 절차의 투입요소로 사용된다.

06. ㈜제주는 20x0년 8월 1일 투자목적으로 ㈜여수의 주식 200주를 주당 15,000원에 취득하고 이를 매도가능증권으로 분류하였다. 20x1년 중 손상에 대한 사유가 발생하였으며, 회수가능액은 1주당 10,000원으로 추정된다. 20x2년 중 손상에 대한 사유가 해소되어 회수가능액은 주당 12,000원으로 예상된다면 ㈜제주의 20x2년 손익계산서에 미칠 영향으로 올바른 것은?

① 이익이 400,000원 감소한다.　　　② 이익이 400,000원 증가한다.

③ 이익이 600,000원 감소한다.　　　④ 이익이 600,000원 증가한다.

07. ㈜광양은 20x1년 4월 25일 거래처의 파산으로 인하여 미수금 중 1,000,000원이 대손 확정되었다. 매출채권 관련 내용이 다음과 같을 때, 20x1년 4월 25일 분개로 올바른 것은?

부분재무상태표(20x1. 1. 1. 현재)	
매출채권	20,000,000원
대손충당금	2,000,000원
미수금	6,000,000원
대손충당금	500,000원

①	(차) 대손상각비	1,000,000원	(대) 대손충당금	1,000,000원	
②	(차) 대손상각비	500,000원	(대) 대손충당금	500,000원	
③	(차) 대손충당금	500,000원	(대) 미수금	1,000,000원	
	대손상각비	500,000원			
④	(차) 대손충당금	2,000,000원	(대) 미수금	2,500,000원	
	대손상각비	500,000원			

08. 다음 중 비용의 인식 방법에 대한 설명으로 틀린 것은?
① 매입에누리와 매입할인은 매입액에서 차감한다.
② 대손상각비는 항상 판매관리비 계정으로 분류한다.
③ 진행 기준으로 매출을 인식하는 경우 비용도 진행 기준으로 인식한다.
④ 법인세 추납액은 영업외비용이다.

09. 다음은 ㈜강릉의 20x1년 자본거래 내역이다. 20x1년 말 자본잉여금과 기타포괄손익누계액으로 계상되는 금액은 얼마인가? (단, 각 거래는 독립적이고 거래 간에 상계 처리하지 않는 것으로 가정한다.)

- 1월 5일 액면 1,000원인 주식을 5,000원에 발행하였다(신주발행비 1,000원 존재).
- 3월 5일 액면 5,000원인 주식을 3,000원에 발행하였다.
- 2,000원에 매입한 자기주식을 5,000원에 처분하였다.
  (전기 이월된 자기주식처분손실 1,000원이 계상되어 있다.)
- 장기투자목적으로 1월 1일 10,000원에 매입한 주식의 12월 31일 현재 공정가치는 11,000원이다.

	자본잉여금	기타포괄손익누계액		자본잉여금	기타포괄손익누계액
①	1,000원	5,000원	②	4,000원	1,000원
③	5,000원	1,000원	④	6,000원	2,000원

10. 다음 중 재고자산에 가산하여야 할 항목이 아닌 것은?

① 회수기간이 2년 이상인 장기 할부판매상품

② 수입 시 지출한 관세

③ 위탁판매분 중 수탁자가 판매하지 못한 위탁상품

④ 매입운임 및 상품보험료

11. 다음은 ㈜경기의 상품 관련 자료이다.

• 10월 초	상품재고 : 520,000원		
• 10월 중	매입액 : 1,300,000원	매입환출 : 50,000원	
	매출액 : 1,850,000원	매출환입 : 250,000원	

20x1년 10월 31일에 상품 창고에 화재가 발생하였으며 화재로 인해 소실되지 않은 상품재고는 35,000원으로 확인되었다. ㈜경기의 상품 판매가격은 원가에 25%의 이익을 가산한 금액으로 책정된다면 화재로 소실된 상품의 원가는 얼마인가?

① 330,000원　　　② 385,000원　　　③ 420,000원　　　④ 455,000원

12. 다음 중 사채에 대한 설명으로 올바른 것은?

① 사채발행비는 사채발행으로 인해 조달된 현금을 감소시키는 효과로 인하여 지급수수료로 회계처리한다.

② 사채의 할인발행이란 사채의 발행금액을 시장금액보다 낮게 발행하는 것을 의미한다.

③ 사채할인발행차금은 사채의 액면금액에서 차감하는 형식으로 한다.

④ 유효이자율법 적용 시 사채를 할인 발행하는 경우 사채의 장부금액은 매년 감소한다.

13. ㈜서울은 확정기여형(DC형) 퇴직연금에 가입하고, 은행과 매년 말에 퇴직금추계액의 10%를 적립하기로 계약하였다. 20x1년 12월 31일에 은행에 적립부담금 2,000,000원을 보통예금에서 이체하였다. 이에 대한 올바른 분개는?

① (차) 퇴직급여　　　　　2,000,000원　　(대) 보통예금　　　　　2,000,000원

② (차) 퇴직급여충당부채　2,000,000원　　(대) 보통예금　　　　　2,000,000원

③ (차) 퇴직연금운용자산　2,000,000원　　(대) 보통예금　　　　　2,000,000원

④ (차) 퇴직급여　　　　　2,000,000원　　(대) 퇴직급여충당부채　2,000,000원

14. 다음 중 무형자산에 대한 설명으로 틀린 것은?

① 무형자산의 잔존가치는 원칙적으로 0원으로 한다.

② 무형자산의 감가상각방법을 기업이 합리적으로 선택하여 정할 수 없는 경우에는 정액법을 사용하도록 하고 있다.

③ 직접상각법을 사용하여 재무상태표에 표시할 수도 있다.

④ 개발비의 원가는 그 자산의 창출, 제조, 사용준비에 직접 관련된 지출만 포함하며, 합리적이고 일관성있게 배분된 간접 지출은 포함하지 않는다.

15. 20x1년 초 ㈜국가는 ㈜민간이 보유하고 있던 실용신안권(장부가액 1,500,000원, 공정가치 2,000,000원)을 취득하는 조건으로 ㈜국가의 보통주식 250주(주당 액면가액 5,000원, 주당 공정가치 5,500원)를 발행하여 교부하였다. ㈜국가가 인식할 실용신안권 취득원가는 얼마인가?

① 1,250,000원　　　　　　　　　　② 1,375,000원

③ 1,500,000원　　　　　　　　　　④ 2,000,000원

16. 다음 중 충당부채 및 우발부채에 대한 설명으로 틀린 것은?

① 우발부채는 재무상태표상에 부채로 인식한다.

② 충당부채로 인식하는 금액은 현재의무의 이행에 소요되는 지출에 대한 보고기간 종료일 현재의 최선의 추정치이어야 한다.

③ 충당부채의 명목금액과 현재가치의 차이가 중요한 경우에는 의무를 이행하기 위하여 예상되는 지출액의 현재가치로 평가한다.

④ 충당부채로 인식하기 위해서는 현재의무가 존재하고, 그 의무의 이행으로 인한 자원의 유출 가능성이 매우 높아야 한다.

17. ㈜자격은 기존에 임대업에 사용 중인 건물을 철거하고 새 건물을 신축하였다. 보유 중이던 건물 및 신축 건물과 관련된 자료가 다음과 같을 경우 신축건물의 취득원가는 얼마인가?

- 토지 취득원가 : 200,000,000원
- 토지 취득세 : 30,000,000원
- 기존 건물 취득원가 : 80,000,000원
- 기존 건물 취득세 : 20,000,000원
- 취득 당시 중개수수료 등 공통 부대비용 : 10,000,000원
- 건물 철거비용 : 10,000,000원
- 건물 신축비용 : 150,000,000원
- 신축건물 취득세등 : 15,000,000원

① 165,000,000원　　② 168,030,030원　　③ 175,000,000원　　④ 265,000,000원

18. ㈜현재는 20x1년 1월 1일 ㈜재영이 발행한 사채(액면금액 100,000원, 표시이자율 연 10%, 만기 3년, 이자는 매년 말 후급)를 취득하고 만기보유증권으로 분류하였다. 해당 사채의 발행 당시 시장이자율은 연 12%였다. ㈜현재가 20x1년 기말 현재 보유하고 있는 만기보유증권의 장부가액은 얼마인가? (단, 아래 표는 단일금액 1원의 현재가치 요소이며, 계산 결과는 소수점 이하 절사한다.)

기간	10%	12%
1	0.9091	0.8929
2	0.8264	0.7972
3	0.7513	0.7118

① 95,199원　　② 96,622원　　③ 97,524원　　④ 98,223원

19. 다음은 상품매매업을 주업으로 하는 ㈜채연의 20x1년 말 상품 재고와 관련된 자료이다. ㈜채연은 재고자산을 종목별 저가법에 따라 평가한다. 20x1년 말 인식될 상품 재고자산평가손실은 얼마인가?

종목	수량	단위당 취득원가	단위당 순실현가능가치
갑	100단위	12,000원	13,000원
을	200단위	15,000원	11,500원
병	100단위	18,000원	16,500원

① 150,000원　　② 600,000원　　③ 650,000원　　④ 850,000원

20. ㈜소망의 이익잉여금처분계산서가 다음과 같을 때 ㈜소망의 당기순이익은 얼마인가?

- 이익준비금 적립액 : 500,000원
- 전기이월 이익잉여금 : 10,000,000원
- 현금배당금 : 5,000,000원
- 차기이월 이익잉여금 : 12,500,000원

① 4,500,000원 ② 5,500,000원 ③ 7,500,000원 ④ 8,000,000원

21. 다음 중 수익의 인식에 대한 설명으로 올바른 것은?

① 수익은 실현이 확정되어 있는 경우에만 인식한다.

② 프랜차이즈 수수료는 창업지원용역과 운영지원용역, 설비와 기타 유형자산 및 노하우 제공에 대한 대가를 포함할 수 있기 때문에 부과되는 목적을 반영하는 기준에 따라 수익으로 인식한다.

③ 부동산 판매는 법적소유권이 이전되기 전까지는 수익으로 인식할 수 없다.

④ 상품권을 할인 판매하는 경우 액면금액 전액을 수익으로 인식한다.

22. 20x0년 초 ㈜부여는 지방정부와 교량 건설 공사계약을 체결하였다. 공사계약금액은 1,200,000원이며, 20x0년 초 공사를 시작하여 20x2년 말 완공한다. ㈜부여가 20x1년에 인식할 공사이익은 얼마인가?

구 분	20x0년	20x1년	20x2년
당기 발생원가	300,000원	200,000원	300,000원
추가 발생원가 예상액	500,000원	300,000원	–
공사대금 수령액	400,000원	400,000원	400,000원

① 100,000원 ② 150,000원 ③ 200,000원 ④ 250,000원

23. ㈜공주는 20x1년 8월 1일에 공장건물에 대한 향후 1년분 화재보험에 가입하고 총 120,000원을 지급하면서 모두 비용으로 계상하였다. ㈜공주가 20x1년 12월 31일(결산일)에 기말 수정분개를 하지 않았다면 당기순이익에 미치는 영향으로 올바른 것은?

① 당기순이익 70,000원 과소계상 ② 당기순이익 70,000원 과대계상

③ 당기순이익 50,000원 과소계상 ④ 당기순이익 50,000원 과대계상

24. 12월 말 결산법인인 ㈜속초는 20x1년 1월 1일에 기계장치를 향후 3년간 매년 말 2,000,000원씩 분할하여 회수하는 조건으로 매각하였다. 매각대금의 명목가액과 현재가치의 차이는 중요하고, 유효이자율은 연 10%이다. ㈜속초의 기계장치 매각 당시 장기미수금 장부가액은 얼마인가? (단, 1원의 현재가치(3년, 10%)는 0.7513이고, 1원의 정상연금 현재가치(3년, 10%)는 2.4868이다.)

① 3,470,960원　　　② 4,973,600원　　　③ 5,312,500원　　　④ 6,000,000원

25. [중소기업회계기준] 다음 중 중소기업회계기준에서 정하는 자산, 부채의 평가기준으로 틀린 것은?

① 토지와 건물을 제외한 같은 종류의 자산을 교환하여 취득한 경우, 제공한 자산의 공정가액을 취득원가로 한다.

② 취득이 시작된 날부터 의도한 용도로 사용·판매할 수 있는 상태가 될 때까지 1년 이상이 걸리는 재고자산의 취득 자금에 포함된 차입금의 이자비용 등은 재고자산의 취득원가에 포함할 수 있다.

③ 매입채무 등의 장부금액과 만기금액에 차이가 있는 경우 그 차이를 상환기간에 걸쳐 유효이자율법이나 정액법으로 상각하여 장부금액과 이자비용에 반영한다.

④ 화폐성외화자산 또는 부채는 매 회계연도말에 마감환율로 다시 환산한다.

2부 원가회계

01. 다음 중 직접노무원가가 포함되는 항목과 그렇지 못한 항목을 표시한 것으로 올바른 것은?

	기본원가	가공원가	제품원가	기간비용
①	O	O	X	O
②	O	O	O	X
③	X	O	O	X
④	X	O	O	O

02. 아래의 그림이 나타내고 있는 원가 행태로 옳은 것은?

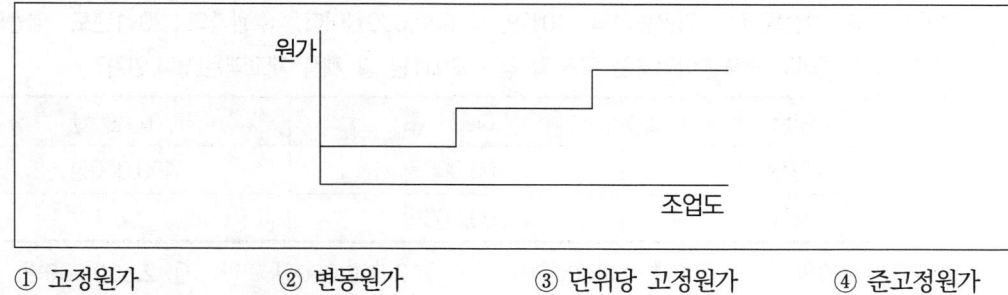

① 고정원가　　　② 변동원가　　　③ 단위당 고정원가　　　④ 준고정원가

03. 다음 중 원가회계의 목적이 아닌 것은?

① 재무상태표상의 재고자산가액을 결정하기 위해 필요한 자료를 제공한다.

② 관리적 의사결정을 수행하는 데 필요한 원가자료를 제공한다.

③ 자본금 변동에 대한 필요한 자료를 제공한다.

④ 경영활동의 통제에 필요한 원가자료를 제공한다.

04. 다음은 ㈜창업의 20x1년 기초 및 기말 재고자산 내역이다.

구분	20x1년 1월 1일	20x1년 12월 31일
원재료	275,000원	275,000원
재공품	480,000원	400,000원
제품	250,000원	425,000원

20x1년 동안 발생한 직접노무원가는 1,100,000원, 제조간접원가는 1,650,000원, 매출원가는 4,605,000원일 때, 원재료 매입액은 얼마인가? (단, 당기 원재료 매입액은 직접재료원가 사용액과 동일하다.)

① 1,800,000원 ② 1,950,000원 ③ 2,300,000원 ④ 4,781,000원

05. 다음 중 고정원가와 변동원가에 대한 설명으로 틀린 것은?

① 변동원가는 일반적으로 제품 단위당 원가가 일정하다.

② 고정원가는 일반적으로 조업도가 증가함에 따라 단위당 원가가 감소한다.

③ 고정원가는 일반적으로 통제불능원가이다.

④ 변동원가는 제조원가만을 구성한다.

06. ㈜원가의 20x1년 기초 및 기말 재고자산은 다음과 같다. 20x1년 중 ㈜원가의 직접재료원가는 800,000원이며, 제조간접원가는 가공원가의 40%인 2,000,000원이다. ㈜원가의 20x1년도 매출액이 10,000,000원이고 매출총이익율은 50%일 경우 20x1년 말 제품 재고액은 얼마인가?

구분	20x1년 초	20x1년 말
재공품	300,000원	400,000원
제품	300,000원	?

① 1,000,000원 ② 1,500,000원 ③ 2,000,000원 ④ 2,500,000원

07. ㈜금융은 두 개의 제조부문 A, B와 두 개의 보조부문 S1, S2를 두고 있다. 당해 연도 6월 중에 각 보조부문에서 생산한 보조용역의 사용원가율은 다음과 같다. S1부문과 S2부문에서 당월에 발생한 변동원가는 각각 400,000원과 200,000원이었다. ㈜금융은 보조부문원가의 배분에 단계배분법을 사용하며, S1부문부터 배분한다. 제조부문 A의 배분 후 원가는 얼마인가?

보조용역 제공부문 \ 보조용역 사용부문	S1	S2	A	B
S1	0	0.4	0.2	0.4
S2	0.2	0	0.4	0.4

① 260,000원 ② 340,000원 ③ 360,000원 ④ 600,000원

08. ㈜민국의 당기 제품 생산수량은 600단위, 기말 제품수량은 200단위이다. 제품 단위당 판매가격은 1,400원이며, 당기에 발생한 원가가 다음과 같을 때 전부원가계산에 의한 제품제조원가는 얼마인가? (단, 기초 및 기말 재공품과 기초제품은 없다.)

- 직접재료원가 : 180,000원
- 변동판매관리비 : 50,000원
- 직접노무원가 : 120,000원
- 고정제조간접원가 : 30,000원
- 변동제조간접원가 : 150,000원
- 고정판매관리비 : 20,000원

① 150,000원 ② 180,000원 ③ 210,000원 ④ 480,000원

09. 다음 중 부문별 원가계산에 대한 설명으로 올바른 것은?
① 원가부문은 원가요소를 분류·집계하는 계산상의 구분으로서 생산부문과 판매부문으로 구분한다.
② 직접노무원가를 보다 더 정확하게 배분하기 위하여 사용한다.
③ 배분방법으로는 상호배분법, 단계배분법, 직접배분법이 있다.
④ 제조부문이 하나인 기업에서 많이 사용한다.

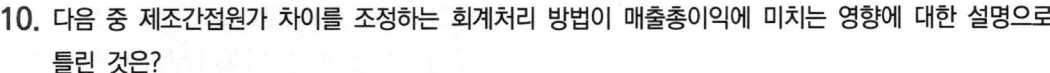

10. 다음 중 제조간접원가 차이를 조정하는 회계처리 방법이 매출총이익에 미치는 영향에 대한 설명으로 틀린 것은?

① 영업외손익법은 원가차이가 중대할 경우 매출총이익에 큰 영향을 미친다.

② 매출원가가감법은 매출원가에서 원가차이를 조정하는 방법으로 원가차이가 중대할 경우 매출총이익에 영향을 미친다.

③ 원가요소별 비례배분법은 실질에 맞춰 배분하는 방법으로 정확한 영업이익을 계산한다.

④ 총원가 비례배분법은 배분기준이 되는 총원가비율이 총원가에 포함된 제조간접원가의 비율과 같다고 가정하므로 실제원가가 가정과 다른 경우 매출총이익에 영향을 미친다.

11. 다음은 정상개별원가계산을 사용하는 ㈜대한의 20x1년 제조간접원가 계정으로서 배부차이를 조정하기 직전의 기록이다. 다음의 설명 중 틀린 것은?

	제조간접원가	
100,000원		90,000원

① 20x1년 제조간접원가 배부액은 90,000원이다.

② 20x1년 제조간접원가 실제발생액은 100,000원이다.

③ 제조간접원가 배부차이를 매출원가에서 조정할 때 필요한 분개는
(차)매출원가 10,000원 (대)제조간접원가 10,000원이다.

④ 20x1년 제조간접원가는 초과배부 상태임을 알 수 있다.

12. 보조부문원가의 배분에 대한 설명은 아래와 같다. 다음 중 올바른 설명으로 묶인 것은?

> 가. 이중 배분율이란 보조부문의 원가를 고정원가와 변동원가로 구분하고 변동원가는 보조부문이 제공하는 용역에 대한 각 부문의 최대사용 가능량을 기준으로 배분한다.
> 나. 단계배분법은 배분순서가 달라지면 배분 후의 결과가 달라질 수 있다.
> 다. 상호배분법은 배분과정이 복잡하고 배분순서에 영향을 받지 않는다.
> 라. 원가 배분의 정확성이 가능 낮은 배분방법은 단계배분법이다.
> 마. 직접 배분법은 보조부문 상호간의 용역수수를 고려한다.

① 가, 나   ② 나, 다   ③ 다, 라   ④ 가, 마

13. 다음은 개별원가계산제도를 채택하고 있는 ㈜심화의 제품 제조와 관련된 자료이다. 기본원가와 가공원가는 얼마인가?

> • 당기총제조원가 : 1,700,000원
> • 직접재료원가 : 500,000원
> • 제조간접원가는 직접노무원가의 50%이다.

	기본원가	가공원가
①	900,000원	1,200,000원
②	900,000원	1,300,000원
③	1,200,000원	900,000원
④	1,300,000원	1,200,000원

14. 다음 중 결합원가에 대한 설명으로 틀린 것은?

① 분리점에서 결합제품의 판매가치를 기준으로 결합원가를 배분하는 방법을 상대적 판매가치법이라고 한다.

② 순실현가치법은 물량기준법보다는 결합제품의 수익성이 왜곡되지 않는다.

③ 기업이익을 극대화하기 위한 추가가공 의사결정을 할 때는 이미 배분된 결합원가를 고려한다.

④ 결합원가 배분 시 판매량을 기준으로 배분하지 않고 생산량을 기준으로 배분한다.

15. ㈜행운은 결합제조공정에서 A제품과 B제품을 생산하고 있다. ㈜행운은 A제품 200단위와 B제품 300단위를 생산하였으며, 분리시점에서 A제품은 단위당 2,000원에 판매 가능하나, B제품은 분리점에서 판매시장이 형성되지 않아 추가가공을 거쳐 단위당 1,000원에 판매 가능하다. B제품의 추가가공에 소요되는 원가는 200,000원이다. 순실현가치법을 적용할 경우 B제품에 배분되는 결합원가가 50,000원이었다면 결합원가총액은 얼마인가?

① 100,000원　　② 150,000원　　③ 200,000원　　④ 250,000원

16. 다음은 ㈜담채의 당기 제품생산에 대한 직접재료원가 관련 자료이다. ㈜담채는 직접재료원가 가격차이를 구입시점에서 분리한다. 다음 중 당기 직접재료원가 가격차이로 옳은 것은?

- 제품단위당 직접재료 표준투입량 : 10g
- 실제 직접재료 구입량 : 1,000g
- 직접재료 단위당 표준가격 : 45원/g
- 직접재료 단위당 구입가격 : 42원/g

① 2,400원 유리   ② 3,000원 유리   ③ 4,500원 불리   ④ 5,000원 유리

17. 스마트폰을 생산하는 ㈜윤리는 제품을 검사하는 시점에서 공손품을 파악하고 있다. 정상적인 공손품은 품질검사 시점을 통과한 합격품의 15%의 비율로 가정한다. 월초 재공품(완성도 30%) 10,000단위, 당월 생산착수량 40,000단위, 당월 제품생산량 30,000단위, 월말 재공품(완성도 80%) 14,000단위이다. 품질검사가 생산공정의 20% 시점에서 실시되는 경우 공손품 수량은 몇 단위인가?

① 5,000단위   ② 6,000단위   ③ 8,000단위   ④ 9,000단위

18. 다음 중 원가계산에 대한 설명으로 틀린 것은?
① 결합원가는 분리점 이전에 발생한 원가로 배부기준에 따라 제품에 배부해야 할 원가이다.
② 주산품은 생산량이나 가치 면에서 다른 제품들에 비하여 중요성이 큰 제품이다.
③ 추가가공원가는 분리점 이전에 발생하는 원가로, 결합제품별로 직접 추적이 가능한 원가이다.
④ 부산물은 분리점 이전까지 개별적으로 식별 불가능하다.

19. 종합원가계산제도를 적용하고 있는 ㈜사회는 기말재공품의 평가에는 평균법을 사용하며, 모든 원가는 공정 전체를 통하여 균등하게 발생한다. 20x1년 제조 활동과 관련된 자료가 다음과 같을 때 완성품환산량은 얼마인가?

- 기초재공품   : 300단위(완성도 70%), 원가 500,000원
- 당기 투입원가   : 3,000,000원
- 당기 완성품수량   : 380단위
- 기말 재공품수량   : 200단위(완성도 60%)

① 380개   ② 500개   ③ 580개   ④ 820개

20. ㈜건강은 종합원가계산을 이용하여 원가를 계산하고 있다. 기초 재공품은 없으며 완성품은 300개, 기말 재공품은 400개(완성도 : ?)이다. 가공원가는 1,200,000원이 발생하였으며 가공원가의 완성품환산량 단위당 원가는 2,400원일 때 기말 재공품 완성도는 얼마인가? (단, 재료는 공정 초에 모두 투입되고, 가공원가는 공정 전반에 걸쳐 균등하게 투입된다.)

① 25%   ② 30%   ③ 50%   ④ 60%

21. 평균법에 의한 종합원가계산 시, 기말 재공품 완성도를 실제보다 과대평가한 경우 아래의 다음 각 항목에 미치는 영향으로 올바른 것은?

	완성품환산량	완성품환산량단위당원가	기말재공품원가
①	과대평가	과소평가	과대평가
②	과소평가	과대평가	과소평가
③	과대평가	과소평가	과소평가
④	과소평가	과소평가	과소평가

22. ㈜한성의 20x1년 제조간접원가 실제발생액은 470,000원이며, 제조간접원가 부족배부액 10,000원을 영업외손익으로 배부한다. 관련 자료가 다음과 같을 때 배부 후 매출원가는 얼마인가?

구분	재공품	제품	매출원가
직접재료원가	100,000원	50,000원	100,000원
직접노무원가	40,000원	100,000원	150,000원
제조간접원가 배부액	60,000원	150,000원	250,000원
합계	200,000원	300,000원	500,000원

① 490,000원   ② 500,000원   ③ 510,000원   ④ 520,000원

23. 다음 중 직접재료원가의 능률차이를 계산하는 식으로 올바른 것은?

① 실제 원가 – 실제 사용량×표준가격

② 실제 사용량×표준가격 – 실제 산출량에 허용된 표준사용량×표준가격

③ 실제 원가 – 실제 구입량×표준가격

④ 실제 사용량×표준가격 – 표준산출량에 허용된 표준사용량×표준가격

24. 노동작업시간을 기준으로 고정제조간접원가를 배부하고 있는 ㈜도덕은 표준원가계산제도를 채택하고 있다. 노동작업시간당 고정제조간접원가 표준배부율은 50원, 실제 생산량은 600단위, 제품 단위당 표준노동작업시간은 2시간이다. 기준조업도가 1,000시간일 경우 조업도차이로 옳은 것은?

① 조업도차이 15,000원 불리

② 조업도차이 10,000원 불리

③ 조업도차이 10,000원 유리

④ 조업도차이 없음

25. 다음 중 부산물 회계처리 방법에 대한 설명으로 틀린 것은?

① 판매기준법에 의해 처리할 경우 생산과 판매할 때 수익을 인식하지 않고 분리점에서 분리될 때 순실현가치를 평가하여 부산물에 원가를 배분하고 기타 결합원가에서 부산물 실현가치만큼을 차감한다.

② 부산물은 주산물에 비해 상대적으로 판매가치가 작은 제품을 말한다.

③ 의사결정 시 결합원가는 고려대상에서 제외한다.

④ 생산기준법은 순실현가치를 확실히 추정할 수 있고 금액적으로 중요할 때 적절한 방법이다.

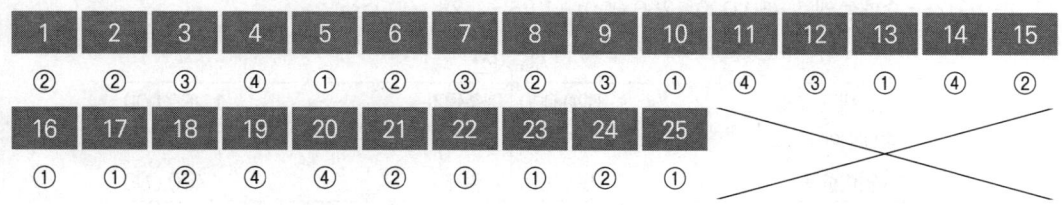

제86회 기업회계2급 답안 및 해설

■■■■ 1부 재무회계

1	2	3	4	5	6	7	8	9	10	11	12	13	14	15
②	②	③	④	①	②	③	②	③	①	④	③	①	④	②

16	17	18	19	20	21	22	23	24	25
①	①	②	④	④	②	①	①	②	①

01. 일반적으로 인정된 회계원칙(GAAP)은 사회적 합의의 산물이기 때문에 **경제적 환경, 사회적 환경이 변화하면 변화된 환경에 대한 회계정보를 제공해야 하므로 변화하는 특성**이 있다.

02. 주식의 단위당 장부가액 = [500주×330원(전년도 공정가치)+300주×410원]÷800주 = 360원/주

처분가액 = 처분주식수(400)×단가(400) - 처분수수료(5,000) = 155,000원

장부금액 = 처분주식수(400)×취득가액(360) = 144,000원

처분이익 = 처분가액(155,000) - 장부가액(144,000) = 11,000원

취득 시의 매입 수수료는 당기 비용 처리하며, **매각 수수료는 처분가액에서 차감**한다.

03. 유형자산을 포함한 많은 자산이 물리적 형태를 가지고 있지만 물리적 형태가 자산의 본질적인 특성은 아니다. 예를 들어, 물리적 형태가 없는 자원이라도 특정 실체에 의하여 지배되고 그 실체에게 미래의 경제적 효익을 창출할 것으로 기대되는 경우(예를 들면 무형자산) 당해 항목은 자산의 정의를 충족할 수 있다.

04. 현금및현금등가물 = 3개월 이내인 초단기수익증권(300,000)+보통예금(300,000)
　　　　　　　　　　　　+자기앞수표(350,000) = 950,000원

05. ① 중요성은 회계정보의 제약요인으로 미리 정할 수 없다.

② 중요성, ③ 중립성, ④ 예측가치

06. x1 손상차손 = [장부가액(15,000) - x1.회수가능가액(10,000)]×200주 = 1,000,000원

x2 손상차손 환입 = [x2.회수가능가액(12,000) - 장부가액(10,000)]×200주 = 400,000원

∴ 이익이 400,000원 증가한다.

07. 대손 확정 시는 미수금을 감소시키고, 동일한 금액만큼 대손충당금(미수금)과 상계하며 대손충당금 부족 시에는 대손상각비로 계상한다. 대손 발생 시 대손충당금은 계정과목별로 상계한다.

08. 상행위와 관련된 **매출채권의 대손상각비는 판매관리비**로, **기타 채권의 대손상각비는 영업외비용**으로 인식한다.

09. 주식발행초과금 = 발행가액(5,000) − 액면가액(1,000) − 신주발행비(1,000) = 3,000원

자기주식처분이익 = 처분가액(5,000) − 장부가액(2,000) − 자기주식처분손실(1,000) = 2,000원

매도가능증권평가이익 = 공정가액(11,000) − 장부가액(10,000) = 1,000원(기타포괄손익누계액)

∴ 자본잉여금 = 주식발행초과금(3,000) + 자기주식처분이익(2,000) = 5,000원

10. 장기 할부판매상품은 **이미 판매되고 없는 자산**이므로 가산하지 아니한다.

11. 매출원가 = 순매출액(1,850,000 − 250,000) ÷ 1.25 = 1,280,000원

재고자산

기초재고	520,000	매출원가	1,280,000
총매입액	1,300,000		
매입환출등	(50,000)	기말재고	490,000
계	1,770,000	계	1,770,000

∴ 재해손실 = 장부상 재고자산(490,000) − 실지재고(35,000) = 455,000원

12. ① 사채발행비는 사채발행으로 인해 조달된 현금을 감소시키는 효과로 인하여 **사채발행가액에서 차감처리**한다.

② 사채의 할인발행이란 사채의 발행금액을 **액면금액보다 낮게 발행하는 것을 의미**한다.

④ 유효이자율법 적용 시 사채를 **할인 발행하는 경우 사채의 장부금액은 매년 증가**한다.

13. 확정기여형 퇴직연금의 회계처리는 적립부담금 납입액을 **퇴직급여(비용)로 처리**한다.

14. 직접 관련된 지출과 **간접 지출을 모두 포함**한다.

15. 실용신안권의 취득원가 = 보통주 250주 × 공정가액(5,500) = 1,375,000원

다른 종류의 무형자산이나 다른 자산과의 교환으로 무형자산을 취득하는 경우에는 무형자산의 원가를 교환으로 **제공한 자산의 공정가치로 측정**한다.

16. 우발부채는 재무상태표상에 부채로 인식하지 않는다.

17. 신축건물의 취득원가 = 건물신축비용(150,000,000) + 건물취득세(15,000,000) = 165,000,000원

사용 중인 건물을 철거하고 신축한 경우에는 **신축에 들어간 비용만 취득원가**로 한다.

18. 만기보유증권의 발행가액 = 액면금액(100,000) × 0.7118

+ 액면이자(100,000 × 10%) × (0.8929 + 0.7972 + 0.7118) = 95,199원

〈사채(만기보유증권) 상각표〉

연도	유효이자(A) (BV × 12%)	액면이자(B) (100,000 × 10%)	상각액 (A − B)	장부금액 (BV)
20x1. 1. 1				95,199
20x1.12.31	11,423	10,000	1,423	*96,622*

19.

종목	취득원가(①)	순실현가능가치(②)	평가액 Min[①,②]	평가손익
갑	1,200,000원	1,300,000원	1,200,000원	–
을	3,000,000원	2,300,000원	2,300,000원	평가손실 700,000원
병	1,800,000원	1,650,000원	1,650,000원	평가손실 150,000원
계				***평가손실 850,000원***

20. 차기이월 이익잉여금(12,500,000) = 전기이월 이익잉여금(10,000,000) + 당기순이익

－ 이익준비금 적립액(500,000) － 현금배당금(5,000,000)

∴ 당기순이익 = 8,000,000원

21. ① 수익은 **실현되었거나 또는 실현가능한 시점에 인식**한다.

③ 부동산 판매는 법적소유권이 이전되기 전이라도 **소유에 따른 위험과 효익이 구매자에게 실질적으로 이전되는 경우에는 이전시점에 수익으로 인식**할 수 있다.

④ 상품권을 할인 판매하는 경우 액면금액 전액을 선수금으로 계상하고 **할인액은 상품권 할인액 계정으로 하여 해당 선수금 계정에서 차감하는 형식**으로 표시한다.

22.

구 분	20x0년	20x1년	20x2년
당기 발생원가(①)	300,000원	200,000원	300,000원
누적 발생원가	300,000원	500,000원	800,000원
진행률	37.5%	62.5%	100%
공사계약금액		1,200,000원	
누적공사수익	450,000원	750,000원	1,200,000원
당기공사수익(②)	450,000원	300,000원	450,000원
공사손익(②－①)	150,000원	***100,000원***	150,000원

23. 선급보험료 = 1년치 보험료(120,000) × 7/12 = 70,000원(비용 과대계상액)

∴ 선급보험료에 대한 기말수정분개를 하지 않은 경우, 비용(70,000)이 과대계상 되고

당기순이익(700.000)은 과소계상 된다.

24. 매각대금의 **명목가액과 현재가치의 차이가 중요하므로 현재가치로 환산**해야 한다.

장기미수금의 장부금액 = 연금(2,000,000) × 정상연금 현재가치(2.4868) = 4,973,600원

25. 같은 종류의 자산(토지와 건물을 제외한다)을 교환하였을 때에는 **제공한 자산의 장부금액을 취득원가**로 한다.

2부 원가회계

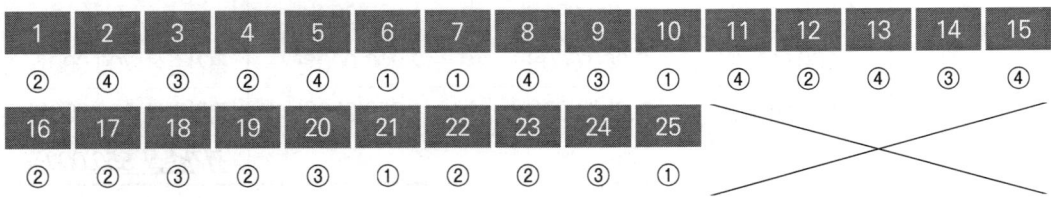

1	2	3	4	5	6	7	8	9	10	11	12	13	14	15
②	④	③	②	④	①	①	④	③	①	④	②	④	③	④

16	17	18	19	20	21	22	23	24	25
②	②	③	②	③	①	②	②	③	①

01. • 기본원가 = 직접재료원가 + **직접노무원가**

• 가공원가 = **직접노무원가** + 제조간접원가

• 제품원가 = 직접재료원가 + **직접노무원가** + 제조간접원가

• 기간비용 : 당기에 비용처리되는 항목으로 제품제조와 관련 없는 원가

02. 준고정원가는 **관련범위 내에서 계단형**을 나타낸다.

03. **자본금 변동에 대한 정보를 제공하는 것은 재무회계의 목적**에 해당한다.

04.

재고자산(원재료 + 재공품 + 제품)

기초재고(원+재+제)	1,005,000	매출원가	4,605,000
원재료 구입	*1,950,000*		
직접노무비	1,100,000		
제조간접비	1,650,000	기말재고((원+재+제)	1,100,000
합 계	5,705,000	합 계	5,705,000

05. **변동원가는 비제조원가(예 판매수수료→변동판관비)도 구성**한다.

06. 당기총제조원가 = 직접재료원가(800,000) + 직접노무원가(3,000,000) + 제조간접원가(2,000,000)

= 5,800,000원

매출원가 = 매출액(10,000,000) × 매출원가율(1 - 50%) = 5,000,000원

재공품				⇒	제품			
기초	300,000	당기제품제조원가	5,700,000		기초	300,000	매출원가	5,000,000
당기총제조원가	5,800,000	기말	400,000		당기제품제조원가	5,700,000	*기말*	*1,000,000*
계	6,100,000	계	6,100,000		계	6,000,000	계	6,000,000

07. 단계배분법(S1부문 먼저 배부)

구분	보조부문		제조부문		합계
	S1	S2	A	B	
배분 전 원가	400,000원	200,000원			600,000원
S1원가배분(40%,20%,40%)	(400,000원)	160,000원	80,000원	160,000원	
S2원가배분(0,50%,50%)		(360,000원)	180,000원	180,000원	
배분 후 원가			*260,000원*	340,000원	600,000원

08. 제품제조원가(전부원가계산) = 직접재료원가(180,000) + 직접노무원가(120,000)
+ 변동제조간접원가(150,000) + 고정제조간접원가(30,000) = 480,000원

09. ① 원가부문은 원가요소를 분류·집계하는 계산상의 구분으로서 **제조부문과 보조부문으로 구분**한다.

② **제조간접원가를 보다 더 정확하게 배분하기 위하여 사용**한다.

④ **제조부문이 복수인 기업에서 많이 사용**한다.

10. 영업외손익법은 매출총이익에 영향을 미치지 않고, **당기순이익에 영향을 미친다.**

11. 제조간접원가 배부차이 = 실제원가(100,000) − 예정배부액(90,000) = 부족(과소)배부 10,000원
부족(과소)배부액 10,000원을 매출원가에 가산한다.

12. 가. **변동원가는 보조부문이 제공하는 용역에 대한 각 실제사용량을 기준으로 배분**한다.

라. 원가 배분의 **정확성이 가능 낮은 배분방법은 직접배분법**이다.

마. 직접 배분법은 보조부문 상호간의 **용역수수를 고려하지 않는다.**

13. 당기총제조원가(1,700,000) = 직접재료원가(500,000) + 직접노무원가(X) + 제조간접원가(0.5X)

∴ 직접노무원가(X) = 800,000원, 제조간접원가 = 400,000원

기본원가 = 직접재료원가(500,000) + 직접노무원가(800,000) = 1,300,000원

가공원가 = 직접노무원가(800,000) + 제조간접원가(400,000) = 1,200,000원

14. 기업이익을 극대화하기 위한 추가가공 의사결정을 할 때 **이미 배분된 결합원가는 매몰원가이므로** 고려하지 않는다.

15.

제품	순실현가치	배분비율	결합원가
A	200단위×2,000원=400,000원	80%	200,000원
B	300단위×1,000원−200,000원=100,000원	20%	50,000원
합계		100%	*250,000원*

∴ 결합원가 총액 : 50,000원×(100/20) = **250,000원**

16.

AQ × AP(Ⓐ)	AQ × SP(Ⓑ)
1,000g×42원/g	1,000g×45원/g
=42,000원	=45,000원

가격차이(Ⓐ − Ⓑ) △3,000(유리)

17.

재공품

기초재공품	10,000	완성품	30,000
		공손품	*6,000*
당기투입	40,000	기말재공품	14,000
계	50,000	계	50,000

18. 추가가공원가는 분리원가라고도 하며 **분리점 이후에 발생하는 원가**로, 결합제품별로 직접 추적이 가능한 원가를 말한다.

19.

〈1단계〉 물량흐름파악(평균법)			〈2단계〉 완성품환산량 계산
재공품			원가
완성품	380(100%)		380
기말재공품	200(60%)		120
계	580		*500*

20.

〈1단계〉 물량흐름파악(평균법)		〈2단계〉 완성품환산량 계산	
재공품		재료비	가공비
완성품	300(100%)		300
기말재공품	400(??%)		**200**
계	700		500
〈3단계〉원가요약(기초재공품원가+당기투입원가)			0+1,200,000
			500
〈4단계〉 완성품환산량당단위원가			@2,400

기말 재공품 완성도 = 완성품환산량(200) ÷ 기말재공품(400) = 50%

21. 종합원가계산 평균법에서 기말 재공품의 완성도를 과대평가하면 **완성품환산량이 과대평가**되고, 따라서 **완성품환산량단위당원가는 과소평가**된다. 완성품환산량단위당원가가 과소평가되므로 당기완성품원가는 과소평가되고, **기말재공품은 환산량이 과대평가되어 기말재공품원가도 과대평가**된다.

22. 영업외손익법은 부족배부차이를 영업외비용으로 처리하는 것이므로, **매출원가에는 영향이 없다.**

23. 능률차이는 실제 산출량에 허용된 표준사용량(SQ×SP)과 실제 사용량(AQ×SP)과의 차이를 산정한다.

24.

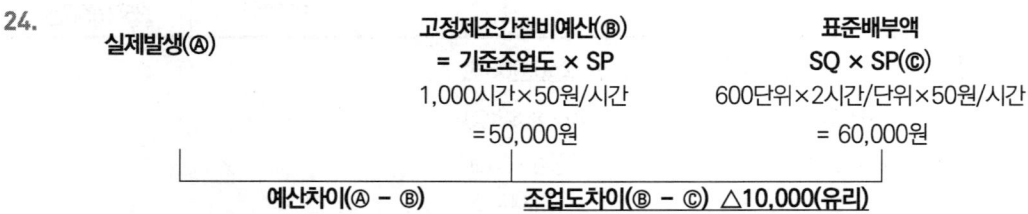

25. 판매기준법이란 **부산물에 결합원가를 배분하지 않고** 부산물의 판매시점에서 **부산물의 판매이익을 잡이익으로 처리하는 방법**이다. ①은 생산기준법에 대한 설명이다.

제84회 기업회계 2급

■ 1부 재무회계

01. 다음 중 회계의 정의와 정보이용자에 대한 설명으로 올바른 것은?

① 회계는 일반적으로 미래에 발생할 경제적 사건에 관한 재무적 정보를 제공하며 비재무적 정보를 제공하지는 않는다.

② 회계는 기업과 같은 영리조직만을 위해 정보를 제공하는 것이다.

③ 회계정보이용자 중 투자자는 현재 해당 기업의 주식을 보유하고 있는 자만을 의미한다.

④ 회계정보를 생산하는 자인 경영자도 회계정보의 이용자에 해당한다.

02. 다음의 자료에서 ㈜한국의 신축 건물 B의 취득원가는 얼마인가?

> ㈜한국은 20x1년 초 사업 전환에 따라 기존에 사용해 오던 건물 A를 철거하고 새로운 사업에 사용할 건물 B을 신축하였다. 장부가액이 1,200,000원인 건물 A의 철거 비용은 160,000원이며, 새로운 건물 B신축공사의 도급금액은 7,000,000원으로 20x1년 중에 완공되었다. 건물 B의 신축과 관련된 차입금의 발생 이자 중 자본화할 금액은 1,200,000원이며, 건물 B의 취득세는 110,000원이다.

① 8,310,000원　　② 8,470,000원　　③ 8,900,000원　　④ 9,670,000원

03. 다음 중 계정과목에 대한 설명으로 틀린 것은?

① 유형자산인 토지를 구입하거나 처분 시에 계정과목은 미지급금이나 미수금을 사용한다.

② 일반적인 상거래로 발생하는 계정과목은 외상매출금과 외상매입금이다.

③ 선급비용과 선수수익은 발생주의에 따라 발생하는 계정과목이다.

④ 받을어음의 할인 거래가 매각거래에 해당하면 판매비와관리비로 처리한다.

04. ㈜서울은 기말 결산을 위해 실사해 본 결과 다음과 같은 자산이 있었다. ㈜서울의 기말 재무상태표에 현금및현금성자산으로 표시할 금액은 얼마인가?

• 통화 : 250,000원	• 타인발행약속어음 : 3,500,000원
• 우표 : 20,000원	• 배당금지급통지표 : 200,000원
• 송금환 : 250,000원	

① 450,000원   ② 700,000원   ③ 720,000원   ④ 4,220,000원

05. ㈜중부의 20x1년 주식거래 내역은 아래와 같다. 다음 중 일자별 회계처리로 틀린 것은?

- 20x1.01.12. : ㈜하나가 발행한 주식 20주를 주당 10,000원에 취득하고, 거래수수료 1,000원을 지급하였다. ㈜중부는 동 주식을 단기 매매 목적으로 취득하였다.
- 20x1.02.05. : ㈜미래가 발행한 주식 10주를 주당 9,000원에 취득하고, 거래수수료 1,000원을 지급하였다. ㈜중부는 동 주식을 기타 투자 목적으로 취득하였다.
- 20x1.05.02. : ㈜하나의 주식 10주를 주당 12,000원에 매각하였다.
- 20x1.12.31. : ㈜하나의 주식 1주당 공정가치는 13,000원이며, ㈜미래의 주식 1주당 공정가치는 8,500원이다.

① 20x1.01.12	(차) 단기매매증권	201,000원	(대) 현금		201,000원
② 20x1.02.05	(차) 매도가능증권	91,000원	(대) 현금		91,000원
③ 20x1.05.02	(차) 현금	120,000원	(대) 단기매매증권		100,000원
			단기매매증권처분이익		20,000원
④ 20x1.12.31	(차) 단기매매증권	30,000원	(대) 단기매매증권평가이익		30,000원
	매도가능증권평가손실	6,000원	매도가능증권		6,000원

06. 다음 중 지분증권에 대한 설명으로 틀린 것은?

① 지분법은 투자회사의 보고기간 종료일을 기준으로 작성된 관계기업의 신뢰성 있는 재무제표를 사용하여 적용한다.

② 지분증권 중 지분법적용투자주식은 지분법을 적용하여 평가하여야 한다.

③ 단기매매증권이나 지분법적용투자주식으로 분류되지 않는 지분증권은 만기보유증권으로 분류한다.

④ 단기매매증권은 유동자산으로 분류된다.

07. 다음은 ㈜인천의 매출채권과 대손충당금 관련 자료이다. 기말 대손상각비는 얼마인가?

> • 기초 대손충당금 잔액 : 700,000원   • 매출채권 대손처리액 : 300,000원
> • 전기 대손처리 회수액 : 300,000원   • 기말 매출채권 잔액 : 110,000,000원
> • 대손충당금은 보충법에 의하여 매출채권의 1%를 설정한다.

① 0원   ② 100,000원   ③ 400,000원   ④ 700,000원

08. 다음 자료는 ㈜대전의 20x1년 기말재고자산 내역이다. 20x1년 당기순이익에 미치는 영향으로 올바른 것은?

> • 기말 재고자산 수량 – 장부상 수량 : 600개
> 　　　　　　　　　　 – 조사에 의한 실제 수량 : 400개
> • 단위당 원가 : 1,150원/개(시가 1,000원)
> • 재고감모손실의 10%는 비정상적으로 발생한 것이다.

① 당기순이익이 60,000원 감소한다.
② 당기순이익이 200,000원 감소한다.
③ 당기순이익이 260,000원 감소한다.
④ 당기순이익이 290,000원 감소한다.

09. ㈜광주의 20x1년 중 장부상 재고자산의 거래내역이 다음과 같은 경우, 20x1년 손익계산서에 인식할 매출원가는 얼마인가? 단, 단위당 원가의 결정은 이동평균법을 사용한다.

구분	수량	단위당 원가	총원가
01/01 기초	100개	100원	10,000원
05/30 매입	300개	200원	60,000원
06/23 매출	300개	?	?
09/30 매입	400개	250원	100,000원
11/20 매출	400개	?	?
12/31 기말	100개	?	?

① 52,500원   ② 114,000원   ③ 146,500원   ④ 180,500원

10. 다음 중 유형자산의 취득원가에 대한 설명으로 틀린 것은?

① 자산의 취득, 건설, 개발에 따른 복구원가에 대한 충당부채는 유형자산을 취득하는 시점에서 해당 유형자산의 취득원가에 반영한다.

② 유형자산의 취득과 직접 관련된 제세공과금은 영업외비용으로 처리한다.

③ 유형자산이 정상적으로 작동되는지 여부를 시험하는 과정에서 발생하는 원가는 취득가액에 반영한다.

④ 현물출자, 증여로 취득한 자산의 가액은 공정가치를 취득원가로 한다.

11. 다음 중 재무제표에 대한 설명으로 틀린 것은?

① 중간재무제표는 3개월(분기), 6개월(반기) 단위로 작성하며 그 밖의 기간은 작성할 수 없다.

② 이익잉여금처분계산서는 주석으로 공시한다.

③ 재무상태표의 자산과 부채는 유동성이 높은 순서대로 배열한다.

④ 정보이용자에게 오해를 줄 염려가 없는 경우에는 금액을 천원이나 백만원 단위 등으로 표시할 수 있다.

12. 12월 말 결산법인인 ㈜부산은 신제품 개발을 위한 활동을 수행하고 있으며, 20x1년 중에 연구 및 개발 활동에 지출한 내역은 아래의 자료와 같다. 개발활동의 지출액은 모두 무형자산의 인식기준을 충족한 것이며, 20x1년 7월 1일부터 개발활동의 결과로 신제품 생산이 시작되었다. 개발비는 5년 동안 정액법으로 상각할 때, 20x1년 12월 31일 ㈜부산의 재무상태표에 보고되어야 할 개발비는 얼마인가?

• 연구활동 : 300,000원	• 개발활동 : 700,000원

① 630,000원　　　② 700,000원　　　③ 900,000원　　　④ 1,000,000원

13. 다음 중 충당부채에 대한 설명으로 틀린 것은?

① 충당부채의 명목금액과 현재가치의 차이가 중요한 경우에는 의무이행을 이행하기 위하여 예상되는 지출액의 현재가치로 평가한다.

② 충당부채로 인식하는 금액은 현재의무의 이행에 소요되는 지출에 대한 보고기간말 현재 최선의 추정치이어야 한다.

③ 충당부채를 인식하기 위해서는 과거에 사건이나 거래가 발생하여 현재의무가 존재하여야 한다.

④ 충당부채를 발생시킨 사건과 밀접한 자산의 처분차익이 예상되는 경우에 당해 처분차익은 충당부채 인식에 고려하여야 한다.

14. 다음 중 사채 상환에 관한 설명으로 틀린 것은?

① 사채발행일의 시장이자율보다 사채상환일의 시장이자율이 더 높으면 상환이익이 발생한다.

② 사채할인발행차금 및 사채할증발행차금은 사채발행 시부터 상환 시까지의 기간에 걸쳐 유효이자율법을 적용하여 상각·환입하고 동 상각·환입액을 사채이자비용에 가감하도록 규정하고 있다.

③ 사채 발행에 대한 비용(중개수수료, 증권인쇄비 등)은 사채할증발행차금에 가산한다.

④ 유효이자율이란 사채 발행가액과 사채의 미래현금흐름의 현재가치를 일치시켜 주는 할인율을 의미하고 기본적으로 사채 발행 시점의 시장이자율과 일치한다.

15. 12월 말 결산법인인 ㈜대구는 20x1년 1월 1일 액면금액 100,000원, 표시이자율 연 10%(매년 말 후급 조건), 만기 3년(20x3년 12월 31일)인 만기 일시상환 사채를 발행하였다. 동 사채의 발행 당시 시장이자율은 연 8%였다. ㈜대구의 20x1년 12월 31일 해당 사채의 발생이자 관련 회계처리로 올바른 것은? 단, 단일금액 1원의 현재가치계수는 아래의 표를 이용하고, 계산 과정에서 소수점 이하는 절사한다.

기간	연 8%	연 10%
1	0.9259	0.9091
2	0.8573	0.8264
3	0.7938	0.7513

① (차) 이자비용   8,412원   (대) 현금   10,000원
       사채할증발행차금   1,588원

② (차) 이자비용   8,285원   (대) 현금   10,000원
       사채할증발행차금   1,715원

③ (차) 이자비용   11,588원   (대) 현금   10,000원
            사채할인발행차금   1,588원

④ (차) 이자비용   11,715원   (대) 현금   10,000원
            사채할인발행차금   1,715원

16. 다음 중 재무상태표의 부채 항목에 대한 설명으로 틀린 것은?

① 부채는 재무제표 작성일로부터 만기가 1년 이내인 것은 유동부채, 1년 이상인 것은 비유동부채로 구분하여 표시한다.

② 부채는 과거 사건에 의해 발생하였으며 경제적 효익이 있는 자원이 기업으로 유출될 것으로 기대되는 현재의 의무이다.

③ 금액을 신뢰성 있게 측정할 수 있어야 한다.

④ 미지급배당금은 부채에 해당한다.

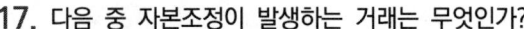

17. 다음 중 자본조정이 발생하는 거래는 무엇인가?

① ㈜울산은 주주들로부터 주식을 유상으로 취득하여 소각하였으며, 감자차익이 5,000,000원 발생하였다.

② ㈜울산은 최대주주로부터 자기주식을 3,000,000원에 유상으로 취득하였다.

③ ㈜울산은 매도가능증권을 기말 공정가치로 평가함에 따라 매도가능증권평가이익을 1,000,000원 인식하였다.

④ ㈜울산은 누적된 결손금을 보전하기 위하여 주주들에게 대가를 받지 않고 자본금 2,000,000원을 감액시켰다.

18. 다음 중 이익잉여금 처분 항목이 이익잉여금처분계산서 및 자본총계에 미치는 영향에 대한 설명으로 틀린 것을 모두 고르시오.

> 가. 주식배당은 차기이월미처분이익잉여금은 감소시키나 이익잉여금총계를 감소시키지 않는다.
>
> 나. 법정적립금 및 임의적립금으로의 적립은 이익잉여금총계에 미치는 영향은 없다.
>
> 다. 주식할인발행차금의 상각은 차기이월미처분이익잉여금을 감소시키나 자본총계에는 영향을 미치지 않는다.
>
> 라. 현금배당은 차기이월미처분이익잉여금은 감소시키나 이익잉여금총계 및 자본총계는 감소시키지 않는다.

① 가, 나   ② 나, 다   ③ 다, 라   ④ 가, 라

19. 다음 중 거래형태별 수익인식 시기로 틀린 것은?

① 상품권 : 상품권을 판매한 후 재화를 인도하고 상품권을 회수한 시점

② 수강료 : 수강료를 수령한 시점

③ 위탁판매 : 제3자에게 판매한 시점

④ 장기할부판매 : 재화를 인도한 시점

20. 다음은 12월말 결산법인인 ㈜울산의 도급공사 현황이다. 도급공사의 계약금액은 100,000,000원으로 당기에 공사를 개시하여 20x2년 12월 31일 완공 예정이다. ㈜울산이 20x1년에 인식할 공사이익은 얼마인가?

구분	20x1년	20x2년	계
연도별 발생(예정)원가	30,000,000원	50,000,000원	80,000,000원
공사대금 수령액	40,000,000원	60,000,000원	100,000,000원

① 5,000,000원　　② 7,500,000원　　③ 10,000,000원　　④ 12,500,000원

21. 다음 중 차입원가자본화에 대한 설명으로 틀린 것은?
① 차입원가자본화 대상 자산은 재고자산, 무형자산, 유형자산 등이 있다.
② 자본화 대상 차입원가에 금융리스 관련 금융비용은 포함되지 않는다.
③ 특정차입금에 대한 차입원가도 자본화기간이 종료되면 당기비용으로 처리한다.
④ 재고자산의 경우 차입원가를 자본화하려면 의도된 상태(취득, 건설, 생산)에 이르기까지 '1년 이상'의 기간을 필요로 한다.

22. 12월 말 결산법인인 ㈜강원의 20x1년 재무상태표상 기초 미지급보험료는 500,000원, 기말 미지급보험료는 600,000원이 계상되어 있다. ㈜강원의 20x1년 손익계산서상 보험료 1,300,000원이 계상되어 있는 경우, ㈜강원의 20x1년 보험료 지급액은 얼마인가?
① 1,000,000원　　② 1,100,000원　　③ 1,200,000원　　④ 1,400,000원

23. 다음 중 회계변경의 성격이 나머지와 다른 하나는 무엇인가?
① 유형자산의 내용연수 변경
② 재고자산 평가방법의 변경
③ 자산을 재평가하는 방법을 최초로 적용하는 경우로의 변경
④ 유가증권의 취득단가 산정방법 변경

24. 다음은 ㈜경기의 당기 상품 매매 관련 자료이다. 이를 이용하여 계산한 당기상품매입액은 얼마인가?

> • 총매출액 600,000원   • 매출에누리 150,000원
> • 기초상품재고액 70,000원   • 기말상품재고액 30,000원
> • 매출총이익은 순매출액의 40%이다.

① 140,000원   ② 180,000원   ③ 230,000원   ④ 270,000원

25. [중소기업회계기준] 다음 중 중소기업회계기준에 따른 자산과 부채에 대한 설명으로 틀린 것은?
① 가지급금이나 가수금 등은 그 내용을 나타내는 적절한 항목으로 표시한다.
② 자산과 부채는 어떠한 경우에도 상계하여 표시하지 않는다.
③ 자산과 부채는 유동성이 높은 항목부터 배열한다.
④ 부채는 회계연도 말부터 1년 이내에 상환 등을 통하여 소멸할 것으로 예상되면 유동부채로 구분한다.

▨▨▨▨▨▨ 2부 원가회계

01. 다음 중 원가계산에 관한 설명으로 틀린 것은?
① 원가는 신뢰할 수 있는 객관적인 자료와 증거에 의하여 계산한다.
② 원가 집계 대상별로 분리가능한 원가는 직접 부과한다.
③ 원가계산을 위해 채택한 원가계산방법은 매기 계속적으로 적용하여야 하며 변경하여서는 아니된다.
④ 원가는 국가회계실체가 프로그램 예산체계에 따라 집행한 예산을 발생주의의 원칙에 따라 계산한다.

02. ㈜한국의 당기 생산 및 판매 관련 자료가 아래와 같다면, 당기 매출액은 얼마인가?

> • 기초제품재고액 : 3,000원   • 당기제품제조원가 : 5,000원
> • 기말제품재고액 : 2,000원   • 영업이익 : 2,000원
>   • 판매관리비 : 1,000원

① 6,000원   ② 7,000원   ③ 8,000원   ④ 9,000원

03. 다음 중 인과관계기준에 의한 보조부문원가의 원가배분기준으로 연관이 없는 것은?

① 동력부문 – 사용전기량

② 구매부문 – 구매시간, 협상비용

③ 검사부문 – 검사시간, 검사수량

④ 수선유지 – 수선횟수, 수선시간

04. 다음 중 원가계산에 대한 설명으로 틀린 것은?

① 초변동원가계산은 직접재료원가만을 제품원가에 포함한다.

② 정상개별원가계산의 제조간접원가는 실제배부액으로 배부한다.

③ 표준원가계산의 제조간접원가는 표준배부액으로 배부한다.

④ 전부원가계산은 고정제조간접원가도 제품원가에 산입한다.

05. 다음은 ㈜서울의 20x1년 7월 재고자산 관련 자료이다. 20x1년 7월의 직접재료 사용액은 300,000원, 매출원가는 2,000,000원이다. 가공원가가 직접노무원가의 500%라고 할 때, 20x1년 7월의 직접노무원가는 얼마인가?

구분	20x1년 7월 1일	20x1년 7월 31일
직접재료	30,000원	40,000원
재공품	200,000원	300,000원
제품	150,000원	100,000원

① 350,000원 ② 400,000원 ③ 450,000원 ④ 500,000원

06. 다음 중 보조부문원가의 배부방법에 대한 설명으로 틀린 것은?

① 이중배분율법은 변동원가와 고정원가로 구분하여 배분하는 방법으로, 변동원가는 실제사용량에 근거하여 배분하고, 고정원가는 최대사용가능량에 근거하여 배분한다.

② 상호배분법은 보조부문 상호간의 용역수수관계를 모두 고려하므로 배분 순서와 관계가 없다.

③ 단계배분법은 배분순서에 따라 배분 후의 제조간접원가 총액이 달라진다.

④ 단일배분율법과 상호배분법은 혼용해서 적용할 수 있다.

07. 아래 자료에서 기본원가에 속하면서 동시에 가공원가에 속하는 금액은 모두 얼마인가?

> • 직접재료원가 : 1,000원   • 제조간접원가 : 5,000원
>
> • 직접노무원가 : 2,000원   • 간접경비 : 1,500원

① 1,000원   ② 2,000원   ③ 3,500원   ④ 6,500원

08. ㈜인천은 자동차를 생산하여 판매하는 기업이다. 다음 중 ㈜인천의 제조간접원가에 포함되는 것은?
① 소형 승용자동차 생산라인에 투입되는 생산직원의 급여
② 타이어 제조업체에서 매입한 대형 트럭용 타이어
③ 본사 직영 영업소에 배치된 판매관리직원의 급여
④ 생산공장에서 생산을 지원하는 구매부 또는 자재관리부 사무직원의 급여

09. 다음 중 아래의 자료에서 설명하는 원가개념으로 괄호 안에 들어갈 내용으로 알맞은 것은?

> 갑(甲)은 노무사 자격증을 취득하기 위하여 노무사 시험 대비 수험서를 50만원에 구입하고 학습하기 시작하였으나, 세무사 자격증을 취득하기로 마음을 바꾸었다. 이때, 노무사 시험 대비 수험서를 구입하기 위하여 지출한 50만원은 세무사 자격증 취득을 위한 비용에 대한 (   )이다.

① 기회비용   ② 변동원가   ③ 매몰원가   ④ 전환원가

10. 정상개별원가계산을 채택하고 있는 ㈜중부는 직접노무시간을 기준으로 제조간접원가를 배부하고 있다. 20x1년 제조간접원가 예산은 3,000원이고, 예정 직접노무시간은 300시간이었다. 20x1년 실제 직접노무시간은 310시간, 제조간접원가 실제 발생액이 3,000원이라면, 제조간접원가 초과배부액은 얼마인가?

① 50원   ② 80원   ③ 100원   ④ 150원

11. 12월 말 결산법인인 ㈜대전의 20x1년 제품생산량은 20,000개이다. 결산 과정에서 20x1년 중 다음과 같은 원가 발생액이 누락된 것을 발견하였다. 오류 수정으로 인한 단위당 제조원가 증가액은 얼마인가? 단, 기초재공품과 기말재공품은 없다.

• 공장 수선비 : 1,000,000원	• 기계설비 감가상각비 : 2,000,000원
• 광고료 : 2,000,000원	• 공장 관리자 급여 : 3,000,000원

① 100원　　　　② 200원　　　　③ 300원　　　　④ 400원

12. 다음의 계정별원장은 ㈜광주의 20x1년 제품 제조활동과 관련된 자료이다. 직접재료원가는 당기총제조원가의 40%, 제조간접원가는 직접노무원가의 200%일 때, ㈜광주의 20x1년 가공원가는 얼마인가?

재공품			
기초	450,000원	당기제품제조원가	5,250,000원
직접재료원가	?	기말	200,000원
직접노무원가	?		
제조간접원가	?		
	5,450,000원		5,450,000원

① 1,000,000원　　② 2,000,000원　　③ 3,000,000원　　④ 5,000,000원

13. ㈜부산은 제품제조원가 계산에 종합원가계산을 적용하고 있다. 20x1년 5월 제조와 관련하여 차후 검토 결과 월말 재공품의 완성도가 80%이었으나 30%로 잘못 적용하여 계산하는 오류가 발생하였다. 이러한 오류가 완성품환산량, 완성품환산량 단위당 원가, 완성품원가에 각각 미치는 영향으로 옳은 것은?

	완성품환산량	완성품환산량 단위당원가	완성품원가
①	과소	과대	과대
②	과소	과소	과소
③	과대	과대	과대
④	과대	과소	과소

14. 다음 중 정상개별원가계산에 대한 설명으로 올바른 것은?

① 정상개별원가계산에서 제조간접원가는 예정배부율로 계산한다.

② 정상개별원가계산에서 모든 원가는 실제원가로 계산한다.

③ 정상개별원가계산은 완성품환산량 단위당 원가를 사용한다.

④ 정상개별원가계산은 직접노무원가만 실제 배부율을 사용한다.

15. ㈜대구는 3종류의 결합제품 A, B, C를 하나의 결합공정에서 생산하고 있다. 결합원가는 분리점에서의 상대적 판매가치에 의하여 배분하고 있으며, 관련된 자료는 아래와 같다. 이 경우, A의 분리점에서의 판매가치는 얼마인가?

구분	A	B	C	합계
결합원가	( )	( )	60,000원	240,000원
분리점에서의 판매가치	( )	72,000원	( )	360,000원
추가가공원가	6,000원	2,000원	12,000원	
추가가공 후 판매가치	210,000원	( )	120,000원	

① 90,000원   ② 198,000원   ③ 210,000원   ④ 240,000원

16. 다음 중 연산품에 대한 설명으로 틀린 것은?

① 연산품과 공손품의 공통점은 정상적인 생산과정에서 발생하는 재작업이 필요한 규격품이라는 것이다.

② 연산품을 분리점에서 판매할 것인지 아니면 추가가공하여 판매할 것인지에 대한 의사결정 시 연산품에 배분된 결합원가는 매몰원가로서 고려대상이 아니다.

③ 연산품은 분리점에 도달할 때까지 발생한 결합원가를 일정한 기준에 따라 각 제품에 배분해 주어야 하며, 배분하는 방법으로는 물량기준법, 분리점에서의 판매가치법, 균등이익률법, 순실현가치법 등이 있다.

④ 연산품이란 동일한 종류의 원재료를 투입하여 동시에 생산되는 서로 다른 2종 이상의 제품을 말하며, 결합제품이라고도 한다.

17. 다음 중 공손 및 작업폐물에 대한 설명으로 틀린 것은?

① 공손품은 모두 당기에 착수한 물량에서 발생한 것으로 보아 원가를 계산한다.

② 공손은 검사 시점에 일시에 발생한다.

③ 생산기준법에서 작업폐물은 순실현가치를 제조원가 또는 제조경비에서 차감한다.

④ 정상공손은 제품생산을 위하여 불가피하게 발생한 것으로 제품 원가에서 차감한다.

18. ㈜울산은 평균법에 의한 종합원가계산을 채택하고 있다. 재료원가와 가공원가는 공정 전반에 걸쳐 발생하고, 기초재고는 없다. 다음 자료를 바탕으로 기말재공품의 재료원가 완성품환산량과 가공원가 완성품환산량의 합계 수량은 얼마인가?

- 당기착수량 : 100,000개
- 기말재공품수량 : 40,000개(완성도 : 재료원가 70%, 가공원가 20%)

① 8,000개　　　② 28,000개　　　③ 36,000개　　　④ 40,000개

19. 다음은 ㈜강원의 20x1년 2월 제품생산과 관련된 자료이다. ㈜강원은 종합원가계산제도를 채택하고 있으며, 직접재료는 작업 착수 시점에 전량 투입되며, 가공원가는 공정의 진행 정도에 따라 균등하게 발생한다. 또한 완성품환산량 단위당 재료원가와 가공원가는 5 : 4의 비율로 구성되어 있다. 아래의 자료를 이용하여 당기 재료원가 완성품 수량을 계산하면 몇 단위인가? 단, 기초재공품은 없다.

• 2월 직접재료 소비액	855,000원
• 2월 가공원가 발생액	570,000원
• 2월 말 재공품 수량	2,500단위(완성도 40%)
• 완성품환산량 단위당 원가	171원

① 2,500단위　　　② 6,000단위　　　③ 6,500단위　　　④ 9,000단위

20. 참치통조림을 생산하여 판매하는 ㈜동해는 제조공정에서 발생하는 부산물인 참치알을 생산 시점에서 순실현가치로 평가하여 참치통조림에 배부하고 있다. 참치알은 외부에 kg당 4,000원에 판매되며, 판매비용은 10,000원이 발생한다. 제조공정에서 부산물인 참치알이 40kg 발생했다면 참치통조림에 배부할 부산물 금액은 얼마인가?

① 140,000원　　　② 150,000원　　　③ 160,000원　　　④ 170,000원

21. 다음 자료를 바탕으로 ㈜경기의 20x1년 기본원가 실제 발생액은 얼마인가?

> ㈜경기는 개별원가계산제도를 채택하고 있으며, 제조간접원가는 기본원가(직접재료원가＋직접노무원가)를 기준으로 예정배부하여 제품 원가를 계산한다. 20x1년 제조간접원가 예산액은 2,000,000원이며, 제품 제조와 관련된 기본원가 예산은 8,000,000원이다. 20x1년도 제조간접원가 예정배부액은 1,500,000원이고, 실제 제조간접원가 발생액은 1,800,000원이다.

① 5,000,000원　　　　② 6,000,000원　　　　③ 7,200,000원　　　　④ 8,000,000원

22. 다음 중 종합원가계산에 대한 설명으로 틀린 것은?
① 평균법 완성품환산량은 총원가에 대하여 계산되고, 선입선출법 완성품환산량은 당기발생원가로 이루어진 작업량만으로 계산된다.
② 기초(기말)재공품의 완성도를 두 가지로 제시한 경우 기초(기말)재공품을 완성도별로 구분해서 완성품환산량을 계산한다.
③ 평균법 완성품환산량은 기말재공품 완성품환산량과 선입선출법 완성품환산량을 합한 수량이다.
④ 선입선출법은 전기의 작업능률과 당기의 작업능률을 구분하므로 원가 통제상 유용한 정보를 제공한다.

23. 다음은 표준원가계산제도를 채택하고 있는 ㈜세종의 당기 제품 원가에 관한 자료이다. 당기의 실제 생산량은 얼마인가?

> • 유리한 능률차이 : 600,000원　　　　• 실제 노무원가 발생액 : 2,000,000원
> • 유리한 임률차이 : 400,000원　　　　• 단위당 표준 허용시간 : 10시간
> • 실제 작업시간 : 1,000시간

① 120개　　　　② 125개　　　　③ 200개　　　　④ 250개

24. 다음 중 표준원가계산제도에 관한 설명으로 틀린 것은?
① 원가계산준칙에서 표준원가로 재무제표를 표시하는 것은 인정되지 않는다.
② 직접재료원가, 직접노무원가, 변동제조간접원가는 변동비의 성격으로 분류한다.
③ 고정제조간접원가는 예산차이와 조업도차이로 분석될 수 있다.
④ 표준원가와 실제발생원가와의 차액인 원가차이는 원가계산 기간별로 산정한다.

25. 표준원가계산제도를 채택하고 있는 ㈜남해의 20x1년 당기 제조간접원가 관련 정보는 다음과 같다. 고정제조간접원가 단위당 예정배부율은 얼마인가?

- 고정제조간접원가 예산은 1,500,000원이다.
- 제조간접원가 배부율 산정을 위한 기준조업도는 5,000시간이다.
- 실제 산출량에 허용된 표준시간은 6,000시간이다.
- 당기 실제 고정제조간접원가 발생액은 1,200,000원이다.
- 고정제조간접원가의 조업도차이는 300,000원(유리한 차이)이 발생했다.

① 200원　　　② 250원　　　③ 300원　　　④ 500원

제84회 기업회계2급 답안 및 해설

1부 재무회계

1	2	3	4	5	6	7	8	9	10	11	12	13	14	15
④	①	④	②	①	③	③	④	③	②	①	①	④	③	①

16	17	18	19	20	21	22	23	24	25
①	②	④	②	②	②	③	①	③	②

01. ① 회계는 일반적으로 **과거에 발생한 경제적 사건에 관한 재무적 정보**를 제공한다.

② 회계는 영리조직 뿐만 아니라 **비영리조직에도 적용**된다.

③ 회계정보이용자는 **현재 및 잠재적 투자자**, 채권자, 기타 정보이용자를 포함한다.

02. 건물취득원가 = 도급금액(7,000,000) + 자본화가능차입원가(1,200,000) + 취득세(110,000)

= 8,310,000원

건물A의 장부금액과 철거비용은 당기비용 처리한다.

03. 받을어음의 **할인(매각거래)은 자금의 융통을 위해 발생한 거래로써 영업외비용으로 처리**한다.

04. 현금및현금성자산 = 통화(250,000) + 송금환(250,000) + 배당금지급통지표(200,000) = 700,000원

우표는 비용으로 처리하고, 타인발행약속어음은 매출채권으로 분류한다.

05. 단기매매증권 취득에 따른 수수료는 취득원가가 아닌 당기 비용으로 처리한다.

20x1.01.12.	(차) 단기매매증권	200,000원	(대) 현금	201,000원
	지급수수료	1,000원		

06. 단기매매증권이나 지분법적용투자주식으로 분류되지 않는 지분 주식은 **매도가능증권으로 분류**한다.

지분증권(주식)은 만기보유증권으로 분류할 수 없다.

07.

대손충당금

대손	300,000	기초	700,000
		회수	300,000
기말(110,000,000×1%)	1,100,000	*대손상각비(설정?)*	*400,000*
계	1,400,000	계	1,400,000

08. 재고자산감모손실(영업외비용) = 감모수량(600개 - 400개) × 단위당 원가(1,150) = 230,000원

재고자산평가손실(매출원가) = [단위당원가(1,150) - 시가(1,000)] × 실제수량(400) = 60,000원

재고자산감모손실(230,000) + 재고자산평가손실(60,000) = 290,000원(당기순이익 감소)

09.

구분	수량	단위당 원가	총원가	이동평균법	
				단위당원가	재고금액
01/01 기초	100개	100	10,000	@100	10,000
05/30 매입	300개	200	60,000	@175	70,000
06/23 매출	△300개	?	?	**@175**	**17,500**
09/30 매입	400개	250	100,000	@235	117,500
11/20 매출	△400개	?	?	**@235**	**23,500**
12/31 기말	100개	?	?	@235	23,500

매출원가 = 300개(6.23)×@175 + 400개(11.20)×@235 = 146,500원

10. 유형자산의 **취득과 직접 관련된 제세공과금은 동 자산의 취득원가를 구성**한다.

11. 중간기간은 1 회계연도보다 짧은 회계기간으로 한다. 예를 들면, 중간기간은 3개월, 6개월 등이 될 수 있다. 3개월 단위의 중간기간을 '분기', 6개월 단위의 중간기간을 '반기'라 한다. 따라서 **3개월 또는 6개월 외의 기간을 중간기간으로 하는 중간재무제표를 작성**할 수 있다.

12. 개발비 상각액 = 개발활동(700,000)÷5년×6/12 = 70,000원

재무상태표상 개발비 = 개발비(700,000) - 개발비 상각액(70,000) = 630,000원

13. 충당부채를 발생시킨 사건과 밀접하게 관련된 자산의 처분차익이 예상되는 경우에 당해 **처분차익은 충당부채 금액을 측정하면서 고려하지 아니한다.**

14. 사채발행비용은 사채할증발행차금에서 차감한다.

15. 사채의 발행가액 = 100,000×0.7938 + 100,000×10%×(0.9259+0.8573+0.7938) = 105,150원

연도	유효이자(A) (BV×8%)	액면이자(B) (액면가액×10%)	할증차금환입 (A – B)	장부금액 (BV)
20x1. 1. 1				105,150
20x1.12.31	8,412	10,000	− 1,588	103,562

20x1.12.31.　　(차) 이자비용　　　　8,412원　　(대) 현금　　10,000원

　　　　　　　　사채할증발행차금　　1,588원

16. 재무제표 작성일이 아니라 **보고기간종료일로부터 만기가 1년 이내인 것**을 말한다.

17. 자기주식을 구입하면 **자본의 차감계정인 자본조정으로 회계처리**한다.

유상감자로 인한 감자차익은 자본잉여금 항목이고, 매도가능증권평가손익은 기타포괄손익누계액 항목이다. 무상감자는 감자차손익이 발생하지 않으며, 결손금을 자본금으로 보전한다.

18. 가. 주식배당은 차기이월미처분이익잉여금 이익잉여금총계를 모두를 감소시킨다.

라. 현금배당은 차기이월미처분이익잉여금, 이익잉여금총계 및 자본총계 모두를 감소시킨다.

19. 수강료는 강의 기간에 걸쳐 수익으로 인식한다.

20.

	20x1년	20x2년
누적공사원가(A)	30,000,0000	80,000,0000
총추정공사원가(B)	80,000,0000	80,000,0000
누적진행률(A/B)	37.5%	100%
총공사계약금액	100,000,000	
당기공사수익(C)	37,500,000	–
당기공사원가(D)	30,000,000	–
당기공사이익(C–D)	*7,500,000*	–

21. 차입원가자본화의 적용범위에 **리스이용자의 금융리스관련 원가도 포함**된다.

22.

미지급비용(보험료)

지급	*1,200,000*	기초	500,000
기말	600,000	설정	1,300,000
계	1,800,000	계	1,800,000

23. 유형자산의 **내용연수 변경은 회계추정의 변경**에 해당하며, 나머지는 회계정책의 변경에 해당한다.

24. 매출원가 = 순매출액(600,000 – 150,000) × (1 – 0.4) = 270,000원

재고자산

기초재고	70,000	매출원가	270,000
총매입액	*230,000*	기말재고	30,000
계	300,000	계	300,000

25. 자산과 부채는 원칙적으로 상계하여 표시하지 않는다. 다만, 회사가 **채권과 채무를 상계할 수 있는 법적 권리**를 가지고 있고, **채권과 채무를 차액으로 결제하거나 동시에 결제할 의도가 있다면** 상계하여 표시한다.

2부 원가회계

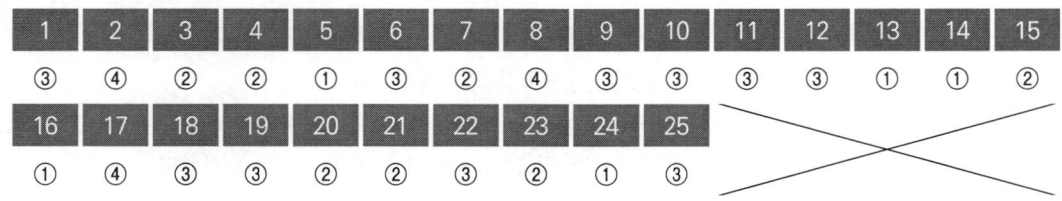

1	2	3	4	5	6	7	8	9	10	11	12	13	14	15
③	④	②	②	①	③	②	④	③	③	③	③	①	①	②

16	17	18	19	20	21	22	23	24	25
①	④	③	③	②	②	③	②	①	③

01. 국가회계실체는 원가계산준칙에 의거 원가계산을 수행하고, **채택한 원가계산방법은 매기 계속적으로 적용**하여야 하며 정당한 이유 없이 원가계산방법을 변경하여서는 아니 된다. 따라서 **정당한 사유가 있으면 변경**할 수 있다.

02. 매출총이익 = 영업이익(2,000) + 판매관리비(1,000) = 3,000원

<table>
<tr><td colspan="4" align="center">제 품</td></tr>
<tr><td>기초재고</td><td align="right">3,000</td><td>매출원가</td><td align="right">6,000</td></tr>
<tr><td>당기제품제조원가</td><td align="right">5,000</td><td>기말재고</td><td align="right">2,000</td></tr>
<tr><td align="center">계</td><td align="right">8,000</td><td align="center">계</td><td align="right">8,000</td></tr>
</table>

매출액 = 매출원가(6,000) + 매출총이익(3,000) = 9,000원

03. 구매부문의 경우, **주문횟수, 주문비용 등과 직접 연관**이 있다.

04. 정상개별원가계산은 실제개별원가계산의 문제점(원가계산 지연, 단위당 원가 변동)을 극복하고자 연초에 **연간예산과 연간예정조업도를 예측하여 예정배부액**을 구하여 제조간접원가를 배부하는 방법으로, 실제 발생원가로 계산하기 위하여 제조간접원가 배부절차가 필요하다.

05.

<table>
<tr><td colspan="4" align="center">재고자산(재공품 + 제품)</td></tr>
<tr><td>기초재고(재공품 + 제품)</td><td align="right">200,000 + 150,000</td><td>매출원가</td><td align="right">2,000,000</td></tr>
<tr><td>당기총제조원가</td><td align="right">2,050,000</td><td>기말재고(재공품 + 제품)</td><td align="right">300,000 + 100,000</td></tr>
<tr><td align="center">합　　계</td><td align="right">2,400,000</td><td align="center">합　　계</td><td align="right">2,400,000</td></tr>
</table>

가공원가 = 당기총제조원가(2,050,000) − 직접재료원가(300,000) = 1,750,000원

직접노무원가 = 가공원가(1,750,000) ÷ 5 = 350,000원

06. 직접배분법과 단계배분법, 상호배분법은 각각 보조부문 상호 간의 용역수수관계의 반영 정도에 차이가 있을 뿐 **배분 전후의 제조간접원가 총액은 모두 동일**하다.

07. 기본원가 : 직접재료원가 + 직접노무원가

가공원가 : 제조간접원가 + 직접노무원가

따라서 공통적으로 속하는 것은 직접노무원가(2,000)이다.

08. • 소형 승용자동차 생산라인에 투입되는 생산직원의 급여 : 직접노무원가

• 타이어 제조업체에서 매입한 대형 트럭용 타이어 : 직접재료원가

• 본사 직영 영업소에 배치된 판매관리직원의 급여 : 판매비와관리비

• 생산을 지원하는 구매부 또는 자재관리부 사무직원의 급여 : 제조간접원가(간접노무원가)

09. 매몰원가에 대한 설명으로서 매몰원가는 **이미 발생한 원가로서 의사결정자가 더 이상 통제할 수 없는 원가**로 의사결정에 영향을 미치지 아니하는 원가를 말한다.

10. 예정배부율 = 제조간접원가 예산(3,000) ÷ 예정 직접노무시간(300시간) = 10원/직접노무시간

제조간접원가 예정배부액 = 실제 직접노무시간(310시간) × 10원/직접노무시간 = 3,100원

예정배부액(3,100) − 실제 발생액(3,000) = 100원(초과배부액)

11. 제품제조(간접비)원가 증가액 = 공장 수선비(1,000,000) + 기계설비 감가상각비(2,000,000)

+ 공장 관리자 급여(3,000,000) = 6,000,000원

단위당 제품제조원가 증가액 = 제품제조원가 증가액(6,000,000) ÷ 제품생산량(20,000) = 300원/개

12.

<table>
<tr><td colspan="4" style="text-align:center">재공품</td></tr>
<tr><td>기초재고</td><td>450,000</td><td>당기제품제조원가</td><td>5,250,000</td></tr>
<tr><td>당기총제조원가</td><td>5,000,000</td><td>기말재고</td><td>200,000</td></tr>
<tr><td>계</td><td>5,450,000</td><td>계</td><td>5,450,000</td></tr>
</table>

직접재료원가 = 당기총제조원가(5,000,000) × 40% = 2,000,000원

가공원가 = 당기총제조원가(5,000,000) - 직접재료원가(2,000,000) = 3,000,000원

13. 기말재공품의 완성도 적용 오류(과소)이므로 평균법 또는 선입선출법 여부와 관계없이 동일한 결과를 나타낸다. **완성품 환산량은 과소계산**되며, 따라서 **완성품환산량 단위당 원가(원가÷완성품환산량)는 과대**, **완성품원가(완성품 환산량×단위당 원가)도 과대계상**된다.

14. ② 정상원가계산에서의 **직접재료원가와 직접노무원가는 실제원가를 사용**한다.

③ 완성품환산량 단위당 원가를 사용하는 것은 종합원가계산방법이다

④ 정상원가계산방법에서의 **직접재료원가도 실제 배부율을 사용**한다.

15. 결합원가 배분율(C) = C결합원가(60,000) ÷ 총결합원가(240,000) = 25%

C분리점에서의 판매가치 = 총판매가치(360,000) × 배분율(25%) = 90,000원

A의 분리점에서의 판매가치 = 총판매가치(360,000) - B(72,000) - C(90,000) = 198,000원

구분	A	B	C	합계
결합원가	( )	( )	60,000원 (① 25%)	240,000원
분리점에서의 판매가치	(③198,000)	72,000원	(② 90,000)	360,000원

16. 공손품은 정상적인 **생산과정에서 발생하는 불량품**으로서 재작업이 불가능하거나 비경제적이어서 폐기처분 등으로 처리하는 것이 유리한 품목을 말한다.

17. 정상공손은 제품생산을 위하여 불가피하게 발생하는 것으로 **합격물량(기말재공품과 완성품)의 원가에 포함**되어야 한다.

18. **재료원가와 가공원가는 공정 전반에 걸쳐 발생**

〈1단계〉 물량흐름파악(평균법)				〈2단계〉 완성품환산량 계산	
재공품				재료비	가공비
기초	0	완성품	60,000(100%)	60,000	60,000
당기착수	100,000	기말재공품	40,000(70%,20%)	28,000	8,000
계	100,000	계	100,000	88,000	68,000

재료원가 완성품환산량(28,000) + 가공원가 완성품환산량(8,000) = 36,000개

19. 기초재공품이 없으므로 평균법과 선입선출법은 동일하다.

재료원가 완성품환산량 단위당원가 = 171원 × 5/9 = 95원

가공원가 완성품환산량 단위당원가 = 171원 × 4/9 = 76원

〈1단계〉 물량흐름파악(평균법)		〈2단계〉 완성품환산량 계산	
재공품		재료비	가공비
완성품		*6,500*	6,500
기말재공품	2,500(40%)	2,500	1,000
계		9,000	7,500
〈3단계〉원가요약(당기투입원가)		855,000	570,000
		9,000	7,500
〈4단계〉 완성품환산량당단위원가		@95	@76

당기 재료원가 완성품 수량 = 당기 완성품환산량(9,000)위 - 기말재공품 완성품환산량(2,500)

= 6,500단위

20. 부산물 금액 = 부산물(40kg) × 판매가치(4,000) - 판매비용(10,0000 = 150,000원

21. 예정배부율 = 제조간접원가 예산(2,000,000) ÷ 기본원가 예산(8,000,000) = 0.25원/기본원가

제조간접원가 예정배부액 = 당기 실제 발생 기본원가 × 예정배부율(0.25) = 1,500,000원

기본원가 실제발생액 = 예정배부액(1,500,000) ÷ 제조간접원가 예정배부율(0.25) = 6,000,000원

22. 평균법 완성품환산량은 **기초재공품 완성품환산량과 선입선출법 완성품환산량을 합한 수량**이다.

23.

AQ	AP	SQ	SP
1,000시간	2,000원/시간	125개×10시간 =1,250시간	2,400원/시간

AQ × AP(Ⓐ)	AQ × SP(Ⓑ)	SQ × SP(ⓒ)
1,000시간 × **2,000원**	1,000시간 × **2,400원**	**125개** × 10시간 × 2,400원
= 2,000,000	= 2,400,000	= 3,000,000

임률차이(Ⓐ - Ⓑ) △400,000(유리) 능률차이(Ⓑ - ⓒ)△600,000(유리)

24. 실제원가와 유사한 경우에 표준원가로 재무제표를 표시할 수 있다.

25.

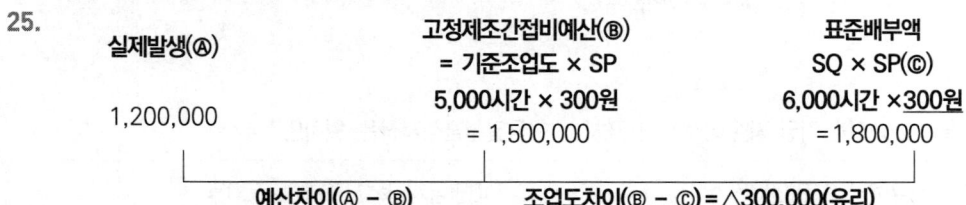

실제발생(Ⓐ)	고정제조간접비예산(Ⓑ) = 기준조업도 × SP **5,000시간 × 300원** = 1,500,000	표준배부액 SQ × SP(ⓒ) 6,000시간 × <u>300원</u> =1,800,000
1,200,000		

예산차이(Ⓐ - Ⓑ) 조업도차이(Ⓑ - ⓒ) = △300,000(유리)

제80회 기업회계 2급

합격율	시험년월
33%	2023.08

■■■ **1부 재무회계**

01. 다음 중 회계정보의 질적특성에 관한 설명으로 틀린 것은?

① 상장기업에 대하여 분기, 반기재무제표를 공시하도록 요구하는 것은 신뢰성을 강조하는 것이다.

② 목적적합한 정보는 적시성을 전제로 하며 의사결정시점에 필요한 정보가 제공되지 않으면 목적적합성을 상실하게 된다.

③ 차입거래로 보는 매출채권의 양도는 실질우선의 회계처리로 볼 수 있다.

④ 질적특성 간의 절충의 필요는 목적적합성과 신뢰성 간에 발생할 수 있으며 주요 질적특성의 구성요소 간에도 발생할 수 있다.

02. 다음 중 손익계산서의 작성원칙에 대한 설명으로 틀린 것은?

① 매출액은 기업의 주된 영업활동에서 발생한 제품, 상품, 용역 등의 총매출액에서 매출할인, 매출환입, 매출에누리 등을 차감한 금액이다.

② 매출액은 업종별이나 부문별로 구분하여 표시할 수 있으며, 반제품매출액, 부산물매출액, 작업폐물매출액, 수출액, 장기할부매출액 등이 중요한 경우에는 이를 구분하여 표시할 수 있다.

③ 판매비와관리비는 제품, 상품, 용역 등의 판매활동과 기업의 관리활동에서 발생하는 비용으로서 당해 비용을 표시하는 적절한 항목으로 구분하여 표시하여야 하며 일괄표시할 수 없다.

④ 영업외비용은 기업의 주된 영업활동이 아닌 활동으로부터 발생한 비용과 차손으로서 중단사업손익에 해당하지 않는 것으로 한다.

03. ㈜서울의 20x1년 기말 재무상태표에 표시될 현금및현금성자산은 얼마인가?

• 외화자유예금 280,000원	• 배당금지급통지표 300,000원
• 당좌개설보증금 400,000원	• 국세환급통지서 260,000원

① 580,000원   ② 840,000원   ③ 940,000원   ④ 1,240,000원

04. 다음 중 12월말 결산법인인 ㈜인천의 당기말 매출채권에 대한 대손충당금 설정 분개로 올바른 것은?

> • 01월 01일 : 대손충당금 잔액은 100,000원이다.
> • 02월 14일 : 50,000원의 매출채권이 대손 처리되었다.
> • 12월 31일 : 매출채권 잔액 8,000,000원의 1%가 대손될 것으로 예상되었다.

① (차) 대손상각비　　　　50,000원　　(대) 대손충당금　　　　50,000원
② (차) 대손충당금　　　　50,000원　　(대) 매출채권　　　　　50,000원
③ (차) 대손상각비　　　　30,000원　　(대) 대손충당금　　　　30,000원
④ (차) 대손충당금　　　　50,000원　　(대) 매출채권　　　　　80,000원
　　　 대손상각비　　　　30,000원

05. ㈜경기는 20x1년 1월 1일 액면금액 1,000,000원(표시이자율 10%, 만기 3년, 매년 말 이자 지급)인 사채를 951,963원에 취득하고 단기매매증권으로 분류하였다. 동 사채의 취득 당시 유효이자율은 12%이며, 20x1년 말 공정가치는 1,020,000원이다. 동 금융자산 관련 회계처리가 ㈜경기의 20x1년도 당기순이익에 미치는 영향은 얼마인가?

① 68,037원　　　　② 120,000원　　　　③ 140,000원　　　　④ 168,037원

06. 다음 중 재고자산에 대한 설명으로 틀린 것은?

① 재고자산 매입원가는 매입금액에 매입운임 등 취득과정에서 정상적으로 발생한 부대비용을 가산한 금액으로 한다.
② 재고자산은 취득원가로 평가하는 것이 원칙이다.
③ 매입자가 매입의사를 표시하기 전의 시송품은 구매자의 재고자산으로 처리해야 한다.
④ 재고자산의 시가가 취득원가보다 하락한 경우에는 저가법을 적용하여야 한다.

07. 20x1년 12월 31일 ㈜전주의 창고에 화재가 발생하여 보유한 상품 중 일부가 소실되었다. ㈜전주의 회계자료가 다음과 같은 경우 화재로 소실된 재고액은 얼마인가?

> • 기초재고액 : 700,000원　　　　　• 당기매출액 : 1,000,000원
> • 당기매입액 : 500,000원　　　　　• 매출총이익률 : 40%
> • 실제기말재고액 : 300,000원

① 100,000원　　　　② 200,000원　　　　③ 300,000원　　　　④ 400,000원

08. ㈜강릉은 20x1년 초 복구의무가 존재하는 석유정제설비를 취득(구입가액 : 100,000원)하였으며 해당 장치의 취득과 관련하여 운반비 및 설치비로 30,000원, 시운전비로 20,000원이 추가로 발생하였다. 복구가 예상되는 시점의 복구비용은 40,000원이며, 20x1년 초 복구비용의 현재가치는 15,000원으로 추정된다. 20x1년 초 ㈜강릉이 인식할 시설장치의 취득원가는 얼마인가?

① 115,000원   ② 130,000원   ③ 165,000원   ④ 190,000원

09. ㈜대전은 20x1년 초 상업용 토지와 건물을 5,000,000원에 일괄 취득하였다. 취득 당시 토지와 건물의 공정가치 비율은 4 : 1이다. ㈜대전은 위 부동산을 취득하는 과정에서 취득세로 200,000원을 납부하였다. ㈜대전이 20x1년도에 위 건물의 감가상각비로 104,000원을 계상하였다면 취득 당시 건물의 추정 내용연수는 얼마인가? 단, 감가상각방법으로 정액법을 적용하며, 내용연수 종료시점의 잔존가치는 없다.

① 5년   ② 8년   ③ 10년   ④ 12년

10. 다음 중 무형자산에 대한 설명으로 틀린 것은?

① 무형자산의 상각방법은 다양한 방법을 사용할 수 있지만, 합리적인 상각방법을 정할 수 없는 경우에는 정액법을 적용한다.

② 내부적으로 창출한 영업권은 무형자산으로 인식하지 않는다.

③ 무형자산은 자산에서 발생하는 미래경제적효익이 기업에 유입될 가능성이 매우 높고, 자산의 원가를 신뢰성있게 측정할 수 있을 때 인식한다.

④ 무형자산의 잔존가치는 상각대상금액의 5%로 측정한다.

11. 다음 중 재무상태표상 표시되는 분류가 다른 하나는?

① 재고자산   ② 투자자산   ③ 유형자산   ④ 무형자산

12. ㈜광주는 20x1년 한 해 동안 노후화된 본사 건물의 보수를 진행하였다. 건물의 미관 개선을 위한 도색비용 및 소모품 교체비용으로 각각 50,000원과 30,000원을 지출하였으며, 엘리베이터 설치를 위해 1,000,000원을 지출하였다. 상기 거래 중 20x1년 12월 31일 재무상태표에 자산으로 기록될 수 있는 지출의 총액은 얼마인가?

① 30,000원   ② 50,000원   ③ 1,000,000원   ④ 1,080,000원

13. ㈜인천은 여유자금이 부족하여 20x1년 1월 1일에 액면금액이 10,000,000원인 3년 만기의 사채를 발행하였다. 표시이자율은 10%이며, 이자는 매년 말에 지급한다. 20x1년 1월 1일 현재 시장이자율은 8%이다. 상기 사채의 발행과 관련한 설명으로 올바른 것은?

이자율	현가계수(1년)	현가계수(2년)	현가계수(3년)
8%	0.9259	0.8573	0.7938
10%	0.9091	0.8264	0.7513

① 사채의 발행금액은 9,999,800원으로 할인발행되었다.
② 사채의 발행금액은 10,000,000원으로 액면발행되었다.
③ 사채의 발행금액은 10,248,000원으로 할증발행되었다.
④ 사채의 발행금액은 10,515,000원으로 할증발행되었다.

14. 다음 중 일반기업회계기준상 충당부채, 우발부채, 우발자산에 대한 설명으로 틀린 것은?
① 화폐의 시간가치 영향이 중요한 경우에 충당부채는 의무를 이행하기 위하여 예상되는 지출액의 현재가치로 평가한다.
② 우발자산은 경제적 효익에 유입가능성이 높지 않은 경우 재무제표에 인식하지 아니한다.
③ 우발부채는 경제적 효익에 유출가능성이 희박한 경우에도 재무제표에 인식한다.
④ 충당부채를 발생시킨 사건과 밀접하게 관련된 자산의 처분차익이 예상되는 경우에 당해 처분차익은 충당부채금액을 측정하면서 고려하지 아니한다.

15. 다음은 ㈜중부의 20x1년도 재무보고를 위한 자료이다. ㈜중부의 20x1년 당기순이익은 얼마인가?

• 기초이익잉여금 : 50,000원	• 배당지급액 : 30,000원
• 영업이익 : 150,000원	• 이자수익 : 50,000원
• 기부금 : 50,000원	• 자기주식처분이익 : 20,000원
• 유형자산재평가이익 : 40,000원	• 법인세비용 : 30,000원

① 70,000원   ② 120,000원   ③ 150,000원   ④ 170,000원

16. 20x1년 1월 1일 ㈜부산은 제품을 판매하고 대금으로 만기가 20x1년 6월 30일인 액면 3,000,000원의 어음을 거래처로부터 수취하였다. 20x1년 6월 1일, ㈜부산은 동 어음을 은행에서 연 5% 이자율로 할인하였다. 동 어음이 무이자부어음인 경우, ㈜부산이 인식할 매출채권처분손익은 얼마인가? 단, 할인 계산 시 월할로 계산한다.

① 손실 10,000원   ② 손실 12,500원   ③ 이익 10,000원   ④ 이익 12,500원

17. 다음 ㈜대구의 도급공사 현황이다. 도급금액은 10,000,000원이며, 20x1년 1월 25일에 공사를 개시하여 20x2년 12월 31일에 완공하였다. ㈜대구가 20x2년에 인식할 공사이익은 얼마인가?

구 분	20x1년	20x2년	계
연도별 발생원가	3,000,000원	5,000,000원	8,000,000원
공사대금 수령액	4,000,000원	6,000,000원	10,000,000원

① 250,000원   ② 1,250,000원   ③ 1,750,000원   ④ 2,000,000원

18. 아래 자료는 ㈜전북의 20x1년 자본과 관련된 부분 재무상태표이다. 다음 중 제14기 기중 자기주식거래와 관련한 설명으로 올바른 것은?

구분	제14기 20x1년	제13기 20x0년
자본금(보통주 5,000주, @10,000원)	50,000,000원	50,000,000원
이익잉여금	24,420,000원	12,780,000원
자본조정	( )원	(−)800,000원
자기주식(보통주 80주, @10,000원)	( )원	800,000원
자본총계	74,420,000원	61,980,000원

① 20x1년 자기주식의 변동은 없었다.
② 20x1년 기중 보유 중인 자기주식을 모두 처분하였다.
③ 20x1년 기중 보유 중인 자기주식을 소각하였다.
④ 20x1년 자기주식 수가 증가하였다.

19. ㈜경북은 20x1년 4월 1일 영업활동에 사용할 목적으로 차량운반구(취득원가 1,000,000원, 잔존가치 50,000원, 내용연수 5년, 정률법 상각)를 취득하였다가 20x1년 말 762,500원에 처분하였다. ㈜경북의 차량운반구 관련 거래가 20x1년도 당기손익에 미치는 영향은 얼마인가? 단, 감가상각은 월할상각하며, 상각률은 45%로 가정한다.

① 300,000원 손실　　② 237,500원 손실　　③ 100,000원 이익　　④ 150,000원 이익

20. ㈜충남의 20x1년 말 자본변동표는 다음과 같다. ㈜충남의 20x1년 손익계산서에 표시된 당기순이익은 얼마인가?

구분	납입자본	이익잉여금	자기주식	재평가잉여금	총계
20x1년 01월 01일	200,000원	250,000원		100,000원	550,000원
유상증자	100,000원				100,000원
현금배당		(50,000원)			(50,000원)
자기주식 취득			(50,000원)		(50,000원)
총포괄손익		200,000원		100,000원	300,000원
20x1년 12월 31일	300,000원	400,000원	(50,000원)	200,000원	850,000원

① 100,000원　　② 200,000원　　③ 300,000원　　④ 400,000원

21. 재무상태표에 표시되는 다음의 계정과목 중 관련 계정에서 차감하는 형식으로 표시되는 것으로만 짝지어진 것은?

가. 사채할인발행차금	나. 대손충당금
다. 자산취득에 사용될 국고보조금	라. 감가상각누계액

① 가, 나, 다　　② 가, 다, 라　　③ 나, 다, 라　　④ 가, 나, 다, 라

22. ㈜전남의 20x1년 재무상태표상 기초 선급보험료는 1,000,000원, 기말 선급보험료는 1,500,000원이 계상되어 있다. ㈜전남의 20x1년 포괄손익계산서상 보험료가 2,000,000원 계상되어 있는 경우, ㈜전남의 20x1년 보험료 지급액은 얼마인가?

① 1,000,000원　　② 1,500,000원　　③ 2,000,000원　　④ 2,500,000원

23. ㈜충북은 20x1년 회사를 설립하면서 신주(액면가액 10,000원, 1,000주)를 액면발행하고, 신주발행비로 100,000원을 지출하였다. 다음 중 회사 설립과 관련한 설명으로 틀린 것은?

① 자본금은 10,000,000원이다.

② 자본총액은 10,000,000원이다.

③ 당기 비용에는 영향을 미치지 않는다.

④ 자본잉여금으로 표시되는 금액은 없다.

24. 다음 중 수정을 요하는 보고기간후사건의 예로 틀린 것은?

① 보고기간말 이전에 존재했던 소송사건의 결과가 보고기간 후에 확정되는 경우

② 전기에 발생한 회계적 오류를 보고기간 후에 발견하는 경우

③ 보고기간말 현재 지급해야 할 의무가 있는 직원에 대한 성과상여금이 보고기간 후에 확정되는 경우

④ 보유 주식의 시장가격이 보고기간말과 재무제표가 사실상 확정된 날 사이 하락하는 경우

25. [중소기업회계기준] 다음 중 중소기업회계기준에 따른 회계정책 및 회계추정의 변경과 오류수정에 관한 설명으로 틀린 것은?

① 회계정책의 변경효과는 일반기업회계기준과 달리 전진법으로 처리한다.

② 당기에 발견한 전기 또는 그 이전 회계연도의 오류는 중대한 오류 여부와 상관없이 당기에 영업외손익으로 처리한다.

③ 유형자산의 감가상각방법 변경은 일반기업회계기준과 동일하게 회계추정의 변경으로 분류한다.

④ 중소기업회계기준에서 변경을 요구하는 경우 회계정책을 변경할 수 있다.

▨▨▨▨▨▨▨ **2부 원가회계**

01. 다음 중 원가에 관한 설명으로 올바른 것은?

> 가. 기회원가는 과거에 이미 발생하여 현재 혹은 미래의 의사결정에 의하여 회피할 수 없는 원가이다.
>
> 나. 매몰원가는 의사결정과정에서 특정 대안을 선택함으로써 포기된 이익이나 효익을 말한다.
>
> 다. 의사결정 상황에서 하나의 대안을 선택한 결과로 제거될 수 있는 원가를 결합원가라 한다.
>
> 라. 관련원가는 대체안 간에 차이가 있는 미래원가로서 의사결정 시 고려되어야 한다.

① 가, 나, 다   ② 가, 다, 라   ③ 나, 다   ④ 라

02. 다음은 20x1년에 사업을 개시한 ㈜경남의 원가 관련 자료이다. 20x1년의 당기 매출원가는 얼마인가?

• 기본원가	150,000원
• 당기총제조원가	400,000원
• 기말재공품재고	70,000원
• 기말제품재고	10,000원

① 250,000원   ② 320,000원   ③ 330,000원   ④ 400,000원

03. 다음 중 원가와 제품 간의 추적가능성에 따른 원가 분류는 무엇인가?

① 통제가능원가와 통제불능원가   ② 재료원가와 노무원가

③ 변동원가와 고정원가   ④ 직접원가와 간접원가

04. ㈜전북은 정상개별원가계산을 채택하고 있으며, 제조간접원가 배부차이를 총원가비례배분법에 의하여 기말재고자산과 매출원가에 배부한다. 당기의 제조간접원가 부족배부액은 150,000원이며, 다음은 당기 말 현재 제조간접원가 배부차이를 조정하기 전의 각 계정 잔액의 일부 내역이다. 배부차이 조정 후 기말 재고자산금액은 얼마인가?

원재료	재공품	제품	매출원가
80,000원	90,000원	230,000원	680,000원

① 368,000원   ② 413,500원   ③ 434,500원   ④ 448,000원

05. ㈜경남의 회계팀 담당자는 영업직 사원 3명의 급여를 모두 생산직 사원의 급여로 오해하여 회계처리를 하였다. 이로 인해 나타날 오류에 대한 설명으로 틀린 것은?

① 당기총제조원가가 과대계상된다.

② 제품 단위당 원가가 과대계상된다.

③ 판매관리비가 과소계상된다.

④ 기말재공품원가가 과소계상된다.

06. 다음 자료를 이용하여 당기제품제조원가를 구하면 얼마인가?

• 기초재공품 50,000원	• 직접재료원가 40,000원
• 기말재공품 30,000원	• 직접노무원가 50,000원
• 제조간접원가 배부액은 직접노무원가 발생액의 120%이다.	

① 100,000원　　② 130,000원　　③ 150,000원　　④ 170,000원

07. 하나의 생산과정에서 여러 가지의 제품이 생산되었을 때 제품의 연산품 또는 부산물 여부를 결정하는 요인으로 옳은 것은?

① 각 제품 생산에 소요되는 작업의 양

② 분리시점 이후의 추가가공원가 발생 여부

③ 각 제품의 판매가능성

④ 분리점에서의 상대적 판매가치

08. ㈜강원은 직접노무시간을 기준으로 제조간접원가를 배부하는데 예정배부율을 산정하기 위한 직접노무시간은 5,000시간이다. 12월의 제조간접원가 실제 발생액은 918,000원이고, 실제 발생 직접노무시간은 5,400시간이다. 12월의 제조간접원가 배부차이가 32,400원 초과배부일 때, 제조간접원가 예산 총액은 얼마인가?

① 820,000원　　② 840,000원　　③ 860,000원　　④ 880,000원

09. 다음은 보조부문 원가 배분에 관한 설명이다. 괄호 안에 각각 들어갈 용어로 옳게 짝지어진 것은?

> 제조간접원가를 원가행태에 따라 구분하지 않고 하나의 배분기준을 적용하여 배분하는 방법을
> (㉠)이라 하고, 변동원가와 고정원가로 구분하여 복수의 배분기준을 사용하는 방법을
> (㉡)이라 한다.

	㉠	㉡
①	직접배분법	상호배분법
②	단일배분율법	상호배분법
③	단계배분법	이중배분율법
④	단일배분율법	이중배분율법

10. ㈜포항은 예정개별원가제도를 채택하고 있으며, 제조간접원가는 기계시간을 기준으로 배부한다. 20x1 년 초 연간 기계시간은 500시간을 가동하고, 총제조간접원가는 500,000원이 발생할 것으로 예상하였다. 20x1년 말 제조간접원가 배부액은 450,000원이었고, 실제 제조간접원가 발생액은 430,000원이었다. 20x1년에 가동된 실제 기계시간은 얼마인가?

① 400시간 　　　 ② 450시간 　　　 ③ 500시간 　　　 ④ 550시간

11. ㈜여수는 재료를 투입하여 주산품 A와 B, 부산물 C를 생산하고 있다. 각 제품은 분리점 이후에 추가 가공된 후에 판매된다. 분리점 이전의 결합원가는 1,300,000원이며, 순실현가치법에 의하여 배부한다. 20x1년 중의 생산 및 판매 관련 자료는 다음과 같다. 부산물을 생산시점에서 인식한다고 가정할 때, 다음 설명 중 틀린 것은? 단, 기초재고는 없다.

제품	생산량	판매량	추가가공원가	kg당 판매단가
A	300kg	300kg	200,000원	4,000원
B	600kg	600kg	300,000원	3,000원
C	100kg	100kg	–	1,000원

① 제품 A의 총제조원가는 480,000원이다.
② 제품 B의 총제조원가는 1,020,000원이다.
③ 회사 전체의 매출총이익은 1,300,000원이다.
④ 부산물에 대한 결합원가 배부액은 100,000원이다.

12. ㈜세종은 정상개별원가계산을 적용하고 있다. 당기 중에 착수한 작업 중 #101은 완료되었으며, #102는 미완료 상태이다. 당기에 발생한 작업별 원가는 다음과 같다. ㈜세종은 제조간접원가를 실제직접원가의 50%로 예정배부하고 있다. 당기 중에 발생한 실제 제조간접원가는 30,000원이다. 제조간접원가 배부 차이를 총원가비례배분법에 의해 회계처리할 경우의 분개로 옳은 것은?

구분	#101	#102	합계
직접재료원가	20,000원	30,000원	50,000원
직접노무원가	20,000원	10,000원	30,000원

① (차) 재공품　　　　　　7,500원　(대) 제조간접원가배부차이　15,000원
　　　　제품　　　　　　　7,500원

② (차) 제품간접원가배부차이　15,000원　(대) 재공품　　　　　　　7,500원
　　　　　　　　　　　　　　　　　　　　　　제품　　　　　　　7,500원

③ (차) 재공품　　　　　　5,000원　(대) 제조간접원가배부차이　10,000원
　　　　제품　　　　　　　5,000원

④ (차) 제조간접원가배부차이　10,000원　(대) 재공품　　　　　　　5,000원
　　　　　　　　　　　　　　　　　　　　　　제품　　　　　　　5,000원

13. 다음 중 완성품환산량 계산에 대한 설명으로 틀린 것은?
① 선입선출법 적용 시 기초재공품의 완성도는 반드시 필요하다.
② 평균법을 적용하는 경우 기초재공품에 대한 완성품환산량은 계산하지 않는다.
③ 재료가 제조 착수 시점에서 전량 투입되는 경우, 재료원가에 대한 기말재공품의 완성품환산량 계산 시 완성도는 100%이다.
④ 평균법은 선입선출법에 비해 원가계산이 더 복잡하지만, 정확성은 더 높다.

14. 다음 중 제품원가가 손익계산서에 비용으로 계상되는 시점은 언제인가?
① 제품이 판매된 때　　　　　　　　② 제품이 창고에 보관하게 된 때
③ 제품 생산이 완료된 때　　　　　　④ 제품 생산을 위해 재료가 사용된 때

15. 다음 중 종합원가계산에 대한 설명으로 틀린 것은?

① 책임회계 및 통제가 용이하다.

② 작업 또는 제품별로 손익 비교가 어렵다.

③ 재공품 또는 제품재고액의 평가는 단위당 원가에 완성품환산량을 곱하여 계산한다.

④ 기말재공품원가가 기초재공품원가에 비해 더 크다면 당기발생제조원가가 당기제품제조원가보다 더 작다.

16. ㈜나주는 종합원가계산을 적용한다. 직접재료는 공정 초기에 전량 투입되며, 가공원가는 공정 전반에 걸쳐 균등하게 발생한다. 20x1년 12월의 생산자료는 다음과 같다. 생산공정에서 발생하는 공손품의 검사는 공정의 50% 시점에서 이루어지며 검사를 통과한 합격품의 10%를 정상공손으로 허용한다고 할 때 비정상공손품의 수량은 몇 개인가?

• 기초재공품 1,000개(완성도 70%)	• 당기완성품 6,000개
• 당기착수량 8,000개	• 기말재공품 2,000개(완성도 60%)

① 200개　　　　② 300개　　　　③ 400개　　　　④ 500개

17. 다음 중 공통원가 배부기준에 대한 설명으로 틀린 것은?

① 인과관계기준은 원가배부 대상과의 인과관계를 분석하여 그 인과관계에 대응되도록 원가를 배분하는 것이다.

② 수혜기준이란 원가 투입 정도에 비례하여 원가를 배분하는 것이다.

③ 공정성기준은 공정하고 공평하게 원가를 배분하는 것이다.

④ 부담능력기준은 원가 부담 능력에 비례하여 원가를 배분하는 것이다.

18. 보조부문원가의 배분방법 중 보조부문 간 용역수수를 전부 고려하는 가장 정확한 방법으로 보조부문원가를 제조부문 뿐만 아니라 보조부문에도 배분하는 방법은 무엇인가?

① 직접배분법　　　② 간접배분법　　　③ 단계배분법　　　④ 상호배분법

19. 다음의 자료에서 설명하고 있는 결합원가 배분 방법은 무엇인가?

> • 결합제품으로 생산한 석유와 천연가스는 동일한 측정치를 이용하여 계산할 수 없기 때문에 이 방법을 이용할 수 없다.
> • 이 방법을 사용하면 개별 제품에 대한 수익성을 왜곡시킬 가능성이 크다.

① 상대적 판매가치법　② 순실현가치법　③ 균등매출총이익률법 ④ 물량기준법

20. ㈜남원은 종합원가계산제도를 채택하고 있으며, 직접재료는 공정 초기 투입되고 가공원가는 전공정을 통하여 균등하게 발생한다. 평균법에 의할 경우, 기말재공품원가는 얼마인가?

> • 기초재공품원가 : 재료원가 14,000원　• 당기발생원가 : 재료원가 186,000원
> 　가공원가 64,000원　　　　　　　　　　가공원가 224,000원
> • 기초재공품 : 3,000개(완성도 70%)　• 당기완성량 : 18,000개
> • 당기착수량 : 17,000개　　　　　　　• 기말재공품 : 2,000개(완성도 60%)

① 20,000원　　　② 38,000원　　　③ 51,000원　　　④ 78,000원

21. 다음 중 제품원가에서 기본원가와 가공원가가 동일한 금액일 때, 이에 대한 설명으로 올바른 것은?
① 직접재료원가는 제조간접원가보다 크다.
② 직접재료원가는 직접노무원가보다 작다.
③ 직접재료원가와 제조간접원가는 같다.
④ 직접노무원가는 제조간접원가보다 크다.

22. 다음은 ㈜경기의 연산품과 관련된 자료이다. 전체 연산품에 대한 결합원가 총액이 10,000,000원이라고 할 때 물량기준법에 의하여 연산품 B에 배부될 결합원가는 얼마인가?

연산품	수 량	총판매가치
A	100개	2,000,000원
B	300개	5,000,000원
C	200개	7,000,000원
합 계	600개	14,000,000원

① 5,000,000원　　② 6,000,000원　　③ 7,000,000원　　④ 8,000,000원

23. ㈜성남은 직접노동시간을 기준으로 제조간접원가를 예정배부한다. 당기의 제조간접원가 예산액은 10,000,000원, 당기 제조간접원가 실제 발생액은 9,000,000원, 연간 예상 직접노동시간은 10,000시간, 실제 직접노동시간은 8,000시간일 때, 제조간접원가의 초과(부족)배부액은 얼마인가?

① 1,000,000원 초과배부   ② 1,000,000원 부족배부

③ 2,000,000원 초과배부   ④ 2,000,000원 부족배부

24. 다음 중 공손에 대한 설명으로 틀린 것은?

① 공손은 정상공손 또는 비정상공손으로 분류된다.

② 공정별원가계산에서 정상공손원가는 관련된 정상제품의 원가에 가산된다.

③ 종합원가계산에서 정상공손원가는 완성품 또는 재공품에 배부한다.

④ 개별원가계산에서 비정상공손원가는 재고가능원가로 간주된다.

25. 다음 중 개별원가계산에 대한 설명으로 틀린 것은?

① 개별원가계산에서 작업별 원가를 계산할 때 작업원가표를 작성하면 편리하다.

② 개별원가계산에서는 종합원가계산보다 쉽게 원가계산이 가능하다.

③ 개별원가계산은 조선업, 항공기제조업 등과 같이 주로 제조업 분야에서 활용되는 원가계산방식이다.

④ 개별원가계산은 개별작업별로 원가를 집계하는 원가시스템을 말한다.

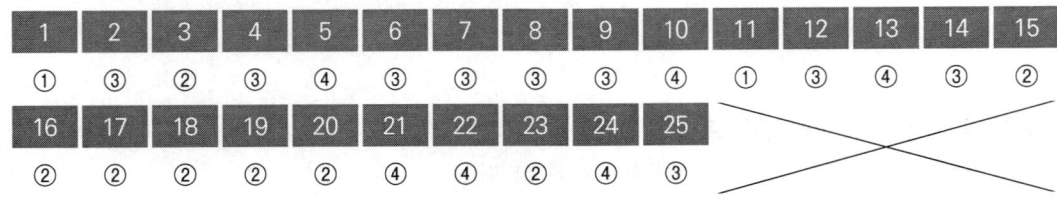

제80회 기업회계2급 답안 및 해설

1부 재무회계

1	2	3	4	5	6	7	8	9	10	11	12	13	14	15
①	③	②	③	④	③	③	③	③	④	①	③	④	③	②

16	17	18	19	20	21	22	23	24	25
②	②	②	②	②	④	④	②	④	③

01. 분기, 반기재무제표는 적시에 재무정보가 제공되는 것(적시성)을 목적으로 하기 때문에 **목적적합성**과 관련된다.

02. 판매비와관리비는 당해 비용을 표시하는 **적절한 항목으로 구분하여 표시하거나 일괄표시할 수 있다.** 일괄표시하는 경우에는 적절한 항목으로 구분하여 이를 주석으로 기재한다.

03. 현금및현금성자산 = 외화자유예금(280,000) + 배당금지급통지표(300,000)
　　　　　　　　　　　+ 국세환급통지서(260,000) = 840,000원

04.

대손충당금

대손	50,000	기초	100,000
기말(매출채권의 1%)	80,000	*대손상각비(설정?)*	*30,000*
계	130,000	계	130,000

05. 이자수익(투자자) = 액면금액(1,000,000) × 표시이자율(10%) = 100,000원

　　☞ 보유기간에 해당하는 금액을 이자 등의 명목으로 수령하는 경우에 이자수익으로 인식한다.(즉 할인 또는 할증취득한 경우에도 그 차금을 상각하지 않는다.)

　　단기매매증권평가손익 = 기말 공정가치(1,020,000) - 취득가액(951,963) = 68,037원(이익)

　　당기손익 = 이자수익(100,000) + 단기매매증권평가이익(68,037) = 168,037원(이익)

06. 매입자가 **매입의사를 표시하기 전의 시송품은 판매자의 재고자산**으로 처리해야 한다.

07. 매출원가 = 매출액(1,000,000) × [1 - 40%(매출총이익률)] = 600,000원

재고자산

기초	700,000	매출원가	600,000
매입액	500,000	기말	600,000
계	1,200,000	계	1,200,000

소실된 재고 = 장부상 기말재고(600,000) - 실제기말재고(300,000) = 300,000원

08. 취득원가 = 구입가격(100,000) + 운반비 및 설치비(30,000) + 시운전비(20,000)

+ 예상복구비용의 현재가치(15,000) = 165,000원

☞ 복구의무가 존재하는 유형자산을 취득하는 경우 **복구비용의 현재가치는 유형자산의 취득원가**에 가산한다.

09. 토지 취득원가 = 일괄취득가액(5,200,000) = 4,160,000원

건물 취득원가 = 일괄취득가액(5,200,000) × 1/5(공정가액 비율) = 1,040,000원

건물내용연수 = 건물 취득원가(1,040,000) ÷ 당기 감가상각비(104,000) = 10년

10. 무형자산의 잔존가치는 없는 것을 원칙으로 한다.

11. 재고자산은 유동자산으로 분류하고, 나머지는 비유동자산으로 분류한다.

12. 도색비용 및 소모품 교체비용은 해당 유형자산의 성능 유지를 위한 것으로써 수익적지출에 해당한다.
엘리베이터 설비를 위한 지출은 해당 유형자산의 성능 개선을 위한 것으로 **자본적지출**에 해당한다.

13. 사채 발행가액 = 이자지급액의 현재가치(1,000,000원 × 2.577)

+ 원금의 현재가치(10,000,000원 × 0.7938) = 10,515,000원(할증발행)

14. 우발부채는 경제적 효익에 유출가능성이 희박한 경우에도 **재무제표에 인식하지 아니한다.**

15. 당기순이익 = 영업이익(150,000) + 이자수익(50,000) − 기부금(50,000)

− 법인세비용(30,000) = 120,000원

16. 매출채권처분손실 = 액면금액(3,000,000) × 할인율(5%) × 1개월/12개월 = 12,500원(손실)

17.

	20x1년	20x2년
누적공사원가(A)	3,000,0000	8,000,0000
총추정공사원가(B)	8,000,0000	8,000,0000
누적진행률(A/B)	37.5%	100%
총공사계약금액	10,000,000	
당기계약수익(C)	3,750,000	6,250,000
당기계약원가(D)	3,000,000	5,000,000
당기계약이익(C − D)	*750,000*	**1,250,000**

18. 20x1년 자본금은 변동이 없고, 자본조정(자기주식) 금액은 0원으로 변동되었으므로 **20x0년도 자본조정에 있던 자기주식을 처분**하였다.

19. 20x1년 감가상각비(정률법) = 취득가액(1,000,000) × 45% × 9/12(월할상각) = 337,500원

20x1년 말 차량운반구 장부가액 = 취득가액(1,000,000) − 감가상각누계액(337,500) = 662,500원

20x1년 유형자산처분이익 = 처분가액(762,500) − 장부가액(662,500) = 100,000원

당기손익 = 유형자산처분이익(100,000) − 감가상각비(337,500) = △237,500원(손실)

20. 이익잉여금 증감 = 기초(250,000) − 현금배당(50,000) + 총괄손익(200,000) = 200,000원(당기순이익)

☞ 당기순이익은 이익잉여금 계정으로 대체되는 금액이므로 **총포괄손익 중 이익잉여금 증가분에 해당**한다.

21. 사채할인발행차금, 대손충당금, 감가상각누계액은 각각 사채, 매출채권, 유형자산에서 차감하는 형식으로 표시한다. 자산취득에 사용될 **국고보조금** 역시 관련 자산을 취득하는 시점에서 관련 자산의 **취득원가에서 차감하는 형식**으로 표시한다.

22.

선급보험료(비용)			
기초	1,000,000	보험료	2,000,000
지급	*2,500,000*	기말	1,500,000
계	3,500,000	계	3,500,000

23. 설립 시 **신주발행비는 주식할인발행차금**으로 인식하며, 자본의 차감계정이다.
- 회계처리 : (차) 현금및현금성자산　　9,900,000 원　(대) 자본금　　　　10,000,000 원
　　　　　　　　주식할인발행차금　　　100,000 원

24. 유가증권의 시장가격이 보고기간말과 재무제표가 사실상 확정된 날 사이에 하락한 것은 수정을 요하지 않는 보고기간후사건의 예이다. 이 경우 **시장가격의 하락은 보고기간말 현재의 상황과 관련된 것이 아니라 보고기간말 후에 발생한 상황이 반영된 것**이다. 따라서 그 유가증권에 대해서 재무제표에 인식한 금액을 수정하지 아니한다.

25. 회계정책의 변경'이란 재무제표의 작성에 적용하던 회계정책을 다른 회계정책으로 바꾸는 것을 말한다. 이 경우 회계정책의 변경에는 재고자산의 단위원가결정방법 변경과 **유형자산의 감가상각방법 변경(중소기업) 등**이 포함된다.

2부 원가회계

1	2	3	4	5	6	7	8	9	10	11	12	13	14	15
④	②	④	④	④	④	④	④	④	②	①	④	④	①	④

16	17	18	19	20	21	22	23	24	25					
②	②	④	④	②	③	①	②	④	②					

01. 매몰원가는 **과거에 이미 발생**하여 현재 혹은 미래의 의사결정에 의하여 회피할 수 없는 원가이다.
기회원가는 의사결정과정에서 **특정 대안을 선택함으로써 포기된 이익이나 효익**을 말한다.
회피가능원가는 **의사결정 상황에서 하나의 대안을 선택한 결과 제거될 수 있는 원가**를 말한다.

02. **당기에 사업을 개시하였으므로 기초재고(재공품, 제품)는 존재하지 않는다.**

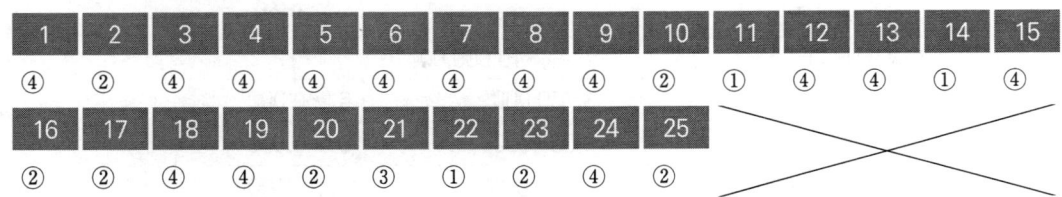

재공품+제품			
기초	0	매출원가	320,000
당기총제조원가	400,000	기말	70,000+10,000
계	400,000	계	400,000

03. 제품과의 **추적가능성에 따른 분류는 직접원가와 간접원가**이다.

04. 총원가비례배분법에 따른 제조간접비 배부 :

구분	재공품	제품	매출원가	합계
조정 전 금액	90,000원	230,000원	680,000원	1,000,000원
비율	9%	23%	68%	100%
배부차이조정	13,500원	34,500원	102,000원	150,000원
조정 후 금액	**103,500원**	**264,500원**	782,000원	1,150,000원

기말재고자산금액 = 원재료(80,000) + 재공품(103,500) + 제품(264,500) = 448,000원

05. 판매관리비를 제조원가로 회계처리한 경우이므로 판매관리비는 과소계상되고, **당기총제조원가, 제품 단위당 원가, 기말재공품원가는 과대계상**된다.

06. 제조간접원가 = 직접노무원가(50,000) × 120% = 60,000원

당기총제조원가 = 직접재료원가(40,000) + 직접노무원가(50,000) + 제조간접원가(60,000)

　　　　　= 150,000원

재공품

기초재고	50,000	*당기제품제조원가*	*170,000*
당기총제조원가	150,000	기말재고	30,000
계	200,000	계	200,000

07. 부산물은 주산품의 생산과정에서 발생하는 것으로서 회사의 다른 제품과 비교하여 **판매가치가 상대적으로 작을 경우에 부산물로 분류**된다

08. 예정배부율 = 제조간접원가 예정배부액(950,400) ÷ 실제 직접노무시간(5,400) = 176원

제조간접원가 예정배부액 = 실제 제조간접원가(918,000) + 초과배부액(32,400) = 950,400원

예산액 = 예산직접노무시간(5,000) × 제조간접원가 예정배부율(176) = 880,000원

09. 제조간접원가를 원가행태에 따라 구분하지 않고 **하나의 배분기준을 적용하여 배분하는 방법을 단일배분율법**이라 하고, **변동원가와 고정원가로 구분하여 복수의 배분기준을 사용하는 방법**을 이중배분율법이라 한다.

10. 제조간접원가 예정배부율 = 예산제조간접원가(500,000) ÷ 예산기계시간(500) = 1,000원/기계시간

제조간접원가 예정배부액 = 예정배부율 1,000원 × 실제 기계시간 = 450,000원

∴ 실제조업도(기계시간) = 예정배부액(450,000) ÷ 예정배부율(1,000) = 450시간

11. 부산물(c)의 순실현가치 = 판매량(100) × 순실현가치(1,000) = 100,000원④

결합원가배분액 = 결합원가(1,300,000) – 부산물의 순실현가치(100,000) = 1,200,000원

제품	생산판매량	추가가공원가	kg당 판매단가	순실현가치	배부액
A	300kg	200,000	4,000	1,000,000(40%)	**480,000**
B	600kg	300,000	3,000	1,500,000(60%)	**720,000**
				2,500,000	1,200,000

제품	매출액	추가가공원가	결합원가배분액	제조원가	매출총이익
A	1,200,000	200,000	480,000	**680,000①**	520,000
B	1,800,000	300,000	720,000	**1,020,000②**	780,000
계	3,000,000	500,000	1,200,000	1,700,000	**300,000③**

12. 제조간접원가 예정배부액 = (직접재료원가 + 직접노무원가) × 50%

제품	#101	#102	계
직접재료원가	20,000	30,000	50,000
직접노무원가	20,000	10,000	30,000
제조간접원가 (직접원가의 50%)	20,000	20,000	40,000
총원가	60,000	60,000	120,000
배부차이 조정	**△5,000**	**△5,000**	**△10,000**

제조간접원가 배부차이 = 예정배부액(40,000) – 실제 발생액(30,000) = 10,000원(과다배부)

13. <u>선입선출법은 평균법에 비해 원가계산이 더 복잡하지만, 정확성은 더 높다.</u>

14. 제품원가는 제품이 판매된 때 손익계산서에 비용으로 계상된다.

15. 기말재공품원가가 기초재공품원가에 비해 더 크다면 당기발생제조원가가 당기제품제조원가보다 더 크다.

재공품

기초재공품원가	10	당기제품제조원가	80
당기발생제조원가	90	기말재공품원가	20

16. 검사시점이 50%이므로 당기투입완성품과 기말재공품(60%)만 검사시점을 통과하여 합격품이 되었다.

합격품 수량 = 당기완성품(6,000) – 기초재공품(1,000) + 기말재공품(2,000) = 7,000개

정상공손품 수량 = 합격품(7,000) × 10% = 700개

재공품

기초재공품(70%)	1,000개	완성품		6,000개
		공손품(1,000개)	정상공손	700개
			비정상공손	*300개*
당기투입	8,000개	기말재공품(60%)		2,000개
계	9,000개	계		9,000개

17. 수혜기준이란 **효익을 제공받은 정도에 비례하여 원가를 배분**하는 것이다.

18. 상호배분법은 **보조부문 상호간의 용역수수를 전부 고려하는 가장 정확한 원가 배분 방식**이다.

19. 결합제품이 액체, 고체 등 서로 다른 **물리적 형태로 존재할 경우 물량기준법을 사용할 수 없다.**

20.

〈1단계〉 물량흐름파악(평균법)		〈2단계〉 완성품환산량 계산	
재공품		재료비	가공비
완성품	18,000(100%)	18,000	18,000
기말재공품	2,000(60%)	2,000	1,200
계	20,000	20,000	19,200
〈3단계〉원가요약(기초재공품원가+당기투입원가)		14,000 + 186,000	64,000 + 224,000
		20,000	19,200
〈4단계〉 완성품환산량당단위원가		@10	@15

〈5단계〉 **완성품원가와 기말재공품원가계산**

　－기말재공품원가 ＝ 2,000개 × @10 ＋1,200개 × @15 ＝ 38,000원

21. 기본원가 ＝ 직접재료비 ＋ 직접노무비　　가공원가 ＝ 직접노무비 ＋ 제조간접비

직접재료비 ＋ 직접노무비 ＝ 직접노무비 ＋ 제조간접비　∴ 직접재료비 ＝ 제조간접비

22. 연산품B에 배부될 결합원가 ＝ 결합원가(10,000,000)×300개/600개 ＝ 5,000,000원

23. 제조간접원가 예정배부율 ＝ 예산(10,000,000)/예상 직접노동시간(10,000) ＝ 1,000원/직접노동시간

예정배부액(8,000,000) － 실제 발생액(9,000,000) ＝ △1,000,000원(부족배부)

24. 개별원가계산에서 비정상공손원가는 재고가능원가로 간주되지 않는다.

25. 개별원가계산에서는 **종합원가계산보다 복잡하고 많은 노력을 필요**로 한다.

제74회 기업회계 2급

합격율	시험년월
21%	2022.08

1부 재무회계

01. 다음 중 재무회계의 개념체계에 관한 설명으로 틀린 것은?

① 재무회계개념체계가 특정 일반기업회계기준과 상충되는 경우 일반기업회계기준은 재무회계개념
체계에 우선한다.

② 재무제표의 작성자가 회계기준을 해석·적용하여 재무제표를 작성·공시하거나, 특정한 거래나
사건에 대한 회계기준이 미비된 경우에 적용할 수 있는 일관된 지침을 제공한다.

③ 진행 중인 손해배상소송의 결과를 확실히 예측할 수 없는 상황에서 손해배상청구액을 인식하는
것은 재무정보의 목적적합성과 신뢰성을 저해한다.

④ 외부감사인이 감사의견을 표명하기 위하여 회계기준 적용의 적정성을 판단하거나, 특정한 거래
나 사건에 대한 회계기준이 미비된 경우 회계처리의 적정성을 판단함에 있어서 의견형성의 기초
가 되는 일관된 지침을 제공한다.

02. 다음 중 자본을 증가시키는 거래에 해당하는 것은?

① 차량운반구를 장부금액보다 낮은 금액으로 처분하였다.

② 무상감자를 하였다.

③ 상품을 판매하여 수익을 인식하였다.

④ 비품을 외상으로 구입하였다.

03. 다음의 자료에서 설명하는 회계정보의 질적특성은 무엇인가?

> 어떤 기업실체의 투자자가 특정 회계연도의 재무제표가 발표되기 전에 당해 연도와 그 다음 연도의
> 이익을 예측하였으나 재무제표가 발표된 결과 당해 연도의 이익이 자신의 이익 예측치를 초과하는
> 경우, 투자자는 그 다음 연도의 이익 예측치를 상향 조정하게 된다. 이 예에서 당해 연도의 보고이
> 익은 어떤 회계정보의 질적특성을 가지고 있는 정보로 볼 수 있다.

① 검증가능성   ② 중립성   ③ 신뢰성   ④ 피드백가치

04. 다음은 ㈜명인의 자산내역이다. 20x0년 기말 재무상태표에 표시할 현금및현금성자산의 총액은 얼마인가?

• 보통예금 : 100,000원	• 우편환증서 : 30,000원
• 지점전도금 : 50,000원	• 타인발행 부도수표 : 30,000원
• 당좌차월 : 40,000원	• 국세환급통지서 : 20,000원
• 당좌개설보증금 : 10,000원	• 양도성예금증서(최초취득일로부터 120일 만기) : 20,000원

① 1,500,000원　　　　② 200,000원　　　　③ 220,000원　　　　④ 240,000원

05. ㈜에디슨의 20x1년 기초매출채권은 3,500,000원, 기중 매출채권 회수액은 13,500,000원이다. 매출원가는 12,000,000원, 매출원가율은 80%이며, 매출은 전부 외상매출이다. 기중 회수불능 매출채권 대손처리액이 1,000,000원일 때 기말매출채권은 얼마인가?

① 3,000,000원　　　　② 3,500,000원　　　　③ 4,000,000원　　　　④ 4,500,000원

06. ㈜케비는 단기매매를 목적으로 ㈜윌리의 주식을 매수하였다. 20x1년의 거래내역이 다음과 같은 때 아래의 주식거래가 ㈜케비의 20x1년 당기손익에 미치는 영향은 얼마인가?

• 04월 13일 : ㈜윌리의 주식 1,000주를 주당 10,000원에 취득하고, 중개수수료 200,000원을 지급하였다.
• 09월 30일 : ㈜윌리의 주식 500주를 5,200,000원에 매각했다.
• 12월 31일 : ㈜케비가 보유하고 있는 ㈜윌리의 주식의 시가는 주당 11,000원이다.

① 400,000원　　　　② 500,000원　　　　③ 600,000원　　　　④ 700,000원

07. 다음 중 유가증권의 재분류에 대한 설명으로 틀린 것은?
① 단기매매증권이 시장성을 상실한 경우에는 매도가능증권으로 분류하여야 한다.
② 만기보유증권에 대한 보유의도와 보유능력에 변화가 생기면 매도가능증권으로 재분류할 수 있다.
③ 매도가능증권에 대한 보유의도와 보유능력에 변화가 생기면 단기매매증권으로 재분류할 수 있다.
④ 유가증권과목의 분류를 변경할 때에는 재분류일 현재의 공정가치로 평가한 후 변경한다.

08. 도소매업을 운영하는 ㈜다팜의 상품 매매 관련 자료가 다음과 같을 때 기말 재무상태표에 표시되는 유동자산의 총합계액은 얼마인가?

> • 기초상품재고액 700,000원 • 당기상품매입액 11,500,000원   • 매출원가 9,000,000원
> • 당좌자산의 보유액은 재고자산의 80%이다.

① 5,400,000원   ② 5,760,000원   ③ 6,600,000원   ④ 7,000,000원

09. ㈜미래의 20x1년 재고자산의 매입 및 매출내역이 다음과 같다. 선입선출법에 의한 기말재고는 얼마인가?

일자	구분	수량	단가
01/01	기초재고	10개	200원
03/12	매입	40개	220원
07/15	매출	30개	250원
11/04	매입	10개	210원

① 6,400원   ② 6,450원   ③ 6,500원   ④ 6,600원

10. ㈜델타는 20x1년 1월 1일 자본잉여금을 재원으로 무상증자를 하였다. 무상증자를 통해 발행한 주식수는 1,000주, 액면금액은 5,000원이다. 다음 설명 중 틀린 것은?

① 발행주식총수가 증가한다.
② 자본금이 5,000,000원 증가한다.
③ 자본잉여금이 증가한다.
④ 무상증자로 회사의 순자산에는 영향이 없다.

11. 다음 중 재고자산에 대한 설명으로 틀린 것은?

① 선적지 인도조건으로 매입하는 미착상품(도착지에 도달되지 않은 상품)은 매입자의 재고자산이 아니다.
② 위탁매매계약을 체결하고 수탁자가 위탁자에게서 받은 적송품은 위탁자의 재고자산이다.
③ 매입자가 사용해본 후 구매 결정을 하는 조건으로 판매하기 위하여 공급한 것으로 구매의사결정이 안된 시송품은 판매자의 재고자산이다.
④ 장부상 재고보다 실제 조사한 재고의 수량이 적은 경우로서 감모된 원인에 원가성이 없는 경우에는 영업외비용으로 처리한다.

12. 다음 중 유형자산의 취득원가에 해당하지 않는 것은?

① 설치장소 준비를 위한 지출

② 설계와 관련하여 전문가에게 지급하는 수수료

③ 유형자산이 정상적으로 작동되는지 여부를 시험하는 과정에서 발생하는 원가

④ 유형자산과 관련된 산출물에 대한 수요가 형성되는 과정에서 발생하는 가동손실과 같은 초기 가동손실

13. ㈜랜드파워는 20x0년 1월 1일 건물을 20,000,000원에 취득하였다. 내용연수는 20년, 정액법(월할 상각)으로 상각하고, 잔존가치는 없다. 20x2년 9월 30일 위 건물을 18,000,000원에 처분하였다. 건물과 관련하여 20x2년 당기손익에 미치는 영향의 합계액은 얼마인가?

① 0원   ② 750,000원   ③ 1,000,000원   ④ 2,000,000원

14. ㈜플루토는 20x1년 1월 1일 토지와 가설건축물을 각각 500,000원과 200,000원에 취득하면서 토지와 가설건축물의 취득세로 각각 20,000원과 10,000원을 납부하였다. 가설건축물의 내용연수는 5년이고 그 후에 건물을 철거하여 원상태로 복구할 예정이다. 예상되는 복구비용은 50,000원으로 충당부채의 인식요건을 충족시킨다. 복구원가에 적용할 연 이자율은 10%이다. 연 이자율 10%에 대한 5년의 현재가치계수는 0.62092이다. 가설건축물의 취득원가는 얼마인가?

① 203,945원   ② 213,183원   ③ 241,046원   ④ 260,670원

15. 다음은 ㈜자연의 소프트웨어 취득 및 결산과 관련된 자료이다. 20x1년 12월 31일 소프트웨어에 관한 ㈜자연의 기말 결산분개로 올바른 것은?

- 20x1년 7월 1일 상환의무 없는 국고보조금 3,000,000원을 수령하여 소프트웨어를 5,000,000원에 구입하고, 국고보조금은 자산의 차감항목으로 표시하였다.
- 소프트웨어의 잔존가치는 없으며 내용연수 5년, 정액법으로 상각하며 월할계산을 적용한다.

① (차) 무형자산상각비   1,000,000원   (대) 소프트웨어   1,000,000원

② (차) 무형자산상각비   400,000원   (대) 소프트웨어   400,000원

③ (차) 무형자산상각비   1,000,000원   (대) 소프트웨어   1,000,000원
     국고보조금   600,000원   무형자산상각비   600,000원

④ (차) 무형자산상각비   500,000원   (대) 소프트웨어   500,000원
     국고보조금   300,000원   무형자산상각비   300,000원

16. 다음 중 부채에 관한 설명으로 틀린 것은?

① 유동부채와 비유동부채는 1년을 기준으로 분류한다.

② 사채발행 시 시장이자율과 액면이자율의 크기에 따라 액면발행, 할인발행, 할증발행으로 구분한다.

③ 주주, 임원, 종업원에 대한 단기차입금의 경우 '주임종 단기차입금'으로 회계처리 할 수 있다.

④ 미지급금은 일반적 상거래에서 발생한 채무(미지급비용을 제외)로 한다.

17. 20x1년에 설립된 ㈜청라는 800,000,000원에 신축공사를 수주하였고, 공사진행률은 당기까지 발생한 실제 공사비를 총공사예정원가로 나누어 측정한다. 20x1년도 공사이익은 60,000,000원이며 당기 말에 계산된 공사진행률은 40%이다. ㈜청라가 20x1년 기말에 예상한 총공사원가로 옳은 것은? 단, 공사진행률 계산에서 제외되는 공사원가는 없다.

① 320,000,000원   ② 650,000,000원   ③ 700,000,000원   ④ 740,000,000원

18. 다음 중 재무제표를 작성하기 위한 기본가정에 관한 설명으로 틀린 것은?

① 재무제표의 기본가정은 회계공준이라고도 한다.

② 기본가정에 따라 발생주의 회계를 적용한다.

③ 기본가정에 따라 기업을 소유주와는 독립적으로 존재하는 실체로 인정한다.

④ 기업은 반증이 없는 한 영속적으로 존재한다.

19. 다음은 ㈜삼전의 20x1년 말 자본구성항목이다. 재무상태표에 자본조정으로 표시될 금액은 얼마인가?

- 이익준비금 : 200,000원
- 감자차익 : 250,000원
- 주식발행초과금 : 300,000원
- 신주청약증거금 : 600,000원
- 출자전환채무 : 300,000원
- 자기주식처분이익 : 100,000원
- 매도가능증권평가이익 : 50,000원

① 350,000원   ② 450,000원   ③ 900,000원   ④ 950,000원

20. 도소매업을 운영하는 ㈜대박의 창고에 화재가 발생하여 화재 전 보유하고 있던 재고자산의 70%를 소실하였다. 장부 기록에 의한 당기의 판매가능재고자산(기초재고＋당기매입분)이 5,000,000원이었고, 매출액은 7,000,000원, 매출원가율은 60%이었다. 화재로 인한 재고자산의 손실액은 얼마인가?

① 480,000원 ② 560,000원 ③ 600,000원 ④ 640,000원

21. ㈜트리온은 20x0년 기말 상품재고액이 50,000원 과대평가되었음을 20x1년 기말에 발견하였다. 재고자산의 오류수정을 반영하기 전 ㈜트리온의 20x1년도 손익계산서 관련 자료는 아래와 같다. 법인세효과를 고려하지 않는 경우 다음 중 ㈜트리온의 20x1년도 손익계산서에 대한 설명으로 올바른 것은?

	20x1년
기초상품재고액	200,000원
당기상품매입액	1,000,000원
기말상품재고액	400,000원
매출원가	800,000원
당기순이익	200,000원

① 수정후 매출원가는 750,000원이다.
② 수정후 기말상품재고액은 350,000원이다.
③ 수정후 당기순이익은 150,000원이다.
④ 수정후 기초상품재고액은 200,000원이다.

22. 다음 중 금융자산과 관련이 없는 것은?

㉠ 현금성자산	㉡ 받을어음	㉢ 선급금	㉣ 대여금	㉤ 재고자산

① ㄴ, ㄹ ② ㄷ, ㅁ ③ ㄹ, ㅁ ④ ㄷ, ㄹ

23. 다음 중 상품권 판매 회계처리에 대한 설명으로 틀린 것은?
① 매출수익은 물품 등을 제공 또는 판매하여 상품권을 회수한 때에 인식한다.
② 상품권을 할인판매하는 경우에는 액면금액 전액을 선수금으로 인식한다.
③ 상품권의 잔액을 환급하는 경우에는 상환하는 현금을 선수금과 상계한다.
④ 유효기간이 경과된 장기 미회수 상품권은 영업수익으로 인식한다.

24. 다음 중 상황별 회계처리로 틀린 것은?

① 당기순이익 50,000원에 대하여 장부를 마감하는 경우

　(차)　집합손익　　　　　　　　50,000원　　(대)　이익잉여금　　　　　　50,000원

② 외상으로 제공한 용역수익 30,000원이 300,000원으로 계상되어 수정하는 경우

　(차)　매출채권　　　　　　　270,000원　　(대)　용역수익　　　　　　270,000원

③ 건물을 취득하면서 현금으로 지급한 취득세 10,000원에 대하여 회계처리 하는 경우

　(차)　건물　　　　　　　　　10,000원　　(대)　현금　　　　　　　　10,000원

④ 기계장치를 300,000원에 취득하면서 구입대금은 당좌수표를 발행하여 지급하는 경우(당좌예금 잔액은 200,000원, 당좌차월의 한도는 150,000원이다.)

　(차)　기계장치　　　　　　　300,000원　　(대)　당좌예금　　　　　　200,000원

　　　　　　　　　　　　　　　　　　　　　　　　　당좌차월　　　　　　100,000원

25. [중소기업회계기준] 다음 중 중소기업회계기준의 내용과 관련이 없는 것은?

① 매출채권을 양도하는 경우, 그 자산을 대차대조표에서 제거하고 장부금액과 수취한 대가의 차액은 매출채권처분손익 등 당기손익으로 인식한다.

② 자산과 부채는 유동성이 높은 항목부터 배열한다.

③ 이익잉여금처분계산서는 재무제표에 해당된다.

④ 손익계산서에서 중단사업손익을 별도로 구분하여 표시한다.

2부 원가회계

01. ㈜이윤의 20x1년 매출액은 900,000원이며, 매출총이익률은 35%이다. 원가 관련 자료가 다음과 같을 때 20x1년 제조원가명세서상 당기제품제조원가는 얼마인가?

	20x1년 1월 1일	20x1년 12월 31일
직접재료	40,000원	?
재공품	80,000원	90,000원
제품	160,000원	180,000원
직접재료매입액	165,000원	
전환(가공)원가	370,000원	

① 460,000원　　　② 540,000원　　　③ 580,000원　　　④ 605,000원

02. ㈜명인은 선입선출법에 의한 종합원가계산을 사용하고 있다. 당기 중 발생한 정상공손의 수량은 몇 개인가? 단, 검사시점은 공정의 50% 시점이며, 정상공손은 당기 검사를 통과한 수량의 10%이다.

- 기초재공품 : 200개(가공비 완성도 45%)
- 기말재공품 : 300개(가공비 완성도 80%)
- 당기착수량 : 1,800개
- 당기완성수량 : 1,500개

① 150개　　　② 170개　　　③ 180개　　　④ 200개

03. 기본원가가 800,000원이며 이 중 직접노무원가는 60%이고, 가공원가가 1,350,000원일 때 제조간접원가는 얼마인가?

① 800,000원　　　② 820,000원　　　③ 870,000원　　　④ 900,000원

04. 다음 중 제조간접원가의 배부에 대한 설명으로 틀린 것은?

① 제조간접원가 배부율은 총제조간접원가를 총배부기준량으로 나눈 값이다.
② 어느 배부기준을 이용하여도 배부결과는 달라지지 않는다.
③ 실제배부율 계산에 사용되는 실제 총제조간접원가는 회계기간 말에 계산된다.
④ 직접노무시간을 기준으로 제조간접원가를 배부한다면 모든 작업의 총직접노무시간과 총제조간접원가가 필요하다.

05. 회계연도 말의 제조원가와 관련된 자료가 다음과 같을 때, 매출원가는 얼마인가?

> • 직접재료원가 : 60,000원   • 직접노무원가 : 20,000원   • 제조간접원가 : 50,000원
> • 재공품재고 증감액 : 10,000원 증가   • 제품재고 증감액 : 10,000원 감소

① 120,000원   ② 130,000원   ③ 140,000원   ④ 150,000원

06. 선입선출법에 의한 종합원가계산을 사용하는 ㈜대한의 20x1년도 생산 관련 자료는 아래와 같다. 직접재료원가는 공정 초기에 전량 투입되고, 가공원가는 공정 전체를 통하여 균등하게 발생한다. ㈜대한의 20x1년 기말재공품의 원가로 올바른 것은?

물량(완성도)		직접재료원가	가공원가
• 기초재공품	1,000개(40%)	• 기초재공품원가	50,000원	30,000원
• 당기착수량	21,000개	• 당기발생원가	1,050,000원	404,000원
• 기말재공품	2,000개(30%)	계	1,100,000원	434,000원

① 112,000원   ② 120,600원   ③ 139,500원   ④ 192,000원

07. ㈜이윤은 정상원가계산을 사용하고 있다. 20x1년 원가차이 조정 전의 제조간접원가가 다음과 같을 때 (A)제조간접원가실제발생액, (B)20x1년 제조간접원가배부액, (C)원가차이를 매출원가조정법으로 처리할 경우의 분개는 각각 어떤 것인가?

제조간접원가(통제)	
5,000원	6,000원

	(A)	(B)	(C)
①	6,000원	5,000원	(차) 제조간접원가 1,000원 (대) 매출원가 1,000원
②	5,000원	6,000원	(차) 제조간접원가 1,000원 (대) 매출원가 1,000원
③	6,000원	5,000원	(차) 매출원가 1,000원 (대) 제조간접원가 1,000원
④	5,000원	6,000원	(차) 매출원가 1,000원 (대) 제조간접원가 1,000원

08. ㈜발해는 개별정상원가계산을 사용하며 직접노무시간을 기준으로 제조간접원가를 배부한다. 20x1년 제조간접원가 실제 발생액은 2,000,000원이며, 예정 직접노무시간은 700,000시간이다. 20x1년도 제조간접원가 예산은 2,100,000원이고, 실제직접노무시간이 710,000시간일 때 제조간접원가 배부차이로 옳은 것은?

① 100,000원 초과배부

② 100,000원 부족배부

③ 130,000원 초과배부

④ 130,000원 부족배부

09. 다음 중 원가의 용어에 대한 설명으로 틀린 것은?

① 변동원가 : 생산량의 변동에 따라 정비례하여 총원가가 변동하는 원가

② 관련원가 : 두 가지 대안 간에 차이가 나는 과거의 지출원가

③ 기회비용 : 의사결정에는 중요하나 회계장부에는 기록되지 않는 원가

④ 한계원가 : 한 단위를 추가로 생산하거나 판매하려고 하는 경우 총원가의 증가분

10. ㈜밸런스는 가중평균법에 의한 종합원가계산을 사용하며 최초 공정은 A공정이고 최종 공정은 B공정이다. B공정에서 직접재료는 공정의 50% 시점에서 일괄 투입되고 가공원가는 B공정 전반에 걸쳐 균등하게 발생한다. B공정의 20x1년 기말 완성품환산량 단위당 원가는 아래와 같다. 20x1년 기말 B공정의 재공품이 2,000개이고 가공원가의 완성도는 40%일 때 ㈜밸런스의 B공정 기말재공품원가로 옳은 것은?

• 직접재료원가	200원/개
• 전공정(A공정)원가	700원/개
• 가공원가	400원/개

① 1,400,000원   ② 1,720,000원   ③ 1,820,000원   ④ 1,880,000원

11. 다음 중 원가의 배부기준으로 가장 적절하지 않은 것은?

① 공장수선유지부문 : 공장면적

② 가스비 : 가스사용량

③ 기계감가상각비 : 기계작업시간

④ 간접재료원가 : 직접재료원가

12. 다음 중 제조원가명세서상 표시될 수 없는 계정과목은 무엇인가?

① 직접재료비   ② 기말재공품재고액   ③ 기초제품재고액   ④ 당기재료비구입액

13. 다음 중 개별원가계산에 대한 설명으로 틀린 것은?

① 원가 계산이 용이하다.

② 제품별로 손익분석 및 계산이 쉽다.

③ 모든 제조원가를 작업별로 직접 추적한다.

④ 이질적인 제품을 주문생산하는 경우에 적합하다.

14. ㈜화성은 개별정상원가계산을 사용하며 직접노무시간당 4원을 제조간접원가에 예정배부한다. 직접재료로만 사용되는 재료원가의 기초금액은 70,000원이며, 기말금액은 55,000원이다. 당기총제조원가는 800,000원, 당기제품제조원가는 790,000원, 직접노무원가는 200,000원이며, 실제 발생한 직접노무시간은 10,000시간이다. ㈜화성의 당기 직접재료 매입액으로 옳은 것은?

① 535,000원   ② 545,000원   ③ 560,000원   ④ 575,000원

15. ㈜야너두는 보조부문으로 설계부와 전력부, 제조부문으로 조립부와 가공부로 구성되어 있으며, 용역제공량을 기준으로 보조부문원가를 배분한다. 다음은 ㈜야너두의 원가 관련 자료이다. 설계부는 시간당 30원의 변동비가 발생하고 전력부는 kwh당 50원의 변동비가 발생한다. 직접배분법에 의해 보조부문원가를 배분할 경우 조립부에 배분되는 원가는 얼마인가?

구분	보조부문		제조부문		총사용량
	설계부	전력부	조립부	가공부	
설계부	-	2,000시간	3,000시간	5,000시간	10,000시간
전력부	2,000kwh	-	4,000kwh	4,000kwh	10,000kwh

① 358,000원   ② 362,500원   ③ 363,500원   ④ 364,500원

16. 다음 중 표준원가의 차이분석에 관한 설명으로 옳지 않은 것은?

① 실제원가보다 표준원가가 더 작은 경우에는 불리한 차이가 발생한다.

② 직접재료원가 차이분석은 가격차이와 수량차이로 분석된다.

③ 비숙련된 작업자의 경우 직접노무원가에 대한 유리한 능률차이가 발생할 수 있다.

④ 고정제조간접원가의 차이분석에서 예산차이가 발생할 수 있다.

17. ㈜한우물은 단일제품을 대량으로 생산하고 있다. 재료는 공정 초기에 전량 투입되며, 가공원가는 공정 진행에 따라 균등하게 발생한다. 기초재공품 수량 2,000단위(완성도 50%), 당기투입수량 18,000단위 이며, 당기의 직접재료원가에 대한 총완성품환산량은 18,000단위, 전환원가에 대한 총완성품환산량 은 17,000단위, 당기 완성품 수량은 16,000단위이다. 원가계산 시 선입선출법에 따라 계산할 경우 기말재공품의 가공원가 완성도는 얼마인가?

① 40%   ② 50%   ③ 60%   ④ 70%

18. ㈜평화는 20x1년 초에 설립된 제조기업으로 20x1년도에 발생한 원가 자료는 아래와 같다. 다음 중 기말재공품 재고액이 500원일 때 원가에 대한 설명으로 틀린 것은?

• 직접재료원가	1,500원	• 간접재료원가	700원	• 광고선전비	200원
• 직접노무원가	1,200원	• 간접노무원가	600원	• 영업부급여	170원
• 간접제조경비	4,000원	• 직접제조경비	300원	• 본사건물재산세	100원

① 당기제품제조원가는 7,800원이다.

② 제조간접원가는 5,300원이다.

③ 당기총제조원가는 8,300원이다.

④ 기간원가는 470원이다.

19. ㈜한세는 결합원가를 판매가치법에 의해 배분하고 있다. 다음 자료에 의하여 결합원가 8,000,000원 중 연산품 Z에 배분될 결합원가는 얼마인가?

연산품	수 량	단위당 판매가격	총 판매가격
X	1,000개	5,000원	5,000,000원
Y	1,000개	1,000원	1,000,000원
Z	3,000개	2,000원	6,000,000원
합 계	5,000개		12,000,000원

① 2,000,000원　　② 4,000,000원　　③ 5,000,000원　　④ 6,000,000원

20. 다음 중 평균법을 적용한 종합원가계산에 대한 설명으로 틀린 것은?

① 완성품환산량 단위당 원가계산 시 당기투입원가와 기초재공품원가를 합한 금액을 사용한다.

② 가중평균법은 기초재공품 모두를 당기에 착수·완성한 것으로 가정한다.

③ 가중평균법에 의한 완성품환산량은 항상 선입선출법에 의한 완성품환산량보다 크거나 같다.

④ 가중평균법은 선입선출법에 비해 당기의 성과를 더 잘 표현한다.

21. 다음 중 결합원가에 대한 설명으로 틀린 것은?

① 동일한 원재료에서 출발하여 서로 다른 제품으로 인식되는 시점을 분리점이라 한다.

② 결합원가는 인과관계에 따른 개별제품 추적이 불가능하여 정확한 원가계산이 불가능하다.

③ 동일한 공정에서 동일한 재료를 투입하여 생산되는 두 종류 이상의 서로 다른 제품을 연산품이라 한다.

④ 분리점 이전의 가공과정에서 발생한 제조원가를 추가가공원가라 하며, 이는 의사결정과정에 영향을 미친다.

22. 다음은 원가 배분에 관한 내용이다. 부문공통원가인 공장건물의 감가상각비 배분기준으로 가장 합리적인 것은?

① 각 부문의 인원수　　　　　　② 각 부문의 작업시간

③ 각 부문의 면적　　　　　　　④ 각 부문의 건물가액

23. 다음 중 개별원가계산을 적용하기에 적절하지 않은 것은?

① 가전제품의 제조원가 ② 탱크의 제조원가

③ 전투기의 제조원가 ④ 항공모함의 제조원가

24. 다음 중 조별원가계산의 설명으로 틀린 것은?

① 동일 재료로 동일한 공정에서 생산되는 다른 종류의 제품으로 주산물과 부산물을 명확하게 구분하기 곤란한 경우에 적용한다.

② 각 조별로 원가를 집계한 후, 종합원가계산 절차를 따른다.

③ 당해 제조원가를 조직접비와 조간접비로 구분하여 조직접비는 각 조에 직접 부과하고, 조간접비는 일정 배부기준에 따라 각 조별로 배부한다.

④ 다른 종류의 제품을 조별로 연속하여 대량 생산하는 생산 형태에 적합하다.

25. 아래의 괄호 안에 들어갈 내용으로 올바른 것은?

㈜워터파크는 생산설비를 20x1년 3월 30,000,000원에 구입하여 사용해 왔으나, 20x1년 8월 태풍으로 인해 생산설비가 침수되었다. ㈜워터파크는 생산설비를 폐기처분할지 수리해서 사용할지 고민하고 있다. 이때, 생산설비구입액은 의사결정과 관계없는 (   )이다.

① 기회원가 ② 매몰원가 ③ 관련원가 ④ 결합원가

제74회 기업회계2급 답안 및 해설

■ 1부 재무회계

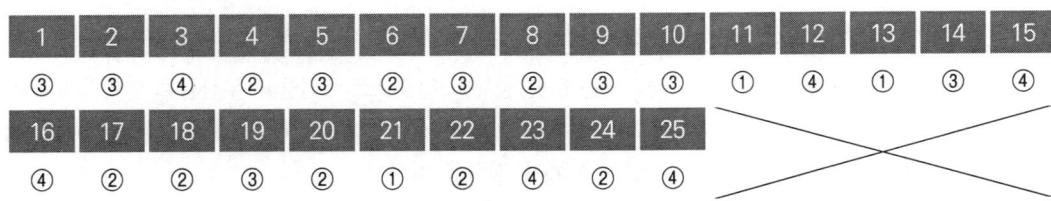

1	2	3	4	5	6	7	8	9	10	11	12	13	14	15
③	③	④	②	③	②	③	②	③	③	①	④	①	③	④

16	17	18	19	20	21	22	23	24	25
④	②	②	③	②	①	②	④	②	④

01. 진행 중인 손해배상소송에 대한 정보는 목적적합성 있는 정보일 수 있으나, 소송결과를 확실히 예측할 수 없는 상황에서 **손해배상청구액을 재무제표에 인식하는 것은 재무정보의 신뢰성을 저해할 수 있다.**

02. 상품을 판매하여 수익을 인식한 경우 당기순이익이 증가하므로 자본 항목 중 이익잉여금이 증가하게 된다.

04. 현금성자산 = 보통예금(100,000) + 우편환증서(30,000) + 지점전도금(50,000)
　　　　　　 + 국세환급통지서(20,000) = 200,000원

05. 매출액 = 매출원가(12,000,000) ÷ 매출원가율(80%) = 15,000,000원

<table>
<tr><th colspan="4" align="center">매출채권</th></tr>
<tr><td>기초잔액</td><td align="right">3,500,000</td><td>대손액</td><td align="right">1,000,000</td></tr>
<tr><td></td><td></td><td>회수액</td><td align="right">13,500,000</td></tr>
<tr><td>매출(발생액 ?)</td><td align="right">15,000,000</td><td>기말잔액</td><td align="right">4,000,000</td></tr>
<tr><td>계</td><td align="right">18,500,000</td><td>계</td><td align="right">18,500,000</td></tr>
</table>

06. 단기매매증권처분이익 = 처분가액(5,200,000) − 취득가액(5,000,000) = 200,000원
　　 단기매매증권평가이익 = [주당 기말평가액(11,000) − 주당 취득가액(10,000)] × 500주
　　　　　　　　　　　 = 500,000원
　　 당기손익 = 수수료(− 200,000) + 단기매매증권처분이익(200,000) + 단기매매증권평가이익(500,000)
　　　　　　　 = 500,000원

07. 다른 범주의 유가증권은 단기매매증권으로 재분류할 수 없다.

08. 유동자산 = 재고자산(3,200,000) + 당좌자산[2,560,000(재고자산의 80%)] = 5,760,000원

<table>
<tr><th colspan="4" align="center">상　품</th></tr>
<tr><td>기초상품</td><td align="right">700,000</td><td>매출원가</td><td align="right">9,000,000</td></tr>
<tr><td>순매입액</td><td align="right">11,500,000</td><td>기말상품</td><td align="right">3,200,000</td></tr>
<tr><td>계</td><td align="right">12,200,000</td><td>계</td><td align="right">12,200,000</td></tr>
</table>

09. 기말재고(선입) = 10개(11/04)×210원 + 20개(3/12)×220원 = 6,500원

10. (차) 자본잉여금(감소)   5,000,000 원   (대) 자본금(증가)   5,000,000 원

11. **선적지 인도조건으로 매입하는 미착상품(도착지에 도달되지 않은 상품)은 매입자의 재고자산**에 해당한다.

12. 유형자산과 관련된 산출물에 대한 수요가 형성되는 과정에서 발생하는 **가동손실과 같은 초기 가동손실은 유형자산의 장부가액에 포함하지 아니한다.**

13. 감가상각비(정액법) = 취득가액(20,000,000)÷내용연수(20년) = 1,000,000원/년

x2 감가상각비(정액법) = 1,000,000÷12개월×9개월 = 750,000원

처분시점 장부가액 = 취득가액(20,000,000) − 감가상각누계액(2,750,000) = 17,250,000원

처분손익 = 처분가액(18,000,000) − 장부가액(17,250,000) = +750,000원(이익)

당기손익 = 감가상각비(− 750,000) + 처분이익(750,000) = 0원

14. 복구충당부채 = 복구비용(50,000)×5년의 현재가치계수(0.62092) = 31,046원

취득원가 = 가설건축물(200,000) + 취득세(10,000) + 복구충당부채(31,046) = 241,046원

15. 무형자산상각비 = 취득가액(5,000,000)÷5년×6/12(월할상각) = 500,000원

국고보조금의 상계 = 상각비(500,000)×(3,000,000원/5,000,000원) = 300,000원

16. **미지급금은 일반적 상거래 이외에서 발생한 채무(미지급비용을 제외)**로 한다.

17. 당기공사수익 = 총공사수익(800,000,000)×누적공사진행률(40%) = 320,000,000원

당기(누적)공사원가 = 당기공사수익(320,000,000) − 당기공사이익(60,000,000) = 260,000,000원

예정공사원가 = 누적공사원가(260,000,000)÷누적공사진행률(40%) = 650,000,000원

18. 발생주의 회계는 재무회계의 기본적 특징으로서 재무제표의 기본요소의 정의 및 인식, 측정과 관련이 있으므로 기본가정과 관련이 없다. **기본가정은 기업실체, 계속기업, 기간별 보고의 가정**이다.

19. 자본조정 = 신주청약증거금(600,000) + 출자전환채무(300,000) = 900,000원

20. 매출원가 = 매출액(7,000,000)×매출원가율(60%) = 4,200,000원

<table>
<tr><td colspan="4" style="text-align:center">재고자산</td></tr>
<tr><td>기초재고</td><td></td><td>매출원가</td><td>4,200,000</td></tr>
<tr><td>총매입액</td><td></td><td><u>기말재고</u></td><td><u>800,000</u></td></tr>
<tr><td>계(판매가능재고)</td><td>5,000,000</td><td>계</td><td>5,000,000</td></tr>
</table>

재고자산손실액 = 화재 전 보유 중인 재고자산(800,000)×70% = 560,000원

21. 수정후 당기순이익③ = 수정전(200,000) + 기초재고과대(50,000) = 250,000원

재고자산(수정후)			
기초재고④	150,000	매출원가①	750,000
총매입액	1,000,000	기말재고②	400,000
계(판매가능재고)	1,150,000	계	1,150,000

22. ㄷ. 선급금은 비금융자산이며 ㅁ. 재고자산은 금융상품에 해당하는 금융자산과 관련이 없다.

23. 상품권의 유효기간이 경과하였으나 상법상의 소멸시효가 완성되지 않은 경우에는 유효기간이 경과된 시점에 **상품권에 명시된 비율에 따라 영업외수익으로 인식함을 원칙**으로 하고, 상법상의 소멸시효가 완성된 경우에는 **소멸시효가 완성된 시점에 잔액을 영업외수익**으로 인식하여야 한다.

24. 과대계상된 용역수익과 매출채권을 취소하여야 하므로 다음과 같이 회계처리 하여야 한다.

   (차) 용역수익　　　　　270,000원　　　(대) 매출채권　　　　　270,000원

25. 중소기업회계기준의 손익계산서에는 **중단사업손익에 대해서 별도로 언급되어 있지 않음.**

2부 원가회계

1	2	3	4	5	6	7	8	9	10	11	12	13	14	15
④	③	③	②	②	①	②	③	②	②	①	③	③	②	②

16	17	18	19	20	21	22	23	24	25
③	②	②	②	④	④	③	①	①	②

01. 매출원가 = 매출액(900,000) × [1 - 매출총이익률(35%)] = 585,000원

제 품

기초재고	160,000	매출원가	585,000
당기제품제조원가	*605,000*	기말재고	180,000
계	765,000	계	765,000

02. 정상공손수량 = [기초재공품(200) + 당기투입완성수량(1,300) + 기말재공품(300개)] × 10% = 180개

03. 기본원가 800,000원 중에 직접노무원가는 480,000원(800,000원 × 60%)이다.
   제조간접원가 = 가공원가(1,350,000) - 직접노무원가(480,000) = 870,000원

04. 공통원가 배부의 핵심문제는 배부기준을 선택하는 일이다. 어느 **배부기준을 이용하느냐에 따라 배부결과가 많이 달라진다.** 배부기준을 선정하는 기준으로 인과관계, 수혜기준, 부담능력, 공정성 등이 있다.

05. 당기총제조원가 = 직접재료원가(60,000) + 직접노무원가(20,000) + 제조간접원가(50,000)
   　　　　　　　 = 130,000원

재고자산(재공품 + 제품)

기초재고(재공품+제품)	0	**매출원가(?)**	*130,000*
당기총제조원가	130,000	기말재고(재공품+제품)	10,000 - 10,000
합　　　계	130,000	합　　　계	130,000

06.

〈1단계〉 물량흐름파악(선입선출법)			〈2단계〉 완성품환산량 계산	
재공품			재료비	가공비
	완성품	20,000		
	– 기초재공품	1,000(60%)	0	600
	– 당기투입분	19,000(100%)	19,000	19,000
	기말재공품	2,000(30%)	2,000	600
	계	22,000	**21,000**	**20,200**
〈3단계〉 원가요약(당기투입원가)			1,050,000	404,000
			21,000개	20,200개
〈4단계〉 완성품환산량당 단위원가			= @ 50	= @20

〈5단계〉 완성품원가와 기말재공품원가계산

 – 기말재공품원가 = 2,000개 × @50원 + 600개 × @20원 = *112,000원*

07. **제조간접원가 T계정 차변은 실제발생액**, 대변은 예정배부액이다. 실제발생액〈예정배부액이므로 과 대배부된 것이다. 매출원가에서 차감하여야 한다.

08. 예정배부율 = 예산(2,100,000)÷예정조업도(700,000시간) = 3원/시간

예정배부액 = 실제직접노무시간(710,000)×예정배부율(3) = 2,130,000원

예정배부액(2,130,000) – 실제 발생액(2,000,000) = +130,000원(초과배부)

09. 관련원가 : **두 가지 대안 간에 차이가 나는 미래의 지출원가**

10.

〈1단계〉 물량흐름파악(평균법)			〈2단계〉 완성품환산량 계산		
재공품(B공정)			전공정원가	재료비	가공비
	완성품				
	기말재공품	2,000(40%)	2,000	0	800
	계				
〈4단계〉 완성품환산량당단위원가			@700	@200	@400

〈5단계〉 기말재공품원가 = 2,000개 × @700 + 800개 × @400 = 1,720,000원

11. 공장 수선유지부문은 수선횟수, 수선시간에 따라 배부하는 것이 합리적이다.

12. 기초제품재고액은 손익계산서상에 나타난다.

13. 제조간접원가는 **작업별로 추적할 수 없어서 배부**한다. 원가계산이 용이하다는 표현도 잘못된 표현이 다. 개별원가계산은 작업별로 추적하여 계산하기 때문에 정확한 원가계산이 되나, 시간과 비용이 과 다소요되므로 용이하지 않다.

14. 제조간접원가예정배부액 = 실제 직접노무시간(10,000) × 예정배부율(4) = 40,000원

당기총제조원가(800,000) = 직접재료원가(??) + 직접노무원가(200,000) + 제조간접원가(40,000)

∴ 직접재료비 = 560,000원

원재료

기초재고	70,000	직접재료비	560,000
구입	*545,000*	기말재고	55,000
계	615,000	계	615,000

15. 설계부 원가 : 10,000시간 × 30원 = 300,000원, 전력부 원가 : 10,000kwh × 50원 = 500,000원

〈직접배분법〉	보조부문		제조부문	
	설계	전력	조립	가공
배분전 원가	300,000	500,000		
설계(37.5% : 72.5%)	(300,000)	–	*112,500*	
전력(50% : 50%)	–	(500,000)	*250,000*	
보조부문 배부후 원가			*362,500*	

16. 비숙련된 작업자의 경우 직접노무원가에 대한 불리한 능률차이가 발생할 수 있다.

17.

〈1단계〉 물량흐름파악(선입선출법)			〈2단계〉 완성품환산량 계산	
재공품			재료비	가공비
기초	2,000	완성품 16,000		
		– 기초재공품 2,000(50%)	0	1,000
		– 당기투입분 14,000(100%)	14,000	14,000
당기투입	18,000	기말재공품 4,000(??%)	4,000	??(2,000)
	20,000	계 20,000	**18,000**	**17,000**

가공원가의 완성도 = 완성품환산량(2,000)/기말재공품(4,000) = 50%이다.

18. 제조간접원가 = 간접재료원가(700) + 간접노무원가(600) + 간접제조경비(4,000)

　　　　　　　+ 직접제조경비(300) = 5,600원

19. 연산품Z에 배분될 결합원가 = 결합원가(8,000,000) × Z판매가격(6,000,000)

　　　　　　　÷ 총판매가격(12,000,000) = 4,000,000원

20. 선입선출법이 평균법에 비해 당기의 성과를 더 잘 표현한다.

21. 분리점 이전의 가공과정에서 발생한 제조원가는 결합원가이다.

22. 공장건물의 **감가상각비는 건물의 면적과 가장 밀접한 인과관계**를 가진다.

23. 가전제품 제조업은 종합원가계산이 적합하다.

24. 동일재료로 동일공정에서 생산되는 **다른 종류의 제품으로 주산물과 부산물을 명확하게 구분하기 곤란한 경우에는 연산품원가계산을 적용**한다.

25. **과거의 이미 지출한 비용**으로 현재 또는 미래의 **의사결정을 하더라도 회수할 수 없는 원가**를 매몰원가라고 한다.

제73회 기업회계 2급

합격율	시험년월
23%	2022.06

█████ 1부 재무회계

01. 다음 중 재무제표 정보의 특성과 한계에 관한 설명으로 틀린 것은?

① 특정 기업실체에 관한 정보와 함께 산업 또는 경제 전반에 관한 정보를 제공한다.

② 화폐단위로 측정된 정보를 주로 제공한다.

③ 추정에 의한 측정치를 포함하고 있다.

④ 대부분 과거에 발생한 거래나 사건에 대한 정보를 나타낸다.

02. ㈜글로리아는 상품권 판매 시 상품권 권면의 7%에 해당하는 금액을 할인하여 판매하고 있다. 다음 중 아래의 분개에 대한 설명으로 틀린 것은?

(차) 선수금	30,000,000 원	(대) 매출	27,600,000 원
		상품권할인액	2,100,000 원
		현금	300,000 원

① 상품권 판매시점에 하는 회계처리다.

② 상품권할인액은 상품권 판매 시 선수금의 차감계정으로 표시된다.

③ ㈜글로리아가 매출로 인식한 금액은 27,600,000원이다.

④ 현금은 상품권 잔액을 환급하는 금액이다.

03. 다음 자료에 의하여 재무상태표에 표시할 현금및현금성자산의 총액은 얼마인가?

• 보통예금 : 100,000원	• 우편환증서 : 20,000원
• 만기도래한 공채이자표 : 40,000원	• 수입인지 : 10,000원
• 우표 : 40,000원	• 국세환급통지서 : 20,000원
• 당좌개설보증금 : 10,000원	• 양도성예금증서(최초취득일로부터 70일 만기) : 20,000원

① 160,000원   ② 180,000원   ③ 200,000원   ④ 220,000원

04. ㈜명인의 20x1년 매출채권과 관련된 자료가 다음과 같을 경우, 20x1년 말 재무상태표에 표시될 대손충당금과 20x1년 대손 관련 손익은 얼마인가?

- 01월 01일 : 기초의 대손충당금은 5,000원이다.
- 03월 04일 : 2,800원의 매출채권이 대손 처리되었다.
- 12월 31일 : 기말 매출채권 잔액 1,000,000원에 대하여 10,000원이 대손될 것으로 예상되었다.

	대손충당금	대손 관련 손익
①	10,000원	7,800원
②	10,000원	10,600원
③	12,000원	7,800원
④	12,000원	10,600원

05. 다음 중 유가증권의 손상차손이 발생했다는 객관적인 증거에 해당하지 않는 것은?
① 1년 이상 휴업 중인 경우
② 청산 중인 경우
③ 이자 지급과 원금 상환의 지연과 같은 계약의 실질적인 위반이나 채무불이행이 있는 경우
④ 유가증권이 상장 폐지된 경우

06. 다음은 ㈜피치가 20x1년에 단기매매 목적으로 투자한 ㈜망고의 주식거래 내역이다. ㈜피치의 20x1년 당기손익에 미치는 금액은 얼마인가?

- 04월 30일 : ㈜망고 주식 100주를 주당 20,000원에 최초로 취득하고 30,000원을 수수료로 지급하였다.
- 08월 12일 : ㈜망고 주식 50주를 주당 23,000원에 매각하였다.
- 12월 31일 : 단기매매증권을 주당 21,000원에 공정가액으로 평가하였다.

① 130,000원 이익   ② 150,000원 이익   ③ 170,000원 이익   ④ 200,000원 이익

07. ㈜명인의 20x1년 말 현재 창고에 보관 중인 재고자산의 실지재고액은 600,000원이다. 실지재고액에는 다음과 같은 사항이 반영되어 있지 않다. 다음 사항을 모두 반영할 경우 20x1년 말 올바른 재고자산은 얼마인가?

- 12월 20일 선적지 인도 조건으로 판매한 상품 120,000원이 12월 말 현재 아직 운송 중에 있다
- 12월 25일 도착지 인도 조건으로 구매한 상품 200,000원이 12월 말 현재 아직 운송 중에 있다.
- 위탁판매분 중 수탁자가 12월 말까지 아직 판매하지 못한 위탁품이 150,000원이 있다.

① 600,000원   ② 750,000원   ③ 870,000원   ④ 1,070,000원

08. ㈜샌드는 재고자산에 관하여 계속기록법을 사용하고 있다. 기말에 재고자산을 실사한 결과 재고자산감모수량이 10개 발생하였다. 재고자산의 단위당 순실현가능가치가 23,500원일 때 다음 자료에 의한 재고자산감모손실액은 얼마인가?

구분	수량	단가
기초 재고자산	500개	25,000원
당기 매입	2,500개	25,000원
기말 재고자산	300개	25,000원

① 250,000원   ② 260,000원   ③ 270,000원   ④ 280,000원

09. 다음 중 유형자산의 취득원가에 대한 설명으로 틀린 것은?

① 유형자산의 취득과 관련하여 국·공채 등을 불가피하게 매입하는 경우 당해 채권의 매입금액과 현재가치와의 차액은 유형자산의 취득원가에 가산한다.

② 유형자산과 관련된 산출물에 대한 수요가 형성되는 과정에서 발생하는 초기 가동손실은 취득원가에 가산한다.

③ 해당 유형자산의 경제적 사용이 종료된 후에 원상회복을 위하여 그 자산을 제거, 해체하거나 또는 부지를 복원하는 데 소요될 것으로 추정되는 원가는 유형자산의 취득원가에 가산하는 것이 원칙이다.

④ 유형자산이 정상적으로 작동되는지 여부를 시험하는 과정에서 발생하는 원가는 유형자산의 취득원가에 가산한다. 단, 시험 과정에서 생산된 재화의 순매각금액은 당해 원가에서 차감한다.

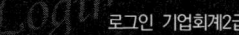

10. 다음 자료에 대한 설명으로 틀린 것은?

> • 20x0년 1월 1일 기계장치를 2,000,000원에 취득하였다.
> • 감가상각방법은 정률법, 내용연수 5년, 잔존가액 50,000원, 상각률은 45%라고 가정한다.
> • 20x1년 1월 1일 기계장치와 관련하여 다음과 같은 지출이 발생하였다.
> – 가동속도 및 성능향상을 위한 지출 500,000원
> – 성능을 유지하기 위한 소모품 교체비용 20,000원

① 20x0년도 정률법의 감가상각대상금액은 2,000,000원이다.

② 20x0년도의 감가상각비는 900,000원이다.

③ 20x0년 말 기계장치의 장부가액은 1,100,000원이다.

④ 20x1년 1월 1일 발생한 소모품 교체비용 20,000원은 20x1년 감가상각비 계산에 영향을 미친다.

11. ㈜밸류는 20x1년 1월 1일 ㈜스페셜이 보유하고 있는 특허권(장부가액 27,000,000원, 공정가액 35,000,000원)을 취득하고 회사 주식(1주당 공정가액 6,000원, 1주당 액면가액 5,000원) 6,000주를 교부하였다. 20x1년 말 ㈜밸류가 인식할 무형자산상각비(정액법, 내용연수 5년)는 얼마인가?

① 5,000,000원   ② 7,000,000원   ③ 7,200,000원   ④ 35,000,000원

12. ㈜한세는 20x1년 1월 1일에 장부가액이 200,000원인 건물을 300,000원에 처분하고 처분대금은 3년 후인 20x3년 12월 31일에 수취하기로 하였다. 건물 처분대금의 명목금액과 현재가치의 차이는 중요하며, 건물 처분일 현재 유효이자율은 연 10%이다. 20x1년 말 ㈜한세가 유효이자율법에 따라 정상적으로 이자수익을 인식하였다면 20x2년 1월 1일 현재 장기미수금의 장부금액은 얼마인가? 단, 기간 3년, 연 10%, 1원의 현가계수는 0.75131이다.

① 200,000원   ② 225,393원   ③ 247,932원   ④ 300,000원

13. ㈜광해는 당기 중에 유상증자를 실시하여 주식을 추가로 발행하였으며, 관련 자료는 다음과 같다. 주식 발행과 관련된 회계처리를 완료한 이후에 재무상태표에 표시될 주식발행초과금 또는 주식할인발행차금의 잔액은 얼마인가?

> • 추가로 발행한 주식 수는 100주이며, 주당 액면금액은 5,000원이다.
> • 주당 발행가액은 4,000원이며, 신주발행 직접원가 10,000원이 발생하였다.
> • 주식을 추가 발행하기 전 재무상태표상 주식할인발행차금의 잔액은 50,000원이다.

① 주식할인발행차금 100,000원

② 주식할인발행차금 110,000원

③ 주식할인발행차금 160,000원

④ 주식발행초과금 30,000원

14. 다음 중 재무제표정보의 질적특성인 목적적합성에 대한 내용이 아닌 것은?

① 재무정보가 의사결정에 반영될 수 있도록 적시에 제공되어야 한다.

② 재무정보가 특정이용자에게 치우치거나 편견을 내포해서는 안된다.

③ 회계정보가 예측가치를 가져야 한다.

④ 회계정보에 의하여 당초 가졌던 기대치를 확인 수정할 수 있도록 한다.

15. 다음 중 자본에 대한 설명으로 틀린 것은?

① 자본은 기업의 자산에서 모든 부채를 차감한 후의 잔여지분을 나타낸다.

② 자기주식은 취득원가를 자기주식의 과목으로 하여 자본금의 차감계정으로 표시한다.

③ 감자차손은 향후 발생하는 감자차익과 우선적으로 상계한다.

④ 현금으로 배당하는 경우에는 배당액을 이익잉여금에서 차감한다.

16. 다음 중 회사채에 대한 설명으로 틀린 것은?

① 사채할인발행차금은 유효이자율법을 적용하여 상각한다.

② 액면이자율보다 시장이자율이 큰 경우에는 할증발행한다.

③ 액면이자율과 시장이자율이 같은 경우에는 액면발행한다.

④ 사채발행비는 사채의 발행가액에서 차감한다.

17. ㈜명인은 20x0년 1월 1일에 취득한 기계장치에 대해서 20x3년 1월 1일을 기준으로 다음과 같이 정당하게 회계추정을 변경하였다. 20x3년에 인식할 감가상각비는 얼마인가?

- 취득원가 : 2,000,000원
- 감가상각방법 : 정액법
- 내용연수 : 4년에서 5년으로 변경
- 잔존가치 : 200,000원에서 100,000원으로 변경

① 275,000원　　② 360,000원　　③ 385,000원　　④ 450,000원

18. 다음 중 오류수정에 대한 설명으로 틀린 것은?

① 오류수정은 전기 또는 그 이전의 재무제표에 포함된 회계적 오류를 당기에 발견하여 이를 수정하는 것을 말한다.

② 중대한 오류를 수정한 경우에는 중대한 오류로 판단한 근거를 주석으로 기재한다.

③ 당기에 발견한 전기 또는 그 이전 기간의 오류는 기말 재무상태표에 기타포괄손익누계액 중 전기오류수정손익으로 보고한다.

④ 비교재무제표를 작성하는 경우 중대한 오류의 영향을 받는 회계기간의 재무제표항목은 재작성한다.

19. 다음 자료를 이용하여 계산한 총매출액은 얼마인가?

• 매출운임	5,000원	• 총매입액	500,000원
• 매출할인	7,000원	• 매입에누리	6,000원
• 매출환입	3,000원	• 매입할인	4,000원
• 기초재고	40,000원	• 기말재고	80,000원
• 매출총이익	90,000원		

① 490,000원　　　② 495,000원　　　③ 550,000원　　　④ 555,000원

20. ㈜이윤은 20x1년 9월 1일 비품을 190,000원(잔존가치 10,000원, 내용연수 5년, 정액법 상각)에 현금으로 취득하였으나 소모품비로 잘못 처리하였다. 20x1년 결산 시 장부를 마감하기 전에 동 오류를 발견하였을 경우 ㈜이윤이 해야 하는 회계처리로 올바른 것은? 다만, 감가상각비는 월할상각한다.

① (차) 비품	190,000 원	(대) 소모품비	190,000 원
② (차) 현금	180,000 원	(대) 소모품비	180,000 원
③ (차) 비품	190,000 원	(대) 소모품비	190,000 원
감가상각비	12,000 원	감가상각누계액	12,000 원
④ (차) 소모품비	180,000 원	(대) 비품	180,000 원
감가상각비	12,000 원	감가상각누계액	12,000 원

21. 다음 중 현금흐름표에서 영업활동으로 인한 현금흐름에 해당하지 않는 것은?

① 배당금수익의 현금 수령　　　② 외상매출금의 회수

③ 영업용 토지의 구입　　　④ 법인세 등의 현금 지급

22. 당기 중 지분증권 1,000주를 주당 7,000원에 취득하고 수수료 200,000원을 지급하였다. 기말 현재 해당 지분증권의 공정가치가 주당 8,000원일 때 단기매매증권으로 분류하는 경우와 매도가능증권으로 분류하는 경우 회계처리에 대한 설명으로 올바른 것은?

① 단기매매증권과 매도가능증권의 취득원가는 동일하다.

② 단기매매증권과 매도가능증권의 당기손익은 동일하게 증가한다.

③ 단기매매증권과 매도가능증권의 자본은 동일하게 증가한다.

④ 단기매매증권과 매도가능증권은 유동자산으로 분류한다.

23. 다음 중 충당부채에 대한 설명으로 틀린 것은?

① 충당부채의 금액에 대한 최선의 추정치는 관련된 사건과 상황에 대한 불확실성이 고려되어야 한다.

② 현재가치 평가에 사용하는 할인율은 그 부채의 고유한 위험과 화폐의 시간가치에 대한 현행 시장의 평가를 반영한 세후 이율이다.

③ 충당부채의 명목금액과 현재가치의 차이가 중요한 경우에는 그 의무를 이행하기 위하여 예상되는 지출액의 현재가치로 평가한다.

④ 충당부채는 보고기간 말마다 그 잔액을 검토하고, 보고기간 말 현재 최선의 추정치를 반영하여 증감 조정한다.

24. 다음은 20x1년에 발생한 항목으로 손익계산서상 당기손익에 영향을 주는 계정과목은 총 몇 개인가?

• 자기주식처분손실 3,000,000원	• 감자차손 5,000,000원
• 매도가능증권평가이익 500,000원	• 단기매매증권평가손실 2,000,000원

① 1개   ② 2개   ③ 3개   ④ 4개

25. [중소기업회계기준] 다음 설명 중 틀린 것은?

① 재무제표는 비교형식이 아닌 해당 회계연도분만 작성할 수 있다.

② 자본은 자본금, 자본잉여금, 자본조정과 이익잉여금 또는 결손금으로 구분한다.

③ 이자수익은 유효이자율법이나 정액법을 적용하여 기간의 경과에 따라 인식한다.

④ 유형자산의 감가상각방법은 정액법, 정률법, 생산량비례법, 연수합계법 중 하나를 선택한다.

2부 원가회계

01. 제품의 추적가능성에 따른 원가 분류는?

① 재료원가, 노무원가, 제조경비　　　　② 변동비, 고정비

③ 직접비, 간접비　　　　　　　　　　④ 제조원가, 비제조원가

02. 다음의 자료에 제시된 단어들을 설명하는 단어로 공통적으로 적용되지 않는 것은?

㉠ 직접재료원가	㉡ 직접노무원가

① 제조원가　　　② 기본원가　　　③ 가공원가　　　④ 변동원가

03. ㈜글로브는 장갑을 제조하여 판매한다. 당기에 직접재료를 95,000원에 구입하였고, 직접노무원가는 79,000원, 제조간접원가는 55,000원이 발생하였다. 다음 자료에 의한 당기제품제조원가는 얼마인가?

	기초	기말
원재료	45,000원	38,000원
재공품	47,000원	56,000원

① 213,500원　　　② 225,000원　　　③ 226,500원　　　④ 227,000원

04. 다음 중 종합원가계산에 대한 설명으로 틀린 것은?

① 표준화된 제품을 연속적으로 반복하여 생산하는 업종에 적합하다.

② 종합원가계산은 원가 발생 시점에 따라 재료비와 가공비로 분류한다.

③ 다품종 소량생산업종에 적합하다.

④ 제조원가 계산 시 완성품환산량 개념을 사용한다.

05. ㈜명인은 6월 중 52,000원의 원재료를 구입했다. 6월 중 직접노무비는 30,000원이었고 총제조원가는 120,000원이다. 직접재료의 6월 초 재고가 5,000원이고, 6월 말 재고가 8,000원이면 6월의 제조간접원가는 얼마인가?

① 38,000원　　　② 39,000원　　　③ 41,000원　　　④ 42,000원

06. 원가회계는 제조 활동과의 관련성 유무에 따라 제조원가와 비제조원가로 분류한다. 다음 중 제조원가에 해당하지 않는 것은?

① 공장건물 감가상각비　　　　　　② 생산직 관리자 급여
③ 본사 건물에 대한 화재보험료　　④ 공장 소모품비

07. ㈜대한은 분리점에서 판매가치법을 사용하여 결합원가를 각 제품에 배부한다. 20x1년도에 결합공정을 거쳐 결합제품 A와 B를 각각 1,500단위 생산하였으며, 재공품은 없다. 분리점에서 결합제품 A와 B의 단위당 판매가격은 각각 300원과 200원이며, ㈜대한의 결합제품 B에 배분된 결합원가가 120,000원일 경우 결합원가 총액으로 올바른 것은?

① 150,000원　　② 180,000원　　③ 200,000원　　④ 300,000원

08. 다음 중 제조간접비 배부차이를 조정하는 분개로 틀린 것은?

① (차) 매출원가　　　　　　×××원　　(대) 제조간접비배부차이　×××원
② (차) 제조간접비배부차이　×××원　　(대) 매출원가　　　　　　×××원
③ (차) 매출원가　　　　　　×××원　　(대) 제조간접비배부차이　×××원
　　　재공품　　　　　　　×××원
④ (차) 제조간접비배부차이　×××원　　(대) 원재료　　　　　　　×××원
　　　　　　　　　　　　　　　　　　　　　제품　　　　　　　　×××원
　　　　　　　　　　　　　　　　　　　　　매출원가　　　　　　×××원

09. 다음 중 직접재료비와 직접노무비는 실제발생액으로 배부하고, 제조간접비는 배분기준에 따라 배부하는 원가계산 방법은 무엇인가?

① 표준종합원가계산　② 실제개별원가계산　③ 결합원가계산　④ 정상개별원가계산

10. 다음 중 고정비와 변동비에 관한 설명으로 틀린 것은?

① 관련 범위 내에서 변동비는 조업도가 증가함에 따라 원가 총액이 증가한다.
② 관련 범위 내에서 변동비의 단위당 원가는 증가한다.
③ 관련 범위 내에서 고정비는 조업도가 증가함에도 원가 총액은 일정하다.
④ 관련 범위 내에서 고정비의 단위당 원가는 감소한다.

11. 다음 중 개별원가계산에 대한 설명으로 틀린 것은?

① 기말재공품을 제조지시서의 집계로 파악하므로 계산이 쉽다.

② 개별작업에 대한 직접원가를 파악하여 개별작업에 직접 부과한다.

③ 소품종 대량생산방식의 원가계산에 적용한다.

④ 제품의 종류와 규격이 다른 작업 단위별 생산에 유리한 원가계산 방법이다.

12. 다음은 ㈜이윤의 20x1년 표준원가계산자료이다. 당기의 실제작업시간을 계산하면 몇 시간인가?

- 실제 생산량 : 1,500단위
- 노무비발생액 : 2,300,000원
- 단위당 표준허용시간 : 10시간
- 불리한 임률차이 : 200,000원
- 유리한 능률차이 : 300,000원

① 12,510시간 ② 12,720시간 ③ 13,125시간 ④ 14,600시간

13. 다음 중 종합원가계산의 평균법과 선입선출법에 대한 설명으로 틀린 것은?

① 선입선출법은 평균법에 비해 원가계산이 용이하고 정확성이 더 높다.

② 선입선출법은 완성품환산량 계산 시 당기 발생작업량만으로 계산한다.

③ 기초재공품이 없다면 선입선출법과 평균법의 결과는 차이가 없다.

④ 평균법은 기초재공품의 완성도를 무시하고 계산한다.

14. ㈜통일은 결합원가를 순실현가치법으로 배분하고 있다. 당기에 발생한 결합원가가 3,000,000원인 경우 A 제품에 배분될 결합원가는 얼마인가?

제품	생산량	단위당 판매가격	단위당 추가가공원가
A	5,000개	900원	100원
B	4,000개	1,700원	200원

① 900,000원 ② 1,000,000원 ③ 1,200,000원 ④ 1,300,000원

15. 다음은 정상원가계산을 사용하는 ㈜명인의 20x1년 1년 동안의 제조간접비 계정별원장으로 배부차이를 조정하기 직전 기록이며, 다음과 같이 회계처리 하였다. 다음 설명 중 틀린 것은?

제조간접원가	
80,000원	50,000원
회계처리 : (차) 매출원가 30,000원	(대) 제조간접원가 30,000원

① 20x1년 실제 제조간접비 발생액은 80,000원이다.

② 제조간접비가 30,000원 과소배부되었다.

③ 예정제조간접비가 실제제조간접비보다 30,000원 과대배부되었다.

④ 제조간접비 배부차액을 매출원가에서 조정하였다.

16. 다음 보조부문 원가배분방법 종류 중 나머지와 성격이 다른 것은?

① 직접배분법   ② 단계배분법   ③ 상호배분법   ④ 이중배분율법

17. 다음은 ㈜판타지의 제조간접원가 관련 자료이다. ㈜판타지가 직접노동시간을 기준으로 제조간접원가를 배부할 때 6월의 제조간접원가의 예정배부액은 얼마인가?

- 1년간 제조간접원가 예산 : 6,000,000원
- 1년간 예상직접노동시간 : 20,000시간
- 6월의 실제직접노동시간 : 2,000시간

① 500,000원   ② 550,000원   ③ 600,000원   ④ 650,000원

18. 다음 중 공손에 대한 설명으로 틀린 것은?

① 비정상공손은 생산과정에서 어쩔 수 없이 발생하는 공손이 아닌 것으로, 제조 활동을 효율적으로 수행하면 방지할 수 있는 통제 가능한 공손이다.

② 작업폐물이란 투입된 원재료로부터 발생하는 찌꺼기나 조각을 말하며, 판매가치가 상대적으로 작은 것을 말한다.

③ 공손품이란 정상품에 비하여 품질이나 규격이 미달하는 불합격품을 말한다.

④ 정상공손원가는 기말재공품이 검사시점을 통과하였으면 완성품에만 배분하고, 기말재공품이 검사시점을 미통과하였으면 완성품과 기말재공품에 배분한다.

19. 다음 중 제조원가의 흐름에 맞는 회계처리 방법으로 틀린 것은?

① 생산과정에 투입된 재료는 차변에 재공품으로 인식한다.

② 정상적인 재료의 분실이나 파손은 차변에 영업외손실로 인식한다.

③ 생산이 완료된 재공품은 차변에 제품으로 인식한다.

④ 판매된 제품은 차변에 매출원가로 인식한다.

20. ㈜씽크는 두 개의 제조부문 A, B와 두 개의 보조부문 S1, S2를 두고 있다. 보조부문의 원가는 단계배분법을 사용하여 각 소비부문에 배부하며 보조부문 S1부터 배분한다고 할 때, 제조부문 A에 배분해야 하는 보조부문 총원가는 얼마인가?

소비부문 제공부문	제조부문		보조부문	
	A	B	S1	S2
부문별 원가	?	?	150,000원	45,000원
S1	30%	50%		20%
S2	70%	10%	20%	

① 76,500원 ② 84,375원 ③ 95,500원 ④ 110,625원

21. 다음 중 부문별로 발생하는 원가를 집계한 후 이를 다시 제품별로 배부하는 방법에 대한 설명으로 틀린 것은?

① 원가부문은 제조부문과 보조부문으로 구분한다.

② 보조부문을 지원부문이나 서비스부문으로 부르기도 한다.

③ 보조부문은 외부고객에게 서비스를 제공하는 부문이다.

④ 제조부문은 직접 제조작업을 수행하는 부문이다.

22. 다음 중 '주산품 이외에 부수적으로 생산되는 제품으로서 보통 수익 면에서 상대적으로 가치가 거의 없는 제품'은 무엇인가?

① 공손품 ② 연산품 ③ 작업폐물 ④ 감손품

23. 정상개별원가계산을 사용하는 ㈜대한의 제품 제조와 관련하여 20x1년도에 발생한 원가 관련 자료는 아래와 같다. 제조간접원가 예정배부율을 계산하기 위해서 사용된 예정제조간접원가는 얼마인가?

• 실제제조간접원가 600,000원	• 예정 기계작업시간 80,000시간
• 실제기계작업시간 70,000시간	• 제조간접원가 배부액 560,000원

① 490,000원　　　② 560,000원　　　③ 600,000원　　　④ 640,000원

24. 다음 중 표준원가계산에 대한 설명으로 틀린 것은?

① 원가요소의 표준은 수량과 가격에 대하여 각각 설정한다.

② 표준배부율은 예산제조간접원가를 기준조업도로 나눈 배부율이다.

③ 변동제조간접원가 능률차이는 변동제조간접원가 배부율의 차이에 대한 원가차이를 말한다.

④ 고정제조간접원가 소비차이는 실제고정제조간접원가와 예산고정제조간접원가의 차이이다.

25. 다음은 ㈜프로도의 종합원가계산 내역이다. 평균법에 의하여 기말재공품의 재료비 완성품환산량을 계산하면 몇 개인가?

• 기초재공품	0개	• 완성품	6,000개
• 당기착수량	8,000개	• 기말재공품(50%)	2,000개
• 당기 착수 : 재료비 2,160,000원, 가공비 1,600,000원			
• 원재료는 공정 80% 시점에 투입되며, 가공비는 공정 전반에 걸쳐 투입된다.			

① 0개　　　② 1,000개　　　③ 2,000개　　　④ 3,000개

제73회 기업회계 2급 답안 및 해설

1부 재무회계

1	2	3	4	5	6	7	8	9	10	11	12	13	14	15
①	①	③	①	④	③	②	①	②	④	③	③	③	②	②

16	17	18	19	20	21	22	23	24	25					
②	①	③	③	③	③	③	②	①	④					

01. 재무제표는 특정 기업실체에 관한 정보를 제공하며, **산업 또는 경제 전반에 관한 정보를 제공하지는 않는다.**

02. 상품 판매시점, 즉 소비자가 물품을 구매하고 상품권으로 결제하는 경우에 해당하며, 현금액은 상품권 액면가에서 잔액을 환급해 주는 금액이다. 매출로 인식하는 금액은 27,600,000원이다.

03. 현금성자산 = 보통예금(100,000) + 우편환증서(20,000) + 만기도래한 공채이자표(40,000)

        + 국세환급통지서(20,000)**+ 만기 3개월 이내 도래** 양도성예금증서(20,000)

        = 200,000원

04.

대손충당금

대손	2,800	기초	5,000
기말①	*10,000*	*대손상각비(설정?)②*	*7,800*
계	12,800	계	12,800

05. **유가증권이 상장 폐지되어 시장성을 잃더라도 그것이 반드시 손상차손의 증거가 되지는 않는다.**

06. 처분손익 = [처분가액(23,000) - 취득가액(20,000)] × 50주 = 150,000원(이익)

    평가손익 = [공정가액(21,000) - 취득가액(20,000)] × 50주 = 50,000원(이익)

    당기손익 = 처분이익(150,000) + 평가이익(50,000) - 수수료비용(30,000) = 170,000원(이익)

07. 선적지 인도 조건으로 판매한 상품은 판매한 상품으로 구매자의 재고자산이다.

    도착지 인도 조건으로 구입한 상품은 도착 전이므로 판매자의 재고자산이다.

    재고자산 = 실지재고액(600,000) + 위탁품(150,000) = 750,000원

08. 감모손실 = **기말 재고자산 취득단가(25,000)** × 재고자산 감모수량(10개) = 250,000원

09. 유형자산과 관련된 산출물에 대한 수요가 형성되는 과정에서 발생하는 **초기 가동손실은 취득원가에 가산하지 아니한다.**

10. ① 정률법은 경우 장부가액(2,000,000) 즉, **미상각잔액을 감가상각대상금액**으로 한다.

② x1년 감가상각비 = 감가상각대상금액(2,000,000) × 상각률(45%) = 900,000원

③ x1년 말 기계장치 장부가액 = 취득가액(2,000,000) - 감가상각누계액(900,000) = 1,100,000원

유형자산 취득 이후의 수익적 지출은 발생 시 당기 비용으로 회계처리한다. 따라서 성능을 유지하기 위한 소모품 교체비용 20,000원은 당기 비용으로 처리하고, **기계장치의 20x1년 감가상각비 계산에 영향을 미치지 않는다.**

11. 이종자산 간의 교환으로 **취득한 자산의 취득원가는 제공한 자산의 공정가치로 측정**한다

특허권 취득가액 = 공정가액(6,000) × 발행주식수(6,000주) = 36,000,000원

상각비 = 특허권 취득가액(36,000,000) ÷ 내용연수(5) = 7,200,000원

12. 20x1.01.01. 장기미수금 현재가치 = 처분대금(300,000) × 현가계수(0.75131) = 225,393원

연도	유효이자(A) (BV × 유효이자율(10%))	할인차금상각	장부금액 (BV)
20x1. 1. 1			225,393
20x1.12.31	22,539	22,539	*247,932*

13. 신주발행 = 발행가액(4,000원 × 100주 - 10,000) - 액면가(5,000 × 100주) = △110,000원(할인발행)

주식할인발행차금 = 잔액(50,000) + 신주발행(110,000) = 160,000원

14. 중립성으로 신뢰성에 해당하는 내용이다.

15. 자기주식은 취득원가를 자기주식의 과목으로 하여 자본조정으로 회계처리한다.

16. 시장이자율이 큰 경우 할인 발행한다.

17. x2년말 감가상각누계액 = [취득원가(2,000,000) - 잔존가치(200,000)] × 경과연수(3)/내용연수(4)

= 1,350,000원

x2년말 장부가액 = [취득원가(2,000,000) - 감가상각누계액(1,350,000)] = 650,000원

x3년 감가상각비 = [장부가액(650,000) - 잔존가치(100,000)] ÷ 잔여내용연수(2) = 275,000원

18. 당기에 발견한 전기 또는 그 이전기간의 중대하지 아니한 오류는 당기 손익계산서에 영업외손익 중 전기오류수정손익으로 보고하고, **중대한 오류는 이월이익잉여금**의 전기오류수정손익으로 처리한다.

19. 순매입액 = 총매입액(500,000) - 매입에누리(6,000) - 매입할인(4,000) = 490,000원

재고자산

기초재고	40,000	매출원가	450,000
순매입액	490,000	기말재고	80,000
계	530,000	계	530,000

순매출액 = 매출원가(450,000) + 매출총이익(90,000) = 540,000원

총매출액 = 순매출액(540,000) + 매출할인(7,000) + 매출환입(3,000) = 550,000원

20. 감가상각비 = [취득가액(190,000) - 잔존가치(10,000)]/5년 × 4/12(월할) = 12,000원이다.

소모품비를 대변계정에서 취소하고 비품을 차변에 계상하면서 감가상각비를 계상하여야 한다.

21. 영업용 토지의 구입은 투자활동으로 인한 현금흐름에 해당한다.

22. 단기매매증권의 경우 구입수수료는 당기비용처리한다. 따라서 취득원가는 7,000,000원이다. 기말에 당기손익은 800,000원(당기손익인식평가이익 1,000,000원 - 수수료비용 200,000원) 증가한다. 매도가능증권의 경우 구입수수료는 취득원가에 포함된다. 기말에 포괄손익은 800,000원(공정가치 8,000,000원 - 취득원가 7,200,000원) 증가한다.

- 따라서 단기매매증권과 매도가능증권의 취득원가와 당기순이익은 다르다. 그러나 **당기순이익의 증가나 포괄이익의 증가는 자본을 동일하게 증가**시킨다. 단기매매증권은 유동자산, 매도가능증권은 비유동자산으로 분류한다.

23. 현재가치 평가에 사용하는 할인율은 그 부채의 고유한 위험과 화폐의 **시간가치에 대한 현행 시장의 평가를 반영한 세전 이율이다.**

24. 자기주식처분손실, 감자차손, 매도가능증권평가이익은 자본항목으로 당기손익에 영향을 주지 않는다.

25. 유형자산의 **감가상각방법은 정액법, 정률법, 생산량비례법** 중 하나를 선택한다.

2부 원가회계

1	2	3	4	5	6	7	8	9	10	11	12	13	14	15
③	③	④	③	③	③	④	④	④	②	③	③	①	③	③

16	17	18	19	20	21	22	23	24	25
④	③	④	②	④	③	③	④	③	①

01. 제품 추적가능성에 따른 원가 분류는 직접비와 간접비이다.

02. 직접재료원가는 가공원가에 해당하지 않는다.

03. 당기총제조원가 = 직접재료비(102,000) + 직접노무비(79,000) + 제조간접원가(55,000) = 236,000원

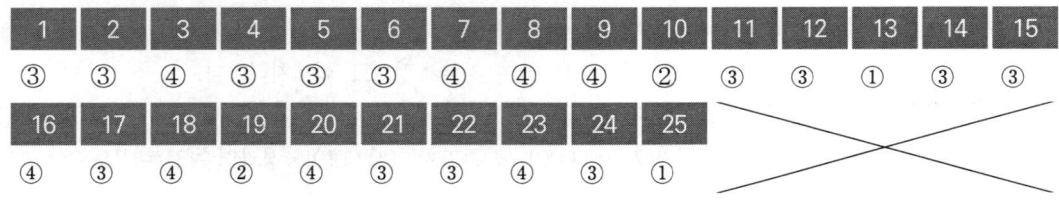

원재료			
기초	45,000	직접재료비	102,000
매입	95,000	기말	38,000
계	140,000	계	140,000

⇒

재공품			
기초	47,000	*당기제품제조원가*	*227,000*
당기총제조원가	236,000	기말	56,000
계	283,000	계	283,000

04. 다품종소량생산업종은 개별원가계산이 적합하다.

05.

원재료			
기초재고	5,000	직접재료비	49,000
구입	52,000	기말재고	8,000
계	57,000	계	57,000

제조간접원가 = 총제조원가(120,000) - 직접재료비(49,000) - 직접노무비(30,000) = 41,000원

06. 본사 건물에 대한 화재보험료는 판매비와관리비에 해당하므로 비제조원가이다.

07. 〈판매가치법〉

제품	생산량	단위당가격	총판매가격	배부율	배부액
A	1,500	300	450,000	60%	180,000
B	1,500	200	300,000	40%	120,000
계	3,000		750,000	100%	**300,000**

결합원가총액 = B결합원가 배부액(120,000)/배부율(40%) = 300,000원

08. 매출원가조정법은 과소배부 및 과대배부에 대한 배부차이를 전액 매출원가에서 조정하는 방법이며, **비례배분법은 배부차이를 재공품, 제품, 매출원가에서 조정**하는 방법이다. 따라서 이들 방법에 따르면 **원재료 계정에서는 배부차이를 조정하지 않는다.**

09. 직접재료비와 직접노무비는 실제발생액으로 하고 제조간접비는 배분기준에 따라 배부하는 원가계산 방법은 정상개별원가계산이다.

10. 관련 범위 내에서 **변동비의 단위당 원가는 일정**하다.

11. 소품종 대량생산방식은 종합원가계산에 대한 설명이다.

12.

AQ	AP	SQ	SP
		10시간	
	2,300,000원		−

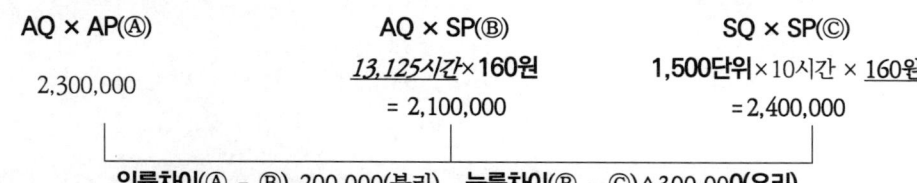

AQ × AP(Ⓐ)   AQ × SP(Ⓑ)   SQ × SP(Ⓒ)

2,300,000   *13,125시간*×**160원**   **1,500단위**×10시간 × **160원**

= 2,100,000   = 2,400,000

임률차이(Ⓐ − Ⓑ) 200,000(불리)   **능률차이**(Ⓑ − Ⓒ)△300,000**(유리)**

13. 선입선출법은 평균법에 비해 원가계산이 더 복잡하다.

14. 〈순실현가치법〉

제품	생산량	단위당 가격	총판매 가격	추가가공 원가	순실현가치	배부율	결합원가 배부액
A	5.000	900	4,500,000	500,000	4,000,000	40%	*1,200,000*
B	4,000	1,700	6,800,000	800,000	6,000,000	60%	1,800,000
계					10,000,000	100%	3,000,000

15. 배부차이에 대해서 매출원가에 가산하였으므로 예정제조간접비가 실제제조간접비보다 30,000원 과소배부되었다.

16. 이중배분율법은 보조부문 상호관계가 아닌 원가형태에 의한 배분방법이다.

17. 제조간접비 예정배부율 = 예산(6,000,000)÷예정조업도(20,000) = 300원/시간

예정배부액 = 실제조업도(300)×예정배부율(2,000) = 600,000원

18. 정상공손원가는 기말재공품이 검사시점을 통과하였으면 완성품과 기말재공품에 배분하고, **기말재공품이 검사시점을 미통과하였으면 완성품에만 배분**한다.

19. 재료의 분실이나 파손은 재고감모손실로 인식하며 **비정상적으로 발생한 경우에는 영업외손실**로 처리하고 금액이 적고 통상적으로 발생하면 제조경비로 인식한다.

20. 〈단계배분법 S1부터 먼저 배부〉

소비부문 제공부문	보조부문		제조부문	
	S1	S2	A	B
배분 전 원가	150,000원	45,000원	–	–
S1(20%,30%,50%)	(150,000원)	30,000원	45,000원	75,000원
S2(70%,10%)		(75,000원)	65,625원	9,375원
배분 후 원가	0원	0원	*110,625원*	84,375원

21. 보조부문은 외부고객이 아니라 **내부고객인 다른 부문에게 지원서비스를 제공하는 부문**이다.

23. 제조간접원가 예정배부율 = 제조간접원가 배부액(560,000) ÷ 실제기계작업시간(70,000)

    = 8원/시간

    예정제조간접원가 = 예정 기계작업시간(80,000) × 예정배부율(8) = 640,000원

24. 변동제조간접원가 배부율의 차이(AP - SP)에 대한 원가차이를 변동제조간접원가 소비차이, **배부기준량의 차이(AQ - SQ)에 의한 원가차이를 변동제조간접원가 능률차이**라고 한다.

25. **공정의 80% 시점에 원재료가 투입**되므로 **기말재공품(50%)에는 원재료가 투입되어 있지 않다.**

제72회 기업회계 2급

합격율	시험년월
24%	2022.04

1부 재무회계

01. 다음 중 재무회계개념체계에 대한 설명으로 틀린 것은?

① 경영자는 회계기준에 근거하여 진실되고 적정한 재무제표를 작성하여야 한다.

② 재무정보가 갖추어야 할 가장 중요한 질적특성은 목적적합성과 비교가능성이다.

③ 재무제표는 일정한 가정 하에서 작성되며, 그러한 기본가정으로는 기업실체, 계속기업 및 기간별 보고를 들 수 있다.

④ 재무제표는 특수한 목적의 정보를 필요로 하는 일부 정보이용자의 요구까지 모두 충족시키는 것은 아니다.

02. 다음 중 발생주의에 의한 회계처리에 해당하는 것을 모두 고른 것은?

가. 상품의 시용판매의 경우 구입의사표시가 있을 때 매출을 인식하는 것
나. 무형자산에 대한 무형자산상각비를 계상하는 것
다. 종업원에 대한 퇴직급여충당부채를 계상하는 것
라. 매출채권에 대한 대손충당금을 계상하는 것

① 가, 나
② 가, 다
③ 나, 다, 라
④ 가, 나, 다, 라

03. 다음 중 현금및현금성자산에 대한 설명으로 틀린 것은?

① 기업의 유동성 판단에 중요한 정보이므로 유동자산에 별도 항목으로 구분하여 표시한다.

② 통화 및 타인발행수표 등 통화대용증권과 당좌예금, 보통예금이 포함된다.

③ 사용의 제한이 있는 예금을 포함한다.

④ 현금으로 전환이 용이하고 이자율 변동에 따른 가치변동의 위험이 경미한 금융상품으로서 취득 당시 만기일이 3개월 이내인 금융상품이 포함된다.

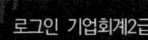

04. 다음 중 유가증권에 관한 설명으로 틀린 것은?

① 단기매매증권과 매도가능증권은 공정가치로 평가한다.

② 단기매매증권이 시장성을 상실한 경우에는 매도가능증권으로 분류하여야 한다.

③ 매도가능증권은 만기보유증권으로 재분류할 수 있으며 만기보유증권은 매도가능증권으로 재분류할 수 있다.

④ 유가증권과목의 분류를 변경할 때에는 재분류일 현재의 장부가액으로 변경한다.

05. 다음 기말 자료에서 유동자산의 합계액과 당좌자산의 합계액으로 올바른 것은?

• 보통예금 : 540,000원	• 원재료 : 1,500,000원	• 제품 : 2,100,000원
• 장기대여금 : 500,000원	• 영업용차량 : 2,000,000원	• 단기금융상품 : 1,200,000원

	유동자산	당좌자산		유동자산	당좌자산
①	540,000원	3,600,000원	②	5,340,000원	1,740,000원
③	540,000원	1,500,000원	④	1,740,000원	2,100,000원

06. 다음은 ㈜보람의 외상매출과 관련된 자료이다. 당기에 발생한 외상매출금은 얼마인가?

• 기초 외상매출채권 잔액 : 400,000원

• 당기 외상매출 총회수액 : 당기 발생한 외상매출금액의 75%

• 기말 외상매출채권 잔액 : 650,000원

① 1,000,000원   ② 1,120,000원

③ 1,270,000원   ④ 1,330,000원

07. ㈜대한의 20x1년도 주식거래 내역은 아래와 같다. ㈜대한이 취득한 주식을 모두 매도가능증권으로 분류할 경우 ㈜대한의 20x1년도 기말 재무제표에 보고될 항목과 금액으로 올바른 것은?

• 20x1년 07월 12일 : 주식 500주를 주당 10,000원에 취득하고 거래수수료 50,000원을 지급함.

• 20x1년 09월 25일 : 주식 200주를 주당 10,500원에 매각함.

• 20x1년 12월 31일 : 주식의 공정가액은 주당 9,600원임.

① 매도가능증권 2,880,000원, 매도가능증권평가손실 120,000원

② 매도가능증권 2,880,000원, 매도가능증권평가손실 150,000원

③ 매도가능증권 3,000,000원, 매도가능증권처분이익 100,000원

④ 매도가능증권 3,030,000원, 매도가능증권처분이익 80,000원

08. 다음 중 재고자산의 저가법 적용에 대한 설명으로 틀린 것은?

① 재고자산을 저가법으로 평가하는 경우 재고자산의 시가는 순실현가능가치를 말한다.

② 재고자산 평가를 위한 저가법은 서로 유사하거나 관련있는 항목들을 통합하여 적용할 수 없다.

③ 재고자산평가손실은 재고자산의 차감계정으로 표시하고 매출원가에 가산한다.

④ 원재료를 투입하여 완성할 제품의 시가가 원가보다 높을 때는 원재료에 대하여 저가법을 적용하지 아니한다.

09. ㈜한세는 총평균법을 사용하여 재고자산의 단가를 산정하며, ㈜한세의 20x1년도 재고자산 매입과 매출 내역은 아래의 자료와 같다. ㈜한세의 20x1년도 손익계산서에 보고된 매출총이익이 720,000원일 때 다음 중 ㈜한세의 20x1년 매출액으로 올바른 것은?

일자	구분	수량	단위당 가격
01월 01일	전기이월	100개	900원
05월 10일	매입	300개	1,000원
09월 07일	매출	200개	?
11월 14일	매입	500개	1,200원
12월 23일	매출	400개	?

① 990,000원 ② 1,050,000원

③ 1,340,000원 ④ 1,380,000원

10. ㈜명인의 20x1년 기말재고자산 내역이 다음과 같을 때, 20x1년 당기 손익에 미치는 영향은 얼마인가?

- 장부상 재고자산 : 1,000개
- 단위당 원가 : 1,000원
- 조사에 의한 실제 재고수량 : 800개
- 단위당 시가 : 900원

① 당기순이익 80,000원 감소

② 당기순이익 200,000원 감소

③ 당기순이익 240,000원 감소

④ 당기순이익 280,000원 감소

11. 다음 중 유형자산의 원가에 대한 설명으로 틀린 것은?

① 현물출자, 증여, 기타 무상으로 취득한 유형자산은 공정가치를 취득원가로 한다.

② 유형자산을 사용하거나 이전하는 과정에서 발생하는 원가는 당해 유형자산의 장부금액에 포함하여 인식하지 아니한다.

③ 유형자산의 취득 또는 완성 후의 지출이 내용연수 연장을 가져오는 경우 자본적지출로 처리한다.

④ 건물을 신축하기 위하여 사용 중인 기존 건물을 철거하는 경우에 발생한 철거비용은 신축 건물의 취득원가에 포함한다.

12. ㈜신라는 20x0년 1월 1일 기계장치를 취득하였다. 취득원가는 10,000,000원, 내용연수는 5년, 감가상각방법은 정액법, 잔존가액은 없다. 20x1년 말 동 자산의 진부화로 손상차손 3,000,000원을 인식하였다. ㈜신라가 20x2년에 인식할 감가상각비는 얼마인가?

① 600,000원

② 1,000,000원

③ 1,500,000원

④ 2,000,000원

13. ㈜용화는 20x1년 1월 1일 기존 건물이 있는 토지를 업무 사용 목적으로 20,000,000원에 일괄 취득하였다. 취득 시 토지와 건물에 대한 취득세 1,600,000원을 납부하였으며, 취득 당시 토지와 건물의 공정가치는 각각 15,000,000원과 5,000,000원이었다. 건물은 내용연수 10년, 정액법(잔존가액 없음)으로 감가상각할 때, 다음 중 틀린 것은?

① 취득세 중 건물의 취득원가에 포함되는 금액은 400,000원이다.

② 건물의 취득원가는 5,400,000원이다.

③ 토지의 취득원가는 16,000,000원이다.

④ 건물의 감가상각비는 540,000원이다.

14. ㈜고려는 신제품 개발을 위한 연구 및 개발 활동을 하고 있으며, 20x1년 중에 연구 및 개발 활동에 대한 지출내역은 다음과 같다. 개발 활동 관련 지출액은 모두 무형자산의 인식기준을 충족하고, 10월 1일부터 신제품에 대한 사용이 가능하며, 개발비는 5년 동안 정액법으로 월할상각한다. ㈜고려의 20x1년 연구 및 개발 활동 관련 지출액이 당기손익에 미치는 영향은 얼마인가?

| • 20x1년 2월 연구 활동 지출액 500,000원 | • 20x1년 8월 개발 활동 지출액 1,000,000원 |

① 500,000원 감소

② 550,000원 감소

③ 700,000원 감소

④ 1,500,000원 감소

15. 20x1년 1월 1일 ㈜대부는 액면금액 10,000,000원, 표시이자율 5%(매년 말 이자 지급), 만기 20x1년 12월 31일인 사채를 발행하였다. 사채발행일의 유효이자율이 6%일 경우, 다음 설명 중 틀린 것은?

① 사채는 할인발행된다.

② 사채발행차금의 상각액은 매년 증가한다.

③ 사채의 이자비용은 매년 증가한다.

④ 현금으로 지급되는 액면이자는 매년 증가한다.

16. 다음 중 부채에 대한 설명으로 틀린 것은?

① 부채는 기업실체가 현재 시점에서 부담하는 경제적 의무이다.

② 부채는 과거의 거래나 사건으로부터 발생한다.

③ 부채는 금액이 반드시 확정되어야 한다.

④ 부채는 채권자의 권리의 포기 또는 상실 등에 의해 소멸되기도 한다.

17. ㈜백제의 20x1년 말 자본구성항목이 다음과 같을 때 기말 재무상태표에 자본잉여금과 자본조정으로 표시될 금액은 얼마인가?

• 이익준비금 : 350,000원	• 감자차익 : 350,000원
• 주식발행초과금 : 500,000원	• 자기주식처분이익 : 700,000원
• 출자전환채무 : 600,000원	• 매도가능증권평가이익 : 150,000원

	자본잉여금	자본조정		자본잉여금	자본조정
①	1,550,000원	600,000원	②	1,250,000원	750,000원
③	1,150,000원	500,000원	④	1,050,000원	850,000원

18. 다음 중 이익잉여금처분계산서 작성 시 미처분이익잉여금에 가감하여 표시하는 항목이 아닌 것은?

① 전기이월이익잉여금

② 당기순이익

③ 중간배당액

④ 현금배당과 주식배당

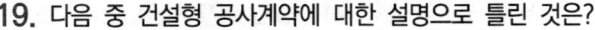

19. 다음 중 건설형 공사계약에 대한 설명으로 틀린 것은?

① 당기공사수익은 공사계약금액에 보고기간종료일 현재의 공사진행률을 적용하여 인식한 누적공사수익에서 전기말까지 계상한 누적공사수익을 차감하여 산출한다.

② 공사원가에 포함되는 공사계약체결전 지출은 경과적으로 선급공사원가로 인식한 후 공사개시 후에 공사원가로 대체할 수 있다.

③ 공사와 관련하여 향후 공사손실의 발생이 예상되는 경우에는 예상손실을 즉시 공사손실충당부채로 인식하고 중요 세부내용을 주석으로 기재한다.

④ 공사종료 후에 하자보수 의무가 있는 경우에는 합리적이고 객관적인 기준에 따라 추정된 금액을 진행률에 따라 공사원가에 포함하고, 동액을 하자보수충당부채로 계상한다.

20. 다음 중 회계정책 및 회계추정에 관한 설명으로 틀린 것은?

① 변경된 새로운 회계정책은 소급하여 적용한다.

② 회계정책의 변경에 따른 누적효과를 합리적으로 결정하기 어려운 경우에는 회계변경을 전진적으로 처리하여 그 효과가 당기와 당기 이후의 기간에 반영되도록 한다.

③ 회계추정의 변경은 전진적으로 처리하여 그 효과를 당기와 당기 이후의 기간에 반영한다.

④ 회계변경의 속성상 그 효과를 회계정책의 변경효과와 회계추정의 변경효과로 구분하기가 불가능한 경우에는 이를 회계정책의 변경으로 본다.

21. ㈜케이의 수정후당기순이익이 1,800,000원이며, 결산 시 발견한 수정사항이 다음과 같을 때 수정전당기순이익은 얼마인가?

선수수익 150,000원과 미지급비용 230,000원에 대한 회계처리 누락

① 1,880,000원 ② 2,000,000원
③ 2,180,000원 ④ 2,320,000원

22. 수정후시산표의 각 계정 잔액이 다음과 같이 존재한다고 가정할 경우, 장부 마감 후 다음 회계연도로 이월되는 계정과목의 차변 합계액은 얼마인가?

㉠ 지급임차료 1,000원	㉡ 기계장치 30,000원	㉢ 매출원가 60,000원
㉣ 매출채권 35,000원	㉤ 단기차입금 43,000원	㉥ 매입채무 17,000원

① 60,000원 ② 65,000원
③ 77,000원 ④ 78,000원

23. 다음 중 현금흐름표에 관한 설명으로 틀린 것은?

① 현금흐름표의 정보는 영업활동, 재무활동, 투자활동에 관한 현금흐름이다.

② 투자활동은 현금의 대여와 회수활동, 유가증권·투자자산·유형자산 및 무형자산의 취득과 처분활동 등을 말한다.

③ 재무활동은 현금의 차입 및 상환활동, 신주발행이나 배당금의 지급활동 등과 같이 부채 및 자본 계정에 영향을 미치는 거래를 말한다.

④ 현금흐름표에서 현금이란 현금만을 의미하므로 현금성자산은 포함하지 않는다.

24. ㈜발해의 20x1년 총매출액은 1,000,000원, 매출환입및에누리는 100,000원, 매출할인 20,000원, 기초재고는 400,000원, 총매입액은 600,000원, 매입환출및에누리는 50,000원이다. 매출총이익률이 15%일 때 ㈜발해의 20x1년 말 손익계산서상 매출원가는 얼마인가?

① 748,000원   ② 750,000원   ③ 800,000원   ④ 850,000원

25. [중소기업회계기준] 다음 중 중소기업회계기준상 재무제표에 포함되지 않는 것은?

① 대차대조표   ② 손익계산서

③ 이익잉여금처분계산서   ④ 현금흐름표

■■■■■ 2부 원가회계

01. 다음 중 변동원가에 해당하는 것이 아닌 것은?

① 생산직원에게 지급되는 직접노무원가   ② 조업도의 변동에 따라 투입되는 소모품

③ 공장건물의 화재보험료   ④ 공장의 전력비

02. 다음은 표준원가계산을 채택하고 있는 ㈜한세의 직접노무원가에 대한 자료이다. 직접노무원가의 능률차이가 400,000원 불리한 차이일 경우 임률차이는 얼마인가?

> • 시간당 실제 직접노무원가 : 시간당 5,000원
> • 시간당 직접노무원가 표준임률 : 시간당 4,000원
> • 허용된 표준 직접 작업시간 : 500시간

① 600,000원 불리   ② 600,000원 유리

③ 640,000원 불리   ④ 640,000원 유리

03. 다음 중 등급별 원가계산에 대한 설명으로 옳지 않은 것은?

① 동일 종류의 제품이 동일 공정에서 연속적으로 생산되나 그 제품의 품질 등이 다른 경우에 적용한다.

② 다른 종류의 제품을 조별로 연속하여 생산하는 생산형태에 적용한다.

③ 각 등급품에 대하여 합리적인 배부기준을 정하고 동 배부기준에 따라 당기 완성품 총원가를 안분하여 계산한다.

④ 등급별로 직접원가를 구분하는 것이 가능할 경우 직접원가는 당해 제품에 직접 부과한다.

04. ㈜진해의 당기말 현재 각 계정별 잔액은 다음과 같다. ㈜진해가 제조간접비 배부차액을 기말재공품, 제품, 매출원가에 배분하여 처리한다면 당기순이익 변화금액은 얼마인가?

구분	차변	대변
재공품	1,000원	
제품	2,000원	
매출원가	7,000원	
제조간접비	2,500원	3,000원

① 150원 증가

③ 350원 증가

② 200원 감소

④ 350원 감소

05. ㈜큰손은 장부가액 500,000원인 구형 기계설비를 신형 기계설비로 교체하였다. 구형 기계설비의 장부가액 500,000원에 대한 원가개념은 무엇인가?

① 고정원가

③ 매몰원가

② 투자원가

④ 기회원가

06. 다음의 자료를 바탕으로 원가 분류와 관련하여 가공원가와 기본원가의 합계액은 얼마인가?

• 변동판매비 13,000원	• 직접재료원가 25,000원
• 고정판매비 7,500원	• 직접노무원가 26,000원
• 변동제조간접원가 13,500원	• 고정제조간접원가 6,500원

① 46,000원

③ 75,500원

② 51,000원

④ 97,000원

07. 다음 중 제조원가명세서와 재무제표에 관한 설명으로 옳지 않은 것은?

① 기말제품재고자산이 증가하면 당기순이익은 증가한다.

② 제조원가명세서상의 당기제품제조원가는 손익계산서의 매출원가계산의 구성항목에 해당한다.

③ 제조원가명세서상의 기말원재료재고액은 재무상태표의 원재료 계정에 계상된다.

④ 당기에 발생한 모든 제조원가를 당기제품제조원가라 한다.

08. ㈜대한은 직접배부법을 사용하여 보조부문 원가를 제조부문에 배분한다. 보조부문인 수선부에서 발생한 원가는 300,000원이다. 제조부문인 A공정에 보조부문 원가 275,000원이 배부되었다면 보조부문 중 전력부에서 발생한 원가로 옳은 것은?

소비부문 제공부문	보조부문		제조부문	
	수선부	전력부	A공정	B공정
수선제공(시간)		4,000	3,000	1,000
동력제공(kw)	3,000		1,500	1,500

① 50,000원

② 100,000원

③ 225,000원

④ 370,000원

09. 다음의 경비 중 제품의 원가항목이 아닌 것은?

① 공장 전력비

② 비정상공손원가

③ 정상적 재료감모손실

④ 원재료 운반비

10. ㈜대한은 가중평균법에 의한 종합원가계산을 채택하고 있다. 품질검사는 제품의 완성도 40% 시점에서 이루어지며 당기 품질검사를 통과한 정상품의 2%를 정상공손으로 간주한다. 20x1년도의 제품 생산 관련 자료가 아래와 같을 때 다음 중 ㈜대한의 20x1년도 정상공손수량으로 올바른 것은?

• 기초재공품 수량 5,000단위(완성도 80%)	• 당기착수 수량 20,000단위
• 당기완성 수량 20,500단위	• 기말재공품 수량 4,000단위(완성도 60%)

① 390단위

② 410단위

③ 490단위

④ 500단위

11. ㈜명인의 제품 제조에 관한 자료는 다음과 같다. 기말재공품 재고액은 얼마인가?

- 당기총제조원가 : 15,000,000원
- 당기제품제조원가 : 13,500,000원
- 기초재고자산은 없다.
- 당기매출원가 : 12,500,000원
- 기말 원재료 재고액 : 2,000,000원

① 1,500,000원
② 2,500,000원
③ 3,500,000원
④ 4,500,000원

12. 다음 중 결합원가를 배부하는 방법으로 틀린 것은?

① 분리점판매가치법
② 이중배분율법
③ 균등이익률법
④ 물량기준법

13. 다음의 원가배분 절차를 올바른 순서대로 나열한 것은?

(가) 배부기준과 방법 선택	(나) 원가대상 설정	
(다) 원가집합 설정	(라) 배분율 계산	(마) 원가배분

① (가)→(나)→(다)→(라)→(마)
② (나)→(다)→(가)→(라)→(마)
③ (다)→(나)→(가)→(라)→(마)
④ (가)→(다)→(나)→(라)→(마)

14. ㈜미래는 선입선출법에 의한 종합원가계산을 채택하고 있다. 재료는 공정의 착수 시점에 전량 투입되고 가공원가는 공정 전반에 걸쳐 균등하게 발생한다. 당기 가공원가의 완성품환산량 단위당원가는 몇 원인가?

구분	물량 단위	가공원가 완성도	재료원가	가공원가
기초재공품 수량	500개	50%	400,000원	300,000원
당기투입 수량	9,000개		900,000원	406,250원
당기완성품 수량	8,000개			
기말재공품 수량	1,500개	25%		

① 50원
② 100원
③ 150원
④ 200원

15. 다음 중 정상원가계산에서 제조간접비 배부차이에 관한 설명으로 틀린 것은?

① 실제제조간접비와 제조간접비배부액의 차이를 배부차이라 한다.

② 제조간접비배부액이 실제제조간접비보다 큰 경우를 과대배부라 한다.

③ 배부차이를 매출원가에서 전액 조정하는 경우 제조간접비 과소배부액은 매출원가에서 차감한다.

④ 제조간접원가 실제발생액은 제조간접원가(통제)계정의 차변에 집계된다.

16. 다음 중 종합원가계산에서 완성품환산량 계산 시 완성도가 항상 100%인 것은?

① 노무원가
② 직접재료비
③ 전공정대체원가
④ 가공원가

17. ㈜발해는 제조간접비를 기계작업시간을 기준으로 배부한다. 20x1년 초 제조간접비 예상액은 3,000,000원, 예상 기계작업시간은 30,000시간이다. 20x1년 말 실제로 발생한 제조간접비는 2,800,000원, 실제 기계작업시간은 35,000시간이라고 할 때, 제조간접비 배부차이는 얼마인가?

① 200,000원 초과배부

② 200,000원 부족배부

③ 700,000원 초과배부

④ 700,000원 부족배부

18. ㈜트리는 결합원가를 투입하여 제1공정에서 연산품 X와 Y를 생산하고 있으며 20x1년 생산량 및 원가 자료는 다음과 같다. ㈜트리가 순실현가능가치를 기준으로 결합원가를 제품에 배분하는 경우 ㈜트리의 20x1년에 발생한 결합원가 총액은 얼마인가?

구분	X	Y	계
결합원가	?	30,000원	?
생산량	300개	200개	
단위당 판매가격	2,500원	2,000원	
단위당 판매비	1,500원	1,000원	

① 45,000원
② 60,000원
③ 75,000원
④ 80,000원

19. 다음 중 부산물에 대한 설명으로 올바른 것은?

① 주산물의 수익에 비해 적은 수익을 창출하는 제품

② 작업폐물로 처리될 원료로부터 생산된 제품

③ 동일한 종류의 원재료를 투입하여 동시에 생산되는 서로 다른 2종 이상의 제품

④ 주산물보다 더 높은 판매가치를 가지는 제품

20. 다음 중 개별원가계산에 대한 설명으로 틀린 것은?

① 종류, 크기, 모양 등이 상이한 제품을 주문 등에 의하여 개별적으로 생산하는 기업이 사용하는 원가계산방식이다.

② 조선업, 건설업 등의 업종에 적합하다.

③ 재료비와 가공비에 대하여 완성품환산량을 사용하여 계산한다.

④ 다품종 소량 생산하는 업종에 적합하다.

21. ㈜한국은 선입선출법에 의한 종합원가계산을 사용한다. 제2공정의 물량 흐름에 관한 자료는 다음과 같다. 제2공정에서 직접재료가 가공원가 완성도 40%에서 투입된다면 직접재료원가와 가공원가의 당기작업량의 완성품환산량은 각각 얼마인가?

구 분	물량단위	가공원가완성도
기초재공품 수량	700개	50%
전공정대체량	5,300개	
당기완성품 수량	5,700개	
기말재공품 수량	300개	70%

	직접재료원가	가공원가		직접재료원가	가공원가
①	5,300개	5,700개	②	5,300개	5,560개
③	6,000개	5,700개	④	6,000개	5,560개

22. ㈜희망은 제품의 제조 공정상 발생하는 부산물의 생산이 완료되었을 때 부산물의 순실현가치를 주산물에 배부한다. 부산물의 판매가격은 50,000원, 판매비용은 30,000원이라고 할 때 주산물에 배부할 부산물 금액은 얼마인가?

① 0원

② 20,000원

③ 30,000원

④ 50,000원

23. 다음의 제조원가명세서에 대한 설명으로 틀린 것은?

제조원가명세서		
1. 직접재료비		1,300,000원
기초재료재고액	400,000원	
당기매입액	1,200,000원	
기말재료재고액	300,000원	
2. 직접노무비		( )
3. 제조경비		2,400,000원
4. 당기총제조비용		4,700,000원
5. 기초재공품원가		( )
6. 합계		6,500,000원
7. 기말재공품원가		( )
8. 당기제품제조원가		5,500,000원

① 기말재공품원가는 1,000,000원이다.   ② 기본원가는 2,300,000원이다.

③ 기초재공품원가는 1,800,000원이다.   ④ 가공원가는 4,100,000원이다.

24. ㈜한세는 보조부분의 원가를 이중배분율법에 의하여 배부하고자 한다. 다음 중 보조부문의 원가를 용역 제공량 기준으로 이중배분율법에 따라 제조부문에 배분하는 방법으로 올바른 것은?

	변동원가	고정원가		변동원가	고정원가
①	실제사용량	실제사용량	②	실제사용량	최대사용량
③	최대사용량	최대사용량	④	최대사용량	실제사용량

25. ㈜손수는 20x1년 한 해 동안 #1, #2, #3 세 가지 작업을 착수하였고, 작업별 실제발생원가와 실제발생 기계시간은 다음과 같다. 완성된 세 가지 작업에 대하여 연말에 집계된 실제제조간접원가는 35,000원 이다. 기계시간기준을 이용하여 배부하는 경우 각 작업에 배부되는 제조간접원가는 얼마인가?

	#1	#2	#3	합계
직접재료원가	6,000원	5,000원	9,000원	20,000원
직접노무원가	7,000원	11,000원	22,000원	40,000원
기계시간	1,000시간	1,200시 간	1,800시간	4,000시간

	#1	#2	#3
①	8,000원	10,000원	17,000원
②	8,750원	10,500원	15,750원
③	8,000원	9,000원	18,000원
④	6,000원	10,000원	19,000원

제72회 기업회계2급 답안 및 해설

■■■■ 1부 재무회계

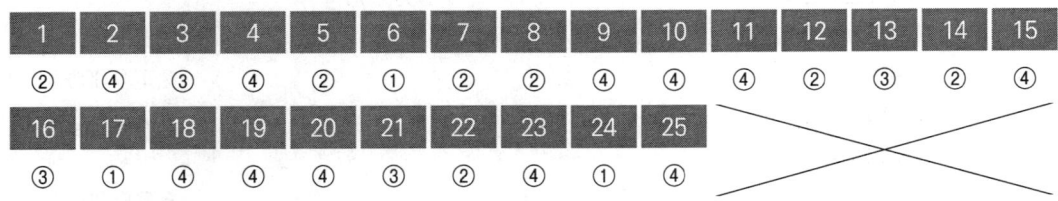

1	2	3	4	5	6	7	8	9	10	11	12	13	14	15
②	④	③	④	②	①	②	②	④	④	④	②	③	②	④

16	17	18	19	20	21	22	23	24	25
③	①	④	④	④	③	②	④	①	④

01. 재무정보가 갖추어야 할 **가장 중요한 질적특성은 목적적합성과 신뢰성**이다.

02. 발생주의 회계의 기본적인 논리는 발생기준에 따라 수익과 비용을 인식하는 것이다. 발생기준은 기업실체의 경제적 거래나 사건에 대해 관련된 수익과 비용을 그 현금유출입이 있는 기간이 아니라 당해 거래나 사건이 발생한 기간에 인식하는 것을 말한다.

03. 현금성자산은 사용의 제한이 없어야 한다.

04. 유가증권과목의 분류를 변경할 때에는 **재분류일 현재의 공정가치로 평가한 후 변경**한다.

05. 당좌자산 = 보통예금(540,000) + 단기금융상품(1,200,000) = 1,740,000원

유동자산 = 재고자산(원재료 1,500,000 + 제품 2,100,000) + 당좌자산(1,740,000) = 5,340,000원

06.

외상매출금

기초잔액	400,000	회수액	0.75X
외상매출액	X	기말잔액	650,000
계	400,000 + X	계	0.75X + 650,000

400,000 + X = 0.75X + 650,000 ∴X(당기외상매출액) = 1,000,000원

07. 취득가액 = 500주 × 10,000 + 부대비용(50,000) = 5,050,000원

처분가액 = 200주 × 10,500원 = 2,100,000원

처분손익 = 처분가액(2,100,000) – 취득가액(200주 × 5,050,000/500주) = 80,000원(처분이익)

기말공정가액(매도가능증권) = 300주 × 9,600 = 2,880,000원

평가손익 = 공정가액(2,880,000) – 취득가액(300주 × 5,050,000/500주) = △150,000원(평가손실)

08. 재고자산 평가를 위한 **저가법은 항목별로 적용**한다 그러나 경우에 따라서는 **서로 유사하거나 관련있는 항목들을 통합하여 적용하는 것이 적절**할 수 있다.

09. 재고자산 단위당원가 = (100개 × 900원 + 300개 × 1,000원 + 500개 × 1,200원) ÷ 900개 = 1,100원

매출원가 = 매출수량 600개 × 단위당원가(1,100) = 660,000원

매출액 = 매출원가(660,000) + 매출총이익(720,000) = 1,380,000원

10. 감모손실 = [장부상(1,000개) - 실제(800개)] × 단위당원가(1,000원) = 200,000원

   평가손실 = 실제(800개) × [단위당 원가(1,000) - 단위당 시가(900)] = 80,000원

   감모손실(200,000) + 재고자산평가손실(80,000) → 당기순이익 280,000원 감소

11. 건물을 신축하기 위하여 사용 중인 기존 건물을 철거하는 경우 그 **건물의 장부금액은 제거하여 처분손실로 반영**하고, **철거비용은 전액 당기비용**으로 처리한다.

12. 20x1년 말 감가상각누계액 = 취득원가(10,000,000) × 2년/5년 = 4,000,000원

   20x1년 말 장부가액 = 취득원가(10,000,000) - 감가상각누계액(4,000,000) - 손상차손(3,000,000)
   = 3,000,000원

   20x2년 감가상각비 = 20x1년말 장부가액(3,000,000) ÷ 잔여내용연수(3년) = 1,000,000원/년

13. 일괄취득시 공정가치로 안분계산한다.

	일괄취득가격	취득세	공정가치	취득가액
토지	20,000,000	1,600,000	15,000,000(75%)	16,200,000
건물			5,000,000(25%)	5,400,000

   • 20x1년 건물 감가상각비 = 건물 취득원가(5,400,000) ÷ 10년 = 540,000원/년

14. 무형자산상각비 = 개발비(1,000,000) ÷ 5년 × 3개월/12개월
   = 50,000원 ← 월할상각

   연구비(500,000) + 당기 무형자산상각비(50,000) = 550,000원 감소

15. **표시이자율(5%) 〈 유효이자율(6%) → 할인발행**

   사채를 할인발행한 경우, 이자비용과 **사채할인차금상각액 및 사채의 장부가액은 매년 증가**한다.
   표시이자는 액면금액에 표시이자율을 적용하므로 매년 동일하다.

16. 일반적으로 부채의 액면금액은 확정되어 있지만 제품보증을 위한 충당부채와 같이 그 측정에 추정을 요하는 경우도 있다. 따라서, 부채의 정의를 만족하기 위해서는 **금액이 반드시 확정되어야 함을 의미하는 것은 아니다.**

17. 자본잉여금 = 감자차익(350,000) + 주식발행초과금(500,000) + 자기주식처분이익(700,000)
   = 1,550,000원

   자본조정 = 출자전환채무 600,000원

18. **현금배당과 주식배당은 이익잉여금처분액에 표시**된다.

19. 공사종료 후에 하자보수 의무가 있는 경우에는 합리적이고 객관적인 기준에 따라 **추정된 금액을 하자보수비로 하여 그 전액을 공사가 종료되는 회계연도의 공사원가에 포함**하고, 동액을 하자보수충당부채로 계상한다.

20. 회계변경의 속성상 그 효과를 **회계정책의 변경효과와 회계추정의 변경효과로 구분하기가 불가능**한 경우에는 이를 **회계추정의 변경**으로 본다.

21. 수정전 순이익(??) - 선수수익(150,000) - 미지급비용(230,000) = 수정후 순이익(1,800,000)
   ∴ 수정전 당기순이익 = 2,180,000원

22. **이월되는 계정은 재무상태표 계정**이고 차변으로 이월되는 계정은 자산계정이다.

이월되는 차변계정 = 기계장치(30,000) + 매출채권(35,000) = 65,000원

23. 현금흐름표에서 현금이라 함은 현금및현금성자산을 말한다.

24. 순매출액 = 총매출액(1,000,000) − 매출환입및에누리(100,000) − 매출할인(20,000) = 880,000원

매출원가 = 순매출액(880,000) × [1 − 매출총이익률(15%)] = 748,000원

25. 중소기업회계기준의 재무제표는 **1. 대차대조표, 2. 손익계산서, 3. 자본변동표, 4. 이익잉여금처분계산서 또는 결손금처리계산서로 구성**된다.

다만 3과 4의 경우 하나를 선택하여 작성한다.

2부 원가회계

1	2	3	4	5	6	7	8	9	10	11	12	13	14	15
③	①	②	③	③	④	④	②	②	①	①	②	③	①	③

16	17	18	19	20	21	22	23	24	25					
③	③	③	①	③	②	②	④	②	②					

01. 공장건물의 화재보험료는 조업도의 변동과 무관한 고정원가이다.

02.

AQ	AP	SQ	SP
??(600시간)	5,000원	500시간	4,000원/시간

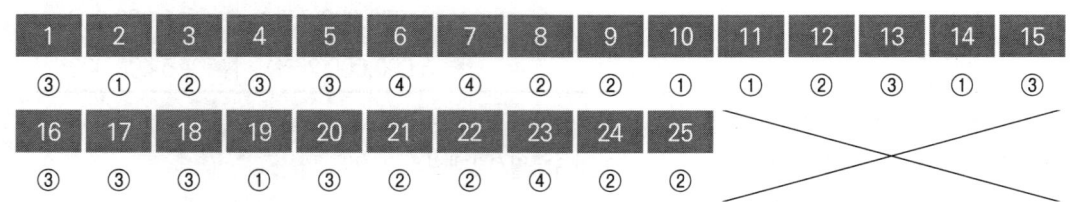

AQ × AP(ⓐ)
600시간× 5,000원
= 3,000,000원

AQ × SP(ⓑ)
600시간×4,000원
= 2,400,000원

SQ × SP(ⓒ)
500시간 × 4,000원
= 2,000,000원

임률차이(*ⓐ − ⓑ) 600,000*(불리)   **능률차이**(*ⓑ − ⓒ) 400,000*(불리)

03. 다른 종류의 제품을 **조별로 연속하여 생산하는 생산형태에는 조별 원가계산**을 적용한다.

04. 제조간접원가 차변(실제발생액)과 대변(예정배부액)의 차액 500원은 과대배부를 의미한다.

구 분	배부전 금액	비율	배부차액	배부후 금액
매출원가	7,000	70%	△*350*	6,650
기말재공품	1,000	10%	△50	
기말제품	2,000	20%	△100	
합 계	10,000		△500(과대))	

매출원가 금액에 대하여 350원만큼 차감 조정하고, 당기순이익은 350원만큼 증가한다.

05. **매몰원가는 이미 발생되어 회수할 수 없는 원가**를 말한다.

06. 가공원가 = 직접노무원가(26,000) + 제조간접원가(13,500 + 6,500) = 46,000원

기본원가 = 직접재료원가(25,000) + 직접노무원가(26,000) = 51,000원

가공원가(46,000) + 기본원가(51,000) = 97,000원

07. **당기에 발생한 모든 제조원가를 당기총제조원가**라 하며, **당기제품제조원가는 당기에 완성된 제품의 원가**를 말한다.

08.

	보조부문		제조부문	
	수선	전력	A공정	B공정
배분전 원가	300,000	–	–	–
수선(75% : 25%)	(300,000)	–	225,000	75,000
전력(50% : 50%)	–	*??(100,000)*	??(50,000)	50,000
보조부문 배부후 원가			275,000	

09. **비정상공손원가는 영업외비용**으로 처리한다.

10. 정상공손은 당기 검사시점(40%)을 통과한 정상품의 2%로 간주한다.

정상공손 = [완성수량(20,500) – 기초(5,000, 80%) + 기말(4,000, 60%)] × 2% = 390단위

11.

재공품

기초재고	0	당기제품제조원가	13,500,000
당기총제조원가	15,000,000	*기말재고*	*1,500,000*
계	15,000,000	계	15,000,000

12. 이중배부율이란 부문별 원가계산에서 보조부문의 원가를 다른 부문에 배부할 때 변동원가와 고정원가를 서로 다른 기준으로 배부하는 방법을 말한다.

13. 원가배분 절차 : 원가집합 설정→원가대상 설정→배부기준과 방법 선택→배분율 계산→원가배분

14.

〈1단계〉 물량흐름파악(선입선출법)		〈2단계〉 완성품환산량 계산	
재공품		재료비	가공비
완성품	8,000		
– 기초재공품	500(50%)	0	250
– 당 기 투 입 분	7,500(100%)	7,500	7,500
기말재공품	1,500(25%)	1,500	375
계	9,500	**9,000**	**8,125**
〈3단계〉 원가요약(당기투입원가)		900,000	406,250
		9,000개	8,125개
〈4단계〉 완성품환산량당 단위원가		= @ 100	*= @50*

15. 배부차이를 매출원가에서 전액 조정하는 경우 **제조간접비 과소배부액은 매출원가에 가산**한다.

16. **전공정대체원가**는 전공정에서 당공정으로 이체되는 것으로 항상 **완성도가 100%**이다.

17. 예정 배부율 = 제조간접비 예상액(3,000,000) ÷ 예정조업도(30,000) = 100원/기계작업시간

예정배부액 = 실제조업도(35,000시간) × 예정배부율(100원) = 3,500,000원

실제제조간접비(2,800,000) > 예정배부액(3,500,000) → 700,000원 과대(초과)배부

18. 〈순실현가능가치법〉

제품	생산량	단위당 가격	단위당 판매비	순실현가치	배부율	결합원가 배부액
X	300	2,500	1,500	300,000	60%	
Y	200	2,000	1,000	200,000	40%	**30,000**
계				500,000	100%	*75,000(=30,000/0.4)*

19. 부산물은 **주산물의 수익에 비해 적은 수익을 창출하는 제품**을 말한다.

20. **완성품환산량을 이용하는 것은 종합원가계산의 특징**이다.

21. 직접재료원가는 40%완성도 시점에서 투입

	〈1단계〉 물량흐름파악(선입선출법) 재공품		〈2단계〉 완성품환산량 계산 재료비	가공비
	완성품	5,700		
	– 기초재공품	700(50%)	0	350
	– 당기투입분	5,000(100%)	5,000	5,000
	기말재공품	300(70%)	300	210
	계	6,000	**5,300**	**5,560**

22. 배부할 부산물금액 = 부산물 판매가격(50,000) – 판매비용(30,000) = 20,000원

23.

제조원가명세서	
1. 직접재료비	②1,300,000원
기초재료재고액	400,000원
당기매입액	1,200,000원
기말재료재고액	300,000원
2. 직접노무비	*②(1,000,000)*
3. 제조경비	2,400,000원
4. 당기총제조비용	4,700,000원
5. 기초재공품원가	*③(1,800,000)*
6. 합계	6,500,000원
7. 기말재공품원가	*①(1,000,000)*
8. 당기제품제조원가	5,500,000원

가공원가 = 당기총제조비용(4,700,000) – 직접재료비(1,300,000) = 3,400,000원

24. 보조부문의 원가를 원가행태별로 구분하면 **변동원가는 각 부문의 실제 또는 예정 용역 제공량**에 비례하는 것에 비해 **고정원가**는 주로 보조부문의 설비능력 유지원가이므로 **각 부문의 용역 최대사용량에 비례**하는 경우가 일반적이다.

25.

	구분	#1	#2	#3	합계
기계시간 기준	기계시간	1,000시간	1,200시간	1,800시간	4,000시간
	제조간접원가 배부율	25%	30%	45%	100%
	제조간접원가 배부액	8,750원	10,500원	15,750원	35,000원

제70회 기업회계 2급

합격율	시험년월
27%	2021.12

1부 재무회계

01. 다음 중 일반기업회계기준상 재무제표에 대한 설명으로 틀린 것은?

① 재무상태표는 일정 시점의 자산, 부채 그리고 자본에 대한 정보를 제공한다.

② 손익계산서는 일정기간 동안의 경영성과에 대한 정보를 제공한다.

③ 자본변동표는 일정 시점의 자본의 크기와 그 변동에 관한 정보를 제공한다.

④ 현금흐름표는 일정기간 동안의 현금흐름에 대한 정보를 제공한다.

02. 다음 중 재무정보의 질적 특성에 관한 설명으로 틀린 것은?

① 재무정보의 질적특성이란 재무정보가 유용하기 위해 갖추어야 할 주요 속성을 말하며, 재무정보의 유용성의 판단기준이 된다.

② 신뢰성 있는 정보는 정보이용자가 기업실체의 과거, 현재 또는 미래 사건의 결과에 대한 예측을 하는 데 도움이 되거나 또는 그 사건의 결과에 대한 정보이용자의 당초 기대치를 확인 또는 수정할 수 있게 함으로써 의사결정에 차이를 가져올 수 있는 정보를 말한다.

③ 피드백가치는 제공되는 재무정보가 기업실체의 재무상태, 경영성과, 순현금흐름, 자본변동 등에 대한 정보이용자의 당초 기대치(예측치)를 확인 또는 수정되게 함으로써 의사결정에 영향을 미칠 수 있는 능력을 말한다.

④ 적시성 있는 정보를 제공하기 위하여 신뢰성을 희생해야 하는 경우가 있으므로 경영자는 정보의 적시성과 신뢰성 간의 균형을 고려해야 한다.

03. 다음 중 손익계산서와 관련이 없는 항목은?

① 매출채권의 대손상각비

② 건물의 감가상각비

③ 자기주식처분이익

④ 유형자산처분이익

04. ㈜서울이 20x1년 말 결산 시 보유하고 있는 자산내역은 다음과 같다. 이를 토대로 재무상태표에 표시될 현금 및 현금성자산을 구하면 얼마인가?

• 보통예금 : 200,000원 • 자기앞수표 : 300,000원
• 수입인지 : 400,000원 • 우표 : 150,000원
• 지점전도금 : 120,000원

① 500,000원 ② 620,000원

③ 750,000원 ④ 900,000원

05. ㈜명인은 매출채권 1,000,000원을 금융기관에 양도하고 팩토링수수료 100,000원을 차감한 잔액을 보통예금으로 입금받았다. 이 경우 올바른 회계처리는? (단, 매각거래에 해당한다.)

① (차) 보통예금 900,000원 (대) 단기차입금 1,000,000원
　　　　이자비용 100,000원

② (차) 보통예금 900,000원 (대) 매출채권 1,000,000원
　　　　이자비용 100,000원

③ (차) 보통예금 900,000원 (대) 매출채권 1,000,000원
　　　　매출채권처분손실 100,000원

④ (차) 보통예금 900,000원 (대) 단기차입금 1,000,000원
　　　　매출채권처분손실 100,000원

06. 다음은 ㈜성진의 당기 상품매매 관련 자료이다. ㈜성진의 기말 재무상태표에 표시되는 유동자산의 총합계액은 얼마인가?

• 기초상품재고액 500,000원 • 당기상품매입액 8,500,000원
• 매출액 8,000,000원 • 매출총이익률 30%
• 당좌자산총액 5,600,000원

① 6,400,000원 ② 7,200,000원

③ 8,600,000원 ④ 9,000,000원

07. 다음은 ㈜서울의 20x1년도 매출채권 및 대손충당금 관련 자료이다. 20x1년도 기초 매출채권 금액은 얼마인가?

- 20x1년도 외상매출액 : 2,800,000원
- 20x1년도 기말 매출채권 : 800,000원
- 20x1년도 회수불능으로 인한 대손처리액 : 50,000원
- 20x1년도 현금으로 회수한 매출채권 : 3,140,000원

① 1,010,000원   ② 1,080,000원
③ 1,120,000원   ④ 1,190,000원

08. ㈜태백은 단기매매를 목적으로 ㈜한라의 주식을 매수하였다. 20x1년의 거래내역이 다음과 같을 때 주식 거래가 20x1년 ㈜태백의 당기순이익에 미치는 영향은 얼마인가?

- 20x1년 04월 13일 : ㈜한라의 주식 1,000주를 주당 10,000원에 취득하고, 중개수수료 200,000원을 별도로 지급하였다.
- 20x1년 09월 30일 : ㈜한라의 주식 500주를 5,200,000원에 매각했다.
- 20x1년 12월 31일 : 보유주식의 시가는 11,000원이다.

① 400,000원 감소   ② 500,000원 증가
③ 600,000원 증가   ④ 700,000원 감소

09. 다음 중 재고자산에 대한 설명으로 틀린 것은?
① 적송품은 수탁자가 제3자에게 판매하기 전까지는 수탁자의 재고자산에 포함한다.
② 선적지 인도조건의 미착상품은 구매자의 재고자산에 포함한다.
③ 장부상 재고수량은 실사 과정을 거쳐 실제 재고수량과 차이를 조정한다.
④ 시송품은 매입자가 매입의사표시를 하기 전까지는 판매자의 재고자산에 포함한다.

10. ㈜한국은 가중평균법에 의한 소매재고법으로 기말재고자산을 평가한다. 상품의 원가 및 판매가는 다음과 같다. 당기 중 판매가격의 변동이 없었다고 가정할 때, 기말재고상품은 얼마인가?

구 분	원 가	판매가
기초재고상품	560,000원	800,000원
당기매입상품	4,000,000원	4,900,000원
기말재고상품	?	1,000,000원

① 700,000원   ② 800,000원

③ 816,326원   ④ 900,000원

11. ㈜명인의 20x1년 기말재고자산 내역이 다음과 같을 때, 20x1년 매출원가에 미치는 영향은 얼마인가?

- 장부상 재고자산 : 1,000개
- 단위당 원가 : 1,000원 (시가 800원)
- 조사에 의한 실제 재고수량 : 900개
- 재고자산감모손실의 10%는 비정상적 발생이다.

① 매출원가 180,000원 증가

② 매출원가 200,000원 증가

③ 매출원가 270,000원 증가

④ 매출원가 280,000원 증가

12. ㈜영신은 20x1년 1월 1일 공장부지로 사용할 목적으로 토지를 100,000,000원에 매입하였다. 토지 위에 있던 건물을 철거한 후 공사를 시작하였고, 공장은 20x1년 말에 완공되었다. 관련된 지출이 다음과 같을 때 토지와 건물의 취득원가는 각각 얼마인가?

• 소유권 이전비용과 중개수수료	10,000,000원
• 설계비	30,000,000원
• 구건물 철거비	20,000,000원
• 건설원가	200,000,000원

	토지	건물
①	100,000,000원	260,000,000원
②	110,000,000원	250,000,000원
③	130,000,000원	230,000,000원
④	160,000,000원	200,000,000원

13. 20x0년 초에 기계장치를 10,000,000원에 취득하였으며, 내용연수 5년, 잔존가치 500,000원, 정액법으로 감가상각하고 있다. 20x1년 말 이 기계장치에 대해서 손상이 발생하였고 회수가능액은 4,900,000원으로 추정되었다. ㈜석원이 20x1년 말에 인식할 손상차손은 얼마인가?

① 1,240,000원　　　　　　　　　　② 1,300,000원

③ 1,350,000원　　　　　　　　　　④ 1,420,000원

14. 다음 중 무형자산으로 회계처리해야 하는 거래는?

① 다른 회사를 합병하면서 영업권을 인식하였다.

② 프로젝트 초기의 연구단계에서 연구비를 지출하였다.

③ 내부 인테리어를 교체하고 현금을 지출하였다.

④ 고객상담팀 직원에게 교육을 실시하고 강사료를 지급하였다.

15. [중소기업회계기준] 다음은 중소기업회계기준의 회계정책, 회계추정의 변경과 오류 수정에 관한 설명이다. 틀린 것은?

① '회계정책의 변경'이란 재무제표의 작성에 적용하던 회계정책을 다른 회계정책으로 바꾸는 것을 말한다.

② '회계추정의 변경'이란 환경의 변화, 새로운 정보의 입수 또는 경험의 축적에 따라 회계적 추정치의 근거와 방법 등을 바꾸는 것을 말한다.

③ 변경된 새로운 회계정책은 소급하여 적용한다

④ 회계추정의 변경은 전진적으로 회계처리하여 그 효과는 당기와 그 이후의 회계연도에 반영한다.

16. ㈜대구는 다음과 같이 사채를 발행하였다. 이를 토대로 사채할인발행차금을 구하면 얼마인가?

> • 사채 1좌당 액면금액 100,000원을 97,000원에 발행하였다. (총 200좌, 상환기간 5년, 표시이자율 10%, 이자지급 연 1회)
> • 사채발행에 따른 납입금은 보통예금으로 입금되었으며, 이와 별도로 사채발행비 200,000원은 현금으로 지급하였다.

① 200,000원　　　　　　　　　　② 400,000원

③ 600,000원　　　　　　　　　　④ 800,000원

17. ㈜용화는 사채를 할인발행하고, 사채할인발행차금에 대하여 유효이자율법으로 상각하지 않고 정액법으로 상각하였다. 이러한 오류가 사채 발행연도의 재무제표에 미치는 영향으로 바르게 표시한 것은?

	사채 장부가액	이자비용
①	과대계상	과대계상
②	과대계상	과소계상
③	과소계상	과대계상
④	과소계상	과소계상

18. 다음 중 충당금설정법에 따른 대손 회계처리에 대한 설명으로 틀린 것은?

① 대손이 실제로 발생했을 때 대손비용을 인식하므로 객관적이다.

② 수익·비용 대응의 원칙에 충실하다.

③ 매출채권이 순실현가능가치로 평가된다.

④ 기업회계기준에서 인정하는 방법이다.

19. 다음은 ㈜연수의 자본 관련 내역이다. 자본조정 항목은 모두 몇 개인가?

• 감자차익	• 자기주식	• 자기주식처분이익
• 주식할인발행차금	• 자기주식처분손실	• 이익준비금
• 감자차손	• 주식매수선택권	

① 2개　　　　　　　　　　　　② 3개

③ 4개　　　　　　　　　　　　④ 5개

20. 재무상태표의 기본요소 중 자산에 대한 설명으로 틀린 것은?

① 자산은 과거의 거래나 사건의 결과로서 현재 기업실체에 의해 지배되고 미래에 경제적 효익을 창출할 것으로 기대되는 자원이다.

② 유형자산을 포함한 많은 자산이 물리적 형태를 가지고 있지만 물리적 형태가 자산의 본질적인 특성은 아니다.

③ 부동산, 채권 등의 모든 자산의 법적 권리는 자산성 유무를 결정하는 최종적 기준이다.

④ 일반적으로 현금유출과 자산의 취득은 밀접하게 관련되어 있으나 양자가 반드시 일치하는 것은 아니다.

21. 20x0년 12월 31일 ㈜행운의 선급보험료 잔액은 42,000원이었다. 20x1년 중에 보험료로 70,000원을 지급하였으며, 20x1년 말 기말수정분개 후의 선급보험료 잔액은 38,000원이었다. 20x1년 보험료는 얼마인가?

① 66,000원 ② 70,000원

③ 74,000원 ④ 112,000원

22. 다음 중 충당부채, 우발부채 및 우발자산과 관련된 설명으로 틀린 것은?

① 충당부채는 과거사건이나 거래의 결과에 의한 현재의무로서 모두 부채로 인식한다.

② 우발부채는 부채로 인식하지 아니한다.

③ 우발자산은 자산으로 인식하지 아니하고 자원의 유입가능성이 매우 높은 경우에만 주석에 기재한다.

④ 충당부채의 명목금액과 현재가치의 차이가 중요한 경우에는 의무를 이행하기 위하여 예상되는 지출액의 현재가치로 평가한다.

23. 다음 중 수익인식기준에 대한 설명으로 틀린 것은?

① 이자수익은 유효이자율법을 적용하여 수익을 인식한다.

② 상품권 판매의 경우 상품권을 판매하는 시점에 수익을 인식한다.

③ 위탁매출의 경우 수탁자가 위탁품을 제3자에게 판매하는 시점에 수익을 인식한다.

④ 배당금수익은 배당금을 받을 권리와 금액이 확정되는 시점에 인식한다.

24. ㈜서울은 결산 마감 전 다음 사항을 발견하였다. 수정 전 당기순이익이 2,500,000원일 경우 수정 후 당기순이익은 얼마인가?

• 다음 해 임차료 선급분을 당기 비용으로 처리한 금액 150,000원
• 매입거래 중복입력으로 인한 재고자산 과대계상 400,000원
• 단순착오에 의한 감가상각비 과대계상 600,000원

① 2,550,000원 ② 2,850,000원

③ 3,350,000원 ④ 3,650,000원

25. 다음 중 자본의 증가를 가져오는 것은?

① 비품을 외상으로 구입하였다.

② 고객에게 상품을 판매하기로 하고 대금을 미리 받았다.

③ 외상으로 제품을 판매했다.

④ 당기분 본사 건물 재산세를 차기에 납부하기로 했다.

■■■■■ 2부 원가회계

01. 중식당을 운영하고 있는 김경구씨는 짜장면과 짬뽕을 만드는 데 들어가는 식용유의 원가를 직접재료원가로 분류할지 제조간접원가로 분류할지 고민 중이다. 두 메뉴 모두 재료를 볶는 과정에서 소량의 식용유가 소요된다. 다음 중 식용유 원가의 원가 분류와 관련하여 고려하지 않아도 되는 것은?

① 식용유 원가의 추적가능성

② 회계처리와 관련된 비용과 효익

③ 식용유의 원가가 총원가에서 차지하는 비중

④ 두 메뉴에 대한 고객의 선호도

02. ㈜서울은 구형 모니터를 보유 중이다. 이 모니터의 구입원가는 500,000원이었다. ㈜서울의 경영진은 이 모니터를 200,000원에 판매할지 150,000원을 투입하여 수리한 후 400,000원에 판매할지를 고민하고 있다. 이 경우의 매몰원가는 얼마인가?

① 150,000원

② 200,000원

③ 400,000원

④ 500,000원

03. ㈜은아의 직접노무원가는 기본원가의 60%이고, 가공원가의 40%이다. 직접재료원가가 20,000원이라고 할 때 ㈜은아의 당기총제조원가는 얼마인가? (단, 기초 및 기말재고는 없다.)

① 35,000원

② 55,000원

③ 87,500원

④ 95,000원

04. 다음 중 표준원가계산제도에 관한 설명으로 틀린 것은?

① 표준을 설정할 때는 달성 가능한 표준을 설정하여야 동기부여가 가능하다.

② 표준원가는 원가요소별로 가격표준과 수량표준을 합산하여 제품 단위당 표준원가를 설정한다.

③ 원가 발생의 예외를 관리하여 통제하기에 적절한 원가계산방법이다.

④ 표준에서 벗어나는 중요한 차이는 모두 검토하여야 한다.

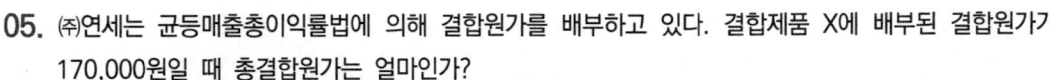

05. ㈜연세는 균등매출총이익률법에 의해 결합원가를 배부하고 있다. 결합제품 X에 배부된 결합원가가 170,000원일 때 총결합원가는 얼마인가?

결합제품	용량	kg당 최종판매가격	추가가공원가
X	500kg	560원	40,000원
Y	600kg	400원	60,000원

① 230,000원　　　　　　　　　　② 250,000원
③ 280,000원　　　　　　　　　　④ 290,000원

06. 다음 종합원가계산 자료에 의하여 재료비와 가공비의 당월 작업분의 완성품환산량을 각각 구하면 얼마인가? 단, 재공품 평가는 선입선출법에 따른다.

당월 착수수량	90,000개	당월 완성량	80,000개
월초 재공품수량 30,000개(완성도 : 재료비 70%, 가공비 60%)			
월말 재공품수량 40,000개(완성도 : 재료비 60%, 가공비 20%)			

	재료비	가공비		재료비	가공비
①	68,000개	60,000개	②	76,000개	60,000개
③	76,000개	68,000개	④	83,000개	70,000개

07. 다음 중 일정한 조업도의 범위 내에서는 원가 총액의 변화가 없으나 일정한 범위를 벗어나면 원가 총액이 급격히 달라지는 형태의 원가는?
① 변동원가　　　　　　　　　　② 결합원가
③ 계단원가　　　　　　　　　　④ 혼합원가

08. ㈜태평은 20x1년 중에 30,000단위의 제품을 판매하였으며, 제품 1단위를 생산하기 위해서는 7kg의 원재료가 소요된다. 기초재고와 기말재고수량이 다음과 같을 때 ㈜태평이 20x1년 중에 구입한 원재료 수량은 얼마인가? (기초, 기말 재공품 재고는 없다.)

구분	기초	기말
원재료	50,000kg	10,000kg
제품	15,000단위	25,000단위

① 235,000kg　　　　　　　　　　② 240,000kg
③ 245,000kg　　　　　　　　　　④ 250,000kg

09. 다음 중 제조원가명세서에 포함되지 않는 항목은?

① 기말원재료재고액   ② 기말제품재고액

③ 당기제품제조원가   ④ 기말재공품재고액

10. 종합원가계산을 적용하는 공정에서 재료 A는 공정 40% 시점에 전량 투입되며, 가공원가는 공정 전반에 걸쳐 균등하게 투입된다. 공정 30%가 진척된 기말재공품의 완성품환산량에 대한 설명으로 올바른 것은?

① 재료원가와 가공원가에 모두 완성품환산량이 포함된다.

② 재료원가에는 완성품환산량이 포함되지 않으며 가공원가에는 모두 포함된다.

③ 재료원가에는 완성품환산량이 포함되지 않으며 가공원가에는 30% 포함된다.

④ 재료원가와 가공원가에 모두 완성품환산량이 포함되지 않는다.

11. 다음 중 지원부문으로 볼 수 없는 것은 무엇인가?

① 부품조립부문   ② 공장경비부문

③ 자재관리부문   ④ 동력용수부문

12. 다음 중 원가배분의 기준으로 틀린 것은?

① 수혜기준   ② 인과관계기준

③ 부담능력기준   ④ 일괄분배기준

13. ㈜행운은 모자를 제조하여 판매한다. 당기에 원재료를 72,500원에 구입하였고, 직접노무원가는 69,500원, 제조간접원가는 40,500원 발생하였다. 다음 자료에 의하여 당기제품제조원가를 구하면 얼마인가?

	기초	기말
원재료	30,000원	17,500원
재공품	37,500원	36,000원

① 193,500원   ② 195,000원

③ 196,500원   ④ 197,000원

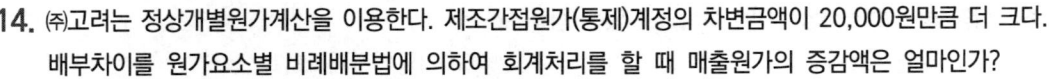

14. ㈜고려는 정상개별원가계산을 이용한다. 제조간접원가(통제)계정의 차변금액이 20,000원만큼 더 크다. 배부차이를 원가요소별 비례배분법에 의하여 회계처리를 할 때 매출원가의 증감액은 얼마인가?

	매출원가	기말제품	기말재공품	계
기말잔액	500,000원	300,000원	150,000원	950,000원
제조간접원가포함액	(20,000원)	(30,000원)	(50,000원)	(100,000원)

① 4,000원 감소 ② 4,000원 증가
③ 6,000원 감소 ④ 6,000원 증가

15. 다음 중 종합원가계산에서 공손 및 감손에 대한 설명으로 틀린 것은?

① 감손이란 제조과정에서 증발, 분산, 가스화 등으로 공정에 투입된 원재료의 수량이 감소하여 나타나는 손실을 말한다.
② 비정상공손 및 감손은 영업외비용으로 처리한다.
③ 공손품의 검사시점이 기말재공품의 완성도 이후인 경우에는 기말재공품에 정상공손원가를 배분하지 않는다.
④ 감손은 잔존가치가 존재하므로 작업폐물과 같다.

16. ㈜광주는 20x1년 한 해 동안 작업지시서 #1 ,#2, #3의 세 가지 작업을 착수하였고 실제발생원가와 실제발생시간은 다음과 같다. 완성된 세 가지 작업에 대하여 연말에 집계된 실제제조간접원가는 20,000원이다. 직접노무원가기준을 이용하여 배부하는 경우 각 작업에 배부되는 제조간접원가는 얼마인가?

구분	#1	#2	#3	합계
직접재료원가	4,000원	6,000원	10,000원	20,000원
직접노무원가	10,000원	12,000원	18,000원	40,000원
기계시간	1,000시간	1,200시간	1,800시간	4,000시간

	#1	#2	#3
①	4,000원	10,000원	6,000원
②	10,000원	6,000원	4,000원
③	5,000원	6,000원	9,000원
④	6,000원	4,000원	10,000원

17. ㈜세종은 종합원가계산을 적용한다. 원재료는 공정 초기에 전량 투입되며, 가공원가는 공정 전반에 걸쳐 균등하게 발생한다. 평균법과 선입선출법에 의한 가공원가 완성품환산량은 각각 15,000개, 14,250개 이다. 기초재공품의 수량이 3,750개일 때 기초재공품의 가공원가 완성도는 얼마인가?

① 10% ② 20%

③ 30% ④ 40%

18. 동일한 공정에서 결합제품을 생산하는 ㈜대한은 A제품 10,000개와 B제품 5,000개를 생산하였다. 분리 점에서 A제품은 단위당 200원, B제품은 단위당 100원에 판매할 수 있다. 결합원가는 750,000원이 발생했고 상대적 판매가치를 기준으로 배부한다면 B제품에 배부할 결합원가는 얼마인가?

① 150,000원 ② 250,000원

③ 375,000원 ④ 750,000원

19. ㈜서울은 당기 중에 직접재료 2,000kg을 kg당 100원에 구입하였다. 당기의 예정생산량은 50단위이며, 실제생산량은 52단위이다. 직접재료의 가격표준은 kg당 90원이다. 수량차이가 54,000원(유리)일 때 직접재료의 표준수량은 얼마인가? 단, 당기 직접재료의 기초재고와 기말재고는 없다.

① 50kg ② 54kg

③ 60kg ④ 64kg

20. 다음 중 결합원가배분방법과 관련이 없는 것은?

① 물량기준법

② 분리점에서의 판매가치기준법

③ 균등이익률법

④ 원가차감법

21. 다음 중 부문별 원가계산에 대한 설명으로 틀린 것은?

① 단일배분율법은 보조부문의 원가를 변동비와 고정비로 구분하지 않고 하나의 기준으로 배분하는 방법이다.

② 이중배분율법은 보조부문의 원가를 변동비와 고정비로 구분하여 각각 다른 기준으로 배분하는 방법이다.

③ 단일배분율법과 이중배분율법은 부문별원가를 원가행태에 따라 배부하는 방법이다.

④ 단일배분율법은 이중배분율법에 비해 회사 전체의 이익을 높게 계상하도록 하는 방법이다.

22. ㈜삼한은 제조간접비를 기계작업시간을 기준으로 배부한다. 20x1년 초 예상 제조간접원가는 3,000,000원, 예상 기계작업시간은 30,000시간이다. 20x1년 말 실제로 발생한 제조간접원가는 2,800,000원, 실제 기계작업시간은 35,000시간이라고 할 때, 제조간접원가 배부차이는 얼마인가?

① 200,000원 과소배부   ② 200,000원 과대배부
③ 700,000원 과소배부   ④ 700,000원 과대배부

23. ㈜대전은 표준원가계산제도를 사용하여 제품 원가를 계산하고 있다. 다음 자료를 이용하여 실제발생 고정제조간접원가를 계산하면 얼마인가?

• 정상조업도 : 400단위	• 예산생산량 : 220단위	• 실제생산량 : 360단위
• 예산차이 : 1,200원 유리	• 조업도차이 : 800원 불리	
• 제품 단위당 고정제조간접비 배부율 : 20원		

① 6,400원   ② 6,800원
③ 7,200원   ④ 8,000원

24. ㈜발해는 직접배부법을 사용하여 보조부문의 원가를 제조부문에 배부한다. 제조부문 중 조립부문에 배부되는 보조부문의 원가는 얼마인가?

	제 조 부 문		보 조 부 문	
	절 단 부 문	조 립 부 문	동 력 부 문	수 선 부 문
자기부문 발생액	72,000원	68,000원	50,000원	36,000원
동력부문(KW/H)	300KW/H	200KW/H	–	500KW/H
수선부문(횟수)	60회	140회	50회	

① 32,400원   ② 36,600원
③ 40,800원   ④ 45,200원

25. 다음은 ㈜한국의 제조활동과 관련된 자료이다. ㈜한국은 선입선출법에 의한 종합원가계산을 사용하고 있다. 당기 중 발생한 정상공손 수량은 얼마인가? (단, 검사시점은 40% 공정이며, 정상공손은 당기 검사를 통과한 수량의 10%이다.)

| • 기초재공품 : 200개(60%) | • 당기착수량 : 2,000개 |
| • 기말재공품 : 300개(80%) | • 당기완성수량 : 1,700개 |

① 160개   ② 170개
③ 180개   ④ 190개

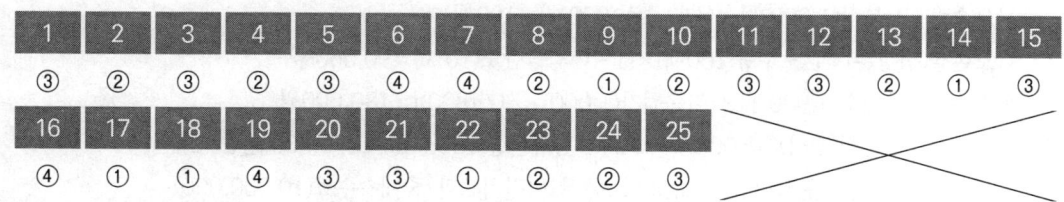

제70회 기업회계 2급 답안 및 해설

1부 재무회계

1	2	3	4	5	6	7	8	9	10	11	12	13	14	15
③	②	③	②	③	④	④	②	①	②	③	③	②	①	③

16	17	18	19	20	21	22	23	24	25
④	①	①	④	③	③	①	②	②	③

01. **자본변동표는 일정기간 동안의 자본의 크기와 그 변동에 관한 정보**를 제공한다.

02. 목적적합성 있는 정보는 정보이용자가 기업실체의 과거, 현재 또는 미래 사건의 결과에 대한 예측을 하는 데 도움이 되거나 또는 그 사건의 결과에 대한 정보이용자의 당초 기대치(예측치)를 확인 또는 수정할 수 있게 함으로써 의사결정에 차이를 가져올 수 있는 정보를 말한다.

03. 자기주식처분이익은 자본잉여금 항목으로 재무상태표에 자본으로 표시된다. 나머지는 손익계산서에 수익 또는 비용으로 표시된다.

04. 현금 및 현금성자산 = 보통예금(200,000) + 자기앞수표(300,000) + 지점전도금(120,000) = 620,000원

05. (팩토링) **매각거래의 경우 매출채권처분손실과 매출채권으로 분개**한다.

06. 매출원가 = 매출액(8,000,000) × [1 - 매출총이익률(30%)] = 5,600,000원

<table>
<tr><th colspan="4">상 품</th></tr>
<tr><td>기초상품</td><td align="right">500,000</td><td>매출원가</td><td align="right">5,600,000</td></tr>
<tr><td>매입액</td><td align="right">8,500,000</td><td>기말상품</td><td align="right">3,400,000</td></tr>
<tr><td>계</td><td align="right">9,000,000</td><td>계</td><td align="right">9,000,000</td></tr>
</table>

유동자산 = 당좌자산(5,600,000) + 재고자산(3,400,000) = 9,000,000원

07.

<table>
<tr><th colspan="4">매출채권</th></tr>
<tr><td>기초잔액</td><td align="right">1,190,000</td><td>대손액</td><td align="right">50,000</td></tr>
<tr><td></td><td></td><td>회수액</td><td align="right">3,140,000</td></tr>
<tr><td>외상매출액</td><td align="right">2,800,000</td><td>기말잔액</td><td align="right">800,000</td></tr>
<tr><td>계</td><td align="right">3,990,000</td><td>계</td><td align="right">3,990,000</td></tr>
</table>

08. 단기매매목적의 금융자산 취득과정에서 발행하는 부대비용(200,000)은 당기비용으로 처리한다.

처분손익 = 처분가액(5,200,000) - 취득가액(5,000,000) = 200,000원(이익)

평가손익 = 500주 × [공정가액(11,000) - 취득가액(10,000)] = 500,000원(이익)

(-)영업외비용(200,000) + 처분이익(200,000) + 평가이익(500,000) = 500,000원(이익)

09. 적송품은 **수탁자가 제3자에게 판매하기 전까지는 위탁자의 재고자산**에 포함한다.

10.

가중평균법에 의한 원가율 : $\dfrac{\text{기초재고 원가}(560,000) + \text{당기매입상품 원가}(4,000,000)}{\text{기초재고 매가}(800,000) + \text{당기매입상품 매가}(4,900,000)} = 80\%$

기말상품 = 기말재고상품 판매가(1,000,000) × 원가율(80%) = 800,000원

11. **재고자산평가손실과 재고자산감모손실(정상분)만 매출원가**로 처리하고, **비정상감모손실은 영업외비용**으로 처리한다.

감모수량 = 장부상(1,000개) − 실제 수량(900개) = 100개

감모손실(정상분) = 감모수량(100개) × [1 − 비정상감모(10%)] = 90,000원

평가손실 = 실제수량(900개) × [취득원가(1,000) − 시가(800)] = 180,000원

재고자산감모손실(정상)(90,000) + 재고자산평가손실(180,000) = 270,000원(증가)

12. 토지 = 토지 구입비용(100,000,000) + 소유권 이전비용과 중개수수료(10,000,000)
+ 구건물 철거비(20,000,000) = 130,000,000원

건물 = 설계비(30,000,000) + 건설원가(200,000,000) = 230,000,000원

13. 20x1년말 감가상각누계액 = [취득가액(10,000,000) − 잔존가치(500,000)] × 2년/5년 = 3,800,000원

손상 전 장부금액 = 취득가액(10,000,000) − 감가상각누계액(3,800,000) = 6,200,000원

손상차손 = 손상 전 장부금액(6,200,000) − 회수가능액(4,900,000) = 1,300,000원

14. 다른 회사를 합병하면서 영업권을 인식하는 경우 무형자산으로 처리한다.

15. **중소기업의 회계정책 또는 회계추정의 변경은 전진적으로 회계처리**하여 그 효과가 당기와 그 이후의 회계연도에 반영되도록 한다.

16. 사채의 발행가액 = 발행가액(97,000) × 200좌 − 사채발행비(200,000) = 19,200,000원

사채의 액면가액 = 액면가액(100,000) × 200좌 = 20,000,000원

발행가액(19,200,000) − 액면가액(20,000,000) = △800,000원(할인발행)

17. 사채할인발행차금을 유효이자율법이 아닌 정액법으로 상각하는 경우, 발행연도에 **사채할인발행차금 상각액이 과대계상되어 사채의 장부금액이 과대계상**되며 **이자비용도 과대계상**된다.

18. 대손이 발생했을 때 대손비용을 인식하는 것은 직접상각법이고, 충당금설정법은 대손비용을 추정치로 계산한다는 점에서 객관성이 부족한 방법이다.

19. 자본조정 항목은 주식할인발행차금, 감자차손, 자기주식, 자기주식처분손실, 주식매수선택권이다.

20. **소유권 등의 법적 권리가 자산성 유무를 결정함에 있어 최종적 기준은 아니다.**

21.

선급비용(보험료)			
기초	42,000	*보험료*	*74,000*
지급	70,000	기말	38,000
계	112,000	계	112,000

22. 충당부채는 ① 과거사건이나 거래의 결과로 현재의무가 존재하고, ② 당해 의무를 이행하기 위하여 자원이 유출될 가능성이 매우 높고, ③ 그 의무의 이행에 소요되는 금액을 신뢰성 있게 추정할 수 있을 때 부채로 인식한다.

23. 상품권 판매의 경우 **상품권을 회수하고 재화를 인도하는 시점에 수익을 인식**한다.

24. 수정후 당기순이익 = 수정전 당기순이익(2,500,000) + 선급비용 누락(150,000) − 재고자산 과대계상 (400,000) + 감가상각비 과대계상(600,000) = 2,850,000원

25. ③ 자산증가, 수익증가→자본 증가

① 자산증가, 부채증가→자본 변동 없음

② 자산증가, 부채증가→자본 변동 없음

④ 비용증가, 부채증가→자본 감소

2부 원가회계

1	2	3	4	5	6	7	8	9	10	11	12	13	14	15
④	④	④	②	④	④	③	②	②	③	①	④	③	②	④

16	17	18	19	20	21	22	23	24	25
③	②	①	①	④	④	④	②	④	③

01. 직접원가로 분류할지 여부를 결정할 때 두 메뉴에 대한 고객의 선호도는 고려할 필요가 없다.

02. **매몰원가는 이미 발생하여 의사결정과 관련이 없는 원가**이므로 모니터의 구입원가(500,000)이 매몰 원가이다.

03. 직접노무원가 = 기본원가(직접재료원가 + 직접노무원가) × 60%

직접노무원가 × (1 − 60%) = 직접재료원가(20,000) × 60%   ∴직접노무원가 = 30,000원

가공원가 = 직접노무원가(30,000) ÷ 40% = 75,000원

당기총제조원가 = 직접재료원가(20,000) + 가공원가(75,000) = 95,000원

04. 표준원가는 **원가요소별로 가격표준과 수량표준을 곱하여 제품 단위당 표준원가를 설정**한다.

05. 〈균등이익률법〉

제품	생산량	단위당 가격	총판매 가 격	추가가공 원가	결합원가	이익	이익률
X	500	560	280,000	40,000	170,000	70,000	**25%**
Y	600	400	240,000	60,000	120,000	60,000	**25%**
계			520,000	100,000	***290,000***	130,000	

06. 재료비와 가공비는 완성도에 비례하여 투입된다.

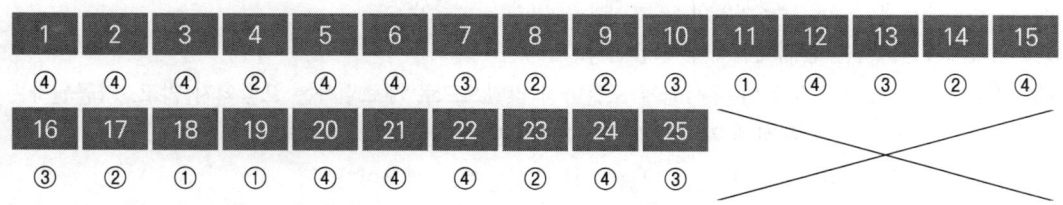

〈1단계〉 물량흐름파악(선입선출법)

재공품		〈2단계〉 완성품환산량 계산	
		재료비	가공비
완성품	80,000		
− 기초재공품	30,000(30%,40%)	9,000	12,000
− 당기투입분	50,000(100%,100%)	50,000	50,000
기말재공품	40,000(60%,20%)	24,000	8,000
계	120,000	**83,000**	**70,000**

07. 계단원가를 준고정원가라고도 한다.

08.

제 품(생산량)

기초재고	15,000	판매	30,000
생산	40,000	기말재고	25,000
계	55,000	계	55,000

• 원재료 당기투입량 : 제품 당기생산량 40,000단위×7kg = 280,000kg

원재료(수량)

기초재고	50,000	투입량	280,000
구입량	*240,000*	기말재고	10,000
계	290,000	계	290,000

09. 기말제품재고액은 손익계산서에 포함된다.

10. 재공품이 재료 A가 투입되는 시점에 도달하지 않았으므로 재료원가는 포함되지 않고, 가공원가는 공정 전반에 걸쳐 균등하게 투입되므로 공정진척도인 30%만큼 포함된다.

11. 부품조립부문은 지원부문이 아닌 직접 생산을 담당하는 부문이다.

12. 일괄분배기준은 원가배분 기준이 아니다.

13. 당기총제조원가 = 직접재료비(85,000) + 직접노무원가(69,500) + 제조간접원가(40,500) = 195,000원

원재료 ⇒ 재공품

기초	30,000	직접재료비	85,000		기초	37,500	*당기제품제조원가*	*196,500*
매입	72,500	기말	17,500		당기총제조원가	195,000	기말	36,000
계	102,500	계	102,500		계	232,500	계	232,500

14. 제조간접원가계정의 차변금액이 20,000원만큼 더 크다는 것은 20,000원 과소배부된 것이다.

즉, 실제배부액(20,000) 〉 예정배부액(0)

구 분	기말잔액	제조간접원가	비율	배부차액	배부후 금액
매출원가	500,000	20,000	20%	*+4,000*	504,000
기말재공품	150,000	50,000	50%	+10,000	
기말제품	300,000	30,000	30%	+6,000	
합 계	950,000	100,000		20,000원(과소배부)	

15. **감손은 잔존가치가 전혀 없으므로 작업폐물과 구별**된다.

16. 제조간접원가배부율 = 작업지시설별 직접노무원가/직접노무원가 합계(40,000)

작업지시서	#1	#2	#3	합계
직접노무원가	10,000	12,000	18,000	40,000
제조간접원가배부율	25%	30%	45%	100%
제조간접원가배부액	*5,000*	*6,000*	*9,000*	*20,000*

17. 평균법 완성품 환산량(15,000) – 선입선출법 완성품환산량(14,250) = 750개

평균법과 선입선출법의 차이는 기초재공품의 완성품 환산량 차이이므로

기초재공품의 가공원가 완성도 = 환산량차이(750개) ÷ 기초재공품(3,750개) = 20%

552

18. 〈판매가치기준법〉

구분	생산량(단위)	판매가격	상대적 판매가치	결합원가 배부액
A 제품	10,000	200원	2,000,000원 (80%)	750,000원×80%=600,000원
B 제품	5,000	100원	500,000원 (20%)	750,000원×20%=150,000원
			2,500,000원(100%)	750,000원

19.

AQ	AP	SQ	SP
2,000kg	100원/kg	?	90/kg

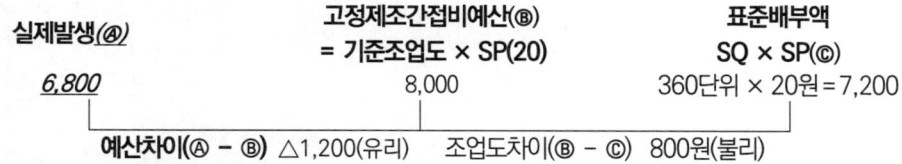

AQ × AP(Ⓐ)	AQ × SP(Ⓑ)	SQ × SP(ⓒ)
200,000원	2,000kg×90원=180,000원	52개×**??(50kg)** × 90원 = 234,000원

가격차이(Ⓐ - Ⓑ)　　　　수량차이(Ⓐ - ⓒ)△54,000(유리)

20. 원가차감법은 부산물의 회계처리 방법이다.

21. 단일배분율법이나 이중배분율법 모두 이익을 높게 계상하도록 하는 방법이 아니다.

22. 예정배부율 = 예상 제조간접원가(3,000,000)÷예정조업도(30,000시간) = 100원/기계작업시간

예정배부액 = 실제 조업도(35,000시간)×예정배부율(@100원) = 3,500,000원

예정배부액(3,500,000) - 실제 제조간접원가(2,800,000) = 700,000원 과대배부

23. 예산 = 정상조업도(400단위)×SP(= 고정제조간접비 배부율)

실제발생(Ⓐ)	고정제조간접비예산(Ⓑ) = 기준조업도 × SP(20)	표준배부액 SQ × SP(ⓒ)
6,800	8,000	360단위 × 20원 = 7,200

예산차이(Ⓐ - Ⓑ) △1,200(유리)　　조업도차이(Ⓑ - ⓒ) 800원(불리)

24. 동력(20,000)+수선(25,200) = 45,200원

	보조부문		제조부문	
	동력	수선	절단	조립
배분전 원가	50,000	36,000	72,000	68,000
동력(60% : 40%)	(50,000)	–	30,000	*20,000*
수선**(30% : 70%)**	–	(36,000)	10,800	*25,200*
보조부문 배부후 원가			112,800	113,200

25. 검사(40%)통과수량 = [당기완성품(1,700) - 기초재공품(200) + 기말재공품(300, 80%)]×10% = 180개

☞**기초재공품(60%)은 전기에 검사를 받았다.**

저자약력

■ 김영철 세무사

· 고려대학교 공과대학 산업공학과
· 한국방송통신대학 경영대학원 회계세무전공
· (전)POSCO 광양제철소 생산관리부
· (전)삼성 SDI 천안(사) 경리/관리과장
· (전)강원랜드 회계팀장
· (전)코스닥상장법인CFO(ERP. ISO추진팀장)
· (전)농업진흥청/농어촌공사/소상공인지원센타 세법 · 회계강사

로그인 기업회계2급

3 판 발 행 : 2026년 1월 6일
저   자 : 김 영 철
발 행 인 : 허 병 관
발 행 처 : 도서출판 어울림
주   소 : 서울시 영등포구 양산로 57-5, 이노플렉스 1301호(양평동3가)
전   화 : 02-2232-8607, 8602
팩   스 : 02-2232-8608
등   록 : 제2-4071호
Homepage : http://www.aubook.co.kr

저자와의
협의하에
인지생략

ISBN   978-89-6239-990-5   13320   정 가 : 29,000원